U0915591

本书受陕西师范大学重点学科建设资助出版，谨致谢忱！

【第四辑】

中國与域外

SINO-FOREIGN RELATIONS HISTORY

交错的中华与周边世界

冯立君　主编
孙　昊　执行主编

社会科学文献出版社
SOCIAL SCIENCES ACADEMIC PRESS (CHINA)

目　录

· 本期专栏 ·

· 专题论文 ·

· 异域之眼 ·

·讲 谈·

·共同体·

·书 评·

展望欧亚世界

剑桥大学国王学院 / 张长虹 摄

本期专栏

《中国与域外》第四辑（2021.04）第3~4页

唐宋之际的“藩镇时代”与多民族社会

主持人语

胡耀飞[*]

自唐玄宗至宋真宗的约三百年间，全国各地大大小小的藩镇不计其数，深刻地塑造了8~10世纪的政治格局。对此一“藩镇时代”的关注，中国学界的研究可大致分为三个阶段。

第一阶段。以王寿南《唐代藩镇与中央关系之研究》（嘉新水泥公司文化基金会，1969）和张国刚《唐代藩镇研究》（湖南教育出版社，1987）等论著为代表性著作，两书从总体上奠定了目前我们对藩镇的基本印象，也为许多藩镇研究话题打下了基础。比如，对藩镇与中央关系的梳理、对河北藩镇割据现象的探讨，诸如此类。

第二阶段。以荣新江《归义军史研究》（上海古籍出版社，1997）、李鸿宾《唐朝朔方军研究》（吉林人民出版社，2000）、张正田《中原边缘：唐代昭义军研究》（稻乡出版社，2007）、冯金忠《唐代河北藩镇研究》（科学出版社，2012）等论著为代表性著作，这是一个对藩镇个案进行深入探讨的阶段。不过，虽然是在第一阶段基础上的个案研究，所讨论的内容离不开藩镇与中央关系等基本话题，但也各有各的倾向性。或如荣新江、李鸿宾等更为关注北方民族动向等关系到唐朝北方边疆的宏观问题，或如张正田、冯金忠深入到藩镇所在地域的具体社会、经济等话题。

第三阶段。以李碧妍《危机与重构：唐帝国及其地方诸侯》（北京师范大学出版社，2015）、仇鹿鸣《长安与河北之间：中晚唐的政治与文化》（北京师范大学出版社，2018）等论著为代表性著作。这两部书，在前两个阶段的先行研究基础上，将藩镇研究进一步推进到一个新的阶段，分别关注藩镇格局的动态生成，以及藩镇形象的特殊呈现。

* 胡耀飞，陕西师范大学历史文化学院。

在中国学界之外，日本学界自日野开三郎《中国中世的军阀：唐代藩镇的研究》（三省堂，1942）出版之后的半个多世纪以来，一直对藩镇内部的权力结构、经济形态等问题深感兴趣。相关代表性成果，除了日野氏的大量论著外，尚有堀敏一《唐末五代变革期的政治经济与社会》（汲古书院，2002）、山崎觉士《中国五代国家论》（思文阁，2010）、栗原益男《唐宋变革期的国家与社会》（汲古书院，2014）等。尚未形成以藩镇为主的论著，但有代表性论文发表的学者则有谷川道雄、室永芳三、周藤吉之、清木场东、伊藤宏明、渡边孝、大泽正昭、山根直生等人。

至于西文学界，或延续日本学者的风格，关注权力结构问题，如王赓武《五代时期北方中国的权力结构》（英文初版于1963年，译本由中西书局于2014年出版）；或通过对墓志的统计与解读来讨论黄巢对于中晚唐世家大族的毁灭性打击，如谭凯《中古中国门阀大族的消亡》（英文初版于2014年，译本由社会科学文献出版社于2017年出版）；另外也有从社会史角度关注叛乱问题的，如蒲立本《安禄山叛乱的背景》（英文初版于1955年，译本由中西书局于2018年出版）。可惜对于藩镇本身，缺乏专门研究著作。

本专栏拟在前人研究的基础上，继续深入藩镇问题。藩镇本来之目的在于防边，即使“安史之乱”以后，依然有所谓西北防边型藩镇。此外，西南方面、东北方面的藩镇，都兼具防边功能。故陈乐保聚焦于唐廷对于西南边疆的政策问题，提出北宋对西南边疆的保守策略实际可源自唐代。河北藩镇历来被认为是深受胡化的区域，不过胡化这一提法颇有过之，胡人数量在河北地域的比例也没有想象的那么高，当地的主体人群依然是汉人。故冯金忠将河北地域的孔庙予以梳理，从而为我们认识当时河北地域的儒家文化之存续情况颇有助益。延及唐末五代，沙陀一族崛起于北方，占据河东并转型为藩镇，从而开启了其建国之路，却又未被认为异民族王朝。刘广丰即将此一民族与汉人的融合情况及其模式逐一揭示。在东南财赋之地，虽然晚唐时期并无长期割据或防边特质的地方藩镇，但因其便利的海运条件，吸引着来自西太平洋、北印度洋地区的外商，构成了独特的风景线。朱超龙即就扬州出土的波斯人摩呼禄墓志进行研究，揭示出晚唐时期淮南节度使驻地扬州的国际都市形象。

对藩镇时代的研究，并不专门为藩镇而设，而是需要更多学者从不同角度参与讨论，用以揭示藩镇时代的诸多面相。本专栏之设，期望能够作为起点，吸引更多学者加入。

《中国与域外》第四辑（2021.04）第 5～16 页

试论唐代经营西南的保守思维[*]

陈乐保[**]

摘　要：唐代经营西南活动中始终存在着一种保守思维。唐代前期，蜀州刺史张柬之较早提出以泸水为界、弃守云南的主张。尽管张柬之的建议不合时宜，但这种保守思维却不绝如缕，中晚唐时期经韦齐休、李德裕等又提出以大渡河、清溪关为界，得到唐朝君臣的普遍认同。唐代经营西南的这种保守思维对后世产生了深远影响，成为 10～13 世纪宋朝在西南地区采取消极保守主义政策的先声。

关键词：唐代　西南地区　保守思维　张柬之　韦齐休　李德裕

唐宋时期，中原王朝经营西南的活动发生了非常显著的变化。总体来看，唐朝经营西南的活动比较积极，尤其是天宝（742～756）末年唐军三次远征云南，“其征发皆中国利兵，然于土风不便，且沮洳之所陷，瘴疫之所伤，馈饷之所乏，物故者十八九”[①]。有鉴于此，宋朝在西南地区表现出前所未有的谨慎与保守，大渡河成为宋与大理的天然界限，为此宋人还编排了一个“宋挥玉斧”的故事。[②] 传统史家多将大渡河为界视作宋太祖的御戎“上策”，[③] 实际上这种保守思维早在唐代前期就已

* 本文系 2018 年度湖北省教育厅人文社科研究青年项目“中晚唐江汉漕运与区域社会研究”、2020 年国家社科基金青年项目“唐代剑南军镇与西南边疆经略研究”（项目编号：20CZS021）、2020 年湖北省社会科学基金一般项目“国之奥区：唐代剑南道研究”（项目编号：2020080）的阶段成果。

** 陈乐保，湖北师范大学历史文化学院。

① 刘昫等：《旧唐书》卷一〇六《杨国忠传》，中华书局，1975，第 3243 页。

② 参见宁超《“宋挥玉斧”辨》，《思想战线》1978 年第 4 期；刘复生：《从“宋挥玉斧”说起——略谈宋代与大理国的关系》，《历史知识》1981 年第 4 期；方国瑜：《云南史料目录概说》，中华书局，1984，第 1 册，第 79～82 页；尤中：《“宋挥玉斧”新解》，《思想战线》1985 年第 6 期；周立志：《“宋挥玉斧”再认识》，《宋史研究论丛》第十五辑，科学出版社，2014。

③ 绍兴六年（1136），翰林学士朱震上书宋高宗，说：“艺祖皇帝鉴唐之祸，乃弃越巂诸郡，以大渡河为界。欲寇不能，欲臣不得，最得御戎之上策”。李心传：《建炎以来系年要录》卷一〇五，绍兴六年九月癸巳条，中华书局，1988，第 1978 页。

萌生，晚唐、五代时期更是得到世人的普遍认可，宋代以大渡河为界的治边策略在很大程度上继承了晚唐的这种保守思维。目前，关于唐朝对西南边疆的经营，学界已取得了较多成果，[①] 但较少留意唐代经营西南边疆中的保守思维。本文尝试梳理这种保守思维的演变脉络，分析其出现的历史背景及对后世的影响，敬请方家指教。

一 以泸水为界：张柬之与《请罢姚州屯戍表》

唐朝经营西南的活动始于爨地，武德三年（620）唐高祖李渊任命监管在京的爨弘达“为昆州刺史，令持其父尸归葬。益州刺史段纶因遣使诏谕其部落，皆来降”。爨氏是魏晋以来的南中大族，隋朝时期爨分为东、西两部，爨弘达之父爨震举兵反隋，失败后其子爨弘达被押解至长安。[②] 此次唐高祖令爨弘达归葬其父，收到非常好的效果，爨地首领纷纷向唐朝内附，由此唐朝揭开了经营西南的序幕。唐朝先后在滇北设置了南宁、昆、恭、协四州，皆“授其豪帅为牧宰”。武德四年（621），唐朝巂州治中吉弘纬出使南宁州，途中成功地说服昆弥国，即汉之昆明，该国于是年十二月遣使内附。其年，安抚大使李英南下姚州地区，“以州内人多姓姚，故置姚州”[③]。随着姚州、南宁州的设置，唐朝初步建立起了在西南边疆地区的统治。

与汉代经营西南情形不同，唐朝经营西南边疆的活动很快受到强大挑战。这个挑战来自青藏高原的吐蕃政权，吐蕃与云南各部在经济、文化等方面具有较多的共同性，而吐蕃的军事力量又异常强大，因此吐蕃虽晚于唐朝到达云南，却能迅速赢得当地部落的支持。吐蕃的到来，使得唐朝在云南地区的控制极不稳定。在7世纪后半期至8世纪初的六七十年中，唐朝一次又一次派兵远征云南，这些征伐活动短则相隔数年，多则十余年，成为当时一个非常显著的现象。

唐初经营西南的活动虽然并非一帆风顺，但中央与地方的态度是比较积极的，这一方面是因为云南乃汉之旧疆，唐朝自然要极力经营，另一方面是因为云南有道路可通天竺，经营云南可收商贾之利。然而，在此种局势下，圣历元年（698）剑南道蜀州刺史张柬之却发出了不同的声音。《资治通鉴》卷二〇六载：

---

① 王吉林：《唐代南诏与李唐关系之研究》，黎明文化事业股份有限公司，1981；查克斯·巴克斯：《南诏国与唐代的西南边疆》，林超民译，云南人民出版社，1988；梁晓强：《南诏史》，中国社会科学出版社，2013。

② 司马光：《资治通鉴》卷一八八，唐高祖武德三年八月丁酉条，第5887页。按：“翫”，《新唐书》作“震翫”。欧阳修等：《新唐书》卷二二二下《南蛮下》，中华书局，1975，第6315页。

③ 李吉甫：《元和郡县图志》卷三二《剑南道中》，中华书局，2008，第825页。

> 蜀州每岁遣兵五百人戍姚州，路险远，死亡者多。蜀州刺史张柬之上言，以为："……请废姚州以隶巂州，岁时朝覲，同之蕃国。泸南诸镇亦皆废省，于泸北置关，百姓非奉使，无得交通往来。"疏奏，不纳。[①]

与当时的主流观念截然不同，在张柬之看来，朝廷花费大量的人力与物力来开置姚州是得不偿失的，最好的解决方式莫过于弃置姚州及其所管辖的数十个羁縻府州，只以"蕃国"待之，然后"于泸北置关，百姓非奉使，无得交通往来"。泸水即长江上游金沙江，也就是说张柬之建议以金沙江为界，金沙江以南的区域则全被视为化外之地，朝廷与之保持最低限度的联系即可。这种观点在当时实属另类，因为7世纪末唐朝边疆形势呈现出较好的局面，692年唐朝从吐蕃手中收复安西四镇，西南地区原先依附于吐蕃的羌、蛮部落也纷纷改附唐朝。[②] 可以说，7世纪末期战争优势是在唐朝一边，而张柬之以泸水为界的建议恰恰与当时的边疆形势格格不入，所以有学者将其视为"恢复倒退的倾向"[③]。

那么，张柬之为何提出放弃姚州、划江为界的建议呢？张柬之的一份奏表给出了详细答案。

> 今姚府所置之官，……唯知诡谋狡算，恣情割剥，贪叨劫掠，积以为常……剑南逋逃，中原亡命，有二千余户，见散在彼州，专以掠夺为业。姚州本龙朔中武陵县主簿石子仁奏置之，后长史李孝让、辛文协并为群蛮所杀。前朝遣郎将赵武贵讨击，贵及蜀兵应时破败，噍类无遗。又使将军李义总等往征，郎将刘惠基在阵战死，其州乃废……至垂拱四年，蛮郎将王善宝、昆州刺史爨乾福又请置州，奏言所有课税，自出姚府管内，更不劳扰蜀中。及置州后，录事参军李棱为蛮所杀。延载中，司马成琛奏请于泸南置镇七所，遣蜀兵防守，自此蜀中骚扰，于今不息。且姚府总管五十七州，巨猾游客，不可胜数……今不问夷夏，负罪并深，见道路劫杀，不能禁止，恐一旦惊扰，为祸转大。[④]

---

① 《资治通鉴》卷二〇六，武则天圣历元年十月癸卯条，第6537页。

② 《新唐书》载："（吐蕃）大首领曷苏率贵川部与党项种三十万降。后（武则天）以右玉钤卫将军张玄遇为安抚使，率兵二万迎之。次大度水，吐蕃禽曷苏去，而它酋昝插又率羌、蛮八千自来。"《新唐书》卷二一六上《吐蕃上》，第6078页。

③ 查克斯·巴克斯：《南诏国与唐代的西南边疆》，第40页。

④ 《旧唐书》卷九一《张柬之传》，第2941～2942页。

这份奏表即有名的《请罢姚州屯戍表》,[①] 在张柬之看来，朝廷设置姚州的弊端主要有四点：一，官员素质低劣，唯利是图，毫无“安边静寇之心”；二，姚州设置后成为唐朝众多亡命之徒的容身之所，其总数多达两千余户，成为当地治安的重要隐患；三，设置姚州的代价极重，自唐朝建立以来，姚州曾屡置屡废，本州长官也多次为蛮族杀害；四，姚州地区无法自给自足，所有开支、兵饷等大都由剑南道接济，长此以往将劳扰蜀中。总之，在张柬之看来，姚州是一个复杂多事、扰攘不宁的地区，根本不值得在此地花费大量的精力。

张柬之的分析有一定道理，但带有很大的片面性、狭隘性。他只分析了建置姚州的弊端，而忽略了姚州的重大战略价值。正如王吉林所指出，“以蜀一州之眼光看姚州存废，以为莫若废之为便。岂不知姚州存，则蜀外有府，姚州废，则寇临蜀境。易言之，唐有姚州，则群蛮不得附吐蕃，唐无姚州，则群蛮立降吐蕃，导之寇蜀”[②]。换言之，随着吐蕃、南诏的兴起，唐代西南边疆危机重重，形势已远非前代可比。若置姚州可震慑当地的蛮族部落，若无姚州则西南地区都要受到威胁，姚州的存在与否将直接关系到西南地区的安危。退一步讲，以泸水为界也并不一定能够做到唐朝与云南诸蛮“无得交通往来”。天宝十三年（754），南诏攻破姚州，其后南诏又与吐蕃越过泸水攻占剑南重镇巂州。晚唐时期，南诏曾“四盗蜀川”，两围成都，这些史实都说明张柬之未能看到问题的实质。倒是中唐名相李吉甫目光如炬，所著《元和郡县图志》卷三二言姚州“为泸南之巨屏”[③]，充分肯定姚州的战略价值。不过，无论张柬之的意见正确与否，却是今天所见到的唐代最早要求在西南停止拓边活动的奏章，可谓开唐代西南保守治边思维的先河。

二　清溪关为界：韦齐休与《云南行记》

由于张柬之的意见不合时宜，因此他的奏疏石沉大海，并未引起朝廷的重视。在张柬之上《请罢姚州屯戍表》后的一个世纪里，唐朝在西南地区的经营活动一直没有停止。“安史之乱”以后，唐朝大规模的边疆经营活动基本停顿，但为纾缓吐蕃对关中的军事威胁，在西南地区仍展开主动进攻，即学术界常常提及的“北

① 张柬之：《请罢姚州屯戍表》，董诰等编《全唐文》卷一七五，中华书局，1983，第 1784 页。

② 王吉林：《唐代南诏与李唐关系之研究》，第 135 页。

③ 李吉甫：《元和郡县图志》卷三二《剑南道中》，第 825 页。

守南攻”战略。[①] 这一策略在韦皋坐镇剑南西川时期收到了显著成效，史称韦皋“治蜀二十一年，数出师，凡破吐蕃四十八万，擒杀节度、都督、城主、笼官千五百，斩首五万余级，获牛羊二十五万，收器械六百三十万，其功烈为西南剧”[②]。在韦皋的努力下，唐朝不仅收复了嶲州故地，而且成功地将南诏再次拉入己方阵营，由此西南地区出现了罕见的长期和平景象。

然而，在这种背景下，又有人发表了不同声音。晁公武《郡斋读书志》卷七“伪史类”记韦齐休《云南行记》云：

> 韦齐休《云南行记》二卷，长庆三年从韦审规使云南，记往来道里计见闻。《序》谓“云南所以能为唐患者，以开越嶲道耳。若自黎州之南清溪关外尽斥弃之，疆场可以无虞，不然忧未艾也”。[③]

清溪关，乾元二年（759）置，位于大渡河以南，“关外三十里即嶲州界也”[④]。清溪关是川滇交通中的重要关隘，其黎州至嶲州段又被称为清溪关路，此关“连山带谷，夹涧临溪，倚险结关……南隘广不盈丈，两岸壁立千仞，峡内溪流淙淙”[⑤]，十分险要，为唐朝西南大渡河南岸之要隘。《云南行记》所言“自黎州之南清溪关外尽斥弃之”，实质就是将唐朝西南边防收缩至清溪关与大渡河一线，依险防守。

韦齐休的《云南行记》今已不传，相关记载十分有限，因此要想准确解读韦齐休斥弃清溪关外之地的历史语境并不容易。有关韦齐休之生平，诸书多不载，唯《太平广记》卷三四八所引《河东记》云：“韦齐休擢进士第，累官至员外郎，为王璠浙西团练副使，大和八年（834）卒于润州之官舍。”[⑥] 此韦齐休与长庆三年（823）随韦审规出使云南者同名，生平时间亦约略相当，很可能为同一人。韦齐休所著《云南行记》一书入宋以后散佚，《太平御览》引原书二十三条，所载内容

---

① 任育才：《吐蕃与唐朝关系之研究》第三章《吐蕃与唐朝之和战》，自立出版社，1971，第65页。

② 《新唐书》卷一五八《韦皋传》，第4936页。

③ 晁公武撰，孙猛校正《郡斋读书志校正》卷七《云南行记》，上海古籍出版社，1990，第288页。

④ 《蛮书校注》卷一《云南界内途程》，第33页。

⑤ 顾祖禹：《读史方舆纪要》卷六六《四川一》，中华书局，2005，第3126~3127页。

⑥ 李昉等编《太平广记》卷三四八《韦齐休》，中华书局，1961，第2760页。

都是有关往来行程与途中见闻。[①]

韦齐休出使云南正逢唐诏的第二个“蜜月期”，当时南诏已经重新归唐，唐朝与南诏之间使者往来频繁，双方的关系非常亲密。那么，韦齐休为何在其所著《云南行记》序文中言及南诏必为唐朝之患，且主张清溪关以外尽斥弃之呢？要解开这一疑问还需要从韦齐休出使云南谈起。韦审规与韦齐休出使云南事，《新唐书·南蛮传》记载较详。

> 元和三年，异牟寻死……子寻阁劝立……明年死，子劝龙晟立……十一年，为弄栋节度王嵯巅所杀，立其弟劝利……长庆三年，始赐印。是岁死，弟丰佑立。丰佑趫敢，善用其下，慕中国，不肯连父名。穆宗使京兆少尹韦审规持节临册。丰佑遣洪成酋、赵龙些、杨定奇入谢天子。[②]

这段记载透露了一个非常重要的信息，即韦齐休出使云南正逢南诏王位不稳、嵯巅专权之时。嵯巅是南诏历史上一位颇有野心又极富谋略的人物，他掌权后大力整饬边防军备，由于此时吐蕃的威胁已基本消除，所以嵯巅的整军之举显然另有目的。事实证明，在韦齐休出使云南的数年之后，嵯巅就向西川发动了一次大规模的偷袭，西南首府——成都也几乎为其攻破。这是一场蓄谋已久的偷袭活动，很有可能自嵯巅专权以来就开始筹划，而作为使者团成员的韦齐休也很有可能在出使过程中窥探出南诏有进攻唐朝的迹象。

众所周知，唐朝与南诏的关系史是一个非常复杂的问题，南诏多次转投于唐朝与吐蕃，甚或兼通两国，吐蕃曾讥讽其为“两头蛮”[③]。对唐朝而言，南诏原本依靠唐朝的支持才统一了西洱河地区，之后却因争夺爨地与唐朝反目，并成为吐蕃进攻剑南地区的急先锋。这段往事虽因两国重归于好而尽量避开，但终究是唐人心里一块抹不去的阴影。时至今日，我们已难以知晓韦齐休是如何将这一重大信息反馈于朝廷的。不过，可以肯定的是，唐朝君臣依旧被南诏表面上的恭顺所蒙蔽，直到大和三年（829）西川边军屡报南诏入寇，而节度使杜元颖却不信，结果酿成极为严重的后果。因此，韦齐休便在其所著《云南行记》的序文中倡言断绝与南诏的

---

① 向达先生对韦齐休与《云南行记》有详细的考证。参见向达《唐代纪载南诏诸书考略》，氏著《唐代长安与西域文明》，重庆出版社，2009，第121～123页。

② 《新唐书》卷二二二《南蛮中》，第6281页。

③ 《新唐书》卷二二二《南蛮上》，第6277页。

联系，这实则是向世人敲响警钟，以期能引起有识之士的注意。

那么，韦齐休为什么要提出“自黎州之南清溪关外尽斥弃之”这样大胆的设想呢？这要从韦齐休出使云南所经道路说起。唐代时期成都南通云南有南、北两条驿路，樊绰《蛮书》卷一所记甚详，“从石门外出鲁望、昆州至云南，谓之‘北路’；黎州、清溪关出邛部过会通至云南，谓之‘南路’”[①]。《太平御览》收录的《云南行记》佚文中涉及雅州、名山、荥经、新安、巂州、会川等，由此可知韦齐休一行是取清溪关道，经巂州地区（《蛮书》所载之南道）出使云南的。巂州南北狭长，绵延千余里，是唐、吐蕃与南诏往来的交通要道，军事地位极为重要，史称“巂州实往来道，扞蔽数州，虏百计窥之，故严兵以守，屯壁相望，粮械处处有之”[②]。因此，贞元年间西川节度使韦皋上任后的第一件事便是集中全力经营巂州地区。巂州收复后，吐蕃的势力受到沉重打击，南诏也迫于形势再次归唐。此后，唐朝以为西南地区相安无事，结果不再重视西南边备，某些节度使为了能重回京城，更是不惜挪用军费作为进奉来讨取皇帝的欢心。西川节度使王播曾任盐铁使，以“广进财货、强名羡余固位窃恩，不惮清议。及镇益部，又倾竭贡献，以图台衡、宰相”[③]。长庆三年，杜元颖出镇西川，“以旧相，文雅自高。不晓军事，专务蓄积，减削士卒衣粮。西南戍边之卒，衣食不足，皆入蛮境钞盗以自给，蛮人反以衣食资之”[④]。韦齐休出使云南恰恰在长庆三年，对巂州地区的军备松弛有着切身感受，从而认为巂州的军事力量不足以保障蜀中安全，这应是他提出尽弃巂州之地的根源。

当然，韦齐休这种大胆的设想也与巂州境内的东蛮有关。东蛮是指巂州境内的两林、勿邓、丰琶等部族，据地两千里，胜兵数万，“南倚合罗凤，西结吐蕃，狙势强弱为患”[⑤]。《资治通鉴》卷二五〇也记载东蛮“常持两端，无寇则称效顺，有寇必为前锋”[⑥]。在韦皋镇蜀期间，东蛮因不满吐蕃的欺压转而协助唐军收复巂州，但其后随着南诏的暗中拉拢，东蛮又逐渐与唐朝离心离德，南诏多次北上进攻蜀地，其道路多为东蛮开通。[⑦] 所以，如果唐朝继续维持在巂州的统治，东蛮始终

---

① 樊绰：《蛮书》卷一《云南界内途程》，第 19 页。
② 《新唐书》卷二二二《南蛮上》，第 6277 页。
③ 《册府元龟》卷三三三《宰相部·罢免第二》，第 3754 页。
④ 《资治通鉴》卷二四四，唐文宗大和三年十一月条，第 7867 页。
⑤ 《新唐书》卷一五八《韦皋传》，第 4934 页。
⑥ 《资治通鉴》卷二五〇，唐懿宗咸通八年二月条，第 8118 页。
⑦ 《资治通鉴》卷二四四，唐文宗大和四年十月条，第 7872 页。

是一大边防隐患。韦齐休出使云南经由巂州地区，对当地东蛮的这种反复情形应有一定了解，这也促成了其“自黎州之南清溪关外尽斥弃之”的想法。

与张柬之《请罢姚州屯戍表》相比，韦齐休主张绝越巂道，将黎州清溪关以南包括巂州在内的大片土地全部弃之，在张柬之“泸北置关”的基础上又将西南边界北移了千余里，这与稍后西川节度使李德裕以大渡河为界的思维极为相似。虽然所言弃置地域不同，但张、韦二人弃置的理由却比较相似，一致认为云南是唐朝西南边患的根源，与其多联系，不如早断之，不但断绝使者往来，交通也彻底阻塞。然而，韦齐休犯了与张柬之同样的错误，认为单纯的退避保守、阻塞道路就可以断绝南诏觊觎巴蜀的野心。而这个错误，在韦齐休以后仍会一直延续下去。

三　筑城大渡河：李德裕的保守备边方略

从张柬之到韦齐休，从“泸北置关”到“自黎州之南清溪关外尽斥弃之”，这些保守的备边方略只不过代表了极少数人的见解，张柬之的奏疏正逢唐朝对外扩张之际，韦齐休的《云南行记》出现于唐诏关系和睦时期，他们的呼吁自然不会引起朝廷的重视。然而，大和三年（829）南诏突然袭击西川地区，这直接导致唐朝上下对西南边防的态度发生了根本性变化，韦齐休以清溪关为界的观点开始得到普遍认同。

大和三年，也就是韦齐休等人出使云南后的第六年，南诏向唐朝剑南地区发动了一场大规模偷袭活动。由于唐朝事先被南诏的恭顺行为所欺骗，边防失于戒备，因此南诏进兵极为顺利，很快就攻克了川南重镇巂、戎、黎等州，不到两个月就打到成都城下。南诏围成都十日未能攻克，便主动撤军，“将还，乃掠子女、工技数万引而南，人惧自杀者不胜计……南诏自是工文织，与中国埒”①。大和三年之役给西南地区的社会经济造成了空前破坏，唐朝统治者由此开始对经营西南的策略进行深刻反思，韦齐休以清溪关为界的建议逐渐受到重视。《资治通鉴》卷二四四载，大和四年（830），唐文宗曾有意“修塞清溪关以断南诏入寇之路”②，反映出唐朝中央已有意放弃清溪关以南的地区。这个策略虽因不切合实际未果断实施，但朝廷的保守退让策略为新继任的西川节度使李德裕贯彻执行。

---

① 《新唐书》卷二二二《南蛮中》，第6282页。

② 《资治通鉴》卷二四四，唐文宗大和四年十月戊申条，第7872页。

李德裕是中唐时期著名的政治家。大和四年，李德裕为宰相李宗闵所排挤，出镇剑南西川。李德裕到西川后通过走访蜀中老将得知“清溪之旁，大路有三，自余小径无数，皆东蛮临时为之开通”，所谓修塞清溪关一事根本就不现实。除此之外，蜀中通往云南的大道有两条，因此南诏北上进攻蜀川也一般分兵两路，即便唐朝能修塞清溪关，南诏依然可由石门道北上。有鉴于此，李德裕断然决定将防御重点北移至大渡河一线，他认为：“若言（清溪关）可塞，是欺罔朝廷。要须大度水北更筑一城，迤逦接黎州，以大兵守之方可。”① 大度水即今四川之大渡河，为高山峡谷型河流，地势险峻，水流汹涌。大渡河南距清溪关八十里，李德裕即将防守的重点放在大渡河一线，则清溪关、嶲州等地的战略地位自然就大大降低。

其实早在大和以前唐朝就开始在大渡河两岸筑城镇守，可知的有通望军、定蕃城、要冲城等。随着贞元年间西川节度使韦皋收复嶲州与南诏的归附，大渡河沿岸诸城寨逐渐废弃，故而李德裕在大渡河北重新筑仗义、御侮二城，仗义城至北宋时尚存，足见此城军事地位之重要。② 御侮城则“控荥经犄角势”，③ 荥经为雅州属县，其境内有荥经水、邛崃关，乃南下黎州之重要通道。仗义、御侮二城均在大渡河北岸，且控扼南北险要，很可能就是李德裕派遣大兵驻守之城。相比之下，李德裕对清溪关以南嶲州的经营实在无足称道。大和五年（831），南诏再次攻下嶲州南部的三县，李德裕对此毫无办法。次年，李德裕将嶲州治所移至北部的台登县，台登地区山高水深，虽然有利于防守，却要付出弃地数百里的代价。

李德裕治蜀期间的兵力部署也反映了他的保守倾向。李德裕比较重视军队的建设，他到西川后对当地军队进行了大规模的整顿，淘汰了大量的老弱病残人员，并精选蜀中青壮组建“雄边子弟”④。但李德裕又鉴于中唐时期西南边兵作乱的教训，⑤ 固执地认为边兵的数量不能太多，“须力可临制”。所以，他认为比较理想的兵力部署是成都驻兵两万，黎、雅驻兵一万，即内地与边地驻军数量的比例是二比一。⑥ 这种典型的“守内虚外”式的兵力部署虽可最大限度地保证西南首府成都的安全，但在边疆防御上就明显捉襟见肘。而且，李德裕治蜀时期的边兵主力屯驻于

---

① 以上引文均见《资治通鉴》卷二四四，唐文宗大和四年十月戊申条，第7872页。

② 按：《太平寰宇记》卷七七作“伏义城”。乐史撰，王文楚等点校《太平寰宇记》卷七七《剑南西道六》，中华书局，2007，第1561页。

③ 《新唐书》卷一八〇《李德裕传》，第5332页。

④ 《新唐书》卷一八〇《李德裕传》，第5332页。

⑤ 陈乐保：《唐代宗至宪宗时期的西川节度使继任危机与终结》，《中国边疆史地研究》2015年第2期。

⑥ 《资治通鉴》卷二四四，唐文宗大和四年十月戊申条，第7872页。

大渡河以北的黎、雅二州，大渡河以南的嶲州却驻兵很少，这显然也与他保守的治边策略有关。

后世史家对李德裕治蜀的评价很高，《资治通鉴》卷二四四称赞道："德裕至镇，作筹边楼，图蜀地形，南入南诏，西达吐蕃。日召老于军旅、习边事者，虽走卒蛮夷无所间，访以山川、城邑、道路险易，广狭远近，未逾月，皆若身尝涉历。"① 美国学者查克斯·巴克斯也将李德裕与韦皋相提并论，认为二人是西川节度使中最为杰出的代表。笔者无意否定李德裕在蜀中的贡献，李德裕在西川的经营虽有许多可以称道的地方，但也正是在他之后，唐朝经营西南活动开始由积极转向保守。当然，贞元时期唐朝国力尚为强盛，西川虽屡受吐蕃、南诏之侵扰，但核心地域——川西平原一直保持完好，故韦皋有实力去积极开拓边境。时移世易，自唐宪宗以后唐朝国势已渐趋颓败，而西川又在大和三年骤罹南诏之破坏，元气大伤，其边防甚至不得不依靠朝廷所派遣的客军，这可能是李德裕镇蜀期间采取保守治边策略的现实考虑。

四 大渡河为界：晚唐西南边疆的退缩

李德裕在西川的任期只有短短两年的时间，但他所采取的保守治边方略却对后世产生了深远的影响。李德裕之后，他的继任者继续将边防的重点放在大渡河一线，大渡河以南的嶲州虽未明言放弃，但重视程度已远较大渡河为低。正是在这种情况下，南诏不断地蚕食嶲州，并最终将之全部占领。对于南诏夺取嶲州，《资治通鉴》卷二五〇有较详细的记载：

> （咸通）五年（864）正月丙午，西川奏南诏寇嶲州，刺史喻士珍破之，获千余人。诏发右神策兵五千及诸道兵戍之。忠武大将颜庆复请筑新安、遏戎二城，从之……六年夏……南诏复寇嶲州，两林蛮开门纳之，南诏尽杀戍卒，士珍降之。②

新安城在嶲州北部的邛部县境内，北至清溪关一百四十里，南距台登城二百余

① 《资治通鉴》卷二四四，唐文宗大和四年十月条，第 7872 页。

② 《资治通鉴》卷二五〇，唐懿宗咸通五年正月条，第 8108 ~8111 页。

里。《太平御览》卷九二四引韦齐休《云南行记》云："新安城路多缦山，尽为森林，其上多鹦鹉飞鸣。"① 韦齐休出使云南在长庆三年（见本文第二部分），则此城出现的时间较早，很有可能是韦皋经营嶲州时所置。关于遏戎城，有学者推断此城在故永安城附近。② 永安城在邛部县南部，亦为贞元年间（785～805）韦皋经营嶲州所置。③ 由此来看，咸通六年唐朝所筑新安、遏戎二城均为韦皋时期之故垒，而且由忠武军大将颜庆复提议，由此可见西川人士对嶲州防御之忽视。

嶲州失守后，大渡河一线的黎、雅等州完全暴露在南诏的攻击范围下。有鉴于此，唐朝曾有意再次收复嶲州。《资治通鉴》卷二五一载：

> 凤翔少尹李师望上言："嶲州控扼南诏，为其要冲，成都道远，难以节制，请建定边军，屯重兵于嶲州，以邛州为理所。"朝廷以为信然，以师望为嶲州刺史，充定边军节度，眉、蜀、邛、雅、嘉、黎等州观察，统押诸蛮并统领诸道行营、制置等使。④

唐朝以李师望为嶲州刺史、定边军节度使，其本意在于收复嶲州。但由于嶲州已失，定边军只能暂治邛州。无奈西川人士深受李德裕备边思想之影响，对嶲州的重要性认识不足，且对朝廷置定边军之举非常不满，认为是分割西川属州，处处从中限制。由于得不到西川的支持，定边军并未能改变唐朝西南防御重大渡河而轻嶲州的局面。这点在咸通十年之役中表现得非常明显，《唐会要》卷九九《南诏蛮》载：

> 咸通十年十一月，南蛮骠信坦绰酋龙率众二十万寇嶲州。定边军节度都头安再荣守清溪关，为贼所攻，再荣退保大渡河北……定边军节度使窦滂勒兵拒之。十二月，骠信遣清平官十余人来伪和，与窦滂语次，蛮军船筏竞渡，忠武、武宁兵士结陈抗之……蛮军稍却。窦滂惧，将自缢于帐中，徐州将苗全绪止之，滂乃宵遁。全绪乃夜入蛮军，万弩乱发，军中大骇，全绪等保军而还。⑤

① 李昉等：《太平御览》卷九二四《羽族部十一·鹦鹉》，中华书局，1985，第4102页。

② 郭声波：《彝族地区历史地理研究——以唐代乌蛮等族羁縻州为中心》，四川大学出版社，2009，第370页。

③ 《新唐书》卷四二《地理六》，第1083页。

④ 《资治通鉴》卷二五一，唐懿宗咸通九年六月条，第8120页。

⑤ 《唐会要》卷九九《南诏蛮》，第2095页。

从战争的过程来看，南诏攻克清溪关比较顺利，真正的硬仗是在大渡河发生的。大渡河之役中，唐军虽然以寡敌众，处处受制于南诏大军，但依然结阵死战，与清溪关时的表现差距悬殊，说明在唐军将士心中大渡河才是真正的防御阵地。

咸通十年之役使原本虚弱的西川再次遭受重创，南诏在撤军时将沿途俘获的汉人割去耳鼻，“既而居人刻木为耳鼻者什八”①。南诏虽未能扩大战果，但进一步巩固了在嶲州地区的统治。而此时唐朝国内的社会危机日益加重，各地的民变、军变此起彼伏，再也无力去经营嶲州地区了。乾符元年（874），南诏趁唐僖宗初立之机再次挥师北上，并又一次突破了大渡河天险，前军一直打到成都新津县。乾符二年（875），唐朝派遣名将高骈为西川节度使，高骈曾在安南重创过南诏，故南诏闻其来便自动南撤。高骈至成都后发“步骑五千追南诏，至大渡河”，又向朝廷建议由自己领兵征讨南诏，收复大渡河以南失地。② 然而，此时的唐朝已无力支持大规模的远征活动，因此断然拒绝了高骈的请求，这意味着唐朝最终默认了以清溪关—大渡河为双方边界的事实。

尾　论

综上，唐代经营西南边疆活动中始终存在着一种保守倾向。唐代前期，蜀州刺史张柬之较早提出以泸水为界的主张。尽管张柬之的建议不合时宜，但这种保守思维却不绝如缕，至中晚唐时期经韦齐休再次倡议，至李德裕节度西川时遂得到唐朝君臣的普遍认同，从而彻底转变了中原王朝经营西南边疆的进程。唐亡以后，五代与北宋治理西南边疆的策略明显受到唐代保守思维的影响。后梁乾化三年（913），南诏进犯前蜀，蜀军败之于大渡河，蜀将王宗范等“将作浮梁济大渡河攻之，蜀主召之令还”，明显继承了晚唐的保守策略。③ 北宋建隆三年（962），宋太祖遣大将王全斌平定后蜀，“议者欲因兵威复越嶲，艺祖以玉斧画此河，曰：‘外此吾不有也。’于是为黎之极边”④。这种保守治理西南边疆的思维一直持续到 13 世纪中后期，直到元朝建立才再次大规模地经营、开发西南边疆，由此也可以看到唐代西南保守治边思维的影响之巨。

---

① 《新唐书》卷二二二《南蛮中》，第 6288 页。

② 《资治通鉴》卷二五二，唐僖宗乾符二年正月丙戌条，第 8177 页。

③ 《资治通鉴》卷二六九，梁末帝乾化四年十一月乙巳条，第 8785 页。

④ 郭允蹈：《蜀鉴》卷一〇《西南夷始末下》，文渊阁《四库全书》本。

《中国与域外》第四辑（2021.04）第17~36页

唐后期五代孔庙与河北藩镇社会变迁

冯金忠[*]

摘　要：唐初诏州、县学皆建孔子庙，开元二十七年（739）改称文宣王庙，庙、学由分置逐渐合一，孔庙由此兼具祭祀和教育功能。河北地区，在唐前期即有营建，如檀州孔庙、平山孔庙、赵州瘿陶（今河北宁晋）孔庙等。唐后期五代有新乐孔庙、镇州孔庙、定州孔庙、涿州范阳县孔庙等。其中，定州孔庙和涿州范阳县孔庙分别为河北地区庙学中州学和县学的代表。一般认为，定州孔庙乃大中末义武节度使卢简求所修，但事实上卢简求也不过是重修，其始建应在大中十三年（859）之前，天祐十三年（916）（当时的藩镇统治者如此纪年，详见后文注中说明）七月，义武节度使王处直又进行了大规模重修。同样，涿州范阳县孔庙亦非刘济建中初年所创修。从时间上看，河北地区孔庙的修建具有前后延续性；从地区分布来看，几乎遍布于河北各个藩镇，但仍呈零星点状分布。其建筑已呈前庙后学或左庙右学的格局，包括正殿、三礼堂、讲堂、斋堂等建筑，开元明清之滥觞。另外，对其考察，不能忽视全国州、县并非普置的大背景，不能忽视河北地区孔庙前后期的延续性，更不能将河北藩镇孔庙特殊化。从种种迹象来看，其修建虽然由朝廷推动，但也开始成为河北藩镇统治者的自觉行为。这不仅是河北藩镇奉行朝廷法令的象征，也标志着河北藩镇职业军人集团尊奉儒教，奉行礼仪教化，由崇武向尚文的转变。

关键词：唐五代　河北　藩镇　孔庙

孔庙，又称孔子庙、夫子庙、先师庙、孔子祠、文宣王宫、文宣王庙、文庙等[①]。鲁哀公十七年（前478），始于曲阜阙里孔子旧宅“立庙”[②]，此为我国历史

---

* 冯金忠，河北省社会科学院河北学刊杂志社。

① 孔子庙，在各时代有不同习称，例如，唐开元二十七年（739）后，多称文宣王庙、先师庙，宋元时期多称孔庙，明清则称文庙。

② 孔传措撰，王智勇校点《孔氏祖庭广记》卷一《先圣》，北京大学出版社，2005，第69页。

上最早的孔庙。随着汉武帝“罢黜百家，独尊儒术”，以后历代兴建不绝。对唐代而言，唐武德二年（619）六月，始诏国子监立周公、孔子庙各一所，四时致祭。[①]七年，以周公为先圣，孔子配享。贞观二年（628），罢周公，升孔子为先圣，以颜回配享。四年，诏州、县学皆作孔子庙，十一年，诏尊孔子为宣父，作庙于兖州，给户二十以奉之。[②]乾封元年（666）正月，追赠孔子为太师，天授元年（690），封隆道公。开元二十七年（739）八月，玄宗下制追谥孔子曰“文宣王”，规定“自今孔子南向坐，被王者之服，释奠用宫悬”[③]。始用王者之礼，故孔庙至此亦称文宣王庙。以下为了方便起见，除了引文，概称孔庙。

众所周知，唐代地方官学体系较为完备，包括州学、县学、乡学、里学等。武德七年（624），海内甫定，即诏天下诸州、县及乡，并令置学。[④]开元二十六年（738）正月十九日，又敕天下州、县，每乡之内，各里置一学，仍择师资，令其教授。[⑤]有唐一代，孔庙不仅祭祀规格日益提高，而且其性质也发生变化，不仅是祭祀孔子释奠之地，还设有博士弟子，成为州、县生徒习学之所，被赋予了新的职能，庙、学开始合一。[⑥]换言之，从唐代开始，孔庙祭祀与州、县儒学教育开始合一。例如，《文献通考》卷四三《学校考四》载：“自唐以来，州、县莫不有学，则凡学莫不有先圣之庙矣”[⑦]，即点明了孔庙与学宫之间的共生关系。但“庙学”一词，出现较晚，韩愈《处州孔子庙碑》一文记载了处州刺史邺侯李繁兴建孔庙之事，其中云“惟此庙学，邺侯所作”[⑧]，此是迄今关于“庙学”一词的最早记载。

一　唐五代河北孔庙概览

有唐一代，由于孔庙与州、县学的结合，庙学分为州学（府学）、县学等不

---

① 王溥：《唐会要》卷三五《褒崇先圣》，中华书局，1955，第635页。

② 欧阳修、宋祁：《新唐书》卷一五《礼乐志五》，中华书局，1975，第373页。

③ 司马光：《资治通鉴》卷二一四，唐玄宗开元二十七年八月甲申条，中华书局，1955，第6838页。

④ 杜佑撰，王文锦等点校《通典》卷五三《礼十三》，中华书局，1988，第1467页。

⑤ 王溥：《唐会要》卷三五《学校》，第635页。

⑥ 唐代庙、学合一，起于何时，由于史籍中无明确记载，只能通过零星记载加以推测。

⑦ 马端临：《文献通考》卷四三《学校考四》，浙江古籍出版社，2000，第411页。

⑧ 韩愈著，阎琦校注《韩昌黎文集注释》卷七《处州孔子庙碑》，三秦出版社，2004，第213页。又见董诰编《全唐文》卷五六一，中华书局，1983，第5678页。据阎琦考证，此文作于唐宪宗元和十五年（820）九月后，时韩愈为国子祭酒。

同规制。[①] 故孔庙既是以孔子为代表的儒家思想在国家意识形态占据主导地位的反映，也是衡量当时文教事业发展的一个重要指标。据学者调查统计，目前中国保存较完整的孔庙有300多处，河北现存孔庙建筑20余处，其中始建于唐代的有新乐孔庙、平山孔庙、顺德府孔庙、定州孔庙、涿州孔庙[②]。其实，数量并不止此，据笔者所知，至少还有檀州孔庙、赵州瘿陶（今河北宁晋）孔庙、馆陶孔庙、正定县孔庙等。

唐初，河北地区已有孔庙。例如，檀州孔庙建于唐高宗显庆年间（656～661），具体位置不详。据《旧唐书》卷一八五《韦机传》载，显庆中，韦机为檀州刺史，“边州素无学校，韦机敦劝生徒，创立孔子庙，图七十二子及自古贤达，皆为之赞述”。关于韦机任檀州刺史的具体时间，史载不详，郁贤皓《唐刺史考全编》卷一一八《河北道·檀州》亦只是笼统言显庆中。檀州，治密云（今北京密云），辖区约相当于今密云、平谷、怀柔等区，属于唐河北边州，为山后之地，经济较为落后，文教亦不发达。孔庙的修建，端赖刺史韦机。从韦机敦劝生徒，创立孔子庙的表述来看，当时庙学即已合一。

平山孔庙，原位于今河北平山县城东，宋崇宁二年（1103）平山知县韩实移建于县西南隅。[③] 因此，唐代平山县孔庙的庙址与今孔庙并非一地。它于唐开元二十九年（741），由时任房山县令李立允始建，其事迹和修庙经过详见唐左骁卫仓曹参军李良所撰《文宣王庙颂碑》。此碑民国时期尚存，今已亡佚[④]，但其碑文幸赖方志得以保存，价值弥足珍贵。据清咸丰《平山县志》卷八《艺文志》记载，李立允，字嗣先，时为房山县令，其背景是开元二十七年（739）八月，孔子被追尊为文宣王。修建孔庙，从碑文来看，似乎是恒州的统一行动，其文称“于是，太守因农隙召诸宰而谓曰：‘古者乡有校，而里有官，曰主上之意，本欲敦崇大

① 例如，陈兼《陈留郡文宣王庙堂碑并序》（天宝十一载）（《全唐文》卷三七三，第3788～3789页）、萧定《袁州文宣王庙记》（大历二年）（《全唐文》卷四三四，第4425～4426页），陈留郡（汴州）、袁州的文宣王庙为郡（州）学。程浩《凤翔府扶风县文宣王新庙记》（大历二年）（《全唐文》卷四四三，第4514页）中的扶风县文宣王庙为县学。

② 朱海珍、王玉亮、袁洪升：《河北文庙的保护现状与开发利用》，《河北旅游职业学院学报》2015年第1期，第15～18页。

③ （咸丰）《平山县志》卷四《学校志》，中国地方志集成本，上海书店，2006，第70页。具体迁徙的事迹参见武渐《徙建平山县学记》（宋崇宁二年），（咸丰）《平山县志》卷八《艺文志》，第181页。

④ 据（民国）《平山县志料集》卷一一《名宦·人物》，成文出版社，1976，第115页即云“今碑犹存”。此碑亡佚，蒙平山县博物馆（文庙）李永生馆长见告。

猷，以成比□。绾子男之寄，为风俗之首，文宣之庙岂可替乎?’遂指挥高下之制，揆以坛庙之则”①。按：房山，即平山，属恒州。平山县，本汉蒲吾县，属常山郡，隋改曰房山县。隋恭帝义宁元年（617），置房山郡。唐武德元年（618），置岳州，领房山一县。四年，废岳州，房山属恒州。至德元年（756），改为平山县，仍以恒州为平山郡。②

赵州瘿陶（今河北宁晋）孔庙。据《太平广记》卷三八四《朱同》载：“朱同者，年十五时，其父为瘿陶令。暇日出门，忽见素所识里正二人云，判官令追，仓卒随去。出瘿陶城……同还，独行入城，未得至宅，从孔子庙堂前过，因入廨歇。见堂前西树下，有人自缢，心并不惧。”其中明确提到孔子庙，位于瘿陶城内。瘿陶，唐玄宗天宝元年（742）更名宁晋。③ 从文中仍称瘿陶来看，其故事当发生在天宝元年之前。瘿陶之孔庙，亦可以找到其他线索。例如，唐永徽元年（650），李怀仁以宗室子弟敕授朝议郎，行瘿陶县令。其德政碑赞誉他：“而以为政之本，学校居先，阜俗之原，耕桑是务。于是敦励乡党，黉塾俱开，课租农时，田畴尽辟。”④ 文中罗列李怀仁在瘿陶县令任上的德政，其中重要的一条就是“敦励乡党，黉塾俱开”。虽然未明言孔庙，但联系到唐代庙学合一的特点，故亦不排除他修建了孔庙。如果此推断成立，赵州瘿陶孔庙的历史可追溯至唐永徽元年（650）。

唐“安史之乱”后，河北陷入割据，在河北藩镇统治下一些州、县也先后建立了孔庙，如新乐孔庙、正定县孔庙、定州孔庙、涿州范阳县孔庙等。

新乐孔庙，位于新乐市承安镇中校园内，据乾隆《新乐县志》卷五载，肇建于唐末，五代时毁，旋又重建⑤。今存建筑乃明永乐年间所建。新乐，唐后期属义武镇的定州。

正定县孔庙，位于河北正定县城内育才街西侧，1996 年被公布为第四批全国重点文物保护单位。今尚存照壁、泮桥（已埋地下）、前殿、东庑、西庑和大成殿。其中，大成殿内柱子有明显卷刹，柱头不施普柏枋，仅用栏额。柱头斗拱奇

---

① 李良：《文宣王庙颂》，收入（咸丰）《平山县志》卷八《艺文志》，第 180 页。据郁贤皓《唐刺史考全编》（安徽大学出版社，2000）卷一〇六《河北道 · 恒州》，杜希望在约开元二十七年至二十九年为恒州刺史，第 1480 页。文中所云“太守”，盖系杜希望。

② 刘昫：《旧唐书》卷三九《地理志》，中华书局，1975，第 1503 页。据乐史《太平寰宇记》（中华书局，2007）卷六一《河北道十》“镇州 · 平山县”条（第 1253 页），后汉即于此立房山县，魏晋以来废。隋开皇十六年（596）置房山县，不过是恢复旧称而已。

③ 欧阳修、宋祁：《新唐书》卷三九《地理志》，第 1017 页。

④ 张嘉贞：《赵州瘿陶令李怀仁德政碑》，《全唐文》卷二九九，第 3038 页。

⑤ （乾隆）《新乐县志》卷五，中国地方志集成本，第 27 页。

大，补间铺作无华拱，只有柱头枋，上面刻影拱，梁架由驼峰及斜柱构成。梁思成曾于 1933 年考察该孔庙，他根据大成殿结构之简洁、斗拱权衡之硕大，推测此孔庙当为原有古寺改建，而将佛殿改为大成殿，“疑心它是唐末五代遗物”①。

定州孔庙和涿州范阳县孔庙，在唐后期五代河北孔庙中最为著名，有确切记载，资料也较翔实，分别为河北孔庙中州学和县学的代表。以下将重点介绍，此不赘述。

另外，一些孔庙只云建于唐代，而具体时间不详。例如，馆陶孔庙，据宋陈思《宝刻丛编》卷六引《访碑录》云：“唐文宣王庙碑，在馆陶”②。元改邢州为顺德府，顺德府孔庙旧址位于今河北省邢台市桥东区顺德路，庙内保存较为完好的大成殿建于元代。据（乾隆）《顺德府志》卷三《学校》载：“儒学在府治西北，建自唐，寻废，元至元间重建”③。

以上唐后期五代的河北孔庙从所在镇别来看，包括成德、幽州、义武等镇。魏博镇位于河北中南部，在河北藩镇中位置偏南，经济文化也最为发达。从一些迹象来看，魏博镇境内似乎也存在孔庙。例如，韩允忠为魏博节度使，其神道碑称他在任上，“赋有常期，官无横役。而又立乡校以劝学，敦儒术而奖善。完器甲以彰有备，训卒伍以示有严”④。韩允忠神道碑中只云立乡校，而未言立孔庙，但联系到唐代庙学合一的背景和特点，故立乡校即立孔庙，立孔庙即立乡校，二者难以遽然分割。

二 “天下郡县悉有文宣王庙”的再认识

唐人韦稔《涿州范阳县文宣王庙之碑》开篇即云：“天下郡县悉有文宣王庙，而范阳县无者何?”⑤ 以此作为范阳县建立文宣王庙的根据。时任范阳县令的刘济

---

① 梁思成：《正定古建筑调查纪略》，《梁思成全集》第 2 卷，中国建筑工业出版社，2001，第 38 页。但梁思成《中国建筑史》（百花文艺出版社，2005，第 181 页）则云“可能为五代或宋初所建”。石家庄地区革委会文化局编《石家庄地区文物普查报告》（1977 年内部印刷）则定为五代。按，正定县现存县文庙和府文庙，府文庙位于正定城内常山东路路南，据清光绪元年《正定县志》载，宋熙宁三年（1070）创建，之后金、元、明、清历代均有重修，今仅存戟门和东西庑。

② 陈思：《宝刻丛编》卷六，丛书集成初编本，中华书局，1985，第 132 页。

③ （乾隆）《顺德府志》卷三《学校》，上海书店出版社，2006，第 54 页。

④ 纥干濬：《赠太尉韩允忠神道碑》，《全唐文》卷八一三，第 8557 页。

⑤ 转引自孙继民《复出〈涿州范阳县文宣王庙之碑〉跋》所作录文，收入氏著《中古史研究汇纂》，天津古籍出版社，2016，第 253 页。

在讲述创设文宣王庙时，亦提到朝廷的诏令依据："今朝廷颁宗祀之诏，郡县毕置清庙，溥置明祠"。"清庙"，即指文宣王庙。《唐六典》卷四云："凡州、县皆置孔宣父庙，以颜回配焉。"[①] 元和末年，韩愈称"郡邑皆有孔子庙"[②]。《文献通考》卷四三《学校考四》亦载："自唐以来，州县莫不有学，则凡学莫不有先圣之庙矣。"这给人一种错觉，似乎在唐代（包括唐后期）孔庙在各地州县设置已十分普遍，没有建孔庙者只是个例，但事实上远非如此。

唐贞观四年（630），诏州县皆营孔子庙；咸亨元年（670），又诏州县皆营孔子庙；[③] 建中年间，叛乱甫定，唐德宗又颁此诏。显然，孔庙的修建在全国各地推行并不顺利，故朝廷才屡次下诏。从史籍来看，全国各地的孔庙陆续修建，有早有晚，这一过程延续了较长时间，几乎贯穿唐之始终。例如，对河北道而言，檀州在显庆年间（656～661）才开始修建，这距贞观四年（630）已二十余年。为学界广为征引的杜牧《唐故范阳卢秀才墓志》一文中，墓主卢霈，"生年二十，未知古有人曰周公、孔夫子者"[④]。除了其人"击毬饮酒，策马射走兔，语言习尚，无非攻守战斗之事"的个人性格外，其之所以不知孔夫子者，很大程度可能因为当地并无孔庙。如果有此煌煌建筑，即使目不识丁者，也该知道孔夫子为何人。还比如，今北京之孔庙始建于元，乃是至元六年（1269）在金中都枢密院旧址上所建。《元史·哈剌哈孙传》即云："京师久阙孔子庙，而国学寓他署，乃奏建庙学。"[⑤] 显然，有唐一代今北京地区未建孔庙。以其他地区而言，史称岭南，"自广南祭海十数州，多不立文宣王庙"[⑥]。元和末，在平定淄青李师道后，曹华被任命为沂州刺史、沂海兖观察使。这一带由于李正己家族的长期割据统治，"传袭四世，垂五十年，人俗顽骜，不知礼教"。曹华对将吏说："邹、鲁儒者之乡，不宜忘于礼义。"于是他"躬礼儒士，习俎豆之容，春秋释奠于孔子庙，立学讲经，儒冠四集"[⑦]。再则，《全唐文》（包括《唐文拾遗》《唐文续拾》）中收录有关祀孔的文章59篇，若除去京师国子学祀孔者外，明确表明为州县孔庙的文章不过24篇，其中还有两

---

① 李林甫：《唐六典》卷四《尚书礼部·祠部郎中员外郎》，中华书局，1992，第123页。

② 韩愈：《处州孔子庙碑》，《全唐文》卷五六一，第5678页。

③ 欧阳修、宋祁：《新唐书》卷一五《礼乐志五》，第373～374页。

④ 杜牧：《唐故范阳卢秀才墓志》，《全唐文》卷七五五，第7824页。

⑤ 脱脱：《元史》卷一三六《哈剌哈孙传》，中华书局，1976，第3293页。

⑥ 李昉：《太平广记》卷二六一《南海祭文宣王》引《岭南异物志》，第2038页。

⑦ 刘昫：《旧唐书》卷一六二《曹华传》，第4243页。

篇重复。[①] 当然，《全唐文》所收录的有关地方州县孔庙文章，难免会有遗漏，23 所孔庙绝非唐代州县孔庙的实数，但尽管如此，也可以大致表明孔庙在全国并非普置。虽然唐廷三令五申，直至唐末孔庙在全国仍呈点状零星分布状态，远远没有达到唐廷所期望的“州县皆立文宣王庙”的初衷。因此，州县不立孔庙者，并非唯独河北如此。不过，由于“安史之乱”后河北陷入割据，战乱频仍，不立孔庙的情况较其他地区更为严重而已。孔庙在地方的普遍化，直至元明清时期才得以实现，而唐代不过是孔庙在地方推行的初创时期，距离普遍设置仍有相当长时间。

“安史之乱”后，唐王朝财政困蹙，左支右绌，捉襟见肘，但影响孔庙在地方普及的因素，并不全在此。由于唐代州县修建文宣王庙时，其经费主要由地方自筹，甚至有的地方官不得不自掏腰包。例如，河中府修文宣王庙，节度使浑公（即浑瑊），“出退食之中财，任闲人之余力，属役如素，十旬而成”[②]。许州修文宣王庙，许州牧尚书杜公，“舍己俸为子钱，榷其孳赢，而盐酪钉膏之用给”[③]。元和年间，韩愈任潮州刺史，“刺史出己俸百千，以为举本，收其赢余，以给学生厨馔”[④]。河北地区亦是如此，前面提到的涿州范阳县文宣王庙，乃由时任范阳县令的刘济“直以官俸，给于瓦木、丹铁之费，匠人作徒之要，又以家财散之”[⑤]。他置食钱二百万。[⑥] 关于食钱，有两个含义：1. 粮食与钱财；2. 饭钱。从范阳县文宣王庙官府提供食钱来看，这些生员乃是由官府出资解决其廪食。宋代王安石变法中，规定太学实行三舍法（即分为外舍、内舍和上舍），生员也由此分为三等。宋熙宁五年（1072）八月，外舍生定为七百人，“日给食钱”。显然，宋代外舍生给食钱的制度，最晚可以追溯至唐代。联系其他各地的做法，例如处州孔庙，即是“置本钱廪米，令可继处以守”[⑦]。刘济出己俸二百万，可能也是作为放贷的本钱，以其赢余，作为生徒廪食之费。

“食钱二百万”，在唐代建中年间到底是一个什么概念呢？唐前期官员的俸禄包括职田、实物和钱货三项，到唐后期逐渐发展成为以钱货收入为主[⑧]。由于唐代

① 如韦稔《涿州新置文宣王庙碑》收于《全唐文》卷四八〇，又收于《唐文续拾》卷九。

② 常仲儒：《河中府新修文宣王庙碑》，《全唐文》卷五三一，第 5395 页。

③ 刘禹锡：《许州文宣王新庙碑》，《全唐文》卷六〇八，第 6146 页。

④ 韩愈：《潮州请置乡校牒》，《全唐文》卷五五四，第 5612 页。

⑤ 转引自孙继民《复出〈涿州范阳县文宣王庙之碑〉跋》所作录文，氏著《中古史研究汇纂》，第 254 页。

⑥ 孙继民：《复出〈涿州范阳县文宣王庙之碑〉跋》，氏著《中古史研究汇纂》，第 254 页。

⑦ 韩愈：《处州孔子庙碑》，《全唐文》卷五六一，第 5678 页。

⑧ 黄惠贤、陈锋：《中国俸禄制度史》，武汉大学出版社，1996，第 175 ~ 245 页。

币值前后变化剧烈，很难定出一个固定标准。据《李文公集》卷九载，元和末年，一斗米合五十钱。唐代官员的俸禄由月俸、食料、杂项等部分组成，《唐会要》卷九一载，开元二十四年（736）定令：六品，五千三百，月俸二千三百，食料四百，庶仆二千二百，杂用四百文；七品，四千五十，月俸一千七百五十，食料三百五十，庶仆一千六百，杂用三百五十文。唐代的上县县令，从六品上；中县，正七品上；中下县，从七品上；下县，从七品下[①]。“先朝次列县之级，第为望”[②]，范阳县令至多不过从六品上。至德二年（757）以后，内外官并不给料钱，郡府县官给半禄；乾元元年（758），外官给半料，与职田，京官不给料[③]。但这均属战争环境中的权宜之策。随着大乱甫定，俸禄也逐渐恢复正常。大历十二年（777）四月二十八日，度支奏加给京百司文武官及京兆府县官每月料钱等[④]，但未涉及地方官。张国刚据《唐会要》卷九一所列唐后期地方官俸表，其中县令俸料不过40贯，即四万。若以此估算，刘济所拿出的以充食钱的二百万钱，相当于他50个月，即四年多的官俸，其数额是相当可观的。虽然唐后期地方官员月俸规定了定额，但实际上由于两税法采取地方财政包干的办法，有些方镇和州县官员俸钱收入大大超过额定数目，而一些边远地区则无俸钱可充。换言之，唐代地方官的法定俸入与实际收入的差别往往是很大的。[⑤] 另外，孔庙的日常运转及维护也是一笔不小的开支，虽然朝廷三令五申，但各地修建孔庙的积极性并不高，故修建孔庙往往作为地方官的德政和政绩，并书诸史，勒诸碑，以图流传后世。特别是唐后期五代，河北战乱频仍，时局动荡，“当俶扰之运，行邹鲁之道”[⑥]，显得尤为难得。

综合以上可知，有唐一代，孔庙在全国各地推行颇为艰难，州县孔庙的建立并不普遍。只有在此背景下考察唐后期五代河北地区的孔庙，对于河北藩镇修建孔庙的现象及其所出现的问题，才会有较客观、全面的认识，也才能更深入体察到其价值和意义。长期以来，对河北藩镇社会的认识，学术界多是基于朝廷—地方的解释框架以及唐王朝自上而下的视角。在中央史观的支配下，河北藩镇是叛逆的，河北

---

① 欧阳修、宋祁：《新唐书》卷四九下《百官志四下》，第1318～1319页。

② 转引自孙继民《复出〈涿州范阳县文宣王庙之碑〉跋》所作录文，氏著《中古史研究汇纂》，第253页。

③ 王溥：《唐会要》卷九一《内外官料钱上》，第1655页。

④ 王溥：《唐会要》卷九一《内外官料钱上》，第1655页。

⑤ 张国刚：《唐代官制》，三秦出版社，1987，第174页。

⑥ 高讽：《太师中书令北平王再修文宣王庙院记》，陆心源编《唐文续拾》卷七，中华书局，1983，第11248页。

社会是“戎区”“污俗”，几乎一片黑暗。虽然自20世纪80年代以来，在以张国刚为代表的学人的努力下，廓清了对河北藩镇社会的一些错误认识，但与全面客观认识河北藩镇社会仍有相当大的距离，而且这些认识大多缺乏充足的材料支撑，缺乏具体的论证。近年来，在进行河北藩镇个案研究的基础上，顾乃武、张天虹、仇鹿鸣等学者从河北藩镇社会自身的角度，试图重新认识河北社会，大大推进了对河北藩镇的研究。以下试以定州孔庙和涿州范阳县孔庙为切入点，以期对加深河北藩镇社会的认识有所裨益。

三 定州孔庙的始置及重修

定州，乃唐代义武节度使会府所在地，其地位远非一般属州可比。据学界一般认识，定州孔庙始建于唐宣宗大中年间，是由义武节度使卢简求主持修建的。宋庆历年间，韩琦曾知定州，任定州安抚使。他在《定州儒学记》一文中，追溯定州孔庙的历史时云：“夫子之庙，阅旧记，始于大中末州帅卢公简永（当为‘求’——引者注），以庙本会昌所废天祐佛祠，其制犹若浮屠氏所居，乃更而大之。”[①] 易言之，定州孔庙乃是利用唐武宗会昌灭佛后的废寺（天祐寺）改建而成，故在建筑格局上仍保留了佛寺的一些特点。其中，提到卢简求修建定州孔庙的时间是大中末。旧方志或言为大中二年[②]，其谬误赫然，自不待言。贾敏峰据《旧唐书》卷一六三《卢简求传》和《旧唐书》卷一八下《宣宗纪》，卢简求大中十一年（857）八月，迁检校工部尚书、定州刺史、义武节度使。十三年，为凤翔陇西节度观察等使，由此推断当在大中十一年或十二年。[③] 其观点亦有可议之处。

首先，卢简求修建定州孔庙的史实，源于唐人卢肇所撰《唐定州文宣王庙记》。此碑已亡佚，碑文也未流传下来，但幸赖历代金石著作对此碑有所著录，使我们可以获知其吉光片羽。例如，宋赵明诚《金石录》卷一〇“唐定州文宣王庙庙记”条云：“卢肇撰并正书。大中十三年八月”[④]。宋陈思《宝刻丛编》亦云：

---

① （道光）《定州志》卷二一《艺文》，成文出版社，1969，第1811～1812页。（光绪）《畿辅通志》卷一五二《金石十五》（续修《四库全书》本），第8671页，引韩文作《文宣王庙》。

② 乾隆三十年定州知州沈鸣皋《重修文庙记》和乾隆五十九年定州知州郭守璞《重修文庙碑记》。此二碑文均见于（道光）《定州志》卷二二《艺文》，第1990～1993页。

③ 贾敏峰：《定州文庙考》，《文物春秋》2010年第2期，第53～61页。

④ 赵明诚著，金文明校证《金石录校证》卷一〇，上海书画出版社，1985，第200页。

“卢肇撰并行书，大中十三年八月立。”[①] 光绪《畿辅通志》卷一五二引《宝刻类编》云：“卢肇撰并正书，大中十三年八月定。”[②] 其中，均提到了大中十三年八月。此为碑的刻立时间，文宣王庙之告竣当然应在此之前，但不会相距太远。

其次，按照常理，卢肇此文当撰于卢简求义武节度使之任上。大中十三年（859）八月七日唐宣宗崩，十三日懿宗即位，次年十一月才改元咸通，在此之前仍使用大中年号。故大中末，可指大中十三年至十四年。郁贤皓《唐刺史考全编》卷一一二《河北道·定州》将卢简求为定州刺史的时间系于大中十一年至十三年。[③] 易言之，卢简求在大中十三年时仍任义武节度使。

最后，天祐十三年（916）七月，义武节度使王处直对定州孔庙又进行了一次大规模重修，其经过见录于《太师中书令北平王再修文宣王庙院记》。[④] 该碑撰者并书丹者为高讽。高讽生卒年不详，文中其题衔为“节度巡官、朝请郎、检校尚书工部员外郎、侍御史、柱国、赐绯鱼袋”[⑤]，系王处直幕吏。他工书，《中国书法家大辞典》列有专门词条。该碑立于天祐十五年戊寅四月二十一日[⑥]，正书，原碑已佚，但碑文尚存，其中提到王处直以先师庙“摧朽攸深，今所余者，唯列序旧基、修廊遗堵矣”[⑦]，命步军都虞候王超主持修葺工程。从天祐十三年七月十九日始修正殿，前后历时不足一年，即竣工。由于此碑文为迄今留存于世的关于定州孔

① 陈思：《宝刻丛编》卷六，中华书局，1985，第155页。

② （光绪）《畿辅通志》卷一五二《金石十五》，第8671页。

③ 郁贤皓：《唐刺史考全编》卷一一二《河北道·定州》，第1561页。

④ 陆心源：《唐文续拾》卷七，第11248页。而（道光）《定州志》卷二一《艺文》作《中书令北平王王处直文庙记》（第1784页）。（民国）《定县志》（成文出版社，1969）卷一八《金石篇上》也有收录，题为《再修文宣王庙院记》（第1034页）。孙星衍、邢澍《寰宇访碑录》（《续修四库全书》第904册《史部·金石类》）卷四题曰《北平王再修文宣王庙院记》（第458页）。

⑤ 陆心源：《唐文续拾》卷七，第11247～11248页。“工”字，原文缺，今据（道光）《直隶定州志》卷二一《艺文志》所录文末高讽题衔补。

⑥ 陆心源：《唐文续拾》卷七，第11249页。按：（道光）《直隶定州志》卷二一《艺文志》和（民国）《定县志》卷一八碑文中均误作十九年。天祐十五年（918），实即后梁贞明四年。当时唐已灭亡，为后梁所代。朱温统治末年，已不能控制义武。梁开平四年（910），镇州王镕、定州王处直叛梁，转附于晋，朱温遣宁国军节度使王景仁为北面行营招讨使以讨之。在这种背景下，镇、定两镇遂弃用梁开平年号，复使用唐天祐年号。王处直墓志也题曰“大唐”，显示其仍以唐臣自居。

⑦ 陆心源：《唐文续拾》卷七，第11249页。按：先师庙，即孔子庙。据《唐会要》卷三五《褒崇先圣》，贞观二年十二月，采纳尚书左仆射房元龄、国子博士朱子奢建议，停祭周公，升夫子为先圣，以颜回配享。贞观二十一年，改以孔子为先圣，左丘明等二十二人与颜回为先师。但其后又有反复，据永徽令文，又改以周公为先圣，黜孔子为先师，颜回、左丘明并为从祀。称孔子为先师，盖即源于此。但显庆间，又以孔子为先圣，颜回为先师（第635～636页）。虽然此后孔子为先圣，颜回为先师未再变化，但唐代史籍，仍习惯称孔子为先师。例如，《唐会要》卷三五《释奠》云，开元二十六年正月敕，诸州乡贡见讫，令引就国子监谒先师（第642页）。

庙的最早文字记录，弥足珍贵。（道光）《直隶定州志》等方志所录多有节文[①]，陆心源《唐文续拾》卷七中所录乃照原碑（或拓片）移录，虽然由于原碑磨泐残缺，一些地方存在缺文，乃至识读错误，但较好地保留了该碑的原始信息。碑中云："以今之去范阳公又六十载，顾时虽未久，而摧朽攸深。"高讽在陈述重修文宣王庙之原因时，提到了虽然距离卢简求（即范阳公）所建不过六十年时间，但孔庙已"摧朽攸深"。从天祐十五年（918）向上逆推60年，正好是大中十三年（859）[②]。

故综上可知，义武节度使卢简求修建定州孔庙的时间应在大中十三年。但上揭高讽《太师中书令北平王再修文宣王庙院记》中透露出来的一些蛛丝马迹来看，似乎卢简求这次修建也是重修。其中云："且以先师庙，昔日大中岁，范阳卢公仗钺东山，因命再葺。"[③]"范阳卢公"，即卢简求。"因命再葺"，显示卢简求对孔庙进行了第二次修葺，但这可有两种理解：一是两次都是在卢简求主持下进行的；一是卢简求是在前人基础上进行修葺的。考虑到卢简求任义武节度使不过两年，在短短两年时间中，他创修后再进行重修的可能性不大，而第二种可能性较大。因此，大中十三年他所谓的"始修"，实际上也是重修。如果此推测属实，定州孔庙的始建应在大中十三年之前。

四　涿州范阳县文宣王庙的始建与重修

涿州是幽州镇之巡属，原属幽州，大历四年（769）析置。《涿州范阳县文宣王庙之碑》立于唐德宗贞元五年（789）二月二十日，原石现立于河北省涿州市清行宫碑廊内，据说出土于涿州孔庙（位于涿州市城内文昌祠街）[④]。该碑通高203厘米，碑首高71厘米，宽98厘米，厚20厘米。碑阳旧拓收于《北京图书馆藏中国历代石刻拓本汇编》，该图版属于早期拓片，内容除了若干文字漫漶外比较完整[⑤]。1998年此碑复出后，涿州文管所重新制作了碑阳的拓片。此新拓和录文已收

---

① （道光）《直隶定州志》卷二一《中书令北平王王处直文庙记》文后编者所加按语云："按篇中语多谄谀，本宜删刷，因州学唐碑惟此，姑录之，亦以见当时节度之尊大也"。虽曰不删刷，但实际上删削甚多。

② 王处直的文庙重修工程，据碑文始于天祐十三年（916），但所谓六十年不能从此计起，而应从撰者高讽为文的时间计。

③ 陆心源：《唐文续拾》卷七，第11246页。

④ 孙继民：《复出〈涿州范阳县文宣王庙之碑〉跋》，氏著《中古史研究汇纂》，第253页。

⑤ 北京图书馆金石组编《北京图书馆藏中国历代石刻拓本汇编》第28册，中州古籍出版社，1989，第59页。

录于《涿州贞石录》[①]。孙继民根据新拓，并辅以《全唐文》《唐文续拾》和民国《涿县志》的录文，对该碑的碑文进行释录和校勘，考订出作者为韦稔。其释文是"目前最接近碑石原貌、内容最全（包括题撰人和建碑人）、文字最多的涿州范阳县文宣王碑记"[②]。以下所引该碑文，均据孙继民之录文，不再一一标注。

该碑记载了刘济在建中年间（780～783）出任涿州范阳县令时修建文宣王庙的事迹。关于刘济建立文宣王庙的情况，又见于权德舆所撰《刘济墓志》："公（刘济）乃修先师祠堂，选幼壮孝悌之伦，春秋二仲，行释菜乡饮酒之礼，生徒俎豆，若在洙泗。"[③]

刘济为幽州节度使刘怦之子，贞元元年（785）九月继任节度使，元和五年（810）七月卒。《新唐书》本传言其"游学京师，第进士，历莫州刺史"[④]。权德舆所撰墓志也云："始以门子，横经游京师，有司擢上第。参幽州军事，转兵曹掾，历范阳令，考绩皆为府中最。"[⑤] 建中初，其父刘怦为涿州刺史，刘济任范阳县令时，"年始弱冠"，很可能是在进士及第后刚踏入仕途不久。在建中三年（782），唐廷的削藩战争取得进展且似乎即将收获全面胜利之际，唐德宗封孔子之后并广建学校。身为范阳县令的刘济响应"朝廷颁宗祀之诏"，兴建了范阳县学。[⑥]

此碑为学界所重视，特别是孙继民、张天虹曾撰有专文探讨[⑦]。孙继民指出，此文宣王庙是范阳县孔庙而非涿州孔庙，解决了该孔庙的性质是属于州学还是县学的问题[⑧]。张天虹指出，贞元元年（785）前后，幽州所面临的动荡的政治秩序和残破的社会经济环境，使得节度使刘济需要休养生息，因此就要对中央恭顺，而《文宣王庙碑》之立，是对唐廷政策的一种呼应，是恭顺的表现之一[⑨]。两位学者

---

① 杨卫东等主编《涿州贞石录》，北京燕山出版社，2005，第26～27页。

② 孙继民：《复出〈涿州范阳县文宣王庙之碑〉跋》，氏著《中古史研究汇纂》，第255页。

③ 权德舆：《故幽州卢龙军节度副大使知节度事管内支度营田观察处置押奚契丹两番经略卢龙军等使开府仪同三司检校司徒兼中书令幽州大都督府长史上柱国彭城郡王赠太师刘公墓志铭并序》，《全唐文》卷五〇五，第5139页。

④ 欧阳修、宋祁：《新唐书》卷二一二《刘济传》，第5974页。

⑤ 权德舆：《故幽州卢龙军节度副大使知节度事管内支度营田观察处置押奚契丹两番经略卢龙军等使开府仪同三司检校司徒兼中书令幽州大都督府长史上柱国彭城郡王赠太师刘公墓志铭并序》，《全唐文》卷五〇五，第5139页。

⑥ 孙继民：《复出〈涿州范阳县文宣王庙之碑〉跋》，《中古史研究汇纂》，第254页。

⑦ 孙继民：《复出〈涿州范阳县文宣王庙之碑〉跋》，《中古史研究汇纂》，第254页；张天虹：《唐后期幽州镇的"忠义"观：从〈涿州范阳县文宣王庙之碑〉说起》，《唐研究》第24卷，北京大学出版社，2019，第373～396页。

⑧ 孙继民：《复出〈涿州范阳县文宣王庙之碑〉跋》，《中古史研究汇纂》，第258页。

⑨ 张天虹：《也释幽州卢龙节度使刘济的"最务恭顺"》，《北京社会科学》2017年第6期，第70页。

关于此碑性质、建立背景和原因的探讨大大推进了有关研究，但为学界所忽视的一点是，刘济并非范阳县孔庙的肇建者，不过是重修而已。

首先，该碑在铺叙了范阳县的历史、人口、地理沿革等之后，开始切入主题："然此为邑者率以多故，未遑建置，春秋释莫[①]，盖伺州之已事，假笾豆、寄升降于故阶。"在刘济为范阳县令之前，由于无文宣王庙，春秋释奠时，只好将笾豆等祭器牺牲摆放在"故阶"。再者，刘济于建中初为范阳县令，"操长是邑，睹兹遗阙，喟然叹息，顾其僚老曰……"。他感于孔子作为至圣先师，而时享无所，生徒亦无所讲习，故才发意建立文宣王庙。

"故阶""遗阙"等词，颇值得注意。显然，所谓"故阶""遗阙"应指原来文宣王庙的"故阶""遗阙"，因为只有这样，春秋释奠时才有可能摆放笾豆等祭器祭品，以及刘济的喟叹才能得以合理的理解。换言之，建中初年之前即刘济修文宣王庙之前，范阳县原有的文宣王庙，因种种原因已圮废，但遗址（废墟）尚在。由于刘济所修建的文宣王庙，不是在原址重修，而是另辟新址，"乃视县前近里之爽垲，心规其制，目划其地，度广狭之量，平庐舍之区，发其居人"。这是历来将范阳县孔庙始建者归于刘济的重要原因。当然，刘济的特殊地位也是原因之一。

幽州镇位于河北三镇最北端，经济文化水平相对其他两镇总体落后，"比屋之人，被缦胡而挥盂劳，不知书术"[②]。刘济曾游学京师，并进士及第，善于作诗。他在任涿州范阳县令时，之所以能够修复文宣王庙，兴办学舍，并选择名儒教授，当与其经历不无关系。他置食钱二百万，生徒三十人。[③] 春秋二仲，行释菜乡饮酒之礼，向人们灌输孝悌仁义之道，"生徒俎豆，若在洙泗"，世风为之丕变。张天虹根据该碑碑文第 2 行（唐碑的这一行一般都是撰者的姓名和结衔）书"幽州观察判官"指出，作者韦稔是以幽州节度使府僚佐，而不是以涿州刺史的僚佐身份来撰写此碑的，它虽然立于涿州，但很有可能是刘济授意或者暗示，至少也是默许的。另外，他根据碑阴模糊的题名推测，刘济当有亲赴涿州现场参与"立碑仪式"

① "释莫"当为"释奠"，此点张天虹已指出，见《唐后期幽州镇的"忠义"观：从〈涿州范阳县文宣王庙之碑〉说起》，第 386 页。

② 权德舆：《故幽州卢龙军节度副大使知节度事管内支度营田观察处置押奚契丹两番经略卢龙军等使开府仪同三司检校司徒兼中书令幽州大都督府长史上柱国彭城郡王赠太师刘公墓志铭并序》，《全唐文》卷五〇五，第 5139 页。

③ 韦稔《涿州新置文宣王庙碑》（《全唐文》卷四八〇，第 4905 页）云生徒三千人。《唐文续拾》卷九（第 11270 页）录作三十人。对照杨卫东、黄涿生主编《涿州贞石录》（北京燕山出版社，2005，第 26 页）所录此碑图版，以三十人为是。

的可能。[①] 由此，此孔庙碑的意义已超出了范阳县的范围，而应被抬至整个幽州镇的高度进行考察。

在刘济之后，唐德宗贞元年间，在时任范阳县令宋畯方主持下又对文宣王庙进行了一次修缮。宋畯方，广平人，以能名，自蓟县迁任范阳县令。在他任职期间，又对该县文宣王庙学舍、琴堂等建筑进行了修缮，“学舍异文翁之后，罔或缮修；琴堂挹子贱之风，恒余局蹐。”从建中初，至贞元五年（789），尚不足十年。时刘济为幽州节度使，范阳县文宣王庙作为他在任时的一项重要政绩，其继任者为了讨好刘济，故又对文宣王庙重新进行了修缮，正如碑文所述：“政率由旧，履公之躅，守而勿失，睹公之为，跂而不及。”故此次重修，原来的格局应该不会有什么变动。

五　唐后期五代河北孔庙的建筑格局

《礼记·文王世子》言：“凡始立学者，必设奠于先圣先师。”[②] 贡举人入京之前也要先行乡饮酒礼，拜谒先师。高明士将唐代释奠礼的变迁，划分为武德贞观时期、永徽显庆时期、开元时期三个不同的发展阶段，并分析了释奠礼制于儒家道统成立之间的关系。[③] 唐代地方孔庙的发展与释奠礼基本同步。贞观初，开始规定州县建孔庙，至开元二十七年地方孔庙制度基本完备，其标志是《大唐开元礼》卷六九专门设有《诸州释奠于孔宣父》，卷七二设有《诸县释奠于孔宣父》。随着“安史之乱”的爆发，地方孔庙的建设一度中断，但“安史之乱”结束后又随之恢复。[④] 有唐一代，由于孔子地位的不断抬升，孔庙的选址和建筑布局也逐渐整饬化，开始具有统一的规制。

首先，孔庙选址向衙署集中。在中国古代，衙署为政治中心所在，也是全城重心，故在一定程度上，距离衙署位置的远近成为衡量其地位的重要指标。上揭赵州瘿陶孔庙材料中，朱同作为瘿陶县令之子，他从孔子庙堂经过，而进入官廨，显然

① 张天虹：《唐后期幽州镇的“忠义”观：从〈涿州范阳县文宣王庙之碑〉说起》，未刊稿。

② 《礼记·文王世子》，北京古籍出版社，1996，第776页。

③ 高明士：《隋唐庙学制度的成立与道统的关系》，《台湾大学历史学系学报》1982年第9期，第93～122页；高明士：《唐代的释奠礼制及其在教育上的意义》，《大陆杂志》第61卷第5期，1980，第20～38页。

④ “安史之乱”结束后，大乱甫定，唐廷即诏地方建立文庙。例如，据《京兆金石录》，鄠县有《唐修文宣王庙碑》，唐乐坤撰，宝应二年（763）立。转见陈思《宝刻丛编》卷八，第255页。

此孔庙即在县衙附近。从现有资料观之，唐后期的孔庙亦多设在州县衙署附近。例如，唐建中初，范阳县令刘济所建文宣王庙，“乃视县前近里之爽垲”①。

其次，孔庙主体建筑南向固定化。据神龙元年（705）正月一日敕文规定，诸州孔子庙堂，有不向南者，改向正南。② 中国建筑多为面南背北，这样便于接受日照。更重要的是，在讲究尊卑秩序的古代，南向为尊位。由于地势及建筑布局的原因，一些地区的孔子庙堂可能不是南向，至此为了突出孔庙地位的尊显，唐廷以敕令的形式要求一律改为南向。

再次，主殿内孔子及其弟子配置固定化。唐高宗显庆中，释奠礼中的先圣先师，已退周公而进孔子为先圣，以颜渊为先师配享，周公则作为名臣，配享于周武王庙，以后遂为定制。开元八年（720）三月十八日，采纳国子司业李元瓘的奏言，下诏规定在国子监庙堂中，先师颜回以及十哲由立侍改为坐像，悉令从祀。曾参特为塑像，坐于十哲之次，孔门七十弟子及先儒二十二贤并图形于庙堂四壁。③ 开元二十七年（739）八月诏，两京国子监及天下诸州，夫子南面坐，十哲等东西行列侍。④ 由于孔子被追谥为文宣王，按照王者之礼，自是始用宫悬之乐。⑤ 又敕两京及兖州旧宅庙像，改服衮冕。至于诸州及县，由于庙宇既小，在执行中有所变通，在服饰上没有硬性要求，孔子像但移南面，不须改其衣服。⑥ 由此可知，开元二十七年之后，孔庙中孔子南向坐，十哲等东西两行坐侍，还有先贤、先儒等配置。包括河北在内各地州县孔庙中，孔子只是端坐于南面之位，但未服帝王之衮冕，在服饰上与两京及兖州孔子旧宅有所不同。

最后，庙、学格局初步形成。自唐太宗贞观四年（630）诏州县皆立孔子庙始，孔庙与州（府）县学即融为一体，以学兼庙，或以庙兼学，称为“学宫”“庙学”。明清方志中，孔庙多附记于学校（或学宫）中即源于此。其建筑规制，无论

---

① 孙继民：《复出〈涿州范阳县文宣王庙之碑〉跋》录文，氏著《中古史研究汇纂》，第 254 页。

② 王溥：《唐会要》卷三五《褒崇先圣》，第 638 页。

③ 王溥：《唐会要》卷三五《褒崇先圣》，第 639 页。《旧唐书》卷一八五《韦机传》载，显庆中，韦机为檀州刺史。“边州素无学校，韦机敦劝生徒，创立孔子庙，图七十二子及自古贤达，皆为之赞述。”（第 4795 页）所谓“自古贤达”，即所谓“先儒二十二子”。又《韦机传》言“七十二子”，《唐会要》云“七十子”，乃是因为颜回和曾曾地位特殊，故不计在内。

④ 王溥：《唐会要》卷三五《褒崇先圣》，第 637 页。又见《追谥孔子十哲并升曾子四科诏》，《全唐文》卷三一，第 347 ~ 348 页；《旧唐书》卷二四《礼仪志四》，第 920 ~ 921 页；《旧唐书》卷九《玄宗纪》，第 211 页。

⑤ 刘昫等：《旧唐书》卷二四《礼仪志四》，第 921 页。

⑥ 王溥：《唐会要》卷三五《褒崇先圣》，第 638 页。

是州（府）学，还是县学，一般前庙后学，或左庙右学。例如，唐代昆山县，“县有文宣王庙，庙堂之后有学室”[①]。

唐代州县孔庙的建筑格局，传统典籍中未留下具体记载，只能通过当时孔庙碑铭的零星记载以窥其端绪。例如，高讽所撰《太师中书令北平王再修文宣王庙院记》提及定州孔庙在王处直未修前，“今所余者，唯列序旧基，修廊遗堵矣”。主体建筑大殿（正殿）已毁，仅有列序、修廊。相对而言，王处直所修孔庙的记载较为完整，为我们了解当时孔庙的建筑格局提供了宝贵的资料。高讽不无自豪地宣称，此孔庙之修置：“然犹于范阳公前所制置之外，复添建堂室至多，则夫子之庙宇大备矣。”[②] 换言之，此次重修在卢简求时旧有格局之外，又添设了不少堂室。其建筑格局大致如下。

（1）正殿。此乃孔庙的主体建筑，供奉有孔子及其从祀弟子、先贤、先儒的画像（塑像），州县官员在此进献牺牲贡品，祭拜孔子。[③] 建中初年，范阳县孔庙正殿中，“圣贤之象备，馈奠之器具”[④]。王处直所修《定州孔庙碑记》更是极言其雄伟华丽：“取规大壮，绮栋交耸，绣桷横飞，藻棁沉沉，璇题灼灼，焕乎华构。肃然清庙，所以火藻龙章，备若鲁堂之貌；桓珪穀璧，襜如沂水之贤。栋宇轮奂，象设咸备，訚訚列侍，翼翼有容。”“訚訚列侍”，即指从侍两边颜回、子夏等所谓“十哲”。至于先贤、先儒等图形于壁[⑤]，与《唐六典》《大唐开元礼》等的规定是一致的。

（2）三礼堂。三礼，系指古祭天、地、宗庙之礼。《尚书·舜典》云：“帝曰：‘咨！四岳，有能典朕三礼？’”孔传：“三礼，天、地、人之礼。”此处“三礼”，盖泛指儒家之礼。唐制规定，仲春上丁，州、县官行释奠之礼；仲秋上丁亦如之。[⑥] 三

---

① 梁肃：《昆山县学记》，《全唐文》卷五一九，第5275页。

② 高讽：《太师中书令北平王再修文宣王庙院记》，《唐文续拾》卷七，第2249页。

③ 《大唐开元礼》（民族出版社，2000）卷六九《诸州释奠于孔宣父》记载：“前享三日，刺史散斋于别寝二日，致斋于厅事一日。”并注云：“上佐为亚献，博士为终献。刺史、上佐有故，并以次差摄。博士有故，次取参军事以上摄。”（第355页）卷七二《诸县释奠于孔宣父》：“前享三日，县立散斋于别寝二日，致斋于厅事一日。”后注曰：“丞为亚献，主簿及尉通为终献。若县立以下有故，并以次差摄。县官不足，以州官判佐以下及比县官充。”（第366页）

④ 孙继民：《复出〈涿州范阳县文宣王庙之碑〉跋》录文，《中古史研究汇纂》，第254页。

⑤ 例如，韩愈《处州孔子庙碑》（《全唐文》卷五六一，第5678页）亦载：“既新作孔子庙，又令工改为颜子至子夏十人像，其余六十二子，及后大儒公羊高、左丘明、孟轲、荀况、伏生、毛公、韩生、董生、高堂生、扬雄、郑玄等数十人，皆图之壁。”

⑥ 李林甫：《唐六典》卷四《祠部郎中员外郎》，中华书局，1992，第122页。

礼堂，当系置放钟、磬等礼器乐器之地，“览之见历代礼备矣”[①]。韦稔《涿州范阳县文宣王庙之碑》提到的“琴堂”，即其中的一部分。

（3）斋院。此系供养置备祭祀用品的处所，“以为释菜三献修斋之所”[②]。开元之后，孔宣父（孔子）、齐太公（姜尚）祭祀属中祀。[③] 州县释奠于孔子与祭社稷规格相同，都以少牢。[④] 开元十一年（723）九月七日敕，春秋二时释奠，诸州府并停牲牢，唯用酒脯。[⑤] 但旋即恢复如旧。

以上系祭祀建筑，而以下庙学建筑部分为唐代新增加，设有博士、助教等教授诸生。

（1）学院。为孔庙中生徒受业之地，即韦稔《涿州范阳县文宣王庙之碑》所云之“学舍”。

（2）讲书堂。又名“讲堂”。韩愈《处州孔子庙碑》提到处州孔子庙中，“选博士弟子必皆其人，又为置讲堂，教之行礼，肄习其中”。其功能在于“以俟近思切问之士”[⑥]。

（3）长廊广室。系生徒居止之处，“以止青衿横经之子”[⑦]。“长廊”，当犹如高讽所撰定州孔庙碑中，在王处直未修前之“修廊”。

庙学作为教育机构，应有一定的藏书之处。唐大历年间，昆山县孔庙中，“大启宇于庙垣之右，聚五经于其间”[⑧]。开成年间，许州刺史杜公所修文宣王庙亦云：“藏经于重檐。”[⑨] 包括河北在内的其他各地亦当如此，不过其位置可能因地而异，规模也或大或小。

从以上格局来看，唐后期五代孔庙中包括庙堂和学室（学院）两部分的格局已确定。正殿，犹如后世的大成殿（先师殿）；学院，犹如后世的明伦堂；斋堂也为后世必备。学室在庙堂之后[⑩]，或者左庙右学，其格局特点亦为后世所继承。至

---

① 高讽：《太师中书令北平王再修文宣王庙院记》，《唐文续拾》卷七，第 11249 页。

② 高讽：《太师中书令北平王再修文宣王庙院记》，《唐文续拾》卷七，第 11249 页。

③ 《大唐开元礼》卷一《择日》，第 12 页；《唐六典》卷四《祠部郎中员外郎》，第 120 页。

④ 李林甫：《唐六典》卷四《膳部郎中员外郎》：“若诸州祭岳镇海渎、先代帝王，以太牢；州县释奠于孔宣父及社稷，以少牢。”第 128 页。

⑤ 王溥：《唐会要》卷三五《释奠》，第 642 页。

⑥ 高讽：《太师中书令北平王再修文宣王庙院记》，《唐文续拾》卷七，第 11249 页。

⑦ 高讽：《太师中书令北平王再修文宣王庙院记》，《唐文续拾》卷七，第 11249 页。

⑧ 梁肃：《昆山县学记》，《全唐文》卷五一九，第 5275 页。

⑨ 刘禹锡：《许州文宣王新庙碑》，《全唐文》卷六〇八，第 6146 页。

⑩ 梁肃：《昆山县学记》（《全唐文》卷五一九）：“先是县有文宣王庙，庙堂之后有学室。”第 5275 页。此学室在庙堂之后。

于其他附属建筑，如戟门、泮池、棂星门、乡贤祠、名宦祠等在唐后期五代似乎尚未建立，直至元明清时期才陆续出现。

余 论

隋和唐前期，河北儒学方面名家辈出，在全国也处于执牛耳的地位，号称“诸夏之冠冕”[①]。天宝年间，常山太守颜杲卿曾言：“今河北殷实，百姓富饶，衣冠礼乐天下莫敌。”[②] 河北儒学以其鲜明的地域特色，构成了隋唐盛世文化的重要组成部分。[③] 但由于河北世家大族的“中央化”[④]，陆续迁出向两京集中，河北地区在唐前期已出现了所谓的“空心化”现象。特别是“安史之乱”后，河北陷入藩镇割据，受战乱频仍、政局动荡和人才流失等因素影响，河北学术文化衰微不振，陷入低潮。唐后期孔庙的修建就是这个背景下的产物，它从一个具体层面牵扯到了河北藩镇与唐廷之间复杂的关系。

河北藩镇虽然是典型的割据型藩镇，节度使父死子继，自署文武将吏，租赋不入于中央，与顺地藩镇相比具有一定程度的独立性，但本质上仍是唐王朝一级地方行政单位，不宜将其割据绝对化。他们也遵守唐王朝之政治经济制度，例如河北三镇也实行了两税法，节度使由中央册命给予形式上的承认，河北士子也以科举为入仕之正途，唐王朝在各镇设监军院，各镇在长安也设进奏院，诸此等等。[⑤] 同样，河北地区孔庙的修建，也是河北藩镇奉事唐廷的象征，体现了其对唐王朝的依附性。它们与河北藩镇节度使所建立的德政碑相似，也具有一定的政治景观功能。

同时，应看到河北藩镇社会的前后变化，那就是总体上趋于文质化。陈寅恪揭示河北与长安存在着不同社会与文化特质。[⑥] 但揆诸典籍，陈寅恪以及当今一些论者或许将这种差别扩大化了，特别是随着河北藩镇中以节度使为代表的职业军人集团的文质化，河北与长安之间的文化鸿沟已日趋消泯。河北藩镇中，其统治支柱和

---

① 王夫之：《读通鉴论》卷二六《唐穆宗一》，中华书局，1975，第903页。

② 司马光：《资治通鉴》卷二一七，唐玄宗天宝十四载十二月条《考异》引《河洛春秋》，第6946页。

③ 杜荣泉、冯金忠：《燕赵文化史稿》（隋唐五代卷），河北教育出版社，2013，第92页。

④ 按照毛汉光的观点，迁徙过程从北朝开始几乎贯穿唐代的始终，但最大的迁徙风潮出现在唐高宗、武后及唐玄宗时期，到“安史之乱”前基本完成。参见毛汉光《从士族籍贯迁移看唐代士族之中央化》，氏著《中国中古社会史论》，上海书店出版社，2002，第234～333页。

⑤ 张国刚：《唐代藩镇研究》，湖南教育出版社，1987，第83～89页。

⑥ 陈寅恪：《唐代政治史述论稿》，上海古籍出版社，1998，第34～47页。

社会基础是以牙兵为核心的职业军人集团，当地世家大族的地方代表性不断丧失，并被边缘化。但是，他们中的一些人也被吸纳进统治机构中，构成了藩镇体制的一部分，反映出河北藩镇统治者对这些在籍士族借助而不倚重的特点。[①] 因此，对于河北藩镇，既要看到统治者“繁刑暴赋，惟恤军戎，衣冠士人，遇如奴虏”[②] 的一面，也要看到河北藩镇统治下不少节度使和地方官员招徕士人、奖掖学术、敬教劝学的一面。杨志玖论述了儒学在制止藩镇割据中发挥的一定作用，特别指出，在和唐中央对抗最激烈的河北藩镇中，儒家学说曾经起到缓和甚至制止他们对抗中央的作用。[③] 陆扬将“崇重进士”及“文”的士大夫文化定义为清流文化。[④] 9 世纪期间，经由唐宪宗到宣宗等几代君主的努力，除河北以外的绝大多数藩镇已逐渐为朝廷直接委派的文官节度使或观察使所支配。但事实上河北藩镇的节度使也趋于文质化，陆扬亦承认“清流文化的影响力不仅在为文官所主导的藩镇内产生效应，还在唐末渗透到了长期为武人所掌控的河北藩镇之中”[⑤]。

因此，河北藩镇地区的孔庙绝不能停留于个案式的孤立考察，更不能将其特殊化，认为是个别人的产物，而必须置于全国孔庙发展的大背景下，应认识到河北地区的孔庙不是在封闭的环境中出现和发展的，它们受到唐廷政策的直接制约和影响。事实上，河北藩镇地区孔庙建立时间和镇别的分散性和连续性，显示出孔庙的建立具有相当的共性。易言之，河北藩镇孔庙的建立与全国尊崇孔子、建立孔庙的背景是一致的，是河北藩镇对唐王朝依附性的一个具体表现。由于唐廷在全国州县普置孔庙的诏令推行并不顺利，河北孔庙呈零星点状分布，这与全国其他州县的情况也是一致的。另外，河北藩镇孔庙建立背后所蕴藏的文化背景同样不可忽视。也就是说，河北孔庙的建立并非都是被动的，也有主动的因素，在一些孔庙的修建过程中并不能发现有朝廷诏令推动的痕迹。因此，河北藩镇社会的不断文质化是其中的一个深层次原因。

在唐代庙学合一的特点下，孔庙的修建与州县文化教育直接联系在一起。在河

① 冯金忠：《唐代河北藩镇统治下的世家大族》，《唐代河北藩镇研究》，科学出版社，2012，第 160 页。

② 杜佑：《省官议》，《全唐文》卷四七七，第 4875 页。

③ 杨志玖：《论唐代的藩镇割据与儒家学说》，《南开学报》1980 年第 3 期，第 68～73 页。

④ 陆扬：《唐代的清流文化——一个现象的概述》，《清流文化与唐帝国》，北京大学出版社，2016，第 248～263 页。

⑤ 陆扬：《唐代的清流文化——一个现象的概述》，《清流文化与唐帝国》，北京大学出版社，2016，第 252 页。

北藩镇统治下，经济一直在发展，文化教育事业也有一定的起色。[①] 唐末五代这种发展开始显露成效。后唐以后的后晋、后汉、后周各朝，统治阶层中河北籍文臣皆一倍于其他地区，有的学者称之为“河北优势”[②]。此时期河北人士很是活跃，成为当时政治舞台上一支重要力量。似乎经过唐后期长期的惊蛰后，突然苏醒，重新焕发出生机。孔庙在其中的作用，虽然不能估计过高，但也绝不能忽视。

① 杜荣泉、冯金忠：《燕赵文化史稿》（隋唐五代卷），河北教育出版社，2013，第70页。

② 毛汉光：《五代之政治延续与政权转移》，《中国中古政治史论》，上海书店出版社，2002，第471页。

《中国与域外》第四辑（2021.04）第37~54页

唐末五代沙陀汉化问题再探

——兼论沙陀政权的民族政策

刘广丰*

摘　要：唐末五代之北中国，沙陀人扮演着非常重要的角色。作为入主中原的北方民族，沙陀人不可避免地面临着汉化的问题。沙陀汉化主要表现在四个方面，即采用汉族姓名，接受汉族文化，与汉族通婚，以及大量吸纳汉人进入统治集团。而后面两点，更体现出沙陀人并没有实施严格的民族隔离，而是采取相对温和且包容的民族政策。然而，沙陀之汉化是一个自然的过程，并非刻意为之，其目的乃基于他们在汉族地区生活的便利，以及在中原统治之需要。固此，他们对中原汉族文化的理解大多流于表面，甚至在自我身份认同上依旧是“蕃人”。而在通婚以及吸纳人才方面，也不一定只以汉人为对象，而是根据需要延展至其他族裔。

关键词：唐末五代　沙陀　汉化　民族政策

唐末五代乃中国历史上民族融合的重要时期，彼时之北中国，长期活跃着以沙陀人为代表的胡人族群。至李克用统治之时，沙陀族共同体已基本形成，河东至代北地区的北方民族大多融入了这个共同体之中，尽管这个地区依旧存在着其他族裔。而至李克用去世之时，沙陀人已经基本稳固了他们在河东地区的统治基础，后来经过十多年的梁晋争霸，终于在公元923年建立起自己在中原的第一个王朝——后唐。无论是之前还是之后，每一个在中原建立王朝的北方民族都会面临着同一个问题，那就是如何对待汉人及汉文化，沙陀人也不例外。而在此过程中，一个二律背反定律往往在起作用：征服民族被被征服民族的先进文化所征服。于是，统治中

* 刘广丰，湖北大学历史文化学院。

原的北方民族或多或少都会出现汉化现象。沙陀人是否有汉化？答案是肯定的。传统观点对于沙陀人汉化有两种看法，一种认为："沙陀是当时居住内地的一个少数民族，与汉族人有同等权利来建立朝廷。可是，建立朝廷的人，都是半开化的、带游牧人习气的武夫，非常好战好杀，不知道要有所以立国的政治。黄河流域在这群武夫统治下，遭受极其严重的大破坏。"① 另一种则认为：沙陀族久已汉化，他们建立的政权"与汉族地主所建的王朝并无区别"②。王义康先生认为这两种说法各有偏颇③，这当然是有道理的。不过笔者认为，这两种说法又各有其合理之处。笔者之见，沙陀的汉化与其温和的民族政策大有关系，而这种民族政策所惠及的并不止作为多数民族的汉族，也包括其他融入沙陀共同体的北方各族。中原地区，汉族是主流族群，或者说是多数民族，故统治该地区的北方民族接受汉文化是必然的趋势。

关于沙陀的汉化，江应樑先生与陶懋炳先生的观点十分相似，不过他更进一步认为："沙陀自贞观二十二年（648）随贺鲁降唐以来，一直与中原保持着密切的政治、经济、军事、文化诸方面的联系，逐渐汉化。李存勖奉唐高祖李渊为祖；刘知远奉汉高祖刘邦为祖，说明沙陀已完全融合于汉族之中。"④ 这种观点着实高估了沙陀汉化的时间与速度。姑勿论沙陀人至宋初仍然保留清晰的印记⑤，即以其上限而言，沙陀自贺鲁降唐，未必就即时汉化。贺鲁降唐之时，并未有沙陀之称谓，而沙陀部族的形成，当在贺鲁反后。而《新唐书·沙陀传》中关于沙陀部归唐之前的状态描述如下："始，沙陀臣吐蕃，其左老右壮，溷男女，略与同。"⑥ 从"左老右壮""溷男女"等描述可知，当时的沙陀部仍然处在比较原始的部落状态，汉化之事尚无从说起。然而，这并非否定沙陀族的汉化现象。在其进入中原之后，多与汉族交往，汉化乃必然趋势。

有论者注意到，沙陀治下的"华夷关系呈良性发展趋势，这与十六国、北魏及此后的辽、夏、金、元、清情形大不相同"⑦。事实确是如此，十六国胡人对汉

---

① 范文澜：《中国通史》第三册，人民出版社，1978，第524页。

② 陶懋炳、张其凡、曾育荣：《五代史·序言及前言》，人民出版社，2009，第1、6页。

③ 王义康：《沙陀汉化问题再评价》，《陕西师范大学学报》1995年第4期，第132～137页。

④ 江应樑：《中国民族史》中册，民族出版社，1990，第125页。

⑤ 如宋初之郭从义、杨承信、白重赞等，均被明确记载为沙陀人。而太宗之时，尚有北汉政权，宋人如宋琪者，亦直接称其为沙陀。见脱脱等《宋史》卷二五二《郭从义传》，中华书局，1985，第8850页；《杨承信传》，第8857页；同书卷二六一《白重赞传》，第9036页；同书卷二六四《宋琪传》，第9124页。

⑥ 欧阳修、宋祁：《新唐书》卷二一八《沙陀传》，中华书局，1975，第6156页。

⑦ 王旭送：《论沙陀的汉化》，《三峡大学学报》（人文社会科学版）2011年第1期，第103～108页。

人的屠杀，以及后来的辽、夏、金、元、清所采取的民族分治政策自不用说，即便是历史上号称汉化程度颇高的北魏，在孝文帝时有各种强行推行的改革政策保证汉化的进程，但也因此造成民族的分化，最终导致著名的“六镇起义”，以及北魏王朝的灭亡。[①] 这充分说明，汉化的思想并不为所有鲜卑贵族所接受，又或者说，即便孝文帝推行各种汉化政策，但鲜卑民族的汉化程度也并不高。沙陀的情况恰恰相反，自进入中原之后，他们就不断接受汉人文化，尤其是朱邪赤心被赐名为李国昌，并属籍郑王房之后。最直接的证明是胡姓“朱邪”逐渐消失在历史记载中。而此后，李存勖建立后唐，到李嗣源传承，到石敬瑭建立后晋、刘知远建立后汉，都延续了唐朝的制度。这是一种政治拟制，从主观上说，沙陀人如此作为的目的，是要接过唐朝的正统传承，以加强本身在中原地区统治的合法性；而客观上，沿袭唐朝制度，确实有利于沙陀人接受汉文化，或者说，为了实行这些制度，他们不得不接受汉文化。关于沙陀的政治拟制，笔者将另文讨论，这里主要探讨的是沙陀人其他一些汉化的现象，尤其是他们在这些现象背后的根本目的。

一　采用汉族姓名

从朱邪赤心被赐名李国昌开始，朱邪一族即放弃其族姓“朱邪”，而采用李姓，其名亦用汉名，而非胡名，如李友金、李尽忠等。至李克用、李存勖等人，均只知道他们的汉名，而不知其胡名。至《李克用墓志铭》出土，始知他一些儿子的胡名，如存美曰帧师、存矩曰迭子等，但依旧没有记载李克用与李存勖的胡名[②]。不但朱邪一部如此，其后的沙陀君主，均不用胡名，而用汉名。如李嗣源原

① 传统观点认为“六镇起义”乃阶级斗争的结果，但最新的研究表明，孝文帝汉化改革所导致的民族分化才是该起义的根本原因。见李克建《关于北魏末年六镇起义原因的再思考》，《中央民族大学学报》（哲学社会科学版）2013 年第 6 期，第 109 ~ 114 页。

② 墓志铭所载李克用之子共二十五人，除去李嗣昭与李存勖，则共二十三人，其中存美、存矩（未见于《新五代史·唐家人传》，而见于《旧五代史·卢文进传》），存霸可与其他史料对应，其他人则未能找到记载，估计有些没有成年便已夭折，有些则是至克用去世时尚未成年，未正式取名。另李克用在唐朝时有落落、廷鸾二子，皆战死，而《墓志铭》在存美之前，有存贵、存顺，但所标注胡名分别为黠哥与索葛，不知是否可与落落与廷鸾对应。见卢汝弼：《故唐河东节度观察处置等使开府仪同三司守太师兼中书令晋王墓志铭》，载吴钢主编《全唐文补遗》第七辑，三秦出版社，2000，第 164 ~ 166 页。薛居正：《旧五代史》卷二《梁太祖纪二》，中华书局，1976，第 30 页；同书卷二六《武皇纪下》，第 354 页；同书卷五一《宗室列传三》，第 689 ~ 691 页；同书卷九七《卢文进传》，第 1294 ~ 1295 页。欧阳修：《新五代史》卷一四《唐家人传二》，中华书局，1974，第 150 ~ 152 页。

名邈佶烈，但其跟随李国昌后，即被赐姓名曰李嗣源，邈佶烈一名甚少出现于史。[①] 此外，他对原先的胡名似乎有所忌讳，以至于别人直呼其名，也会引起他的不快。[②] 同样，晋高祖石敬瑭、汉高祖刘知远也是沙陀人，也是放弃了胡名而采用汉名。石敬瑭乃中亚粟特人，有可能来自石国，故取姓石仍有据可依；而刘知远取姓刘，则不知何所据。早在后唐清泰年间他已出现在记载之中[③]，故其名非称帝后所改，估计是其先人随沙陀归附，因而改用汉姓汉名。

这类情况在沙陀共同体中非常普遍，如杨光远[④]。杨光远为沙陀部人，原名阿檀，显然是个胡名，其为何姓杨则不可考了，后来他改名杨檀。明宗即位，改名李亶，杨檀须避讳，故改名杨光远。其父原名阿噔啜，后改名杨瑊。这说明，不但沙陀君主采用汉姓汉名，他们手下的沙陀将领在进入中原后，也会主动改为汉姓汉名。其实进入中原的胡人采用汉姓汉名并非自沙陀人始，唐朝——甚至更早的时期——就已出现这种情况。如葛逻禄炽俟部人炽俟弘福，尽管依旧沿用“炽俟”之姓，但弘福明显是汉名。[⑤] 延至五代，沙陀军中的胡人基本采用汉族姓名，如沙陀人张彦超、突厥人张万进、回纥人张从训、吐谷浑人李嗣恩（本姓骆）等。[⑥] 除王室赐姓名外，其他胡人愿意采用汉名的原因，应该是为了更好地融入当地主流的汉族群体，便于沟通。尤其是汉姓的大量采用，则说明这些胡人对原先族别界限的模糊化，他们对原先部族的认同已远远不及唐朝盛年之时的先人们，故为了获得更多汉人对他们的认同感，他们大多愿意放弃原来的族姓而采用汉姓。[⑦]

沙陀统治者不但自己改用汉族姓名，在他们即位称帝之时，也把祖先的名讳改用汉名。李嗣源、石敬瑭及刘知远均是如此。李、刘二人的先祖胡名已不可考，而石敬瑭之父由于曾为李克用部属，故其胡名臬捩鸡一直为世所知。然而，石敬瑭即

---

① 欧阳修：《新五代史》卷六《明宗纪》，第 53 页。

② 李存勖擒得后梁大将王彦章后，让李嗣源去劝降，结果王彦章直呼曰：“汝非邈佶烈乎？我岂苟活者？”于是被杀害。不过这个例子也说明，李嗣源的胡名为众所知。见欧阳修《新五代史》卷三二《王彦章传》，第 350 页。

③ 薛居正：《旧五代史》卷七五《晋高祖纪一》，第 984 页。

④ 薛居正：《旧五代史》卷九七《杨光远传》，第 1290 页。

⑤ 裴士淹：《大唐故云麾将军左威卫将军上柱国天兵行军副大使兼招慰三姓葛逻禄使炽俟府君墓志铭并序》，周绍良、赵超主编《唐代墓志汇编续集》，上海古籍出版社，2001，第 551 ~ 552 页。

⑥ 薛居正：《旧五代史》卷八八《张万进传》，第 1157 页；同书卷九一《张从训传》，第 1204 页；同书卷一二九《张彦超传》，第 1706 页。欧阳修：《新五代史》卷三六《李嗣恩传》，第 390 页。

⑦ 荣新江认为，在“安史之乱”后，唐朝地区出现了一股排斥胡化的风潮，故胡人想用改变姓氏和郡望的方法来变胡为汉。见荣新江《安史之乱后粟特胡人的动向》，《暨南史学》第 2 辑，暨南大学出版社，2003，第 102 ~ 123 页。

位时追封先祖，依旧把其父之名改成一个富有汉族文化特色的名字：“绍雍”[1]。从汉人的角度看，这种做法应该是有效的。除北魏时期因政策强制推行外，其他少数族裔统治中原时期这种外来民族大规模采用汉姓汉名的现象是很少出现的，包括后来的辽、夏、金、元、清。也正因为如此，姓名上的民族识别或多或少会使汉族与外来民族之间产生隔阂。如《北史·陆叡传》记载，陆叡“年十余岁，袭爵平原王，娶东徐州刺史博陵崔鉴女，时孝文帝尚未改北人姓，鉴谓所亲云：‘平原王才度不恶，但恨其姓名殊为重复’”[2]。北魏孝文帝推行汉姓之前，陆姓原姓“步六孤”，故崔鉴所谓的“重复”，实际上是歧视胡姓。这反证汉姓名不但有利于外来民族融入汉族的生活，同时也有利于外来统治者获得更多汉族士人对其统治的认同。除为自己及先祖改用汉族姓名外，沙陀统治者也会赐予投降而来的少数族裔汉名，最典型的就是明宗时期的李赞华。李赞华乃契丹开国之主耶律阿保机的长子，原名突欲，后因母亲述律平支持弟弟耶律德光继位，故其郁郁，最终离开契丹，投奔后唐。明宗先赐其名为东丹慕华，后来又改赐李赞华。[3] 赐来归少数族裔汉姓汉名，乃中原汉族王朝一贯的做法，当年唐懿宗赐朱邪赤心为李国昌即是其中典例。此刻李嗣源也如此作为，起码说明他欲以汉族皇帝的身份统治汉族地区，这也是一种政治拟制的方式。

然而，改用汉姓汉名，是否标志着沙陀共同体中的胡人彻底汉化，恐怕还有待商榷，因为其姓名的更改始终带有功利的目的性。改名换姓，对于普通胡人而言，是为了更好地融入汉人地区的生活，而对皇室而言，则是为了更好地统治中原地区。一言以蔽之，就是为方便起见。其实少数族裔进入新的地方，采用当地的姓名，在今天也有发生。就如今天华人移居欧美地区，会改用英文名；而欧美研究汉学的学者，或者来到中国工作的一些外国人，也会为自己改用一个中文名。如 20 世纪 70 年代著名华人影星李小龙移居美国后，即改名为 Bruce Lee，但这并不能改变他华人的身份，以及他对中华文化的认同。今天如此，过去也是一样。况之五代，北方民族的融合，恐怕还需要对更多的现象进行讨论。

---

① 薛居正：《旧五代史》卷三五《明宗纪一》，第 481 页；同书卷七五《晋高祖纪一》，第 977 页；同书卷九九《汉高祖纪上》，第 1321 页。欧阳修：《新五代史》卷八《晋高祖纪》，第 77 页。

② 李延寿：《北史》卷二八《陆俟传附陆叡传》，中华书局，1974，第 1020 页。

③ 薛居正：《旧五代史》卷四一《明宗纪七》，第 571 页；同书卷四二《明宗纪八》，第 576、582 页。

二 对汉族文化的接受

胡人汉化的一个重要标准，则是他们对汉族文化的接受。必须承认的是，自秦汉以来逐渐形成的汉族文化，在某种程度上确实比北方游牧民族的文化较为先进，故入主中原的北方民族，或多或少都会接受、喜爱甚至沉溺于某些汉族文化之中。就五代北方沙陀共同体里的胡人而言，他们接受汉文化有两个层面。

第一个层面，是喜爱汉文化中的文学与艺术，这里包括琴棋书画、诗词歌赋等。这些东西往往需要汉语的承载，故一般只能为贵族所接触，因为在中原地区长大的沙陀贵族，对于汉语的掌握都比较好，基本的听说读写一般都问题不大。而一旦掌握汉语这种工具，汉文化中的这些瑰丽之宝往往会成为他们的嗜好。当中最典型的就是后唐的开国之主庄宗李存勖。李存勖作为李克用的继承人，在战场上可谓勇武过人，然而可能由于在中原地区出生、长大，自小与汉人接触的缘故，他对汉族的文学艺术非常感兴趣。《旧五代史》即云："帝洞晓音律，常令歌舞于前。"①说明他非常喜爱音乐。当然，光是喜爱音乐并不是他喜爱汉族文化艺术的充分证据，因为胡人一样有自己的音乐。然而，欧阳修在《新五代史·伶官传》中的记载，则可充分说明他对汉族文化的沉溺。

> 庄宗既好俳优，又知音，能度曲，至今汾、晋之俗，往往能歌其声，谓之"御制"也。……又别为优名以自目，曰李天下。自其为王，至于为天子，常身与俳优杂戏于庭，伶人由此用事。②

所谓俳优、伶人，均指古代戏曲的表演者，而戏曲也是中原汉族特有的文化。故此，根据欧阳修的记载，李存勖所谓"洞晓音律"，应该是指洞晓汉族的音乐艺术。事实也是如此，著名词牌《如梦令》（又名《忆仙姿》、《一叶落》及《阳台梦》等）即为庄宗所创③，可以说为中国古代的诗词文化增添了色彩。除此之外，他还把音乐用于军队当中，据《五代史补》记载：

---

① 薛居正：《旧五代史》卷二七《庄宗纪一》，第366页。

② 欧阳修：《新五代史》卷三七《伶官传》，第389页。

③ 佚名：《尊前集》卷上《庄宗》，影印文渊阁四库全书本，台湾商务印书馆，1986，第1b～3a页。

初，庄宗为公子时，雅好音律，又能自撰曲子词。其后凡用军，前后队伍皆以所撰词授之，使揭声而唱，谓之御制。至于入阵，不论胜负，马头才转，则众歌齐作，故凡所斗战，人忘其死，斯亦用军之一奇也。[①]

然而，除却这些少数的正面影响外，庄宗沉迷于音乐戏曲并未为其带来美好的名声，而欧阳修更是认为，庄宗一朝，正是毁于他对戏曲的极度沉溺，以及对伶人的宠信任用[②]。这个判断虽然有些偏颇，却不无道理。庄宗表面上喜爱汉族文化，但骨子里却还是胡人的思想，或者说，他对于汉文化的接受，并没有达到一个更深的层次。[③] 除庄宗外，后唐皇室中喜欢汉族文学艺术的还有明宗之子李从荣，《新五代史》其本传说他“学为歌诗，多招文学之士赋诗饮酒”，而《册府元龟》更说他“自谓章句独步于一时，有诗千余首，号曰《紫府集》”[④]。作为沙陀贵族，李从荣能有千余首诗作，可见他对于汉族诗词的喜爱。然而，他跟李存勖一样，在某种程度上因宠信身边善于吟诗作对的“后生浮薄之徒”而招致败亡。[⑤] 此外，北汉第二代君主刘承钧也是“颇好学，工书”[⑥]，应该在书法上有所心得。除皇室外，其他一些沙陀贵族也有倾慕汉族文学艺术的记载，如史圭，“其先与王武俊来于塞外”，是典型的胡人，但其本传说他“好学工诗”[⑦]，显然也受到了汉族文学的熏陶。

然而，并非所有沙陀贵族都喜欢汉族的文学艺术，后唐明宗李嗣源就曾经对他的儿子李从荣讲过一段很精彩的话，他说：

经有君臣父子之道，然须硕儒端士，乃可亲之。吾见先帝好作歌诗，甚无谓也。汝将家子，文章非素习，必不能工，传于人口，徒取笑也。吾老矣，于

---

① 陶岳：《五代史补》卷二《庄宗能训练兵士》，傅璇琮等主编《五代史书汇编》第五册，杭州出版社，2004，第2487页。

② 欧阳修：《新五代史》卷三七《伶官传》，第389页。

③ 关于庄宗人格内在的文化冲突，笔者将另文详叙。

④ 欧阳修：《新五代史》卷一五《李从荣传》，第163页；王钦若等：《册府元龟》卷二七〇《文学》，中华书局，1960，第3205页。

⑤ 李从荣乃因在明宗病危之时带兵冲击皇宫而被认定谋反，为朱弘昭等人所诛，而据《五代史补》记载，他之所以为此忤逆之事，乃出于其身边文士高辇的怂恿。见欧阳修《新五代史》卷一五《李从荣传》，第165页；陶岳《五代史补》卷二《秦王擬祸》，第2488页。

⑥ 吴任臣：《十国春秋》卷一〇五《北汉睿宗本纪》，中华书局，1983，第1487页。

⑦ 王武俊乃契丹人，曾是安禄山义子李宝臣的裨将，史圭的先祖随其归唐，估计也是契丹或奚族的苗裔。见刘昫等：《旧唐书》卷一四二《王武俊传》，中华书局，1975，第3871页；薛居正：《旧五代史》卷九二《史圭传》，第1217页。

经义虽不能晓，然尚喜屡闻之，其余不足学也。[①]

从这段话可以看出，明宗并不喜欢李从荣沉迷于诗词文学，他甚至以其前任庄宗皇帝为例，认为这是一种“无谓”的玩物丧志。再者，他认为李从荣出自军人之家，其诗作不能与汉族文士相比，只会让人笑话。[②]

不过在同一段话中，明宗点出了作为沙陀统治者接受汉文化的第二个层面，即以儒家思想为核心的汉族思想与学术。明宗虽然掌握的汉语不多，却喜欢听儒生讲学；不但如此，他还为自己的儿子选派精于儒术的师傅，以期他能学有所成。李从荣出镇邺都之时，明宗即选大儒跟从，但后来有人向李从荣诈称明宗令旨，让从荣“不接儒生”，因为“儒生多懦，恐钝志相染”。明宗知道后非常生气，他对枢密使安重诲说：“今此皇子方幼，出临大藩，故选儒雅，赖其裨佐。今闻此艰险，岂朕之所望也。”他甚至下令要将矫传圣旨者处死，幸得安重诲劝阻，其人才捡回一条性命。[③] 李从荣从藩镇回京后，明宗又选定兵部侍郎刘赞为其师傅，以作教辅。但从荣对刘赞的态度非常差，并让他一个月只进王府一次，有时甚至让他在王府等待一整天而不见面。[④] 从荣与明宗的矛盾，其实在于他们对于汉文化的理解与接受，前者偏重于文学艺术，不喜欢更重学术性的儒家思想；而后者鉴于庄宗败亡之历史，从而轻视文学，注重更有利于统治的儒家思想。但无论是他们中的哪一位，均没有把汉文化作为整体来接受，而是择其喜好者而从。

除明宗外，主动接触儒家思想的沙陀贵族还有其他人。如庄宗“十三习《春秋》，手自缮写，略通大义”；后唐闵帝李从厚“髫龀好读《春秋》，略通大义”；后晋高祖石敬瑭之子石重乂“好儒书，亦通兵法”[⑤]。当然，除王室外，其他沙陀贵族也有喜爱儒家思想的，最典型的当属史匡翰。史匡翰的祖父乃是从李克用入关讨黄巢的史敬思，在上源驿之变中为保护李克用而战死，可谓是沙陀猛将，其父史建瑭也被称为“史先锋”。但至史匡翰这一代，却好读书，“尤好《春秋左氏传》，

---

① 欧阳修：《新五代史》卷一五《李从荣传》，第163页。

② 《资治通鉴》也记录了明宗这次谈话，不过在《资治通鉴》中，明宗的话语是：“吾见庄宗好为诗，将家子文非素习，徒取人窃笑，汝勿效也。”这似乎在暗示庄宗的文学天赋不过尔尔。见司马光：《资治通鉴》卷二七八，唐明宗长兴三年十月壬子条，中华书局，2013，第9203页。

③ 孙光宪：《北梦琐言》卷一八《明宗睿相》，中华书局，2012，第337～338页。

④ 薛居正：《旧五代史》卷六八《刘赞传》，第907～908页；司马光：《资治通鉴》卷二七八，长兴四年四月癸丑条，第9209～9210页。

⑤ 薛居正：《旧五代史》卷二七《庄宗纪一》，第366页；同书卷四五《闵帝本纪》，第613页；同书卷八七《石重乂传》，第1140页。

每视政之暇，延学者讲说，躬自执卷受业焉，时发难问，穷于隐奥，流辈或戏为'史三传'"①。

从上述例子可以看到，无论是沙陀王室还是一般的沙陀贵族，他们都对汉族文化有不同程度的理解与接受，以至于大多数学者都把这一点作为沙陀汉化的一个重要证据。② 诚然，沙陀人在迁入中原地区后接触并接受汉族文化，而且有些沙陀人在潜移默化之中也会用中原文化的标准来要求自己。如石敬瑭"重李牧、周亚夫行事"；北汉睿宗刘承钧注重孝礼，拒绝帝王"以日易月"的传统，坚持为父亲守孝三年③。这些行为不能说不与他们学习汉族历史及儒家经典有关。然而，接受甚至倾慕汉文化，最多只能作为沙陀人汉化的一种表现，而不能作为其标志。从上述举例中可以看出，沙陀人对儒家经典的学习主要集中在《春秋》，而且如庄宗等人，也只能略通大义，不能深入。这一方面说明他们对于这些经典的学习是有针对性的，主要吸取其中有利于统治中原地区的精神。另一方面，说明他们对于经典的研读并不深入，或者说，从根本上未能把儒家思想融会贯通，让其成为自己真正的信仰。事实上，他们的一些作为是对儒家经典的生搬硬套，如上述刘承钧拒绝以日易月的行为，似乎是坚持了"古制"，却忽视了儒家主张的帝王的责任。在儒家看来，新君与普通人不同，他不能为了自己服丧的私事，而耽误处理国家事务的公事。④ 而在身份认同上，尽管沙陀统治者在政治上欲以汉人的身份统治中原，但在私下里，他们也不一定认为自己是汉人。⑤

---

① 薛居正：《旧五代史》卷五五《史建瑭传》，第740页；同书卷八八《史匡翰传》，第1151页。

② 王义康：《沙陀汉化问题再评价》，《陕西师范大学学报》1995年第4期，第132~137页；任崇岳：《试论五代十国时期中原地区的民族融合及其措施》，《郑州大学学报》（哲学社会科学版）2006年第1期，第133~137页；王旭送：《论沙陀汉化之过程》，《西域研究》2010年第3期，第14~22页；王旭送：《论沙陀的汉化》，《三峡大学学报》（人文社会科学版）2011年第1期，第103~108页。

③ 薛居正：《旧五代史》卷七五《晋高祖纪一》，第978页；吴任臣：《十国春秋》卷一〇五《北汉睿宗本纪》，第1487页。

④ 其实帝王之丧"以日易月"之制，早在汉文帝时期即已开始，至唐朝已经成为比较稳定的制度。后唐同光三年（925），即有礼仪官向庄宗上奏曰："伏准礼经，丧三年不祭，惟天地社稷为越绋行事，此古制也。爰自汉文，益尊神器，务狥公绝私之义，行以日易月之制，事久相沿，礼从顺变。"这是为了劝谏庄宗不要过于沉溺于曹太后驾崩后的悲伤，而应开始处理国政。当时礼仪官应当是熟知汉族礼仪的人，他向庄宗提出如此要求，说明帝王"以日易月"之制，已经行之已久，得到儒家的承认。见薛居正《旧五代史》卷一四三《礼志下》，第1914页；吴丽娱《关于中古皇帝丧服"权制"的再思考》，《中国史研究》2014年第4期，第121~156页。

⑤ 如后唐庄宗及明宗，都曾说过自己是"蕃人"。见薛居正《旧五代史》卷九一《康福传》，第1200页；王禹偁《五代史阙文·明宗》，傅璇琮等主编《五代史书汇编》第四册，杭州出版社，2004，第2454页。

三　与汉人通婚

当一个民族迁入一个新的地区，与当地人通婚是不可避免的事情，这一方面有利于他们融入当地的生活，另一方面会在血缘上加快他们与当地人的融合。沙陀人当然也不例外。最早与汉人通婚的朱邪沙陀部人，也许可以追溯到朱邪执宜，他的妻子姓崔；而李国昌的夫人，亦即李克用的生母姓秦。[①] 当然，由于年代久远，她们是否汉人已经不可考证，因为沙陀建立政权之后，以胡人冒汉姓的现象是大量存在的。李国昌一脉最早可以考证的汉族姻亲，当是定州王处存家族，而他们可谓三代姻好。[②] 这些早期的婚姻应该发生在李国昌在代北地区站稳脚跟，尤其是其因讨庞勋受册封之后。对于进入中原的沙陀人而言，能够攀上京兆万年的大族王家，不但可以获得足够财富的支持，也可借以提升自身的社会地位；而对于王家而言，与李国昌父子姻好，不但可以获得强悍的同盟，而且李氏父子编入属籍，也算是皇亲，对王家同样有利。王处存死后，其子王郜袭爵继位，成为义武节度使，后为朱温所破，投奔晋阳。与王郜同时投奔晋阳的还有他的弟弟王邺与堂弟王郁（王处直之子），李克用均"以女妻之"。王邺后来在天祐年间死于大同军防御使任上，而王郁则与其父勾结，奔赴契丹借兵，欲图谋率兵攻打镇州张文礼的李存勖，后来留在契丹，成为阿保机的义子。[③] 王处直的阴谋并没有得逞，他最终被其养子王都杀害，而李存勖因利益与王都结盟，并为其子李继岌娶王都之女。[④] 王邺与王郁的婚姻，可以说是李克用的义气之举，目的是要保护故人之后。而李存勖与王都结姻亲，则属于利益结盟，因为此举直接把定州纳入了他的势力范围。

朱邪李氏与汉人联姻的还有很多例子。如李克用的妃子曹氏，乃太原人，"以良家子嫔于武皇"，应该是汉人。[⑤] 她是庄宗李存勖的生母，由此可知，李存勖至少有一半的汉人血统。李存勖的正妻韩氏及次妃伊氏均为汉人，她们分别是韩恽之

---

① 薛居正：《旧五代史》卷二九《庄宗纪三》，第404页。

② 刘昫：《旧唐书》卷一八二《王处存传》，第4700页；司马光：《资治通鉴》卷二五五，中和二年十月癸丑条，第8398页。

③ 刘昫：《旧唐书》卷一八二《王处存传》，第4701页；脱脱等：《辽史》卷七五《王郁传》，中华书局，1974，第1241页。

④ 薛居正：《旧五代史》卷五四《王都传》，第732页。

⑤ 河东及代北地区的曹姓，很难判断是汉人还是胡人，因为曹姓本身也是昭武九姓之一，下文出现的明宗曹皇后，则很有可能是胡人。不过曹太后既然是太原良家子，应该是汉人无疑。见薛居正《旧五代史》卷四九《贞简曹皇后传》，第671页。

妹与伊广之女。韩恽乃太原世族，是河东地区汉人世家的代表；伊广乃唐宪宗朝右仆射伊慎之后，投靠李克用之时为忻州刺史，亦可以算是河东地区的官宦之家。李克用为其子娶二人之妹和女，实际上有拉拢汉人扩大势力的意思。① 然而，韩、伊二人之妹和女最后均没有成为皇后，因为李存勖更加喜欢来自魏州的刘氏，她并非出身大族，而只是当地一名医者的女儿，后来成为曹太后的侍婢，不过她汉人的身份应该不存在疑问。② 此外，李克用之弟李克宁娶孟氏，乃孟知祥的妹妹；李克让的女儿则嫁给了孟知祥，由此可知，孟家乃是李家的第二大姻亲。③ 李克用的女儿瑶英公主嫁给了张延钊，儿子李存霸娶张敬询之女，李存乂则娶郭崇韬之女；李克用还有一个女儿嫁给了任圜的弟弟任团，另一个女儿则嫁给王重荣的儿子王珂；庄宗女儿义宁公主，则下嫁宋廷浩，他们均是汉人。④

后唐明宗有皇后三人，其中夏氏本身只是明宗的姬妾，且早已身故，只因她是皇子从荣、从厚的生母而被追封为皇后，从其姓氏看，应该是汉人；魏氏乃末帝李从珂的生母，乃明宗掠于镇州地区，亦为汉人；此外，王淑妃乃“邠州饼家子”，应该也是汉人⑤。明宗的长子秦王李从荣乃娶鄜州节度使刘仲殷之女，次子闵帝李从厚则娶枢密使孔循之女，该女后成为皇后，她们均是汉人；末帝李从珂本身就是汉人，其夫人刘氏乃应州人，应该也是汉人⑥。其他皇子，如李从温之妻关氏，从姓氏看，也应该是汉人⑦。此外，明宗的女儿兴平公主与永安公主先后嫁给幽州节度使赵德钧的儿子赵延寿⑧。

后晋与后汉皇室，也多有与汉人联姻者。后晋出帝石重贵的皇后冯氏乃定州

---

① 薛居正：《旧五代史》卷五五《伊广传》，第746页；同书卷九二《韩恽传》，第1223页。

② 欧阳修：《新五代史》卷一四《刘皇后传》，第143页。

③ 薛居正：《旧五代史》卷五〇《李克宁传》，第687页；欧阳修：《新五代史》卷六四《孟知祥传》，第797、802页。

④ 薛居正：《旧五代史》卷一四《王珂传》，第199页；同书卷三三《庄宗纪七》，第461页；同书卷五一《唐宗室传三·李存乂》，第690页；同书卷五二《李嗣昭传》，第701页；同书卷六一《张敬询传》，第821页；同书卷六七《任圜传》，第894页。脱脱等：《宋史》卷二五五《宋偓传》，第8905页。王禹偁：《小畜集》卷二八《右卫上将军赠侍中宋公神道碑》，四部丛刊本，第1a页。马端临：《文献通考》卷二五八《帝系九》，中华书局，2003，第2048页上。

⑤ 欧阳修：《新五代史》卷一五《唐明宗家人传》，第157~158页。

⑥ 薛居正：《旧五代史》卷三八《明宗纪四》，第526页。欧阳修：《新五代史》卷一五《闵帝孔皇后传》，第161页；同书卷一六《废帝刘皇后传》，第171页。

⑦ 欧阳修：《新五代史》卷六《明宗本纪》，第59页；同书卷一五《李从温传》，第168页。司马光：《资治通鉴》卷二七八，唐明宗长兴四年十一月壬辰条，第9220页。

⑧ 薛居正：《旧五代史》卷九八《赵德钧传附赵延寿传》，第1311页；欧阳修：《新五代史》卷一五《王淑妃传》，第160页。

人，从其出身及姓氏看，应该是汉人，而且必须注意的是，她原来是石重胤的妻子，也就是石重贵的叔母。[①] 皇子方面，石敬瑭的三子石重乂，娶汾州刺史李玘之女为妻，而孙子石延熙，则娶赵在礼之女。[②] 公主方面，石敬瑭的妹妹宋国大长公主嫁大将杜重威为妻。[③] 后汉高祖刘知远的妻子李氏，乃晋阳农家女子，被年少时的刘知远掠为妻子，故应该是当地汉人；而刘知远的女儿永宁公主，则嫁给了庄宗的外孙宋偓；[④] 其子刘承祐（即隐帝），则娶张彦成的女儿为妻。[⑤]

从上述举例看，沙陀贵族与汉族的联姻是非常广泛的，这确实有利于沙陀人的汉化。然而，必须注意的是，沙陀贵族不但与汉人联姻，有大量的例子说明，他们也跟其他民族联姻。李克用的正妻刘氏乃代北人，但从其乡里看，很难判断她是汉人还是胡人，因刘姓虽然为汉族大姓，却非汉族独有。从其行为看，自李克用于代北起兵，她即一路跟随，而且“常教其侍妾骑射”，显然精通武技及作战之术，这些都非寻常汉人女子所能及。因此，笔者更偏向于她是北方民族女子。[⑥] 明宗李嗣源的正室曹皇后也是这种情况，她的身世来历不明，却一直跟着明宗在军中，从其姓氏看，应该属于昭武九姓胡人。[⑦] 明宗的长女永宁公主嫁于石敬瑭，成为后晋的开国皇后，他们可以说是沙陀族最典型的族内婚配。[⑧] 事实上，后晋皇室跟北方民族婚配的例子也比较多，如石敬瑭的弟弟石敬儒之妻安氏乃代北人，生出帝石重贵，故安氏后来被封为太妃，从其姓氏看，应该是昭武九姓胡人；出帝石重贵第一位妻子张氏，乃张从训之女，是回鹘人[⑨]。皇子方面，李皇后的亲生儿子、石敬瑭的次子石重信娶白奉进之女为妃，而白奉进乃云州清寨军人。云州曾经是吐谷浑人的地盘，而白姓又是吐谷浑的大姓，如唐代之白义诚、后晋之白承福等，再加上其

---

① 欧阳修：《新五代史》卷一七《晋出帝冯皇后传》，第180页。

② 薛居正：《旧五代史》卷八七《石重乂传》，第1141页；欧阳修：《新五代史》卷一七《晋家人传》，第186页。

③ 薛居正：《旧五代史》卷一〇九《杜重威传》，第1433页。

④ 按照父系血统而论，宋偓乃宋廷浩之子，当为汉人；但他的母亲乃庄宗义宁公主，换言之，他有一半沙陀人的血统。见薛居正《旧五代史》卷一八《汉高祖李皇后传》，第191页；脱脱等《宋史》卷二五五《宋偓传》，第8906页。

⑤ 薛居正：《旧五代史》卷一二三《张彦成传》，第1621页。

⑥ 欧阳修：《新五代史》卷一四《唐太祖正室刘氏传》，第141页。

⑦ 欧阳修：《新五代史》卷一五《后唐明宗家人传》，第157页；司马光：《资治通鉴》卷二六八，梁太祖乾化三年三月戊辰条注，第8890～8891页。

⑧ 王溥：《五代会要》卷二《公主》，第22页。

⑨ 薛居正：《旧五代史》卷九一《张从训传》，第1204～1205页；欧阳修：《新五代史》卷一七《安太妃传》，第180页。

父名为“达子”，似非汉名，故白奉进应该是吐谷浑人[①]。石敬瑭的妹妹鲁国长公主嫁史匡翰，是沙陀人；长女长安公主则嫁杨光远之子杨承祚，也是沙陀人[②]。

从上述例子中可以看出，沙陀统治者对于皇室的婚配对象并未拘泥于汉族或北方民族，这与北魏孝文帝时期强行为鲜卑贵族婚配汉人的做法大不相同。与朝廷重臣联姻，应该是沙陀统治者巩固统治基础的一种方式。从上述举例看，后唐皇室与汉人联姻的比率非常高，究其原因，主要是朱邪李氏与李嗣源一系在沙陀军中的威信较高，不必刻意通过联姻来加强他们与北方民族将领的关系。相反，汉族士大夫或地方藩镇的关系，对他们来说更为重要，因为作为沙陀入主中原的统治者，他们亟须得到汉人的承认。与重臣联姻在后晋体现得更为明显，但他们的婚配对象更倾向于胡人将领。石敬瑭建立后晋，可以说是篡位，而他之所以能够成为皇帝，离不开沙陀共同体内各部族的支持，故此可以看到，后晋皇室与北方民族联姻的比例，比后唐与后汉要高得多。这种联姻，一方面可以巩固石晋皇室的统治，另一方面是与其他各部族共享统治的体现。由此可见，汉化并非沙陀贵族婚姻的目的，他们的婚姻，更多是基于政治利益的考虑。[③]

四　包容的民族政策

除上述三点外，还有一点能体现沙陀的“汉化”，那就是重用汉人。在几代沙陀首领的帐下，无论文武官员，皆有大量汉人的身影，当中不少甚至进入沙陀统治者的核心领导班子。文臣如李克用时代的盖寓、李袭吉，李存勖时代的郭崇韬，李嗣源时代的冯道、赵凤、任圜，石晋时代的桑维翰，后汉时代的苏禹珪等，他们或是当时统治者身边首屈一指的谋臣，或是几代君王的宰相。武将方面，李克用时代的李嗣昭、李存进、李存贤、周德威，李存勖时代的袁建丰、元行钦，李嗣源时代的范延光、朱弘昭、王思同，石晋时代的景延广，后汉时代的史弘肇、郭威等，俱是一时名将。有学者统计分析，后唐汉族官员比例达到61%，后晋接近86%，而

---

① 薛居正：《旧五代史》卷九五《白奉进传》，第1263～1264页。

② 薛居正：《旧五代史》卷八八《史匡翰传》，第1151页；同书卷九七《杨光远传》，第1291页。

③ 本节的主要内容曾在笔者的另一篇文章出现，本文为了论述的完整性，故保留了与沙陀汉化相关的内容与观点，但删去了一些论述和考证。有关沙陀贵族的婚姻状况，可参见拙文《五代沙陀贵族婚姻探析》，载包伟民、曹家齐主编《宋史年会论文集2016》，中山大学出版社，2018，第302～318页。

后汉则是 85%。[①] 这些统计虽然不一定准确，却反映出一个事实：汉人在沙陀统治集团中所占比例非常大。他们的言行，对于沙陀君主及其手下的番将确实有很大的影响。如李克用手下的掌书记李袭吉，“在武皇幕府垂十五年，视事之暇，唯读书业文，手不释卷。性恬于荣利，奖诱后进，不以己能格物。参决府事，务在公平，不交赂遗，绰绰有士大夫之风概焉”[②]。再如盖寓，虽为武将出身，却以智囊的身份出现在李克用身边，并经常以儒家的价值观规劝克用。讨平王行瑜后，李克用及沙陀诸将均欲入见唐昭宗，唯盖寓规劝他说：“君臣始终，不必朝觐，但归藩守，姑务勤王，是忠臣之道也。”[③] 又如冯道，在后唐明宗一朝，经常以儒家之见规谏李嗣源，而李嗣源也常常听从冯道的劝告，即便有所不明，也会主动询问其他大臣。[④]

然而，有学者据此得出“沙陀政权统治核心以汉人为主”[⑤] 的结论，恐怕是过于夸大沙陀人的汉化进程了。第一，沙陀政权的核心班子有不少汉人，这是事实，但在王权专制时代，统治的核心依然是皇帝，沙陀三王朝的皇帝绝大多数是沙陀人（除后唐废帝李从珂外），他们所维护的乃是沙陀共同体的利益，故所谓以汉人为主，恐怕在语义上就值得商榷。第二，即使在核心统治班子中，也有不少北方民族官员与将领，如李克用时代的义儿集团中，就有不少北方民族将领，他们的意见往往会影响大局。[⑥] 再如李嗣源时代的安重诲，即以胡人身份担任枢密使一职，其作用并不亚于李存勖时代的郭崇韬。此外，沙陀皇族在核心统治班子中的势力是不容忽视的，他们有些人以兄弟的身份辅助皇室，而有些则在后来成为君主。李存勖就是很好的例子，有史料记载，他在李克用时代即以皇子的身份对父亲提出

① 王旭送：《论沙陀的汉化》，《三峡大学学报》（人文社会科学版）2011 年第 1 期，第 103～108 页。另任崇岳也有相关的统计，而且得出的比例更高，但任的统计仅凭两五代史中姓氏及乡里判断，而忽视人物传记中相关细节的记载，以及其他有血缘关系的人物传记记载。如对于史匡翰，忽视其世袭九府都督的事实；对于杨承祚，则忽视其为杨光远之子的事实；等等。此外，一些将领历仕多朝，而他只以史书中划分的朝代臣属统计，并不科学。见任崇岳《试论五代十国时期中原地区的民族融合及其措施》，《郑州大学学报》（哲学社会科学版）2006 年第 1 期，第 133～137 页。

② 薛居正：《旧五代史》卷六〇《李袭吉传》，第 805 页。

③ 薛居正：《旧五代史》卷五五《盖寓传》，第 745 页。

④ 具体事例，参见薛居正《旧五代史》卷一二六《冯道传》，第 1656～1658 页。

⑤ 王旭送：《论沙陀的汉化》，《三峡大学学报》（人文社会科学版）2011 年第 1 期，第 103～108 页。

⑥ 如唐天复二年（902），汴军大举围困太原，李克用义子李存信（回纥人）劝克用北逃，但李嗣昭、李嗣源等反对，李克用犹豫不定，最终还是因为同为北方民族的刘夫人劝谏，才留守太原，击败汴军。在整个过程中，北方民族的声音不容忽视。见司马光《资治通鉴》卷二六三，唐昭宗天复二年三月辛酉条，第 8689～8690 页。

很多有用的建议。[①] 又如明宗时期的石敬瑭，他是李嗣源的女婿，同时也是李嗣源身边最得力的将领，其地位不比身为枢密使的安重诲低。[②] 再如后汉时期的慕容彦超，乃刘知远的同母弟，他虽为人鄙薄，却是隐帝核心班子中重要的一员。[③] 第三，五代时期，文臣的地位远远不如武将，故一些担任镇守藩镇的沙陀将领，往往能够影响朝务，甚至颠覆朝局，故他们的意见也会得到皇帝的重视。当中最典型的例子乃石晋一朝的杨光远，他身为沙陀人，助石敬瑭登上帝位，故他在石晋一朝位极人臣，虽然出守藩镇，但他的请求往往会得到朝廷的满足。[④] 第四，不能忽略的是，在沙陀共同体中，有大量胡化的汉人，他们当中有些人也进入到核心班子里，尽管从血统上说他们是汉人，但所提出的建议、决策未必不是立足于沙陀族的共同利益。这一点在李克用及后唐时期尤为明显，如义儿集团中的汉人即是如此。[⑤]

其实，无论是从通婚抑或用人看，沙陀统治者采取的是一种相对缓和的民族政策，其特征是包容的而非排他的。他们并没有像大多数统治中原的北方民族那样，采取蕃汉分治或民族隔离政策，从而造成汉族与北方民族之间的各种矛盾；也没有像北魏孝文帝那样，对北方民族采取强制的汉化政策，从而引起北方民族统治集团内部的分化，进而危及统治。[⑥] 从第一代进入中原的沙陀领导人开始，他们就对不同的民族采取比较统一的态度：只要愿意进入沙陀共同体，并服从于沙陀族的统治利益，则共同体内部成员所享受的待遇基本一致，起码不会因民族的差别而受到歧视。对待汉人方面，早期与汉族官员在河东地区的合作，以及与京兆王家的联姻，均可说明沙陀人对汉族的友好态度。另外，李克用手下的义儿可以说是沙陀统治集团的核心部分之一，在义儿集团里既有汉人，也有北方民

---

① 司马光：《资治通鉴》卷二六三，唐昭宗天复二年三月壬戌条，第 8692 ~ 8693 页。

② 石敬瑭原本在朝中任六军诸卫副使，虽在李从荣之下，却手握兵柄，后来为避皇室夺权斗争，自请镇守北都太原，临行之时，“明宗泣下”，可见明宗多么重视这个女婿。见薛居正《旧五代史》卷七五《晋高祖纪一》，第 978 ~ 982 页。

③ 欧阳修：《新五代史》卷五三《慕容彦超传》，第 607 ~ 608 页。

④ 也正由于杨光远的请求被过分满足，使他恃宠生娇，最终在出帝时拥兵叛变。薛居正：《旧五代史》卷九七《杨光远传》，第 1290 ~ 1293 页。

⑤ 前引太原被围一事中，李嗣昭、周德威等人的意见，其实是为了维护沙陀族在中原的根据地，即沙陀族的根本利益。再者，李嗣昭乃汉人义儿中胡化程度最深的一位，他甚至被纳入朱邪李氏的谱系中，成为李克用的“元子”。见卢汝弼《故唐河东节度观察处置等使开府仪同三司守太师兼中书令晋王墓志铭》，载吴钢主编《全唐文补遗》第七辑，第 164 ~ 166 页。

⑥ 可参见李克建《关于北魏末年六镇起义原因的再思考》。

族之人[①]，这也说明在吸纳人才方面，民族身份并非沙陀统治者的考虑因素。早期的情况如此，后来即使王朝建立，但沙陀统治者依旧没有改变这种包容的民族政策，故在用人上胡汉兼用，婚配对象兼而有之，也就不奇怪了。

必须指出的是，沙陀军事集团依旧以北方民族为主，这在其统治前期尤为明显。比如李克用时代，在梁将氏叔琮眼里，沙陀军队的特征就是“深目虬须”，这说明即便李克用帐下很多统兵将领是汉人，但士兵大多是北方民族之人。后唐庄宗李存勖尽管喜欢中原汉族的文学艺术，但所用之侍卫，也大多是“蕃部子弟”，“高鼻深目”[②]。

沙陀统治者之所以采取这种缓和的民族政策，原因有三。第一，与其他统治中原的北方民族不同的是，沙陀族进入中原时相对比较弱小。它是以避难者而非侵略者的身份进入中原的，当时的人数不过万人而已。[③] 换言之，它当时并没有统治中原的民族基础，甚至连立足都相当困难。沙陀族的壮大归功于两个因素，第一个是在战争过程中以武力压服河东地区的其他部族，让他们不断加入沙陀共同体之中。然而，这些部族在很长一段时间内也只是从属于沙陀族，并未真正融入共同体之中，更遑论受沙陀贵族控制。如吐谷浑，其也曾从属于沙陀族，但后来却在代北地区与沙陀争抢地盘。这就决定了沙陀人在共同体内只能成为公推之主，而不能如中原王朝专制统治者那样，享有绝对的权力。再者是为了维持共同体的平衡与稳定，沙陀领袖并不能凸显本族而贬低其他部族，甚至在某种特殊时期，为了整个共同体的利益，他们还不得不妥协，交出领导权。[④] 这类似一种比较原始的军事民主制，

---

① 据《新五代史·义儿传》所统计的8名义儿中，有5人是汉人，分别是李嗣昭、李嗣本、李存进、李存璋与李存贤，此外，李存审（即符存审）与李建及（即王建及）均曾典义儿军，也是汉人。见欧阳修《新五代史》卷三六《义儿传》，第385～396页；薛居正《旧五代史》卷五六《符存审传》，第755页；同书卷六五《李建及传》，第863页。

② 其实这也恰恰说明李克用等沙陀统治者在用人方面的技巧，沙陀军队从归唐开始就以勇悍为名，而这在很大程度上乃归功于北方，尤其是西北民族的勇悍，故其组建之军队，依然以这些北方民族为主，但这并不排斥他们使用汉人作为谋士和将领。见薛居正《旧五代史》卷一九《氏叔琮传》，第255～256页；见陶岳《五代史补》卷二《敬新磨狭侮》，第2496页。

③ 司马光：《资治通鉴》卷二三七，唐宪宗元和三年六月癸亥条及注，第7773～7774页；樊文礼：《关于沙陀内迁的几个问题》，《烟台师范学院学报》（哲学社会版）1997年第4期，第38～42页。

④ 在唐末有所谓“沙陀三部落”之说，即沙陀、萨葛及安庆。之所以称“沙陀三部落”，乃因这三个部落以沙陀为首，已结成共同体。然而，除沙陀外，其他两个部落的番号依然存在，并各有首领，换言之，三部落虽以沙陀为首，但沙陀未能对其他两个部落实行专制之权。李国昌父子北逃一事就是最好的证明。他们到广明元年（880）早期依然在战斗力上处于优势，但三部落首领一旦宣布归顺官军，他们就如失去臂助，兵败北逃是理所当然之事。而三部落首领决定背弃李国昌父子，实际上可以看成他们为了共同体的利益而推翻首领。见刘昫等《旧唐书》卷一九下《僖宗纪》，第707页。司马光《资治通鉴》卷二五三，唐僖宗广明元年六月庚子条，第8348页；同年七月戊辰条，第8352页。

也是沙陀首领笼络其他北方民族，并赖以称霸河东，继而统治中原的基础。前述石敬瑭之所以与众多北方民族之人联姻，其实也是为了得到这些部族的支持。因此，包容的民族政策，从沙陀共同体形成之日起就已产生，并一直得到延续。

第二，与中原汉族的友好相处。汉族的扶持是沙陀族得以壮大的第二个因素。进入中原寻求庇护的北方民族部族并不止沙陀一个，故若非汉族唐朝为了利用沙陀人的勇悍而对他们不断扶持，他们也断无有机会发展壮大。早期的范希朝、柳公绰等人均是唐朝在河东地区的代表人物，他们对沙陀族都曾经给予过极大的帮助，而他们中的一些后代，后来也有为沙陀集团服务的。沙陀统治者对他们心存感恩，故亦能善待他们的后代。[①] 另外，在沙陀族发展的过程中，有大量汉人投奔沙陀统治集团，成为沙陀统治集团当中的一员，这些汉人或出谋献策，或沙场杀敌，沙陀统治者从中获得巨大的利益，故也善待汉人，让他们继续为自己服务。

第三，沙陀族的政治体制，也让他们必须善待汉人。自李国昌被赐姓名及属籍后，朱邪沙陀一直以皇族自居。李克用在给唐昭宗的一封奏章中，即说到“臣之属籍，懿皇所赐；臣之师律，先帝所命”[②]，可见他非常重视李唐皇室的身份。唐亡后，朱邪李氏一直以复兴唐朝自居，自后所建立的王朝更继续以唐为国号。由此可见，沙陀三王朝的正统，乃源于李唐皇室，而作为统治者，他们为了维护这种正统的合法性，就必须善待汉人，甚至在某种程度上把自己看作汉人。

在整个五代，除石晋后期契丹大举入侵外，并没有因民族矛盾而引发大规模的战争与屠杀[③]——而契丹又是沙陀共同体之外的另一北方强大民族了。这种局面的出现，不得不归功于沙陀统治者这种缓和且包容的民族政策。当然，尽管统治者在政策上并不排斥南方汉人，但不同民族共处一体，摩擦是不可避免的，尤其是汉人与北方民族之间。庄宗的侍卫大都是蕃部子弟，他们就经常“恃势凌辱衣冠”，而身为汉人的俳优敬新磨则对他们出言讥讽，以至于他们到庄宗面前告御状。[④] 这属于统治阶层内部的小打小闹，更大的摩擦还是发生在战争中，尤其是早期的战争。

---

① 如卢汝弼，即为原唐河东节度使卢简求的儿子，自唐昭宗被朱温逼迁洛阳后，就到晋阳投奔李克用，克用即用其为节度副使，其后他更为李克用写下墓志铭。见刘昫等《旧唐书》卷一六三《卢简求传》，第 4271～4273 页；《卢汝弼传》，第 4273～4274 页。薛居正《旧五代史》卷六〇《卢汝弼传》，第 809 页。

② 刘昫等：《旧唐书》卷一七九《张濬传》，第 4659 页。

③ 有一次中等规模的屠杀发生在晋出帝时，但屠杀的对象非汉人，而是吐谷浑族白承福等五族共四百多人，原因似非民族矛盾，乃沙陀贵族刘知远欲谋取吐谷浑的财富。见薛居正《旧五代史》卷八四《少帝纪四》，第 1117 页；欧阳修《新五代史》卷七四《吐浑传》，第 910～911 页。

④ 陶岳：《五代史补》卷二《敬新磨狭侮》，第 2496 页。

在李克用时代，“亲军皆沙陀杂虏，喜侵暴良民，河东甚苦之”，当李存勖因此进言时，李克用回答说：“此辈从吾攻战数十年，比者帑藏空虚，诸军卖马以自给；今四方诸侯皆重赏以募士，我若急之，则彼皆散去矣，吾安与同保乎！”[①] 联想到沙陀军入雁门关后，未即时勤王，反倒掳掠河东一番，造成局部小规模的战争，这虽跟赫连铎、李可举等其他北方民族与其争夺地盘有关，但通过掳掠而获取战利品，却也是北方民族惯常的行为方式，即便李克用本人，也难以约束，甚至有意纵容。而受害者，则是河东的平民百姓，他们大多是汉人，故范文澜所说“黄河流域在这群武夫统治下，遭受极其严重的大破坏”，虽然有所偏颇，但也是有一定道理的。幸运的是，这些矛盾被限制在可控范围之内，并没有引发大规模的冲突。其实，这种北方民族与汉人的摩擦，在某种程度上还是源于游牧民族的习性，哪怕沙陀统治者想实施再温和的民族政策，其骨子里游牧民族的性格还是很难改变的，只不过不同的统治者所体现的程度不同罢了。

结 语

作为入主中原的少数族裔，沙陀人的汉化是不可避免的，无论是采用汉族姓名、接受汉文化，抑或是与汉族通婚，都是沙陀人汉化的体现。但必须指出的是，沙陀的汉化是一个自然的过程，而非强而为之或刻意为之。他们采取这些措施的目的，本身并非为了汉化，而是为了更好地融入汉族群体，从而更有利于对中原地区的统治。因此，他们对汉文化的接受，往往流于表面，难以精通，而他们的通婚对象，也不一定是汉人。除此之外，他们在统治上并不似统治中原的其他少数族裔那样排斥汉人，而是主动吸纳汉人进入统治集团，这既是沙陀人汉化的一种表现，也是他们的民族政策。在这一点上，汉人是沙陀共同体的其中一员，而沙陀人对于共同体内的其他族裔，也采取包容政策，广泛吸收，以为整个集团服务。因此，汉化是表象，而统治利益才是目的。当然，沙陀贵族如何看待汉文化及自己本身保留的北方民族文化，则又得根据不同的群体与个体进行分析了。此外，在民族融合的过程中，除了以沙陀人为主的胡人汉化之外，汉人同样也出现胡化的现象，而汉化跟胡化的互动，才促成了五代北中国的民族融合。这一点，则需要更进一步的研究了。

① 司马光：《资治通鉴》卷二六三，唐昭宗天复二年三月壬戌条，第8692页。

《中国与域外》第四辑（2021.04）第55～63页

扬州出土唐代波斯人摩呼禄墓志研究

朱超龙*

摘　要： 江苏扬州曾出土一方唐代波斯人墓志，志主名摩呼禄，其父名罗呼禄，根据学界以往对“呼禄”的讨论，知其富有摩尼教或景教色彩，表达的是“纯善之人”的美好寓意。结合史载和其他墓志资料，可知唐代波斯人所改汉姓多为李姓，摩呼禄所著陇西郡望系伪冒，入华胡人后代起名渐有汉名倾向，他们的婚姻多保持在胡人内部，摩呼禄之女所适扶风马氏也应是波斯人。

关键词： 摩尼教　景教　波斯　呼禄　汉化

2004年，在江苏扬州市区的普哈丁园南侧凯运天地房地产开发项目工地上出土了一方唐代墓志。墓志出土后辗转流出，后经当地文物部门努力而追回，现藏扬州博物馆。墓志呈方形，边长约52厘米，厚约10厘米。志石略有残损，但主体部分保存尚好，存23列422字，由文字间隔布列，知其原有442字。由志文可知，墓主人名摩呼禄，是唐代后期沿海上丝绸之路入华的波斯人。

墓志最早于2015年公布①，同年在徐忠文等人主编的《扬州出土唐代长沙窑瓷器研究》一书中公布了清晰的拓片②。两文对墓志已有初步解读，现撮取志文部分内容，再对其反映的问题考补一二。

一　墓志录文

录文主要参考《扬州出土唐代长沙窑瓷器研究》所作考释，再根据墓志拓片

* 朱超龙，江苏省扬州市文物考古研究所。

① 郑阳、陈德勇：《扬州新发现唐代波斯人墓碑意义初探》，《中国穆斯林》2015年第3期，第58～60页。

② 徐忠文、徐仁雨、周长源：《扬州出土唐代长沙窑瓷器研究》，文物出版社，2015，第26～28页。

略作调整。为便于探讨，兹逐录如次：

唐故李府君墓志并序。

颍川陈巨舟撰。

曰天地万物，禀造化而自然，遗制于人，乾坤应运，其有机/推显用，神骥间生，即故府君。世钦颖士，府君父/名罗呼禄，府君称摩呼禄，阀阅宗枝，此不述耳。/府君望郡陇西，贯波斯国人也。英姿朗丽，禽达心胸，德/重怀贤，孤峰迥立，含弘大量，煦物多情，损己惠仁，无/论贿赂。舟航赴此，卜宅安居，唯唯修身，堪为国宝。何/期享年永永，天不憖遗，殗疾婴缠，无施药饵，大谢于/大和九年二月十六日，殁于唐扬州江阳县文教坊之私/第也，时七十有五矣。府君有夫人穆氏，育女一人，适扶风马/公，早从君子。夫人令女等，冰姿绚琰，寒玉莹容，四德三从，/堪书竹帛，并号天扣地，改皃枯刑，恨礼制有期，思温清/无日。府君又有二侄，一牌会一端，皆承家以孝，奉尊竭诚，/文质彬彬，清才简要。今泣血孤露，承重主丧，罄金帛/以列凶仪，展敬上尽仁子之礼。宜以此月廿七日，/窆于当州江阳县界嘉宁乡北五乍村之原也。丘/陵逦迤，松户森沉，杳袅春风，剪裁花卉。巨舟寡学，命缀/铭焉，无舒负笈之能，有献蒭之志。笔采文典，斐简/□章，不揆狂踈，辄赞曰：

□□府君，生居西域，云水舟航，漂流楚客，五常既备，何遭困厄。

□□□□，存亡路隔，孀妻悙苦，令女哀感，吉晨将窆，随□□□。

□□□□，□□閴寂，丘陵峻秀，志镌铭石，永永不骞，□□□□。

二 呼禄

志主名摩呼禄，父名罗呼禄。呼禄一名在史载中还有一例，据《闽书》卷七《方域志》载："会昌中，汰僧，明教在汰中。有呼禄法师者，来入福唐，授侣三山，游方泉郡，卒葬郡北山下。"① 呼禄法师为福建摩尼教的开教祖师，因其地位特殊，学界曾就此有过深入的讨论。杨富学《〈乐山堂神记〉与福建摩尼教：霞浦与敦煌吐鲁番等摩尼教文献的比较研究》和《回鹘摩尼僧开教福建补说》二文对

① 何乔远：《闽书》卷七《方域志》，福建人民出版社，1994，第 171 ~ 172 页。

诸家意见梳理甚详，兹介绍如下，作为参考。

刘南强考证，呼禄一名应是音译自中古波斯语 xrwhxw'n/xrōhxwañ，汉译呼嚧唤[①]，这一观点得到了普遍认同。林悟殊据此认为该法师属于中亚摩尼教团。[②] 在吐鲁番出土的回鹘文摩尼教寺院文书中，呼嚧唤被译作 xtuxan，[③] 意为传教士，[④] 在摩尼教五个等级中，排在第四级，“阿罗缓”也作“呼嚧唤”，其意为“一切纯善人”。[⑤]

森安孝夫则认为，呼禄即回鹘语 Uluγ，意为“大”，指“［宗教］法师”，呼禄法师为“大法师”之意。[⑥]

杨富学则摒弃旧说，指出呼禄的中古音读作 * xuo-luk，是回鹘语 Qutluγ 的音译，意为“吉祥”“幸运”，即唐代文献常见人名“骨咄禄”，石刻资料和敦煌文献中有时也作“骨禄”“骨都”等，由是，开教福建之呼禄，为回鹘摩尼僧。[⑦]

罗呼禄和摩呼禄为波斯人，那么呼禄法师为回鹘僧人的判断就需要重新考虑。但这还不能完全确定摩呼禄家族的宗教信仰，清末在河南洛阳也曾出土一方波斯人的墓志，志主阿罗憾为“波斯国大酋长、右屯卫将军、上柱国、金城郡开国公”，系唐高宗“出使召至来此，即授将军北门右领使”，“又充拂林国诸蕃招慰大使”，[⑧] 地高位崇。据上引，阿罗憾或即阿罗缓、呼嚧唤。而参与阿罗憾墓志讨论的学者，包括雨田亨、佐伯好郎、桑原骘藏、张星烺、向达、罗香林、蒲立本、石田干之助、饶宗颐、谢海平、朱谦之、方豪、朱杰勤、姜伯勤和林梅村等先生，都

---

① Samuel N. C. Lieu, “Precept and Practice in Manichaean Monasticism”, *Journal of Theological Studies*, New Series, 32, 1982, p. 163; ibid., *Manichaeism in the Later Roman Empire and Medieval China: a historical survey*, Manchester: Manchester University Press, 1985, pp. 89、264; ibid., *Manichaeism in Central Asia and China*, Leiden-Boston-KSln: Brill Academic Pub, 1998, p. 86.

② 林悟殊：《摩尼教及其东渐》，中华书局，1987，第 124 页。

③ 耿世民：《回鹘文摩尼教寺院文书初探》，《考古学报》1978 年第 4 期，第 503 页。

④ Mary Boyce, *A Word, List of Manichaean Middle Persian and Parthian*, Leiden, 1977, p. 99.

⑤ Samuel N. C. Lieu, *Manichaeism in Central Asia and China*, Brill: Leiden-Boston-K6ln, 1998, p. 84.

⑥ 森安孝夫：《回鹘语čxšaptay 和摩尼教在中国东南的传播》，杨富学、计佳辰译，杨富学编《回鹘学译文集新编》，甘肃教育出版社，2015，第 176 页。

⑦ 杨富学：《〈乐山堂神记〉与福建摩尼教：霞浦与敦煌吐鲁番等摩尼教文献的比较研究》，《文史》2011 年第 4 期，第 135 ~ 173 页。杨富学：《回鹘摩尼僧开教福建补说》，《西域研究》2013 年第 4 期，第 109 ~ 110 页；后收入氏著《西域敦煌宗教论稿续编》，甘肃教育出版社，2015。

⑧ 林梅村：《洛阳出土唐代犹太侨民阿罗憾墓志跋》，氏著《西域文明：考古、民族、语言和宗教新论》，东方出版社，1995，第 95 ~ 96 页。

认为阿罗憾是景教徒，[①] 说明此名并不是摩尼教的专属。所以其含义涉及回鹘和波斯，又涉及摩尼教和景教，也涉及两教之间的影响和时间纵轴上的流变，是一个比较复杂的问题。不过扬州地区在当时确为摩尼教的一大中心，据宋志磐《佛祖统纪》，大历六年（771），"回讫请于荆、扬、洪、越等州置大云光明寺，其徒白衣白冠"[②]。唐武宗《赐回鹘可汗书》上也说："摩尼教天宝以前，中国禁断。自累朝缘回鹘敬信，始许兴行；江淮数镇，皆令阐教。"[③] 包括摩呼禄家族在内的外来移民舟航赴此可能都有宗教上的考虑，其为摩尼教信众的可能性要更大一些。

关于呼禄含义，其名应是源自摩尼教第四等级，表达的或是"纯善之人"的美好寓意。但摩呼禄和罗呼禄本人并不是传教士，墓志刊刻时在"会昌法难"之前，若有这样的身份，在墓志中不会完全不见记录。其家族"舟航赴此"多半是与经商有关，唐代扬州地区是胡商活动的一大中心，史乘中留下过很丰富的记载[④]，可以参考。

三　由墓志看入华胡人的汉化轨迹

（一）改姓

中古时期的外来移民为了更好地融入华夏生活，往往会改姓为更易使汉民族文化接受的姓氏，史料和墓志资料中有大量这方面的例证。此中又可分成两种情况，一种是以本国、本族或本部落汉名为姓氏，这其中以昭武九姓胡人为典型，如粟特人入华后的常见姓氏有安、康、石、曹、米、史、何、穆等，这些姓氏皆源于国号。根据《虞弘墓志》可知，虞弘祖籍鱼国，故虞姓源于鱼国，也是以国为姓的例子。[⑤] 另一种，是外来胡人径取汉人传统姓氏，这方面尤以波斯人为多，兹举几

① 马小鹤：《唐代波斯国大酋长阿罗憾墓志考》，荣新江、李孝聪主编《中外关系史：新史料与新问题》，中国社会科学出版社，2004，第99～100页。

② 转引自杨富学《〈乐山堂神记〉与福建摩尼教：霞浦与敦煌吐鲁番等摩尼教文献的比较研究》，《文史》2011年第4期，第152页。

③ 李德裕著，傅璇琮、周建圆校笺《李德裕文集校笺》卷五，河北教育出版社，2000，第67页。

④ 李文才：《〈太平广记〉所见唐代胡商：以扬州为中心》，《扬州文化研究论丛》2015年第2期，第77～89页；苏保华、王椰林：《从〈太平广记〉看唐代扬州的胡人活动》，《武汉大学学报》（人文科学版）2012年第4期，第69～73页。

⑤ 张庆捷：《虞弘墓志中的几个问题》，《文物》2001年第1期，第102～108页。

例如下。

苏谅及其妻马氏。此据陕西西安出土的《唐苏谅妻马氏墓志》，其志石上半部的中古波斯语之巴列维文记录，苏谅及其妻马氏为信仰祆教的波斯人。①

李苏沙。此据《旧唐书》，长庆四年（824），“波斯大商李苏沙进沉香亭子材”②。

李珣家族。此据清彭遵泗《蜀故》：“梓州李珣有诗名，其先波斯人，事蜀主衍，妹为衍昭仪，亦能词，有‘鸳鸯瓦上忽然声’句。珣秀才预宾贡，国亡不仕，有感慨之音。”③ 北宋黄休复《茅亭客话》亦载：“李四郎，名玹，字廷仪，其先波斯人也，随僖宗入蜀，授率府率。兄珣有诗名，预宾贡焉。玹举止文雅，颇有节行，以鬻香药为业，善弈棋，好摄养，以金丹延驻为务。暮年以炉鼎之费，家无余财，唯道书药囊而已。”④

李素家族。此据陕西西安出土《李素墓志》：“公讳素，字文贞，西国波斯人也。”⑤

上述几例都属于波斯人径改汉姓，虽然入唐后，在史籍和考古资料中留下名姓的波斯人不多，但从中可以发现一个较为明显的规律，即他们所改多为李姓，且大部分是主动改姓，这应与唐时李姓较为尊贵和普遍有关，改姓后更易获得汉人认同。不过《李素墓志》中提到他是被唐王朝“特赐姓李，封陇西郡，因以得姓也”，是少见的特例。

（二）冒袭郡望

《摩呼禄墓志》中还提到其“望郡陇西，贯波斯国人也”。一般来说，中古时期的郡望是指显贵家族世居某地，为当地人所仰望，有标示尊卑等级的意味，所以

---

① 陕西省文物管理委员会：《西安发现晚唐祆教徒的汉、婆罗钵文合壁墓志：唐苏谅妻马氏墓志》，《考古》1964 年第 9 期，第 458 ~ 461 页；伊藤义教：《西安出土汉婆合壁——婆文语言学的试释》，《考古学报》1964 年第 2 期，第 195 ~ 202 页；刘迎胜：《唐苏谅妻马氏汉巴列维文墓志再研究》，《考古学报》1990 年第 3 期，第 295 ~ 305 页。

② 刘昫等：《旧唐书·敬宗本纪》，中华书局，1975，第 512 页。

③ 彭遵泗：《蜀故》卷一七“著作”条，《四库未收书辑刊》委员会编《四库未收书辑刊》第 1 辑第 27 册，北京出版社，2000，第 684 页。

④ 黄休复：《茅亭客话》卷二“李四郎”条，永瑢、纪昀等《文渊阁四库全书》第 1035 册，台湾商务印书馆，1986，第 887 页。

⑤ 王正拱：《大唐故陇西郡李公墓志铭》，周绍良主编《唐代墓志汇编》下，上海古籍出版社，1992，第 2039 ~ 2040 页。

唐代攀附和伪冒郡望的现象十分常见，甚至成为一时风气。郡望是为了“明厥氏之所从出”[①]，一些没有悠久的历史、显赫的家世和优越的文化传统的家族便试图通过伪冒郡望的方式接近和融入官僚阶层的主流，外来胡人更有快速融入中土生活的需求，所以攀附和伪冒郡望的现象在他们当中更为常见，而且更易辨识。这样的例子有很多，以粟特胡人的会稽和建康郡望最值得玩味，作为郡望的会稽和建康实际上位在河西，粟特康姓巧妙地利用了会稽和建康这两个地名，不言河西，使人误以为他们是江南高门。[②]

摩呼禄本贯波斯，李姓是入华后所改，陇西李姓是中古名望，李唐皇族便是以陇西为望，或作“陇西成纪”[③]，或作“陇西狄道”[④]，摩呼禄著望陇西显然是伪冒，其攀附高门的意图是很明显的。

（三）起名

摩呼禄改姓、冒袭郡望及使用墓志的做法都是其汉化的表现，若从时间纵向考虑，再结合其他外来移民墓志资料，从起名的角度还可以看出入华胡人汉化程度逐渐加深的过程。

入唐第一代外来移民往往汉化程度不深，多不改汉姓，如上引《阿罗憾墓志》，全文未提阿罗憾改汉姓：“君讳阿罗憾，族望波斯国人也”，为“大唐故波斯国大酋长、右屯卫将军、上柱国、金城郡开国公”[⑤]。有些虽改汉姓，但其名还是地道的本国语的音译，如“罗呼禄”和“摩呼禄”即是。到第二代时开始有改汉姓取汉名的倾向，如摩呼禄的二侄“一牌会一端”，“牌会”还是有异域的味道，李端则是比较地道的汉名。又如《米继芬墓志》：“公讳继芬，字继芬，其先西域米国人也……祖讳伊西，任本国长史；父讳突骑施；远慕皇化，来于王庭，邀至京师，永通国好。”[⑥] 据蔡鸿生考证，他名字中的“芬”是粟特胡名的常用词尾，有“荣幸、运气”之意[⑦]，他的长子“国进”，已是地道的汉

① 岑仲勉：《唐史余渖》，中华书局，2004，第229页。

② 冯培红：《河西走廊上的会稽与建康》，冻国栋、李天石主编《“唐代江南社会”国际学术研究会暨中国唐史学会第十一届年会第二次会议论文集》，江苏人民出版社，2015，第276页。

③ 欧阳修、宋祁：《新唐书》卷一《高祖纪》，中华书局，1975，第1页。

④ 刘昫等：《旧唐书》卷一《高祖纪》，中华书局，1975，第1页。

⑤ 林梅村：《洛阳出土唐代犹太侨民阿罗憾墓志跋》，氏著《西域文明：考古、民族、语言和宗教新论》，第95~96页。

⑥ 阎文儒：《唐米继芬墓志考释》，《西北民族研究》1989年第2期，第154~160页。

⑦ 蔡鸿生：《唐代九姓胡与突厥文化》，中华书局，1998，第39~40页。

名了。到第三代时，外来胡人取名大多已不见本民族的色彩，正如《安备墓志》所说："君种类虽胡，入夏世久，与汉不殊。"[①] 又如《李素墓志》中提到的李素祖名李益，父名李志，其名已完全汉化，不见任何波斯民族色彩。墓志中虽言及祖父李益"衔自君命，来通国好，承我帝泽，纳充质子，止卫中国，列在戎行"，但据荣新江考证，史书中所见六次波斯遣使记载，并没有李益之名，也不见纳质子的记录，而且天宝时波斯已是阿拉伯帝国的一个省份，不可能有自立的国王遣使，再加上祖、父两代人的汉化姓名，据此推断李素家族应当从更早的时候就来到中国了。[②] 李素与王氏生子景侁与景伏二人，与碑失氏生子景亮、景弘、景文、景度四人，这些名字虽带有宗教信仰色彩，但都是地道的汉名了。

（四）婚姻状况

入华的胡人虽然姓名随世代的变化多有改变，但其婚姻大多还是保持在胡人内部。如摩呼禄之妻为穆氏，有学者指出"摩"与"穆"相通[③]，木鹿一带有穆国，国名在《新唐书》中有载[④]，所以穆氏以国为姓是有可能的，摩呼禄之妻穆氏应当不是汉人，而是来自中亚木鹿一带的波斯人。《册府元龟》载有波斯首领穆沙诺[⑤]，也可以为证。另外，《唐苏谅妻马氏墓志》波斯语志文提到："此乃已故王族，出身苏谅（家族）之左神策骑兵之长的女儿马昔师（Masis），于已故伊嗣俟（Yazakart）240 年，及唐朝之 260 年、常胜君王崇高之咸通十五年，（波斯阳历）十二月五日建卯之月于廿六（岁）死去。（愿）其（往）地与阿胡拉·马兹达及天使们同在极美好的天堂里祝福。"苏谅及其妻马昔师皆为波斯人，属波斯胡人内部联姻，马昔师是其波斯本名的汉译。

摩呼禄与穆氏之女"适扶风马公"，与波斯人马昔师同姓，马氏可能是第一代入华波斯人本国姓氏的音译。又根据上述入华胡人常见婚姻构成，他们多数还是本

---

① 葛承雍：《祆教圣火艺术的新发现：隋代安备墓文物初探》，《美术研究》2009 年第 3 期，第 14 页。

② 荣新江：《一个入仕唐朝的波斯景教家族》，叶奕良主编《伊朗学在中国论文集》第二集，北京大学出版社，1998，第 84 页。

③ 韩香：《唐朝境内的波斯人及其活动》，邢广程主编《中国边疆学》第五辑，社会科学文献出版社，2016，第 158 页。

④ 欧阳修、宋祁：《新唐书》卷一〇〇《裴矩传》，第 3932 页。

⑤ 王钦若等：《册府元龟》卷九七五《外臣部》"褒异第三"条，中华书局，1960，第 11450、11453 页。

族内部联姻，所以摩呼禄之女所适扶风马公多半也是波斯胡人，可能也是沿海上丝绸之路来扬，扶风当系其伪冒的郡望①。

总 结

《摩呼禄墓志》是南方地区目前发现的唯一一方波斯人墓志，对入华胡人诸多史实有很多细节上的反映。一是为聚讼多年的呼禄一名的讨论提供了重要例证，刘南强曾指出呼禄一名应是音译自中古波斯语，汉译“呼嚧唤”，是为摩尼教传教士五个等级中的第四级，意为“一切纯善人”，摩呼禄与罗呼禄二名表达的或是“纯善之人”的美好寓意。呼禄一名有着摩尼教和景教色彩，不过摩呼禄家族更可能是摩尼教的信众，其家族“舟航赴此”应与经商有关。另外，摩呼禄家族三代的姓名与婚姻状况为了解外来移民的汉化轨迹也提供了丰富的信息。结合史载和其他波斯人墓志资料，可以发现入华波斯人为了更好地融入中土生活，多径取汉人传统姓氏为姓，其中尤以改姓李者为多，同时冒袭李姓郡望，摩呼禄家族“舟航赴此”，其陇西郡望就是冒袭；从起名的倾向来说，第一代外来移民仅改汉姓，第二代移民开始有起汉名的倾向，到第三代，基本上都是地道的汉名了；入华胡人由于外貌的原因，多保持胡人间的内部通婚，摩呼禄之女所适扶风马公也应是波斯胡人。

附记：本文定稿后，《文博》2017年第6期刊出周运中《唐代扬州波斯人李摩呼禄墓志研究》一文，对墓志相关问题亦有探讨，两文各有侧重，感兴趣的读者可一并参看。

① 唐长孺先生曾指出，“南北朝隋唐称某郡某人往往指这一姓族的郡望而非本贯”。唐长孺：《跋唐天宝七载封北岳恒山安天王铭》，氏著《山居存稿》，中华书局，1989，第285页。

摩呼禄墓志拓片

注：徐忠文、徐仁雨、周长源主编《扬州出土唐代长沙窑瓷器研究》，文物出版社，2015，第 27 页。

渤海上京石灯幢

专题论文

《中国与域外》第四辑（2021.04）第67~75页

鲜卑语“狮子”考*

唐 均**

摘 要：鲜卑人姓氏的汉化历程，反过来可以透视出汉字记音的鲜卑语姓氏词汇的部分语义特征，从而为我们构拟复原某些鲜卑词汇创造了有利条件。在阿尔泰语系“狮子”系列词汇的背景观照下，改姓“石”的鲜卑姓氏“嗢石兰”实际上反映其“狮（子）”的可能语义，基于此而对照各记音汉字在当时的番汉对音情形，从而严谨构拟复原了鲜卑语“狮子”一词的形式 * oršlan，这不但深入再现了中国北方古代的民族融合之一斑，而且对阿尔泰语词源学和内陆欧亚民族文化研究而言也都有着重要意义。

关键词：嗢石兰 鲜卑姓氏 鲜卑语 狮子

从魏晋到隋唐，在中国北部纵横捭阖的少数民族主要是鲜卑人，其间随着王朝更迭，交替进行的是多数时间处于统治地位的鲜卑人的汉化和处于被统治地位的汉人的鲜卑化，这其中一个最具特征性的标志性事件就是改姓。纵观整个历史进程，大量鲜卑人最终融合于汉人之中，鲜卑姓氏改为汉姓意义重大而又影响深远。

鲜卑姓氏改为汉姓，凡有二例：一为原来鲜卑姓氏汉字译音中取一字以为汉姓（缪钺，1963：73），有时此字还须用同音替代加以处理——典型例证之一即是鲜卑姓“渴烛浑氏后改为味氏”，此“味”却是与“烛”音近的“咮”之讹变（缪钺，1963：67；聂鸿音，2001：64）；二为所改汉姓就是原来鲜卑姓氏之译意（缪钺，1963：73），例如：

---

* 本文所用汉语中古音，根据李荣—邵荣芬的拟音系统；虑及这里作为对音对象的胡语（阿尔泰语）并无声调，因而汉语中古音均不标调。

** 唐均，西南交通大学外国语学院。

（一）宥连[①]氏改为云氏——鲜卑语 * g/γülen[②] < 原始蒙古语 * egülen ~ * exülen[③]（Boodberg，1936：177；Vovin，2007：198），参见蒙文 egülen、中古蒙语 * ehülen（《华夷译语·天文门》汉字记音“额兀连”）、东乡语 olian 等（聂鸿音，2001：68）。

（二）是楼氏改为高氏[④]——此处“是”字或当读若“堤、提、题、缇”等，参见蒙文 dehere（《华夷译语·方隅门》汉字记音“上迭额列”）、东乡语 ʥiərə “上、高”等（聂鸿音，2001：68）。

（3）叱奴[⑤]氏改为狼氏——鲜卑语 * čino[⑥]“狼”，参见中古蒙语 * čina（《华夷译语·鸟兽门》汉字记音“赤那”）~ * čino（《登坛必究·译语·走兽门》汉字记音“赤奴”）、喀尔喀蒙语 čono、布里亚特蒙语 šono 等（聂鸿音，2001：64、68；Vovin，2007：199）。

其实，上述两项规则兼而有之的情形却也不是没有。典型的一例就是《魏书·官氏志》所言“屋引氏后改为房氏”，这里译音时使用的汉字“屋”当然跟“房”可通（聂鸿音，2001：69），却绝非望文生义如此简单。实际上，参考古突厥语 üg “房屋”、塞尔柱突厥文 * üg > üy “房屋” ~ ügän “甬道” ~ ögän “前厅木结构” ~ üvänik（< * ügän-ik）“庭院”（Bazin，1950：295－296）即可构拟出“屋引”（汉语中古拟音 * ʔuk-jin）的鲜卑语形式 * ügän（Bazin，1950：295－296），表明这个鲜卑语的汉字记音还是音义兼顾了的。同理，以“吐万”（汉语中古拟音 * t^ho-miuɐn）记录鲜卑语词 * tümän “万”（Boodberg，1936：177；Bazin，1950：316），以“佛狸”（汉语中古拟音 * biut-li）记录鲜卑语词 * bü/öri “狼”（Boodberg，1936：178；Bazin，1950：248、317），也都反映出译音用字可以含有表示该词语义的字符在内。

下面进入正题。首先给出原始语料[⑦]——《魏书·官氏志》：嗢石兰氏后改为石氏。

---

① 俄裔美国学者卜弼德（Peter A. Boodberg）给出了另一个汉字记音形式“祐连”（Boodberg，1936：177）。

② 法国学者巴赞拟音为 * yäülän（Bazin，1950：296）。

③ 匈牙利学者李盖提（Louis Ligeti）拟音为 * üglen 并做如是溯源（Ligeti，1970：304）。

④ 巴赞拟音为 * sïlï 并与蒙文 sili ~ šili “高度、山岗”相联系（Bazin，1950：293），亦可参考。

⑤ 卜弼德推测“丑奴”是另一个汉字记音形式（Boodberg，1936：177）；巴赞推测“俟奴”（* jinua）跟“丑奴”一样为其异体（Bazin，1950：288）；李盖提和俄裔美国学者武阿勒（Alexander Vovin）依据的记音汉字是“叱如”（Ligeti，1970：305；Vovin，2007：198）。

⑥ 巴赞拟音为 * činua（Bazin，1950：288）；李盖提拟音为 * či（n）no（Ligeti，1970：305）。

⑦ 本文所引汉籍皆为中华书局点校整理本，下同不赘。

这里明确了鲜卑人姓氏“嗢石兰”后来改为汉姓“石”，当然据此就认为鲜卑语“嗢石兰”语义为“石”则是完全缺乏材料佐证的。在周围的语言中，已经得到明示的是建立后赵政权的羯人，其族名“羯”（汉语中古拟音 * kiɐt）意译即是皇族姓氏“石”，羯语不仅漫漶无考，而且存世材料寥寥，这个族名似乎可以联系上吐火罗语词 kāṅk “石（?）”以及汉字记音的“柘支”（汉语中古拟音 * tɕia-tɕie/jɛ），“柘折”（汉语中古拟音 * tɕia-tɕiɛ/jæt），“赭时”（汉语中古拟音 * tɕia-(d) ʑiə/e）对应的伊朗语词čāč“石”，而摩尼教粟特文č’č’ny“石国人”在后世突厥化后就成为今天乌兹别克斯坦首都塔什干（Tashkend），其中前半部分正是突厥语词 taş“石”（蒲立本，1999：173 - 177），但这些显然都与该鲜卑语词无论音义皆无涉。而简单截取音译汉字中的“石”也似乎未能尽意（白鸟库吉，1934：136）。

近代日本东洋史家白鸟库吉利用西方语言学方法，结合汉籍材料，首先将鲜卑语词“嗢石兰”语义勘同为 * Arslan“狮子”，同时对应于相应的突厥—蒙古语词[①]（白鸟库吉，1934：136 - 137）——遭到的反对意见关键在于“任何文献都没有说过‘嗢石兰’是‘狮’的意思”（聂鸿音，2001：64、69）。而现代法国突厥学家巴赞（Louis Bazin）则将其构拟为接缀突厥语复数后缀的 * učaqlar“鸟雀” < * učaq“能飞的、鸟儿”并联系古突厥语 učuq < uč -“飞”（Bazin，1950：283）——就构拟后的结果系联而言没有问题，但构拟本身似乎存在问题。

在基于译音汉字进行胡语词汇复原时，我们当然需要参考彼时的对应汉字古音——此处为中古音，但切切不可拘泥于汉字古音构拟，因为用汉字音译胡语词汇，肯定不能做到现代音标那样的字字精确记录，而是需要充分考虑某些胡语的语音变化规律，再参照可能有关的现代民族语言，最终加以构拟落实。此外，还要注意到某些语音规则适用的时段和地段。

至于很多鲜卑语词在文献中的语义阙如，我们可以参照现有阿尔泰语的语料，从另外一个背景中来考虑对汉字记音的语义收束。幸运的是，阿尔泰语中存在着数量丰富而又词形相对一致的“狮子”系列语汇（Doerfer，1965：39 - 40；Rybatzki，2006：166 - 167）：突厥语族的回鹘文 ’rsl’n ~ 汉字记录回鹘语 arslang“狮子、布偶老虎、恐惧、强悍”，喀喇汗突厥语 ’arslan、奥斯曼语 arslan、土耳其语 aslan ~ arıslan、阿塞拜疆语 aslan、土库曼语 arslan、克里米亚鞑靼语 arslan、维

① 白鸟库吉（1934：136）所引作为参证的“Maggar 语 Orozflan”有拼写错误，正确形式应是“Magyar 语 Oroszlan”。

吾尔语 arslan、乌兹别克语 arslon、鞑靼语 arıslan、楚瓦什语 arăslan、巴什基尔语 arïθlan、吉尔吉斯语 arstan、哈萨克语 arıstan 等；蒙古语族的蒙语 arslan ~ arslaŋ、喀尔喀蒙语 arslan“狮子、跤手头衔”、布里亚特蒙语 arsalan、卡尔梅克蒙语 arslñ、达斡尔语 arslan 等；通古斯语族的满语 arsalan、满语三家子方言 ɑrsulɑn ~ ɑrsʅlʌn ~ ɑrsʅ'lʌn ~ asalang（阿萨浪）、满语黑河方言 ɑrsɑlɑn、锡伯语 'arəsələɴ ［ʔarsələn］ ~ arselan ~ arselaN ［arsɨ'lãː ~ arsɨ'lan］①、鄂温克语 arisilun、索伦语 ar čalã ~ arsalã ~ arsalá ~ agcilan 等。这里不完全的语料开列显示：阿尔泰语三大语族中“狮子”一词的语音变现形式，总的来看还是比较一致的［ * ar（V） s（V） lVn］，其中个别音素的变异也都容易看出是符合阿尔泰语内部音变规则的。

鲜卑语既无本族文字记录存世，依赖汉字译音保存下来的语言材料也存世寥寥，关于其谱系归属长期以来一直存在着归属突厥语族（Boodberg，1936：185；Bazin，1950：320）和蒙古语族（Ligeti，1970：308）两种意见的争执，即使在明确将其划归蒙古语族的所谓“副/准蒙古语（Para-Mongolic）”（Janhunen，2003：392）之后，仍然还有从不同视角处理同一批语料得出的不同结论——突厥语族（Chen，2005：172 - 173）抑或蒙古语族（Vovin，2007：193），而我们主要参考蒙古语族成分对鲜卑语词进行处理，但其中突厥语借词实际上也不少，甚至可能还有通古斯语底层成分（Bazin，1950：319；卓鸿泽，2007：207 - 209；Vovin，2007：192 - 193）值得仔细探究。基于上述“狮子”一词在阿尔泰语内部的分布情况可以得知，无论鲜卑语在突厥语族和蒙古语族之间如何摇摆，并不影响、反而有利于我们充分调动现有阿尔泰语料来构拟“嗢石兰”的准确形式。

首字“嗢”的汉语中古拟音为 * ʔuət，特征是含有圆唇成分。其鲜卑语译音，除此例外尚可参考意指“决定”的动词词根的变化形式“嗢盆 * urbun”（Bazin，1950：282 - 283），还可参考时间和空间分布上都比较切近的内亚民族语言在汉籍中的某些对音材料加以勘同：九姓铁勒之第七姓“斛嗢素”对应回鹘语词 Uγuz（Oghuz）②；见于《隋书·铁勒传》的拂菻以东铁勒一部族名“伏嗢昏”对应突厥语词 Bulgar（张绪山，2006：86）；9 世纪中期灭国的回鹘汗国末代可汗之弟名字见于《旧唐书·回纥传》《新唐书·回鹘传》《资治通鉴·会昌二年》等处的回鹘

① 以上满语方言和锡伯语材料，感谢日本东京大学人文社会系研究科王海波博士提供相关资讯。

② 法国突厥学家哈密屯（1986：5）做出这样的对勘；中国考古学家林梅村等（1999：160、164）在复原《九姓回鹘可汗碑》汉文部分的阙失时径直如是处理但并未给出明确的源头（且第 164 页处的“嗢”误植为“温”）。感谢北京大学中国文字字体设计与研究中心陈恳工程师提供相关资讯。

人名“嗢没斯”（阎文儒，2012：322－324），另有异体“温没司”“嗢没司”“鹘勿斯”等形式，对应所谓“康居语”形式为 Wrmzt（沙畹等，1931：16），即回鹘语词 Ormïzt[①]，故而“嗢”字记录的胡语音节就可以构拟为＊o/ur－。

次字“石”的汉语中古拟音为＊（d）ʑiɛ/æk，汉语中水果名“安石榴”对译粟特语＊nānāka（n'n'kh），虽然此处的“石”字能够勘定为“若”“楉”因形近而致的讹误（蒲立本，1999：81），但由于“若（楉）”和“石”古音韵母基本相同，所以仍然可以用作这里研究的参照，充分反映了“石”字带有辅音韵尾＊－k的语音特点。

汉语入声译音字的辅音韵尾，在记录胡语多音节单词时，能够遇上对应的闭音节往往就逼真再现；而更多的情况是，该字的声母和韵头韵腹记录胡语的开音节成分，而该韵尾大致表现为接踵音节的起首辅音。典型词例可见于佛经中梵文神祇名称的对译：与梵文 Śiva 对译的“湿婆”以音节 śi（v）－准确反映中古汉字音“湿＊ɕiə/jep”，而与梵文 Viṣṇu 对译的“毗湿奴”则以音节－ṣ（əṇ）－体现“湿”字中古辅音韵尾＊－p 在头音－ṇ－之前的同化而隐匿。具体之于鲜卑语而言，举一个词例以赅全体：鲜卑姓氏“渴烛浑”（汉语中古拟音＊k^hɑt－tɕiok－ɣuən）之截取“烛”的音近字“味（朱）”以为汉姓（《魏书·官氏志》讹为“味”。缪钺，1963：67；聂鸿音，2001：64），彼时汉字音中“烛＊tɕiok”和“味”（汉语中古拟音＊tɕio）二字语音差别并不小，但在这个译例中，由于“烛”字入声韵尾与其后“浑”字声母属于同一发音部位，因而这里“烛”字所对译的鲜卑语音节实际上可以看作＊－ǰu（k）－，从而可以和“味”字的语音勘同了。其异体“可朱浑”（Bazin，1950：292）[②] 以其词中音节之记音汉字“朱”（汉语中古拟音＊tɕio），正好可以佐证上述推断。

回头来再看“石”字在鲜卑语译音中的情形，除了“嗢石兰”以外尚可见于“檀石槐”“石洛”等词：“檀石槐”的胡语复原目前尚无定论[③]，但其中译音用的“石”字辅音韵尾与接踵“槐”字（汉语中古拟音＊ɣuɛ/ɐi）声母发音部位相同，准确体现“石”的记音音节自不待言；而“石洛”［汉语中古拟音＊（d）ʑiɛ/æk－

---

① 感谢北京大学中国文字字体设计与研究中心陈悬工程师提供相关资讯出处。

② 巴赞在这里囿于《魏书》异体“渴烛浑”与相应释义“味”，将其拟音为＊qašuq（γun）“匙、勺”并系联古突厥语 qašuq“匙”，其结论遗憾地错失正鹄了。

③ 白鸟库吉（1934：49）以其出生时“必有奇异”而据满蒙语“愉悦”“奇异”“灵怪”等词拟音为＊Tangaukkan，义既牵强，音亦差别较大，似不可取。

lαk］则是《魏书·穆崇传曾孙穆真附》所载孝文帝赐名穆泰之前他的鲜卑语原名（缪钺，1963：59；何德章，1996：41），注意到《诗经·小雅·巧言》“昊天泰怃”反映“泰”字有“甚”义，参照蒙文 sürekei“严厉、暴虐”即可将“石洛”所记鲜卑语词构拟为 * širak，从而可以认为孝文帝之赐汉名正为穆泰鲜卑语名的意译，符合前文所述鲜卑姓名汉化的一种规则。而此处“石洛 * širak”中“石”字的对音表现，与“嗢石兰”中“石”字的对音表现同理，都是汉字中古音辅音韵尾 * -k 同化于其后流音 * -l/r- 的具体呈现。

因多见于鲜卑语译音而作为参考的“六”的汉语中古拟音为 * liuk，在用作北齐奠基者高欢字“贺六浑 * qarqun”音译时对译 * -r（ə）q-（聂鸿音，2001：70）、在用作由马毛色转义而来的部族名“破六韩/破洛汗 * baruγan > * baraγan”音译时对译 * -ra（γ）-（Bazin，1950：271-272）、在用作可能意指贡品的“步六孤 * buruqu ~ * buruγu”音译时对译 * -ruq/γ-（Bazin，1950：274）、在用作可能意指山鸡的“宿六斤 * süklügin”音译时对译 * -lüg-（Bazin，1950：278），这些都是直接勘同汉字原音的情形；而在用作北齐名将、高车敕勒人斛律金字“阿六敦 * altun”音译时对译 * -l（ə）t-（聂鸿音，2001：70），就是因为阿尔泰语流中常见的“流音化（rhotacism）”而经历了适应性的语音嬗变。

由此，我们认为“嗢石兰”中的“石”字，记录的鲜卑语音节应该是 * -šək-，根据具体的语境可以变化作 * -š（ə）l-。

至于末字“兰”对译鲜卑语音节 * -lan，受到的挑战是认为包括同音字在内的汉字音节应该对译突厥语习见的复数后缀形式 * -lar，例如“仆阑 * boγlar”“拔列[①]兰 * batraqlar”（Bazin，1950：274、292）。

其实，早期汉语是用鼻音韵尾 * -n 对译胡语 -r 的，例如“安息”（汉语中古拟音 * ʔɑn-siə/ek）对译中古波斯语 Aršak、“群马”（汉语中古拟音 * giuən-ma）对译古日语 * Kuruma、“鲜支/卮”（汉语中古拟音 * siɛ/jæn-ʨie/jɛ）对译意指“丝”的语汇系列之希腊文 σηρικόν > 阿拉伯语 saraq ~ 蒙文 širkäg ~ 满文 sirge（蒲立本，1999：147-148）等；然而，根据“敦煌”（汉语中古拟音 * tuən-ɣuɑŋ）对译希腊文 Θροανα ~ 粟特文 δrw"n（蒲立本，1999：147、149）、“贵霜”（汉语中古拟音 * kiuəi-ʃia/ɑŋ）对译大夏语 Koþανo（蒲立本，1999：79、94、132、

---

① 巴赞在这里改“列”字（汉语中古拟音 * liɛ/jæt）为“略”字（汉语中古拟音 * lia/ɑk）以迁就拟音，全无文献学证据，殊不可取。

147、149)、“乞万真”（汉语中古拟音 * k^{h}iət-miuɐn-tɕiě/jen）对译鲜卑语 * kälmärčin[1] < 原蒙古语 * kälämärčin （Boodberg，1936：170；Bazin，1950：302）等例子可以看出，汉语鼻音韵尾 * –n 对译胡语的 –r 似乎更倾向于词中音节（词末则是汉语鼻音韵尾 * –ŋ 对译胡语的 –n），而且这种对音模式，特别是在词末，应该不会下行至南北朝时期了。所以，巴赞为北朝鲜卑语的汉字记音“阑 ~ 兰（蘭）”构拟 * –lar（Bazin，1950：274、283、292），就显得那么不合时宜了——其实，他在同一篇论文里拟音别的鲜卑语词“乌丸 * uγan”“郁都甄 * ütükän[2]”“贺兰 * halan”“土难 * toran”（Bazin，1950：283、284、290、295）等实例，在音理上也是与其“兰”系列拟音相冲突的。而与之时代切近的“楼兰”对译西域胡语之 Krorayna（蒲立本，1999：85）、“兰”之对译音节 –rayn–，也更证实鲜卑语—汉语对音时“兰”字记录的音节是 * –lan 而非 * –lar。

综上所述，鲜卑语词“嗢石兰”的语音形式，应该顺理成章构拟为 * o/ur – šək – lan，参考希腊文记录多瑙河保加尔突厥语 ’Οσλάν（ν）ας（Vasmer，1964 – 1973）和匈牙利语借词 oroszlán（Doerfer，1965：40），即知该词起首音节亦可出现圆唇元音，从而将上述音节进行拟合，则是 * or – šəl – lan > * or – š（əl） – lan > * oršlan。

注意：意指“狮子”的鲜卑语词 * oršlan 和突厥—蒙古语词 arslan 之间的对应，正如意指“泰（甚）”的鲜卑语词 * širak 与蒙古语词 sürekei 之间，以及蒙古语 eši“柄”和满语 fesin 之间（力提甫，2002：359）、埃文基语 samān ~ šamān（сама̄н ~ шама̄н。Василевич，1958：342、535）及女真语“珊蛮 * ša（n）man”[3] 和满语 saman“萨满、祭司”之间（孙伯君，2004：252）的对应，将阿尔泰语中咝音 š ~ s 的对立（力提甫，2002：358 – 359）鲜明体现出来了。

众所周知，与文明时代共存的狮子原本仅见于西南亚和非洲，阿尔泰语民族也是迁徙至这一地区才有相关语言记录的，根据可考的文献材料可以得知，最早的阿尔泰语“狮子”见于突厥语族，而蒙古语族和通古斯语族的“狮子”都是借自突厥语族的（Doerfer，1965：39 – 40）。而从上述论证可知，属于蒙古语族的鲜卑语中就已经出现了早于现存最早的突厥语族回鹘语中指称“狮子”的词——这应当是借自 7 世纪鄂尔浑突厥文出现之前的原始突厥语（比如丁零、高车、敕勒等没

---

① 李盖提拟音为 * kelmürčin（Ligeti，1970：292）。

② 卜弼德拟音为 * ötüken（Boodberg，1936：178）。

③ 孙伯君在这里拟音为 * sanman，强行迁就满文形式又未灵活处理第一音节记音汉字的鼻音韵尾，殊不可取。

有文字传世但基本可以明确的早期语言）。

而鲜卑语这个词的存在性还可得到汉籍记载的旁证。在汉语中，“狮子”的最早出现形式是双音节的“师子”（蒲立本，1999：142－143），而反映南北朝时期“师子”“狮子”记录的文献兹举例若干：

《魏书·吐谷浑传》：夸吕椎髻毦珠，以皂为帽，坐金狮子床，号其妻为恪尊。

《魏书·西域传》：（至拔）其国东有潘贺那山，出美铁及师子……（悉万斤）其国南有山，名伽色那，山出师子。

《北史·西域传》：自太安以后，每遣使朝贡，正光末，遣贡师子一，至高平，遇万俟丑奴反，因留之。丑奴平，送京师。

《宋书·索虏传》：粟特大明中遣使献生师子、火浣布、汗血马，道中遇寇，失之。

《南齐书·芮芮虏传》：（柔然）献师子皮裤褶，皮如虎皮，色白毛短。时有贾胡在蜀见之，云此非师子皮，乃扶拔皮也。

《梁书·西北诸戎传》：其兽有师子、两脚骆驼。

《南史·宋文帝纪》：倭、百济、呵罗单、林邑、呵罗他、师子等国并遣使朝贡。

《南史·齐高帝纪》：九月辛未，蠕蠕国王遣使欲俱攻魏，献狮子皮裤褶。

《洛阳伽蓝记》：室西三里，天帝释化为师子，当路蹲坐。……四月四日，此像常出，辟邪师子导引其前。

可见隋唐以前还都是“师子”（“狮子”）两字连用而不见单字的“狮”（林移刚，2014：70），且汉姓无“狮”而同音的“师”姓在汉人中又十分小众，所以鲜卑姓氏“唱石兰”汉化时改为音近、笔画稀少而更为大众的“石”姓则十分合理，这也是前述鲜卑人改姓音义兼顾规律的体现。

改姓“石”的鲜卑姓氏“唱石兰”，反映的是鲜卑语词＊oršlan“狮子”，由此不但可以深入了解中国北方早期的民族融合，而且给出了阿尔泰语系中“狮子”系列词语迄今可知的最早词形，对于阿尔泰语系词源学和内陆欧亚民族文化研究而言都有着重要的意义。

参考文献

Bazin, Louis (1950): “Recherches sur les parlers T’o-pa (5e siècle après J. C.)”. *T’oung Pao*,

39/4 - 5: pp. 228 - 329.

Boodberg, P. A. (1936): “The Language of the T'o-pa Wei”. *Harvard Journal of Asiatic Studies*, Vol. 1: pp. 167 - 185.

Chen, Sanping (2005): “Turkic or Proto-Mongolian? A Note on the Tuoba Language”. *Central Asiatic Journal*, 49. 2: pp. 161 - 173.

Doerfer, Gerhard (1965): *Türkische und mongolische Elemente im Neupersischen*: Bd. II-Türkische Elemente im Neupersischen, *alif* bis *tā*. Wiesbaden: Franz Steiner Verlag GMBH.

Janhunen, Juha (ed., 2003): “Para-Mongolic”. In: *The Mongolic Languages*, ed. by Juha Janhunen, London and New York: Routledge: pp. 391 - 402.

Ligeti, Louis (1970): “Le tabghatch, un dialecte de la langue sien-pi”. In *Mongolian Studies*, ed. by L. Ligeti, (Bibliotheca OrientalisHungarica XIV.), Budapest: AkadémiaiKiadó: pp. 265 - 308.

Василевич, Г. М. (сост., 1958): *Эвенкийско - русский словарь*. Москва: Государственное издательство инострвнных и национальных словарей.

Vasmer, M. R. (1964 - 1973). *Этимологический словарь Фасмера - Энциклопедии & Словари*. Москва:《Прогресс》 - советское и российское издательство.

Vovin, Alexander (2007): “Onceagainon the Tabγač language”. *MongolianStudies*, XXIX: pp. 191 - 206.

〔日〕白鸟库吉:《东胡民族考》,方壮猷译,商务印书馆,1939。

何德章:《北朝鲜卑族人名的汉化——读北朝碑志札记之一》,武汉大学中国三至九世纪研究所编《魏晋南北朝隋唐史资料》第十四辑,武汉大学出版社,1996,第43~51页。

〔法〕J. R. 哈密顿:《五代回鹘史料》,耿昇、穆根来译,新疆人民出版社,1986。

力提甫·托乎提主编《阿尔泰语言学导论》,山西教育出版社,2002。

林梅村、陈凌、王海城:《九姓回鹘可汗碑研究》,余太山主编《欧亚学刊》第1辑,中华书局,1999,第151~171页。

林移刚:《狮子入华考》,《民俗研究》2014年第1期,第68~74页。

缪钺:《北朝之鲜卑语》,《读史存稿》,生活·读书·新知三联书店,1963,第53~77页。

聂鸿音:《鲜卑语言解读述论》,《民族研究》2001年第1期,第63~70页。

〔加〕蒲立本:《上古汉语的辅音系统》,潘悟云、徐文堪译,中华书局,1999。

〔法〕沙畹、伯希和:《摩尼教流行中国考》,冯承钧译,商务印书馆,1931。

孙伯君:《金代女真语》,辽宁民族出版社,2004。

阎文儒:《回鹘嗢没斯考》,北京大学考古文博学院、北京大学中国考古学研究中心编《考古学研究》(十:庆祝李仰松先生八十寿辰论文集),科学出版社,2012,第322~327页。

张绪山:《西摩卡塔所记中国历史风俗事物考》。上海社会科学院历史研究所编《传统中国研究集刊》第一辑,上海人民出版社,2006,第82~102页。

〔马来西亚〕卓鸿泽:《塞种源流及李唐氏族问题与老子之瓜葛——汉文佛教文献所见中、北亚胡族族姓疑案》,《中研院历史语言研究所集刊》第七十八本·第一分册,第183~223页。

《中国与域外》第四辑（2021.04）第76～90页

后赵宗室考

小野响*

摘　要：在前近代国家的历史中，君主的亲族具有重要地位。中国亦不例外，君主的亲族被称为宗室，他们在各王朝中所具有的地位各不相同。本文以五胡十六国时代的后赵政权为研究对象，讨论后赵宗室所具有的历史意义。据本文研究可知，后赵宗室被称为“石氏王家”，担负着与宗室同样的功能，而其中成员则超越了血缘关系，甚至包括一些汉人。这源自石勒个人先天性对血缘亲族的缺乏。虽然不存在血缘关系，但石勒仍然期待“石氏王家”能够作为后赵政权的核心发挥作用。此亦显示出石勒不拘种族、聚拢人群的理念。

关键词：五胡十六国　后赵　宗室

所谓宗室，即君主的父系一族。凭借着与君主的血缘关系，他们构成了国家的核心，作为皇权的辅助而存在。也正是因为与君主具有血缘关系，使得宗室有可能介入帝位的继承。其结果，宗室也成为皇权的一种威胁。这种两面性，可以说是宗室的最大特征。如果君主存在，宗室就必然存在。因此，无论哪个王朝，只要拥有君主，就会有如何安置宗室这一问题。无须赘言，各王朝的宗室政治不尽相同，呈现出不同特点。

例如小嶋茂稔认为，东汉一朝的宗室在政治上受到压制，没有实权，不过是作为象征性的“屏藩”。[①] 而针对西晋至南北朝时期的宗室，唐长孺则揭示了如下事实：宗室作为皇帝一族的成员，政治地位高于其余士族。他们与门阀贵族相互联

---

* 小野响，日本学术振兴会。

① 参见小嶋茂稔《〈后汉书〉所见诸侯王列侯关连记事窥管——后汉の诸侯王・列侯について》，收入池田温编《日中律令制の诸相》，东方书店，2007。

合，处于门阀贵族集团的顶端。[①]

由以上先行研究可知，对待宗室的政策，每个政权都不尽相同。不过，如果比较小嶋与唐长孺的结论便能够发现，与前代相比，魏晋南北朝时期的宗室在现实中是更为重要的存在。从现实层面来看，西晋时代的宗室最为显著。众所周知，西晋时代发生了以宗室为中心的兵乱，也就是所谓的“八王之乱”。“八王之乱”的发生，自然与西晋一朝政治上所存在的诸多问题有关。而动乱发生的前提，则是西晋宗室握有实权，尤其是军权。辻正博曾对西晋时代宗室的分封与出镇展开分析，认为这是利用皇族体制维持、伸张皇权的一种政策。[②] 从这一结论中也能够看出，宗室除了位于门阀贵族集团的顶端，还具有其他重要地位。总之，若以时代、王朝为尺度来观察东汉至魏晋的宗室政策，可以确认其中存在某种趋势，即随着历史的推移，宗室逐渐握有实权。

此外，依据长部悦弘的一系列研究，在北魏时代，由事实上的宰相尚书令所控制的、具有重要政治地位的尚书台，其动向与宗室关系密切。[③] 霍姆格伦（Jennifer. Holmgren）则指出，在北魏后期，不仅仅是尚书省，宗室在中书省中也占据着重要地位。[④] 窪添庆文揭示了北魏宗室在孝文帝以前很少担任中央官，孝文帝之后人数趋于增加的事实。[⑤]

---

① 参见唐长孺《西晋分封与宗王出镇》，收入氏著《魏晋南北朝史论拾遗》（《唐长孺文集》第2卷），中华书局，2011。

② 参见辻正博《西晋における諸王の封建と出鎮》，收入笠谷和比古编《公家と武家4——官僚制と封建制の比較文明史的考察》，思文閣，2008。

③ 参见长部悦弘《北魏尚書省小考——録尚書事・尚書令・尚書左右僕射に関して》，《琉球大学法文学部紀要　日本東洋文化論集》第13卷，2007；《北魏孝文帝代の尚書省と洛陽遷都——宗室元氏の尚書省官への任官状況に焦点を当てて》，《琉球大学人間科学》第27卷，2012；《北魏孝文帝代の尚書省と洛陽遷都（二）——宗室元氏の尚書省官への任官状況に焦点を当てて》，《琉球大学人間科学》第29卷，2013；《北魏孝文帝代の尚書省と洛陽遷都（三）——宗室元氏の尚書省官への任官状況に焦点を当てて》，《琉球大学人間科学》第31卷，2014；《北魏孝文帝代の尚書省と洛陽遷都（四）——宗室元氏の尚書省官への任官状況に焦点を当てて》，《琉球大学人間科学》第32卷，2015；《北魏孝文帝代の尚書省と洛陽遷都（五）——宗室元氏の尚書省官への任官状況に焦点を当てて等》，《琉球大学人間科学》第33卷，2015；《北魏孝文帝代の尚書省と洛陽遷都（六）——宗室元氏の尚書省官への任官状況に焦点を当てて》，《琉球大学人間科学》第36卷，2017；《北魏孝文帝代の尚書省と洛陽遷都（七）——宗室元氏の尚書省官への任官状況に焦点を当てて》，《琉球大学人間科学》第37卷，2017。

④ 参见霍姆格伦撰《J. ホルムグレンの、新たな北魏征服王朝国家論》，吉冈真译，《福大史学》第68、69卷，2000。原著为 Jennifer. Holmgren，“Northern Wei as a Conquest Dynasty：Current Perceptions；Past Scholarship”，*Papers on Far Eastern History*，40，1989。

⑤ 参见窪添庆文《魏晋南北朝官僚制研究》第三部第二章《北魏の宗室》，汲古书院，2003。

基于上述研究，可以说无论是西晋也好，北魏也罢，宗室无疑都以某种形式在国家中占据了重要位置。那么，如果站在历史连续性的立场上，作为连接西晋与北魏的五胡十六国时代，其宗室以何种样态存在？这就成为必须阐明的问题。也唯有如此，才能够对中国历史上的宗室问题进行通盘掌握。故本文计划以后赵时代的宗室为着眼点，以揭示五胡十六国时代宗室存在形态之一例。

建立后赵政权的石勒，曾一度为奴隶，最终依靠着自己的才能登上了皇帝的宝座。从他的经历来看，后赵的宗室无疑较为弱小。之所以这么说，是因为石勒没有可以凭恃的部族，完全是依靠自己的能力出人头地。那么，后赵宗室是以怎样的形式组织起来的？对后赵政权又具有怎样的影响？这些问题的解决，可以为我们揭示没有部族体制制约的政权其宗室的存在形态，因而具有重要的历史意义。故本文试图基于上述问题意识，对后赵的宗室展开分析。此外，在文末附有基于笔者观点所制作的后赵宗室图，敬请参考。

一 后赵的宗室

谷川道雄曾指出，五胡十六国时代诸政权的宗室握有的军权较强，也由此成为掣肘君权的存在。对此事实，谷川氏将之称为“宗室的军事封建制”①。不过，笔者对上述看法有所疑问，并进一步指出在后赵政权中，君主向来拥有比较集中的权力。② 从这一论断出发，笔者更为强调宗室以外的大臣——尤其是直属于石勒的大臣们的重要性，但这并不意味着后赵的宗室毫无实权。在后赵政权中，宗室作为重要的藩屏发挥着作用，《晋书》卷一〇五《石勒载记·下》载：

勒如其泮水宫，因疾甚而还。召石季龙与其太子弘、中常侍严震等侍疾禁中。季龙矫命绝弘、震及内外群臣亲戚，勒疾之增损莫有知者。诈召石宏、石堪还襄国。勒疾小瘳，见宏，惊曰：“秦王何故来邪。使王藩镇，正备今日。

① 参见谷川道雄《增補　隋唐帝国形成史論》第一篇第三章《五胡十六国史上における苻堅の位置》，筑摩书房，1998，第100页。

② 参见小野响《後趙における君主と軍事力——石虎即位以前を中心として》，《立命馆史学》第35卷，2014，同《石虎即位以後における後趙の政変に関する——考察—君主位に対する理解を中心に》，《东洋史苑》第84卷，2015。

有呼者邪。自来也。有呼者诛之。”季龙大惧曰：“秦王思慕暂还耳，今谨遣之。”数日复问之，季龙曰：“奉诏即遣，今已半路矣。”更谕宏在外，遂不遣之。

在君主石勒去世前，秦王石宏出镇地方。从石勒所言可知，石宏的作用在于出镇地方，防备石勒驾崩后发生政治变故。这一点，从试图在石勒死后掌握权力的石虎意欲石宏返回首都襄国一事中亦可看出。也就是说，石勒令部分后赵宗室出镇地方，是为了以他们掌握的军事力量辅佐君权。

上引史料提示了宗室在后赵政权中的重要性。较之对君权的掣肘，后赵宗室更倾向于充实、辅助君权。之所以这么说，原因在于石勒的继任者石弘文弱，权臣石虎颇有专权的可能。[①] 由此事态来看，石勒期望石宏能够起到辅佐新君石弘的作用。

在这里值得注意的是，后赵宗室并非纯粹的血缘集团，这也可以说是该人群最为显著的特征。如《晋书》卷三三《石朴传》载：

苞曾孙朴字玄真，为人谨厚，无他材艺，没于胡。石勒以与朴同姓，俱出河北，引朴为宗室，特加优宠，位至司徒。

石朴是汉人，其曾祖父石苞为西晋开国元勋，籍贯为渤海郡南皮县。[②] 石朴本人“无他材艺”，却被视为宗室，位至司徒，这正体现出了后赵宗室的特点——不问出身、以石作为姓氏的一种虚拟家族群体。在下文中，笔者将后赵政权中的这一虚拟家族群体称为“石氏王家”。

在“石氏王家”这一虚拟家族群体中，存在不少养子。在历史上，能够确认的石勒养子共有四位，即石生、石堪、石聪、石斌。以下就对这四人的情况加以

① 《晋书》卷一〇五《石勒载记·下附石弘传》载：“光因曰：‘皇太子仁孝温恭，中山王雄暴多诈，陛下一旦不讳，臣恐社稷必危，宜渐夺中山威权，使太子早参朝政。’勒纳之。程遐又言于勒曰：‘中山王勇武权智，群臣莫有及者。观其志也，自陛下之外，视之蔑如。兼荷专征岁久，威振外内，性又不仁，残忍无赖。其诸子并长，皆预兵权。陛下在，自当无他，恐其怏怏不可辅少主也。宜早除之，以便大计。’……勒默然，而竟不从。”

② 《晋书》卷三三《石苞传》载：“石苞字仲容，渤海南皮人也。”又关于石苞与司马氏的关系，参见仇鹿鸣《魏晋之际的政治权力与家族网络》第三章《司马氏集团的形成、特质与矛盾衍生》，上海古籍出版社，2015。

论述。

（1）石生

《太平御览》卷三二六《兵部》引《二石伪事》载：

> 刘曜躬领将士二十七万，大举征勒，勒养子生为卫将军，领三千人，镇洛金墉城。

（2）石堪

《资治通鉴》卷九五《晋纪》“成帝咸和八年（333）年九月”条载：

> 堪本田氏子，数有功，赵主勒养以为子。

（3）石聪

《晋书》卷六三《李矩传》载：

> 石勒遣其养子悤袭默。

又《晋书》卷一〇三《石勒载记·上》记此事为“石聪攻败晋将李矩、郭默等”。可知上文中的石悤即石聪。本文从《晋书·石勒载记》，记为石聪。

（4）石斌

关于石斌，需要稍加说明。有传说云石斌曾一度死亡，又被佛图澄用复苏法术奇迹般复活。在这一传说中的死而复生人物，《晋书》卷九五《佛图澄传》记为“勒爱子斌”，而《高僧传》卷九《神异上·佛图澄传》则云：“石虎有子名斌，勒爱之甚重。”上述史料的差异，依据点校本《高僧传》（中华书局，1992）校勘记的说法，元本、明本、金陵本“勒爱之甚重”一句均作“后勒为儿，勒爱之甚重”。若按此理解，则石虎之子石斌曾一度为石勒的养子。与此相关，《颜氏家训》有一段颇有意味的记载，虽然内容是关于义兄弟的，并非义子。《颜氏家训》卷二《风操篇》云：

> 四海之人，结为兄弟，亦何容易。必有志均义敌，令终如始者，方可议之。一尔之后，命子拜伏，呼为丈人，申父友之敬。身事彼亲，亦宜加礼。比

见北人，甚轻此节，行路相逢，便定昆季，望年观貌，不择是非，至有结父为兄，托子为弟者。

据以上史料，北朝人结拜义兄弟时不太重视年龄大小。此外，周鼎也曾经指出唐代有以孙为子的风俗。[①] 综合考虑，《高僧传》所记当从元本、明本、金陵本，即“后勒为儿，勒爱之甚重”，即石斌为石虎之子，石勒养子。

至石虎即位称帝，作为石虎的子嗣，石斌当也获得了相应待遇，作为“石氏王家”的重要人物而活跃着。温拓曾注意到史书对五胡十六国时期分封的记载，往往以太子（太弟）→弟、子嗣→从弟为顺序，指出该顺序反映了君主与这些人群的亲族关系。[②] 笔者认同这种顺序规则的确在某种程度上存在。不过，既然只是原则，那么当然会因具体情况的不同被打破。例如，在距离五胡十六国稍有些远的五代十国时期，后梁政权中就有如下事例，据《资治通鉴》卷二六六《后梁纪》“太祖开平元年（907）五月”条：

乙酉，立兄全昱为广王，子友文为博王，友珪为郢王，友璋为福王，友贞为均王，友雍为贺王，友徽为建王。[注：友文以养子居诸子之上，友珪弑逆祸胎于此。]

相同的记载，亦见《旧五代史》卷三《梁书·太祖纪》。在这里需要引起注意的是方括号中的胡三省注。胡三省特别指出，在后梁的分封顺序中，朱温养子朱友文的位次在其子嗣朱友珪等人之上。这条材料虽然只涉及诸子分封，却显示出在分封顺序中存在异常事例。此外，胡三省还提到此事最终引起了朱温诸子间的相互残杀。这里的朱友文则是最为朱温宠爱的养子。[③] 因此，基于君主的宠爱程度等诸多要素，宗室分封的记载顺序当然也存在相互替换之事。石斌既然为石勒所宠爱，或也因此超越本来的记载顺序，位列石勒诸子嗣之中。

在上述四名石勒的养子中，可以确定石生与石聪是汉人出身。

---

① 参见周鼎《西安所出两方唐代亲王墓志补释》，《碑林集刊》第18卷，2012。

② 参见温拓《石弘即位之局与后赵的政治变革——兼论二石关系》，《史志学刊》2016年第2期。

③ 《资治通鉴》卷二六八《后梁纪》“太祖乾化二年（912）闰五月”条载：“帝长子郴王友裕早卒。次假子博王友文〔友文本姓康，名勤〕，帝特爱之，常留守东都，兼建昌宫使。”

（1）石生

孙盛《晋阳秋》残卷（敦煌文书 P.2586 号）载：

> 晋人则程遐，徐光，朱表，韩揽，郭敬，石生，刘徵。

（2）石聪

《资治通鉴》卷九五“成帝咸和八年（333）九月”条载：

> 赵将石聪及谯郡太守彭彪，各遣使来降。[聪时镇谯城。] 聪本晋人，冒姓石氏。朝廷遣督护乔球救之，未至，聪丢为虎所诛。

如上所见，石勒养子中存在汉人，这显示出石勒的养子不受种族身份的制约。此外，这些养子还有另一个共通之处，那就是在石勒死后，嗣君石弘与权臣石虎相互争斗时，他们都站在了石虎的对立面上。当然，作为石虎之子的石斌自然不在此列。而其余三名的动向，笔者此前已有专文讨论，敬请读者参考。[①]

在笔者看来，养子们对石虎的反对态度，正反映出石勒对他们的期待。具体而言，石勒希望养子们能够保障其死后君主权力稳定转移到直系子嗣手中。若果真如此，石勒收纳养子的目的，就是为了维持后赵君权的稳定。

在本文讨论的五胡十六国时代五百年后，是唐末五代十国时期，这也是中国历史上以养子构筑虚拟家族关系最显著的时代。栗原益男曾经指出，唐后期至五代的义子（养子）的特征主要由三要素构成：（1）重视个人能力；（2）不问出身；（3）现行体制外的私属集团。[②] 而石勒的养子们与五代时期的义子大概也具有相同倾向：（1）石生作为后赵政权的猛将而活跃[③]，石堪则依据上引史料可知，是因功而成为石勒养子。这些养子们应当都具有一定的能力。（2）石勒养子中存在汉人。（3）石勒希望他们成为维护后赵君权的屏藩。上述诸点，与栗原所论五代时期养子们的特征具有共通性。

---

① 参见前引小野响《後趙における君主と軍事力——石虎即位以前を中心として》。

② 参见栗原益男《唐五代の仮父子的结合の性格——主として藩帅的支配権力との关连において》，收入《唐宋変革期の国家と社会》，汲古书院，2014。

③ 例如东晋大臣蔡谟曾在上书中评价石生云：“愚谓石生猛将，关中精兵，征西之战不能胜也。”参见《晋书》卷七七《蔡谟传》。

此外，对于具有如上特征的养子们，石勒也期待他们与自己的子嗣一样成为后赵政权统治集团的核心。要言之，石勒的养子、子嗣共同构成了所谓的“石氏王家”。而一旦被接纳入“石氏王家”，养子们的过往旧事便无足轻重。如此看来，石勒对于养子们的期望，尤其是成为后赵君权的屏藩这一点，也可以视为整个“石氏王家”共通的职责。[①] 而这也是亲族稀少的石勒个人情况的一种反映。

那么，“石氏王家”在后赵的统治集团中究竟具有怎样的地位？这是下文将要论述的话题。

二 “石氏王家”在后赵政权中的地位

石勒称赵天王时，曾分封诸王。关于此事，《晋书》卷一〇五《石勒载记·下》记载如下：

> 群臣固请，勒乃以咸和五年僭号赵天王，行皇帝事。尊其祖邪曰：宣王，父周曰：元王。立其妻刘氏为王后，世子弘为太子。署其子宏为持节、散骑常侍、都督中外诸军事、骠骑大将军、大单于，封秦王。左卫将军斌太原王。小子恢为辅国将军、南阳王。中山公季龙为太尉、守尚书令、中山王。石生河东王。石堪彭城王。以季龙子邃为冀州刺史，封齐王，加散骑常侍、武卫将军。宣左将军。挺侍中、梁王。

石勒养子石生、石堪以及石虎之子石邃等，与石勒的子嗣一道封王。[②] 这些人物，可以视为“石氏王家”的主要成员，并且看不出养子与子嗣存在差别。

在中国古代，对于将他人子嗣作为养子的行为，礼制上有“异姓不养”的原则。不过，所谓“异姓不养”，不过是礼制——也就是儒学上的问题。在历史上，尤其是乱世，异姓养子的事例并不鲜见。例如，三国时期蜀汉政权的刘备就曾以寇

---

① 如前引史料所见，石勒的子嗣石宏与养子石堪都对石虎加以警戒，从中亦可推知此点。

② 胡三省在《资治通鉴》卷九五《晋纪》“成帝咸和八年（333）九月”条对“梁王挺”注释为“挺，虎之子也”。不过前引孙盛《晋阳秋》残卷（敦煌文书 P. 2586 号）记为“从弟挺”。如果考虑到石虎之子、曾一度作为石虎太子的石宣此时是否封王不知，此次受到分封的石虎之子当仅限于其嫡子石邃，其余子嗣未获得分封。如此，上引《晋书》卷一〇五《石勒载记·下》的史料对石虎子嗣分封情况的记载到石宣为止，其后则开始记载石勒从弟石挺的分封。史料中仅有石宣没有记载王号，也就能够理解了。因此，本文认为石挺并非石虎之子，而是石勒的从弟。

氏之子为继嗣，《三国志》卷四〇《蜀书·刘封传》载：

> 刘封者，本罗侯寇氏之子，长沙刘氏之甥也。先主至荆州，以未有继嗣，养封为子。

此外，曹魏政权为了保证世代为兵的家庭——即所谓兵户的承续，也允许他们异姓养子。① 由于存在延续家族这类紧迫问题，故而存在超越礼制，乃至有时超越血缘关系的异姓养子之事。

不过，“石氏王家”养子们的存在却并非为了家族的传承。鉴于前引石勒去世前的史料，毋宁说“石氏王家”是受到石勒委托而辅佐新君。石虎为了打破石勒计划的辅佐体制，召唤石勒子嗣石宏与养子石堪，显示出这两者皆为石虎实现其野心的障碍。而此事也进一步补充增强了笔者在前文对“石氏王家”的理解——即该集团完全无视现实的血缘关系。总之，石勒希望“石氏王家”能够在自己死后辅佐后继者石弘。就此点意义而言，石勒收取养子与他人为了延续家族而收纳异姓养子，是两种截然不同的行为。

如上所见，石勒收纳养子时，并不受礼制——即汉族传统风俗的束缚。那么，这一行为是否属于胡族传统？似乎也存在疑问。之所以这么说，是因为胡族反而更注重血统。例如，蒙古帝国以黄金家族为统治集团，就是颇具代表性的事例。②

石勒此举，有其自身的逻辑所在：如果以石勒的个人境遇为背景加以考虑，由于先天缺乏强有力的亲族，因此有必要构建出一个虚拟家族。在石勒死后、石弘与石虎相互对立时，石勒所创制的“石氏王家”中除石虎及其子嗣之外，其余人皆对石虎持反对态度。③ 而在当时，即便是石勒与草创政权的功臣们——石勒十八骑，也两分为石弘派与石虎派展开政治斗争。④ 由此可见，“石氏王家”尤其是养子们，可以说是石勒最为亲近也最为信赖的人群。

接下来，具体来看“石氏王家”在石勒死后与后赵政权的君主继承存在何种

---

① 参见越智重明《魏晋南朝の政治と社会》，第一篇第五章《异姓养子》，吉川弘文馆，1963。

② 所谓黄金家族（Chinggisid Principle）是一种不成文法，内容为游牧部落的大汗只能由成吉思汗的男性子孙来担任。这种不成文法始于成吉思汗建立蒙古帝国，此后延续至17、19世纪之间。参见宫胁淳子《最后の游牧帝国　ジューンガル部の兴亡》，讲谈社，1995，第80～83页。

③ 参见前引小野响《後趙における君主と軍事力——石虎即位以前を中心として》。

④ 参见小野响《石勒十八騎考——後趙政權の基礎的理解に向けて》，《立命館文学》第657卷，2018。

关联。石勒将“石氏王家”定位为继任者的辅佐之臣。结果，作为其中一员的石虎却将嗣君赶下台来，亲自即位。可以说，“石氏王家”与后赵的君主继承关系极为深刻，具有宗室的特性。与此关联，有一条史料值得注意，《晋书》卷一〇七《石季龙载记·下》载：

初，遵之发李城也，谓石闵曰：“努力。事成，以尔为储贰。”既而立衍，闵甚失望，自以勋高一时，规专朝政，遵忌而不能任。

石闵即此后建立冉魏的冉闵，是石虎养子石瞻之子。又《晋书》卷一〇七《石季龙载记·下附冉闵传》载：

闵字永曾，小字棘奴，季龙之养孙也。父瞻，字弘武，本姓冉，名良，魏郡内黄人也。其先汉黎阳骑都督，累世牙门。勒破陈午，获瞻，时年十二，命季龙子之。骁猛多力，攻战无前。历位左积射将军、西华侯。闵幼而果锐，季龙抚之如孙。

冉闵为养孙，具有汉人血统，但也有后赵君主的继承权。这一事实表明，石勒不问子嗣、养子所组成的“石氏王家”具有宗室的地位，深深嵌入后赵的国家政权之中。并且，在石虎及之后的时代，“石氏王家”集团仍然发挥着作用。而这也与石闵（冉闵）掌握后赵实权、建立冉魏政权的过程中，反对者不断出现，计划以石祗为中心存续后赵政权的相关史实具有密切关系。[①]

总之可以确定，在以推戴能人为君主、实行君主集权的后赵政权内部[②]，“石氏王家”具有其权威[③]。如果理解了这一事实，那么石闵削弱“石氏”影响力的政

---

① 石祗政权与冉闵政权的争斗，参见小野响《後趙王権考——五胡十六国時代における王権の様相の一例》，《立命館史学》第 39 卷，2018。

② 关于后赵政权的上述理解，参见小野响《後趙建国前夜——匈奴漢国家体制試論》，《立命館東洋史学》第 41 卷，2018、前引《後趙における君主と軍事力——石虎即位以前を中心として》，前引《石虎即位以後における後趙の政変に関する一考察——君主位に対する理解を中心に》。

③ 对于后赵政权内部对“石氏王家”的支持，以及石闵在此基础上对抗“石氏王家”相关政策的决定要素，笔者较为重视，也由此将冉魏政权与后赵石祗政权的对立称为“赵魏分裂”。石祗对后赵政权的继承，也正是石氏王权在华北地区根基深厚的一个佐证。

策，[①] 则反映出其不再依靠“石氏王家”的身份即位称帝，而是企图寻求新的合法性。[②] 此外，按照以上方式来思考，石勒死后发生的如下场景，也就很容易理解了。《晋书》卷一〇五《石勒载记·下附石弘传》载：

> 及勒死，季龙执弘使临轩，命收程遐、徐光下廷尉，召其子邃率兵入宿卫，文武靡不奔散。弘大惧，让位于季龙。季龙曰；“君薨而世子立，臣安敢乱之。”弘泣而固让，季龙怒曰：“若其不堪，天下自当有大议，何足预论。”遂以咸和七年逼立之，改年曰：延熙，文武百僚进位一等。

此处可见，石弘在即位前意图让位于石虎。石弘此举，当然有惧怕权臣石虎、自我保护的意图在内，但从中也能够看出嗣君石弘认可石虎继承石勒君权的合法性。这一事实，也显示出“石氏王家”的成员具有继承后赵皇帝的资格。[③]

三 “石氏王家”与后赵政权

以上我们讨论了后赵政权中的宗室——“石氏王家”的重要性。那么具体而言，“石氏王家”究竟是由哪些成员构成的？首先，毋庸赘言是石勒的子嗣们。此外，还有石勒的远亲石虎及其子嗣，以及石会这类结拜兄弟。《晋书》卷一〇六《石季龙载记·上》载：

---

① 《资治通鉴》卷九八《晋纪》“穆帝永和六年（350）正月”条载：“赵大将军闵欲灭去石氏之迹，托以谶文有‘继赵李’，更国号曰卫，易姓李氏，大赦，改元青龙。”

② 具体详情，因与后赵王权整体相关，请参见前引小野响《後趙王権考——五胡十六国時代における王権の様相の一例》。在这里应当指出的是，从冉魏政权内存在王泰、麻秋等胡人来看，似乎无法将“赵魏分裂”归纳为胡汉对立，而应当将石闵的意图理解为与“石氏王家”及其支持者的决裂。又栗原益男对唐末五代的养子进行考察后指出，养子复归原本姓名，意味着断绝与义父的个人恩宠关系（参见栗原益男《唐末五代の仮父子的結合における姓名と年齢》，收入《唐宋変革期の国家と社会》，汲古书院，2014）。以此原理考虑石闵在冉魏建国时复归“冉”姓一事，当可将之理解为石闵意图脱离“石氏王家”。

③ 石虎此时未登基称帝的原因，或由于前述石生等“石氏王家”中反石虎一派的存在。在将这批人清除、稳固了自身权力之后，石虎最终决定登基称帝。相关情况，参见前引小野响《後趙における君主と軍事力——石虎即位以前を中心として》、《石虎即位以後における後趙の政変に関する一考察——君主位に対する理解を中心に》（不过当时笔者尚未使用“石氏王家”这一概念）。此外，关于石虎不称皇帝而称天王号一事，笔者认为这是为了创立全新的后赵国家体制，与石勒、石弘时代划清界限。关于此点，参见小野响《五胡十六国时期“天王”号的意义——以石虎与冉闵为中心》，《南京晓庄学院学报》2018 年第 2 期。

石季龙，勒之从子也。名犯太祖庙讳，故称字焉。祖曰訇邪，父曰寇觅。勒父朱幼而子季龙，故或称勒弟焉。

又《晋书》卷一〇四《石勒载记·上》载：

勒于是命訇督为兄，赐姓石氏，名之曰会，言其遇己也。

谷川道雄曾把六朝末至五代时期结拜兄弟理解为贵族制社会在解体过程中产生的新型人际关系。[①] 不过，本文所讨论的五胡十六国时代与谷川先生所言时代有异，自然不算处于贵族制社会解体过程之中。因此，对于后赵的虚拟家族关系，有必要重新定位并揭示其内涵。按笔者的观点，石勒创造包含结拜兄弟、养子等诸色人等的“石氏王家”，是为了经营被排斥在汉人贵族社会、胡人部族社会以外的人群。换言之，在“八王之乱”后陷入混乱的华北地区，那些不是豪族坞堡集团[②]，也不是匈奴、鲜卑等部族集团核心成员的诸多人群，在超凡领袖石勒的麾下集结，形成了一个新的团体。作为后赵核心统治集团一端的“石氏王家”，正是这样的一群人。在笔者看来，石勒养子们的早年经历大多不详，也正由于他们原是社会中边缘人群，后来才为石勒所拔擢。[③]

如果按此理解，这种人群间相互结合的理念，恐怕便不仅限于“石氏王家”，而能够扩展到后赵政权的全部人群之中。特别是孕育后赵政权的石勒军团，就非常鲜明地反映了这种理念。在西晋政权崩溃后的乱世之中，石勒以其超凡的领袖人格将诸色人群聚集于麾下，又将之统合为一个集团。在魏晋南北朝这样前所未有的乱世中，石勒开创了新时代的一种尝试。换言之，这也是他在乱世中构建新国家体制的一种探索。

如前所述，要成为石勒养子，就需要具有较强的能力。但如果不限于养子，作

① 参见谷川道雄《北朝末～五代の義兄弟結合について》，收入《谷川道雄中国史論集·下》，汲古书院，2017。

② 参见谷川道雄《中国中世社会と共同体》，国书刊行会，1976。

③ 关于养子中的石聪，东晋孔坦曾云其出身名族。《晋书》卷七八《孔坦传》载：“会石勒新死，季龙专恣，石聪及谯郡太守彭彪等各遣使请降。坦与聪书曰：‘将军出自名族，诞育洪胄。遭世多故，国倾家覆，生离亲属，假养异类。……’”不过，石聪在成为石勒养子前的姓氏不明，再加上孔坦此信意在游说，其中文句不免过誉。假使石聪当初能够率领宗族存活的话，显然不至于以出身不明的流浪汉身份成为石勒的养子。因此，孔坦所言恐怕不能完全相信。

为“石氏王家”的成员，却并不一定有此要求。除了前述“为人谨厚，无他材艺”的石朴之外，石肇的事例亦显示出此点。《太平御览》卷四九九《人事部》引《赵书》载：

> 石肇，前石（即石勒）之昆弟也。前石既贵，肇在军中不能自达，人送诣前石。前石哀之，拜建威将军，以肇无才力，每高选参佐辅之。

由以上史料所见，“石氏王家”作为“神圣家族”（Royal Family），无论能力如何，都会受到优遇。从中还能看出，“石氏王家”位于后赵统治集团的顶端。仅凭此点，“石氏王家”的成员便能够享有超越一般大臣的优越地位。作为虚拟家族的“石氏王家”，与此前诸多王朝的宗室具有同样的功能，这一点令人很感兴趣。

如前所述，要言之，宗室所具有的高贵性原本来自与君主的血缘关系。不过后赵的“石氏王家”却并非基于血缘，而是由石勒个人所挑选构成的，这与此前诸王朝的宗室在定义上完全不同。或许我们可以认为，后赵政权开创了将虚拟家族成员与亲族共同作为宗室的国家体制。因为类似的国家体制，在五代十国时期也能够看到。[①] 五代十国时期，被中原王朝视为夷狄的人群在大一统王朝崩溃后，于前朝故地建立起新政权。这一点，与五胡十六国时代是相同的。如此的历史巧合，可以说颇具深意。

结　语

以上，本文对后赵宗室的实态展开了考察。与此前诸王朝的宗室不同，以“石氏王家”为名的后赵宗室并非基于血缘关系，而是基于建立后赵政权的超凡领袖——石勒的个人意向所构成的群体。由于先天缺乏亲族，因此石勒有必要人为地构筑超越血缘关系的宗室人群，以此占据政权中枢。作为一种理念，宗室应当是政权的屏藩，由此具有重要地位。[②] 但后赵与此前的诸王朝不同，宗室内部

① 参见前引栗原益男《唐五代の仮父子的結合の性格——主として藩帥的支配権力との関連において》，收入《唐宋変革期の国家と社会》。

② 正如笔者在前引《後趙における君主と軍事力——石虎即位以前を中心として》一文中指出的那样，看到这一体制，无疑使人想到后赵政权的形态以西晋作为蓝本。众所周知，西晋亦对宗室人群十分重视。

包含了没有血缘的外人。虽然都具有宗室的名号，但后赵的宗室成员与此前王朝基于血缘的宗室成员迥然有别。也正因为这种差别的存在，故本文将之称为“石氏王家”。

石勒将不存在血缘关系的外人包括在内，建构“石氏王家”。先天缺乏亲族的个人原因，驱使他采用虚拟家族的方式来扩大宗室。这也正是石勒将过往礼制所排斥的异姓养子积极纳入作为政权核心人群——宗室的背景所在。后赵政权异姓养子的范围更加扩大，超越了三国蜀汉等若干以异姓养子为后嗣的先例。就此意义而言，石勒构建了一种具有延续性的全新宗室形态。①

实际上，这也并非五胡十六国时代的特例。在此后的中国历史上，不断出现与之关联的体制，例如唐代的李勣②、安禄山③，以及五代十国诸国家的义子们④。当然，由于时代悬隔，这些义子还谈不上具有直接继承权。不过，唐代以后异姓养子的诸多案例，可以视为君臣间人际关系的一个极端。养子作为君主家族中的一员，以此进入到国家政权的核心圈中。如果以此来理解异姓养子，那么五胡十六国时期的后赵政权，正是将养子包含于宗室内这一国家体制的始创者。正如前文所言，这一体制绝非来自胡族风俗。这一历史契机，源自石勒因个人先天缺乏亲族而产生的异姓宗室化行为。

以上，本文阐明后赵宗室的存在形态。至于五胡十六国时代全体宗室人群的综合性理解，还尚未能够触及。关于此点，有必要在明了其他五胡十六国诸政权宗室的基础上，再结合本文的结论重新加以讨论。而这一问题，也将是笔者今后的研究方向。

---

① 吉川幸次郎在《曹氏父子伝》（收入《三国志実録》，载《吉川幸次郎全集》第七卷，筑摩书房，1968，第57页，初版为1962年）中指出，三国时代的曹操虽为宦官之孙，却摆脱了旧文化的束缚，获得自由，以更为丰富的姿态成为新时代领导者。石勒出身胡族，曾一度身为奴隶，此后凭借自己的力量白手起家，建立后赵政权。考虑到这一过程，吉川氏对曹操的论断，其中亦有不少能够启发我们理解石勒其人。

② 《新唐书》卷九三《李勣传》载：“诏授黎州总管，封莱国公。赐姓，附宗正属籍，徙封曹，给田五十顷，甲第一区。”如史料所见，唐王朝以国姓“李”赐予徐世勣（李勣），并将其户籍纳入管理宗室的机构——宗正。由此可见，在唐王朝的宗室观念中亦存在接纳非血缘成员的理念，这一点是与后赵相同的。

③ 参见森部丰《安禄山》，山川出版社，2013，前引栗原益男《唐五代の仮父子的結合の性格——主として藩帥的支配権力との関連において》，收入《唐宋変革期の国家と社会》。

④ 关于五代时期的义子，参见前引栗原益男《唐五代の仮父子的結合の性格——主として藩帥的支配権力との関連において》《唐末五代の仮父子的結合における姓名と年齢》，均收入《唐宋変革期の国家と社会》；谷川道雄《北朝末～五代の義兄弟結合について》，收入《谷川道雄中国史論集·下》。

后赵石氏附冉魏冉氏系图

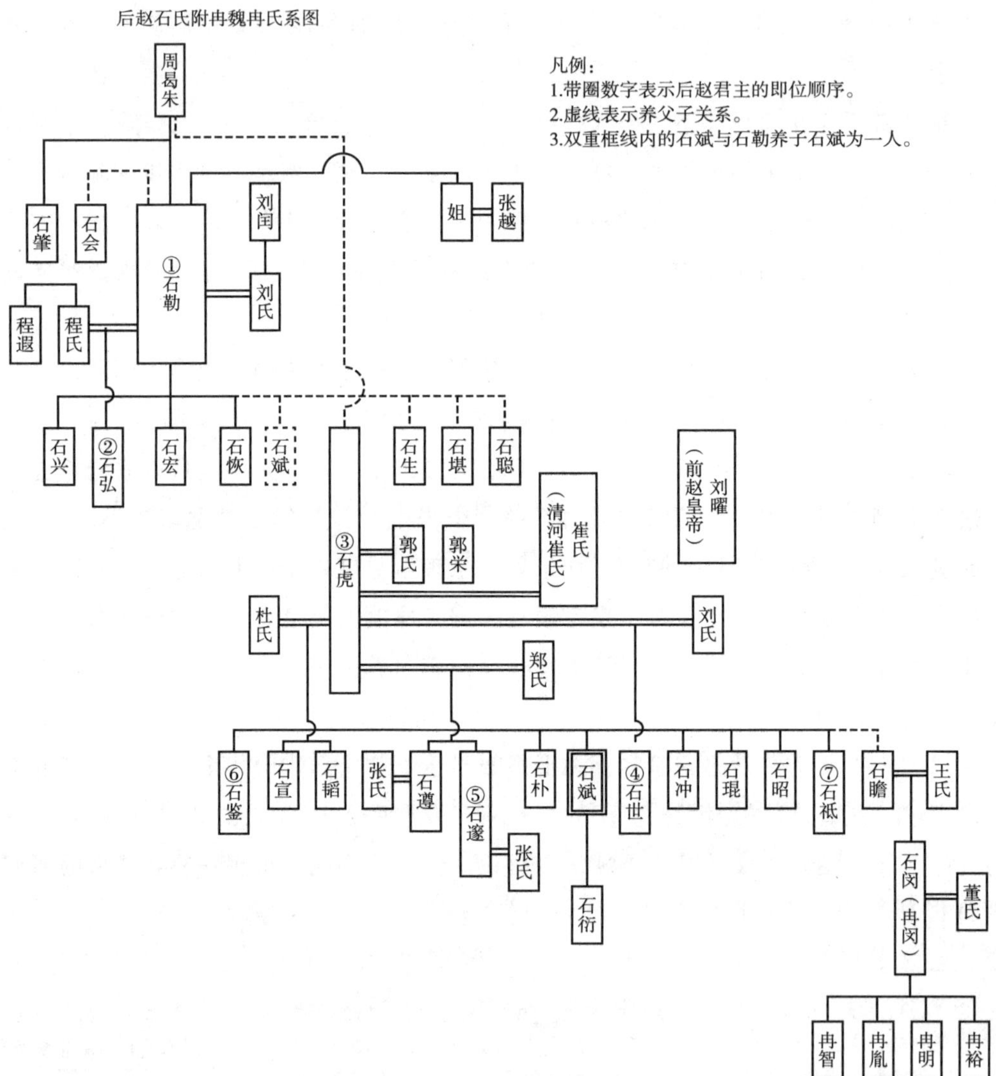

《中国与域外》第四辑（2021.04）第 91 ~ 103 页

“北极之下为中国”：东亚天下秩序与辽朝的“中国”意识

熊鸣琴*

摘 要：辽朝“中国”意识的核心是“以我为中心”的政治理念，源于其维系辽宋并列的东亚天下秩序的现实需要。辽朝中期正统意识的兴起因辽丽关系而引发，在对高丽的册书中，辽朝以“北极”自喻，就是想宣示辽朝是东亚宗主国，可视为辽朝“中国”意识彰显的表现。辽道宗称“北极之下为中国”，借助并转换了盖天说“北极之下为天地之中”的观念，兴起了辽朝处“天下之中”的中国地理意识，并在对高丽册书中开始明确使用以正统自居的措辞，显示出辽朝后期“中国”意识与正统观日趋强化。与此同时，辽朝在族群、文化上以华夏自居，其华夷之辨表面上以文化为依托，根本界线却是东亚朝贡体系下“中国”与“四夷”对举的政治尊卑关系。

关键词：辽朝 “中国”意识 东亚天下秩序 正统论 “天下之中”

《契丹国志》卷九《道宗天福皇帝》有一条辽道宗称“北极之下为中国”的记载：“帝（笔者按，指辽道宗）聪达明睿，端严若神，观书通其大略，神领心解。尝有汉人讲《论语》，至‘北辰居其所而众星拱之’，帝曰：‘吾闻北极之下为中国，此岂其地耶？’”① 学者大多将其视为辽朝后期“中国”意识彰显的表现，但对其内涵却没有展开深入分析。而在辽宋对峙的政治格局中，北方民族出身的辽朝亦以“中国”自居，这在学界已经是一个共识，相关研究成果主要有：孟古托

* 熊鸣琴，江西师范大学历史文化旅游学院。

① （宋）叶隆礼撰，贾敬颜、林荣贵点校《契丹国志》卷九《道宗天福皇帝》，中华书局，2014，第106页。

力先生《辽人“汉契一体”的中华观念述论》[①] 一文指出，辽人在族源、文化、地望、称谓等方面均表现出中国人的特有心态。赵永春先生《辽人自称“北朝”考论》[②]《试论辽人的“中国”观》[③] 二文认为辽人的“中国”观具有辽宋同为中国、华夷懂礼即为中国、正统与非正统都是中国等特点。

仔细检视，现有研究主要停留在就观念论观念的静态描述性层面。然而，思想观念的产生与流变必然是一定的政治、经济、社会结构的反映。那么，促使辽朝以“中国”自居的动力何在？现实政治与辽朝“中国”意识之间存在怎样的互动关系？又使之呈现出怎样的特质？在这些方面，前人的研究还有未尽之处。本文拟以辽道宗称“北极之下为中国”的论说为中心，立足于政治与观念的互动，在古代中国10～12世纪东亚天下秩序这一大政治格局下，去探讨辽朝“中国”意识的内涵与特质，以期深化学界对该问题的认识。不当之处，祈请方家指正。

一 “北辰居其所而众星拱之”：辽朝中期正统观的兴起与“中国”意识的彰显

关于辽道宗称“北极之下为中国”的论说，我们首先必须理解“北辰居其所而众星拱之”这句话的内涵，即北极与“中国”之间存在怎样的联系？这首先牵涉到对“中国”概念的认识。

中国古籍中的“中国”一词是一个具有地理、族群、文化、政权四层含义的复合概念[④]。它首先是作为一个地理概念出现的，最初是指一国的都城，因方位上处在一国之中而得名，文献上最早见于西周初年的何尊铭文：“余其宅兹中或（国）。”此后，“中国”一词的地理指称范围逐渐扩大为中原，乃至九州之地。其次，“中国”也是与“四夷”相对立的“华夏”族群概念。孔子曰：“夷狄之有君，不如诸夏之亡也。”宋邢昺《论语正义》疏曰：“诸夏，中国也。”[⑤] 再次，

---

① 陈述主编《辽金史论集》（第五辑），书目文献出版社，1991。

② 载《史学集刊》2008年第5期。

③ 载《文史哲》2010年第3期。

④ 参见田倩君《“中国”与“华夏”称谓之寻源》，《大陆杂志》三十一卷一期；王尔敏《“中国”名称溯源及其近代诠释》，载氏著《中国近代思想史论》，社会科学文献出版社，2003；蒋至静《释“中国”》，《内蒙古社会科学》1985年第3期；陈玉屏《略论中国古代的“天下”、“国家”和“中国”观》，《民族研究》2005年第1期。

⑤ 《论语正义》卷三《八佾第三》，见（清）阮元校刻《十三经注疏》，中华书局影印本，1980，第2466页上。

“中国”与“四夷”的分野主要是文化上的意义，所谓“诸侯用夷礼而夷之，夷狄进于中国则中国之”[①]。最后，“中国”还是一个政权概念。自以华夏族（汉代以后渐称汉族）为主体的统一国家形成后，“中国”一词开始泛指中原王朝所建立的政权。魏晋以降，一些入主中原的北方民族政权，如北魏也自称“中国”。由于“中国”本身是复合概念，什么样的政权才是“中国”？从很多角度都能找到答案。你可以说，汉族建立的政权才是“中国”；也可以说，拥有高度文化才是“中国”；还可以说地处天下之中，统御中原就是“中国”。从中还可以看出，“中国”观与汉化、夷夏之辨、正统论等诸多议题都有着密切的联系。现存史籍中辽人直接自称本朝为“中国”的记载很少，因而关于辽朝“中国”意识的探讨必须借助以上议题才能明晰。

古代中国人的国家观念更是“天下”观与“中国”观的结合。从理论上说，“一个天下，一个国家”。在时间的纵向上，中国历史上的所有王朝都被看成同一个国家——“中国”的前后延续。而在空间的横向上，天下中除了“中国”之外，其他政权或称不上是国家，或最多只能算是次等的国家。在现实政治中，汉唐以来，中原王朝一般会通过羁縻、册封、朝贡等方式维持四夷对“中国”王权的认可，并在此过程中形成了一种东亚天下秩序，“中国”即东亚宗主国的代称。因而，“中国”意识的萌生也与各政权的自我定位有关，需要具备一种“以我为中心”的政治理念。[②]

在此基础上，我们再来理解“北辰居其所而众星拱之”的政治内涵。“北辰”即“北极”，《宋史·天文志一》云：“极星之在紫垣，为七曜、三垣、二十八宿众星所拱，是谓北极，为天之正中。”[③] 古代中国信奉“天人合一”，人间秩序是天上秩序的复制或翻版，以北极为中心、众星拱卫的天上秩序，无疑就是以“中国”为中心、“四夷”朝贡的东亚天下秩序的最佳隐喻。这句话触动了辽道宗，是因为辽中期以来一直致力于维系一个以己为中心的东亚天下秩序。早在辽圣宗、辽兴宗时期，辽朝在对高丽的国书中，便频繁以“北极”“北辰”自喻。如，辽圣宗统和十四年（996）《遣张幹等封高丽王册》云：“惟东溟之外域，顺北极以来王。”[④]

---

① （唐）韩愈：《原道》，载屈守元、常思春主编《韩愈全集校注》，四川大学出版社，1996，第5册，第2664页。

② 参见拙作《金人“中国”观研究》绪论《何谓“中国”——研究对象与问题的认识》，上海古籍出版社，2014，第15～28页。

③ 《宋史》卷四八《天文志一》，中华书局点校本，1977，第967页。

④ 郑麟趾撰《高丽史》卷三，高丽成宗十五年三月条，朝鲜民主主义人民共和国科学院出版社，1957，第1部，第46页。

辽兴宗重熙八年（1039）《赐高丽官告敕牒诏》云："地控东域，星环北宸，愈坚奉上之心，宜举策勋之典。"同年《遣韩保衡封高丽王亨为王官告》又云："星辰在拱北之躔，则为合度。"[①] 重熙十二年（1043）《遣萧慎微等赐高丽王册》亦云："尊奖天朝，仰宸居而送款。"[②] 其中呈现的正是一种"以我为中心"的政治理念。

思想观念是现实政治的反映。高丽在五代时期尊奉中原王朝正朔，行后唐、后晋、后汉、后周年号；北宋建立以后，高丽在乾德元年（963，辽穆宗应历十三年）十二月，"始行宋年号"[③]。辽圣宗时期，开始着力将高丽纳入以辽朝为中心的东亚朝贡体系。辽圣宗数次东征，经略高丽，第一次便是在统和十一年（993），次年（994，辽统和十二年），高丽"遣侍中朴良柔奉表如契丹，告行正朔，乞还俘口"[④]，"行契丹年号"[⑤]，正式确立了高丽对辽朝的政治从属和朝贡关系。

也正是在这个时期，辽朝的正统意识开始抬头。辽太宗曾从后晋降臣那里得到中原王朝的传国玉玺。开泰十年（1021，宋真宗天禧五年），这枚传国玺开始受到辽朝统治者的重视，辽圣宗命人"驰驿取石晋所上玉玺于中京"[⑥]，并作《传国玺诗》云："一时制美宝，千载助兴王。中原既失守（一作'鹿'），此宝归北方。子孙皆慎守，世业当永昌。"[⑦] 重熙七年（1038，宋仁宗宝元元年），辽兴宗又以《有传国宝者为正统赋》作为当年科举考试的题目[⑧]。学界通常将辽朝中期正统意识的觉醒归结为澶渊之盟后与宋朝竞争的需要，[⑨] 这固然没错。但在开泰十年、重熙七年前后，辽宋之间并无大事。此前，宋真宗在大中祥符元年（1008，辽圣宗统和二十六年）欲夸示外国，举行天书封祀，遣使送礼告知辽朝，辽圣宗也没有什么反应，回复宋人云："中国自行大礼，何烦告谕？其礼物虑违誓文，不敢辄受。"[⑩] 为何在十余年后突然重视起正统观念呢？诸多迹象显示，辽圣宗、辽兴宗这一系列举动实际上与辽朝和高丽关系的反复有着更直接的联系，其中也牵扯到宋朝。

---

① 以上见《高丽史》卷六，高丽靖宗五年四月辛酉条，第1部，第86页。

② 《高丽史》卷六，高丽靖宗九年十一月丁亥条，第1部，第91页。

③ 以上见《高丽史》卷八六《年表》，第2部，第721、722页。

④ 《高丽史》卷三，高丽成宗十三年四月条，第1部，第46页。

⑤ 《高丽史》卷八六《年表》，第2部，第724页。

⑥ 《辽史》卷五七《仪卫志三》，中华书局，2016，第1016页。

⑦ 陈述主编《全辽文》卷一《传国玺》，中华书局，1982，第18页。

⑧ 《辽史》卷五七《仪卫志三》，第1016页。

⑨ 刘浦江：《德运之争与辽金王朝的正统问题》，《中国社会科学》2004年第4期；赵永春、李玉君：《辽人自称"中国"考论》，《社会科学辑刊》2010年第5期。

⑩ 李焘：《续资治通鉴长编》（下简称《长编》）卷六九，真宗大中祥符元年六月甲午条，中华书局，1979，第1548页。

高丽从成宗十三年（994）开始尊奉辽朝为宗主国，但同时也开始携辽朝之势驱逐东西女真诸部，积极经营西北疆土，先后筑兴化、通州、龙州、铁州、郭州、龟州等城，不仅将西北边界扩展到鸭绿江沿岸，还获得了北进的重要据点[①]。为了遏制其扩张势头，辽圣宗先后在统和二十八年（1010）、开泰七年（1018）两次大规模举兵东征高丽。高丽则有意联合北宋压制辽朝，在辽圣宗开泰四年（1015，宋真宗大中祥符八年）“遣民官侍郎郭元如宋献方物，仍告契丹连岁来侵”[②]，并于次年改“行宋大中祥符年号”[③]。宋朝不可能为了高丽去破坏辽宋澶渊盟约，自然是不予理会。在辽朝的军事打击下，高丽最终在开泰九年（1020）遣使向契丹求和，“请称藩纳贡”，并于辽圣宗太平二年（1022）“复行契丹年号”[④]。正是在此背景下，开泰十年（1021），辽圣宗命人取石晋所上玉玺至中京，这是想借助中原传国玺来树立自身正统形象，向高丽宣示其不亚于宋朝的东亚宗主国合法地位，稳固以辽为中心的东亚天下秩序。

重熙七年（1038）辽兴宗以《有传国宝者为正统赋》为科举考试题目，亦与辽丽关系的反复有关。辽兴宗景福元年（1031），高丽德宗即位，遣使请求辽朝撤毁鸭绿江城桥，归还被拘高丽人，被辽朝拒绝。其后高丽采取强硬的态度，停止使辽贺正，不纳辽入高丽的使者，并全力加紧修筑北境关城防御体系[⑤]。辽朝数次以兵攻鸭绿江骚扰高丽筑城工事，皆失利而退[⑥]。其间辽兴宗曾数次致书问罪，有“唯独东溟之域，未宾北极之尊。或激怒于雷霆，何安宁于黎庶”[⑦]之语，以“北极”自喻，再度强调辽朝东亚宗主国的地位。至重熙六年（1037），高丽方“遣使如契丹请复通好”；重熙七年（1038），“始行重熙年号”；重熙八年（1039），接受辽朝遣使册封[⑧]。此后辽朝也不再干涉高丽筑城之事，双方遂相安无事。

由上可知，辽朝正统意识的兴起实因辽丽关系而引发，与其构建“以我为中心”的东亚朝贡体系的现实需要密切相关。辽圣宗早在统和十四年（996）对高丽

---

① 参见姜吉仲《高丽与宋金外交经贸关系史论》，台北文津出版社，2004，第174～175页。

② 《高丽史》卷四，高丽显宗六年是岁条，第1部，第58页。

③ 《高丽史》卷四，高丽显宗七年是岁条，第1部，第59页。

④ 以上见《高丽史》卷八六《年表》，第2部，第726页。

⑤ 《高丽史》卷五，高丽显宗二十二年十月辛巳、十二月辛丑条，第1部，第75页；同书同卷，高丽德宗元年正月乙酉条，第1部，第75页。

⑥ 如《高丽史》卷六，高丽靖宗三年十月丙子条载：“西北路兵马使奏：‘契丹以船兵侵鸭绿江。’”第1部，第84页。

⑦ 《高丽史》卷六，高丽靖宗元年五月甲辰条，第1部，第81页。

⑧ 以上见《高丽史》卷八六《年表》，第2部，第727页。

的册书中即以“北极”自喻，就是想宣示辽朝是天下的“中心”，是天下的共主，可视为辽朝“中国”意识彰显的表现。其后，因高丽想借助中原王朝宋朝抵制辽朝，遂进一步激发了辽朝与宋朝竞争的中国正统观念。至重熙十一年（1042，宋仁宗庆历二年），辽兴宗向宋争关南地，最终宋朝做出重大让步，每年向辽增加岁币银十万两、绢十万匹，辽兴宗还坚持要宋朝在文书上称“贡”，最后宋屈称“纳”岁币①。这时辽朝欲凌驾于宋朝之上的正统意识已经非常明显了。

二 “北极之下为中国”：辽朝后期的“天下之中”意识与正统观的强化

值得注意的是，辽圣宗时期，辽朝以“北辰”自喻，虽有“以我为中心”的政治意识，但在地理观上尚未完全转化过来，仍视本朝为“北方”，视中原或赵宋地域为天下之“中”②。如，辽圣宗统和二十六年（1008）《耶律元宁墓志》表达了辽朝为北的意识：“耶律得霸王之气，协图录之谶，盛北方之大，启南面之尊。”③ 辽圣宗开泰九年（1020）《耿延毅墓志》亦云：“我公元祖，起家天北。”④ 辽圣宗统和三十年（1012）《耶律元宁墓志》则云：“郎君讳元宁，其先漆水人也。朔方佐运，中夏畏威。”⑤ 这里的“中夏”应指赵宋所在的中原地区。辽圣宗太平八年（1028）《李知顺墓志》亦云：“公之霸也，起自北方。公之生也，本于中央。”⑥ 李知顺原为宋朝大臣，在辽宋战争中被俘而归顺了辽朝。所谓“公之霸也，

---

① 《长编》卷一三七，仁宗庆历二年九月乙巳条，第3293页。

② 1930年出土的《辽道宗哀册》篆盖上有契丹小字“契丹”二字，即实《契丹小字字源举隅》（载《民族语文》1982年第3期）一文指出，其义应为“大中”，“契丹国”就是“大中国”的意思。刘凤翥《从契丹文字的解读谈辽代契丹语中的双国号——兼论“哈喇契丹”》（载《东北史研究》2006年第2期）、《从契丹文字的解读探讨辽代中晚期的国号》（载《辽金契丹女真史研究》2006年第2期）二文进一步指出，从咸雍二年（1066）至保大五年（1125），契丹文字记录辽朝的国号是“大中央辽契丹国”，“大中央”可视为国号“中国”的“中”。则辽朝的“中央”地理意识在前期就已经出现了。不过，由于契丹大、小字是一种尚待解读、还未完全破译的文字，上述看法，在辽史学界尚有争议。邱久荣《〈契丹国号解〉质疑》（载《中央民族大学学报》（哲学社会科学版）1983年第4期）、王弘力《丹契小字中之契丹》（载《民族语文》1987年第5期）二文便认为以契丹小字中之“契丹”本义为“大中、大段”不符合史实。孰是孰非，笔者不懂契丹文字，不敢妄下判断。需要指出的是，刘凤翥先生等人的观点与现存部分汉文献显示的观念有些抵触。

③ 盖之庸编著《内蒙古辽代石刻文研究》，内蒙古大学出版社，2002，第109页。

④ 向南编《辽代石刻文编》，河北教育出版社，1995，第160页。

⑤ 《内蒙古辽代石刻文研究》，第21页。

⑥ 《辽代石刻文编》，第189页。

起自北方"，是指李知顺在辽朝建功立业；"公之生也，本于中央"，是指他原来为中原之人，墓志明确表达了辽朝为"北"、赵宋为"中"的观念。

如果说墓志可能是私人观点，太平十一年（1031）的《圣宗皇帝哀册》则应该是官方意识的呈现，其在赞扬辽圣宗功绩时，有这样一段表述：

> 开拓疆场，廓静寰瀛。东振兵威，辰卞以之纳款；西被声教，瓜沙繇是贡珍。夏国之羌浑述职，遐荒之乌舍来宾。惟彼中土，曩岁渝盟。自汴宋而亲驱蛇豕，取并汾而来犯京城。绝信弃义，黩武穷兵。盖先朝之积忿，须再驾以徂征……我欲济以焚舟，彼方危于累卵。乃命使轺，叠伸诚款。恳求继好，乞效刑牲。贡奉金帛，助赡甲兵。尊圣善而庶称儿侄，敦友爱而愿作弟兄。①

其中"辰卞"指高丽；"瓜沙"指沙洲敦煌回鹘政权；"夏国"指党项人的西夏政权；"中土"指赵宋政权，"须再驾以徂征""敦友爱而愿作弟兄"云云，记载的是澶渊之盟前后的史实。这表明直至辽朝中期，辽朝的官方意识都是以赵宋地域为"天下之中"。

辽朝建国之后，一直与赵宋等中原王朝以南北朝互称，以示与之对等的政治地位。② 辽朝中期正统意识兴起后，更有压制赵宋的意愿，为何《圣宗皇帝哀册》还会称宋朝为"中土"呢？这是因为按照传统地理观，洛阳为天下之中，中原才是中土，而辽朝的确是居北土。辽兴宗重熙十五年（1046）《秦晋国大长公主墓志》云："太宗孝武皇帝应天顺人，奄有区夏。"③ 说辽朝拥有华夏部分领土就是"中国"，这是说得过去的。但一定要在地理方位上指认自身为"中"，则缺乏相应的理论依据。因此，辽朝为"北"的方位意识，直至辽朝后期都持续存在，如，辽道宗大康七年（1081）《义丰县卧如院碑记》即云："东韩西夏，贡土产而输诚；南宋北辽，交星轺而继好。"④

不过，至辽朝后期，还出现了一种以"北"的方位为"天地之中"的地理意识，就集中体现在辽道宗对"北辰居其所而众星拱之"这句话的回应中："吾闻北极之下

---

① 《辽代石刻文编》，第 194 页。

② 关于这个问题可参考赵永春《辽人自称"北朝"考论》，《史学集刊》2008 年第 5 期。

③ 《辽代石刻文编》，第 248 页。

④ 《辽代石刻文编》，第 395 页。

为中国，此岂其地耶?”北辰、北极所居方位为“天之正中”，“中国”则是“地中”，狭义的“中国”应指以洛阳为中心的中原。一为天中，一为地中，北极与中国本来是两个概念。不过，中国古代《周髀算经》中有“盖天说”，主张“北极之下为天地之中”，在天中与地中之间建立起某种联系，据《晋书·天文上》记载：

> 蔡邕所谓《周髀》者，即盖天之说也。其本庖羲氏立周天历度，其所传则周公受于殷高，周人志之，故曰《周髀》。髀，股也；股者，表也。其言天似盖笠，地法覆槃，天地各中高外下。北极之下为天地之中，其地最高。①

汉人赵君卿早已指出，这与“洛阳为天下之中”的传统地理观相冲突：“北辰正居天之中央……我之所在，北辰之南，非天地之中也。”② 东晋虞耸则以“穹天论”驳斥北极之下为地中之说：“天之有极，犹盖之有斗也。天北下于地三十度，极之倾在地卯酉之北亦三十度，人在卯酉之南十余万里，故斗极之下不为地中。”③ 20 世纪 70 年代以来，张家口市宣化区辽墓陆续出土了七幅星图，绘制方法基本上是以北极为中心，把全天二十四星宿投影在一个圆形平面上，天文学家称之为“盖天法”④，可知盖天说在辽朝比较盛行。

辽道宗称“北极之下为中国”，显然是借助并转换了盖天说“北极之下为天地之中”的观念，视北方为“地中”，进而为“中国”。这是因为辽朝所居方位正在斗极之下，辽圣宗统和十一年（993）《秦国太夫人墓志》便称：“若夫天街之北，皇家建其国；斗极之下，王者有其位。”⑤ 由此，在传统地理观念中居北的辽朝反而居中了，所谓“北极之下为中国，此岂其地耶”，可以理解为：“北极之下真的是中国吗？我大辽居北极之下，不就是中国吗?”这表明辽朝后期已经寻找到一种以己为中的理论依据，兴起了辽朝为“天下之中”的地理意识。

此类意识在辽代后期石刻文献中也可以得到验证。辽道宗大安九年（1093）《景州陈宫山观鸡寺碑铭》云：“我钜辽启运，奄有中土。”⑥ 辽天祚乾统七年

---

① 《晋书》卷一一《志一》，中华书局，1974，第 278 页。

② （汉）赵君卿注，（北周）甄鸾重述，（唐）李淳风注释《周髀算经》卷上，文津阁四库全书本，第 260 册，第 385 页。

③ 《晋书》卷一一《志一》，第 280 页。

④ 郑绍宗：《宣化辽壁画墓彩绘星图之研究》，《辽海文物学刊》1996 年第 2 期。

⑤ 《内蒙古辽代石刻文研究》，第 84 页。

⑥ 《辽代石刻文编》，第 452 页。

(1107)《三河县重修文宣王庙记》称：“粤若北方开统，尊居天地之中。”[①] 这是明确以北方为“天地之中”。乾统十年（1110）《羲和仁寿皇太叔祖哀册》又称辽朝“临制万方，宅中居正”[②]。这与《圣宗皇帝哀册》称北宋为“中土”有极大的差异。乾统元年（1101）的《道宗皇帝哀册》又云辽朝“声猷普暨，教令遐通。鲸海之东，鲲溟之北。若木西荒，桂林南侧。远近庶邦，强弱诸国。占风效款，慕义述职。顷以汴寇，侵予夏台。包藏贪噬，胜败往来。垂二十载，伤生蠹财。诏命一至，烟尘两开”[③]。文中称辽朝声教到达东南西北四个方位，此前被称为“中土”的北宋直接被贬斥为“汴寇”，这些表述都应该与辽朝自身“中土”地理意识的崛醒有关，更显示出辽朝后期“中国”意识日趋强化。

与此相应，辽朝后期对高丽册书中开始明确出现以正统自居的措辞。辽道宗寿昌三年（1097）《遣耶律思齐等赐高丽国王册》、寿昌六年（1100）《遣萧好古赐高丽国王太子册》有云：

> 朕以昊苍眷祐，祖宗贻范，统临天下，四十有三载矣。外康百姓，内抚诸侯。咸底于道，而海隅立社。北抵龙泉，西极鸭绿。祗禀正朔，奉输琛赆。

> 朕荷七圣之丕图，绍百王之正统；眷言日域，夹辅天朝。[④]

辽天祚帝对金朝的《降表》中也强调了辽朝的正统地位：“伏念臣祖宗开先，顺天人而建业；子孙传嗣，赖功德以守成。奄有大辽，权持正统。”[⑤]

但在现实政治中，辽朝后期国力逐渐衰弱，对高丽等朝贡国的控制能力实际上是下降了。高丽纳东西女真之地为郡县，又在辽道宗时期恢复了与宋朝的往来[⑥]，辽朝都没有采取强硬的制止态度，据《宋史》卷四八七《高丽传》记载，辽“尝诘其西向修贡事，高丽表谢，其略曰：‘中国，三甲子方得一朝；大邦，一周天每

---

① 《辽代石刻文编》，第 577 页。

② 《内蒙古辽代石刻文研究》，第 341 页。

③ 《辽代石刻文编》，第 514 页。

④ 《全辽文》卷二，第 45、48 页。

⑤ （金）佚名编，金少英校补，李庆善整理《大金吊伐录校补》第一八九《辽主耶律延禧降表》，中华书局，2001，第 508 页。

⑥ 《高丽史》卷八，文宗二十二年七月辛巳条，第 1 部，第 123 页。

修六贡。’契丹悟，乃得免”①。当辽朝东亚宗主国地位受到挑战之时，其正统观与“中国”意识就更加强化了。

三　10～12世纪东亚天下秩序与辽朝“中国”观之特质

历史上的“中国”概念具有族群、地理、文化、政权四重内涵，迄今为止，部分中外学者偏好从其文化内涵——“汉化”的角度去看待辽朝的“中国性”问题，如日本学者岛田正郎先生在《大契丹国：辽代社会史研究》一书中明确提出，辽朝对汉化的态度有所保留，在社会组织、宗教、祭祀等方面都具有很强烈的本民族意识，是与中国并立的“胡族国家”②。但任何观念都是在与现实需要的互动进程中产生并发展的。辽朝初步完成了长城以北历史上第一次东、西区域整合，首次将东从朝鲜，西至阿尔泰山的地域纳入同一政权的版图中，在此基础上再南向控制汉地。因而，辽朝对全盘汉化采取有所保留的态度是非常正常的，这与其集农耕、游牧之地于一体的疆域结构有关，辽朝固然有为统治汉地而采取汉化立场的需要，与此同时，也有为统治长城以北的龙兴之地而保留某些北方民族文化制度的需要。

事实上，“汉化”与“中国”意识的萌生是既有区别又有联系的两种现象。一方面，“中国”观是一个具有强烈汉文化内涵的观念，它需要以一定程度的“汉化”为前提，“中国”意识的萌生亦会进一步推进“汉化”的进程。另一方面，当一个政权吸收中原文化时，它可能只是出于顺应历史潮流、增强自身实力的角度考虑，未必因之产生“中国”意识。例如，新罗、渤海政权对中原文化的吸收程度相当高，但并没有自称，或被他称为“中国”的现象。而从现实需要角度出发，“中国”代表了“以我为中心”的政治理念。因而，非汉族政权“中国”意识的产生需要两个条件的结合：一是“以我为中心”争当宗主国的意识；二是对“中国文化”的认同与吸收。两者中，前者所呈现的政治内涵才是其核心所在。

本文对辽道宗称“北极之下为中国”的论说剖析是这一观点的最好注解。从辽朝中期正统意识的觉醒，到后期“天下之中”中国地理意识的兴起及正统意识的强化，均与辽朝构建、稳固以己为中心的东亚朝贡体系的现实需要密切相关，体现了辽朝与宋争当东亚宗主国的意识。值得注意的是，在10～12世纪的东亚天下

① 《宋史》卷四八七《高丽传》，第14050页。

② 岛田正郎：《大契丹国：辽代社会史研究》，何天明译，内蒙古人民出版社，2007，第246页。

秩序中，实际上是有两个“中心”、两个“中国”，一个是辽朝，一个是宋朝。结果在东亚诸国之间，形成了重重叠叠的三角多元朝贡关系。例如，西夏既向辽朝称臣，又在宋仁宗庆历年间向宋朝称臣；高丽对辽朝则维持着具有臣属性质的实质性朝贡关系，辽道宗时期高丽又恢复了与宋朝的邦交，经济和文化的交流是两国关系的主要内容。学者们已经注意到，与华夏传统“中国”观不同，辽朝并不强调“中国”的唯一性，在自称“中国”的同时，也承认宋朝的“中国”身份，如，重熙十三年（1044），辽兴宗将伐西夏，遣使告宋：“元昊负中国当诛。”[①] 这里的“中国”指宋朝。这其实正是辽宋平等对列的天下格局的反映。

“中国”也是与“四夷”对应的概念，辽朝既在政治上自称“中国”，自当在族群、文化意识上积极向华夏靠拢。现存史籍中，契丹人明确自认为是华夏族黄帝后裔的记载是在辽道宗时期[②]：一是耶律俨修《辽史》时“称辽为轩辕后”[③]；二是辽宁阜新出土的寿昌元年（1095）《永清公主墓志》记载说“盖国家系轩辕皇帝之后”[④]。与此同时，辽人在文化上也宣扬“华夷同风”，《契丹国志》卷九《道宗天福皇帝》载，有汉人讲《论语》，至“夷狄之有君，疾读不敢讲”，辽道宗不以为然，以为“上世獯鬻、猃狁荡无礼法，故谓之‘夷’，吾修文物，彬彬不异中华，何嫌之有”？表明辽人对自身华夏身份的认定加入了文化因素作为理论依托。那么，他们眼中的夷狄是哪些群体呢？

现存史籍中仅有两则辽人自称“中国”的例子。其一，《辽史》卷一〇四《刘辉传》云：“大安末，（刘辉）为太子洗马，上书言：‘西边诸番为患，士卒远戍，中国之民疲于飞挽，非长久之策。’”又据《辽史》卷二五《道宗五》记载：大安八年冬十月“辛酉，阻卜磨古斯杀金吾吐古斯以叛，遣奚六部秃里耶律郭三发诸蕃部兵讨之”。上文“诸番”应指“阻卜”，也称鞑靼，是辽朝对蒙古草原各部的通称。

其二，辽天祚帝天庆八年（1118）《鲜演大师墓碑》又云：“高丽外邦，僧统倾心；大辽中国，师徒翘首。”[⑤] 这里与“中国”对应的是“高丽”。辽人将高丽

---

① 《长编》卷一五一，仁宗庆历四年七月癸未条，第 3668 页。

② 辽圣宗统和二十七年（1009）《大契丹国夫人萧氏墓志》称萧氏丈夫污斡里“其先出自虞舜”，学者多以此条史料作为辽代皇族耶律氏认同自身为“炎黄子孙”的证据，但这样理解是有疑问的，参见拙作《辽代耶律氏是“陈”姓后裔？——〈大契丹国夫人萧氏墓志〉新释》，《文献》2013 年第 5 期。

③ 《辽史》卷六三《世表》，第 1051 页。

④ 袁海波、李宇峰：《辽代汉文〈永清公主墓志〉考释》，《中国历史文物》2004 年第 5 期。

⑤ 《辽代石刻文编》，第 668 页。

视为夷狄，据《辽史》卷八八《萧敌烈传》记载：“统和二十八年，帝谓群臣曰：‘高丽康肇弑其君诵，立诵族兄询而相之，大逆也。宜发兵问其罪。’群臣皆曰可。（萧）敌烈谏曰：‘国家连年征讨，士卒抏敝。况陛下在谅阴，年谷不登，创痍未复。岛夷小国，城垒完固。胜不为武；万一失利，恐贻后悔。’”

再分析一下辽道宗宣懿皇后萧观音的《君臣同志华夷同风诗》：“虞廷开盛轨，王会合奇琛。到处承天意，皆同捧日心。文章通鹿蠡，声教薄鸡林。大寓看交泰，应知无古今。”① 鹿蠡，即谷蠡，匈奴藩王封号②。鸡林，指高丽。相传新罗王脱解九年，都人徐罗砍伐城西的始林，有鸡怪，遂更名鸡林，并以为国号。后世遂以鸡林为朝鲜之别称③。此诗所云的“华夷同风”，“华”指辽朝，“夷”指的是草原诸部与高丽。

《三朝北盟会编》卷二一引《松漠记闻》云：“女真（改作金人）浸逼中京（中京，古白霫雪城），天祚惧，遣使立阿骨打（改作阿固达）为国王。阿骨打留之，遣人邀请十事，欲册帝、为兄弟国及尚主。使数往反，天祚不得已，欲帝之，而他请益坚。天祚怒曰：‘小夷（删此二字改作彼）乃欲偶吾女邪？’囚其使不报。”④ 这里指女真为夷狄。

笔者在现存史籍中尚未发现辽朝直接称西夏为夷狄的例子。不过，辽兴宗重熙十三年（1045，宋仁宗庆历五年）将讨伐西夏，遣使告宋书云：“藩服乱常，敢贡修之不谨；亲邻协力，务平定以永绥。”⑤ 这里指称西夏为“藩服”，也有点“四夷”的意思。

至此，我们已经大致可以勾勒出辽朝心目中“中国”与“四夷”的天下图象，辽朝为中国华夏，周围环绕的夷狄是阻卜等草原诸部及高丽、女真、西夏等。从中可以看出，在辽朝的“华夷之分”中，文化标准并非决定因素。因为，高丽、西夏对中原文化的吸收程度不在辽朝之下，若以儒家文化为标准的话，高丽对辽还有优越感。如高丽太祖二十六年（943）亲授“十训”，其中第四训以文化为标准，

① （辽）王鼎撰《焚椒录》，载（明）陶宗仪辑《说郛三种》，上海古籍出版社，1988，第8册，第5088页。

② 《史记》卷一一〇《匈奴列传第五十》，中华书局，1982，第2890页。

③ 参见《辽代石刻文编》，第190页。

④ （宋）徐梦莘：《三朝北盟会编》卷二一，宣和七年正月二十日丙申条后，上海古籍出版社据清光绪三十四年（1908）许涵度刻本影印，2008，第153页。文中“改作”，是指清朝史臣在将《三朝北盟会编》收入《四库全书》时所作的删改。

⑤ 《长编》卷五〇九，哲宗元符二年四月辛卯条，第12115页。

将契丹视为等同夷狄的禽兽之国：“惟我东方，旧慕唐风，文物礼乐，悉遵其制……契丹是禽兽之国，风俗不同，言语亦异，衣冠制度，慎勿效焉。”① 宋人叶梦得（1077～1148）《石林燕语》卷二又记载了高丽文宗爱慕华风，对臣事辽朝不满之事：“高丽自端拱后不复入贡。王徽立，尝诵《华严经》，愿生中国。旧俗，以二月望张灯祀天神，如中国上元。徽一夕梦至京师观灯，若宣召然。遍呼国中尝至京师者问之，略皆梦中所见，乃自为诗识之曰：‘宿业因缘近契丹，一年朝贡几多般。忽蒙舜日龙轮召，便侍尧天佛会观。灯焰似莲丹阙回，月华如水碧云寒。移身幸入华胥境，可惜终宵漏滴残。’会神宗遣海商喻使来朝，遂复请修故事。”② 因而，辽人称“华夷同风”，其华夷之辨表面上以文化为依托，根本界线在于东亚朝贡体系下“中国”与“四夷”对举的政治尊卑关系，凡向辽朝贡者即为夷狄。

当这种以我为尊的华夷政治意识强烈并受到侵犯之时，宋朝亦有可能被辽人贬斥为夷狄。北宋欧阳修撰修《新五代史》，将契丹列于四夷之一，辽朝大臣刘辉上书云：“宋欧阳修编《五代史》，附我朝于四夷，妄加贬訾。且宋人赖我朝宽大，许通和好，得尽兄弟之礼。今反令臣下妄意作史，恬不经意。臣请以赵氏初起事迹，详附国史。”辽道宗“嘉其言，迁礼部郎中”③。刘辉所说的“详附国史”，很有可能就是以牙还牙，将宋初事迹附于《辽史》四夷传。这与历史上南北朝修国史时互相贬斥对方为夷狄的情形何其相似。再度证明辽朝“中国”观的核心在于“以我为中心”的政治理念，源于其维系辽宋并列的东亚朝贡体系的政治需要。在两者的互动进程中，辽朝的“中国”意识不断彰显、强化。

① 《高丽史》卷一，太祖二十六年四月条，第1部，第26页。

② （宋）叶梦得撰，宇文绍奕考异，侯忠义点校《石林燕语》卷二，中华书局，1984，第28～29页。

③ 《辽史》卷一〇四《刘辉传》，第1604页。

《中国与域外》第四辑（2021.04）第104～116页

辽兴宗对高丽政策探析*

陶　莎**

摘　要：辽兴宗即位后，面对高丽旨在攫取鸭绿江控制权的诸般努力，结合李元昊造衅于外、国力渐衰于内的新形势，选择了更为温和绥怀的对丽政策。在新政策的严格执行下，辽朝得以在保证鸭绿江控制权的基础上将辽丽宗藩关系进一步制度化。同时，辽丽间长期和平的保持减轻了东京戍防的压力，为辽朝西向用兵免去了掣肘之患。辽丽成熟于此时的宗藩关系，为后世朝代处理与朝鲜半岛政权关系提供了范本，具有重要意义。

关键词：辽兴宗　高丽　外交政策　宗藩关系

辽圣宗太平十一年（1031），高丽显宗王询去世，八日后辽圣宗亦崩逝。二人“生前彼此争衡，至是联袂而去了另一个世界，临去之前，在彼此间都缔造了‘和平’，使后世子孙减少战乱的损害，毋庸置疑，此和平的缔造，对当时的东亚世界有着很大的安定作用”①。然掩盖在和平表象下的，是高丽并未熄灭的不臣之心。《宋史·高丽传》记载，高丽王询趁辽东京大延琳叛乱，“复遣御事民官侍郎元颖等二百九十三人奉表入见于长春殿，贡金器、银罽刀剑、鞍勒马、香油、人参、细布、铜器、硫黄、青鼠皮等物”②。虽然高丽拒绝了大延琳数次请援，并在叛乱平定后即刻遣使“贺收复东京”③，但结合使宋之举，辽丽间的和平局面更多是依靠辽方强大的国力与辽圣宗的强势政策方得以维持的。辽圣

* 本文是广东省哲学社会科学“十三五”规划2018年度青年项目“辽帝国对高丽政策与东亚秩序研究”（GD18YLS01）的阶段性成果之一。

** 陶莎，吉林大学文学院。

① 王民信：《王民信高丽史研究论文集》，台湾大学出版中心，2010，第138页。

② 《宋史》卷四八七《高丽传》，中华书局，1977，第14045页。

③ 郑麟趾：《高丽史》卷五《显宗世家二》，〔韩国〕亚细亚文化社影印本，1972，第113页。

宗去世后，高丽大约认为年仅十六岁的辽兴宗不能够掌握政局，辽朝或许会再度陷入主少国疑的境地，便趁圣宗新丧捞取利益，辽丽关系自此进入一个新的阶段。

一

《高丽史·王可道传》中记录了辽朝告哀使抵达高丽后高丽朝廷的一番讨论：时，遣工部郎中柳乔、郎中金行恭如契丹会葬，且贺即位。可道奏："契丹与我通好交挚，然每有吞并之志，今其主殂，驸马匹梯叛据东京，宜乘此时请毁鸭绿城桥，归所留我行人。若不听，可与之绝。"乃附表请之。[①] 显然是乘兴宗新立而试图攫取政治利益的行径，辽固然不从所奏，高丽"遂停贺正使，仍用圣宗太平年号"[②]。在高丽看来，少年皇帝未必能够坚守立场，先停贺正使表示抗议，继续使用太平年号又似乎是给兴宗留下一线生机，其意旨在令兴宗妥协。面对此种局面，辽朝君臣并没有为高丽所要挟，在同高丽的往来博弈中始终坚守着圣宗时期所奠定的基础，不予让步。

兴宗时期处理辽丽关系时主要面临两个问题：鸭绿江问题、确保宗藩关系。基于这两个问题，在充分考虑内外环境的前提下，兴宗时期对待高丽基本上遵守以下三条准则。

第一，对鸭绿江问题寸土不让。高丽乘圣宗新丧表请毁弃鸭绿江桥，甚至不惜以停派贺正使为要挟，可见高丽对辽朝加强鸭绿江防御耿耿于怀。事实上，高丽对鸭绿江流域土地的企图自始至终都非常强烈，在辽兴宗拒绝了高丽请求之后，高丽一方面在外交上给辽朝施加压力，另一方面开始着手修筑北境关城。自高丽德宗二年（1033）至靖宗十年（1044），高丽筑起了西起鸭绿江口，东至海岸的都连浦、跨宁远等十四城，高厚各二十五尺的千里长城。[③] 面对高丽如此明显的企图，辽兴宗终于回应，于重熙二年（高丽德宗二年，1033）十月攻打高丽静州，为高丽所败，此事《高丽史》有记而《辽史》未载，或许是因为本是小战又兼败绩，故而忽略不计。此番攻打高丽，原因虽然未记，但此战恰巧发生在千里长城初动工之时，或许是辽朝在表示抗议。

重熙四年（1035），辽朝使者牒兴化镇："曷越数年，不寻旧好，累石城而拟

---

① 《高丽史》卷九四《王可道传》，第112页。

② 《高丽史》卷五《德宗世家》，第116页。

③ 李丙焘：《韩国史大观》，台北正中书局，1961，第180页。

遮大路，竖木寨而欲碍奇兵”①，责备高丽破坏辽丽关系的举动。高丽王回书云：“‘累石城而拟遮大路，竖木寨而欲碍奇兵’者。且义爻设险，有土常规；鲁国废关，通人深诫。是以列兹城寨，备我提封。盖图其贴息边氓，非欲以负阻皇化。”书中又称“宣定两城，致筑于我疆之内，未蒙还复……乞放行人，并归侵地。无由得请，以至于今”。② 从字面上理解，修筑千里长城似乎确实有正当的理由，但高丽一再强调辽朝未毁鸭绿江城防一事，其对鸭绿江流域的觊觎之心显而易见。高丽如此回应，辽朝亦未妥协，没有因急于修复宗藩关系而对鸭绿江流域的城防建设做出让步。

日后，虽然高丽又恢复了同辽朝的正常朝贡关系，但终未放弃争取鸭绿江流域控制权。重熙八年（1039），高丽“遣户部郎中庾先谢安抚，仍请罢鸭绿江东加筑城堡”③。同书《徐讷传》中亦有记载：“往岁契丹欲于鸭绿江东加筑城堡，今复和亲，可因庾先附表请罢。”④ 试图趁辽丽刚刚恢复交聘往来的时机对辽讨价还价，期待辽兴宗或许会投鼠忌器，生恐再度破坏重又恢复的亲密平和，从而退出对鸭绿江流域的经营。然而，辽兴宗再一次打破了高丽的期待，捍卫了鸭绿江流域的主权，并未因高丽的要挟而放弃立场。

高丽屡次请求辽朝毁弃鸭绿江城防虽均未如愿，却也令辽兴宗深刻认识到高丽对鸭绿江流域的侵吞之心未尝有一日停息，不予姑息固然重要，必要的警告也应当适时提出。重熙十年（1041）十二月，辽兴宗“闻宋设关河，治壕堑，恐为边患，与南、北枢密吴国王萧孝穆、赵国王萧贯宁谋取宋旧割关南十县地，遂遣萧英、刘六符使宋”⑤。此举意在“取晋阳及瓦桥以南十县地；且问兴师伐夏及沿边疏浚水泽、增益兵戍之故”⑥，在《致宋帝书》中更明确提出“曷若以晋阳旧附之区，关南元割之县，俱归当国，用康黎人”⑦ 的要求。后经磋商，达成一致，除宋每年向辽增绢十万匹、银十万两外，双方更约定“两地不得相侵，缘边各守疆界”⑧。这是辽朝外交史上的一次胜利，不仅获得了增绢、银的实质上的好处，而且同宋

---

① 《高丽史》卷六《靖宗世家》，第 123 页。
② 《高丽史》卷六《靖宗世家》，第 123 ~ 124 页。
③ 《高丽史》卷六《靖宗世家》，第 129 页。
④ 《高丽史》卷九四《徐讷传》，第 99 页。
⑤ （元）脱脱：《辽史》卷一九《兴宗本纪二》，中华书局，1974，第 226 页。
⑥ 《辽史》卷一九《兴宗本纪二》，第 227 页。
⑦ 《致宋帝书》，参见陈述辑校《全辽文》，中华书局，1982，第 24 页。
⑧ （南宋）叶隆礼：《契丹国志》卷二十《关南誓书》，中华书局，2014，第 217 页。

“定‘进贡’名”①。赵永春认为：“无论是辽人说用‘贡’字还是宋人说用‘献’字或‘纳’字，实质所说都是一事，都反映了宋辽虽然名义上称‘兄弟之国’，但实际地位宋人则低于辽的事实，实际上是‘倒过来的朝贡（逆向朝贡）’。”② 挟此外交上的胜利之姿，辽兴宗特下诏谕高丽王曰：

> 朕以关南十县，我国旧基，将举兵师，议复土壤。宋朝累驰专介，恳发重言，定于旧贡银绢三十万两匹之外，每年别纳金缯之仪，用代赋与之物。再论盟约，永卜欢和。其诸道兵马等优给蠲免赋调，并已放还本部。夫何眇躬，成此美事！今文物百辟，中外庶官，屡拜封章，载稽典故，谓予有元功大略，加予以懿号鸿名。不获固辞，勉依群请。已撰定十一月三日，两宫并行大礼。卿称藩事上，望阙输忠，遐想闻之，必增庆悦。今差礼部尚书王永言赍诏往彼示谕。③

表面上是告知“重熙增币”一事，实际上则是要起到震慑高丽的作用。被高丽内心敬为上国的宋朝，其国力与高丽相比雄厚何止一两倍，然于国土争端上仍旧处于辽朝下风，要向辽纳币称贡。而高丽“岛夷小国”④ 竟屡屡于鸭绿江流域造衅，若惹得辽朝再度大举兴兵，其后果则或许要较之宋朝增纳岁币更为严重，正是辽兴宗要传达的意图。同时，辽兴宗要求高丽派人赴辽观礼，不得迟疑，更是要给高丽更为直观深刻的震慑。事实证明，此番举动确实收到了实效，此后终兴宗一朝，高丽亦未再直接向辽中央提及请罢鸭绿江城堡一事。虽然高丽经此一事震于兴宗之威，不敢再提罢鸭绿江城堡一事，但辽兴宗亦未曾对鸭绿江流域放松防御，重熙二十三年（1054），“始设弓口门栏于抱州城东野”，⑤“抱州”即为保州，《高丽史·地理志》记载：“义州，本高丽龙湾县，又名和义。初，契丹置城于鸭绿江东岸，称保州。文宗朝契丹又设弓口门，称抱州（一云把州）。”⑥ 高丽此前屡屡请撤鸭绿江城防，辽兴宗不仅不为所动，更加强了防御措施，其对高丽的防范之态不言而喻。

---

① 《辽史》卷八六《刘六符传》，第 1323 页。

② 赵永春：《试论“澶渊之盟”对宋辽关系的影响》，《社会科学辑刊》2008 年第 2 期。

③ 《高丽史》卷六《靖宗世家》，第 134 ~ 135 页。

④ 《辽史》卷八八《萧敌烈传》，第 1339 页。

⑤ 《高丽史》卷七《文宗世家一》，第 155 页。

⑥ 《高丽史》卷五八《地理志》，第 314 页。

第二，高丽必须称臣纳贡。高丽因自己文化礼仪较辽朝发达，素有不臣之心，每逢辽朝内部动荡，高丽便或试图同辽朝断绝关系，或趁机攫取利益。除前述圣宗大延琳叛乱时借口不朝并遣使如宋，趁辽兴宗少年即位，政局不稳之际捞取尽可能多的政治利益外，重熙元年（1032），辽朝遣留使送圣宗遗物又为高丽所拒，显然是定要辽朝在毁弃鸭绿江桥与放弃宗藩关系之间做一抉择。对此辽朝并未妥协，在小规模的进攻高丽静州无功后，因统治集团内部矛盾等原因，此后两年辽朝并未有过多精力经略高丽。直到重熙四年（1035），方又牒高丽兴化镇，书云："窃以当郡最近仁封，有小便宜须至披挞。载念贵国元为附庸，先帝每赐优洽，积有岁月，靡倦梯航。昨因伐罪之年，致阻来庭之礼。既剪除于凶逆，合继续于贡输。"不但强调两国早已存在的宗藩关系，又替高丽单方面中断宗藩关系找到说辞，且明确提出希望继续保持正常的往来。又云："今皇上绍累圣之基坰，统八方之国界。南夏帝主，永慕义以通欢；西土诸王，长向风而纳款。唯独东溟之域，未宾北极之尊。或激怒于雷霆，何安宁于黎庶其于违允，自有变通。"① 明白告知高丽当下局势，若再顽抗则辽朝大军压境，百姓的生业、几十年来的宁静必将毁于一旦。辽朝这封来书可谓是有理有力，但高丽似乎并不以为然，其回书对辽朝来书逐一辩驳，不外是再次"乞放行人，并归侵地"，更强调"无由得请，以至于今。倘俞悫实之诚，敢怠乐输之礼？祇在恩命，何烦责言。又云：'或激怒于雷霆，何安宁于黎庶'者。伏想今皇上字小情深，听卑道广，乃睠寅宾之域，必加推置之恩。于我何辜，有何凭怒？细详来诲，似涉戏言"。② 将关系破裂的责任完全归于辽朝一方，更兼言辞尖锐，似乎并未受辽朝震慑，仍然试图以归还行人、毁弃城防为恢复朝贡的条件。如前文所述，对鸭绿江问题寸步不让乃是辽兴宗自即位起便坚守的原则，是以此次文字上的交锋终因双方互不相让而告无果。

然而，圣宗时屡兴大兵，历时数十年方才稳定的宗藩关系不能轻易放弃，辽兴宗定然不希望父辈的基业就此断送在自己手中。于是在两年后再次宣旨，牒宁德镇曰："高丽之国，早务倾输，近岁以来，稍闻稽阙。欲载修于职贡，合先上于表章。苟验实诚，别颁俞命。"③ 这两年间辽丽双方史料均无双方接触的记载，辽朝突然发此牒文督促高丽速来朝贡，似有突兀之嫌。而高丽方见此牒文后，门下侍中

① 《高丽史》卷六《靖宗世家》，第123页。

② 《高丽史》卷六《靖宗世家》，第123~124页。

③ 《高丽史》卷六《靖宗世家》，第127页。

徐讷等十四人议奏曰："宜遣使告奏。"[①] 同样显得突然。两年前高丽犀利之言犹在眼前，何以今日见此短短一牒文便欲"遣使告奏"？似应是这两年间辽朝曾给高丽施加了不小的压力，令高丽难以维持这种名为宗藩实不朝贡的尴尬状态。就在高丽商议未决之时，辽朝又采取了军事行动，从水路进攻鸭绿江。这便是对之前高丽讥讽辽朝出兵"似涉戏言"的有力回击，更为重要的是配合了一月前的牒文，起到了更好的督促效果。随后高丽遣崔延嘏使辽，奏云：

> 当国伏自前皇太后、圣帝降册命以颁宣，疏土封而定分。但兹东域，仰戴北辰，连年不绝以勤王，递代相传而述职。顷以先臣王兄纂承祖业，归附皇朝。闻一德之君临，新颁庆泽；将两条之公事，专奏宸聪。未垂俞允之恩，转积迟疑之虑。自从曩岁以到今辰，虽迭换于炎凉，且久停于朝贡。近蒙睿旨，颇惬鄙怀。仅当遵太后之遗言，固为藩屏，抚小邦之弊俗，虔奉阙庭。更从文轨以输诚，永效梯航而展礼。[②]

奏表中一改犀利之语，一派恭谨之态，显然是对辽朝十分忌惮。这也从一个侧面说明在辽丽双方史料中均没有记录的两年间，辽朝或许曾经给高丽施加了不小的压力。重熙七年（1038）四月，高丽遣金元冲使辽，"起居谢恩仍请年号"。七月，金元冲还高丽，带回兴宗诏书，书云："省所奏已行用重熙年号事，具悉。卿昨者乞修朝贡，寻允奉陈。使介回旋，知我纪年之号书文禀用，见其向日之诚。省览叹嘉，不忘于意。"八月，高丽"始行契丹重熙年号"[③]。此后直到辽天祚帝时期，辽丽之间的和平交往成为辽丽关系的主流。

辽兴宗一朝，有据可查的对丽作战唯重熙二年（1033）及重熙六年（1037）年两次，而此两次战争规模皆不大，同辽圣宗时动辄数十万大军不可同日而语，小规模的进攻仅为震慑高丽而已。辽丽双方重归于好后，辽兴宗再未对高丽采取军事行动，可见兴兵只是为了使高丽恢复朝贡，并无他图。

第三，交聘为主，辅之以武。前文已述，辽兴宗在位期间对高丽仅有过两次小规模军事行动，双方关系正常化后使者往来的频繁程度更远超前代。自辽兴宗重熙七年（1038）高丽行重熙年号后，兴宗对高丽一直优渥有加，辽朝对高丽的遣使

① 《高丽史》卷六《靖宗世家》，第 127 页。

② 《高丽史》卷六《靖宗世家》，第 127～128 页。

③ 《高丽史》卷六《靖宗世家》，第 128～129 页。

制度渐趋稳定，“双方的关系已经由简单的封贡关系步入到封贡体系的模式之内”[①]。有关辽朝遣使高丽，《辽史》记载并不详尽，《高丽史》的记载则丰富得多。根据《高丽史》记载，重熙七年（1038）至重熙二十三年（1054）的十六年间，辽共册封高丽王四次，分别为重熙八年（高丽靖宗五年，1039）、重熙十二年（高丽靖宗九年，1043）、重熙十六年（高丽文宗元年，1047）、重熙十八年（高丽文宗三年，1049）。其中重熙十二年加册高丽靖宗、重熙十八年加册高丽文宗尤其凸显了辽朝以外交手段对高丽施加影响的意图。

重熙十二年（1043），正是辽朝以“重熙增币”一事谕高丽之后一年，也是辽兴宗“加上尊号曰聪文圣武英略神功睿哲仁孝皇帝”[②] 之后一年。此次加册高丽靖宗，虽然符合辽朝皇帝上尊号后对高丽加册的惯例，[③] 但这次加册规模之大，可谓空前绝后。《高丽史》记载：高丽靖宗九年（1043）十一月辛巳，“契丹遣册封使萧慎微、使副韩绍文、都部署利川、管内观察留后刘日行、押册使殿中监马至柔、读册将作少监徐化洽、传宣检校左散骑常侍韩贻孙等一百三十三人来”[④]。不仅使团规模庞大，显示出辽朝对此次加册的重视，且册文中云：“朕昨戒严驾，巡抚京畿。邦尹展肆观之仪，都人契来苏之望。干戈不试，狱市惟齐。群方则慕义向风，交驰玉帛；邻国则畏威怀德，增纳金缣。聿臻累洽之期，适享虚名之册。是推皇泽，首及王藩。”[⑤] 册文中强调“增纳金缣”，透露出辽朝仍然希望借此事震慑高丽。综合使团规模以及册文内容看，辽朝此次加册高丽靖宗，其政治目的更强于辽帝上尊号后加册的惯例。重熙十一年（1042），以“重熙增币”一事示谕高丽，虽然对高丽起到了震慑作用，但也容易引起高丽君臣防备甚至是反抗的行为。因此，辽兴宗趁上尊号的时机，派出了规模庞大的使团，加册高丽靖宗“守太傅、兼中书令，加食邑三千户，食实封三百户，仍赐同德致理四字功臣，散官勋爵如故”，又云“守君子国，冠诸侯王”，看得出辽朝安抚、稳定高丽的意图。[⑥]

重熙十八年（1049）正月，辽朝遣萧惟德、王守道如高丽加册高丽文宗，此

---

① 杨军：《东亚封贡体系确立的时间——以辽金与高丽的关系为中心》，《贵州社会科学》2008 年第 5 期。

② 《辽史》卷一九《兴宗本纪二》，第 228 页。

③ 陈俊达、邵晓晨：《关于辽朝遣使册封、加册及贺高丽国王生辰的新思考——兼论封贡体系下宗主国宗主权的行使》，《赤峰学院学报》（汉文哲学社会科学版）2015 年第 5 期。

④ 《高丽史》卷六《靖宗世家》，第 136 页。

⑤ 《高丽史》卷六《靖宗世家》，第 137 页。

⑥ 《高丽史》卷六《靖宗世家》，第 137 页。

为《高丽史》所记辽使抵达高丽的时间，则册封使应在重熙十七年底出发。此次加册之前并无辽朝皇帝即位或是上尊号，纯粹是为了安抚拉拢高丽。盖因此时辽朝与西夏再无昔日亲密友好之态，其势早如水火，自重熙十二年（1043）十月开始“双方关系转入了十年的‘间冰期’”[①]。同样是在重熙十八年正月，辽“遣北院枢密副使萧惟信以伐夏告宋”[②]，七月，辽兴宗亲征讨伐西夏。那么此次加册高丽文宗，其安抚、稳定东边局势的用意已经不言而喻了。

除了出于政治目的对高丽进行册封外，辽丽间宗藩关系的制度化也在辽兴宗时期成型。值得注意的是，在辽兴宗时期出现的东京回礼使以及横宣使，是双方交往过程中前所未有的。更值得一提的是横宣使的派遣，此前“横宣使”一词并不见于典籍，最早乃见于《高丽史》卷六《靖宗世家》的记载。有关横宣使，学界看法并不一致，最早关注此问题的日本学者稻叶岩吉认为“横”应同横帐之“横”，此“横”字当系契丹字，横即为黄（即耶律氏），故横赐、横宣即敕赐、敕宣之意。[③] 魏志江则认为：“高丽遇国内重大政治活动，遣使向辽廷禀告，谓之告奏。辽则通过横宣、横赐等名义，派特使向高丽宣达辽的诏旨。”[④] 刘一认为：“横宣使应是高丽对辽朝派遣的‘横赐’、‘宣赐’二使的统称。横宣使的使命是代表辽朝皇帝对高丽国王进行赏赐。”[⑤] 根据统计结果，刘一认为辽朝向高丽派遣横宣使的频率大致为三年一次（特殊情况除外），并且由于代表的是辽朝皇帝，故而使者通常由贵戚担任。这与玄花所做的金代横宣使研究所得出的“金遣横赐使，高丽遣谢横赐（横宣）使相回应的记载的频率是每三年一次，除1172年和1198年之外没有间断。横赐（横宣）使是用以和合金丽君臣关系的，按时定期派遣的礼仪性的使节”[⑥] 的结论大体相同。张国庆则认为“与高丽王朝差遣至契丹辽国的‘告奏使’相对应，契丹辽国每遇军政大事，也要差遣‘横宣使’至高丽持诏宣达或通报”[⑦]。综合各家意见来看，笔者较为倾向于张国庆的观点，横宣使的出现意味着辽朝已经对因事而派的使者有了规范化的名称，说明辽兴宗时期辽丽间的交聘制度已经制定得十分细致、完善。

---

① 张国庆：《略论辽夏“和亲”与辽夏关系的变化》，《史学月刊》1988年第5期。

② 《辽史》卷二〇《兴宗本纪三》，第239页。

③ 稻叶岩吉：《契丹の横宣横赐の名称》，《史林》1932年17卷1号。

④ 魏志江：《中韩关系史研究》，中山大学出版社，2006，第31页。

⑤ 刘一：《辽丽封贡制度研究》，《满族研究》2012年第2期。

⑥ 玄花：《金丽外交制度初探》，吉林大学硕士学位论文，2007。

⑦ 张国庆：《辽与高丽关系演变中的使职差遣》，《辽金历史与考古（第四辑）》，2013。

二

辽兴宗时期对高丽的政策，虽然并没有彻底放弃武力，但较之其父辽圣宗的强力激进仍然显得温和绥怀。当然，这种温和与绥怀是建立在高丽必须称藩纳贡且辽朝绝不放弃鸭绿江流域的基础之上的。辽兴宗时代对高丽政策相比圣宗朝有这样的继承与变化，主要是因为辽兴宗在位期间内外形势的变化以及辽兴宗在战略重心上所做的调整。具体来说，主要有辽宋、辽夏关系的变化，辽朝国力的渐衰等原因，现析之如次。

第一，西、南为重，东边次之。重熙三年（1034）辽兴宗亲政时，辽朝国力正值强盛，《辽史》谓之曰“天下无事，户口蕃息”[①]。辽朝能够有这种繁盛的局面，实赖三十年前辽宋所缔结的澶渊之盟，盟约缔结后双方之间再无干戈，辽朝在南方的压力顿减，燕云十六州的经济优势得以更为充分地发挥。可以说辽兴宗从辽圣宗手中继承的是一个处于鼎盛时期的王朝，富弼曾进言宋仁宗曰：“契丹正强盛，奚、霫、渤海、党项、高丽、女真、新罗、黑水靺鞨、回鹘、元昊凡十国皆役服之，供奉不绝。”[②] 盛世即位的辽兴宗并不满足于澶渊之盟后辽宋二分的局面，亲政后“每言及周取十县，慨然有南伐之志”[③]，试图依靠强大的国力成就超越乃父的功绩，“欲一天下，谋取三关”[④]。

然而，此时的“天下”已经不同于辽兴宗祖、父辈们所处的局势。澶渊之盟前，出于对宋作战的需要，辽朝抽调大量的西征兵力参与南方对宋的战役，造成西部阻卜的叛乱未能彻底平定，边疆的危机仍然是巨大的隐患；昔年为了牵制宋朝而扶植的西夏政权也日益强大，早在“澶渊之盟”前，西夏便从宋朝手中夺取了河西地区的重镇灵州，不仅获得一块“地方千里，表里山河，水深土厚”的“牧放耕战之地”，[⑤] 而且“几乎完全控制了东西交通的命脉”[⑥]，这无疑是对辽朝“河西贸易的控制权和回鹘附庸国的支配权”[⑦] 的挑战，同时为日后辽夏间的矛盾埋下了

---

① 《辽史》卷八七《萧孝穆传》，第1332页。

② （宋）方勺：《泊宅编》卷一〇，中华书局，1983，第55页。

③ 《辽史》卷八七《萧孝穆传》，第1332页。

④ 《辽史》卷九三《萧惠传》，第1374页。

⑤ 李焘：《续资治通鉴长编》卷四四，咸平二年六月戊午条，中华书局，1995，第947页。

⑥ 长泽和俊：《丝绸之路史研究》，钟美珠译，天津古籍出版社，1990，第378页。

⑦ 〔德〕傅海波、〔美〕崔瑞德编《剑桥中国辽西夏金元史》，中国社会科学出版社，1998，第193页。

伏笔。其后“随着宋辽澶渊之盟和宋夏景德合约的订立，此时的夏辽关系，因共同应对宋朝这一基础的丧失而出现了微妙的变化”。[①] 这种变化主要表现在辽夏双方对宋和谈后，“辽朝南向发展和西夏东向发展的空间和机遇都已经十分有限，因此双方都把开拓的方向转向西北，素有东西方贸易命脉之称的河西走廊便成了争夺的焦点。”[②]

重熙七年（1038），李元昊宣布称帝，公然要求取得与宋朝几乎平等的政治地位，西夏由是成为后澶渊之盟时代“和平局面的麻烦制造者”[③]。元昊称帝与高丽“始行重熙年号”均在重熙七年，一方面是长期与辽争夺西北地区的西夏竟然称帝，打破业已形成的辽宋南北并立的局面，另一方面则是乘辽圣宗新丧与兴宗讨价还价的高丽终于重新执藩国之礼，对于辽兴宗来说西夏与高丽此时便有了轻重缓急之别。从另一个角度说，高丽处于朝鲜半岛，陆上仅与辽相连，与宋朝亦只能隔海相望，更遑论同西夏等政权勾结共谋反辽。与高丽相比，西夏的地理位置及政治意义则显得更为重要，得天独厚的地理优势给了西夏更充足的发展空间，日本学者藤枝晃曾指出：“古往今来在河西立国的政权，往往都要利用其控制西域诸国入华咽喉的地理位置，专擅中继贸易的利益，西夏自然也不会例外，它也要通过经营中继商品和引领转道使节而致富强。况且当时在它的东面还有两大帝国南北对峙，西夏即此离彼，巧妙地游离于二国之间，逐渐发展壮大。”[④] 有鉴于此，辽朝势必不能再对西夏的作为加以姑息，须得采取措施应对西夏崛起的局面。

元昊称帝后，不断袭扰宋朝，为了加强边防，宋朝在边境地区积极修筑防御工事，加强战备，其中便包括临近辽朝的地段。例如重熙九年（宋仁宗康定元年，1040），宋朝“增补河北健壮军”，“增置陕西、河北、河东、京东西弓手”等等，[⑤] 这显然违背了宋辽《澶渊誓书》中“所有两朝城池，并可依旧存守，淘濠完葺，一切如常，即不得创筑城隍，开掘河道”[⑥] 的规定。辽兴宗于是抓住宋夏交战的时机，重熙十一年（1042），以“兴师伐夏及沿边疏浚水泽、增益兵戍”之故问

---

① 刘建丽：《西夏与辽朝关系述论》，《辽宁大学学报》2005 年第 3 期。

② 杨浣：《辽夏关系史》，人民出版社，2010，第 91 ~ 92 页。

③ 杨浣：《辽夏关系史》，第 101 页。

④ 藤枝晃：《李继迁的兴起与东西交通》，辛德勇译，刘俊文编《日本学者研究中国史论著选译（九）》，中华书局，1993，第 459 页。

⑤ 《宋史》卷一〇《仁宗本纪二》，第 208 页。

⑥ 《契丹国志》卷二〇《澶渊誓书》，第 213 页。

宋朝，并要求“取晋阳及瓦桥以南十县地”，[①] 企图在宋夏交兵的乱局中谋求尽可能多的现实利益。最终的结果是辽朝虽然未能如愿得到关南之地，但却在经济上取得巨大的实惠，辽宋双方不仅达成著名的“重熙增币”的协定，并且由辽朝出面“赍诏谕元昊令息兵”[②]，促成了宋夏间和议的形成。可以说重熙七年至重熙十一年这段时间，辽朝一直在协调辽、宋、夏三方的关系，并努力在其中扮演主导的角色，同时达成一定的政治目的。正是由于这段时间辽朝将关注的重点转移到了西、南两方，故而在同高丽恢复正常的交聘关系后，辽兴宗便积极同高丽加强往来，注意维护两国间的良好互动，所图者无他，唯保东部安宁、宗藩不破而已。

力保东边高丽稳定的政策在“重熙增币”之后依然延续，这主要是因为“重熙增币”后不久辽夏间关系便急剧恶化，双方自重熙十三年（1044）至重熙二十二年（1053）共发生大规模战争三次，直到重熙二十二年西夏表示屈服，双方的战争才告一段落。其间为了保证对夏作战没有后顾之忧，更是需要维护与高丽间的良好互动，最大可能地避免高丽骚乱、挑衅，从而避免两面作战。因此，这一时期辽兴宗非常重视同高丽间的和平交往，并推动了辽丽间使节往来制度化的形成，通过频繁的、名目众多的使节来往来巩固辽丽间来之不易的友好局面，绝不轻易破坏辽丽关系。这种情形一直维持到重熙二十二年李元昊之子李谅祚降，辽兴宗才开始在辽丽边界有所动作。

第二，师老民疲、国力渐衰。辽兴宗即位之初确实继承了其父圣宗所成就的盛世，但同时不得不面对盛世中隐藏的种种危机。圣宗在位时曾屡兴大兵、东征西讨，然而“东有荼、陀之败，西有甘州之丧”[③]，不仅未能达成预期的目标，反而为日后辽朝国力渐衰埋下了伏笔。兴宗即位后不久，圣宗时期的隐患便渐渐显露出来，以至于兴宗不得不诏天下言治道之要，制问：“徭役不加于旧，征伐亦不常有，年谷既登，帑廪既实，而民重困，岂为吏者慢、为民者惰欤？今之徭役何者最重？何者尤苦？何所蠲省则为便益？补役之法何可以复？盗贼之害何可以止？”萧韩家奴对曰：“比年以来，高丽未宾，阻卜犹强，战守之备，诚不容已。乃者选富民防边，自备粮糗。道路修阻，动淹岁月；比至屯所，费已过半；只牛单毂，鲜有还者。其无丁之家，倍直佣僦，人惮其劳，半途亡窜，故戍卒之食多不能给。求假

① 《辽史》卷一九《兴宗本纪二》，第 227 页。

② 《续资治通鉴长编》卷一四二，庆历三年七月癸巳条，第 3408 页。

③ 《辽史》卷一七《圣宗本纪八》，第 206 页。

于人，则十倍其息，至有鬻子割田不能偿者。或逋役不归，在军物故，则复补以少壮。其鸭绿江之东，戍役大率如此。况渤海、女直、高丽合从连衡，不时征讨。富者从军，贫者侦候。加之水旱，菽粟不登，民以日困。盖势使之然也。”又指出：“方今最重之役，无过西戍。如无西戍，虽遇凶年，困弊不至于此。”① 一针见血地指出辽朝困顿的根源：累年戍防于东、西两境，更兼不时征讨，民生早已不堪其困。正如有学者所言：“契丹以百万之众，统辖北方广袤地区，而效仿中原，分地设置，派兵驻防，必然带来沉重的经济压力。”② 萧孝穆亦曾对兴宗言道：“今国家比之曩日，虽曰富强，然勋臣、宿将往往物故”，③ 清醒地认识到虽然圣宗的余威仍在、盛况可寻，但辽朝内部的危机已经悄然出现。

民力既已透支，物力又大加消耗，更兼治国乏人，辽兴宗纵然有超越父祖辈的雄心也难以尽数付诸实践。虽然不甘平庸的辽兴宗曾挑起“关南地”之争，并与宋朝达成了“重熙增币”，这似乎已经是辽兴宗最值得大书特书的一笔亮色，除此之外，终兴宗一朝再难有如此之成就。此时辽兴宗理国的重中之重乃是安定民生、稳定民心，其许多内政外交举措的出发点亦基于此。除去同西夏因河西利益而频起摩擦，辽兴宗更倾向于用外交手段来解决边境问题。同宋朝如此，对高丽亦不例外。盖因前文所述，民生多艰、国力渐衰，多因东、西戍兵负担过重而起，故而保持友好往来，尽量避免摩擦方是上策。

三

总之，对于不甘于守成，但又无力开拓的辽兴宗来说，虽不能圆其父收回鸭绿江六城的夙愿，但总算策略得当确保了辽丽间的宗藩关系，并进一步将辽丽间的关系制度化、常态化。这中间固然有李元昊造衅于外、国力渐衰于内的诸多原因，但也有圣宗时几番大举进攻高丽无果且损失惨重的现实教训。对于辽兴宗来说，辽丽间的和平是必须要维护的，唯有如此方能减轻东边戍防的压力，留更多余地与西夏周旋。也正因为辽兴宗时期对高丽采取相对温和绥怀的政策，辽丽双方虽然在鸭绿江问题上时有摩擦但仍然能够保持在宗藩名义下的有序往来。

重熙二十四年（1055）辽兴宗崩，辽朝告哀使张嗣复至高丽，高丽文宗“闻

① 《辽史》卷一〇三《萧韩家奴传》，第 1446 页。

② 郑毅：《略论辽朝边疆统驭方略的演变》，《黑龙江民族丛刊》2012 年第 5 期。

③ 《辽史》卷八七《萧孝穆传》，第 1332 页。

嗣复过鸭绿江，减常膳、辍音乐、禁屠宰、断弋猎”，“服素襕，率百官出昌德门前。嗣复传诏。举哀行服，辍朝市三日”并“遣知中枢院事崔惟善、工部侍郎李得如契丹吊丧会葬”。[①] 比之昔年却辽朝遗留使于来远城下而不纳实在是友好而又恪尽藩国义务。从高丽方的表现来看，其对辽兴宗的态度和认同是高于辽圣宗的，这自然与辽兴宗时对高丽实行的相对温和绥怀的政策分不开。但我们应该看到，辽兴宗之所以可以对高丽推行这种政策，是建立在辽圣宗时强力打压的基础之上的，离开圣宗时的基础，兴宗时的政策便成了无本之木，没有可以植根之土了。

① 《高丽史》卷七《文宗世家一》，第158页。

《中国与域外》第四辑（2021.04）第117～133页

金夏使节的群体考察

马旭俊[*]

摘　要： 金朝派往西夏的常使有正旦使、赐生日使、告登位使（告即位使）、册封使、横赐使、报哀使、慰问使（敕祭使）、起复使、赐誓诏使；西夏派往金朝的常使有上誓表使、谢赐誓诏使、正旦使、生辰使、谢赐生日使、贺即位使（贺登位使）、谢封册使、求封册使、谢横赐使、报哀使、慰问使（敕祭使）、贺尊号使、遗留使。金朝派往西夏的泛使有报谕使、议和使、计议使、报成使；西夏派往金朝的泛使有谢恩使、贡方物使（横进使）、奏告使、贺尊安使（问起居使）、贺迁都使。金朝派往西夏的使节除了贵族、宗室出身外，还有一般的降臣、汉臣等，而西夏在选拔遣往金朝使节过程中更看重“名臣”“贵族”出身以及个人才干。大致而言，金遣西夏使节的品阶低于其遣往宋朝的使节品阶（以正三品为主），也没有严格的正副使之别，一般只有正使，大致与遣往高丽使节情况相当，而西夏遣往金朝使节中文官分量不小，与西夏遣往北宋的使节略有不同。

关键词： 金朝　西夏　使节　常使　泛使　出身　品阶

研究金与西夏使节群体，不仅有助于我们加深对金夏交聘关系的理解，有助于我们把握金夏关系演进的历史脉络，而且有助于我们直观地认识以金朝为主导的宗藩关系。因此，本文不揣鄙陋，详尽考察金夏使节的类型、派遣情况、出身背景及其官职官阶等情况，以补充金夏关系领域的研究。不足之处，敬请方家指正。

---

* 马旭俊，宁夏大学西夏学研究院。

一 金与西夏使节的分类与考论

（一）常使

指金夏为了维护两国外交关系正常化，根据相关礼仪程式定期向对方派遣的一般礼仪性使节。根据使命不同，金夏两国互相派遣的常使有以下几种。

1. 金朝派往西夏的常使

（1）正旦使。每年正旦（农历正月初一）派遣使节祝贺，称“贺正旦国信使”，简称“正旦使”或“贺正使”。按照金与西夏的宗藩关系，金朝没有义务向西夏派遣贺正旦使节，直到1225年金与西夏和议成，约为“兄弟之国”后，金哀宗于第二年向西夏派遣正旦使，“十一月甲戌，遣人使夏贺正旦”[①]。

（2）赐生日使。金朝遣往西夏祝贺西夏皇帝生日的使节，但和西夏遣使贺节有所不同：金朝只称“赐生日使”，不称“贺节”；金朝赐西夏生日，并非每年都有，主要集中在海陵王、金世宗和金章宗时期，且时断时续。[②]

（3）告登位使、告即位使。[③] 金朝新皇帝即位后，要派遣使节通告对方，称“皇帝登宝位国信使”，简称“告登位使”，也称“告即位使”。如金熙宗即位后，遣使“来告哀及报即位”[④]；海陵王即位后，“遣人谕以废立之事”[⑤]。

（4）册封使。金朝派往西夏册封西夏新皇帝的使节。天眷三年（1140），金熙宗“诏册李仁孝为夏国王”[⑥]；明昌五年（1194），“命中宪大夫国子祭酒刘玑、尚书右司郎中乌古论庆裔等充夏国王李纯佑（祐）封册起复使”；泰和六年（1206），“以朝议大夫尚书左司郎中温迪罕思敬、朝请大夫太常少卿黄震为夏国王李安全封册使”；崇庆元年（1212），“遣使册李遵顼为夏国王”[⑦]。

---

① （元）脱脱：《金史》卷六二《交聘表》，中华书局，1975，第1488页。

② 马旭俊：《金夏关系研究》，吉林大学博士学位论文，2017，“金朝遣使西夏统计表”，第125～127页。

③ 史籍中没有西夏皇帝即位后，派遣“告登位使”的记载，从“夏国王李乾顺薨，子仁孝嗣位，遣使来告丧”（《金史·交聘表》）来看，西夏可能将旧皇帝丧事和新皇帝即位这两件事合二为一，如果考虑到金夏宗藩地位，西夏应该没有“告登位使”，而是遣使通告旧皇帝丧事与新皇帝即位，并“求册封”。

④ 吴广成撰，龚世俊校证《西夏书事校证》卷三四，甘肃文化出版社，1995，第399页。（下简称《西夏书事》）

⑤ 《金史》卷六〇《交聘表》，第1404页。

⑥ 《金史》卷四《熙宗纪》，第75页。《金史·夏国传》：“国王乾顺薨，子仁孝立，遣使册命，加开府仪同三司上柱国。”

⑦ 《金史》卷六二《交聘表》，第1461～1462、1477、1481页。

（5）横赐使。金朝为赏赐西夏而派遣的使节，即君对臣意外赏赐之意。根据史籍记载统计，金朝“横赐”西夏一共有18次，其中金熙宗1次、海陵王1次、金世宗9次、金章宗7次。①

（6）报哀使。金夏双方皇帝或皇太后逝世，需遣使通告对方，称“报哀国信使”，简称“报哀使”。其中，金遣往西夏“告哀使”的记录有：天会十三年（1135），金熙宗“遣使如夏报哀”②；大定二十九年（1189），“以大理卿王元德等报哀于夏”；明昌二年（1191），“皇太后崩。丙寅，以左副都点检亩等报哀于夏”③。

（7）慰问使、敕祭使。当得到对方“报哀使”的通告后，要遣使吊慰和祭奠，称“慰问国信使”和“敕祭慰问使”，简称“慰问使”、“敕祭使”或“陈慰使”、“祭奠使”等。金朝时常会将二使合一，如明昌四年（1193），“西上合门使大磐等为夏国敕祭慰问使”④；正大三年（1226），“遣中奉大夫完颜履信、昭毅大将军太府监徒单居正为吊祭夏国使”。

（8）起复使。金朝派往西夏，命令处于服丧期的西夏国王恢复职责的使节。明昌五年（1194），“命中宪大夫国子祭酒刘玑、尚书右司郎中乌古论庆裔等充夏国王李纯佑（祐）封册起复使”⑤。

（9）赐誓诏使。西夏向金上誓表称臣之后，金朝承诺履行宗主国义务而派往西夏回赐誓诏的使节。天会二年（1124），“遣王阿迪、杨天吉赐誓诏于夏”。

2. 西夏派往金朝的常使

（1）上誓表使。西夏承认金朝宗主国地位，上誓表以承诺遵守“称臣纳贡”义务而派遣的使节。天会二年（1124），“夏使把里公亮等来上誓表”。

（2）谢赐誓诏使。西夏接到金朝的赐誓诏后，遣往金朝答谢的使节。天会二年（1124），“夏使谢赐誓诏”⑥。

（3）正旦使。西夏自“上誓表”后的第二年起（1125），除了金朝皇帝驾崩或其他不可抗拒因素外⑦，每年都向金朝派遣正旦使，直至1212年金夏交聘关系完

---

① 马旭俊：《金夏关系研究》，吉林大学博士学位论文，2017，“金朝遣使西夏统计表”，第125～127页。

② 《金史》卷六〇《交聘表》，第1398页。

③ 《金史》卷九《章宗纪》，第209、217页。

④ 《金史》卷十《章宗纪》，第231页。

⑤ 《金史》卷六二《交聘表》，第1489、1461～1462页。

⑥ 《金史》卷六〇《交聘表》，第1391页。

⑦ 如1135年金太宗去世，1150年海陵王弑君篡位，金夏报聘暂停；1185年，金世宗因“上京地远天寒，行人跋涉艰苦”，暂停贺正旦等一年。金夏关系破裂之后（1212），金夏停止遣使活动。

全破裂[①]。

（4）生辰使。为祝贺别国皇帝生日而派遣的使节，称“贺生辰国信使”，简称“生辰使”、“生日使”或“贺生辰”等。其中，金朝皇帝自金太宗起，以自己的生日为节日，并以节日命名。如金太宗生日称“天清节”，金熙宗生日称“万寿节”，海陵王生日称“龙兴节”[②]，金世宗生日称“万春节”，金章宗生日称“天寿节”，卫绍王生日称“万秋节”，金宣宗生日称“长春节”。因此，西夏遣贺金朝皇帝生日使的名称相应为“贺天清节”“贺万寿节”等。和贺正旦一样，西夏也几乎每年遣使于金贺节。

（5）谢赐生日使。西夏在受金朝“赐生日”之后，派往金朝专门答谢的使节。泰和八年（1208），“五月辛亥，夏殿前太尉习勒遵义、枢密都承旨苏寅孙谢赐生日”[③]。

（6）贺即位使（也称贺登位使）。西夏得到金朝新皇帝即位的通告后，要遣使祝贺，称“贺即位国信使”，简称“贺即位使”。也称“贺登宝位国信使”，简称“贺登位使”。西夏在金夏确立交聘关系至金卫绍王即位之前（1124～1208），每逢新皇帝即位，必派遣贺即位使。[④] 金夏确立交聘关系后的第二年（1125），李乾顺便遣使贺金太宗即位；[⑤] 金熙宗即位（1135），李乾顺就遣使贺即位；[⑥] 海陵王即位后第二年（1150），李仁孝遣“御史中丞热辣公济、中书舍人李崇德贺登宝位”；[⑦] 大定二年（1162），李仁孝遣使贺金世宗即位，“左金吾卫上将军梁元辅、翰林学

---

① 马旭俊：《金夏关系研究》，吉林大学博士学位论文，2017，“西夏遣使金朝统计表”，第128～136页。

② 由于海陵王死后被金世宗废为庶人，其圣节一并废除，故《金史》中不见海陵王圣节名，只称生辰。根据《高丽史》卷一八，正隆二年（1157）十一月，高丽“遣工部侍郎李光缙如金谢贺生辰，刑部员外郎朴育和谢横赐，刑部员外郎金敦中贺正，礼宾少卿崔令仪进方物，工部员外郎金嘉会贺龙兴节”的记载，推测海陵王自命生日为“龙兴节”。参见周峰《金代的圣节》，《北方文物》2002年第4期。

③ 《金史》卷六二《交聘表》，第1480页。

④ 金卫绍王于1208年十一月即位，西夏国王李安全未曾遣使贺正、贺登位等，《金史》也没有说明原因。从《西夏书事》卷四〇，“中兴受围月余，安全遣使至金乞援”，“金人不应”的记载来看，当时西夏正忙于应付与蒙古的战事，且金夏关系跌入低谷。

⑤ 《西夏书事》卷三三，天会三年（1125）“二月，遣使如金奠慰并贺即位”。金太宗即位确切时间为天会元年（1123），故西夏这次遣使是双方确立交聘关系后，按照约定的补救行为。

⑥ 《西夏书事》卷三四，“太宗薨，熙宗立。乾顺遣使吊并贺”。

⑦ 《金史》卷六〇《交聘表》，第1404～1405页。1149年海陵王即位后，便遣使西夏“告哀，并谕废立事”，李仁孝诘责使者：“圣德皇帝何以见废?”不纳（《西夏书事》卷三六）。第二年，海陵王“再遣使报谕夏国”，李仁孝才遣使贺登位（《金史》卷六二《交聘表》）。

士焦景颜、押进枢密副都承旨任纯忠贺登宝位”；大定二十九年（1189），李仁孝遣使贺金章宗即位，“知兴中府事乃令思敬、秘书少监梁介贺登位”①。

（7）谢封册使。西夏新皇帝受到金朝“册封”之后，派往金朝专门答谢的使节。天眷三年（1140），“夏使谢赙赠，复谢封册”②。泰和六年（1206），“夏御史大夫谋宁光祖、翰林学士张公甫谢封册”。崇庆元年（1212），“十二月，夏国王李遵顼谢封册”③。

（8）求封册使。西夏为请求金朝册封新主即位而派遣的使节。史籍中明确记载西夏派遣“求册封使”的记录有两次：一是大定十年（1170），“遣左枢密使浪讹进忠、参知政事杨彦敬、押进翰林学士焦景颜等上表为得敬求封”④；二是泰和六年（1206），“夏李安全废其主纯佑（祐）自立，令纯佑（祐）母罗氏为表，遣御史大夫罔佐执中等来奏求封册”⑤。之所以只有这两条记录，恐怕与任得敬、李安全都不是通过正常渠道上位有关。⑥ 事实上，如果参照金夏“君臣关系”存续期间⑦，金朝为每一位西夏皇帝遣“册封使”来看，西夏应该在告旧皇帝丧事、新皇帝即位时，都有“求册封”的礼节。

（9）谢横赐使。西夏受到金朝“横赐”之后，派往金朝专门答谢的使节。根据史籍记载统计，西夏派往金朝的“谢横赐使”一共有12次。大定三年（1163），“夏遣金吾卫上将军苏执礼、匦匣使李子美谢横赐”。大定六年（1166），“夏御史中丞贺义忠、翰林学士杨彦敬谢横赐”。大定十二年（1172），“夏殿前太尉罔荣忠、枢密直学士严立本等谢横赐”。大定十五年（1175），“夏遣中兴尹讹罗绍甫、翰林学士王师信等谢横赐”。大定十八年（1178），“夏遣殿前太尉浪讹元智、翰林学士刘昭谢横赐”。大定二十七年（1187），“夏殿前太尉讹罗绍先、枢密直学士严立本谢横赐”⑧。明昌元年（1190），“知中兴府罔进忠谢横赐”。明昌四年

① 《金史》卷六一《交聘表》，第1417~1418、1449~1450页。

② 《金史》卷六〇《交聘表》，第1400页。

③ 《金史》卷六二《交聘表》，第1478、1481页。

④ 《金史》卷六一《交聘表》，第1427页。

⑤ 《金史》卷六二《交聘表》，第1477页。

⑥ 西夏权臣任得敬因“蕃、汉礼”之争矛盾不可调和，走上了与李仁孝“分国”的道路。李仁孝对此不能制，便遣使为其“求封册”（参见马旭俊、杨军《论西夏蕃汉礼之争的本质——以“任得敬”为个案研究》，《西北民族大学学报》（哲学社会科学版）2016年第4期）。1206年，李安全合谋桓宗母罗氏，废桓宗自立，并以罗氏名义遣使“求册封”。

⑦ 1124年西夏上表金朝称臣，1225年金夏约为“兄弟之国”。这一百余年金与西夏的交聘关系主要特点是君与臣的宗藩关系。

⑧ 《金史》卷六一《交聘表》，第1420、1423、1430、1434、1438、1447页。

（1193），“御史中丞乃令思聪谢横赐”。承安四年（1199），“殿前太尉乃令思聪、枢密直学士杨德先谢横赐”。泰和二年（1202），“殿前太尉李建德、知中兴府事杨绍直等谢横赐”。泰和五年（1205），“殿前太尉乃来思聪、知中兴府通判刘俊德来谢横赐”。泰和八年（1208），“御史大夫权鼎雄、枢密直学士李文政谢横赐”[①]。由此可见，不是每次金朝“横赐”后西夏都会遣使“谢横赐”。

（10）报哀使。西夏遣往金朝“告哀使”的记录有：天眷二年（1139），“夏国王李乾顺薨，子仁孝嗣位，遣使来告丧”[②]；明昌四年（1193），“十一月壬申，夏御史大夫李元吉、翰林学士李国安来讣告”[③]。

（11）慰问使、敕祭使。西夏遣往金朝吊慰的记录有：天会三年（1125），“夏使奉表致奠于和陵”[④]。大定二十九年（1189），“三月，夏殿前太尉李元贞、翰林学士余量来陈慰。四月，进奉使御史中丞邹显忠、枢密直学士李国安入奠”[⑤]。明昌二年（1191），“三月丁巳，夏左金吾卫正将军李元膺、御史中丞高俊英为陈慰使。丁卯，夏进奉使知中兴府李嗣卿、枢密直学士永昌奉奠皇太后”[⑥]。西夏有时会将吊慰使与贺即位使合一，如“太宗薨，熙宗立。乾顺遣使吊并贺”[⑦]。

（12）贺尊号使。金朝皇帝上尊号，西夏要遣使祝贺，称“贺尊号国信使”，简称“贺尊号使”。西夏遣往金朝贺尊号的记录有：皇统元年（1141），“夏国贺受尊号”[⑧]；天德二年（1150），“再遣开封尹苏执义、秘书监王举贺受尊号”；天德三年（1151），“九月甲子，夏使上表，请不去尊号”[⑨]；大定二年（1162），“八月癸酉，夏左金吾卫上将军苏执礼、匭柙使王琪、押进御史中丞赵良贺尊号”[⑩]；大定五年（1165），“秋八月，遣使如金。贺金主受尊号”[⑪]；大定十二年（1172），“殿前马步军太尉讹罗绍甫、枢密直学士吕子温、押进匭柙使芭里直信等贺加上遵号”[⑫]。

---

① 《金史》卷六二《交聘表》，第1458、1460～1461、1467、1471、1474、1480页。

② 《金史》卷六〇《交聘表》，第1400页。

③ 《金史》卷六二《交聘表》，第1461页。

④ 《金史》卷六〇《交聘表》，第1392页。

⑤ 《金史》卷六一《交聘表》，第1449页。

⑥ 《金史》卷六二《交聘表》，第1458页。

⑦ 吴广成撰，龚世俊校证《西夏书事校证》卷三四，第399页。

⑧ 《金史》卷四《熙宗纪》，第78页。

⑨ 《金史》卷六〇《交聘表》，第1404～1405、1405页。

⑩ 《金史》卷六一《交聘表》，第1418页。

⑪ 吴广成撰、龚世俊校证《西夏书事校证》卷三七，第432页。

⑫ 《金史》卷六一《交聘表》，第1430页。

（13）遗留使。西夏将已故去皇帝或皇太后遗留物馈赠给金朝所派遣的使节，称“遗留国信使”，简称“遗留使”。明昌四年（1193），“十二月甲午朔，夏殿前太尉咩铭友直、副使枢密直学士李昌辅奉遗进礼物”[①]。

（二）泛使

金夏为了解决两国临时纠纷或商议重大事务，向对方派遣的与一般性礼仪不同的特使，有时也称为“横使”。与常使不同，泛使主要依突发或临时事宜而设立。现将金与西夏互相派遣的泛使分类如下。

1. 金朝派往西夏的泛使

（1）报谕使。金朝临时或有突发事件，遣使通知西夏的使节。如海陵王弑君篡位之后，“夏贺正旦使至广宁，遣人谕以废立之事，于中路遣还”，第二年（1150），金“以名讳告谕夏国。再遣使报谕夏国”。

（2）议和使。金朝派往西夏交涉停战事宜的使节。天会元年（1123），“宗望至阴山，以便宜与夏国议和，许以割地”[②]；正大二年（1225），“遣聂天骥、张天纲使夏讲和事”[③]。

（3）计议使。金朝派往西夏交涉战争、纳贡以及疆界划分等事宜的使节。如正隆四年（1159），“遣兵部尚书萧恭经画夏国边界”[④]；大定二年（1162），“以夏乞兵复宋侵地，遣尚书吏部郎中完颜达吉体究陕西利害”[⑤]；大定九年（1169），“夏国筑祈安城。金主遣大理卿李昌图、左司员外郎粘割斡特剌按视”[⑥]。

（4）报成使。报成即报聘，是对夏使的回聘，是金夏双方对等交聘行为。金哀宗正大二年（1225）九月，金夏和议定，约为“兄弟之国”，西夏遣使来聘。同年十二月，夏使朝辞，国书称：“兄大金皇帝致书于弟大夏皇帝阙下”。金朝“遣礼部尚书奥敦良弼、大理卿裴满钦甫、侍御史乌古孙弘毅充报成使”[⑦]。

2. 西夏派往金朝的泛使

（1）谢恩使。西夏感谢金朝而派遣的使节，有时也称“陈谢使”或“报谢

---

① 《金史》卷六二《交聘表》，第 1461 页。
② 《金史》卷六〇《交聘表》，第 1404、1390 页。
③ 《金史》卷六二《交聘表》，第 1487 页。
④ 《金史》卷六〇《交聘表》，第 1411 页。
⑤ 《金史》卷六一《交聘表》，第 1418～1419 页。
⑥ 吴广成撰，龚世俊校证《西夏书事校证》卷三七，第 436 页。
⑦ 《金史》卷六二《交聘表》，第 1488 页。

使”。与前文所谈各种“答谢使”不同，谢恩使没有固定事由，多是临时事宜而定。同时，西夏遣往金朝的“谢恩使”与金遣往南宋的“报谢使”又有所不同。[①] 如大定十年（1170），李仁孝遣使感谢金朝帮助其诛灭任得敬，“夏以诛任得敬，遣其殿前太尉芭里昌祖、枢密直学士高岳等上表陈谢”[②]；承安二年（1197），李纯祐遣使感谢金朝恢复榷场，“夏殿前太尉李嗣卿、知中兴府事高德崇谢复榷场”[③]；承安五年（1200），“南院宣徽使刘忠亮、知中兴府高永昌来谢恩”[④] 等。

（2）贡方物使、横进使。西夏在常规时节之外，派往金朝进贡的使节。有时又因意外、不寻常的进贡，而被记作“横进使”。如贞元二年（1154），“十二月丁未，夏使贡方物”[⑤]；大定十七年（1177），“十二月甲午，夏遣东经略使苏执礼横进”。

（3）奏告使。西夏因某事奏告金朝而派遣的使节。奏告使没有固定事由，依临时事宜而定。如西夏奏告金朝乞免人口，大定四年（1164），“夏奏告使殿前太尉梁惟忠、翰林学士枢密都承旨焦景颜上章奏告，乞免征索正隆末年所掳人口”，大定六年（1166），“夏御史中丞李克勤、翰林学士焦景颜奏告，乞免索正隆末年所掳人口，许之”；西夏奏告金朝乞遣良医，大定七年（1167），“夏遣殿前太尉芭里昌祖、枢密都承旨赵衍奏告，以其臣任得敬有疾，乞遣良医诊治”[⑥]；西夏奏告金朝乞复榷场，承安二年（1197），“知中兴府事李德冲、枢密直学士刘思问等奏告榷场”[⑦]。西夏有时将“奏告使”与贺生辰或贺正旦合一，如天会四年（1126），“冬十月，使贺金天清节。贺节使奏告谢罪，请还所执人使，金主遣之”；天会十二年（1134），“春正月，使贺金正旦。乾顺命使人奏告，请于陕西互市”[⑧]。此外，有一些西夏“奏告使”事由不详，如正隆三年（1158），“丙寅，夏奏告使还”[⑨]；大定二十年（1180），“（十二月）丙午，夏遣奏告使御史中丞罔永德、枢密直学士

---

① 金朝皇帝或皇太后死亡，宋朝遣使吊祭后，金朝要遣使答谢，称“报谢使”。参见张申《金朝外交礼仪制度研究》，安徽师范大学硕士学位论文，2013，第 17 页。

② 《金史》卷六一《交聘表》，第 1428 页。

③ 《金史》卷六二《交聘表》，第 1466 页。

④ 《金史》卷六二《交聘表》，第 1468 页。因何谢恩，《金史·交聘表》未明示，按《金史·交聘表》：“附奏为母疾求医。诏遣太医时德元、王利贞往诊治，仍以御剂药赐焉。”又《金史·西夏传》：“八月，再赐医药”。盖与此有关。

⑤ 《金史》卷六〇《交聘表》，第 1408 页。

⑥ 《金史》卷六一《交聘表》，第 1437、1420、1422、1424 页。

⑦ 《金史》卷六二《交聘表》，第 1465 页。

⑧ 吴广成撰，龚世俊校证《西夏书事校证》卷三四，第 398 页。

⑨ 《金史》卷六〇《交聘表》，第 1410 页。

刘昭等入见"[①]；泰和八年（1208），"三月甲申，夏枢密使李元吉、观文殿大学士罗世昌等奏告。十月，参知政事浪讹德光、光禄大夫田文徽等来奏告"[②]。

（4）贺尊安使、问起居使。西夏派遣向金朝皇帝问安的使节。如大定二十五年（1185），"十一月丙申，夏国以车架还京，贺尊安使御史大夫李崇懿、中兴尹米崇吉、押进匦柙使李嗣卿等朝见"[③]。

（5）贺迁都使。贞元元年（1153），海陵王将金朝首都从金上京会宁府（今黑龙江阿城南）迁到燕京，改为中都大兴府。第二年三月，西夏遣使祝贺，"夏使王公佐贺迁都"[④]。

二　金与西夏使节的出身背景与官职官阶

（一）金夏使节的出身背景

1. 金遣往西夏使节出身背景

宗室。如天眷三年（1140），册封李仁孝的使节完颜衷为"世祖曾孙"[⑤]；大定四年（1164），"以宿直将军宗室乌里雅为夏生日使"；大定十四年（1174），"以宿直将军宗室崇肃为夏生日使"；大定二十年（1180），"以少府少监宗室赛补为夏生日使"；大定二十四年（1184），"以器物局使宗室亩为横赐夏国使"[⑥]。

女真贵族。金遣西夏使节中有不少出自女真完颜氏，如天德二年（1150）告即位使完颜思恭、完颜撒改，大定二年（1162）赐生日使完颜正臣、计议使完颜达吉，大定九年（1169）横赐使完颜赛也，大定十六年（1176）赐生日使完颜觌占速，大定十八年（1178）赐生日使完颜蒲鲁虎，大定二十三年（1183）赐生日使完颜斜里虎，承安四年（1199）赐生日使完颜撒里合，承安五年（1200）赐生日使完颜观音奴，泰和元年（1201）赐生日使完颜纲，泰和三年（1203）赐生日

---

① 《金史》卷六一《交聘表》，第1440页。奏告使所为何事《金史·交聘表》不载，按《西夏书事》卷三八："冬十二月，使如金横进。"

② 《金史》卷六二《交聘表》，第1480页。此年两次"奏告"，原因《金史·交聘表》未明示，按《金史·章宗纪》："（泰和）八年，冬十月辛巳，夏遣使来贺。夏国有兵遣使来告。"

③ 《金史》卷六一《交聘表》，第1444页。《金史·世宗纪》："十一月丙申，夏国遣使问起居。"

④ 《金史》卷六〇《交聘表》，第1408页。

⑤ 《金史》卷六六《完颜衷传》，第1563页。

⑥ 《金史》卷六一《交聘表》，第1420、1432、1440、1443页。

使完颜太平，泰和四年（1204）赐生日使完颜燮，正大三年（1226）吊祭使完颜履信。以上绝大多数人员的出身背景史籍中没有明确说明，单从他们出使职务的品级以五品为主、且不乏三品大员，[①] 以及完颜思恭后来官至右丞，[②] 完颜撒改曾为"郎君详稳""万户"[③]，后来官至左丞[④]来推断，他们应该多是女真贵族出身。另，金遣西夏使节中还存在非完颜氏女真贵族，如大定十二年（1172）赐生日使粘割斡特剌"以习女直字试补户部令史"，后来官至"尚书右丞、尚书左丞"[⑤]；大定十年（1170），赐生日使夹古阿里补为进士；[⑥] 大定十八年（1178），横赐使阿不罕德甫为进士。[⑦]

契丹降臣。金遣西夏使节的部分人员为契丹降臣后裔，如正隆四年（1159）计议使萧恭[⑧]、皇统五年（1145）横赐使耶律福、天德三年（1151）赐生日使萧彭哥、天德四年（1152）赐生日使萧中立、正隆六年（1161）赐生日使萧谊忠等。虽然这些人在史籍中缺乏详备记载，但从姓氏来看，他们为契丹降臣后裔的可能性很大。

汉臣。金遣西夏使节中也不乏精明强干的汉臣，如正隆三年（1158），告谕使敬嗣晖"登天眷二年进士第"[⑨]；明昌五年（1194），册封使刘玑"登天德三年进士第"[⑩]，李仲略"登大定十九年词赋进士第"[⑪]；元光二年（1223），接送伴使冯延登"承安二年登词赋进士第"[⑫]；正大二年（1225），议和使聂天骥为"至宁元年进士"[⑬]，张天纲为"至宁元年词赋进士"[⑭]。

---

① 担任官职主要有侍卫亲军步军都指挥使、尚书左司员外郎、尚书吏部郎中、宿直将军、侍御史、兵部郎中、蓟州刺史、提点尚衣居和中奉大夫。

② 《金史·海陵纪》："侍卫亲军步军都指挥使完颜思恭为右丞。"

③ 《金史》卷九一《完颜撒改传》，第 2011 页。《金史·兵志》："凡猛安之上置军帅，军帅之上置万户，万户之上置都统。"

④ 《金史·术虎高琪传》："至宁元年八月，尚书左丞完颜纲将兵十万行省于缙山。"

⑤ 《金史》卷九五《粘割斡特剌传》，第 2107~2109 页。

⑥ 参见《金史》卷八《世宗纪》："新进士如徒单镒、夹古阿里补、尼厖古鉴辈皆可用之材也。"

⑦ 参见《金史》卷九九《徒单镒传》："侍御史完颜蒲涅，太常博士李晏，应奉翰林文字阿不罕德甫、移剌杰，中都路都转运副使奚钉考试镒等二十七人及第。"

⑧ 《金史·萧恭传》："萧恭，字敬之，乃烈奚王之后也。父翊，天辅间归朝，从攻兴中，遂以为兴中尹。师还，以恭为质子。"

⑨ 《金史》卷九一《敬嗣晖传》，第 2028 页。

⑩ 《金史》卷九七《刘玑传》，第 2157 页。

⑪ 《金史》卷九六《李仲略传》，第 2127 页。

⑫ 《金史》卷一百二四《冯延登传》，第 2700 页。

⑬ 《金史》卷一百一五《聂天骥传》，第 2531 页。

⑭ 《金史》卷一百一九《张天纲传》，第 2603 页。

2. 西夏遣往金朝使节出身背景

宗室与党项贵族。如西夏天庆四年（1197）贺正旦使嵬名世安，为“夏宗室”①；乾祐十八年（1187）西夏贺万春节使野遇忠辅，② 出身党项贵族。③ 此外，西夏使节“野遇氏”还有：天庆元年（1194）报谢使野遇克忠、贺天寿节使野遇思文；④ 天庆十二年（1205）贺正旦使野遇惟德。⑤ 楼钥《北行日录》中对此也有反映：“西夏……皆以王子为正使。戴金冠，制作甚工。朱袍、蹀躞，状貌甚伟。”⑥

西夏遣往金朝使节多“材干”。如西夏天盛九年（1157）馆伴使梁元辅，“有口才，议论风生”；天盛十九年（1167）贺正旦使李师白，曾“著《奉使日记》三卷”；天盛二十年（1168）贺万春节使严立本，“言动有准绳”；乾祐元年（1170）贺正旦使刘志直，“工书法。西北有黄羊，志直取其尾毫为笔，国中效之，遂以为法”⑦；乾祐二十四年（1193）贺正旦使高崇德，“著政绩号为声明”⑧；乾定三年（1226）报聘使李仲谔，“有口辩”⑨。

西夏遣往金朝使节多“名臣”。如天盛十五年（1163）西夏贺正旦使芭里昌祖、杨彦敬，“皆为夏国名臣”；天盛十七年（1165）贺正旦使高岳，“官至枢密直学士，历世通显，至孙良惠为夏国相”⑩；乾祐十四年（1183）贺万春节使刘思忠，“奉使不辱命，国人以为荣”；乾祐十八年（1187）野遇忠辅，“为时名卿”⑪。

西夏遣往金朝使节多出同一家族。如天盛十九年（1167）贺正旦使刘志真与乾祐元年（1170）贺正旦使刘志直为兄弟关系；⑫ 天盛十五年（1163）西夏贺正旦使杨彦敬与乾祐八年（1177）贺正旦使杨彦和为兄弟关系；天盛九年（1157）馆伴使梁元辅与乾祐八年（1177）贺万春节使梁宇为叔侄关系；天盛十五年（1163）

---

① 吴广成撰，龚世俊校证《西夏书事校证》卷三九，第457页。

② 《金史·交聘表》作“遇忠辅”，《西夏书事》称“野遇忠辅”。杨军《〈金史·交聘表〉校正二十则》（《古籍研究》2001年第3期）一文考证认为，“《西夏书事》正确，《交聘表》脱‘野’字”。

③ 《西夏书事》卷三八：“野遇，西夏大族。”

④ 《金史》卷六二《交聘表》，第1462页。

⑤ 《金史·交聘表》作“遇惟德”，按《西夏书事》补正为“野遇惟德”。

⑥ 楼钥：《北行日录》卷上，引自（清）周春、胡玉冰校补《西夏书校补》，中华书局，2014，第1451页。

⑦ 吴广成撰，龚世俊校证《西夏书事校证》卷三七，第423、433、435、436页。

⑧ 吴广成撰，龚世俊校证《西夏书事校证》卷三八，第453页。

⑨ 《金史》卷一百一十《李献甫传》，第2433页。

⑩ 吴广成撰，龚世俊校证《西夏书事校证》卷三七，第429、431页。

⑪ 吴广成撰，龚世俊校证《西夏书事校证》卷三八，第447、449页。

⑫ 《西夏书事》卷三七：“志直，志真弟。”

西夏贺正旦使芭里昌祖与乾祐八年（1177）贺万春节使芭里庆祖为兄弟关系；乾祐十四年（1183）贺正旦使刘进忠与乾祐十四年（1183）贺万春节使刘思忠为兄弟关系；天庆元年（1194）报谢使野遇克忠与贺天寿节使野遇思文为兄弟关系；[①] 天庆十年（1203）贺天寿节使高大亨，“与兄大节、大伦并奉使金国”[②]；乾祐十八年（1187）谢横赐使讹罗绍先与乾祐三年（1172）贺尊号使讹罗绍甫为兄弟关系；[③] 天盛二十一年（1169）贺万春节使浑进忠与应天三年（1208）贺正旦使浑光中为兄弟关系；天庆十二年（1205）贺天寿节使米元懿与应天三年（1208）贺天寿节使米元杰为兄弟关系。[④]

综上可以看出，金朝派往西夏的使节除了贵族、宗室出身外，还有一般的降臣、汉臣等，而西夏在选拔遣往金朝使节过程中更看重“名臣”“贵族”出身以及个人才干。这一点从金朝方面的评价中可以看出，“使回，称夏国多才，较昔为盛”[⑤]，金人称高大亨、高大节与高大伦三兄弟为“三俊”[⑥]。另外，西夏遣往金朝使节的才干从他们后来的官职升迁轨迹亦有所反映，如芭里昌祖“后官至殿前太尉”，杨彦敬“由翰林学士进参知政事”，严立本“官至枢密直学士，进吏部尚书”[⑦] 等（见表1）。

表1　部分西夏使节官职升迁一览

姓名	官职升迁情况	资料出处
芭里昌祖	后官至殿前太尉	《西夏书事》卷三七
杨彦敬	由翰林学士进参知政事	《西夏书事》卷三七
高　岳	官至枢密直学士	《西夏书事》卷三七
严立本	官至枢密直学士，进吏部尚书	《西夏书事》卷三七
刘志直	官翰林学士	《西夏书事》卷三七
刘　昭	后官翰林学士，进枢密直学士	《西夏书事》卷三八

① 《西夏书事》卷三八：“彦和，参知政事彦敬弟”；“庆祖，殿前太尉昌祖弟；宇，金吾卫上将军元辅侄”；“思忠，进忠弟”；“思文，知兴庆府，克忠族弟。”

② 吴广成撰，龚世俊校证《西夏书事校证》卷三九，第461页。

③ 《西夏书事》卷三八：“绍先，兴庆尹绍甫兄也。”

④ 《西夏书事》卷三九：“光中，枢密都承旨进忠弟”；“元杰，秘书少监元懿弟。”

⑤ 吴广成撰，龚世俊校证《西夏书事校证》卷三六，第423页。

⑥ 吴广成撰，龚世俊校证《西夏书事校证》卷三九，第461页。

⑦ 吴广成撰，龚世俊校证《西夏书事校证》卷三七，第429、435页。

续表

姓名	官职升迁情况	资料出处
王师信	擢翰林学士	《西夏书事》卷三八
李嗣卿	后知兴庆府，擢殿前太尉	《西夏书事》卷三八
梁宇	历翰林学士，进御史大夫	《西夏书事》卷三八
梁介	后为秘书少监，历官南院宣徽使	《西夏书事》卷三八
罔进忠	后知兴庆府，历右枢密使	《西夏书事》卷三八
王禹玉	官翰林学士	《西夏书事》卷三八
高俊英	官至兵部侍郎	《西夏书事》卷三八
李文政	枢密直学士，进殿前太尉	《西夏书事》卷三八
李国安	后官翰林学士，刑部尚书	《西夏书事》卷三八
李昌辅	后为枢密直学士	《西夏书事》卷三八
野遇忠辅	历官左枢密使	《西夏书事》卷三八
高崇德	后知兴庆府	《西夏书事》卷三八
刘思问	后官枢密直学士	《西夏书事》卷三八
野遇思文	知兴庆府，官至金吾卫上将军	《西夏书事》卷三八
张公辅	翰林学士，进御史中丞	《西夏书事》卷三八
嵬名世安	官至御史大夫	《西夏书事》卷三九
浑光中	历官参知政事	《西夏书事》卷三九
梁德懿	后为翰林学士	《西夏书事》卷三九

从表1使节官职升迁情况来看，一方面西夏遣往金朝使节中文官分量不小，[①]与西夏遣往北宋的使节略有不同；[②]另一方面这些使节的个人能力非凡。西夏如此重视使节个人才干的原因，虽然史籍中没有确切说明，但也并非完全无迹可寻。史籍记载，1164年贺金正旦使嵬哆执信、李师白“礼对娴雅”，“金主嘉之，特赐衣各三对；人从衣各二对；使副币帛百四十段，金镀银束带三，金涂银闹装鞍辔三，金涂银浑裹书匣、间金涂银装钉黑油诏匣及包书诏匣袱各一；复赐人从银二百三十五两，绢二百三十五匹。其后遂为定制”[③]。可见，使节的个人素质是能够直接影响到赐物多少，甚至是金与西夏关系的。因此，对与宋隔绝、经济上高度依赖经常援助的西夏来说，重视使节个人能力是其从金朝获得更多政治、经济利益的重要外交手段之一。

① 囿于史料的匮乏，我们无法完整展现西夏遣往金朝使节的详尽信息，故而难以“量化”地认识使节中文武官员的比例。单从出使官号来看，正使多为武功大夫、武节大夫、殿前太尉等，副使多为宣德郎、翰林学士、枢密直学士等，大致上是正使以武官为主、副使以文官为主的局面。

② 西夏遣往宋朝的使节以武臣为多。参见李华瑞《宋夏关系史》，中国人民大学出版社，2010，第360页。

③ 吴广成撰，龚世俊校证《西夏书事校证》卷三七，第430页。

（二）金遣往西夏使节官职官阶

为了更进一步考察金遣西夏使节情况，现将使节的官职官阶统计如表2所示。

表2 金遣往西夏使节官职官阶

官职	品阶	资料出处
尚辇局使①	从五品	《金史·百官志》P1256
兵部郎中②	从五品	《金史·百官志》P1235
侍卫亲军步军都指挥使③	正三品	《金史·百官志》P1253
修起居注④	不详	《金史·百官志》P1280
礼部郎中	从五品	《金史·百官志》P1234
翰林待制⑤	正五品	《金史·百官志》P1246
宿直将军⑥	从五品	《金史·百官志》P1254
左宣徽使	正三品	《金史·百官志》P1257
兵部尚书	正三品	《金史·百官志》P1235
太常博士	正七品	《金史·百官志》P1247
尚书左司员外郎	正六品	《金史·百官志》P1217
尚书吏部郎中⑦	从五品	《金史·百官志》P1220
引进(司)使⑧	正五品	《金史·百官志》P1258
尚书户部郎中	从五品	《金史·百官志》P1232
近侍局使	从五品	《金史·百官志》P1255
殿前右卫将军⑨	不详	《金史·百官志》P1254
符宝郎⑩	从七品	《宋史·职官志》P3781
太子左赞善,兼翰林修撰⑪	正六品,从六品	《金史·百官志》P1301、1246
侍御史⑫	从五品	《金史·百官志》P1242
太子左卫率府率	从五品	《金史·百官志》P1300
少府少监	从五品	《金史·百官志》P1274
滕王府长史	从五品	《金史·百官志》P1301
器物局使	从五品	《金史·百官志》P1255
武器署令	从六品	《金史·百官志》P1257
鹰坊使⑬	从五品	《金史·百官志》P1256
大理卿⑭	正四品	《金史·百官志》P1278
隆庆宫卫尉	从三品	《金史·百官志》P1302
武卫军副都指挥使	从四品	《金史·百官志》P1281
(殿前)左副都点检	从三品	《金史·百官志》P1254
西上合门使⑮	正五品	《金史·百官志》P1258
郊社署令	从六品	《金史·百官志》P1248
尚厩局使	从五品	《金史·百官志》P1255
国子祭酒	正四品	《金史·百官志》P1271

续表

官职	品阶	资料出处
尚书右司郎中	正五品	《金史・百官志》P1218
左司都事	正七品	《金史・百官志》P1218
尚书左司郎中⑯	正五品	《金史・百官志》P1217
尚药局副使	从六品	《金史・百官志》P1260
国子监丞	从六品	《金史・百官志》P1271
礼部员外郎	从六品	《金史・百官志》P1220
客省使	正五品	《金史・百官志》P1258
刑部员外郎	从六品	《金史・百官志》P1236
瀛王府司马	从六品	《金史・百官志》P1301
蓟州刺史	正五品	《金史・百官志》P1313
提点尚衣局	正五品	《金史・百官志》P1259
太常(寺)少卿	正五品	《金史・百官志》P1247
知登闻鼓院,兼翰林修撰	从五品、从六品	《金史・百官志》P1279、1246
礼部尚书	正三品	《金史・百官志》P1234
太府监	正四品	《金史・百官志》P1272
翰林学士	正三品	《金史・百官志》P1246

注：①“尚辇局使”在金遣西夏使节的记载中出现过2次，分别是1140年、1182年。其中，关于1140年的直接记载，见于《西夏书事》卷三五：“金主遣尚辇局使完颜衷赍封册至，命仁孝为夏国王。”按《金史・完颜衷》：“改尚辇局使……。寻为夏国王李仁孝册封使。”《西夏书事》所载不误。

②“兵部郎中”又作“尚书兵部郎中”。在金遣西夏的使节记载中出现过3次，分别是1145年、1177年、1199年。

③“侍卫亲军步军都指挥使”仅在《金史・海陵纪》《乌古论粘没曷传》中分别出现一次。参考《金史・百官志》“殿前都点检，正三品，兼侍卫将军亲军步军都指挥使”，疑为同一职位。

④“修起居注”《金史・百官志》有载，但品级不详。

⑤“翰林待制”在金遣西夏使节的记载中出现2次，分别是1153年、1166年。

⑥“宿直将军”在金遣西夏使节的记载中出现次数最多，一共出现21次，分别是1157年2次、1158年1次、1159年1次、1163年2次、1164年1次、1165年1次、1166年1次、1167年1次、1169年2次、1172年1次、1173年1次、1174年1次、1176年1次、1183年1次、1186年1次、1199年1次、1200年1次、1202年1次。

⑦“尚书吏部郎中”在金遣西夏使节的记载中出现2次，分别是1162年、1181年。

⑧“引进（司）使”在金遣西夏使节的记载中出现2次，分别是1168年、1194年。

⑨“殿前右卫将军”又作“右卫将军”。在金遣西夏使节的记载中出现过2次，一次是1145年，一次是1172年。“殿前右卫将军”《金史・百官志》中有载，但品级不详。

⑩“符宝郎”在金遣西夏使节的记载中出现2次，分别是1175年、1207年。“符宝郎”《金史・百官志》中有载，但品级不详，今参照《宋史・职官志》为“从七品”。

⑪“翰林修撰”在金遣西夏使节的记载中出现2次，分别是1178年、1223年。

⑫“侍御史”在金遣西夏使节的记载中出现3次，分别是1178年、1186年、1225年。

⑬“鹰坊使”在金遣西夏使节的记载中出现过2次，分别是1188年、1190年。

⑭“大理卿”在金遣西夏使节的记载中出现过3次，分别是1189年、1225年、1227年。

⑮“西上合门使”在金遣西夏使节的记载中出现过2次，分别是1191年、1193年。

⑯“尚书左司郎中”在金遣西夏使节的记载中出现过2次，分别是1195年、1206年。

通过上述表格统计，金遣西夏使节记录中明确官职的有86种次，其中以正五品和从五品的官职为主，先后有46种次，占总数的64%；正从六品、正从七品有15种次；正从四品有6种次；正从三品有7种次；其余2种（3次）品阶不详。金遣往西夏使节中最高的品阶是正三品，主要集中在六次遣使活动中：1150年，“金主以夏不纳告哀使，复遣侍卫亲军步军都指挥使完颜思恭……来谕，且以名讳告”①；1158年，“夏奏告使还，命左宣徽使敬嗣晖谕之”；1159年，“遣兵部尚书萧恭经画夏国边界”②；1225年，“遣礼部尚书奥敦良弼……充报成使”；1226年，“遣中奉大夫完颜履信……为吊祭夏国使”③；1227年，“金主遣翰林学士李蹊……持国书来贺（正旦）”④。除了1125年金与西夏议和，改“君臣之国”为“兄弟之国”后，相应地提高了遣往西夏使节的品阶之外，金朝在其他时间派出的正三品使节可谓凤毛麟角。一般来说，金夏双方协商重大事宜（1159年“画界”），或告谕重大事件时（如1150年先后两次告谕海陵王继位），金朝会提高使节品阶，表示对西夏以及相关事件的重视程度。总体而言，金遣西夏使节的品阶低于其遣往宋朝的使节品阶（以正三品为主），⑤ 也没有严格地正副使之别，一般只有正使，大致与遣往高丽使节情况相当。⑥

三 结语

金夏使节群体的选派与出使情况，一方面受金夏关系纵向发展阶段的影响，⑦ 另一方面受到以金朝为宗主国的宗藩体系下“等级阶序”制约。特别是对经济上有依赖性的西夏来说，派遣使节不仅仅是双方政治沟通的必要手段，也是加强双方经济交流、获取最大化物质资源的重要手段之一。总而言之，金与西夏互遣使节是

---

① 吴广成撰，龚世俊校证《西夏书事校证》卷三六，第419页。

② 《金史》卷六〇《交聘表》，第1410年、1411页。

③ 《金史》卷六二《交聘表》，第1488、1489页。

④ 吴广成撰，龚世俊校证《西夏书事校证》卷四二，第499页。

⑤ 参见张申《金朝外交礼仪制度研究》，安徽师范大学硕士学位论文，2013，“金朝遣使宋朝简表”，第21页。

⑥ 玄花：《金丽外交制度初探》（吉林大学硕士学位论文，2007）一文认为，金遣往高丽的使节“除重要事宜外一般由正四品以下的官员充任”。

⑦ 金与西夏的历史分期主要有金夏关系的初期（1122~1124）、金夏关系的发展（1124~1209）、金夏关系的破裂（1209~1227）。参见马旭俊《金夏关系的历史分期与特点》，《西夏研究》2017年第3期，第49页。

双方交聘史上的重要内容之一，尽管他们不是金与西夏关系走向的直接决策者，但是他们是最重要的参与者，因此他们的行为对金夏关系产生了深远的影响。他们或祝贺节日、吊祭慰问，或奉命议和、奏告事宜，不仅促进了金夏之间的经济交流，而且促进了金夏之间的文化交流。

《中国与域外》第四辑（2021.04）第134～155页

金末宰执族群结构与亡国议论*

洪丽珠**

摘　要：金朝政府的汉化程度被认为与政治兴衰息息相关，而学界评估金朝政府汉化的观察点之一，是朝廷中宰执的族群结构，但研究成果大致上仅止于金朝中期。本文延续考析金末三朝宰执群体的族群情况，以讨论政府的汉化程度是否可以有效解释金末的政治危机，进而反思金朝的亡国议论。结果显示，金朝少数统治的本质，依然横亘于改革面前，成为难以跨越的障碍，即使在严重的外患危机之中，皇帝坚守着民族用人的思维底线，这使得金朝政府汉化程度造成亡国之说产生疑义。现实政局上，文人守中央、武将守地方的分工模式在金朝中期以后日渐瓦解，武人入主尚书省，文臣出镇之事屡见不鲜。皇帝以近侍侵夺台谏功能，也是女真旧制破坏汉族官僚制的表现，增加了大臣与皇帝之间的隔阂。面对蒙古迅捷的攻势，金朝在军事决策上，难见效率与对策，故金朝之亡，仅从蒙古过于强大，或汉化程度太深来讲，显然过于片面。

关键词：宰执　族群　亡国议论

一　绪论

近世中国历史上的非汉族王朝中，女真金普遍被认为是汉化（Sinicization）程度相对较深者。① 在接受汉文化的模式上，“下层带动上层”的说法，显然不适用

---

* 本文为四川大学一流学科“区域历史与边疆学”学科群建设项目，同时受“四川大学学派”培育项目资助。

** 洪丽珠，四川大学历史文化学院。

① 本文所用“汉化”意义为：“外族与汉人接触后，接受了汉人的文化质素，至于此一外族是否放弃原有文化及认同则不在考虑之列。”参见陈垣《元西域人华化考》，台北世界书局，1989，第3页。

于这些“征服王朝”[①]。以金朝来说，女真民族在文化上的转变是从统治阶层开始，反倒是“上层带动下层”的趋势。

无论目的如何，金朝政府对汉制的吸收，显而易见。熙宗（1135~1150年在位）采用一连串的汉族服仪与朝制；海陵王（1150~1161年在位）更在1153年迁都燕京，定北宋故都为南京。[②] 这也预示了世宗（1161~1189年在位）的“女真文化复兴运动”（或“女真本土化运动”）失败的命运。[③] 在政府的汉化上，中原官僚制度的采用是最重要的一环，并且早在金朝建国前后即展开，金太宗（1123~1135年在位）吴乞买时曾建立尚书省，实行三省制，但这种对唐代中央体制的模仿并没有维持太久。学者指出，从唐末历经两宋、金、元约四百年里，三省制向内阁制演变，其中有三个特点：第一，被三省制分割的相权重归统一，使得三省制有名无实；第二，最高军事机构枢密院与宰相对掌军、政大权，而有“二府”之号，不过在一般情形下，枢密院官员受到宰相的间接节制；第三，六部仍然保存，隶属宰相，负责具体的行政事务。[④] 这样的归纳自然也包含了金朝的发展，金的三省制很快被一省制所取代，海陵王为了加强中央集权，于正隆元年（1156）罢去中书、门下二省，以尚书省总揽朝政，成为有金一代中央政府的基调，[⑤] 而这种中央集权走向，正是汉化的主要反映之一。

在采用汉制的同时，也不应认为女真人忘却了维持其少数族群在政治上的优势，他们一方面借用汉族王朝的方法来统治，另一方面要努力不被这股文化所吞没，这种矛盾呈现在女真人模仿汉式政体的同时，又避免汉人执掌大权，某些职位是非女真人不任，尤其是宰执群体。程妮娜认为：“金朝在世宗、章宗（1190~1208年在位）时期，主要致力于将中原封建王朝的儒家政治思想和政策，充分地运用于女真族的政治制度中。”在这样的基调下，宰执的任用体现出三个取向：第一，以女真人为主；第二，重用文人；第三，依赖皇亲国戚，而此三者分别着眼于统治民族、国家以及皇室的利益。[⑥]

---

① “征服王朝”一词最早由汉学家魏复古（Karl A. Wittfogel）提出，见 K. A. Wittfogel And Feng Chia-Sheng, *History of Chinese Society*, *Liao*（907-1125）（Philadelphia: American Philosophical Society, 1949）。

② 姚从吾：《金朝上京时期的女真文化与迁燕后的转变》，收入《姚从吾先生全集》第5辑，台北正中书局，1971，第31~64页。宋德金：《金代女真的汉化、封建化与汉族士人的历史作用》，收入《宋辽金史论丛》第2辑，中华书局，1991，第215~325页。

③ 陶晋生：《女真史论》，台北食货出版社，1981，第131页。

④ 张帆：《元代宰相制度研究》，北京大学出版社，1997，前言，第1页。

⑤ 《金史》卷五五《百官一》，中华书局，第1216页。

⑥ 程妮娜：《论金世宗、章宗时期宰执的任用政策》，《宋辽金元史》1998年第4期，第44~50页。

这样的取向在金朝晚期是延续还是因时局而有所变化？本文针对金末三朝，即卫绍王（1208～1213）、宣宗（1213～1224）、哀宗（1224～1234）的二十余年，整理分析宰执任用情况，狗尾续貂，或可以与程妮娜的成果对话。研究的目的一方面是深化讨论女真宰执任用政策所牵涉的问题，而这在金朝面临国家存亡危机的情境中，可能更有意义。方法上则是汇整三朝宰执的出身、仕宦与族群，尤其是出任宰执前的经历、政务表现与社会评价。对于理解金朝晚期政治以及亡国前夕的朝局，有更细致的再认识。简之，本文要讨论的主旨有三：第一，金末三朝宰执任用的取向；第二，当时的宰执施政与政局关系；第三，《归潜志》对金朝亡国评论的再检讨。

二 宰执任用

1. 三朝宰执表

如前所述，金朝最初所确立的官僚制度为三省制，至海陵王时将三省之职权归于尚书，而罢去中书、门下，此后“职有定位，员有常数，纪纲明，庶务举，是以终金之世守而不敢变焉”[①]。据《金史》：

> 尚书令一员，正一品，总领纪纲，仪刑端揆。
>
> 左丞相、右丞相各一员，从一品。平章政事二员，从一品，为宰相，掌丞天子，平章万机。
>
> 左丞、右丞各一员，正二品。参知政事二员，从二品，为执政官，为宰相之贰，佐治省事。[②]

照正式的编制，整个宰执群体是由九员组成，各有专司。实际上尚书令按惯例为虚位，唯有大安初（1209）曾经将尚书令之职，授予平章政事完颜匡（1152～1209），原因是拥立卫绍王有功，加以其宗室身份，不过，他得此职后一个月左右即去世。[③] 此后终金之世，尚书令仅是大臣身后的荣显之用，左丞相才是真正的首揆。员额配置上也常有不符，尤以参知政事一职最为明显，照定制应为二员，但大

① 《金史》卷五五《百官一》，第1216页。
② 《金史》卷五五《百官一》，第1217页。
③ 《金史》卷九八《完颜匡》，第2173页。

安三年（1211）曾一度达到五员之多，三到四员亦颇为常见。① 三朝宰执资料与统计表整理如下（见表1至表6）。

表1　卫绍王（废帝）朝宰执

	尚书令	左丞相	右丞相	平章政事	左丞	右丞	参知政事	民族、出身
仆散端		○	○	○				女真、武人
完颜匡	○			○				女真、宗室、进士
孙即康				○	○			汉人、进士
独吉思忠				○		○		女真、武人
孙铎					○		○	汉人、进士
完颜撒剌							○	女真、武人
耿端义							○	汉人、进士
徒单镒			○					女真、文人
承裕							○	女真、武人
奥屯忠孝						○	○	女真、进士
纥石烈执中					○			女真、武人
梁镗							○	汉人、进士
承晖					○		○	女真、宗室、文人
孟铸							○	汉人、文人
贾铉							○	汉人、进士
抹捻尽忠						○		女真、进士
完颜纲					○			女真、武人
徒单公弼					○	○	○	女真、世戚、武人
王维翰							○	汉人、进士

“文人”的定义指虽未取得功名，但受过儒家教育、仕宦以文职为主者。

表2　民族、出身统计

	尚书令	左丞相	右丞相	平章政事	左丞	右丞	参知政事	总次	百分比	绝对人数	绝对比例
女真武人		1	1	2	3	2	3	12	41.4	7	36.8
女真文人			1		1		1	3	10.3	2	10.5
女真进士	1			1		2	1	5	17.2	3	15.8
汉人武人											
汉人文人							1	1	3.5	1	5.3
汉人进士				1	2		5	8	27.6	6	31.6
人次	1	1	2	4	6	4	11	29	100	19	100

① 《金史》卷一三，第289～298页。同时参见黄大华《金宰辅年表》，收入《二十五史补编》，中华书局，1955，第11页。

表 3　宣宗朝宰执

	尚书令	左丞相	右丞相	平章政事	左丞	右丞	参知政事	民族、出身
徒单镒		○						女真、进士
徒单公弼			○					女真、世戚、武人
承晖	●		○	○		○		女真、宗室、文人
术虎高琪			○	○				女真、武人
奥屯忠孝						○		女真、进士
胥鼎				○		○	○	汉人、进士
耿端义							○	汉人、进士
仆散端		○						女真、武人
抹捻尽忠				○	○			女真、武人
高汝砺			○	○	○	○	○	汉人、进士
孛术鲁德裕							○	女真、进士
守纯				○				女真、宗室、武人
侯挚						○	○	汉人、进士
永锡						○	○	女真、宗室、武人
李革							○	汉人、进士
完颜阿里不孙							○	女真、进士
张行信							○	汉人、进士
把胡鲁						○	○	女真、武人
李复亨							○	汉人、进士
白撒				○		○	○	女真、武人
仆散毅夫							○	女真、文人
石盏畏忻							○	女真、进士
完颜合达							○	女真、武人
完颜伯嘉							○	女真、进士
蒲察移剌都						○		女真、武人
必兰阿鲁带							○	女真、武人
蒲察五斤							○	女真、文人
夹谷必兰							○	女真、文人

“●”符号表示官职为身后封赠，不列入统计。

表 4　民族、出身统计

	尚书令	左丞相	右丞相	平章政事	左丞	右丞	参知政事	总次	百分比	绝对人数	绝对比例
女真武人		1	2	4	1	4	5	17	39.6	11	39.3
女真文人			1	1		1	3	6	13.9	4	14.3
女真进士		1				1	4	6	13.9	6	21.4
汉人武人											

续表

	尚书令	左丞相	右丞相	平章政事	左丞	右丞	参知政事	总次	百分比	绝对人数	绝对比例
汉人文人											
汉人进士			1	2	1	3	7	14	32.6	7	25
人次		2	4	7	2	9	19	43	100	28	100

表 5　哀宗朝宰执

	尚书令	左丞相	右丞相	平章政事	左丞	右丞	参知政事	民族、出身
高汝砺			○					汉人、进士
守纯				○				女真、宗室、武人
把胡鲁			●	○				女真、武人
完颜赛不		○	○	○				女真、宗室、武人
张行信					○			汉人、进士
赤盏尉忻					○	○		女真、进士
仆散毅夫							○	女真、文人
李蹊					○		○	汉人、进士
完颜合达				○			○	女真、武人
胥鼎				○				汉人、进士
师安石						○	○	汉人、进士
白撒				○		○	○	女真、宗室、武人
乌古孙仲端							○	女真、进士
颜盏世鲁						○	○	女真、武人
完颜素兰							○	女真、进士
移剌蒲阿							○	契丹、武人
侯挚				○				汉人、进士
完颜仲德						○	○	女真、进士
完颜思烈							○	女真、文人
杨慥							○	汉人、进士
完颜奴申							○	女真、进士
完颜讹出							○	女真、武人
习捏阿不							○	女真、武人
武仙							○	汉人、武人
石盏女鲁欢							○	女真、武人
蒲察官奴							○	女真、武人
张天纲							○	汉人、进士
兀林荅胡土							○	女真、武人
粘哥完展							○	女真、进士
抹捻兀典							○	女真、武人
乌古论镐							○	女真、武人
孛术鲁娄室							○	女真、武人

表6 民族、出身统计

	尚书令	左丞相	右丞相	平章政事	左丞	右丞	参知政事	总次	百分比	绝对人数	绝对比例
女真武人		1	1	5		2	11	20	47.6	14	43.7
女真文人							2	2	4.8	2	6.3
女真进士					1	2	5	8	19	6	18.8
汉人武人							1	1	2.4	1	3.1
汉人文人										0	0
汉人进士			1	2	2	1	4	10	23.8	8	25
其他							1	1	2.4	1	3.1
人次		1	2	7	3	5	24	42	100	32	100

以上根据《金史》《归潜志》《汝南遗事》《金史详校》《二十五史补编金宰辅年表》制表。[①] 资料记载以《金史》为准，《金史》失载则以其他史料补充。

2. 宰执表分析

据表格可约略看出金朝晚期宰执任用的沿袭与转变。首先，与程妮娜所整理的金朝中期宰执任用情形相较，就民族结构来说，汉人宰执的比例在世宗、章宗二朝分别为29.3%、33.3%，[②] 而到了后三朝则分别为36.9%、25%及28.1%，在约略起伏中呈现一种固着性。卫绍王时期比例虽然增高，甚至超过三分之一，但这也不意味汉人在卫绍王时期得到突破性的重用，当时掌握实权的左右丞相为完颜匡、仆散端（？~1220）、徒单镒（？~1214）等女真人，汉人方面孙即康（1139~1211）最高仅位至平章政事，章宗时，在政见上属于仆散端、独吉思忠等女真武人的跟从者，[③] 立场与汉人文臣不同，在修纂《金史》的士人眼中，孙即康为“斗筲之人”，以“诡随”而“骤至宰相”。[④]

卫绍王时期汉人宰执比例增高的情况，主要是章宗朝的汉人宰执孙铎（？~1215）、贾铉（？~1213）等在卫绍王时都继续留任或升官，新皇帝又拔擢了耿端

---

① 刘祁：《归潜志》，崔文印点校，中华书局，1983。王鹗：《汝南遗事》，《中国野史集成》，巴蜀书社，1993。施国祁：《金史详校》，续修四库全书。

② 程妮娜前引文只列数目，百分比为笔者自行计算，参见《论金世宗、章宗时期宰执的任用政策》，第45~46页。

③ 《金史》卷九九《孙即康》，第2196页。

④ 《金史》卷九九《李革》，第2198页。

义（？～1214）、梁镗、孟铸等汉人新贵，[1] 新旧交杂，数量才略显上升。至于宣宗、哀宗时期汉人宰执比例，实则仅是恢复章宗以前金朝宰执任用的常态。

程妮娜所言“以女真人为主”的情况，在金末三朝沿袭态势明显，三朝女真人分别占有63.1%、75%、68.8%的绝对多数，与世宗朝的61%、章宗朝的60%相较，不减反增。[2] “重用文人”之特点，程氏的身份统计表分类有宗室、外戚、女真进士、女真人、渤海人、汉人和契丹人几项，[3] 类别标准较为混乱，即使汉人都算文人，那么渤海、契丹应当如何归类？宗室、外戚中也不免有文有武。故所谓“重用文人”是否为世、章二朝宰执任用的特色，尚待更明确的证据。单就晚期三朝来看，文人拜相分别占63.2%、60.7%及50.1%，[4] 一直都保持过半局面，即使是兵马倥偬的哀宗朝，文人在宰执群体中还是能守住半壁，但从另一个角度来说，文人的影响力确实有下降的趋势。宰执集团中，平章政事以上才是真“宰相”，左右丞与参政名为“执政官”，事实上是政务执行者，以哀宗朝来说，平章政事以上的职位，武人占了七成，绝对人数也有六成以上；宣宗朝则有六成的绝对比例；卫绍王时武人担任平章政事以上职位者只占绝对人数的四成，显示武人在晚期政治上居相位的情况有递增的趋向，文人即使有过半的人数优势，却集中于宰执集团的下层。

此外，进士占文人中的比例分别为75%、76.5%、87.5%，科举取士至少在文职出身官员高升宰执的群体中，占有最重要的地位。最后，“依靠皇亲国戚”的特点，中期的宗室、世戚出任宰执的比例在三成左右，[5] 但晚期却大幅减少，仅分别为15.8%、14.3%及9.4%，这与程氏所言：“只有海陵朝例外，其他诸帝任用宰执均循此政策（依靠皇亲国戚）”的说法不尽相符。宗室、世戚在宰执集团中多居平章政事以上高位，是不争的事实，但这并不是金朝特有的现象，即使是汉人王朝，天潢贵胄升迁中具有优势，亦非罕见，目前仅能从数量上的增减约略看出政治走向的微妙转变。

综言之，金朝晚期宰执任用的趋势，可以归纳为以下几点：

第一，即使国事危殆，统治者挑选宰执人选的主要考量，还是深受少数统治的

---

① 《金史》卷一三《卫绍王》，第292、293、295页，载“参知政事孟铸为御史大夫”，但未言何时出任参知政事，本传中亦缺，只载“（泰和）八年，除绛阳军节度使”，可推知孟铸任参政的时间，极有可能是卫绍王即位之后，参见《金史》卷一〇〇《孟铸》，第2202页。

② 程妮娜：《论金世宗、章宗时期宰执的任用政策》，第45～46页。

③ “外戚”一词亦有待商榷，《金史》中对与宗室联姻者称为“世戚”。

④ 此处“文人”与表格中的“文人”含意不尽相同，此外包含进士在内。

⑤ 《论金世宗、章宗时期宰执的任用政策》，第45～46页。据前文统计，分别为31.7%及30%。

局限。在这种先决条件下，官员素质与能力的要求，就极大可能退居其次。

第二，战争的频仍使武人在宰执群内表现突出，常见出将入相，朝廷对武人的依赖，迫使皇帝显得赏罚不明，武人宰执专横擅杀、不战而退等违错，屡见不鲜。例如宣宗迁汴，右丞相承晖、左丞抹捻尽忠守中都，结果尽忠不仅违诏擅杀待抚的乣军，且中都未失前，即策划弃城南奔，承晖则于城破前自尽，尽忠弃中都妃嫔于不顾，偕爱妾及所亲者出城，南奔汴京，宣宗对此不仅未问罪，仍命其为平章政事。[①] 另外，也出现了文臣出镇地方或领军的情形，最有名的当属汉人宰执胥鼎。[②]

第三，皇亲国戚在宰执中所占比例大幅下降。虽无法证明此一群体的政治影响力已经消退，但显示皇帝对于宗室、世戚的依赖度下降，而所留下的空缺则被武人所取代，例如卫绍王的即位除了宗室完颜匡之力，武人仆散端（？～1217）更为关键，完颜匡死后，卫绍王以独相的任命展现对仆散端的荣宠。[③] 宣宗更是由武将纥石烈执中（？～1213）所拥立，故宣宗后来对一干武人特别纵容，招致“怀援立之私，自除廉陛之分，悖礼甚矣”的批评。[④]

第四，晚期三朝几乎看不到女真、汉人以外民族担任宰执。卫绍王、宣宗二朝清一色由两族成员构成，世宗时尚常见参用契丹、渤海人，章宗时减少至二例，但渤海人曾位至尚书令。[⑤] 这可能与渤海人和女真皇室通婚有直接关系，但随着通婚的情形渐少，科举上又无法与汉人竞比，渤海人逐渐淡出女真金朝的宰执群体。唯汉人并没有因其他民族的退出而得利，从比例上可以清楚呈现。

第五，三朝中汉人宰执几乎全部为进士出身。女真、汉人进士在全数宰执中平均也占有46%左右的绝对数，可以说进士身份是宰执选拔的主要途径之一，尤其女真人以进士擢升宰执的情况更多，此点对于解释金朝统治阶层的汉化，具有特别的意义。

三　宰执对时局的议论与表现

卫绍王一朝的政治被形容为“政乱于内，兵败于外，其灭亡已有征矣”[⑥]。至

① 《金史》卷一〇一《抹捻尽忠》，第2228～2229页。

② 《归潜志》卷六，第56～57页。《金史》卷一〇八《胥鼎》，第2373～2384页。

③ 《金史》卷一三《卫绍王》，第290～291页。

④ 《金史》卷一六《宣宗下》，第370页。

⑤ 世宗时有渤海人张浩、李石、张汝霖和张汝弼，契丹人移剌元宜和移剌道六人为相。章宗时有渤海人张汝霖，契丹人移剌履为相。参见《论金世宗、章宗时期宰执的任用政策》，第45～46页。

⑥ 《金史》卷一三《卫绍王》，第298页。

宣宗时则“弃厥本根，外狃余威，连兵宋、夏，内致困惫，自速土崩”。哀宗之世已“无足为者”。[①] 这些史论，似乎都只是为了说明金朝亡国之必然，并且在此三朝时亡国征兆已现，这是常见的后设评论。应该提出质疑的是，王朝晚期的政治为什么就不足论呢？就面对的困境与时局来说，朝代晚期的政治人物所面临的挑战，完全不逊于开国诸臣，在史学研究上同样具有重要性。当时的执政者，都不会是枯坐等待亡国那一刻的来临。如同人面临严重的疾病或衰老，死亡的阴影即使已经笼罩，在真正咽下最后一口气之前，还是希望能延缓死亡。同样地，政权真正结束那一天到来前，当局者或许知道国家危殆，却不真正认为国家会亡，这才是更真实的历史现场。故本节将讨论金末三朝的宰执，在面对危局时，都做了些什么。

1. 担任宰执前后的获罪情形

首先拟对三朝宰执获罪的相关事件，进行表格整理，一方面分析宰执的素质问题，另外亦可对应其后续政治表现（见表 7）。唯所据资料仅限于正史有传的宰执。

表 7 宰执获罪一览

	宰执前获罪与罚	宰执后获罪、去职、致仕	获罪次数
仆散端	以左卫将军误入章宗射鹿之围，解职。	薨于左丞相位，赠延安郡王。	1
孙即康	任御史中丞时以鞫镐王永中不轨案失当，出为泰宁军节度使。处理崔建昌秩升有弊，待罪未问。	以平章政事、崇国公致仕。	2
独吉思忠		屯边失守退兵，解职。	1
孙铎	以未除官怨望遭劾，降官。议钞法忤旨。	以太子太师致仕。	2
承裕	乌沙堡之役失利。野狐岭之役怯战，遭元兵追击大溃，除名。	以临潢节度使卒。	2
奥屯忠孝	在卫州勾集妨农，军借民钱不令偿。	以非相才罢知中山府。	1
纥石烈执中	以酒簿殴伤监酒官，杖五十。肆傲不奉职，降肇州防御使。任签枢密院事，违诏出言不逊，事下有司。坐夺部军马，解职。知大兴府事，不奉法令受劾。	为术虎高琪所杀。	5（未计不问罪者）
孟铸	弹劾纥石烈执中过恶，除官。	死于御史中丞任内。	1
抹捻尽忠	坐奏报军情稽滞，杖五十。	以谋逆下狱死。	2
术虎高琪		以奸恶诛。	1

① 《金史》卷一八《哀宗下》，第 408 页。

续表

	宰执前获罪与罚	宰执后获罪、去职、致仕	获罪次数
孛术鲁德裕	任顺州刺史时市物亏直。市马物故多，蔽属下以私害公事，下狱。受诏发兵救中都，坐弛慢兵期。	降授沂州防御使，卒。	3
守纯	以不轨罪下狱，皇太后为言获免。	死于崔立之乱。	1
永锡	失援中都，杖八十。总兵陕西，不出兵应敌，失潼关，当斩，夺爵免死。	复为参政，后不详。	2
李革	潼关破，以执政请罪，罢为节度使。	守平阳，城破自杀。	1
完颜阿里不孙	坐为执中经历官而不谏正，杖五十。	死于乱，赠芮国公。	1
白撒		以黄陵岗之役不战而退，下狱，囚七日死。	1
蒲察移剌都		盗用官银、收禁书、指斥銮舆、目无君上诸事遭弹劾，诛。	1
李蹊	为蒲察合住所陷，下狱当死，诏释之。坐军储失计，系狱。	死于官奴之变。	2
师安石	坐劾英王守纯附奏不实，决杖追官。	以论近侍不已，为哀宗怒责，疽发脑而死。	1
乌古孙仲端	诤太后奉佛，与涉亡家败国，贬。	崔立变乱前自缢。	1
杨慥	与李蹊坐军储失计，系狱，除名籍家。	金亡，病卒。	1

左丞张行信（1163～1231）曾说：“无事之时，犹不容一相非才，况今多故。”[①] 金朝晚期的“非才之相”确实不在少数，从获罪情况来说，三朝宰执绝对人数不到六十人，但有坐罪记录的超过三分之一，不过获罪的情况还是得分梳。孟铸（？～约1213）、李革（？～1218）及乌古孙仲端（？～1233）三人是因为直言而获罪，不能等同视之。孟铸和乌古孙仲端两人以忠言而逆当道之耳，前者早在章宗时即举发纥石烈执中之恶，却未被正视，当执中作乱弑君时，还将孟铸召至面前诘问：“汝辈向来弹我者耶?”孟铸尚不顾生命危险，以言语相抗，[②] 可说忠直。乌古孙仲端于留守汴京时，见城中事变在即，宁愿自缢，亦不愿苟免。[③] 李革的忠于己职，更是突出，当蒙古兵攻破潼关，其以“执政失备御之策，上表请罪”；平阳城被围，城中兵员严重不足，李革仍然力战不已，城破之时，左

① 《金史》卷一〇四《奥屯忠孝》，第2299页。

② 《金史》卷一〇〇《孟铸》，第2203页。

③ 《金史》卷一二四《忠义四》，第2702页。

右请革上马突围，叹曰：“吾不能保此城，何面目见天子！汝辈可去矣。”[①] 言毕自杀殉城。

这三人的形象，并非无能无才之辈，但处于朝代晚期，无法成为意气风发的从龙之臣，仅能以一身的悲剧来成就相臣所当为。与之相反，亦有应诛而未罪，甚至官运亨通的宰执，例如被戏称为“雀儿参政”的永锡，贞祐中失援中都，影响甚剧，却只暂时削爵受杖，不久又复起，官至尚书左丞。又总兵陕西，以敌至不出而失潼关，论罪当斩，皇族百余人上章救之。宣宗气愤地说：

> 向合周（永锡）救中都，未至而军溃，使宗庙山陵失守，罪当诛，朕特宽贷以全其命，寻复重职。今镇陕西，所犯乃尔，国家大法岂敢私耶！[②]

但最终还是仅夺爵除名，甚至第三度起复为参知政事。李革以执政失潼关请罪被贬，永锡总兵却坐视潼关失守，而豁免应得之罪。承裕亦是一个显著的例子，在卫绍王时以参知政事与平章独吉思忠行省戍边，乌沙堡一役中以不备失利，却只有思忠坐罪，承裕反而被派任主持关系至要的首都北边防线。野狐岭一役中，又因其怯懦畏战，只想一己之安危，以致遭到元兵追击大溃，最终蒙古游兵入居庸关，中都因而戒严。后世认为金朝的灭亡实决定于野狐岭一役，可见此次战事的重要性，但承裕并没有为这次严重的过失负起太多责任，卫绍王“犹薄其罪，除名而已”[③]。永锡、承裕等人能受到这样的厚待，与其宗室身份不无关系，这根源于金朝少数统治的本质基础，从金末的宰执比例也可见一端。

2. 宰执的时政议论

并非所有大臣将相都是永锡之流，仍然不乏忧国忧民之宰执，一心希望力挽时局，他们的政论可以反映金朝当时所面临的危机。

尚书左丞相徒单镒（？～1214）曾经以“为政之术”上书宣宗，他指出当下朝廷所潜藏的根本问题，在于“臣下之心不正”，而要正臣下之心则必须从“用人”着手，以“德器为上，才美为下”来选择官员，如果徒具才能而“行义无取

---

① 《金史》卷九九《李革》，第 2198 页。

② 《金史》卷一一四《合周》，第 2516～2517 页。

③ 《金史》卷九三《承裕》，第 2066 页。。

者"，要"抑而不用"，如此将能够使臣下之心"趋正"。① 徒单镒出身女真进士科，通女真、契丹大小字及汉字，曾经受诏将《史记》《贞观政要》《西汉书》等译为女真文，在卫绍王被弑后，他极力说服胡沙虎（纥石烈执中）迎立宣宗，稳定政局，遂官拜左丞相，史载其"明敏方正，学问该贯，一时名士皆出其门，多至卿相"，且一向秉持仁义道德为文士之本的信念。② 徒单镒的意见并非陈义过高的道德说教，恰恰相当切中时弊，但当时的金朝皇帝，不仅谈不上"用人唯德"，甚至连"用人唯才"的要求也无法达到。

汉人宰执侯挚（？～1233）曾经将朝政的弊病归纳为九大项上呈哀宗，第一，是"纲纪紊乱"的问题。由于朝廷所派驻的各路宣慰使，往往被授以便宜从事的权力，其上呈中央的奏札可不经尚书省，径付六部，形同架空中央权力，故只要以"便宜从事"之名，中央便难以过问地方政务，长此以往，中央政府形同虚设，侯挚因而极力呼吁正纲纪。第二，他分析对外一胜难求之因在于将帅自利，政府所置四帅府统兵虽多，"一处受敌，余徒旁观"，劝谏宣宗重视御将之道。第三，"帅兵御寇，督民运粮"不应合一，而需严格分工。第四，建议对于山水险地宜特别选派勇猛才干者为驻将。第五，是加强山东以北沿河至海的防卫，以恢复农业生产。第六，靠近中都的州县官吏考铨应"优定等级，以别异之"，否则无法改善官吏逋逃的问题。第七，批评朝廷对将领滥注官爵，失职者未照章惩处。第八，提到招抚大河以北之流民。第九，掌兵人选不应只考虑世袭猛安谋克的世戚子弟，此类人物已多骄惰怯懦，宜选"骁勇过人，众所推服者"③。

详细列出侯挚的九点建议，正因为他所提到的问题与金末三朝的政局密切相关。所谓"明正法纪，用人惟才"，虽然看似老生常谈，实则为当时的根本弊端，用人唯亲、唯近在汉族王朝是统治者的缺失，在辽、金、元等征服王朝，却是立国根本，欲改革就必定动摇国本。而金朝晚期政治败坏的加速器，就是从上到下的法纪不彰，卫绍王违诏处死怀有章宗子嗣的承御；重用武人胡沙虎，却反遭其噬。④ 宣宗不仅重用弑君逆臣胡沙虎，又以畏罪擅杀的术虎高琪为相，被批评为"失之又失者也"。⑤ 亦即，皇帝从即位就破坏法纪，即位之后无能力也无意志使朝政重

① 庄仲方辑《金文雅》卷五《论为政之术疏》，成文出版社，1967，第5b～6a页。

② 《金史》卷九九《徒单镒》，第2185～2191页。

③ 庄仲方辑《金文雅》卷五《陈九事疏》，第9b～10a页。

④ 《金史》卷一三《卫绍王》，第290～291、297页。

⑤ 《金史》卷一六《宣宗》，第370页。

新步入正轨，宰执任用成为擅立者的酬庸。侯挚的上书内容更指出，金朝即使国势困顿，亦无法任用非女真人为将领，宁愿以屡败之帅领军，只因其身份为女真人，亦即民族用人才是最根本的危机。

在朝廷用人之外，也应讨论当时的军政问题。贞祐二年（1214）金廷迫于蒙古军势而仓皇南迁，华北社会秩序一度解体，豪杰四起，各自聚乡人、组义军以自保乡里。蒙古尚未完全占领河北，当地沦为盗区，[①] 朝廷仅能名义上授予义军领袖官职，并令各地方长官在危急的时候，互相支援。[②] 虽然《金史》记载了许多的义军效忠于金廷，但事实上大部分的义军主要以保家优先，依违于金、宋、蒙之间，叛服无常。金朝能掌控的猛安谋克军队，早已不堪使用，对"义军"的政策，应当更为积极，这也是当时侯挚所言第八与第九点。

汉人右丞相高汝砺（1154～1224）也曾为了义军之事，上书宣宗。当时朝廷因贾仝、苗道润等河北义军将领不合，遂欲分别畀州县，给予专制之权以安置，调解纠纷，但是高汝砺力持不可，其曰：

> 盖河北诸帅多本土义军，一时权为队长，亦有先尝叛亡者……今若分地而与之，州县官吏得辄署置，民户赋税得擅征收，则地广者日益强，狭者日益弱。久之，弱者皆并于强，强者之地不可复夺，是朝廷愈难制也。[③]

宣宗采纳了高汝砺之言，但对于亟须义军支持的金朝，却非仅考虑地方势力难制的时刻，在招徕流民、义兵的政策上，镇守平阳的平章政事兼左副元帅胥鼎（？～1225）则反对朝廷进一步整编义军的构想。当时宣宗计划把地方义军依兵员的年龄、体力分为上中下三部，理由是精锐化义兵，实则为收编民间军帅的权力。胥鼎根据守潞州的将领必兰阿鲁带的意见，提出不可行的理由：

> 岁初置帅府时，已按阅本军，去其冗者，部分既定，上下既亲，故能所向成功，此皆血战之余，屡试可者。且又父子兄弟自相赴援，各顾其家，心一而力齐，势不可离，今必析之，将互易而不相谙矣。……彼居中下者，皆将气挫

---

① 《金史》卷一〇九《陈规》，第 2404 页。

② 赵秉文：《闲闲老人滏水集》卷一二《赠少中大夫开国伯史公神道碑》，丛书集成初编据畿辅丛书排印本，中华书局，1985，第 1b 页。

③ 《金史》卷一〇七《高汝砺》，第 2358～2359 页。

心懈而不可用，虏恐因得测吾虚实……①

虽说今人之论，不免后见之疑。但当中央军失去战力，义军的支持就是王朝最后的希望，地方民兵的效忠网，主要是靠保卫家乡与家族的意志联系，而不完全是对政权的选择，在此时析分义军的做法，易于使义兵将领感到心寒。宰执团体里的争论，无须评断是非，较有意义的是其立场因何所致，以及制度层面上改革的合理性。就军制上来说，宣宗的军队分等制，对义兵的战力，应当有提升作用，义军的前身为民团，强弱混杂是自然现象，如要升级为国家军队，原有的军队组成形态势必要转型，唯军队的转型，在历史上通常承平时期可以顺利进行，正在兵马倥偬之际，难度甚高。更重要的是，宣宗的用意恐怕也不仅止于军队升级，而是担忧地方义军的忠诚度，欲使兵将不相习，增强中央驾驭之力。这样的心思，地方义军将领又何尝不知，胥鼎等空降官员也心知肚明，他们应付义军首领，已感左右支绌，要动军队的编制，更是不现实。

金朝的积弱当然不会仅是晚期几任皇帝的能力不足所致，故亡国之责的追究在历史上的意义不大，更应该注意的是，亡国前夕君臣对于时局的认识与作为，这能够体现身处其中者，事实上并不确切认为国家真会亡，他们的许多考虑和意见，往往都和所处的情境与根深蒂固的意识有关。下一节将着重于对金朝晚期政治评论的再思考。

四 《归潜志》对金晚期政治的评价

对于金朝晚期的政治与人事，金末士人留下不少评议，以刘祁的《归潜志》最具代表性。《金史》编纂者在本纪、传记、表等部分大量地采用《归潜志》。本节针对以刘祁为代表的士人，对金朝皇帝与宰执的议论进行分析。

刘祁，字京叔，号神川遁士，浑源（属山西）人。生于金章宗泰和三年（1203），卒于元定宗海迷失后执政二年（1250），得年四十有八。其高祖刘㧑，是金朝天会元年的词赋进士。祖父、父亲皆曾为官，父亲刘从益更官至御史大夫、应奉翰林文字。刘祁八岁即随父祖游宦南京（开封），曾试进士不

---

① 《金文雅》卷五《谏分义军为三等疏》，第8页。

中，蒙古兵围汴，他历尽艰辛才得以回到故乡。[①] 序中说明了《归潜志》的创作动机曰：

> 独念昔所与交游，皆一代伟人，人虽物故，其言论、谈笑，想之犹在目。且其所闻所见可以劝戒规鉴者，不可使湮没无传，因暇日记忆，随得随书，题曰《归潜志》。"归潜"者，予所居之堂之名也。因名其书，以志岁月，异时作史，亦或有取焉。[②]

在其《录大梁事》中更强调"若夫所传不真及不见不闻者，皆不敢录"[③]。强调他所记载之事的可信度，其言不虚，他不隐讳自己为金朝叛将崔立立碑，且明书为"少年之过"一事可为佐证。[④]

1. 针对金朝晚期皇帝的议论

在《归潜志》中，刘祁对于南渡以后的政治与执政者有诸多的议论。提到晚期三位皇帝时说道：

> 卫王苛吝，不知人君体，不足言。宣宗立于贼手，本懦弱无能，性颇猜忌，惩权臣之祸，恒恐为人所摇，故大臣宿将有罪，必除去不贷。……喜刑法，政尚威严。故南渡之在位者，多苛细。……奖用胥吏，抑士大夫，凡有敢为、敢言者，多被斥逐。故一时在位者多委靡，惟求免罪，罟苟容。迨天兴之变，士大夫无一人死节者，岂非有以致之欤？末帝夺长而立，出于爱私。虽资不残酷，然以圣智自处，少为黠吏时全所教，用术取人，虽外示宽宏以取名，而内实淫纵自肆。且讳言过恶，喜听谀言，又暗于用人，其将相止取从来贵戚。虽不杀大臣，其骄将多难制不驯。况不知大略，临大事辄退怯自沮，此所以一遇劲敌而不能振也。[⑤]

---

① 刘祁：《归潜志》，崔文印《点校说明》。蔡美彪等编《中国历史大辞典》辽夏金元卷，上海辞书出版社，1984，第 177 页。

② 《归潜志序》，收入刘祁《归潜志》。

③ 《归潜志》卷一一《录大梁事》，第 130 页。

④ 《归潜志》卷一二《录崔立碑事》，第 131 页。

⑤ 《归潜志》卷七，第 69、73 页；卷一二，《辩亡》，第 136 ~ 137 页。

刘祁对金晚期三帝的批评非常严厉，尤其是性格上的缺陷。宣宗懦弱的特质从其未论纥石烈执中弑君之罪，纵容其专擅朝廷一事可以看出。猜忌则展现于对近侍的重用，是金朝皇帝中最为显著者。金朝近侍之权本甚重，宫中置有近侍局，职虽仅五品，“其要密于宰相等”，多以贵戚、世家、恩幸者居其职，“士大夫不预焉”。[①] 贞祐南渡之后，更倚近侍局为“心腹”，宰执等台部官如同外人，故大臣往往要曲意奉承近侍，因大臣退黜，百官得罪，“多自局中”，御史之权反在近侍之下。[②] 宣宗对近侍的信任尤为甚，南迁时即曾下诏地方，“事有利害，可因近侍局以闻”，[③] 以近侍为耳目以伺察百官，号为“行路御史”，又用来牵制军中的将帅，号“监战”，这些贵戚、世家与恩幸者，对于瞬息万变的战局多所干预，以致将领难以临机制变。[④] 宰执抹捻尽忠（？～1215）曾向宣宗抱怨近侍干政问题，宣宗回曰：

> 自世宗、章宗朝许察外事，非自朕始也。如请谒营私，拟除不当，台谏不职，非近侍体察，何由知之？[⑤]

他不仅认为宰执是在挑他的毛病，并且认为近侍对于弥补台谏失职很有效果。事实上，这是倒因为果的回应，无怪乎大臣要高呼“纲纪不正”了，讽刺的是宣宗还曾责问左丞相仆散七斤（仆散端）道：“近来朝廷纪纲安在？”七斤无语，回去后向他的郎官嘲问：“上问纪纲安在，汝等自来何尝使纪纲见我？”[⑥]

刘祁又指出宣宗苛刻大臣。在宰执层级来说，这一点较不明显，当时只有一位宰执以罪下狱而死，即抹捻尽忠，但他所犯的罪名相当重大，按律本当处死。尽忠以中都守将，弃城偕妾南奔，当时宣宗并未马上治罪，仍然命其为平章，后来才以谋逆下狱。此外，完颜白撒（？～1233）曾遇敌不战而退，以致溃败，但宣宗也没有任何的处置。故宣宗虽以近侍苛察大臣，但是从重论罪之事，却不多见，甚至还有罪不问，如同承裕、永锡之辈，但这种优待，主要发生在女真大臣身上，尤其是宗室。

---

① 《归潜志》卷七，第 78 页。
② 《归潜志》卷七，第 79 页。
③ 《金史》卷一〇一《李英》，第 2235 页。
④ 《归潜志》卷七，第 71 页。
⑤ 《金史》卷一〇〇《抹捻尽忠》，第 2229 页。
⑥ 《归潜志》卷七，第 79 页。

哀宗临事则退怯自沮，正大末，陈州失陷，他手足无措，仅能在宫中“聚后妃涕泣”，还曾经二度寻死，为宫人所救。[①] 虽说当时情势危殆，但身为一国之主，临事唯有涕泣寻死，让其他大臣又如何自处。哀宗在用人方面，同样不明，前文曾经提到宣宗所用的“雀儿参政”完颜合周，早在哀宗当太子时，即恶名在外，哀宗即位，仍然“用而不悟”[②]。

另外，《金史》中的宗室白撒曾被如此评价：

> 白撒本非将才，恇怯误国，徒能阿合以取富贵，性愎贪鄙，当此危亡，方谋封殖以自逸，此犹大厦将焚而燕雀不悟者欤。[③]

哀宗用其为平章政事，领军出征。他在战场上屡尝败绩，黄陵岗一役不战而退，遂至溃不成军，后为哀宗囚死于狱中。白撒“目不识书”，“好货殖”，还于金朝退守到汴京后，起豪宅于汴之西城，哀宗曾气得遣人责问他：“将无北归意耶?”[④] 尽管如此，终究将军国大任赋予此辈，予其误国之机。

正大五年（1228），台谏弹劾近侍张文寿、张仁寿、李麟之三人，汉人右丞师安石（? ~1228）亦“论列三人不已”，哀宗却怒气冲冲地对师安石说：“汝便承取贤相，朕为昏主，止矣!”这种无理取闹的话，颇能呈现哀宗的性格。不久师安石“疽发脑而死”，哀宗才又“悼惜”。[⑤]

2. 刘祁对宰执的批评

除了对皇帝性格所致的种种举措详细评论之外，《归潜志》对宰执也有不少描写：

> 南渡之后，为宰执者往往无恢复之谋，上下同风，止以苟安目前为乐，凡有人言当改革，则必以生事抑之……因循苟且，竟至亡国。南渡为宰执者，多怯惧畏懦，不敢有为，凡处一事，先恐人疑己。如宰执本进士，或士大夫得罪，知其无辜，不敢辩言，恐人疑其为党也。又或转加诘责，以示无私……一

---

① 《归潜志》卷一一《录大梁事》，第 122 页。

② 《金史》卷一一四《合周》，第 2517 页。

③ 《金史》卷一一三《白撒》，第 2492 页。

④ 《金史》卷一一三《白撒》，第 2487 ~2492 页。

⑤ 《金史》卷一〇八《师安石》，第 2393 页。

登省府，遽忘本来用心。……耳目不广，不能周知民间苦乐。……自非亲戚故旧，往往不得登其门。[①]

刘祁对宰执的看法多少有点以偏概全，例如为了弹劾近侍的不法，遭到哀宗怒责的师安石，在朝中的风评颇佳，元朝修史者对于其以谔谔之行被谴而死，颇为推许。[②] 刘祁却只说其“既居位，人望颇减”，对于其余事迹，只字未提，[③] 其间出入颇大。又左丞张行信被正史形容为“两登相位，遇事辄发，无所畏避”[④]，但刘祁却说其召拜左丞后，“言事稍不及前，人望颇减”[⑤]。汉人右丞相高汝砺在《归潜志》中被指责“在中书十余年，无正言直谏闻于外，清论鄙之”[⑥]，事实上，高汝砺虽然不以直言著称，却对于金朝晚期的财政有很多的建树。[⑦] 从以上的例子可以发现，刘祁的评论对执政者有主观性的怒气，无论其人在任宰执之前声名如何，一旦执政之后，刘祁的评价就较为负面，而且这种态度并非刘祁所特有。元人论参政李复亨“号能吏，有会计才”，“既执政，誉望颇减”，[⑧] 而复亨后来却以殉城得名。风评极差的术虎高琪未执政前曾驻守缙山，称“甚得人心，士乐为用”[⑨]，一执政则成为当道奸逆。这种现象，应当不完全是宰执自身得位之后，忽然由贤才变成庸才，主要还是反映了在野士人对于政治的焦虑与对国家未来的忧心，故对于当政的宰执易于心生不满，且由于国势日危，更添其鄙夷心态。这导致读史者对金朝晚期宰执的普遍印象，或者说对于历史上的末代臣子，评价都失去了准绳。《金史》载：

宣宗南迁，天命去矣，当是时虽有忠良之佐、谋勇之将，亦难为也。然而汝砺、行信拯救于内；胥鼎、侯挚守御于外，讫使宣宗得免亡国，而哀宗复有十年之久，人才有益于人国也若是哉。[⑩]

---

① 《归潜志》卷七，第70、74～75页。

② 《金史》卷一〇八《师安石》，第2394页。

③ 《归潜志》卷六，第59页。

④ 《金史》卷一〇七《张行信》，第2371页。

⑤ 《归潜志》卷六，第58页。

⑥ 《归潜志》卷九，第99页。

⑦ 《金史》卷一〇七《高汝砺》，第2351～2358页。

⑧ 《金史》卷一〇〇《李复亨》，第2218页。

⑨ 《金史》卷九九《徒单镒》，第2190页。

⑩ 《金史》卷一〇八《赞曰》，第2394页。

蒙古的崛兴，客观说来是一种历史的偶然性，也是当时不可抗拒的潮流。对于金朝来说，中枢大臣并非坐以待毙，即便最终金朝难免亡国的命运，他们的作为应当得到就事论事的评议。

3. 死节的宰执

讨论宰执在金朝晚期政治中的表现时，死节行为也是重点。在刘祁的记载中，金朝士大夫罕见死节者，但宰执则并不尽然（见表8）。

表8　宰执死事

	民族、出身	死节事迹
承晖	女真、宗室、文人	贞祐南迁，承晖遂与左丞抹捻尽忠约同死社稷。尽忠弃城南奔，承晖仰药薨
李革	汉人、进士	平阳受围，以六千兵力战，城破自杀
李复亨	汉人、进士	为定国军节度使，元光元年，城破自杀
乌古孙仲端	女真、进士	哀宗迁归德，以其留守汴京，蒙古兵围汴，仲端自缢，其妻亦从死
赤盏尉忻	女真、进士	崔立变乱，召家人咐后事，望睢阳恸哭，以弓弦自缢而死
完颜赛不	女真、宗室、武人	守徐州，城中将士以朝命阻绝，议出降，赛不弗从，投河求死，为军士所救，未几，自缢于徐州府第
移剌蒲阿	契丹、武人	领兵就粮，为北兵所袭，蒲阿走京师，为北兵所擒，不降而见杀
完颜仲德	女真、进士	蔡州破，仲德帅兵一千巷战，闻上自缢，即赴水死
张天纲	汉人、进士	蔡州破，为孟珙所得，祈死不已，宋主不允，后不知所终
孛术鲁娄室	女真、武人	蔡州破，随完颜仲德殉城
兀林荅胡土	女真、武人	蔡州破，随完颜仲德殉城

资料来源：根据各人本传与《归潜志》所载而列。①

以身殉国的宰执中，文武皆有，各族皆备。其中有两个现象值得注意，死节者以族属来看，女真人居多，以出身来看，进士为多。其壮烈程度并不亚于宋末忠义，例如乌古孙仲端准备就死前，还从容地与人饮酒谈笑，遗书“人生虽有富贵贫贱不同，要之终有一死耳”，送走友人后即自缢。② 完颜仲德（？～1234）则领残兵巷战蔡州城中，当他听到哀宗自缢的消息，向将士们说：“吾君已崩，吾何以

① 《归潜志》卷六，第59页，有“李参政巩，字君美，河中人，……出镇平阳，北兵至，城陷自杀”。《金史》卷九九《李革》，第2197页，“李革字君美，河津人”，应为同一人。

② 《金史》卷一二四《忠义》，第2702页。

战为？吾不能死于乱兵之手，吾赴汝水，从吾君矣。”[①]

张天纲则是一个较特别的案例，他没有在金亡时马上殉国，而被宋朝大将孟珙所俘虏，押至临安审问。天纲面对宋朝官员的讽问时，对曰：“国之兴亡，何代无之。我金之亡，比汝二帝何如？”显见其一心求死之志，宋理宗闻言遂诘之：“真不畏死耶？”天纲回曰：“大丈夫患死不中节尔，何畏之有？”理宗没有马上处死他，当官方要求天纲在供书上称金朝皇帝为“虏主”时，他气愤地说：“杀即杀，焉用状为。”而径书“故主”，“闻者怜之”，后来“不知所终”。[②] 张天纲虽不清楚是否最终死节，但面对宋朝的应对，足称烈士。

以上只是就宰执而言，其他大小官员尽忠死事的也不在少数。虽然他们未能如同将相大臣一般，名留史籍，今人还是可以在片断的记载中寻到蛛丝马迹。例如，完颜仲德殉君之事，其手下之忠义亦不亚于他。仲德死后，他所统领的将士齐言：“相公能死，吾辈独不能耶？”这句话开启了一段惨烈的殉国场景，[③] 从参政孛术鲁娄室（？～1234）、兀林荅胡土（？～1234），总帅元志，元帅王山儿、纥石烈柏寿、乌古论桓端到军士共五百余人，一一殉国，悲壮已极。[④]

五　结语

金朝进士王鹗（1190～1273）在《汝南遗事》中，以同情的口吻来评价金朝的末代皇帝哀宗曰：

> 义宗皇帝在位十有一年，伤王室之浸危，先朝之积弊，吏政失于苛细也，不破法以情；将士利于征战也，不逞兵以忿。朝臣有罪，则薄示降罚，未尝妄戮一人；母后无宫，则略加补修，未尝辄营一殿。而又敦崇儒术，遴选武臣，罢猎地以裕民，开经筵而论道。[⑤]

① 《金史》卷一一九《完颜仲德》，第 2610 页。

② 《金史》卷一一九《张天纲》，第 2605 页。

③ 顾嗣立编《元·诗选》下册，台北世界书局，1982，戊集金台集《汝水》，第 13 页。

④ 《金史》卷一一九《完颜仲德》，第 2610 页。

⑤ 《汝南遗事》卷四《总论》，第 7～8 页。

其中或有溢美、修饰之处，但相较刘祁来说，也呈现出哀宗的另外一面。可能因为王鹗入元之后，出仕新朝，心情上转换为旁观者而非当局者，多了一分对末代皇帝的怜悯与宽容。[①] 金朝晚期的政治确实弊病丛生，当政者首当其责，但对历史人物的评论，应考量他们身处的时代背景，对于他们曾经的作为不应全以结果而论，这才是本文的关注所在。

综言之，金朝晚期政治的问题可以归纳为以下几点：首先，金朝少数统治的本质，是改革的最大包袱。其历任皇帝无法摆脱民族用人的思维，"用人惟才"的可能性因而受到极大局限，在晚期导致了严重的后果。再者，中央由文臣主政，国家的防卫交付武将，这种分工合作的态势在金朝中期以后日渐瓦解。武人入主尚书省，文臣出镇之事屡见不鲜。最后，皇帝以近侍侵夺台谏功能，不仅破坏了官僚制度的平衡，也增加了大臣与皇帝之间的隔阂。近侍在军队中的角色，如同明朝的宦官一般，面对蒙古迅捷的骑兵攻势，军事决策显得毫无效率。

刘祁对金朝的衰亡，提出了这样的史论：

> 分别蕃、汉人，且不变家政，不得士大夫心，此所以不能长久……尽行中国法……，南渡之后能内修政令，以恢复为志，则其国祚亦未必遽绝也。[②]

所谓国祚未必遽绝，颇有后见之明与一厢情愿的意味。但其指出了金朝民族区别的家法，这才是根深蒂固的沉疴，亦是金朝无法在面对危局时采取有效应对之策的宿命。一般认为，蒙古太过强大了，金朝之亡是因为无法抵抗历史的潮流。事实上，金朝君臣即使知道国家面对强敌，危机深重，也不一定真正认为亡国那一刻会到来，他们唯一确定的是，有许多危机需要处理。

---

① 亡国之臣入仕新朝后对前期的评论，无外乎委诸天命或追究责任两种态度，其转变和身分的变化最为相关。参见李卓颖《从委诸天命到追究责任——南唐旧臣入宋之后的历史认知与书写》，《汉学研究》2020 年第 38 卷第 2 期，第 133～170 页。

② 《归潜志》卷一二《辩亡》，第 137 页。

《中国与域外》第四辑（2021.04）第156~170页

从血缘归属到政治认同：成吉思汗建国前后对漠北部众的整编

曹金成*

摘　要：成吉思汗建国前后对漠北部众的整编，主要分为两个阶段：首次称汗后对草原部众的整编；建国后对乃蛮和札答阑等部众的整编。这两个阶段与成吉思汗崛兴漠北相始终，其中亦体现出当时草原部众的蒙古认同从根基感情到政治归属的大致转变。研究这一问题，不但可以对草原部族的相互关系有一直观认识，而且有助于全面了解当时蒙古认同的一些面相。

关键词：成吉思汗　漠北部众　整编　蒙古认同

公元840年，统治蒙古高原近一个世纪的回鹘汗国在内讧与外乱的交相打击下灭亡。此后大约四百年内，漠北地区一直处于没有统一政治军事实体的诸部并立时代。①

对于这一复杂的演变过程，当前史料的匮乏使得我们无法予以深入细致地描绘。不过，可以肯定的是，最晚到12世纪下半叶，漠北的游牧族群基本上已被整合为五大集团：乃蛮、克烈、篾儿乞、蒙古和塔塔儿。② 大约从此开始，到成吉思汗于1206年建立蒙古国家的这短短数十年内，草原的族群结构又在此前几个世纪未曾有过的迅雷之势下酝酿出急剧的质变。直到大蒙古国时期甚至元代及其以后，这一整合的趋势仍在不断衍进变化中，其结果就是统一的蒙古民族的最终形成。

---

* 曹金成，山东大学历史文化学院。

① 对这一时段内漠北部族的相关研究，可详细参看张久和《原蒙古人的历史：室韦—达怛研究》，高等教育出版社，1998；白玉冬《九姓达靼游牧王国史研究（8~11世纪）》，中国社会科学出版社，2017。按，白玉冬先生在其大作中指出，在此期间漠北一度曾出现过“九姓达靼游牧王国”。（第75~94页）至于是否为漠北的统一政权，仍需进一步论证。

② 韩儒林：《简明元史（记录稿）》，《韩儒林文集》，江苏古籍出版社，1988，第173页。

幸运的是，目前在成吉思汗的丰功伟绩与当时的漠北诸部方面，留下了几部重要的历史文献，尤其是出自蒙古人之手的《元朝秘史》（以下称《秘史》）与《史集》等书弥足珍贵，成为我们了解当时部族实态与社会情形的重要依据。长期以来，这些文献一直是学界研究成吉思汗草原崛兴史的重要史料。从蒙古认同的角度，对这些材料重新加以阐释，无疑会深化我们对成吉思汗时期相关史事的认识。目前，虽有学者在这方面进行了一定尝试，[①] 但论述较为宽泛，仍有进一步深翻与检讨的必要，本文即对成吉思汗建国前后对漠北诸部的整编作一次重新梳理与研究。

一　铁木真第一次称汗前蒙古诸部间的关系

一般而言，蒙古部族间的关系既有和平交往的一面，也有敌对仇杀的一面。前者主要体现在相互之间的通婚上，如成吉思汗的妻子来自弘吉剌部。不过，总体来看，这种关系在当时的部族交往中并不占主导地位，而后一方面则更彰显出蒙古诸部间关系的实际面相。波斯史家志费尼在其书中对成吉思汗以前草原上蒙古诸部的情况及其相互关系有过如下描述：

> 成吉思汗出现前，他们没有首领或君王。每一部落或两部落分散生活；彼此没有联合起来，其中时时发生战斗和冲突。他们有些人把抢劫、暴行、淫猥和酒色（fisq va fujūr）看成豪勇和高尚的行为。[②]

在这种混战不休、动荡不止的年代，蒙古诸部通常会为了共同的政治利益或军事目的暂时结盟，推举诸部中实力最强者为盟主。此类部落联盟的方式大概从匈奴时代就在蒙古高原诸部间盛行，又被后来的漠北部落接连不断地复制。成吉思汗崛起前蒙古部族间的政治军事关系，仍是这种结盟方式的重演。“合木黑蒙古”的出现可谓其中的典型。“合木黑蒙古”（Qamuq Mongqol）一称仅见于《秘史》第52节和57节，旁注为“普达达”，即“众蒙古百姓”。有学者将其视为国家性质的政

① 杨亚伦：《试论国家形成与蒙古认同——以蒙古国崛起、明代蒙古归附人、清代八旗蒙古为例》，南京大学硕士学位论文，2010。

② 志费尼：《世界征服者史》，波伊勒英译，何高济译，商务印书馆，2004，第21页。

治实体，然而并未给出直接证据。[①] 亦邻真曾指出，《史集》中的尼鲁温蒙古和迭列列斤蒙古“合在一起称为合木黑蒙古——一切蒙古人……蒙古各部曾经共同拥戴一个罕，保持一个松散的联盟”[②]。还有学者认为“合木黑蒙古”相当于 ulus，进而借用英文中的 chiefdom（王国）以称之，认为 chiefdom 具有较不稳定的政治制度。[③] 这更像是在国家政权与部落联盟之间的一种折中观点。但《秘史》从来没有将 Qamuq Mongqol 与 ulus 连称，即使在以 ulus 称呼蒙古的情况下，指的也是蒙古百姓，[④] 而非具有“王国”性质的部落集团。实际上，“合木黑蒙古”在《秘史》的语境中作为特定国家政权术语的指向并不明晰，所以将其看作部族联盟应更符合史实。

需要进一步强调的是，“合木黑蒙古”这一名称的出现本身就反映出当时共同的蒙古归属已经产生。从史料记载来看，此时蒙古认同的维持主要通过两大关键因素：推举而出的大汗的号令以及建立在共同血缘之上的祭祀活动。“合木黑蒙古”内先后推举出合不勒、俺巴孩与忽图剌三位大汗，忽图剌去世后联盟内很久都无法选出众望所归的大汗，各部间的联盟关系渐趋破裂，即便在同一部落内也无法就一些大事达成共同的意见，如泰亦赤兀惕在俺巴孩汗去世后的贵族聚会中，“谁也没有被确定为他们的君主”[⑤]。在这种情况下，共同的蒙古认同自然也就陷入危机。

从祭祀方面来看，《秘史》记载的一则简短的故事对此有很好的说明。

> 那年春间，俺巴孩皇帝的两个夫人斡儿伯、莎合台祭祀祖宗时，诃额仑去的落后了。祭祀的茶饭不曾与。诃额仑对说：“也速该死了，我的儿子将来怕长不大么道。大的每的胙肉分子，为甚不与。眼看着的茶饭不与了，起营时不呼唤的光景做了也。”斡儿伯、莎合台那两个夫人说：“你行无请唤的理，遇着茶饭呵便吃。俺巴孩皇帝死了么道，被诃额仑这般说。论来呵，可将这母子每撇下在营盘里，休将他行。”第二日起行时，塔儿忽台·乞邻勒秃黑、脱朵

① 策·达赖：《大蒙古帝国》（回鹘体蒙古文），周太平、朱乐回鹘体蒙古文编译，内蒙古文化出版社，2010，第 110 页。

② 亦邻真：《中国北方民族与蒙古族族源》，《亦邻真蒙古学文集》，内蒙古人民出版社，2001，第 575 页。按，近来马晓林与求芝蓉亦有类似的观点，见其所译梅天穆《世界史上的蒙古征服》，民主与建设出版社，2017，《译后记》，第 374 页。

③ Nikolay N. Kradin, “Qamug Mongqol Ulus and Chiefdom Theory”, in *Chronica*, ed. by Lúszló Marjanucz, Szeged: E-press Ltd., 2008, pp. 148 – 149.

④ 曹金成：《“大蒙古国”国号创建时间再检讨》，《文史》2020 年第 2 期，第 268 页。

⑤ 拉施特主编《史集》，第 1 卷第 2 分册，余大钧、周建奇译，商务印书馆，1983，第 57 页。

延·吉儿帖等，果然将他母子每撇下了。[①]

以上说的是成吉思汗之父也速该去世后，其家族在祭祀祖先时遭到冷落排斥的情形。可以看出，“合木黑蒙古”部众每年春季祭祀祖先之举，在他们加强联络、巩固感情方面发挥着重要的作用。能够得到自己的“祭祀的茶饭”或“胙肉分子”，即被视作联盟内的成员，[②] 反之，则意味着已被排斥出由联盟所构建的共同认同之外。所以，诃额仑说：“眼看着的茶饭不与了，起营时不呼唤的光景做了也。”而泰亦赤兀惕也“果然将他母子每撇下了”。

从以上分析来看，“合木黑蒙古”下的蒙古认同，实际上是以部族联盟的形式所塑造出来的，一旦联盟群龙无首或共同祭祀祖先无法维持，共同的蒙古归属也就难以为继。然而，成吉思汗的崛起，则彻底改变了这一局面。

成吉思汗创业时，上述志费尼所说的蒙古部族间长期分裂、冲突的关系，仍在持续。《秘史》第254节在提到成吉思汗次子察合台未出生时草原的局势，有云：“星空团团旋转，各部纷纷作乱。谁能在床铺上安睡！都去劫掠财源。大地滚滚腾翻，天下到处作乱。谁能在被窝里安睡！人们相杀相残。”[③] 在部落之间接连不断的混战中，战败一方的成年男子往往会被“尽绝殄灭”，妇女与孩子则“可以做妻的做了妻，做奴婢的做了奴婢”。[④]

不过，早期的成吉思汗敏锐定位、准确把握了当时的部族关系，在继承其父所留下的政治遗产的基础上，灵活运用部落联盟壮大了他所在的蒙古乞颜部的势力。我们知道，成吉思汗幼年丧父。尽管如此，其父也速该生前的威望与实力仍为他后来的崛起奠定了一定的基础。拉施特《史集》记载，蒙古忽图剌汗去世后，“成吉思汗的父亲、把儿坛把阿秃儿的儿子也速该进行了统治”[⑤]。有学者据此认为，也速该是当时“全蒙古泰亦赤兀惕”（Qamuγ Mongγol Tayičiγud）的统治者。[⑥] 然而，《史集》在另一处还提到，也速该“是大多数蒙古部落的君主。他的长幼宗亲，即

① 乌兰校勘《元朝秘史》，中华书局，2012，第42～43页，第70～72节。

② 王明荪：《早期蒙古游牧社会的结构——成吉思可汗前后时期的蒙古》，花木兰文化出版社，2009，第29页。

③ 转引自亦邻真先生极富韵感的译文，见《成吉思汗与蒙古民族共同体的形成》，《亦邻真蒙古学文集》，第407页。

④ 乌兰校勘《元朝秘史》，第93页，第112节。

⑤ 拉施特主编《史集》，第1卷第2分册，第58页。

⑥ 朝克图：《合木黑蒙古泰亦赤兀惕联盟与成吉思汗称号的由来》，《内蒙古大学学报》（哲学社会科学蒙古文版）2013年第5期，第107页。

叔伯与堂兄弟们全都听命于他，一致从他们之中立他为君”[①]。这里虽称也速该为“君主”“君”（pādishāh），但明确指出他并非全体蒙古部落的首领。

参照成书更早的《秘史》的史文可知，拉施特的后一种说法应与实情更为相符。《秘史》记载也速该享有“把阿秃儿”（Ba'atur）的称号，尽管这是对草原上作战勇敢的战士的一般性美称，但也速该的实力仍不容小觑。当时由他统领的部落应该很多。汉文史料曾记载察哈札剌儿部为也速该辖下的一部。[②]《秘史》第106节明确指出，依附札木合的铁木真的百姓就能组成一万人的军队，这只是也速该死后脱离其家族控制的一部分属民，《秘史》还提到另有许多百姓跟随泰亦赤兀惕部而去。由此可以肯定，也速该生前在蒙古部内也是具有较强实力的。这对于日后“似飞禽的雏儿般毛羽长了，走兽的羔儿般大了”[③] 的铁木真来说，无疑是一笔相当可观的政治军事遗产。

也速该生前曾与强大的克烈部的王罕结为义兄弟（安达，anda），成吉思汗在幼年也与札答阑部的札木合有结义之交。铁木真最初正是利用了王罕与札木合的援助，才大败篾儿乞，夺回了被掳走的妻子。此事使其威望大增，一些蒙古部族开始逐渐投奔而来，这一大好形势促成了铁木真在12世纪80年代末第一次称汗。《秘史》第120节对此时前来依附的部族作了详细列举。

> 那夜兼行到天明看呵，札剌亦儿种的人合赤温、合剌孩、合阑勒歹，这三个脱忽剌温兄弟，也随着来了。再塔儿忽种的人合荅安·荅勒都儿罕等兄弟五个也来了。再乞颜种的人，蒙格秃与他儿子翁古儿等，又同敞失兀惕、巴牙兀的两个种姓的人也来了。再一种巴鲁剌的人忽必来、忽都思，一种忙忽的人哲台、多豁勒忽兄弟每也来了。再孛斡儿出的弟斡歌连，自阿鲁剌种处分来了。者勒篾的弟察兀儿罕、速别额台，自兀良合种处分离着也来了。再一种别速的人迭该、古出沽儿，一种速勒都的人赤勒古台、塔乞、泰亦赤兀歹，一种札剌亦儿的人薛扯朵抹黑，阿儿孩合撒儿、巴剌更带（实应作：“更带阿儿孩合撒儿、巴剌”——引者）两个儿子也来了。再一种晃豁坛的人雪亦客秃，又有速客客·者该晃荅豁儿名字的人，连他儿子速客该者温；捏兀歹察合安兀洼名

① 拉施特主编《史集》，第1卷第2分册，第64页；M. Roushan and M. Mūsavī, *Jāmi'al-Tāwārīkh*, Tehran, 1373/1994, p. 274.

② 《元史》卷124《忙哥撒儿传》，中华书局，1976，第3054页。

③ 语出《秘史》第79节明初译员译文，见乌兰校勘《元朝秘史》，第48页。

字的人，也来了。再一种斡勒忽讷兀惕的人轻吉牙歹，一种豁罗剌思的人薛赤兀儿，一种朵儿边的人抹赤别都温，一种亦乞列思的人不图，这里做女婿，就随着也来了。再一种那牙勤的人种筛，一种斡罗纳儿的人只儿豁安，一种巴鲁剌思的人速忽薛禅，合剌察儿一同他儿子每也来了。再一种巴阿邻的人豁儿赤兀孙老人阔阔搠思，与篾年巴阿邻种的人一圈子，也都来了。

下文第 122 节又指出，还有格泥格思种、札答剌种、撒合亦惕种、主儿乞种的人“来相合了”。

这些归附铁木真的部众，其所属部落可大致分为三类。一类是与铁木真及其祖上有血缘关系者，如乞颜、主儿乞、巴鲁剌思、忙忽、阿鲁剌惕、别速惕、晃豁坛、那牙勤、斡罗纳儿、巴阿邻、格泥格思、朵儿边、札答阑。其中，朵儿边、札答阑与铁木真的关系最为疏远。其他部落皆由铁木真先祖篾年土敦的后代所形成，而乞颜、主儿乞与铁木真的血缘关系最为亲近。需要补充的是，成吉思汗的伯父一家也可划入此类。关于蒙格秃乞颜之所出，史无明文，但可以肯定是乞颜之分支。上引文指出蒙格秃乞颜统领敞失兀惕与巴牙兀惕。《史集》认为敞失兀惕是由蒙格秃乞颜的后代所组成的部落，余大钧赞同此说，并进而认为，“其中颇多巴牙兀惕人。”[①] 然而从上引《秘史》记载来看，最晚至蒙格秃时此部就已存在，并与蒙格秃家族在一起游牧了。至于巴牙兀惕，《秘史》第 213 节说，成吉思汗建国分封时准许蒙格秃乞颜之子汪古儿收集分散各处的此部人组成千户。可见，敞失兀惕、巴牙兀惕与蒙格秃父子的关系非常密切，他们很可能是后者的属部。

第二类为姻亲之族，如斡勒忽讷兀惕、豁罗剌思、亦乞列思。此三部皆为成吉思汗家族的姻亲弘吉剌部的分支。与此类地位仿佛者还有速勒都思，此部在 14 世纪初的波斯文文献《史集》中，与弘吉剌等一起位列被称为一般蒙古人的“迭儿列勤蒙古”。速勒都思人赤剌温，后来荣膺成吉思汗创业时“实佐兴运”的“有大勋劳之臣”。[②]

最后一类是依附部落，如札剌亦儿、兀良合惕、塔儿忽。札剌亦儿最初可能与原蒙古人有一定的血亲关系，据研究属于较早西迁的室韦—达达部落，在成吉思汗

① 余大钧译注《蒙古秘史》，河北人民出版社，2007，第 141 页。

② 虞集：《孙都思氏世勋之碑》，见王颋点校《虞集全集》，天津古籍出版社，2007，第 1028 页。

六世祖海都时归附蒙古。[①] 兀良合惕按居住地域有森林兀良哈与草原兀良哈之分，草原兀良哈的一支为不儿罕山的主人，[②] 铁木真十世祖孛端察儿曾有一位妻子出自此部。成吉思汗出生时，兀良合惕部的札儿赤兀歹老人曾送给他一件珍贵的貂鼠皮襁褓，在铁木真成年后，又将自己的两个儿子送至铁木真处，成为“备鞍子，开门子”的家内奴隶。[③] 可见，兀良哈人与蒙古人之间历来保持着联系，在铁木真崛起时，他们早就成为蒙古贵族的属民了。塔儿忽在《史集》中，被列入“现今称为蒙古的突厥诸部落”一编内。此编内还有札剌亦儿以及后来归附的斡亦剌等部，从侧面说明塔儿忽最初可能也是依附蒙古的部落。又，《史集》在简略地介绍塔儿忽时，还说成吉思汗祖父把儿坛之妻为此部人，然而在其他地方则说把儿坛之妻子为巴儿忽人，故村上正二推测《秘史》的塔儿忽可能即巴儿忽。[④] 若此说成立，则这里归附铁木真的巴儿忽人应是其祖母的亲族，故更可将其归入姻族之列。

根据文献记载，以上部落是从札木合处分离而来的。《秘史》第 125 节成吉思汗有言：“您众人离了札木合，想着来我跟前，若天地护佑呵，您老的每，久后都是我吉庆的伴当。”余大钧认为，在突袭篾儿乞夺回妻子后的一年半内，铁木真与札木合共同游牧，其间他争取到许多原来依附于也速该的部众，札木合察觉后才以委婉地话语道出分离之意。[⑤] 这一分析甚有道理。由此可知，以上三类部落百姓大都是昔日依附于也速该之人，其中不乏与其家族具有血缘关系者，但也速该死后其家族势力骤降而导致众叛亲离，一部分百姓归顺了札答阑部的札木合。不过，一旦铁木真羽翼稍丰，他们就赶来投奔。这进而说明，部族间政治军事实力的消长，是当时左右蒙古诸部归属感的最重要因素。随着铁木真本人威望的日益增强，大多数蒙古部众再次在隶属关系上形成了对其家族的政治认同。

---

① 谢咏梅：《蒙元时期札剌亦儿部研究》，辽宁民族出版社，2012，第 9～10 页。

② 按，关于兀良哈的分类，详见于拉施特《史集》。有学者对此提出质疑，认为拉施特不知道“森林兀良哈”正是不儿罕合勒敦的兀良哈，而是误认为还有一个森林兀良哈部。又与林木中百姓部落居地联想后，才毫无根据地产生了巴儿忽脱忽木的森林兀良哈部。这样，就自然而然地在《史集》的《部族志》中，将巴儿忽脱忽木的兀良哈人划入巴儿忽惕、斡亦剌等林木中百姓中，而不儿罕合勒敦真正的兀良哈人，则是指被称为最初的蒙古人的“迭儿列勤蒙古”。详细参看宝音德力根《关于兀良哈》（回鹘体蒙古文），见乌云毕力格、娜仁高娃编《硕果——纪念扎奇斯钦教授 80 寿辰》，内蒙古文化出版社，1996，第 14～15 页。

③ 奥登：《蒙古兀良哈部落的变迁》，《社会科学辑刊》1986 年第 2 期，第 61 页。

④ 村上正二译注《モンゴル秘史》（1），平凡社，1970，第 225 页。

⑤ 余大钧译注《蒙古秘史》，第 137～138 页。

二　铁木真第一次称汗后对草原部众的整编

公元1189年前后，铁木真在一部分草原贵族的拥戴下称汗。不过，其实际身份仅相当于氏族社会新出现的军事首领。当时大部分蒙古部众仍处于札答阑部札木合的统治下，曾产生“合木黑蒙古”首领的泰亦赤兀惕部，以及形成较晚、主要由“刚勇能射弓的人”组成的主儿乞，也保存着相当的实力。而漠北草原东、西部，还有强大的塔塔儿、克烈与乃蛮。这种内外形势决定了铁木真异常艰难的发展之路，漠北诸部也就是在其惊人崛起的历程中逐渐被全面整编的。

初次称汗的铁木真，在寻求进一步发展的过程中，首先不可避免地与昔日的安达札木合发生了冲突。根据学者研究，札木合是“忽图剌汗之后蒙古部最强大的首领”“蒙古高原东部的枭雄”。[①] 其先祖外族遗腹子的身份，可能是他最初迟迟没有称汗的一大原因。[②] 铁木真家族在当时的高贵出身则逐渐发挥了至为重要的作用。著名的十三翼之战，铁木真虽然被札木合联军击败，但仍使兀鲁兀惕的主儿扯歹、忙忽的忽余勒答儿、晃豁坛的蒙力克等人归附。战胜一方的札木合在志得意满下的暴行，应是他们前来投奔的一大原因，但不容忽视的是，此三部在血缘上与铁木真家族更为亲密，尤其是蒙力克家族与铁木真父亲交往甚深。反观札木合一方的部族，属于蒙古部的朵儿边、撒勒只兀惕、合答斤与札答阑等，其实皆非铁木真十世祖孛端察儿的后代，这种与铁木真血缘上的疏远则促使他们联合在一起。[③] 此外，需要特别指出的是，虽然具有外族血统，但在某些特定的场合，札木合也会刻意强调自己蒙古人的身份。《秘史》第108节记载，铁木真、札木合与王罕约定联军突袭篾儿乞，王罕军迟到了三日，札木合对此非常不满，说道：“约会的日期，虽是有风雨呵，也必要到，曾这般说来。咱达达每答应了的话，便是誓一般。若不依着呵，同伴里也不容。”“咱达达”对应的汉字音译蒙古文是“必荅忙[中]豁[勒]”(bida Mongqol)，即“我们蒙古人”。当然，在此也不排除这一语词为《秘史》编

① 亦邻真：《〈元朝秘史〉及其复原》，内蒙古大学出版社，1987，第76页；参看宝音德力根《关于王罕与札木合》，《蒙古史研究》第3辑，内蒙古大学出版社，1989，第8～11页。

② 按，札木合最初虽然并未称汗，却驻牧于蒙古忽图剌汗过去的即位之地——豁儿豁纳黑。研究表明，他实际上是以蒙古大汗自居的，参看曹金成《蒙古忽图剌汗即位仪式新解——内亚视野下的树木崇拜传统》，《西北师大学报》2017年第6期，第93页。

③ 关于十三翼之战中札木合一方的部族及其在此役后的命运，参看曹金成《札木合十三部考》，见余太山、李锦绣主编《欧亚学刊》新5辑，商务印书馆，2016，第39～40页。

者后来增补的可能。但从《史集》与《通鉴续编》所记札答阑与乞颜存在一定的血缘关系来看，[①] 笔者更倾向于认为札木合本人确实有过蒙古认同，尤其是这里为了共同的利益或目的而与铁木真、王罕结盟时，他会刻意强化与蒙古诸部共同的归属意识，从而将自己视作更大范围的蒙古人群中的一员。

除了札答阑外，在蒙古部内与铁木真的乞颜部关系更为密切的主儿乞，也是他扩张势力的一大阻碍。《秘史》第139节说，主儿乞是铁木真曾祖合不勒汗“于百姓内拣选有胆量、有气力、刚勇能射弓的人”，追随其长子斡勤巴剌合黑而组成的一股势力强大的集团。[②] 1196年后，主儿乞在铁木真的打击下溃灭，其首领撒察别乞和泰出被杀，从而使铁木真在合不勒汗后代中独尊的地位得以全面凸显。不过，主儿乞百姓并未遭到大规模的杀戮。铁木真只是“将主儿乞百姓起了”，不久又将他们当“做自己的百姓（emčü irgen）”[③]，也就是说划归铁木真本人所有。

蒙古部内另一支强大的势力泰亦赤兀惕，也遭遇了与主儿乞相似的命运。此部的权贵阿兀出把阿秃儿及其子孙，最后被铁木真杀尽，其统辖的百姓也被后者收入麾下；另外，泰亦赤兀惕的君主塔儿忽台－乞邻勒秃黑和忽都答儿也遭到处决。[④]

以上论述的主要是铁木真崛起时对蒙古诸部的征服与统治，下面再就蒙古与其他草原部族的关系略加阐释。铁木真在实力壮大后，对与蒙古人历来就有仇怨的塔塔儿部，进行了极其残酷的报复。1196年的斡里札河之战，塔塔儿人在铁木真、克烈部王罕与金朝军队的打击下，势力大损。此后不久，“四种塔塔儿”被铁木真俘虏。据《秘史》第154节记载，对于塔塔儿这一宿敌，铁木真采取的处理措施

① 黄时鉴：《〈通鉴续编〉蒙古史料考索》，《黄时鉴文集》Ⅰ《大漠孤烟——蒙古史元史》，中西书局，2011，第140页。

② 乌兰校勘《元朝秘史》，第129页，第139节。按，《新唐书》卷二一七下《回鹘传下·同罗传》（中华书局，1975，第6140～6141页）：“同罗在薛延陀北，多览葛之东，距京师七千里而赢，胜兵三万。……安禄山反，劫其兵用之，号‘曳落河’者也。曳落河，犹言健儿云。”据学者研究可知，安禄山的曳落河，是从各部落中挑选出来的善战武士组成的一个军种（芮传明：《曳落河、柘羯的含义和由来》，见《丝路古史散论》，复旦大学出版社，2017，第235～236页）。从名称的勘同与成员的来源两方面来看，主儿乞与曳落河皆有相似之处，然则前者之得名殆借鉴于后者乎？

③ 乌兰校勘《元朝秘史》，第128、129页，第137、139节。“自己的百姓”，汉字音译蒙古文作“奄出亦[舌]儿坚”（emčü irgen），旁注为“梯己百姓”。“梯己”即属于个人的。关于emčü，详见姚大力《蒙元时代西域文献中的“因朱”问题》，《蒙元政治与制度文化》，北京大学出版社，2011，第340～365页；宫海峰：《蒙元时期的“奄出”及其相关问题》，《西北民族研究》2009年第1期。

④ 乌兰校勘《元朝秘史》，第153页，第148节；拉施特主编《史集》第1卷第2分册，第156～157页。

是“将他男子似车辖大的尽诛了，余者各分做奴婢使用”。“尽诛”者可能主要是塔塔儿血统的成年男子。“做奴婢使用”的“余者”主要是塔塔儿妇女和年幼的男性，可能也有依附于塔塔儿的其他部落的百姓，“奴婢”，汉字音译蒙古文作“孛斡里”（bo’ol），他们与蒙古贵族之间是一种农奴式的人身隶属关系，被后者视为家庭中不平等的地位低下的成员。[①] 这种对待塔塔儿战俘的方式虽野蛮粗暴，但使得蒙古贵族对他们的统治立竿见影并得以强化。

克烈部可能是突厥化较高的原蒙古人，上述札木合所说“必荅忙[中]豁勒”（我们蒙古人）也包括王罕，但并未遭到后者反对，可见在特定场合，克烈人亦将自己视为蒙古人。王罕是铁木真最为强大的盟友，在私人关系上也是铁木真的义父。随着后者在蒙古高原东部的势力扩张，蒙古与克烈的关系也不可避免地呈现出短兵相接的势态。在与克烈部的交战中，铁木真最初并不占优势，甚至一度遭到大败，身边只剩下屈指可数的几个侍从，但后来却及时抓住有利战机突袭，一举击溃了王罕父子。1203 年，铁木真灭克烈后，将王罕辖下的百姓“各各分了”，即《秘史》汉字音译蒙古文所说的“竹克竹克[中]忽必牙周”（ǰük ǰük qubiyaǰu）。克烈部内强大的只儿斤百姓被打散，见于史料者，有一百人分给了早逝的忙忽部忽亦勒答儿的妻子，由降附的克烈贵族合答黑·把阿秃儿统领，“永远做奴婢使唤”。还有一百人赐给了于铁木真有恩的速勒都思人塔孩把阿秃儿。[②] 符拉基米尔佐夫从合答黑·把阿秃儿的例子中得出：“其他部落战败的贵族阶级归附于成吉思汗，事实上与支持孛儿只斤氏族的蒙古罕的亲族组成的那个阶级迅速地融成一片。”[③] 降附的克烈贵族都如此，我们就更不难想见一般民众被有效整合进蒙古后的情形了。

克烈部的灭亡，使得蒙古高原上的政治版图进一步清晰起来，当时能与铁木真统治的蒙古部一较高下者，只剩下位于蒙古人西部的乃蛮了。这一时期乃蛮的军事实力已足够强大，克烈败亡后，又有一大批蒙古百姓随札木合逃至其境。根据《秘史》第 194 节可知，铁木真在攻打乃蛮的前线虚设疑兵威慑其大汗塔阳时，塔阳汗之子屈出律曾说：“达达每多从何处来，多半与札木合一同在这里有。”《秘史》下文第 196 节蒙古文明确记载，札木合处的蒙古部众主要是札答阑、合荅斤、撒勒只兀惕、朵儿边、泰亦赤兀惕以及翁吉剌人。虽然这里屈出律之言有稳定人心而夸大之处，但札木合处仍追随着一定数目的蒙古百姓，应无疑义。这些部众的到

① 亦邻真：《关于十一十二世纪的孛斡勒》，《亦邻真蒙古学文集》，第 704、705 页。

② 乌兰校勘《元朝秘史》，第 211、217 页，第 185、186 节。

③ 符拉基米尔佐夫：《蒙古社会制度史》，刘荣焌译，中国社会科学出版社，1980，第 133～134 页。

来进一步增强了乃蛮的兵力。不过，纳忽昆山之战铁木真大胜乃蛮，将塔阳汗的百姓“尽收捕了”（木[中]忽[惕][中]合周[中]忽[舌]里牙罢，muqudqaǰu quriyaba），上述随札木合投奔乃蛮的部众也大都顺势降附了铁木真。①

在蒙古高原上强盛一时的乃蛮于 1204 年的灭亡，标志着整个漠北草原已基本处于铁木真的统治之下。需要指出的是，在草原部族的战争中，被掳掠的战败方的百姓最初并未被打散管理。克烈部王罕大败篾儿乞脱黑脱阿，俘虏了后者的两个儿子忽图、赤剌温及其部众。《秘史》第 162 节说，忽图和赤剌温在不久王罕遭到乃蛮袭击时，“因这机会，也连他百姓离了，欲与他父相合”，即率领在王罕处的篾儿乞百姓，与脱黑脱阿汇合。作为俘虏的忽图和赤剌温，在战乱之时能够有效地收集组织本部百姓逃脱王罕的控制，说明被王罕所掳的篾儿乞百姓仍然按照同族的身份被置于克烈部内看管。此外，还应注意的是，铁木真灭克烈后将只儿斤百姓打散管理的措施，在随后也没有得到全面贯彻。《秘史》第 198 节记载，战胜篾儿乞后，并未拆散原有部族，因此篾儿乞人不久即反叛，最终在速勒都思氏锁儿罕失剌子沉白的武力镇压后才平息下去。然而，先前投降的篾儿乞人却利用蒙古主力部队在前线酣战后方兵力较少的机会，又“在老营内反了”，虽被蒙古老营（au'ruq）内留守的家人镇压，但这一事件使铁木真感触颇深，聚集管理战败部族的众多属民，显然不利于战胜一方的有效统治，故将篾儿乞人“教各人尽数分了（[中]忽必牙兀[勒]罢，qubiya'ulba）”。与上述主儿乞一样，反抗强烈的篾儿乞部众最终也遭到了彻底的瓦解。

铁木真初次称汗后对草原部众的收编，虽是战时或战后的一时之举，却有效地加强了这些百姓对铁木真与蒙古权贵的人身依附与政治归属，从而为蒙古国家建立后分封制与千户制的全面实行铺平了道路。

三　成吉思汗建国后对乃蛮与札答阑等部众的整编

1204 年成吉思汗灭乃蛮，将乃蛮部众以及依附于此部的札答阑百姓收入麾下。1206 年蒙古国家建立，在分封东西道诸王、普立诸千户的同时，成吉思汗对乃蛮与札答阑部众进行了全面整编。

① 乌兰校勘《元朝秘史》，第 238 页，第 196 节；拉施特主编《史集》，第 1 卷第 2 分册，第 205 页。

乃蛮覆亡后，投降的部众多被置于亦乞列思部内。[①] 在成吉思汗建国后的分封中，有一部分乃蛮部众给了他的侄子额勒只带那颜。[②] 考虑到乃蛮“国大民众”（语出《秘史》第190节），无疑还有一些部众被成吉思汗分给了其他蒙古权贵。此外，乃蛮塔阳汗在1204年与蒙古的战争中死去后，其子屈出律逃亡在外，过去受其统治的“许多部落和军队流落、分散在叶密立、海押立和别失八里境内”，这些人在屈出律灭亡后降附了蒙古。[③] 可以想见，他们最终应该也被打散并以一定的人数为标准分到某些千户内了。

札答阑的部分百姓在大蒙古国建立后，被成吉思汗分给了其幼弟铁木哥·斡惕赤斤。拉施特《史集》对此有过一番描述：

> 当他们将作乱的札木合薛禅捉住时，成吉思汗由于过去曾与他兄弟（安答）相称，不愿亲自下手杀他，便将他交给了斡惕赤斤那颜，并［将他的军队］交给他管辖，斡惕赤斤将他杀死后，跟随他的一百札只剌惕部军队便同斡惕赤斤的军队合并在一起了。全部军队共五千人。[④]

“札只剌惕”，即札答阑的异译。当然，强盛一时的札答阑部最后归附成吉思汗时，不可能仅剩下一百人，此部的其他部众应该被划入其他蒙古贵族的千户了。从这一百名札答阑兵士被安置于斡惕赤斤的数千军队内来看，与札木合一起最后投降成吉思汗的合答斤、撒勒只兀惕与朵儿边的部众，很可能也以一定的人口为单位被分给蒙古贵族，从而与其他部落的百姓一起另外组成了新的千户。

除了乃蛮与札答阑外，其他所有草原部众也都在大蒙古国建立后被重新分给了成吉思汗家族的诸王并受到千户那颜的统辖。草原兀鲁思分封标志着整个蒙古高原已成为成吉思汗家族的共同财产。在具体分封中，成吉思汗幼子拖雷受封欠欠州和乞儿吉思一带，统领忙忽部者台千户、札剌亦儿部巴剌千户；二弟合撒儿受封额尔古纳河、阔连海子、秃剌儿河一带，统领札剌亦儿部者卜客千户；三弟合赤温早卒，其子按赤台受封兴安岭以西，贝加尔湖南，乌尔库伊河流域一带；幼弟铁木哥·斡惕赤斤与母亲诃额仑受封兴安岭以西，呼伦贝尔和哈剌哈河流域一带，统领

---

① 张士观：《驸马昌王世德碑》，见苏天爵《国朝文类》（元末西湖书院刊本）卷二五。

② 拉施特主编《史集》，第1卷第2分册，第379～380页。

③ 拉施特主编《史集》，第1卷第2分册，第250、252、253页；志费尼：《世界征服者史》，第70页。

④ 拉施特主编《史集》，第1卷第2分册，第379页。

兀良合部察兀儿孩千户；异母弟别勒古台受封斡难河、怯鲁连河一带，统领蒙古百姓三千户。[①] 漠北的其他地区则归成吉思汗及其继承者直辖。

分封制与千户制是成吉思汗建国后在漠北地区普遍施行的军政制度。如果说分封制大致刻画了成吉思汗家族成员领地的基本轮廓，那么千户制则对领地内的各部百姓作了进一步的规整与重组。因此可以认为，千户百户制在一定程度上即是蒙古统治家族家产分封的进一步推衍。关于千户百户编组的具体方式，姚大力曾有过一番精炼的归纳，主要分为以下三种：其一，是对主动投附的部落或部落分支，基本上不予拆散，即按其原有的划分改编为若干千户或百户。其二，是从各部落中凑集的散杂人众，合并另编新千户。其三，是以上两种方式的结合。[②] 这些不同的编组方式构成了草原上林立的千户军政组织，从而有效地巩固了初兴的蒙古国家。

关于千户制内部的复杂关系，姚大力在研究中曾举出了两例：“翁吉剌部的分支额勒只斤氏人秃鲁合札儿和撒儿塔儿把阿秃儿两兄弟，被分在忙兀惕部的哲台千户里。现在同一千户内完全有可能互相通婚了。这个额勒只斤家族因而与忙兀族人互称亲家（‘忽答’）。篾儿乞分部秃答黑邻氏人忽出儿则出现在主要由克烈部众构成的怀都千户里，而后他又被调出来，成为分给旭烈兀的另一个千户的那颜。在这个以篾儿乞那颜为首长的千户中，又有克烈部人秃古儿（怀都长子）在当百户长。”[③] 可以想见，在大蒙古国军政合一的千户制的整合下，不同部落的草原百姓因频繁接触，加上他们在语言、习俗与生活方式等方面本来并无多大差别，久而久之，超越本族血缘联系而对草原统一政权甚至蒙古部族的归属意识就会逐渐形成。

最后，还需强调的是，被成吉思汗以武力征服的漠北诸部对蒙古国家的政治认同最初并不强烈。《史集》记载：

> 始自伊斯兰教历 607 年 8 月的羊年［1211 年］春天，当成吉思汗要发兵出征乞台国（bilād）时，他［深怕］溃散的诸部落会重新联合起来举行叛乱，便首先派出被称为答兰－秃儿合黑－脱忽察儿的弘吉剌惕部人脱忽察儿率领着两千人到［河的］下游去担任巡哨，为的是他［自己］到乞台国去时，将脱忽察儿留在后方防备大多数人已被他征服的蒙古、客列亦惕、乃蛮等部落

① 李治安：《元代分封制度研究》（增订本），中华书局，2007，第 24～25 页。

② 姚大力：《草原蒙古国的千户百户制度》，《蒙元制度与政治文化》，第 32 页。

③ 姚大力：《草原蒙古国的千户百户制度》，《蒙元制度与政治文化》，第 33 页。

［的残余起来作乱］，并守护［他的］斡耳朵。[①]

这里主要是对1211年成吉思汗正式伐金之事的叙述，当时蒙古国家已建立5年左右了，但是成吉思汗对大后方被征服的诸部仍有所猜忌而心怀戒备。可见，由蒙古国家的创建所带来的草原诸部的政治认同，并不是一朝一夕能够实现的。

四 结语

通过以上论述，不难发现，成吉思汗在建国前后对漠北部众整编的大致特点：首先，在蒙古部内外大多数弱势部众投奔后，基本保留其原有的部众组织形态；其次，消灭蒙古部内强大部众的主要力量，如主儿乞、泰亦赤兀惕和札答阑，并将残余百姓拆散分入各部；最后，覆亡篾儿乞、塔塔儿、克烈、乃蛮等草原大部后，亦将余众打散并入各千户。而在与克烈彻底决裂前，成吉思汗所采取的更为灵活的策略是：依附于克烈的同时，尽可能多地争取本部成员，并大肆打击主儿乞、泰亦赤兀惕、篾儿乞、塔塔儿、札答阑、乃蛮等部。迄至蒙古国家建立时，草原上传统的强大部族集团基本已溃散殆尽，这恰恰是此前的匈奴、柔然、突厥、回鹘等统一漠北的游牧政权所无法企及的。因此，成吉思汗全面推行在漠北草原由来已久的分封制与千户制，也就无多大阻力，不过是水到渠成之事罢了，从而进一步巩固了蒙古国家对漠北部众的统治。

总体来说，以上这些特点基本与成吉思汗对漠北部众的统一进程相始终。其中所体现出的蒙古认同，亦隐含从血缘归属到政治认同的转变。血缘归属是蒙古认同的感情根基，政治一统则是蒙古认同的外在保障。部分兼具根基感情与政治归属的草原部众，其蒙古认同无疑最为强烈。另外，在草原国家机器的保障下，克烈、乃蛮、篾儿乞、塔塔儿等部的蒙古认同亦逐渐定型，随着对外征服的扩大，他们对蒙古的归属无疑又得到进一步的强化。

迄至元代，在成吉思汗家族与千户那颜的阶级压迫下，漠北部民也有起义反抗的情况。[②] 但总体上来看，这一时期漠北的战争主要还是窝阔台后裔与拖雷后裔争夺汗国最高统治权的成吉思汗家族内部的斗争。其间，漠北百姓也不可幸免地被卷

① 拉施特主编《史集》，第1卷第2分册，第226、227页；参同书，第348页。

② 周清澍：《元朝的蒙古族》，《周清澍文集》，广西师范大学出版社，2019，第50~53页。

入其中，政治派别的选择在客观上进一步弱化了他们对所出部族的认同。然而，不论依附于哪一集团，都无法否定一大事实，即这些百姓不但是成吉思汗后代的部众，还是蒙古权贵的属民。至此，共同的蒙古身份早已无法磨灭了。这是蒙古认同展开与强化的一个漫长过程，仍有诸多细节有待揭橥和考察，受本文主题所限，将另外撰文加以研究。

《中国与域外》第四辑（2021.04）第171～200页

元代藁城董氏家族第四代成员仕宦生涯考述

罗 玮*

摘 要： 藁城董氏家族是元代重要的政治家族。其家族第四代是在元代中后期维持家族仕宦兴盛的一代。根据传世文献记载，董氏家族第四代目前已知共四十四位成员，其中确知名讳者三十一人，有仕迹者二十五人，其中董守简、守训均曾入为中书宰执。本文即主要以董氏第四代成员的仕宦生涯为考证对象。

关键词： 元代 藁城 董氏 仕宦

藁城董氏家族是元代著名的政治家族。董氏第四代成员已知四十四人，确知名讳者三十一人，有仕迹者二十五人。董氏第四代成员仕宦生涯可考者分述于下。

一 董文炳系

董文炳孙辈已知有十五人，确知名讳者有十人，其中七人有宦迹。

（一）董士元诸子

董士元四子，长子早逝，不知其名。次则董守仁、守礼、守谦。

1. 董守仁，董士元次子，未见神道碑存世

据董士元夫人侍其淑媛的碑铭载："守仁，姿清峻籍声，有父风，勤于问学，恪于官守。初以羽林孤儿袭爵，寻有功，升宣武将军、佥右卫指挥司事。"[①]《董守恕神道碑》载："而帅右卫者，忠宣公之兄子守仁也。"均说明至元十三年（1276）

---

* 罗玮，中国历史研究院古代史研究所。

① 王恽《董士元侍其夫人碑》，《秋涧先生大全文集》卷五二，《元人文集珍本丛刊》第2册，台北新文丰出版公司，1985，第124页。

后，董守仁以阵亡军将遗孤身份进入侍卫亲军系统，应先袭爵为千户[①]，后因功升为右卫佥事，成为指挥副将。案右卫亲军由中统年间董文炳创立之武卫亲军直系演化而来[②]，因此由长子之孙董守仁管领右卫事属自然。董夫人碑铭又载："至元三十年，夫人竟以勤劬致疾，既革，子守仁越千里来省，正容而谓曰：'宿卫事重，何以我为业来？'"说明至元三十年（1293），董守仁还在亲军中任职。

同碑载："公（董守恕）又以前卫让之，而公仅为右卫"，说明之后董守仁与士选长子董守恕调换卫军，改统领前卫，由守恕统帅右卫。而转职的具体时间可参考董守恕任右卫指挥佥事的时间。据守恕碑知为大德六年（1302），则可知董守仁同年应任前卫亲军将领。

《（嘉靖）真定府志》记载其"延佑（祐）中历参政"[③]，因为《元史·宰相年表》中延祐年间并无董守仁或董姓之人。由此可知，其更大可能是任某行省参知政事。董守仁的墓碑题为"参政肃诚公董守仁墓"[④]，可知其官终参政[⑤]。

2. 董守礼，字敬叔，董士元第三子

至元三十年，其母侍其夫人去世时，董守礼尚未出仕。《（嘉靖）真定府志》载其"延佑（祐）中知吉州"[⑥]。另吴澄撰《滹南先生祠记》中也列名有"奉议大夫、吉州知州董守礼"[⑦]，可知延祐年间董守礼知吉州，官至正五品。《（嘉靖）藁城县志》载有墓碑名为"大元故奉议大夫、晋宁路吉州知州董公之墓"[⑧]，沈涛认定为董守礼墓碑，当是。由此可知，董守礼官终奉议大夫、吉州知州。此外，在方志中还能找到一些记载可以说明我们了解董守礼知吉州之前的任官经历。

《（康熙）太平府志》卷一六"元芜湖县尹成宗大德"条下记有"董守礼，字

---

① 董士元战殁时官职为"右卫亲军千户"。参见《元史》卷九《世祖纪六》，中华书局，1976，第182页。

② 《元史》卷九九《兵志二》，第2525页。

③ 唐臣、雷礼纂修《（嘉靖）真定府志》卷五，《四库全书存目丛书》史部192册，上海图书馆藏明嘉靖刊本，齐鲁书社，1996，第111页。

④ 董守仁墓碑无碑文，见李正儒《（嘉靖）藁城县志》卷三，《原国立北平图书馆甲库善本丛书》第二九二册影印明嘉靖十三年（1534）刻本，国家图书馆出版社，2013，第71页。

⑤ 《（至正）金陵新志》记载有名"董守仁"者，于泰定三年（1326）任江南行御史台侍御史、通奉大夫。《（康熙）江西通志》载"董守仁"，为覃怀人，任江西肃政廉访使。两个记载该任官者都在南台系统，和卫军系统没有关系，当为覃怀董守仁，而非藁城之董守仁。

⑥ 《（嘉靖）真定府志》卷五，第111页下。

⑦ 沈涛辑《常山贞石志》卷一九，《石刻史料新编》第1辑第18册影印清光绪二十三年（1897）嘉兴沈氏刻本，台湾新文丰出版公司，1977，第13506页下。

⑧ 《常山贞石志》卷二三，第13583页上。

敬叔"[①]。根据前文可知，该董守礼大德年间接替刘伯渊任芜湖县尹。但该董守礼是否是董士元三子呢？案清代太平府地区在今安徽省境内。作者按图索骥，在《（民国）安徽通志稿·金石稿》中查找到立于芜湖文庙的元代翰林学士卢挚《玩鞭亭诗》刻石录文。在诗后有卢挚所写跋语，称："里人董君敬叔繇史馆从事出宰于湖。其将行，燕客卢挚因书旧作赠别。大德乙巳正月廿又二日挚再拜。"卢跋语后芜湖教谕周子镇又写跋语曰："明年春，新尹董公敬叔守礼出宰兹邑"[②]。由此可知这位董守礼表字为敬叔。卢挚称此董守礼为"里人"。案卢挚为燕南涿郡（今河北涿州）人，即自称"燕客"，与藁城董氏广义上属同乡应无太大问题。此外，还有一个证据，该董守礼字"敬叔"，"叔"字正和第三子的排序对应。因此，可以初步判断此"董敬叔"确为士元三子董守礼。

根据跋语中"繇史馆从事出宰于湖"语，我们可以得知董守礼任芜湖尹前在翰林国史馆（即"史馆"）任职。大德乙巳为大德九年（1305），但根据卢挚跋语后芜湖教谕周子镇所写跋语曰："明年春，新尹董公敬叔守礼出宰兹邑。"[③] 可知大德十年（1306）董守礼到任县尹。

综合以上信息，我们可以得知董守礼的大致仕宦情况：

董守礼所知最早任职于翰林国史院，大德九年出任芜湖县尹，十年到任。延祐年间任吉州知州、奉议大夫，并官终此职。

3. 董守谦，董士元第四子

《（嘉靖）藁城县志》载其任"深州同知"[④]，具体任职时间不详。深州为真定路属州[⑤]。

（二）董士选诸子

董士选十子，确知名讳的有守恕、守愚、守愿、守悫、守忠、守思、守惠七人。其余三子早年夭折。守愚、守愿、守惠三人没有仕迹，似没出仕。出仕四子中董守恕因有神道碑传世，事迹较详。仕宦考述如下：

---

① 黄桂修，宋骧纂《（康熙）太平府志》卷一六，《中国方志丛书》影印清康熙十二年（1673）修、光绪二十九年（1903）重刊本，台湾成文出版社，1974，第268页下。

② 安徽通志馆辑《（民国）安徽通志稿》，民国二十三年（1934）铅印本，第8475页。

③ 《（民国）安徽通志稿》，第8476页。

④ 《（嘉靖）藁城县志》卷六，第146页。

⑤ 《元史》卷五一《地理志一》，第1357页。

1. 董守恕

董守恕（1277～1345），字子道，董士选长子。成宗即位，少年董守恕以家世入为怯薛。大德六年（1302），董守恕换从兄董守仁之职，授武略将军、右卫亲军都指挥使司佥事，从五品。仁宗后期，董守恕“授怀远大将军，拜前卫亲军都指挥使，以恩进定远大将军”，成为前卫亲军主帅，将右卫佥事职交予守仁之子董铸。此后董守恕一直担任前卫亲军都指挥使。天历元年（1328），两都交战，董守恕换授嘉议大夫、枢密院判官，正三品，佩金三珠虎符，遂率兵抵御逼近大都的上都军。天历二年，拜河南江北等处行中书省参知政事。至正三年（1343）秋，顺帝起用旧臣。四年拜董守恕为通奉大夫、江西等处行中书省参知政事，七月到任，十一月即返回藁城。至正五年正月十九日去世，年近七十。

（1）执掌卫军

董守恕成长时，董氏家族已经列为元朝勋贵名门，因此家族成员“世有武事，未尝不以经史为学”，文武方面都受到较好的训练。对于长子，时在禁军的董士选很重视教育。因此，董守恕“自髫龀至于成人，俎豆、军旅之事，无不学焉”，成长为熟悉元朝典志的职业官僚。碑传也赞美他的品质“高迈雄鸷，恭俭敦让，又其天性然也”。

成宗即位，少年董守恕以家世入为怯薛，“始未仕，以世备宿卫”。大德五年，成宗北巡三不剌之地。派出董士恭和董守恕回大都代为祭祀之事，“有事于宗庙，使奉香还京师。礼成还报，从容中礼，上亦嘉叹”①。完成代祀工作，随即董守恕开始由怯薛出仕，进入董氏家族世袭军职的侍卫亲军系统。关于董守恕在亲军中的任职，因为还牵涉与董氏其他支系成员的换职情况，故《董守恕神道碑》中记载颇为混乱。因此，有必要对碑文进行分析考证并利用其他数据，理清头绪。

大德六年（1302），二十五岁的董守恕授武略将军、佥右卫亲军都指挥使，即为右卫亲军副将。出仕即列从五品，怯薛优势可见一斑。之所以未统帅其父董士选所创立的前卫亲军，而去任右卫军将，碑传有所交代：“帅右卫者，忠宣公之兄子守仁也。公又以前卫让之，而公仅为右卫。”② 即将前卫亲军统帅权让于董士元次子董守仁。而右卫、前卫两支亲军均为董氏家族的军职世袭范围。

董守恕入右卫后，统御甚严，“军政甚修”。受成宗之命，他负责办理了康里卫军迁移营地的问题。“时康里卫之建营于直沽，以备海道，斥卤苦窳，又多毒

① 《董守恕神道碑》，第289页。

② 《董守恕神道碑》，第289页。

蛇、蚊蟗之害，居者不宁。枢府将易其地，使使者数往复，受贿惮迁。上疑之，遣公覆视，还奏其当易地无疑，而一军乃安。”[①]

成宗驾崩后的帝位之争中，镇守大都的董守恕“帅其兵治北门”，与其叔父董士恭为武宗、仁宗一系获得皇位立下功劳。董守恕率领右卫亲军负责守卫大都北门，这为北来的海山能入主大都继承帝位提供了保障。因此武宗“即位论功”，董士恭“受上赏”。武宗朝，董守恕似一直在右卫统军。

仁宗即位后，开始着手处理一直关心的军屯中的弊政[②]。随即派董守恕整治右卫屯田，“公以宿卫将练事，就治右卫屯田。核虚数，简卒伍，修田器，辟草莱，明号令，信赏罚，绝欺蠹，谨出入。不一二岁，库庾充实，军储无忧，自立卫以来，未之有也”。治理效果明显，成宗因此大有奖赏，“遣重使，有上尊、金币之赏，所以旌能劝功也”[③]。

董守恕十分注意维护卫军的利益，他曾经处理通州军民斗殴的案件。“尝以王事至通州，兵与民犹斗”，涉事军人“为有司所建治”，即被通州官府惩处。结合《元典章》记载，此当是指通州潞县民李贤与左卫军人李驴儿的殴斗案件。[④]

在看到涉事军人遭到县官擅自杖责三十七下后，董守恕即向枢密院上书曰：“军人有罪，非奸盗杀人，有司不得专问。今军人为州、县吏所苦而弗之救，乌用将帅？”最终“为申明，得旨如所陈，而士卒有所依赖”。枢密院上奏，“申明得旨如所陈”，最后以杖责潞县有关官员结案。[⑤]

董守恕还曾奉使晋宁路和江西等地视察当地的军队和军户情况，“霍州军籍有无田而横为有司所役者，公辨而决之，还奏。”碑传称“籍于军者不受有司之横役，公所建言也”。

仁宗朝，董士选自陕西平章任上告老归家。召董守恕近前，拿出朝廷所授宣命说：“于朝廷例，当有泽及一子。汝长子长孙也，当受之。”意欲让董守恕荫封任官。董守恕并不愿离开“治其军有年”的卫军统帅职务，因此与子董鉴苦言曰：

---

① 《董守恕神道碑》，第 290 页。

② 《董守恕神道碑》：“成宗之在东宫也，知诸卫屯田者失职，军实不充用。及即位，命枢府择廉能吏理之。”第 289 页。

③ 同上。

④ 《元典章》卷五四《刑部卷之十六・县官擅断军事》：“即是通州潞县尹职役，于至大四年七月二十七日，有李贤就扯行凶军人李驴儿告称，用老酒将伊头上打破。令医工相验得，李贤头上斜左被伤一处，斜长一寸三分，阔三分，是实。”陈高华、张帆、刘晓、党宝海点校，中华书局、天津古籍出版社，2011，第 1827 页。

⑤ 但据《元典章》所载，关于此案的呈文系由左卫发出，而非右卫。存疑待考。

“第五弟守思贤而未仕，请让之。”想让董守思承荫出仕。董士选曰：“朝廷之法不可违也，长子长孙不可让也，而子孙之志如是。他人以争，吾家以让，后之人，其庶几乎？”最终应允了董守恕的要求。[①]

仁宗后期，“守仁之子某亦长”，董守恕“遂以右卫之职让之”。枢密院官员“守国家之定制”，遂令董守恕执掌前卫亲军，“授怀远大将军，拜前卫亲军都指挥使，以恩进定远大将军”[②]。

董守恕接管前卫亲军后，史载军中仍是董士选旧部，“始至卫，将佐皆忠宣旧人，昔从征南耆宿犹有在官者”。因此，董守恕得到了前卫将佐的衷心拥护。“见公之来，如子弟之得父兄，欢抃亲爱，不约而同，所以事之者，不异忠宣也。”[③]由此一例，元代侍卫亲军对创立将帅的依附程度可想而知。

英宗即位，“择旧臣将帅备宿卫，枢臣以公为荐”，董士选即负责皇帝禁卫。以往的研究认为英宗少年即位，爱好天子威仪[④]。史言英宗朝“威严若神”“禁卫周密”[⑤]，可知是董守恕统辖前卫亲军维护宫禁。

董守恕还曾被英宗派去考察是否需要征讨西南的大小彻里之地。[⑥] 而此役是由当时的四川与云南两行省平章囊加歹引起的。[⑦]“囊加歹”，《元史》中写作“南家台”，为纽璘之孙、也速答儿之子[⑧]。“囊加歹者，自其祖纽邻（璘）以兵定四川而守之，世镇其土。至是，命为四川、云南平章。”他在西南地区专权一方，威福自用，“熟边徼，擅征发，将肆意于西陲”。为了夺取黄金矿产，囊加台（歹）便

① 可能董守恕不愿接受荫封还有官品方面的原因。董守恕已任从三品军职，如果此时荫官，反而会降低品级。如《元史》卷二〇《成宗纪二》：（大德四年八月）“更定荫叙格，正一品子为正五，从五品子为从九，中间正从以是为差，蒙古、色目人特优一级”（432页）。按此荫叙制度，董士选所任最高官职为御史中丞，正二品，则其子荫叙之官为正六品。而让未出仕的董守思荫官，客观上也可以增加董氏家族出仕人员的数量，扩大家族的政治资源。

② 《董守恕神道碑》，第289页。

③ 同上。

④ 白寿彝总主编，陈得芝主编《中国通史》第8卷《元时期（上）》，上海人民出版社，1997，第48页。

⑤ 黄溍：《御史中丞赠推诚佐治济美功臣荣禄大夫河南江北等处行中书省平章政事柱国追封冀国公谥忠肃董公神道碑》（后文简称黄溍《董守简神道碑》），《金华黄先生文集》卷二六，《四部丛刊》本第7册，第105页；苏天爵：《元故荣禄大夫御史中丞赠推诚佐治济美功臣河南行省平章政事冀国董忠肃公墓志铭并序》，《滋溪文稿》卷一二（后文简称《董守简墓志铭》），第192页。

⑥ “彻里”，又作“车里”，辖境大部分相当于今云南省西双版纳傣族自治州。

⑦ 关于囊加歹如何成为两行省平章的考证，参见曹金成《元朝两都之战与各地反文宗政权的叛乱》，内蒙古大学硕士学位论文，2014，第21页。

⑧ 《元史》卷一二九《纽璘传》，第3146页。另参见冯承钧《元代的几个南家台》，载氏著《西域南海史地考证论著汇辑》，中华书局，1957，第200～216页。

以“夺盐井、绝贡赋为之罪”为名欲进攻征讨大、小彻里之地。英宗获悉后，便派遣左阿速卫指挥使那海与董守恕去往勘察。而当时囊加歹已与镇守西南的云南王王禅串通一气，[①] 依靠着王禅大肆行私政于西南[②]。

董守恕至，视察其情，与囊加歹有过一番火药味颇浓的对话，他说：“远人反复不常，视边帅处事善否，以为叛服。今小有不安，御失其道者之罪也。且无反状，何得擅谋兴兵乎?”囊加歹回曰：“我与使者及省臣议定，启太子起兵。今公不从，不畏省臣，独不畏太子邪?”这里的“太子”，即指王禅。董守恕不为所惧，针锋相对曰：“吾以天子之命，察军行可否。吾知兵不可出，则还奏其状耳。何所畏邪?昔刘琛首祸征八百媳妇之国，兵殲财匮，为朝廷忧。事败，竟伏诛阙下。尔不知邪?”[③] 董守恕搬出其父董士选任中丞时的弹劾事迹以相反击，除了以晓知利害外，或许还有一层意思是亮出自己勋旧之后的身份，以不示弱于囊加歹与王禅。在元朝“家族政治”的大语境下，这些语言策略的运用都是十分有效的。最终董守恕回报不可征讨，囊加歹的这一计划遂告破产。

英宗遭遇南坡之变遇刺，泰定帝即位。这一阶段董守恕仍然执掌前卫禁军。

神道碑还记载了董守恕曾视察江西军务的事迹。按照叙述顺序，似放在仁宗朝。据刘岳申所记“泰定乙丑，今河南参政董公以指挥使数实于江西”[④] 一语，可确知此事实际发生在泰定二年（1325，乙丑）。董守恕所负使命是考察江西行省境内戍军是否需要调动，“江西省臣上言：‘江西之兵戍广者，移置近岭为便。’上命公往视之，公以所见回奏，无所阿徇。”

泰定四年正月，都水监丞朱某“以为通州、河西务会通河不便，请别开河”。据有关记载分析，此朱某应为朱虎，系朱清之子。[⑤] 最终朝廷下旨开河，

① 《元史》卷二七《英宗纪一》：“（延祐七年五月）丁未，封王禅为云南王，往镇其地。”第603页。

② 王禅是梁王松山之子，延祐七年（1320）五月，被封为云南王，往镇其地。（见《元史》卷二七《英宗纪一》，第603页）王禅事迹可参见张岱玉《〈元史·诸王表〉补证及部分诸王研究》，第38~39页；另可参见曹金成上揭文，第21~22页。

③ 《董守恕神道碑》，第290页。

④ 刘岳申：《送袁庆远之潮州路经历序》，《申斋刘先生文集》卷一，《元代珍本文集汇刊》，台湾图书馆编印，1976，第32页。

⑤ 据《（至正）昆山郡志》卷六：“茅氏者，崇明西沙人，及笄归于都水朱虎，生二子。大德癸卯，虎父左丞清以盈满得罪，官籍其家。”见杨譓《（至正）昆山郡志》卷六，元至正元年修清宣统元年本。可知朱清之子朱虎，大德七年（癸卯）前任都水监丞。而据《元史》卷二三《武宗纪二》载：“（至大三年十一月）以朱清子虎、张瑄子文龙往治海漕，以所籍宅一区、田百顷给之。”第530页。又可知朱虎并未死于其父得罪，之后又官复原职。泰定距至大十年有余，而且此朱某不久去世，可知年岁不轻。由此推知此，任都水监的当是朱虎。即使不是朱虎，也应是朱虎之子。

以工部侍郎胡彝总领工程，由董守恕率前卫亲军进行施工。关于这次工程的人力、财力和工期等情况，《元史·河渠志》留有记载：“枢府差军五千，大都路募夫五千人，日支糙米五升、中统钞一两，本监工部委官与前卫董指挥同监役，是年三月十八日兴工，六月十一日工毕。”[①]“前卫董指挥”当指董守恕，五千军士即出自前卫亲军。而工期前后不足三个月，对开通河道这样繁重的工程来说，工程量是十分巨大的。因此碑传载：“发掘坟墓，坏田畴，毁庐舍，而实无所利。”看到工程如此浩繁，董守恕对胡彝说：“地高水势，决不可行，徒害军民，无益也。”[②] 两人因此上奏，请求罢工。而此时朱虎已死，故工程停止。最终漕运仍行会通河。

泰定帝崩后，上都和大都形成两大军事集团，为争夺帝位爆发“两都之战”。董守恕作为前卫军帅，站在了大都一边。面对来犯的上都军，他对来到大都的即位的元文宗进言：“臣世将，今兵及畿甸，请帅所部当之。”文宗壮曰：“其霸都鲁也，汉人世臣行用卿矣！”碑传又写道：“‘霸都鲁’者，谓忠勇士也。公再世得此名于朝，至公复受之，人以为宜然。”这里“再世”当可理解为“父亲”，因此这里透露出董士选也曾被授以“霸都鲁”称号。因此，董守恕换授嘉议大夫、枢密院判官，因其子董鉴患病，遂以孙世臣袭职前卫军帅。当时文宗遂令董守恕辅佐知枢密院事也速歹、也先捏两人率军西征，主要进攻目标是支持上都的陕西军队。在保定，汉军勋臣张柔之后，张珪之子景武等五人因抵御了前来掠夺的大都溃散兵卒，“率民持梃击死数百人”[③]。被也先捏认为是投向上都一方，因此也先捏率军进攻保定，董守恕就在军中。汉军世侯张荣之孙，时任保定路总管的张宓神道碑中对此事记载甚详，可与董守恕碑传相互补充。其载也先捏军“违城五里而驻，给府同知及县尉与居民百余人至军，责以擅杀，尽戮之。血淋漓被道，复下令屠城”[④]。在董守恕和张宓劝解下，屠城的荒谬想法虽未实施，但也先捏还是将“张蔡国公子弟尽杀之”。之后，也先捏还强娶张珪之女，并得到文宗批准。[⑤] 董守恕无法阻止，只能进劝：“张氏世将，有功于朝廷。既歼其家，事无及已，欲娶其女，虽得旨，岂真无子婿之礼乎?”也先捏只能遵从成亲之礼。同作为汉军世家成员，董守

① 《元史》卷六四《河渠志一》，第 1598 页。

② 《董守恕神道碑》，290 页。

③ 《元史》卷三二《文宗纪一》，第 713 页。

④ 李国凤：《张宓神道碑》，《（乾隆）历城县志》卷一七，《续修四库全书》第 694 册，第 300 页。

⑤ 《元史》卷三二《文宗纪一》：“以张珪女归也先捏。”第 715 页。

恕从礼仪上争取了张氏家族仅剩的尊严。在之后的西征过程中，也先捏依仗着自己是“文宗乳母之子”的特殊关系，依然滥行屠戮，“师至真定、彰德，也先乃（即也先捏——作者注）每缚守令、官吏、耆老、大家，以手剑之，遂屠其城。”可谓丧心病狂。董守恕一直尽行劝止，“公必劝止，解其缚，逐去之，遂以无事。”并且对麾下将校说：“凡随吾行者，有一人暴害于人，必斩以徇。”因此，董守恕一军“军行肃然”。与也先捏不同，也速歹则是“雅敬公”，军务多委托给董守恕。因此，董守恕能够在一定程度上遏制军人滥杀，“所过往往全活”。大军进至武安县，董守恕军又抓获了陕西军将朵罗歹与汪某，[①]“责以不受命而擅兴兵，执之以付法吏”。在两都之战以大都一方胜利告终后，董守恕以军功受赏，得赐“黄金带白金百两、织金文币若干疋、绢如之”。此时有新任的御史以币帛牲畜等贵重礼物登董守恕门拜谢，董守恕不知所谓。这位御史介绍道：“某磁州知州也，几死于也先乃手刃，公解之乃生。是以谢也。”而且碑传也记载，董守恕往来行军时，“镇定、相、磁之父老皆持牛酒迎马首，谢公更生”。有如此具体的记载，相信董守恕禁兵杀戮、爱惜百姓并不是溢美之词。可见，碑传所载董氏家族子弟世代重礼法、学经史的传统并不是空穴来风。而凶暴残忍的也先捏最终为文帝所不容，以“不忠不敬”罪名诛杀。[②]

（2）为官行省

文宗朝初期，董守恕外任为中奉大夫、云南诸道行中书省参知政事。究其原因，碑传也有所交代：“时燕帖木用事，以功高自居，无敢不出其门。公自西还，不往见。”即董守恕并不去依附有拥立之功的权臣燕帖木儿，才有外放任命，当时或许只有董氏这样累朝勋贵的家族才有如此底气吧。董守恕终以疾辞不赴。不久，董守恕拜河南江北等处行中书省参知政事。董守恕在河南仕官几年，“兴利除害、百废具举”。

董守恕欲奉八十岁的母亲归养，当时挽留者众多，“自省宪郡县至于父老”，人数“贵贱千百人”，董守恕不为所动。元廷又欲拜董守恕为湖广等处行中书省参

---

① 此“汪某”当时是世代镇守西北的巩昌汪氏家族成员。在两都之战中，汪氏家族站在上都一方。如《元史》卷一三七《阿礼海牙传》：“先是，文宗即位之诏已播告天下，而陕西官府连接靖安王等起兵，东击潼关。……是月，二十五日，只儿哈率小汪总帅、脱帖木儿万户等之兵，突出潼关，东掠阌乡，披灵宝，荡陕州、新安诸郡邑，放兵四劫，迤逦前进。河南告急之使狎至。”第 3314 ~ 3315 页。

② 《元史》卷三二《文宗纪一》，第 714 页。

知政事，不赴。最终董守恕奉养太夫人于京师邸第[①]，“凡所以敬养者，备极其至”。其时董守恕“率子孙昆弟奉觞为寿。人间之乐无有过也”。

元顺帝即位，至正三年（1343）秋“上恩旧臣”。四年特起董守恕为通奉大夫、江西等处行中书省参知政事。丞相脱脱以顺帝旨召见董守恕，并于中书省中赐宴，并“有紫织金纹之赐、中统钞五千贯，谕以用老臣之意而强起之”。董守恕“以家世之旧，不敢如常人固辞”，接收任命。董守恕以一子从行赴江西，七月到任。江西是其父董士选为官故地，“昔忠宣公尝为左辖于此，今五十年矣！门生故老犹有存者，叹公之有父风，或至感泣”。据虞集记述，此时江西行省平章政事为蛮子、完者不花，与董守恕同任江西参政的为密只尔。[②]

年近古稀的董守恕在江西参政任上仍有颇多作为，碑传记载甚详。如四年六月，南昌大旱。董守恕“自以为功朝服祷于城北之秋屏阁”[③]，祈雨应验，随后大雨三日。又载“抚州旧有三陆先生祠”[④]，被郡学教授自相占用“以为私舍”。董守恕清理了私占现象，“始复其祠像、土田，而选儒士领其祠”。此外还处理了当地不按时焚烧废弃纸钞的现象，稳定了经济秩序，“钞法，焚其弊不敢用者。焚不以时，前后主吏甚苦。公亲莅其事，列都无所扰”。不久南昌城又发生大火[⑤]，“豫章城火凡千余家”，董守恕到任后即尽心安抚，“死者给钞以葬，生者给粟以食，不待请于朝而行之”。大火之后，官府勘察被灾之地，发现“前代南浦亭之故基”，“盖昔者迎候燕饯之处也”。于是董守恕与平章政事蛮子主持“即其地以为水驿之

---

① 关于董守恕在大都的宅邸情况，虞集曾有文字：“董公子长房，移居京城东南，园池在宅南，甚高洁。”于此可略知一二。见虞集《题范德机为黄士一书一窗手卷》，《道园类稿》卷三五，《元人文集珍本丛刊》第6册影印台北“中央”图书馆藏明初覆刊元抚州路学刊本，新文丰出版公司，1985，第78页。

② 虞集：《龙兴路新作南浦驿记》，《道园类稿》卷二六，第30页下栏。

③ 据方志载，秋屏阁“在府城北一十五里”。见林庭棉修，周广纂《（嘉靖）江西通志》卷四，明嘉靖刻本，第16页。

④ 此三陆先生祠当为大德五年抚州金溪县尹张居怿所复建，于七年十月建成。程钜夫所撰《青田书院记》载：“至元二十三年广平程某以侍御史将旨，过金溪，顾瞻遗址，闵然兴怀。乡之耆旧，咸请复复其家，且建三陆先生祠。遂以语郡，郡下之县，县无其人，文书苟具。大德五年，公诸孙如山慨然谋诸贤士大夫且怀牒郡庭，以为请众咸义之为助其费。适县令尹张居怿政最方茂，有志斯文，欣然自以为功。乃即义居故址创屋数十间，春秋有祠，讲肄有堂，庑门室房略备。扁曰‘青田书院’，而请某为记。”（《雪楼集》卷十二）据此可知此三陆祠还是青田书院所在地，因此会有被学官占居的现象。

⑤ 虞集《龙兴路新作南浦驿记》记述：“去年甲申之秋，不戒于火，千室就烬”，即是描述这次火灾。因前文有“至正乙酉”之语，可知火起于至正四年（1344，甲申）秋，见《虞集全集》，王颋点校，天津古籍出版社，2007，第702页。

馆”[①]，修建南浦驿。该驿在五年三月建成，[②] 为江西的驿站建设做出了贡献。

随后，董守恕还被元廷派往广州，任务是作为行省“重臣”监临对海外商货舶税的抽取。碑传记载当时的舶税之制：“旧例，舶商自岛夷至南海，必择廉能吏阅其货，征其什一，以助国用。”这一税制实际制定于元平定南宋之时，[③] 由此可知及至元末也没有太大变化。此时董守恕已经患病，难以推辞的情况下只能前往。董守恕到达广州后，“每旦必视察其事，凡昔时隐欺侵漏之弊，无敢复作”。他对人讲述自己处理贸易的看法：“交易征商，非相臣事也，因以慰谕远人，宣德意察情伪而已。舶商以万死一生，致海货充中国之用，法令至严，急之，则人情不堪；缓之，则欺伪交作。”董守恕处理市舶事务非常勤勉，“旦起视事，终日而罢。攘窃驵侩一无所施。”因此处理效率甚高，“常时以岁月留者，不逾月而集事泊然。”当董守恕北还时，广州百姓无不悦服，并“刻碑以颂德”。

实际上董守恕在江西任上时间不长，十一月就北返真定藁城，当是因为健康原因。在南昌数月间，董守恕已行政甚多，较为劳累。而碑传透露去广州之前董守恕已经患病，因此“同官为文书委之”曾帮其请辞。最终董守恕又“犯暑毒而行”。“阅商舶南海上”数月后即北返故乡，说明健康确实堪忧。因此回到藁城后，不久董守恕即“两疾作”，至正五年（1345）正月十九日辞世，年近七十。

董守恕去世后，虞集曾撰有《祭董参政文》，其曰：

> 维至正五年岁在乙酉正月丙戌朔二十三日戊申，馆下士通奉大夫虞集，谨以柔毛清酌之奠，祭于近故江西参政相公董公子道之灵。曰：呜呼！昔忠宣公，来镇江右。时我先君，一见如旧。公方侍侧，尊宾敬师。忠宣行台，眷焉遐思。集以父命，束书从迈。自是至今，凡五十载。饮食教载，延誉于时。始终公门，罔有愧辞。我既归田，隔越南北。喜闻公来，棨戟有赫。寓书山中，契阔是怀。岁晚江空，扁舟乃来。不一二见，遽以疾病。还舟视之，不及其瞑。世勋之家，正直而公。王事靡盬，竟瘁厥躬。生死永绝，归柩万里。举觞

① 虞集：《龙兴路新作南浦驿记》，第 30 页下栏。

② 其时董守恕已经去世，工程由平章政事完者不花、参知政事密只尔完成。

③ 《元史》卷九四《食货志二·市舶》：“元自世祖定江南，凡邻海诸郡与蕃国往还互易舶货者，其货以十分取一，粗者十五分取一，以市舶官主之。”第 2401 页。

一哀，老泪如水。尚享。[①]

董守恕一生仕宦绵长，在卫军和省官位上数十年。以勋臣世家后人自居，因此为官勤勉，完成元廷交付的各项职务工作。他更看重的是维护董氏家族的政治利益和荣誉地位，正如母亲去世后，董守恕曾语重心长地对子孙们说："吾家荷国家厚恩，世有显爵。昆弟子孙多侍禁近，参错台省。幸皆守家法、厉臣节，不辱其先。京师往来足以为乐，吾可以遂休矣！"与蒙元帝国崛起相伴随的是董氏家族一门的繁华，董守恕心中念想的就是将家族的兴盛维持下去。

2. 董士选其他诸子的仕宦履历

（1）董守悫（1287～1351年后），"悫"又作"悫"，董士选第四子

《（嘉靖）真定府志》载："董守悫，士选季子[②]，泰定中知威州。"[③] 泰定五年（1328）二月所撰《张珪墓志铭》记载其"朝列大夫、太常礼仪院判官"，则可知其与董守忠后从威州知州升任太常礼仪院任官。[④]《元史·董士选传》记载其官职为"侍正府判官"。案"侍正府"置于至顺二年[⑤]，则可了解董守悫在文宗朝的任职情况。撰于至正五年（1345）到八年间的《董士选家庙碑》记载："守悫，湖南宣慰元帅、江淮运使"，则可知董守悫在至正前期又任湖南宣慰元帅、江淮运使[⑥]。《元史·顺帝纪》记载至正十一年（1351）七月"命大司农达识帖睦迩及江浙行省参知政事樊执敬、浙东廉访使董守悫同招谕方国珍"[⑦]。由此可知，顺帝至正十一年前，董守悫已转任浙东廉访使。而余阙撰《宪使董公均役之记》有"至正十年秋，藁城董公来长越宪"一语[⑧]。虽未言明名讳，但可判定即为董守悫。则其任浙东廉访使时间也得到了解决。

《常山贞石志》中载有一墓碑，碑文为"大元故中奉大夫、浙东海右道肃政廉

---

① 虞集：《道园类稿》卷五〇，第52页。

② "季子"当不符合事实，可能《真定府志》记载为较早情况。

③ 《（嘉靖）真定府志》卷五，第112页上。

④ 虞集：《平章政事张公墓志铭》记泰定四年十二月二十日（甲寅）张珪去世，次年二月二十五日珪孙张旭请虞集撰铭。（《元文类》卷五三，766页）而当月二七日（庚申）改元致和。

⑤ 《元史》卷八八《百官志四》，第2224页。

⑥ 《董士选家庙碑》，《道园类稿》卷三七，《元人文集珍本丛刊》第六册影明初覆刊本，第198页上。

⑦ 《元史》卷四二《顺帝纪五》，第892页。

⑧ 余阙：《宪使董公均役之记》，《全元文》第49册，第160页。另外，据王袆所记董守悫均役之法云："其以田之图相次而疏其号，各亩税粮之数，于得业之人于下者，曰'流水'，亦曰'鱼鳞'。"可知董守悫所推行均役法的正是明代普及的"鱼鳞图册"之先声，转引自梁方仲《明代鱼鳞图册考》，氏著《明清赋税与社会经济》，中华书局，2008，第95页。

访使董公之墓”，沈涛认定为“董守悫墓碑”。该碑立于“至正十□年四月”[①]。则可知董守悫官终于浙东海右道肃政廉访使，任后几年去世。

综上，可以总结董守悫的仕宦经历：泰定初为威州知州，泰定后期入朝任太常礼仪院判官、朝列大夫。文宗朝至顺二年后任侍正府判官。顺帝至正前期又任湖南宣慰元帅、江淮运使，至正十年任浙东海右道肃政廉访使，官终于此。

（2）董守忠，董士选第五子

《元史·董士选传》载有“子守忠，云南行省参知政事”。而《（嘉靖）真定府志》中也记有“董守忠，□□弟，英宗时历云南行省参知政事”[②]。虽然字迹模糊，但尚可辨认。由此可知董守忠最高官职当为云南参政无疑。董守忠官至行省参政，但事迹甚少。

（3）董守思，字子得，董士选第六子

据《董守恕神道碑》载皇庆年间董士选由陕西行省平章归家闲居时，守思犹“贤而未仕”[③]，董守恕以父之荫叙让于董守思出仕[④]。《（嘉靖）真定府志》记载其官职为“至治中为□□府判”，为目前所知董守思最早所任官。撰于董士选去世后三年（至治三年，1323）的《董士选神道碑》记载其官职为“奉训大夫，保定路遂州知州”，可知其出仕后，两三年间已由某府判官任遂州知州，从五品。《（嘉靖）广平府志》载董守思于天历二年（1329）任威州知州[⑤]，距离其兄守悫知威州时间不远。关于其在威州的事迹，《威州重修庙学记》曾载：“元至元初徙井陉县威州治于洺水，学因隶州知州董守思、同知萧伯颜相继重修”，又载“威州治国初寓井陉，后徙莅洺水。学因县旧，狭隘弗称，瞻仰庙貌，岁久复倾敝，弗克安神栖。至顺庚午，前守董侯守思始议撤而新之，迫代弗克”。[⑥] 即说明董守思曾经修缮威州州学，但因将要离职而没有完成。这也说明董守思仕威州仅有一年左右，至顺元年（庚午，1330）即离开威州。《董士选家庙碑》载“守思，某司佥事”，则可知其于至正五年（1345）到八年间又任佥事一职。而《（嘉靖）藁城县志》载

① 《常山贞石志》卷二四，第 13594 页上。

② 《（嘉靖）真定府志》卷五，第 112 页上。

③ 《董守恕神道碑》，第 288 页。

④ 董守思以荫叙出仕，还有一个证据，《威州重修庙学记》载：“董侯名守思，藁城人，以父荫来莅是州”（参见崔正春修，尚希宾纂《（民国）威县志》卷一八，《中国方志丛书》影印民国十八年（1929）北平京津印书局铅印本，第 1378 页）。

⑤ 翁相修，陈棐纂《（嘉靖）广平府志》卷一一，《天一阁藏明代方志选刊》影印明嘉靖刻本，上海书店，1990，叶 10a。

⑥ 崔正春修，尚希宾纂《（民国）威县志》卷一八，第 1377 页。

"董守思，汉中佥事"，则可知其所任为汉中廉访司佥事，应是其最终任职。[①]

综上可复原董守思的仕宦履历：至治中为某府判官；至治三年任遂州知州、奉训大夫，从五品；天历二年任威州知州，至顺元年离开威州；至正五年到八年间任汉中廉访司佥事。

二 董文用系

董文用孙男十七人，其中九人确知名讳，六人有仕迹可考。

（一）董士亨诸子

1. 董守敬

董守敬，董文用次孙，董士亨长子，王恽《隆福宫左都威卫府整暇堂记》中记载成宗大德二年（1298）时，董守敬为左都威卫佐贰，武散官为正四品"广威将军"[②]，则当为左都威卫千户。据此，《董文用神道碑》拓本所记"守敬，□□□□佩金虎符，□都威卫副都指挥使"[③]，则可复原为"守敬，广威将军、佩金虎符、左都威卫副都指挥使"[④]。可知大德七年（1303）左右，董守敬已升任该卫副都指挥使。另，《（嘉靖）藁城县志》所载董守敬职务为"侍卫副都指挥"，也基本相同。[⑤] 根据第三代仕宦的研究，董士亨已知为东宫侍卫亲军指挥副使，该卫军后改为隆福宫左都威卫。则可以判断董守敬为董士亨子，袭其父职。

2. 董守绪

董守绪，董文用第八孙，董士亨次子。由以上董守敬相关碑文的复原，还可以判定同碑中"次守绪，□□□□，配金虎符，左都威卫副都指挥使"，空格当亦为

---

① 此外还有一个董守思，字仲良，河南洛阳人。元统年间曾任锡山知州。见《五峰遗稿》卷一四《无锡县重　修厅事记》载："按志锡山旧升为州，其堂宇元至元初知州董守思所建。"则可知此当为后至元初。《（洪武）无锡县志》载此董守思元统二年（1334）任无锡州知州，列大夫。（佚名纂《（洪武）无锡县志》卷三下，《景印文渊阁四库全书》492册，第711页下）该董守思小传见《（成化）重修毗陵志》卷一一。萧启庆先生在其所制董氏仕进数据表中就将藁城董守思始任官错作洛阳董守思之官"栗阳州判"（参见萧氏前揭文，第332页）。

② 王恽：《隆福宫左都威卫府整暇堂记》，《王恽全集汇注》卷四〇，杨亮、钟彦飞点校，中华书局，2013，第1925页。另见《秋涧先生大全文集》卷四〇，第536页。

③ 阎复《董文用神道碑》，《常山贞石志》卷一九，第13538页上。

④ 实际应是"右"。待修改。

⑤ 《（嘉靖）藁城县志》卷五，第110页。

广威将军。说明董守绪大德七年也任副使一职。而《（嘉靖）藁城县志》所载董守绪职务为“侍卫副都指挥使”也可以加以证明。[①] 另外，《董文用墓表》中在“守约”之后载有“守□，右都卫副指挥使”，应即为董守绪，说明他在至顺三年时已调任右都威卫，但时间不详。[②]

文用诸孙中所知只有董守敬、董守绪任侍卫亲军将领。而董文用诸子中任侍卫亲军将领的为次子董士亨。并且前文所述，董士亨正是左都威卫前身——东宫侍卫亲军的创建者之一，另一人是王庆端。由此可以判断，董守敬、董守绪均为董士亨之子，先后袭职进入左都威卫。[③] 而据《隆福宫左都威卫府整暇堂记》所载，董守敬任左都威卫千户时，任该卫副都指挥使仍是王庆端，也说明了这层关系。

（二）董文用诸孙

1. 董守约

董守约，董文用长孙，其父不详，或应是长子董士贞。《（嘉靖）真定府志》载其“仁宗时，知归德府尹”[④]。又《董文用墓表》载：“守约，知亳州事。”按撰碑时间，可知其在至顺三年（1332）左右任亳州知州。似乎先任归德府尹，再任亳州知州，但亳州隶属于归德府。按正常情况，官员不大会降职任官。则只能理解为先知亳州，仁宗时再知归德。《董文用墓表》或许未记其终仕官职。

2. 董守纮

董守纮，其父不详。《（嘉靖）真定府志》载为“延佑（祐）中，为真定路治中”[⑤]。

3. 董守缨

董守缨，其父不详，应为董守纮同父弟。《（嘉靖）真定府志》载其“至顺中，为晋州知州”[⑥]。

---

① 《（嘉靖）藁城县志》卷五，第111页。

② 不确，待修改。

③ 萧启庆在其《元代几个汉军世家的仕宦与婚姻》一文中称不能解决董守敬、董守绪的父系问题（第308页）。本文通过对袭职的军职的考察，将这一问题解决。萧启庆：《元代几个汉军世家的仕宦与婚姻》，氏著《内北国而外中国》，中华书局，2007；原刊于“中研院”史语所主编《中国近世社会文化史论文集》，台北“中研院”史语所，1992。

④ 《（嘉靖）藁城县志》卷五，第111页。

⑤ 《（嘉靖）真定府志》卷五，第112页上。

⑥ 《（嘉靖）真定府志》卷五，第112页下。同见孟昭章修，李翰如纂《（民国）晋县志》卷二，民国十六年（1927）石印本，叶27a。

4. 董守绢

董守绢，其父不详。《元史·陈孚传》载："女长妫，适藁城董士楷，太常礼仪院太祝守绢之母也。"① 则可知董守绢曾任太常礼仪院太祝，但时间不详。

三 董文直系

董守义（1270～1320），字子宜，董士表独子。大德二年（1298）承袭父职，任洪泽屯田万户府万户②。一生未迁他职。任洪泽屯田万户二十二年。

董守义于至元七年（1270）十月十四日出生，大德二年（1298）承袭董士表的洪泽屯田万户一职。③"公弱冠嗣其世官，以怀远大将军佩金虎符为洪泽屯田万户府万户。凡所以劝士卒、省耕敛、均力役，严约束、慎堤防，以成岁功者，宽而有制，明而不苛，一以武献为师，是以容民畜聚，上下信而安之也。"

《董守义神道碑》记录了其在屯田万户任上的诸多善政，如，"屯之陂塘多仍其旧，隘不足以容水，公渐开之，广袤四十五里，作木岸二百五十丈于塘口，御风浪之冲，而水利无复遗患。然地势卑下，行潦时至，庐舍岁忧漂流，公乃循堤置亩，亩有驿以容守者，凡廿二所，皆有名。汴省用其言，称事以禄其人，□为恒制。初置屯时，耕者不足，募私盐之徒以充役，欲因而生之。然久玩过失，民以为患，命部伍之长识其所为，以待惩劝，后皆知耻为良民"④。可见董守义在建设洪泽屯田上贡献甚大。

此外，董守义还在洪泽屯田万户府治地兴学办教，"公叹曰：'化民莫善于教，教莫先□□□官属之子弟。'延名师以教之，既而请于朝，设夫子庙学，置教授如诸卫列营之法，亲与为礼，以讲肄之，而文史有足用者矣。盖公之为治，皆当平世，是以先志之所存者，以叙成焉"。

此外，董守义也受董氏家法谨严的影响，颇有美德。"公性孝谨，岁时家祀，哀慕不胜，尝以母老请归养，不许。教子有法，身俭约以率先之，有余不妄废，至于供

---

① 《元史》卷一九〇《陈孚传》，第4339页。

② 揭傒斯：《大元定远大将军洪泽屯田万户赠昭勇大将军后卫亲军都指挥使上轻车都尉追封陇西郡侯谥武献董公碑》（后文简称《董士表神道碑》），《常山贞石志》卷二三，第13572页下栏。

③ 同上。

④ 虞集：《元故怀远大将军洪泽屯田万户赠昭勇大将军前卫亲军都指挥使上轻车都尉追封陇西郡侯谥昭懿董公神道碑铭》（后文简称《董守义神道碑》），《常山贞石志》卷二三，第13575页上栏。

养亲戚，长者推所有，不厌不倦。部曲有疾病，每亲为医药，故乐为之用。使生用兵之时，足以立勋业，为文儒不失传循吏守职分，以行其家，无所矜伐，可识者仅如此，岂足以尽其人哉?”董守义于延祐七年（1320）十二月初一日去世，年五十。

四 董文忠系

董文忠孙男十人，董士珍七子，士良一子，士恭二子。

（一）董士珍诸子

董士珍七子，分别为“守中、守正、守庸、守恪、守逊、守简、守康”[①]。除幼子董守康早逝，无事迹外；其他诸子仕迹分述于下。

1. 董守简

董守简（1292～1346），字子敬，董士珍第六子。[②] 武宗朝，董守简开始进入宫廷任怯薛。延祐五年（1318）左右，[③] 代其兄董守中授佥典瑞院事、朝列大夫。仁宗、英宗和泰定帝朝，董守简一直居于典瑞监职，“公在职十年，不迁他官”。文宗即位，董守简进阶嘉议大夫，出为淮安路总管，正三品，天历元年（1328）十一月到任。[④] 三年，董守简调任汴梁路总管。约至顺四年（1333），董守简任海北海南道廉访使，约后至元二年（1336），任江浙财赋都总管。[⑤] 后至元五年（1339）四月，董守简又改任江东道廉访使。[⑥] 后董守简又任大都路都总管兼大兴尹，再任枢密院判官。至正元年（1341）至二年，董守简先后擢浙西廉访使[⑦]、侍御史、湖广行中书省左丞。至正三年（1343），拜江南行御史台御史中丞。[⑧] 至正四年（1344），董守简被召回朝廷，任御史台御史中丞。九

---

① 《董士珍神道碑》，《常山贞石志》卷二三，第13569页上。文中写为“子男六人”，或许未计算早逝的守康。

② 虞集：《董守简神道碑》残文谓是“第五子”，可能疏漏所致。

③ 《董守简神道碑》：董守简在典瑞监“在职十年，不迁他官”，直到天历元年才改他官。反推可知。

④ 郭大纶修，陈文烛纂《（万历）淮安府志》卷六，《天一阁藏明代方志选刊续编》8册影印明万历元年（1573）刻本，上海书店，1990，第449页。

⑤ 元代官员三年一迁转，据此判断时间。（参见《元史》卷八二《选举志二》，第2052页）

⑥ 鲁铨修，洪亮吉纂《（嘉靖）宁国府志》卷二，清嘉庆刻本，叶105b；另可见沈葆桢、吴坤修等修，何绍基、杨沂孙等纂《（光绪）重修安徽通志》卷一一六，《续修四库全书》652册影印清光绪四年（1878）刻本，第397页上。

⑦ 《董守简神道碑》作“江西道廉访使”。

⑧ 张铉：《（至正）金陵新志》卷六，《宋元方志丛刊》，第5595页。

月，董守简拜中书左丞，阶资德大夫，[①] 成为宰执。至正五年（1345）四月，董守简参与编修辽、金、宋三史和删订《至正条格》。十月，董守简复拜御史中丞。至正六年（1346）四月，进阶从一品荣禄大夫。五月二十二日，去世于上都，年五十五。

董守简是董氏家族第四代中仕途最为显达的成员之一，曾仕至中书宰执。

武宗朝，二十岁的董守简进入元宫廷任怯薛职事，“年甫弱冠，入备宿卫”。到董守简时董氏家族已三代入侍宫廷，其祖董文忠、父董士珍、叔父董士恭都曾担任怯薛。在这样的家族内成长起来的董守简应当对宫廷事物和规则是非常熟悉的，是一名合格的职业怯薛执事。因此，史载董守简“克遵祖父之训”，怯薛任职一丝不苟，“番直不逾晷刻，步武必中尺度”，“番直未尝失时，出入尤谨礼节”。董守简也获得了时任皇太子的元仁宗的赏识。

仁宗即位后，董守简又代其兄守中任佥典瑞院事，进入其祖父辈任职的内廷官署。在潜邸时期就赏识董守简的元仁宗最初欲让董守简任集贤侍读学士，董守简奏曰：“臣兄弟以先世之故，并侍禁廷，臣学行不如臣兄远甚，夙夜祗惧，惟恐不及。臣闻国家建集贤置学士，本以论思献纳，辅翼圣德，臣实不任其职。”想让其兄守中任此职。仁宗回答说：“惇崇谦让，卿家法也，朕为卿成其美。”最终仁宗满足守简要求，“公兄（董守中——作者注）方官于典瑞，乃特迁之集贤，而授公朝列大夫、佥典瑞院事，以代其兄”[②]。

董守简曾得到仁宗所赐真德秀《大学衍义》一书。史载仁宗“雅爱尚文学，敕印真德秀《大学衍义》，分赐侍臣，俾知忠君爱民之说”，董守简对于此书“朝暮诵习，必欲见诸行事”。结合元代史料记载，可以判定这部《大学衍义》实际上是八思巴字的译本。[③] 由董守简“朝暮诵习”的情况也可以推知他掌握蒙古语水平

① 《元史》卷一一三《宰相年表下》，第 2847 页。

② 《董守简神道碑》，第 107 页。

③ 实际上仁宗早在潜邸时期就对《大学衍义》颇为关注，并令人节译之。《元史》卷二四《仁宗纪一》：“（大德十一年）时有进《大学衍义》者，命詹事王约等节而译之，帝曰：‘治天下，此一书足矣。’”第 536 页。仁宗即位后，即令翰林官员翻译此书。《元史》卷二六《仁宗纪二》：“翰林学士承旨忽都鲁都儿迷失、刘赓等译《大学衍义》以进，帝览之，谓群臣曰：‘《大学衍义》议论甚嘉。’其令翰林学士阿怜铁木儿译以国语。”第 578 页，又令刊行赐予臣下，“以江浙省所印《大学衍义》五十部赐朝臣。”第 586 页。而关于这部《大学衍义》译本的文字和面貌问题，虞集的记述有所透露：“实延佑（祐）四年四月也。是年天子命大司农晏、翰林学士承旨某译公所著《大学衍义》，用国字书之。每章题其端曰‘真西山云’，书成奏之。上常览观焉。”见虞集《西山书院记》，《元文类》卷三〇。由“国字”一语可知所写文字是八思巴字。并且每章篇首题有“真西山云”的文字。

之高。

熟稔《大学衍义》的董守简利用其内容进谏仁宗，“时承平岁久，机务多暇，左右间进以酒，公从容陈《衍义·沉湎之戒》[①]，上嘉纳之，遽命却饮。”由此董守简实现了将《大学衍义》主旨“必欲见诸行事”的愿望。

仁宗去世后，英宗即位。史载年少的英宗十分热衷于皇帝威仪的塑造，“英宗临朝，威严若神，廷臣懔懔畏惧”，“禁卫周密，非元勋贵戚，不得入见”。董守简因为勋臣家世，可以“出入无间”。英宗曾与董守简有过对话，“一日，上问：‘卿平居，何好？何习？亦善射乎？’对曰：‘臣闻诸父师曰：‘为臣当尽忠，为子当尽孝。’窃好其言，患未之能。习弓矢之事，虽尝习之，非所好也。’上悦，有名驼、良马、锦币之赐”。“为臣当尽忠，为子当尽孝”实际是其祖董文忠回答前金状元王鹗的话语，[②] 此时已经成为董氏代代相传的家训。

深受儒学熏陶的英宗也热衷于祭祀。因此，丞相拜住派董守简前去祭祀秦蜀山川，待归来后，英宗问为何归来如此晚。董守简回答说：“道经陕西，见民多饥死，移文行省，开仓廪以赈之，故来也后。”英宗并没有以“专擅之罪”责罚他，还予以奖赏。

仁宗、英宗和泰定帝三朝，董守简一直在典瑞监任职，前后达十年，“典瑞掌尚方符玺，公父祖、昆季恒久居之，公在职十年，不迁他官，未尝有所陈请”。在内廷十年，董守简当积累了深厚的政治基础。

文宗即位，董守简始外任为官，“进阶嘉议大夫，出为淮安路总管”，已是正三品的散官。董守简于天历元年（1328）十一月到任淮安。[③]

董守简任淮安总管期间，很有作为，碑传和方志中都不乏记述。可想而知，从事十年之久的内廷怯薛执事使董守简具备了很大的政治能量，来到淮安一地为官便广施善政。

董守简为政期间，“为治，务以平易近民，而民自不能欺。土豪或挟其党与，恣为暴横，公痛绳以法，民乃获安”。天历内战之后，“江淮大旱，田苗槁死，民无所食”，当地官府虽已向朝廷申报荒政，“条列荒政，便宜驿闻”，但“未及俟报”。在赈济政策未下的紧急时刻，刚到任的董守简遂倡导官员与富家

---

① 《沉湎之戒》为《大学衍义》卷三二。

② 姚燧：《佥书枢密院事董公神道碑》（后文简称《董文忠神道碑》），《牧庵集》卷一五，《四部丛刊初编》影武英殿聚珍本，第 20 页。

③ 《（万历）淮安府志》卷六，明万历刻本，叶 3a。

率先出资救济灾民，“首以禄廪倡僚属及富家捐钱出粟”。倡议效果甚好，“郡大家争为出米及钱”，针对淮安本地百姓和外来流民则实行了不同的救济方式。“土著之人则给以钱，使不失其业”，“不令流徙”；而对“旁郡流移而至者，则为粥以食之”。董守简等官员还考虑到发放救济物资时可能发生的意外情况，“虑众之所聚，易生疫疠”，并且“虑有蹂践之患”。因此，对救济场所进行了专门安排，“则处以闲旷高爽之地，死则收瘗焉”。等到元廷政策下达，正与董守简倡议吻合，“既而朝廷讲救荒之政，下令募民入粟补官”，可见在内廷任职多年的董守简是十分熟悉相关政策的，在朝廷颁令之前，即已得其要领，顺利完成了安抚饥民的工作，“不忧于用之不继”。

董守简地方任官还十分“注意兴学”，“必大兴学校以化民，不徒善综理庶务而已”。因此到任淮安后，他即加大对学租征收和追欠的力度，以之为经费，于天历二年（1329）春重修淮安庙学，夏末修缮完成。方志记载董守简“谨务修理，以示尊崇。遂输学帑，反征逋赋。一今百具，询谋经营。揆日考星，起于春仲讫于夏季”，在庙学中“加塑像之仪，而规模始成”。[①] 当年夏，“麦将熟，天久雨”，董守简即斋沐，祈祷大雨停止，“而雨随止”。因为民罹饥荒，董守简命令对官府所掌握的职田所产粮“皆弃弗取”，董守简对此曰：“吾为天子牧民，宁忍坐视其饥而独饱乎？”

董守简还成功处理了当地的涉官恶势力，“淮安宋总管者，党与十余人，专持官吏短长，为郡民害。公发其奸，杖而遣之，阖郡称快”。有着勋旧家世与内廷背景的董守简对于地方势力是没有什么畏惧的。因此，监察官署常常令董守简判决其他地方疑难案件，“他州刑狱、田宅、昏嫁之讼久不决者，宪府屡属公治之”。

董守简还治理了当地运河水利，“邗沟水涸，运道弗通，发官帑僦工疏浚之，因使贫民得食其力，公私咸以为便。既而水旱相仍，有祷辄应，民以免于捐瘠”。

三年任期届满，董守简调任汴梁路总管。碑传记载，民众挽留热情甚高，“民老幼相帅数千，遮留数日不得行，公以一骑潜由他道而去”。

汴梁作为宋金故都，“为大河以南一都会”，事务繁剧，“狱讼尤烦”。行政经验丰富的董守简处理政务、判决案件已得心应手，“操约驭详”。董守简“听决益精明，民以为神”。经他审理后，“廷无留讼”，颇有政绩。

① 郭大纶修，陈文烛纂《（万历）淮安府志》卷六，明万历刻本。

墓志铭、神道碑还记录了董守简在汴梁处理的两个案件。首先是齐人栾某之弟害嫂案。齐人栾某因在汴梁任官就以汴为家，去世遂安葬当地。栾某之弟贪图其兄家产，遂“迫寡嫂破冢出其柩，归葬于乡”，意欲将兄财带回。[①]“嫂弗欲而莫能止也”，只能隐藏栾某尸骨。“弟讼之官，嫂遂下狱。邻有豪民，欲乘急贱买其田宅，乃与弟共赂狱卒杀嫂，以病死闻。”最终，“公疑其冤，讯之即伏，弟及豪民、狱卒皆死”。第二个案件发生在陈州宛丘。“宛丘有恶少，为宗族闾里害。其同党乘众怒杀之，而诱其妻以逃。事觉，有司逮恶少族人，当以杀人之罪。”案情上报，守简查阅案牍，发现疑点，责问吏曰：“恶少既死，其妻安在?”吏不能对，“乃捕其党及所诱妻至，则一讯具服，遂释其族人”。史载董守简对这一案件的侦破在当地产生了很大社会影响。“汴人以为神明”，“迄今诵之不忘”。而这两个案件颇有相似之处，犯罪人一方颇有权势，并通过贿赂与官吏勾结，掩盖案情。被害人一方则处于劣势，基本只有靠董守简的明察秋毫才能沉冤得雪。

汴梁任期满后，约至顺四年（即元统元年，1333），董守简擢为海北海南道廉访使。此值元顺帝即位之初，广西发生了徭人叛乱事件，一时间声势颇为浩大，“广西徭人窃发不时，官军莫能制，徒侵暴居人”。而两湖地区民众承担供应镇压徭人所需物资，不胜其烦，“湖、湘间尤困于飞刍挽粟，民无宁岁”。查稽史料，元代史籍中可以找到相关记载，以了解更多详情。此次徭人叛乱实际最初起于元统元年十二月，“广西徭寇湖南，陷道州，千户郭震战死，寇焚掠而去”[②]。大规模徭人叛乱则发生在二年九月[③]，起于贺州富川县[④]。董守简碑传中提到“湖广省臣总兵者，玩岁愒日”，并且说明这名省臣为行省右丞，但未言名讳。而《元史》中曾提及：“广西徭反，命湖广行省右丞完者讨之。”[⑤] 后并提到“诸军讨广

---

① 由此案可见栾某之妻当无子嗣，其弟才会有侵夺家财之举。《元典章》中记载有类似案例：《元典章》卷一九《寡妇无子承夫分》，至元八年四月，尚书省：据户部呈：“杨阿马状告‘小叔杨世基将讫故夫杨世明元抛下家财、房屋并女兰杨，又将陈住儿收继为妾’公事。本部议得，寡妇无子，合承夫分。据杨世基要讫杨世明一分财产并陈住儿，拟合追付阿马收管，及将兰杨令与伊母同居。至如合行召嫁，令阿马、杨世基一同主昏，杨阿马受财。外，应有财产，杨阿马并女兰杨却不得非理破费销用，如阿马身死之后，至日定夺。又据杨世基男杨玙告：‘乞令伯娘阿马应当一分军役自愿承当，却将房院分付。’”为系军户，行下枢密院再行披详。回呈：“杨阿马称乞将亡夫财产分付，情愿将一分军役依例津济当军之人。以此参详，若依户部所拟相应。”呈奉都省，准呈施行。

② 《元史》卷三八《顺帝纪一》，第819页。

③ 《元史》卷三八《顺帝纪一》，第824页。

④ 虞集：《广西都元帅章公平徭记》：“是年冬十月，徭寇以其众起贺州富川县之境，入其县，大掠其民。”《道园类稿》卷二九。

⑤ 《元史》卷三八《顺帝纪一》，第828页。

西徭，久无功"[①]。据此可以推断这位玩忽职守、平叛不力的湖广右丞当是完者。而身任廉访使的董守简则履行职责，对完者"劾其罪，罢之"，使完者被罢官，后不久去世。[②]《元史》所记"久无功，敕行省、行台、廉访司官共督之"当是一事。董守简又"移书行省，别遣官调兵大破徭人"。《元史》则详记为："徭贼陷贺州，发河南、江浙、江西、湖广诸军及八番义从军，命广西宣慰使、都元帅章伯颜将以击之。"[③] 可见，所发军势颇为浩大。而平定徭乱后论功行赏，"以广西宣慰使章伯颜讨徭、僚有功，升湖广行省左丞"[④]，也从侧面证明完者被罢官一事。顺帝朝初年的此次平徭之役规模颇大，"其地悉平"，史官虞集受命作《广西都元帅章公平徭记》以纪念章伯颜之战功。但此文与《元史》均未言及董守简等监察官员在战争背后弹劾督导的作用。只有稽考史料，方能始见一二。

董守简又迁任江浙财赋都总管，史称"江浙财赋，居天下十七，事务最烦剧"[⑤]。出自勋贵名门又旧历宦门的董守简来到此任上，曾被官员怀疑不屑从事这些烦琐的财政事务。但董守简"恪共其职无少惮"，"人乃知公未易浅窥也"。

很快，董守简又改任江东道廉访使，后至元五年（1339）四月到任[⑥]。碑文称董守简"庄严正大，风节所临，远近敬服，贪吏闻风，或自引去"。实际上，董守简在江东宪使位置上与他官发生了争执，"江东同僚有不克遵宪度者"。或许因为致怨过甚，董守简便"以疾告归"，"退归田里"。

不久董守简又被拜为大都路都总管兼大兴尹，被赋予了掌管大都地区的重要官职。入见后，顺帝面谕曰："朕深知卿淮安、汴梁之政，京师虽浩穰，以卿之才，为之无难也。"董守简治理大都地区，认为"以京畿多势家大族，当以威严镇之"[⑦]。因此，针对犯法的大族也执法甚严，"豪右多挟势以挠法，有犯者，公一无

① 《元史》卷三九《顺帝纪二》，第834页。

② 关于完者不再出任右丞的原因，还有不同的解释。虞集《广西都元帅章公平徭记》曰："公整军以出，湖广行省右丞完泽（即完者——作者注）帅湖广之兵来督战，至军而病，以军事属公。公军逼贼，击破秀峰、桃溪、新田、野猪等寨，斩首二百级。继而右丞病卒"，叙述完者是患病在身，不久病卒。但完者一军战斗力低下却是不争事实，因此虞集在《广西都元帅章公平徭记》中也承认"广右之师老"。综而观之，虞集做曲笔回护的可能性较大。

③ 《元史》卷三九《顺帝纪二》，第840页。

④ 《元史》卷三九《顺帝纪二》，第876页。

⑤ 《元史》卷一八三《苏天爵传》，第4226页。

⑥ 《（嘉靖）宁国府志》卷二，清嘉庆刻本，叶105b；另可见《（光绪）重修安徽通志》卷一一六，清光绪四年（1878）刻本，叶5a.

⑦ 大都路素以难治著称，如文宗年间御史台曾弹劾前大都路总管刘原仁任职时"久不视事，及迁同知储政院事，即就职，侥幸巧宦，避难就易"，文宗即下旨罢之。见《元史》卷三五《文宗纪四》，第780页。

所贷”，“杖之几死”。施政效果明显，“威声大振，闻者无不震詟”。但材料显示董守简在大都总管任上时间不长，“期月而政成”，“数月之间，翕然称治”等记载都说明他在大都路任职只有几个月。

董守简又任枢密院判官，奉命负责管理屯田。“比年董治者侵渔百端，至公始复其旧，军大和会。”军队屯田的正常耕作安定了军心。顺帝因此赏赐董守简，“诏赐币四端，以旌其劳。”

至正元年（1341），董守简的官职调动非常频繁。“擢山东廉访使，未行，拜中奉大夫、陕西行中书省参知政事，以疾辞，擢浙西廉访使[①]。召除侍御史，拜资善大夫、湖广行中书省左丞，俄改拜江南行御史台御史中丞。”由此可知，这一段时间中，董守简六次授官，从监察系统到行政系统，从中央到地方都有任命。最终至正三年（1343），董守简在南台御史中丞的位置上才稳定下来[②]。

在南台御史中丞任上，董守简纠治弊政，最突出的是将籍没的张珪家产复归张氏。如前所述，张珪诸子张景武等在天历交战中被杀戮殆尽，当时董守恕正在军中，无力阻止这一惨剧的发生。因景武等人被认为投靠上都军一方，张珪的产业也被籍没归官。[③]“先是，创建龙翔集庆寺，杂取土田、器物之籍于官者以给之，故平章政事张蔡公别业亦隶焉。”这说明张珪在集庆路（今南京——作者注）的别居宅邸也被大龙翔集庆寺所占据。实际上臣僚中早有将张氏产业归还其家的呼声，[④]后顺帝遂下旨归还。但实际执行效果却很不理想，“有司犹豫观望，弗即奉行”。董守简任南台御史中丞后，情况才得到根本改观，他任职伊始即“立命归之”。或许只有同出于勋臣世家的董守简对境况凄楚的张氏家族后人才能感同身受吧。此外，由于看到《宪台通纪》于南台“事多未悉”，认为“宜别为载籍，以备观览”。因此，董守简令掾属刘孟琛等人“披牍历案，稽核故实，裒辑成编。自有行台以来典章制度，与夫随时制宜者，罔不毕备”，编成《南台备要》一书。[⑤]

至正四年（1344），董守简又被召回朝廷，任御史台御史中丞。至董守简，董

---

① 《董守简神道碑》作“江西道廉访使”。

② 《（至正）金陵新志》卷六下，第5595页。

③ 《元史》卷三四《文宗纪三》：“以所籍张珪诸子田四百顷，赐大承天护圣寺为永业。”第756页。

④ 如顺帝即位之初，监察御史王文若上言：“蔡国张公祖父再世积有劳烈，天历之初诸子横罹戕害，官籍其家。宜革正之，以为昭代勋臣之劝。”苏天爵：《礼部员外郎王君墓志铭》，《滋溪文稿》卷一三，第207页。

⑤ 《南台备要·序》，《宪台通纪（外三种）》，王晓欣点校，浙江古籍出版社，2002，第141页。

氏家族中已有六人担任过御史台或行御史台的御史中丞一职，被传为美谈。故碑传称："国家以三台中丞之选，非勋旧德望，不轻授之。董氏自公之伯祖忠穆公文用、世父忠宣公士选、叔士恭及公父子、仲兄守庸相继，为之衣冠，传为盛事。"[①]"御史中丞，位望尤为尊重，自忠穆至公，父子兄弟居是官者六人，可不谓昭代衣冠盛事乎？"[②] 董守简在任上执法公正，"列台臣朝着，肃清荐举，务求硕才，执法平允不苛。尝叹文吏用法深刻，故人多怨，盖处心忠厚类此。"

同年九月，董守简"拜中书左丞，阶资德大夫"[③]。董守简力辞曰："臣以非才忝备官使，受任以来，夙夜战兢，恒恐惰祖父之遗业，而负国家之至恩。况中书出治之本，丞辖列于执政，何敢贪冒宠荣，而不自揆乎？"顺帝曰："此朕志素定，卿其勉思报效可也。"这一对话从侧面说明，即使对出于"累世公卿"家族的董守简来说，入为宰执也是个人和家族的很大荣誉。董守简很快又"命知经筵事"。至此，董守简成为继董文炳、董士选之后又一位进入中书省宰执核心的董氏成员，达到仕途生涯的顶峰。在元代后期还能保持如此显达地位的汉人政治世家，可能只有藁城董氏一族了。

虽身被荣宠、晋身宰执，但董守简面对的却是至正初年严峻的社会形势。至正四年，"中原频年水旱，民力困弊。是岁夏、秋，大雨，河决曹、济之间，既而盗起青、徐，郡县多被其害"。到五年，"民大饥，转死者相枕籍"。董守简考虑到畿辅之内严重的饥民情况，遂向右丞相阿鲁图、左丞相别儿怯不花报告，"出京仓粟二十万石，下其直以济之"，开始赈济灾民。董守简还"虑四方之远，耳目有所不及，则遣官分道抚问，而存恤之"。碑传称当时宰执中只有董守简是汉人，[④]"昼夜深思拯民之策，形容为之憔悴"，可谓为执行荒政费尽心力。

大面积的饥荒更导致了农民起义的漫延。官府欲严厉镇压，"有司以患盗为言，或曰：'当严刑以治之，则盗可戢。'"董守简则坚决反对这种做法，认为："民之为盗，迫于饥寒。今不思所以裕民，而欲刑杀以逞威，将见盗愈滋矣。"

在这一焦困形势下，董守简还驳回了要求连坐数年前"范孟之变"胁从人员的严酷提议。后至元五年（1339）十一月，河南省掾范孟与同谋数人伪传圣旨，

① 《董守简墓志铭》，第193页。

② 《董守简神道碑》，第107页。

③ 另可见《元史》卷一一三《宰相年表下》，第2847页。

④ 根据《元史》卷一一三《宰相年表二》所载，至正五年时，宰执中汉人还有任参知政事的韩元善，及接替韩元善的吕思诚，第2847页。因此碑传所言不大准确。但这一阶段宰执中汉人稀少却是不争的事实。

杀省臣，封闭江河渡口。一时间朝野震动，莫知其故。不久范孟等人即事败伏诛。据史载，此次事变虽时间短促，但涉及胁从蒙蔽者颇众。[①] 或许由于穷治其罪引起了当地过大的社会动荡，元顺帝于六年三月下诏特赦，要求“止坐首恶，胁从勿论”，此事遂告平息。[②] 数年后，面对“盗贼群起”的危急局面，有人向董守简再次提出惩办此案，曰：“昔狂寇范孟伏诛，而连坐未竟，若与郡盗表里交构，汴梁危矣。”董守简则回答：“罪人既已正法，州、县一时信文书奉行，容有不知，何得俱以为罪？又况事在赦前，岂可使国家失信于人，更重其反侧乎？”最终“置不问者百余人”。董守简继续贯彻特赦精神，坚持采取宽缓的方法处理事变，不再追究当时听信范孟伪造公文、“不能辨其真伪者”的各州县官员等人的罪责，避免了矛盾的激化。

据碑传载，董守简还受命负责开科取士，时间当为至正五年三月，“会大比进士，命公董之”。在顺帝亲自廷对之后，[③] 新进士当授予官职，但遭到了铨曹的阻碍，“以入粟补官者众，无官授进士”。董守简曰：“列圣兴学作士，所以选贤登治也。今进士擢第，而曰无官授之，是轻问学之士，而重入粟之人也。”又反问道：“人将以献策不如献粟为口实”，“岂不贻天下后世讥笑乎？”最终“赐进士官有差”，进士入仕之路遂通，再次体现了董守简所代表的董氏家族“儒者”门风。

至正五年四月，“因盗发”，元廷“朝议汉人不得执弓矢，法甚重”[④]，但对董氏等汉人勋臣世家来说仍如旧制要特别优容，顺帝曰：“董左丞父祖佐祖宗征伐取天下，岂得偕汉人禁之？”并特赐董守简二把良弓，并“命其族人皆得执弓矢如旧制”。

同月，“上北幸，命公留守京师，乃出御服以赐”。之后又命董守简“总裁辽、金、宋三史，及三史成，公自中书奏上之”，但丞相脱脱挂名都总裁官，实际由董守简为实际总裁官。他先后将欧阳玄、陈遘等文士推荐加入修史队伍[⑤]。董守简还

---

① 如《元史》卷一三九《朵儿只传》：“河南范孟为乱，以诖误连系者千百计。”第 3354 页。苏天爵也称：“造谋起意，不过范某等十余辈，胁从诖误连及赵文铎等七百人”。而元顺帝派官赴汴梁审办此事，更是造成“汴梁之民破家殒身者相望”。见《河南胁从诖误》，《滋溪文稿》卷二七，第 246 页。

② 刘基：《前江淮都转运使宋公政绩记》，《诚意伯文集》卷六，四部丛刊初编，叶 28。

③ 《元史》卷四一《顺帝纪四》：“（至正五年）三月辛卯，帝亲试进士七十有八人，赐普颜不花、张士坚进士及第，其余赐出身有差”第 871 页。董守简所负责当是此次廷试。

④ 《元史》卷四〇《顺帝纪三》：“申汉人、南人、高丽人不得执军器、弓矢之禁。”第 852 页。

⑤ 危素：《大元故翰林学士承旨光禄大夫知制诰兼修国史圭斋先生欧阳公行状》，《圭斋文集》卷一六《附录》；《欧阳玄集》，魏崇武、刘建立点校，吉林文史出版社，2009，第 336 页；黄溍：《江浙行中书省左右司员外郎致仕陈君墓志铭》，《金华黄先生文集》卷三八；《黄溍全集》，王颋点校，天津古籍出版社，2008，第 560 页。

参与了删订《至正条格》。

十月，董守简复拜御史中丞，在宰执位所任一年。至正六年（1346）四月，进阶从一品荣禄大夫。第二日，“大驾时巡上京，公扈从至幄殿，上解御服以赐”。又“命居大都，留台”。五月二十二日，“公以疾薨于位，春秋五十有五”。“讣闻，上为之震悼，赙以钞二万五千缗，仍令有司护视其归葬”。六月二十六日，葬于藁城九门东高里先茔。

2. 董士珍其他诸子

（1）董守中（1273～1333），字子平，董士珍长子

早年入太学。元贞元年（1295）成宗即位，董守中进入内廷任怯薛。《董守中神道碑》简要总结了他一生的授官历程：“历尚服院怀庆路判官、河南行省理问、典瑞丞、佥典瑞院事、集贤侍读学士、浙东廉访使、河南湖广参知政事、汉中湖南[①]湖北廉访使，累阶正奉大夫”[②]，但并没有说明任职时间。碑传又载：“公入官几四十年，最其在官才十有二年，以母丧去供奉闲居十有七年，以尚服院罢解判官闲居一年，以上怒，有司左迁，公止怀庆之行，闲居三年，以父忧不果赴理问及辞典瑞丞，终制二年，以弟守庸为御史，舍浙东，以疾弃河北，皆闲居二年。”[③] 虽然碑传多有隐晦，但仍可感觉到董守中为官似乎不十分出色，因惹怒皇帝，被降职任用。但其中一些信息可以供我们考证其部分任官时间。如他曾因皇帝震怒而被停职怀庆路判官，三年后因父亲去世而没有赴任河南行省理问。因其父董士珍去世于延祐元年（1314），因此可以推知其授职怀庆判官当在三年之前，即至大四年（1311）或皇庆元年（1312）[④]，但似乎董守中随即被停职，实际没有上任。

《董守简神道碑》中载：“公兄方官于典瑞，乃特迁之集贤，而授公朝列大夫、佥典瑞院事，以代其兄。”“兄”即指董守中。根据董守简部分的研究，则可知其仁宗朝先任典瑞院佥事，延祐五年（1318）转任集贤侍读学士。

（2）董守正，董士珍次子

《（嘉靖）藁城县志》载其任“侍卫千户”[⑤]。《董士珍神道碑》载：“守正，忠亮功臣，正奉大夫，枢秘副使、护军，追封赵郡公，谥靖献。”可判断董守正去世

① 根据碑文事迹，应为河南廉访使。

② 揭傒斯：《董守中神道碑》，《揭傒斯全集》卷七，李梦生标校，上海古籍出版社，1985，第421页。

③ 《董守中神道碑》，第422页。

④ 按延祐六年（1319），怀孟路才改名怀庆路。因此可能是以后名称前。

⑤ 《（嘉靖）藁城县志》卷五，第110页。嘉靖本，第1041页。

后的封赠官职应为“枢密副使”。可知董守正主要任军职，至正四年（1344）之前已经去世。

（3）董守庸，号“肃斋”，董士珍三子

《元史·泰定帝纪一》载：（至治三年十一月二十三日）“御史中丞董守庸，坐党铁失免官”。[①] 则可知董守庸英宗时任御史中丞，并因与弑害英宗的铁失结党而被免官。弹劾董守庸者为监察御史许有壬[②]。许有壬所上疏《纠中丞等》中载：“元恶帖实，其罪弥天，今虽诛戮，门下人数在百司且不可，其在风宪如中丞某，自宣徽院舆之周旋，继而援引入台，由侍御递升是职。”[③] 由此可以得知，董守庸在入御史台之前，在宣徽院任职，并于此时与铁失相攀附。则当为延祐七年（1320）英宗即位之初，铁失任宣徽院使之时[④]。董守庸如何入仕，史无明文记载，但已知最早在“掌供玉食”的宣徽院任职[⑤]，则当出自宿卫无疑。这也符合董守庸系董文忠孙男的身份。

董守庸后跟随铁失进入御史台，先任侍御史。据元代官员职品，侍御史为正四品。对应到宣徽院，董守庸所任应为宣徽院同佥院事，正四品。这是目前所知董守庸的最早任官。案《元史·铁失传》，铁失为至治元年三月任御史大夫，则董守庸入御史台任侍御史当也在此时。董守庸虽因大失臣节而免官，但并没有因此断送政治前途。《常山贞石志》中载有一方名为“有元奉训大夫、提举天赐场盐使司事董公墓”的墓碑[⑥]，即为董守庸手书，其列衔为“资政大夫、御史中丞”，树碑时间为元统三年（1335）三月。沈涛在此碑后的案语中称：“又不知何年（董守庸）复起官中丞耳。”据《（至正）金陵新志》记载，董守庸于至顺元年（1330）又任江南行台御史中丞[⑦]，则可知七年之后并非官复原职，而是到了南台系统。撰于至正四年（1344）前后的《董士珍神道碑》则记载董守庸官职为“资德大夫，江浙行中书省左丞”，则可知董守庸于顺帝初年转任江浙左丞、资德大夫，应官终此职。另《常山贞石志》收有一通文为“有元内供奉董公之墓”

① 《元史》卷二九《泰定帝纪一》，第 640 页。

② 《元史》卷一八二《许有壬传》，第 4200 页。

③ 许有壬：《纠中丞等》，《至正集》卷七六，《元人文集珍本丛刊》第 7 册影印台湾大学图书馆藏清宣统三年（1911）石印本，第 343 页。

④ 《元史》卷二〇七《铁失传》：“铁失者，当英宗即位之初，以翰林学士承旨、宣徽院使，为太医院使。”第 4599 页。

⑤ 《元史》卷八七《百官志三》，第 2200 页。

⑥ 《提举天赐场盐使司事董公墓碑》，《常山贞石志》卷二一，第 13546 页上。

⑦ 张铉：《（至正）金陵新志》卷六，第 5595 页。

的墓碑，由“资德大夫、江浙等处行中书省左丞肃斋公为侄□书”[①]，则可知董守庸号为“肃斋”[②]。

综上，可以复原董守庸的部分仕宦履历：延祐七年前后，董守庸任宣徽院同佥院事；至治元年，入御史台任侍御史；不久升御史中丞；三年因党附铁失免官。至顺三年，复起为江南行台御史中丞；顺帝初年，任江浙行省左丞，官终此职。

（4）董守恪，董士珍第四子

《董士珍神道碑》载：“次守恪，赠奉训大夫，礼部郎中”，而《（嘉靖）真定府志》载其“英宗时历礼部尚书”[③]。可能“郎中”误为“尚书”。

（5）董守逊，董士珍第五子

《（嘉靖）真定府志》载其“致和初为颍州守”[④]，可知其任颍州知州的大致时间。《董士珍神道碑》载：“次守逊，奉议大夫，颍州知州。”或许说明到至正四年（1344），董守逊还在颍州为官，或官终此职。

（二）董士良子

董守成，字持之，董士良独子。《（乾隆）衡水县志》中有董守成小传，其载：“以父荫授武邑簿。顺帝至正四年来尹衡水。”[⑤]《董士良神道碑》记载其“历主武邑、梁县簿，今从仕郎、真定衡水县尹，治民有声”，可知董守成为承父荫出仕，先任武邑县、梁县主簿，至正四年任衡水县尹。

另据许有壬所撰《河南省左右赞治堂记》中载董守成又任河南都事，此时请承旨欧阳玄任为撰堂匾[⑥]。案《欧阳玄行状》，欧阳玄任翰林学士承旨为至正五年，六年即改任福建廉访使[⑦]，则可知董守成于至正五年左右又任河南都事。《（嘉靖）真定府志》载：“董守成，守□弟，文宗时为河南参政。”[⑧] 恐时间不确。案董守成

① 《常山贞石志》卷二二，第13559页下。

② 沈涛认为“肃斋”是守庸之字，但观董氏第四代成员表字多有“子”字，如董守恕，字子道；董守思，字子得；董守义，字子宜；董守中，字子平；董守简，字子敬等等，此说似不确。

③ 《（嘉靖）真定府志》卷五，第112页上。

④ 同上。

⑤ 陶淑纂修《（乾隆）衡水县志》卷七，《中国地方志集成·河北府县志辑》44册影印乾隆三十二年（1767）年刻本，第534页上。

⑥ 许有壬：《河南省左右赞治堂记》，《圭塘小稿》卷八，《景印文渊阁四库全书》1211册，第635页下。

⑦ 危素：《欧阳玄行状》，《欧阳玄集·附录》，第334页。

⑧ 《（嘉靖）真定府志》，第112页下。

至正四年才为县尹，从八品。稍前若为行省参政，官品从二，很不合理，应是董守成任河南都事以后升为行省参政。

（三）董士恭子

董士恭两子：守让、守训。

1. 董守让

董守让，董士恭长子。《（至正）金陵新志》载其后至元六年（1340）任江南行御史台监察御史，散官为从五品奉直大夫[①]，至正元年（1341）改任南台都事[②]。约撰于至正十年（1350）的《董士恭神道碑》载："长守让，太中大夫、东昌路总管兼本路诸军奥鲁总管、管内劝农事。"则可知他至正十年已任东昌路总管，升为从三品散官。《（嘉靖）藁城县志》载董守让官职即为"东昌总管"[③]，说明董守让官终此职。

2. 董守训

董守训，董士恭次子。《董士恭神道碑》载："次守训，□□大夫、中书工部司程。"则此时董守训至正十年时尚为工部司程，职官虽为从七[④]，散官则为从五以上。已知最早所任为中朝的下级官吏，并且为董文忠孙男，可知守训应出身宿卫。

《元史·宰相年表》载其于至正二十七年（1367）十月由岭北行省参议升为中书省参知政事[⑤]。《（嘉靖）藁城县志》则载其官职为"中书左丞"。可知，董守训之后的升迁是非常快的。董守训也是元后期除董守简外进入中书宰执队伍的又一位董氏成员，也是整个家族的最后一位。但已时值元末，没有太多施展空间。

五 第四代其他成员

《（嘉靖）真定府志》载："董守游，守恪弟，泰定初为衡州府判官。"[⑥] 董守游若为守恪胞弟，则为董士珍子。但董士珍七子中并无"守游"一人，因此应为

---

① 《（至正）金陵新志》卷六下，《宋元方志丛刊》，第 5608 页。

② 《（至正）金陵新志》卷六下，《宋元方志丛刊》，第 5598 页。

③ 《（嘉靖）藁城县志》卷六，第 147 页。

④ 《元史》卷一六《世祖纪十三》："增置户部司计、工部司程，正七品。"第 347 页。

⑤ 《元史》卷一一三《宰相年表二》，第 2863 页。

⑥ 《（嘉靖）真定府志》卷五，第 112 页下。

从弟，但其系支不明。《（天启）衢州府志》载有“董守游”，于顺帝元统二年（1334）任衢州推官[1]，《（嘉靖）藁城县志》所载相同[2]，可知董守游官终此职。

① 林应翔等修，叶秉敬等纂《（天启）衢州府志》卷二，《中国方志丛书》影印明天启二年（1622）刊本，第350页。

② 《（嘉靖）藁城县志》卷六，第146页。

《中国与域外》第四辑（2021.04）第201~207页

鄂尔浑—叶尼塞碑铭语法研究述略*

崔　焱**

摘　要： 本文介绍了鄂尔浑—叶尼塞碑铭文献的发现和研究，进而谈到了文献学前沿理论和文献学方法论的运用，最后重点对鄂尔浑—叶尼塞碑铭的语法研究情况特别是其中的动词方面做了综述。

关键词： 鄂尔浑　叶尼塞　碑铭　文献学方法论　语法研究

鄂尔浑—叶尼塞碑铭是指保留在从鄂尔浑河到多瑙河、从雅库特到沙漠地带及叶尼塞河上游辽阔区域内用鲁尼文刻写的众多铭文。在更西的地区，自阿尔泰山以至额尔齐斯河，即新疆东北部一带至今哈萨克斯坦，乃至吉尔吉斯斯坦全境（尤其是西突厥汗国首府怛逻斯），也发现了少量可以解读的鲁尼文石刻。其内容多为历史传记或历史事件，也有部分墓志铭性质的叙事散文或韵文。极少一部分为宗教文献、法律军事文书和日用品标识。铭文作者多为达官贵人或其至亲、下属，日用品标识的作者多为器皿主人或匠师。

鄂尔浑—叶尼塞碑铭从首次被发现到被释读、刊布、发展等先后过程，整个碑铭的研究大致可以划分为四个主要阶段①：第一阶段为碑铭的发现阶段，17世纪荷兰人魏津（N. Widzen）在其著作《北部和东部鞑靼里亚》（*Noord and Ost Tartarye*, *Amsterdam*）里首次提到西伯利亚存在这种文字的碑石，之后，如旦泽人梅色尔施

---

* 本文是辽宁省社会科学规划基金一般项目“类型学视域下的鄂尔浑—叶尼塞碑铭语言研究”（项目批准号：L20BYY007）的阶段性成果、国家社会科学基金重点项目“古代突厥文文献集解”（项目批准号：16AZD046）的阶段性成果。

** 崔焱，大连大学文学院。

① 关于此，耿世民先生将其主要分为三个阶段，具体可见耿世民《新疆历史与文化概论》，中央民族大学出版社，2006，第88~95页。

米特（D. G. Messerschmidt），瑞典人斯特拉林别尔格（F. J. Straleberg）[①]，帕拉斯（P. S. Pallas）[②]、斯帕斯基（G. Spasskiy）[③]、A. B. 阿德里安诺夫[④]、萨文科夫[⑤]等学者先后撰写了探索和尝试性的文章或专著，不久，雅氏在蒙古国鄂尔浑地带发现了轰动当时学术界的毗阙二碑，这也是碑铭的发现和探索阶段。第二阶段应为1893年12月15日汤氏成功向世人公布自己成功解读鄂尔浑—叶尼塞碑铭文字的划时代的时刻，这一阶段可以说是碑铭释读和资料的积累阶段。第三阶段便是蒙古和捷克联合考古期间所发现的重要考古成果[⑥]，为世界其他国家的突厥学发展提供了大量的材料，此为发展阶段。第四阶段应为20世纪90年代，这一阶段土耳其和日本在这方面所取得的成就较为突出，这也是一个深入研究和继续发展的阶段[⑦]。

1893年12月15日，汤姆森在丹麦皇家科学院会议上报告他解读古代突厥文的经过，至此，关于这种文字的谜底终于被揭晓，之前关于这种文字似为古代匈奴人、古代芬兰人、斯拉夫人、古代蒙古人的种种猜想便不攻自破。

此后，一系列鄂尔浑—叶尼塞碑铭、文献相继被发现。按政权、部族大致可分为以下七类[⑧]：

1. 突厥汗国时期的碑铭文献：《雀林碑》《阙特勤碑》《毗伽可汗碑》《暾欲谷碑》《翁金碑》《阙利啜碑》；

2. 黠戛斯碑铭文献：《苏吉碑》；

3. 骨利干族的碑铭文献：指发现于勒拿河、贝加尔湖一带的少量铭文；

---

① 该氏曾在1730年出版了《欧洲和亚洲的北部和东部》（*Das nord-und oestlichen Theil von Europa und Asia. Stockholm*，1730）一书。

② 该氏发表了《论西伯利亚发现的一种不知名碑铭》（von einer in Siberiengefundenenunbekan-ntenSteinschriften）。

③ 该氏曾在《西伯利亚通讯》（*SibirskiyVestnik*）杂志上发表了一篇长文，题为《西伯利亚古物札记》（*Zapiski o SibirskikhDrevnostyakh*），此文之后被译成拉丁文曾引起西欧学者的关注。

④ 可参看该氏《阿尔泰山和萨彦岭山后的旅行》（《俄国地理学会西西伯利亚论丛》，第8卷，第2分册，奥姆斯克，1888）。

⑤ 可参见该氏《关于叶尼塞中游考古学调查资料》（《俄国地理学会东西伯利亚论丛》，第18卷，第3、4期，1886）。

⑥ 关于具体的一些考古发现和学者的研究成果可参考耿世民《新疆历史与文化概论》，中央民族大学出版社，2006，第92～93页。

⑦ 土耳其专门成立了土耳其国际合作部（TIKA/TICA），这一阶段主要对二、三阶段发现的碑铭进行汇总、深入研究。据学者介绍，目前世界突厥学家正在筹划出版《古代突厥文献汇集》，该书收集了瓦斯列夫曾出版过的《叶尼塞流域的突厥——鲁尼文集成》（*Korpus Tyurkskix Runiceskix Pamyatnikov Basseyna Yeniseya*，1983）一书（该书收集了109个叶尼塞文献）。

⑧ 耿世民：《古代突厥碑铭研究》，中央民族大学出版社，2005，第37页。

4. 西突厥汗国的碑铭文献：《塔拉斯碑》（部分应属西突厥）；

5. 漠北回纥汗国的碑铭文献：《磨延啜碑》《塔里亚特碑》《九姓回鹘可汗碑》《塞富莱碑》《铁兹碑》；

6. 高昌回鹘汗国（包括甘州回鹘王国）文献：《赛维列碑》；

7. 彼切尼克族铭文：指发现于欧洲东部，刻于日常器皿上的铭文。

以上文献中，以突厥汗国、西突厥汗国和回纥汗国碑铭最为重要，研究成果也最为丰富。

一　文献学前沿理论和文献学方法论的运用

对鄂尔浑—叶尼塞碑铭的研究历史进行疏理的时候主要将文献学前沿理论和文献学方法论的历史语言学、词源学、文献学等学科的研究方法相结合。

大众所知的历史语言学就是以语言文字为主要工具，从语言文字入手，运用语言文字资料来阐释历史的学科。鄂尔浑—叶尼塞碑铭本身就是历史，碑铭是通过语言来记载当时的历史事件。因此，我们必须积累较丰富的当时的历史知识才有更好的机会研究这些碑铭。世界上最早对这些碑铭进行研究并且公开发表的研究成果都是用外文来书写的，所以多懂几种语言是非常必要的。要想认真地研究一个民族，首先必须精通其语言。可以说，语言文字是打开民族历史文化宝库的钥匙，而且伴随着研究工作的深入，语言文字将越来越发挥其重要的作用。像陈寅恪、季羡林、王森、马学良、于道泉、耿世民诸位先生都做出了榜样，他们都非常注重从语言文字入手来解释历史现象。因此，从碑铭入手研究古代突厥民族历史是我们应当坚持的传统，也是必要的选择。

词源学以语言中的词汇为研究对象，是语言学的重要分科。从 20 世纪 60 年代起，语言学界才日益重视研究语义，认为语义理论是语言学理论的重要基础，词和熟语的研究也相应得到重视，词源学随之兴盛起来。但是，由于起步较晚，比起语法学和语音学来，词源学仍是语言学中的薄弱环节。受国际学术界的影响，碑铭文献语言的研究也着重于解读和词义学，而词源学一直未得到应有的重视。根据研究对象的不同，词源学可以分为一般词源学和特殊词源学。鄂尔浑—叶尼塞碑铭动词属于特殊词源学的研究范畴。特殊词源学又分为历史词源学和描写词源学。历史词源学研究词汇的起源和发展的历史，描写词源学研究某一阶段（一般指现阶段）的词汇系统的状况和特点。二者相互为用，不能截然划分开来。对词源学进行研究时应该把历史词源学和描写词源学结合起来，然而真正做到二者的有机结合是非常困难的，这就要求研究人员在语音学、历史学、文献学等多方面具有渊博的知识，这也是词汇学较少有人涉猎的原因之一。词源随着社会的进步而发展变化，同时也受到亲属语言与操该语言的人们有着密切关系的其他民族的人们所用语言的影响。这种语言的碰撞与相互影响，就形成了借词现象。历史处于东西方文化的交融之地，语言间的碰撞与相互影响表现得尤为显著，使古代突厥语在长期的发展过程中借用了许多外来词。这些借词主要来自粟特语、蒙古语、汉语、阿拉伯语和波斯语，在碑铭文献词源研究中，古代突厥碑铭研究中占有重要地位。

古典文献的特征是受多方面因素影响的。首先是基本组成单位——文字。文献是文字符号的载体，文字的发明和创造是文献产生的前提条件，没有文字就没有文献。不同的文字符号产生于不同的地域，作为一种符号体系在使用者之间发挥了重要的交际作用。正是因为文字对文献的决定作用而使其成为划分文献种类的最高标准。文献的特征还要受该文字使用群体，或者说是该语言民族的自身情况制约。鄂尔浑—叶尼塞碑铭文献都具有古典文献的基本特点。若将此碑铭置于古典文献学理论的规律之内进行分析，研究必将获得新的突破。

二 鄂尔浑—叶尼塞碑铭语法研究述略

关于鄂尔浑—叶尼塞碑铭的语法研究，Radlov 早在 1897 年就发表了《古代突厥碑铭语法概略》（*GrammatischeSkizze der alttükischenInschriften*）、《古代突厥语研究》（1909～1912）。早期学者们着力于文献的翻译和刊布，如 Vambery 的《突厥民族》（1885）、W. Bang 的《蒙古的兰突厥铭文》（1896）等，而综合语法研究退居其次。针对古代突厥文献语言的综合研究，第一代古代突厥学者发表的成果只有 Thomsen（1916－18；1916，碑铭研究）以及 Brockelmann（1919；1921）的两篇对《突厥语大词典》进行语言学研究的论文。Thomsen、Müller、Le Cop、Bang 以及其他一些学者在刊布文献的同时，还对古突厥语的语音和形态偶有论述。土耳其学者奥尔昆（N. Orkun）于 1936～1941 年出版了四卷《古代突厥碑铭》（*Eski Turk Yazitlari*）；日本学者小野川秀美于 1943 年发表了《突厥碑文译注》（载《满蒙史论丛》第四辑）；德国学者冯加班（A. von Gabain）于 1941 年出版了著名的《古代突厥语法》（*Alttuerkische Grammatik*），迄今为止，仍然是古突厥语的标准语法，1950 年和 1974 年两次再版，稍有补充和修订。后有阔诺诺夫（A. N. Kononov）的《7～9 世纪突厥如尼文献语言语法》（Grammatikajazykatjurskixrunicheskixpamjatnikov Ⅶ - Ⅸ vv. 1980），纳西诺夫（V. M. Nasilov）的《鄂尔浑—叶尼塞文献语言》（Jazykorkhono-jenisejskixpamjatnikov, 1961）、《古代维吾尔语》（Drevne-ujgurskijjazyk，1963）等。此外，尚有 Gabain、普里察克（O. Pritsak）等人关于古代突厥语的专文发表在《突厥语文学》（Philologiae Turcicae Fundamenta）第一卷（1959，Wiesbaden）和荷兰莱登（Leiden）Brill 出版社出版的《东方学手册》（Hand-buchder Orientalistik，1963，Leiden）中。还有 Acevat Emre 撰写的《突厥方言的比较语法》（Türk Lehcelerinin Mukayaseli Grameri，Fonetik，Istambul，1949）。另外还有芬兰学者兰司铁[①]、美国学者鲍培[②]、波兰学者 W. 科特维奇[③]、苏联学者 H. A. 巴斯卡科夫等[④]。

此时，俄罗斯也出现了对现有语料的概略描写，包括谢尔巴克（A. M. Ščerbak）1961 年的《古突厥语与中古突厥语混同研究》和《新疆出土 10～13 世纪文献语言语法概要》（Grammati-cheskijocherkjazykatjurkskixtekstov Ⅹ - ⅩⅢ vv. iz Vostochnogo Turkestana，1961），还有 V. M. Nasilov 1961 年关于鲁尼文碑铭的研究。之后有 Ajdarov 对《阙特勤碑》语言的分析，Kondrat'ev 对全部古突厥语语料的研究。土耳其突厥学家塔拉特·特勤（*Talat Tekin*）于 1968 年在美国出版了《鄂尔浑突厥语法》（*A Grammar of Orkhon Turkic*），书后附有五个主要突厥文碑文的新译文和拉丁字母转写，特勤的著作以结构主义的视角，对规模不大的鄂尔浑碑铭进行了穷尽式的研究。

西方在这一时期进行的学术讨论主要围绕元音进行，Németh、Mansuroğlu 和 K. Thomsen 都对突厥语/e/的来源和属性进行了研究。另外，关于古突厥语是否存在长元音的问题，Tuna、Tekin 和一些通论性著作对这个问题都有所讨论。关于非首音节元音性质的问题，可参阅 Clauson、K. Thomsen 和 Erdal 的著作。Clauson 还讨论了其他一些语言现象，如词的结构、构词等。

古代突厥文文字系统及其语音系统的关系方面，有两份论文，Kormušin 和 Hovdhaugen 分别于 1975 年和 1979 年发表的。Röhrborn、Laut、Maue、庄垣内正弘和森安孝夫等学者在近 20 年对古突厥语的梵语借词进行了对音研究，据此可以判断这些借词的词源是汉语、吐火罗语还是粟特语，进而可知佛教典籍译文的母本、

① 兰司铁：《阿尔泰语言学导论》，周建奇译，内蒙古教育出版社，2004。
② 鲍培：《阿尔泰语比较语法》，波普、周建奇译，内蒙古教育出版社，2004。
③ W. 科特维奇：《阿尔泰语诸语言研究》，哈斯译，内蒙古教育出版社，2004。
④ H. A. 巴斯卡科夫：《阿尔泰语系语言及其研究》，陈伟、周建奇译，内蒙古教育出版社，2004。

文化接触的流向以及译者和抄者对梵语的掌握程度。

关于动词的形态变化，T. Tekin 研究了鄂尔浑碑铭的突厥语动词，Erdal 对突厥语碑铭和回鹘语的副动词以及简单和派生动词泛时后缀中的元音分布进行了描写；Šervašidze 讨论了鄂尔浑碑铭中的分析动词形式，Tekin 分析了其中两种结构，Šervašidze、Telicin 和 Johanson 都有关于鄂尔浑—叶尼塞碑铭副动词的研究成果。

句法学在鄂尔浑—叶尼塞碑铭研究中是一个相对较新的领域。最早发表的有关具体句法问题的论文有 S. Tekin 于 1995 年发表的关于旁格从句的、Poppe 于 1996 年发表的关于名词短语和复合名词的，Adama 和 Röhrborn 也发表过研究名词短语和复合名词的文章。

Marcel Erdal 用英文撰写的新书《古代突厥语法》（*A Grammar of Old Turkic*）作为荷兰 Brill 出版社《东方学研究手册》（*Handbook of Oriental Studies*）丛书之一于 2004 年在莱顿（Leiden）出版（2017 年 3 月由刘钊翻译，民族出版社出版）。此书不失为一本较详尽论述古代突厥语法的专著，书中不仅吸收了前人的研究成果，而且在许多问题上提出了自己的新观点。

直到 20 世纪 70 年代，我国对鄂尔浑—叶尼塞碑铭的研究才开始起步，而且仅限于对西方研究成果的翻译和考证。1977 年，我国著名突厥学家耿世民教授首先直接将突厥文碑铭原文译成汉语，汇编成《古代突厥文献选读》。此后出版的阿不都克尤木等编著的《古代维吾尔文献选》（1984）中，也收入著者对若干鄂尔浑—叶尼塞碑铭的翻译和注释。

尽管我国语言工作者起步较晚，但亦取得不俗的成绩。其中有李森的《突厥语言研究文集》，耿世民、魏萃一撰写的《古代突厥语语法》《古代突厥文碑铭研究》，张铁山撰写的《突厥语族文献学》，李增祥编写的《突厥语言学基础》《突厥语概论》，程适良的《突厥比较语言学》，陈宗振的《中国突厥语族语言词汇集》，阿不都热西提·亚库甫的《鄂尔浑—叶尼塞碑铭语言研究》，洪勇明的《回纥汗国古突厥文碑铭语言和历史研究》，芮传明的《古突厥碑铭研究》，等等。

国内对鄂尔浑—叶尼塞碑铭语法研究的论文有：耿世民的《古代突厥文碑铭述略》（《考古学参考资料》1980 年第 3、4 期）、《古代突厥文主要碑铭及其解读研究情况》（《图书评介》1980 年第 4 期）、《若干古代突厥词的考释》（《民族语文》2002 年第 4 期）、《古代突厥文碑铭的发现和解读：纪念汤木森解读古代突厥文一百一十年》（《西北民族研究》2004 年第 3 期），邓浩的《论原始突厥语的结构类型》(《新疆师范大学学报》(哲学社会科学版)1988 年第 2 期),牛汝极的《元代景教碑铭和文献及叙利亚文突厥语的语音系统》(《民族语文》2005 年第 2 期),柳元丰的《7～11 世纪突厥文献语言名词格位对比研究》(《喀什师范学院学报》2009 年第 2 期),杨波的《古代突厥碑铭文中的数字“七”现象及其原型解析——以东突厥碑铭为例》(《喀什师范学院学报》2015 年第 4 期),李刚的《浅谈突厥碑铭中“tiyin”一词——兼论现代突厥语之“dap”一词》(《吐鲁番学研究》2015 年第 2 期)、《试析古代突厥碑铭分词符省略现象》(《语言与翻译》2016 年第 2 期),加依娜古丽·巴合提别克的《浅谈 9～13 世纪回鹘—喀喇汗古文献语言中的重叠词》(《新疆大学学报》[哲学社会·自然科学(哈文版)] 2017 年第 1 期)。

在历史上突厥族属于游牧民族,长期过着“居无恒所、逐水草流移”的生活,其部落混杂,先后与匈奴、柔然、回鹘、蒙古等部落有接触,宗教、历史、文化、语言等彼此渗透、相互影响,甚至还有相互同化现象等,所以我们在研究和考证突厥文字起源时就不能单纯地从语言学的角度考虑,还应该考虑以下因素:①充分利用突厥文和非突厥文文献的资料和研究成果;②民族的地域性所导致语言的差异性;③氏族部落之间和其外部部落的接触所致的借词的大量涌入;④世界上语言文字符号间的内在联系以及语音的对应;⑤语言文字与民族、部落受到经济、政治、宗教等因素的影响;⑥文字传播的方式和渠道。语言和文字都是社会现象,因此它的发展总要受到其社会历史发展的影响和制约。研究文字的起源、发展和演变的原因必须首先考察当时当地的社会状况。文字本身的内在特点对文字发展的作用是十分重要的,语言对文字的影响和文字对语言的影响都是不可忽视的,宏观把握、微观考究是我们研究文字的科学态度。

《中国与域外》第四辑（2021.04）第208～235页

论《高丽史》版本源流、编纂体例及其史料价值[*]

魏志江　陈　卓[**]

摘　要：《高丽史》是迄今为止较为全面系统记载10～14世纪高丽王朝政治、军事、外交和经济、社会、文化的纪传体史书，其历经五次修纂，先后刊印甲寅字本、乙亥字本、木刻本以及手抄本，但存世不多，流传不广。现存最早的《高丽史》版本，为韩国首尔大学奎章阁收藏的乙亥字铜铸字本，然已残缺不全。其所藏太白山史库本等和韩国东亚大学收藏的《高丽史》，则是以乙亥字本为蓝本雕版印刷的木板本，并非活字本，但为现存较早的全本和善本。英国剑桥大学收藏的《高丽史》是流布海外抄本中唯一的全本。《高丽史》不仅对掌握和研究朝鲜半岛历史具有重大的历史文化价值，而且对于增补、考证中国历代正史和日本史以及全面揭示和正确认识高丽时代的中韩、日韩关系以及东亚区域史，亦具有重大的史料价值。

关键词：《高丽史》　版本源流　编纂体例　史料价值

《高丽史》，旧题郑麟趾撰，为朝鲜王朝官纂纪传体史书，总计139卷，含目录2卷。其仿中国正史体例，以纪传体记述了高丽王朝一代的治乱兴衰和典章文物，体例严谨，繁简适宜，其中《高丽史》所保存的中韩之间交涉的表笺、奏章等大量珍贵史料，可以弥补中国所编纂的《宋史》《辽史》《金史》《元史》等正史的不足，另外，《高丽史》所载高丽与宋辽金元明初以及日本关系的史料，对于探讨10～14世纪中韩、日韩关系以及东亚区域史具有重要的史料价值。因而，《高

* 本文为国家哲学社会科学一般基金项目“《高丽史》点校、考释与研究”（14BSS0115）的阶段性研究成果。

** 魏志江，中山大学国际关系学院；陈卓，西安外国语大学国际舆情与国际传播研究院。

丽史》历来被誉为高丽之“良史”。迄今为止，国内外学界对《高丽史》的编撰过程和《高丽史》世家、志和列传部分进行了一系列研究，其代表性学者主要是中国学者杨军、王小盾和韩国学者李基白、边太燮、金庠基、朴龙云、金光哲、韩永愚等，其于《高丽史》之编纂以及《高丽史》体例等进行研究，取得了一定的成果。[①] 但见仁见智，尤其是《高丽史》乙亥字本之刊印，仍然众说纷纭。此外，国内杨渭生和魏志江等学者较早利用《高丽史》的史料，对宋辽金元史时代的中韩关系史进行了较为系统的考证与研究。[②] 日本学术界则主要是20世纪二三十年代由所谓满洲铁道株式会社组织一批“满鲜史”研究的学者，主要是白鸟库吉、稻叶岩吉、池内宏、箭内亘、津田左右吉、松井等致力于辽金元与高丽关系史之研究，其研究成果多载于20世纪初期《满鲜地理历史研究报告》[③] 系列丛书。二战后主要是中村荣孝、旗田巍、三上次男、武田幸男等学者致力于高丽史或高丽时代东亚国际关系史之研究，成果较为丰硕。但是，上述学者对《高丽史》的版本、体例结构及其史料价值却少有专文论析。因此，笔者在前人研究的基础上，特撰此文对《高丽史》的编纂和版本源流、体例结构以及史料价值等加以论析，以收抛砖引玉之效，冀中外学术界进一步关注和加强对《高丽史》的研究。不当之处，敬请教正！

一 关于《高丽史》的编纂经过与版本源流

（一）《高丽史》的编纂经过

《高丽史》的编纂，前后经历朝鲜王朝太祖、定宗、太宗、世宗、文宗等五

① 关于《高丽史》编纂经过的研究，其代表性论著主要为杨军《朝鲜王朝前期的古史编纂》，社会科学文献出版社，2013；王小盾《从〈高丽史〉的编印看鲜初史学》，载张伯伟编《风起云扬：首届南京大学域外汉籍研究国际学术研讨会论文集》，中华书局，2009；申奭镐《高丽史编纂始末》，载《黄义敦先生古稀纪念史学论丛》，东国大学史学会，1960。关于《高丽史》的研究，代表性论著为边太燮《高丽史的研究》，三英社，1982；李基白《〈高丽史〉解题》，载东方学研究所刊《高丽史》序，1972；金庠基《新编高丽时代史》，东国文化社，1967；金谓显《〈高丽史〉中的中韩关系史料汇编》，食货出版社，1983；朴龙云《高丽时代史》，一志社，1996；金光哲《〈高丽史〉版本及其刊行时期》，东亚大学《石堂论丛》59辑，2012；韩永愚《朝鲜前期史学史研究》，《朝国文化研究丛书》第22种，首尔大学出版部，1981。

② 杨渭生：《宋丽关系史研究》，杭州大学出版社，1997；氏著《十至十四世纪中韩关系史料汇编》，学苑出版社，2002；魏志江：《辽金与高丽关系考》，2000；氏著《中韩关系史研究》，中山大学出版社，2006。

③ 《满鲜地理历史研究报告》（1～14册），东京帝国大学文学部。

朝，于文宗元年（1451）八月最终完成。太祖元年（1392）十月命右侍中赵浚，门下侍郎、赞成事郑道传，艺文馆学士郑摠、朴宜中，兵曹典书尹绍宗等修撰前朝史。[①] 太祖四年（1395）七月，判三司事郑道传、政堂文学郑摠等撰前朝史自太祖至恭让王三十七卷以进，即为《高丽国史》。但此书未能流传下来，仅能根据郑摠的《高丽国史》序文[②]、郑麟趾等《进高丽国史笺》及《朝鲜太祖实录》中对郑道传、郑摠二人褒奖记录等论证太祖编撰该书的目的，主要是为了彰显朝鲜王朝建国的正当性，其编纂过程中使用了《高丽王朝实录》、高丽末期“史草”及闵渍的《本朝编年纲目》、李仁复和李穑《金镜录》、李齐贤《史略》等史料文献。

太祖七年（1398）八月，朝鲜王朝内部围绕世子册封爆发王子之乱，《高丽国史》的作者郑道传一党在事变中被诛杀，《高丽国史》的编纂也受到非议。朝鲜太宗十四年（1414）五月召领春秋馆事河崙，称“予观《高丽史》末纪太祖之事，颇有不实”[③]，命雠定《高丽国史》。同年八月，太宗召见河崙、监馆事南在、知馆事李叔蕃和卞季良等人称：“恭愍王以下，事多不实，宜更雠定。”[④] 命令改修《高丽史》。其原因有二：一是《高丽国史》中恭愍王之后，特别是禑王、昌王时期的记录与史实不符；二是《高丽国史》以士大夫为中心叙述，削弱了太祖李成桂在朝鲜王朝建国过程中发挥的作用。根据太宗的要求，春秋馆事河崙与知馆事韩尚敬、同知馆事卞季良将《高丽国史》以忠定王为分界，以前时期内容由三人分览改修，恭愍王之后内容则由三人共同审阅重新修纂。太宗十六年（1416）冬，河崙去世，《高丽史》改修工作随之搁浅。[⑤]

朝鲜世宗即位年（1418）八月，世宗亦不满郑道传所撰《高丽国史》，认为其任意添加删减恭愍王之后记录，不符合史臣所做“史草”之处颇多，甚至直接表示“不如无也”。卞季良、郑招曰：“若绝而不传于世，则后世孰知殿下恶道传增损直笔之意乎？愿命文臣改撰。”上曰：“然。”[⑥] 故世宗元年九月，世宗在御经筵中谓尹淮曰：“近日览《高丽史》，多牴牾处，宜改修。”[⑦] 次日，即命艺文馆大提

① 《太祖实录》卷二，太祖元年十月辛酉条。
② 郑摠：《复斋集》下，《高丽国史序》。
③ 《太宗实录》卷二七，太宗十四年五月壬午条。
④ 《太宗实录》卷二八，太宗十四年八月丁未条。
⑤ 《太宗实录》卷三一，太宗十六年六月庚辰条。
⑥ 《世宗实录》卷二，世宗即位年十二月庚子条。
⑦ 《世宗实录》卷五，世宗元年九月辛酉条。

学柳观、议政府参赞卞季良等改修郑道传所撰《高丽史》。[①] 随后世宗在御经筵中数次提及《高丽史》改修方法，并询问改修进展。世宗三年（1421）一月，柳观、卞季良等完成改修本呈上。这次修改主要改正了《高丽国史》中与史臣本草不同之处以及语涉僭逾之处，特别是高丽僭称“制”或“敕”以及“太子”等称谓问题。[②]

然而，世宗并不满意柳观、卞季良所改修的《高丽史》，认为“此书无纲目之分而不直书，则后世何自而见其实乎”?[③] 遂于世宗五年（1423）十二月，命知馆事柳观、同知馆事尹淮再次改修《高丽史》。同知馆事尹淮按照世宗“据事直书”的要求着手修改，将“元宗以上实录，比较新史，如改宗为王、节日为生日、诏为教、朕为予、赦为宥、太后曰太妃、太子曰世子之类”[④]，于世宗六年（1424）八月改修完成，此书即为《雠校高丽史》。由于参与改修的卞季良强烈反对直书，认为其违反义理，故世宗不得已，姑从卞季良之言，并未颁布此版高丽史。[⑤]《高丽史》改修也就此暂时告一段落。

世宗十三年（1431），《高丽史》改修再次重启。一月二十五日，世宗在经筵中提到“修前朝史者，改宗称王之非，明矣”！要求金宗瑞修《太宗实录》之后，改修前朝史。[⑥] 十四年（1432）八月，其又与春秋馆史官就修撰方法进行讨论，孟思诚、权轸、申樯、郑麟趾、金孝贞、偰循等提议“大抵《史记》有编年，而后有《纲目》”，世宗曰：“予意亦然，以编年撰之。宁失于烦，毋令疏略没实。”[⑦] 世宗二十年（1438）三月，史官又对《高丽史》的编撰方法进行讨论，有史官倾向于采用纪传体。许栩向世宗启曰：“臣（常）〔尝〕为编修官，窃见本馆所撰《高丽史》体例，恐有未安”，并提议“乞依班、马，更作纪传表志，以为本史，仍将尹淮所撰，以为史略，则庶合古人作史体例”[⑧]。同年七月，关于禑、昌称谓，春秋馆启曰：“依魏帝曹丕、晋帝奕例，称废王禑、废王昌。至叙在位时事，则依苍梧王例，因当时臣民所称史氏所书，或称王或称上。”[⑨] 世宗同意了春

① 《世宗实录》卷五，世宗元年九月壬戌条。
② 《世宗实录》卷一一，世宗三年一月癸巳条。
③ 《世宗实录》卷二二，世宗五年十二月戊寅条。
④ 《世宗实录》卷二五，世宗六年八月癸丑条。
⑤ 《世宗实录》卷三〇，世宗七年十二月壬寅条。
⑥ 《世宗实录》卷五一，世宗十三年一月庚寅条。
⑦ 《世宗实录》卷五七，世宗十四年八月丙申条。
⑧ 《世宗实录》卷八〇，世宗二十年三月乙巳条。
⑨ 《世宗实录》卷八〇，世宗二十年七月庚寅条。

秋馆的建议。

世宗二十四年（1442）八月，监春秋馆事申概、知春秋馆事权踶等完成《高丽史》改修，此版《高丽史》即为《高丽史全文》，又称《权草》《红衣草》等。[①]世宗仍不满意，指出此版本中存在史实遗漏，且对朝鲜王朝始祖“行事之迹”记载不够，决定推迟颁布。二十八年（1446）十月，世宗谓集贤殿直提学李季甸、应教鱼孝瞻曰：“《高丽史》初撰甚略，后更添入，然多有遗漏之事。辽赐高丽世子冕服之事，尚不书之，可知其余矣。今可更校。且桓祖以万户赴朔方，台谏请止之事，因《龙飞诗》添入；太祖升天府接战之状，虽有谚传，不载于史。以此观之，必有遗漏。尔等与诸史官详考史草，上自度祖、桓祖至于太祖行事之迹，搜索以启。”[②]

根据后来的《成宗实录》记载，世宗三十年（1448）曾下令铸字所刊印《高丽史》，但随即叫停了颁赐。[③] 根据世宗三十一年（1449）二月，传旨吏曹，指责权踶在改修《高丽史》的过程中“任情减削，或听人请嘱，或自己干系紧关节目，皆没其实。安止与踶同心赞成，泛滥莫甚。其追夺踶告身及谥，亦夺止告身，永不钗用。郎厅南秀文专掌史事，阿附堂上，其罪亦同，并追夺告身”一文，可知此版《高丽史》未能颁赐的原因仍在于“修史不公”[④]。

世宗三十一年元月一日，传旨春秋馆曰：“前撰《高丽史》，失于疏略，令更撰之。辽赐世子冕服之事，又逸焉。今复雠校，虽一字一事脱漏而可改者，立皆付标以启。”[⑤] 一月二十八日，又召集贤殿副提学郑昌孙，商议改撰《高丽史》，并传旨春秋馆曰：“《高丽史》，颇失疏略，今更考阅，备悉添入。”[⑥] 遂命右赞成金宗瑞、吏曹判书郑麟趾、户曹参判李先齐及昌孙监掌之。在这个过程中，修史方法及禑王、昌王记录问题，再次成为重点讨论的问题。世宗三十一年二月五日，春秋馆议改撰《高丽史》，议论不一。史官辛硕祖、崔恒、朴彭年、李石亨、金礼蒙、河纬地、梁诚之、柳诚源、李孝长、李文炯议曰：“作史之体，必有纪传表志，备载事迹，各有条贯，迁、固以来，皆袭此体，无有改者。若编年之法则檃括本史，以便观览耳。今不作本史，乃于编年，欲令备载，铺钗甚难，至别有世系地理，赘莫

① 《世宗实录》卷九七，世宗二十四年八月庚子条。
② 《世宗实录》卷一一四，世宗二十八年十月乙巳条。
③ 《成宗实录》卷一三八，成宗十三年二月条。
④ 《世宗实录》卷一二三，世宗三十一年二月壬子条。
⑤ 《世宗实录》卷一二三，世宗三十一年一月乙酉条。
⑥ 《世宗实录》卷一二三，世宗三十一年一月己酉条。

甚焉。且凡例内，如朝会、祭祀、街衢经行、春秋藏经道场、生辰受贺、王子诞生、赐教礼物、人日颁禄、燕享中国使臣之类，皆以常事，略而不书，只书初见。若有本史而作编年则可也，今无本史而略之如此，殊失史体。乞依历代史家旧例，作纪传表志，无遗备书，然后就令已撰编年，更加删润，别为一书，与本史立传，庶合古人修史之体矣。或以为高丽事迹，本多疏缺，欲为纪传表志，难以就绪，然前史列传，有一人之事，只书数行，亦有当立传而史失行事，不得立传者。事迹不备者，虽阙之，亦未为害，苟制作得体，事之难易迟速，不必复论。”即主张以纪传体改撰《高丽史》。而鱼孝瞻、金系熙、李勿敏、金命中等人则主张以编年体改撰《高丽史》，议曰：“作史之体，必立纪传表志，固是常例，但恐功不易就，非数年之内所可必成。又体例阙略，不似古人之作，虽或成之，反不堪观也。以宋朝之事观之，本史之外，有全文，又有续编。乞依《宋史》全文之例，今撰《高丽史》，更加校正，仍旧颁行。其记传表志之作，如不得已，姑（得）〔待〕后日。”知馆事金宗瑞、郑麟趾将这两套意见启奏世宗，世宗赞同鱼孝瞻等议，同意继续以编年体改撰《高丽史》。而后金宗瑞、郑麟趾入见东宫曰：“欲于编年，备记时事，例多不通，愿从硕祖等议。”① 东宫入启，世宗又命以记传表志改撰。四月六日，春秋馆启奏世宗曰：“乞于今修《高丽史》，禑、昌父子，悉依《汉书》王莽例，以正名分，以徵乱贼，以严万世之法。”即借鉴《汉书》中将王莽编入列传的方法，处理禑王、昌王的记载问题，世宗从之。②

在《高丽史》的数次改修过程中，此次“更撰”意义不在简单的“雠校”，而在于改撰，即将原本按照编年体方法编撰的《高丽史》按照纪传体方法重修编撰，并将禑王、昌王等列入“列传”进行记载。文宗元年八月二十五日，知春秋馆事金宗瑞等进新撰《高丽史》。新撰《高丽史》分为世家46卷、志39卷、年表2卷、列传50卷、目录2卷，共139卷，较编年体《高丽史全文》的37卷，卷数几乎增加了3倍。文宗曰：“春秋馆撰史非一、二度，未有如卿等之速成也。如此大典，曾未数岁，善撰以进，予甚嘉之。”遂命馈之。但仍谓金宗瑞等曰：“春秋馆事，已毕乎？”金宗瑞等启曰：“此全史也。当节其烦文，编年纪事，庶可便于观览耳。”文宗曰：“然。其速纂修。”③ 文宗二年二月二十日，春秋馆编撰完成编

① 《世宗实录》卷一二三，世宗三十一年二月丙辰条。

② 《世宗实录》卷一二四，世宗三十一年四月乙卯条。

③ 《文宗实录》卷九，文宗元年八月庚寅条。

年体《高丽史节要》。[①]

如上所述，《高丽史》编撰从开始到完成大体过程如下：太祖四年（1395），郑道传、郑揔编撰《高丽国史》后，太宗十四年（1414），河崙、南在、李书藩、卞季良等对此书进行了改修。世宗即位后，数次改修高丽史：柳观、卞季良于世宗即位年至世宗三年（1421），柳观、尹淮于世宗五年至六年改修《高丽国史》为《雠校高丽史》，权踶、安止、南秀文等则从世宗十三年开始，在《雠校高丽史》基础上继续改修，于世宗二十四年修成《高丽史全文》，此后几经改修，于世宗三十年铸字刊印，但并未颁赐。世宗三十一年，金宗瑞、郑麟趾、李先齐、郑昌孙等人改修《高丽史全文》，并于文宗元年（1451）以纪传体的方式，重新编撰完成《高丽史》，文宗二年（1452）编年体《高丽史节要》问世。

（二）《高丽史》的刊印和版本源流

由于《高丽史》初刊甲寅字本及刊记均已失传，故只能通过以下相关史料推测考证《高丽史》初刊完成时间。文宗元年（1451）二月，监春秋馆事金宗瑞进新撰《高丽史节要》启曰："他国之史，尚且求见，况我国之史乎？大臣颇有求观者，宜速印之，颁诸中外。且本史，虽未悉事迹，然舍此则他无可考之文。倘不速印，则恐至蛊损，亦宜速印藏诸史库。"上曰："史者，欲示后世，以为劝惩，不可隐讳，当印而颁之。"文宗二年（1452）六月，文宗病死，端宗即位。端宗即位年（1452）十一月，春秋馆史官启请刊印《高丽史》，端宗从之。[②] 然是年十一月是否完成《高丽史》之刊印，尚缺乏具体史料证明。不过，根据《高丽史节要》初刊本尾页末行题有"景泰四年（1453）四月日印出"[③] 判断，《高丽史节要》端宗元年（1453）四月已经刊印，故是年七月，侍读官成三问于经筵启曰："臣闻命颁《高丽史节要》，登名颁赐记者，皆已知之，昨日还收颁赐记，削其五十余人。"[④] 可见，到端宗元年七月《高丽史节要》已经进入了颁赐阶段。而比《高丽史节要》成书更早的《高丽史》，亦当于此时前后刊印，即《高丽史》最早刊印于端宗即位年（1452）十一月，春秋馆史官启请刊印《高丽史》，到端宗元年（1453）十月癸酉靖难之间，其最早刊印的版本当为以金宗瑞领衔担当总裁官的甲

---

① 《文宗实录》卷一二，文宗二年二月甲申条。

② 《端宗实录》卷四，端宗即位年十一月丙戌条。

③ 《高丽史节要》卷三五，〔韩〕首尔大学奎章阁藏甲寅字本。

④ 《端宗实录》卷七，端宗元年七月丁丑条。

寅字本《高丽史》。但是，由于甲寅字本《高丽史》只是“少印，只藏内府”[①]，故癸酉靖难后，甲寅字本《高丽史》已经难以寻觅。成宗时，以乙亥字重新刊印《高丽史》，方得以删除了金宗瑞等的题名，是为乙亥字本《高丽史》，而《高丽史节要》或由于刊布稍早，且已经颁赐群臣，修纂史官方得以保留金宗瑞的总裁领衔署名。因此，《高丽史》虽于文宗元年（明景泰二年，1451）完稿，早于《高丽史节要》成书，但尚无确凿史料证明其早于《高丽史节要》即端宗元年（1453）四月刊印，且只是“少印，只藏内府”[②]，故成宗时，以乙亥字刊印《高丽史》时，得以删除了金宗瑞等的题名。因此，可以推测《高丽史》应在端宗即位年（1452）十一月，春秋馆奏请刊印，到端宗元年（1453）十月癸酉靖难之变以前完成刊印。盖端宗元年（1453）十月，即世祖即位年，郑麟趾作为拥护首阳大君发动政变的大臣，癸酉之变后成为领议相，而以金宗瑞为首支持端宗的所谓朝臣政变后被诛杀，故《高丽史》的修纂总裁改题为郑麟趾，而《进〈高丽史〉笺》亦改为以郑麟趾署名领衔了。但是，尽管《高丽史》之刊印时间，只能推测其在端宗即位年（1452）十一月到端宗元年（1453）十月癸酉靖难以前，虽或稍晚于《高丽史节要》之刊印，然其版本应该是与《高丽史节要》一样，均为甲寅字本，而非现存的乙亥字本。

朝鲜王朝前期使用的铸字版本主要有癸未字、庚子字、甲寅字等。癸未字铸字仓促，制字未精，庚子字字体偏瘦，阅读颇为不便，故世宗十六年（1434）七月命集贤殿直提学金墩、直殿金镔、护军蒋英实、佥知司译院事李世衡、舍人郑陟、注簿李纯之等人以经筵所藏《孝顺事实》《为善阴骘》《论语》等书为字本，其所不足，命晋阳大君瑈书之，铸二十有余万字，此次铸造的铸版即为甲寅字版。甲寅字为铜铸版，字体之明正、功课之易就，比旧为倍，一日所印可至四十余纸。成宗十三年（1482）二月，南原君梁诚之上疏曰：“世宗戊辰，下铸字所印出，命臣监校。印毕，世宗闻修史不公，命停颁赐，秉笔史臣，以此得罪。”[③] 虽然世宗三十年刊印的《高丽史全文》并未颁赐，但三年后，即端宗元年（1453）以后再印《高丽史》与《高丽史节要》时，重新使用这批铸字的可能性很高，因此，亦可考证《高丽史》铸字初版本，应与《高丽史节要》初刊一样，同为甲寅字本。

---

① 《端宗实录》卷一二，端宗二年十月辛卯条。

② 《端宗实录》卷一二，端宗二年十月辛卯条。

③ 《成宗实录》卷一三八，成宗十三年二月壬子条。

然而，甲寅字本《高丽史》印刷量极少，主要收藏于内府，全国其他藏书机构有少量颁赐。端宗二年（1454）十月十三日，检详李克堪将堂上议启曰："《高丽全史》，人之是非得失，历历俱载。皇甫仁、金宗瑞惧《全史》出，则人人皆知是非，故但印《节要》颁赐，而《全史》则少印，只藏内府。吾东方万世可法可戒之书，莫如《高丽史》，请印《全史》广布。"① 癸酉之变，端宗被迫让位于其叔父首阳大君。世祖即位后，志在编撰刊印"合三国、高丽史作编年书，令旁采诸书，纂入逐年之下"② 的《东国通鉴》，故世祖并无意再次刊印《高丽史》，《世祖实录》虽有臣僚奏请进讲或颁赐《高丽史》之奏议，然并无刊印《高丽史》之明确记载。故世祖时，虽铸有乙亥字，只是用以刊印佛经、兵法等书，然《高丽史》并未得到刊布③。直到成宗时期，《高丽史》之重新刊印，才得以再次提上日程。成宗五年（1474）十一月，同知事李承召启曰："尝闻世宗欲尽印诸史，而《史记》《前汉书》则印之，其余史则未毕而罢。故《史记》《前汉书》则今士大夫之家稍有之，其他诸史，则仅藏于秘阁，而民间绝无。故学者不得览焉。请印颁《后汉书》等诸史。"成宗谓右副承旨金永坚曰："今用何铸字印书?"金永坚曰："甲寅、乙亥两年所铸字也。然印书莫善于庚午字而以瑢之所写，已毁之，命姜希

① 《端宗实录》卷一二，端宗二年十月辛卯条。

② 《睿宗实录》卷六，睿宗元年六月辛巳条。

③ 中国学界较早研究《高丽史》版本的学者，当首推王小盾先生。王小盾先生认为："现存最早的《高丽史》，是在世祖初年，即1455年，用乙亥字刊印的。"载氏著前揭书，第209页。王先生提出的主要论据是世祖元年（1455），"乙亥年，世祖改熔壬申字，命姜希颜书之，名曰乙亥字，至今用之。"（《慵斋丛话》卷七）《世祖实录》卷三二年（1456）三月丁酉条载梁诚之上疏曰："乞《武经七书》外，只讲《将鉴》《兵鉴》《兵要》《陈说》；文科则四书、五经外，只讲《左传》《史记》《通鉴》《宋元节要》《三国史记》《高丽史》……以新科举之法。"《世祖实录》卷五二年（1456）九月戊辰条载申未舟启曰："（金）富弼之祖句为台官，缘丽史未行于世，时人未知故也。"《世祖实录》卷五二年（1456）十一月庚午条载司谏院启："本院职掌谏诤兼察庶务。缘无图籍，凡诸奏事无从考阅。请赐乱臣家籍没四书、五经、《左传》、《少微通鉴》、《宋元节要》、《通鉴纲目》、《通鉴续编》、《大学衍义》、《源流至论》、《陆宣公奏议》、《礼部韵略》、《玉篇》、《高丽史》……"。故王先生由此得出结论："在1456年，亦即乙亥之次年，《高丽史》已经能够满足科场之需，是乱臣家中常备之物，其内容谓时人所知了。"综考以上引证史料，乙亥年，固然铸造了铜活字，即乙亥字，然并无以乙亥字刊印《高丽史》之记载。考《世祖实录》全文，亦无刊印《高丽史》之记载，而只有刊印《楞严经谚解》《金刚经谚解》《圆觉经》《楞严经》《御制兵将说》等佛教和兵书之记录。至于所引世祖二年之史料中提及的《高丽史》，并非以乙亥字刊印本，而是端宗时即已刊印之甲寅字本。假若如王先生所言，世祖元年（1455）刊印《高丽史》乙亥字本，世祖二年（1456）司谏院则无需奏请从籍没乱臣家搜寻《高丽史》颁赐。盖世祖无意刊行金宗瑞等编纂之纪传体《高丽史》，而是致力于对《高丽史》重新改撰，即以三国史和高丽史合并，重新以编年体修纂《东国通鉴》。故世祖初年，刊印乙亥字本《高丽史》之说值得商榷。

颜写之而铸成，乙亥字是也。”[①] 成宗遂命金永坚印颁诸史。成宗十三年（1482）二月，南原君梁诚之上疏曰：“臣窃观春秋馆，有一件《高丽史》，或称权草，或称红衣草，或称全文。世宗戊辰，下铸字所印出，命臣监校，印毕，世宗闻修史不公，命停颁赐，秉笔史臣，以此得罪。至戊寅年，世祖御思政殿，臣与权擥入侍，亲禀上旨，改正本藁，仍署擥与臣名，至今可考。右《高丽史》，实《丽史大全》也。误错之处，今则改正。伏望命春秋馆搜出本藁，下典校署印颁，幸甚。”[②] 中外学术界一般据此认为《高丽史》乙亥字本刊行于成宗十三年（1482），实为误解。盖梁诚之疏中所言《高丽史》，当为世宗三十年铸字刊印，但未颁赐的《高丽史全文》，亦即权踶等修纂之编年体《高丽史全文》，或称“权草”“红衣草”者，其为金宗瑞、郑麟趾修纂《高丽史》和《高丽史节要》之蓝本。但典校署并未接受梁诚之的建议，故“李世佐、闵师骞启曰：‘梁诚之上疏，请刊《高丽全史》红衣草，而该曹请勿令举行。臣观其书，至为详密，可刊行也。’上曰：‘其书何如？’宋轶对曰：‘诚之，臣之妻祖父也。诚之尝与臣言：世祖重其书，命权揽与诚之刊行，旋命停之。其书比今《丽史》颇详矣。’上曰：‘取其书以入’”[③]。梁诚之建议典校署颁赐的是《高丽史全文》，而非《高丽史》，并认为其比当时流布的纪传体《高丽史》更为详尽。因此，成宗十三年以前，乙亥字本《高丽史》应该已经刊印。虽然上述成宗五年（1474）十一月，李承召所言“其余史”、成宗所印颁“诸史”，是否包括《高丽史》，尚无确凿证据，但是，据《朝鲜王朝实录》记载，自成宗五年十月开始到成宗十三年闰八月，御夜对或御夕讲中出现“讲《高丽史》”的记录高达17次[④]，之后中宗九年四月到中宗十七年十月间“讲《高

① 《成宗实录》卷一四二，成宗五年十一月癸酉条。

② 《成宗实录》卷一三八，成宗十三年二月壬子条。

③ 《成宗实录》卷一三八，成宗十三年二月丁卯条。

④ 《成宗实录》卷四八，成宗五年十月戊申条；《成宗实录》卷五二，成宗六年二月丁亥条；《成宗实录》卷五七，成宗六年七月乙丑条；《成宗实录》卷六一，成宗六年十一月戊午条；《成宗实录》卷六六，成宗七年四月丙戌条；《成宗实录》卷六七，成宗七年五月甲寅条；《成宗实录》卷七七，成宗八年闰二月壬子条；《成宗实录》卷七七，成宗八年闰二月辛酉条；《成宗实录》卷一二七，成宗十二年三月丁酉条；《成宗实录》卷一三三，成宗十二年九月辛卯条；《成宗实录》卷一三四，成宗十二年十月丙辰条；《成宗实录》卷一三四，成宗十二年十月庚午条；《成宗实录》卷一三六，成宗十二年十二月壬寅条；《成宗实录》卷一三七，成宗十三年一月戊子条；《成宗实录》卷一三七，成宗十三年一月庚寅条；《成宗实录》卷一四〇，成宗十三年四月壬子条；《成宗实录》卷一五四，成宗十三年闰八月庚辰条。

丽史》”记录也高达16次[①]，由此可以推测《高丽史》乙亥字本刊印与颁赐时间，绝不应该晚于成宗五年（1474），故学界流行的所谓成宗十三年刊印乙亥字本《高丽史》之说，实际上混淆了金宗瑞、郑麟趾所撰之纪传体《高丽史》和权踶、南秀文等所撰之《高丽史全文》，亦称《高丽史》“红衣草”或“权草”的区别。

朝鲜宣祖二十五年（1592）四月十三日，壬辰倭乱爆发。次日，都城宫省火，历代宝玩及文武楼和弘文馆所藏书籍、春秋馆各朝《实录》、他库所藏前朝史草（修《高丽史》时所草）、《承政院日记》皆烧尽无遗。[②] 战乱不仅造成了书籍失散，还造成了许多铸字遗失，无法启动刊印。宣祖三十六年（1603）五月，春秋馆启曰：“校书馆见存铸字，乙亥字厥数稍优，不大不小，正合《实录》印出。而字多消融欠缺，非及补刻，则恐未易就绪。校书馆近无印书之事，绝乏黄杨木，猝备为难。”为了解决书籍印刷问题，春秋馆建议“黄海、平安、江原等道产出之处，各择大四十，随便斫取，急速上送，下谕于各道监司，何如?”宣祖传曰：“似多平安道，则虽勿为，不妨。”[③] 根据朝鲜光海君二年（1610）四月李恒福上疏：“校书馆写字印板，无异于材木之害”[④] 之言，可知刊印采用的是木板雕版，而非木铸字活字。

光海君二年（1610）闰三月，传旨校书馆：“东国书籍，全秩绝无。其中如《龙飞御天歌》、《内训》、《书传》、《诗传》谚解、《儒先录》等册，待《左传》毕印后，即为继印事。”[⑤] 在众多亟须刊印的书籍中，光海君特别强调了《高丽史》的重要性。同年十二月，光海君传曰：“《高丽史》即为下送，使之急速精印讫，与原本册立为上送事，令校书馆各别分付。”[⑥] 光海君四年（1612）六月，校印都监启曰：“姑先以《高丽史》《龙飞御天歌》《舆地胜览》等书，分刊于京外，故

---

① 《中宗实录》卷二〇，中宗九年四月壬戌条；《中宗实录》卷二〇，中宗九年五月壬午条；《中宗实录》卷二〇，中宗九年九月乙亥条；《中宗实录》卷二一，中宗九年十一月庚午条；《中宗实录》卷二一，中宗九年十一月戊子条；《中宗实录》卷二一，中宗十年一月丁卯条；《中宗实录》卷二一，中宗十年一月辛巳条；《中宗实录》卷二三，中宗十一年一月乙酉条；《中宗实录》卷二四，中宗十一年三月己酉条；《中宗实录》卷二五，中宗十一年六月壬子条；《中宗实录》卷二六，中宗十一年九月庚寅条；《中宗实录》卷四〇，中宗十五年十月壬寅条；《中宗实录》卷四四，中宗十七年二月癸未条；《中宗实录》卷四四，中宗十七年二月丙戌条；《中宗实录》卷四四，中宗十七年二月庚子条；《中宗实录》卷四六，中宗十七年十月壬午条。

② 《宣祖修订实录》卷二六，宣祖二十五年四月甲戌条。

③ 《宣祖实录》卷一三二，宣祖三十六年五月戊寅条。

④ 《光海君日记》（重抄本）卷二八，光海二年四月癸巳条。

⑤ 《光海君日记》（重抄本）卷一〇，光海二年闰三月丁卯条。

⑥ 《光海君日记》（重抄本）卷三六，光海二年十二月壬午条。

未及此书，今当更为闻见，得其完本后，印出何如？”传曰：“允。”[①] 根据首尔大学奎章阁所藏85册《高丽史》中的内赐记：“万历四十一年九月□日，内赐高丽史一件。太白山史库上”一语，可以确证木板本《高丽史》初刊本刊印时间应为光海君五年（1613）。

此后虽有大臣建议再印《高丽史》，但史料中并无再刊的记载。朝鲜王朝为何不愿广布《高丽史》？睿宗元年（1469）六月工曹判书梁诚之上疏：“《高丽史》记前朝之治乱，为后世之劝惩，不可一日而无者也，若以为有逆乱之事，则所为逆乱者，历代史皆有之，岂独前朝史而有之哉？若以为有僭称之事，则前朝太祖一统三韩，改元称宗，金人推之为皇帝，高皇使自为声教，是何嫌于僭称哉？所谓蕃国也，非畿内诸侯比也。若以为近代之事，不可流传，则今大明亦行《元史》，何计其耳目所及乎？若以为有可讳之事，则削而行之可也。非徒行之境内，使如《史略》，传之中国，传之日本，亦可也。此非为一时计也，为万世无穷计也。”[②] 由此可知，由于《高丽史》中载有前朝逆乱之事、僭称之事、近代之事，朝鲜王朝不愿广布。

《高丽史》甲寅字本，由于刊印规模有限，起初仅藏于春秋馆等少数机构，由于战乱等迄今已荡然无存。乙亥字本《高丽史》刊印后，成宗七年被纳入“经筵要切之书”[③]，礼曹等机构制定官职时，也均参考《高丽史》中的官职，[④] 英祖曾下令儒臣持入《高丽史》，读奏帝王纪赞，[⑤] 可见当时《高丽史》已在朝鲜君臣中流行开来。燕山君时期，《高丽史》由金辅传至明朝，当即为乙亥字木板复刻本。[⑥] 正祖十四年（1790），为庆贺乾隆皇帝八十寿辰，正祖特派遣专使进贺。进贺使团副使、礼曹判书徐浩修与时任礼部尚书的纪昀对席，纪曰：“贵国郑麟趾《高丽史》，极有体段，仆藏庋一部矣。”[⑦] 纪昀所言此版本是否是燕山君时期金辅所传版本，无从考证，但足以证明此时《高丽史》已流传至中国。

随着印刷技术的提高，近代曾数次刊印《高丽史》。1908年日本国会刊行会刊印活字版《高丽史》后，1948年国际新闻社以首尔大学奎章阁所藏光海君复刻木板本《高丽史》为底本，刊印了影印本《高丽史》世家部分。这两个版本刊印数

---

① 《光海君日记》（重抄本）卷五四，光海四年六月丙寅条。

② 《睿宗实录》卷六，睿宗元年五月辛巳条。

③ 《成宗实录》卷七四，成宗七年十二月辛卯条。

④ 《成宗实录》卷八二，成宗八年七月戊子条。

⑤ 《英祖实录》卷八二，英祖四十四年七月丙午条。

⑥ 《中宗实录》卷四四，中宗十七年四月壬午条。

⑦ 《燕行录》卷三，起圆明园至燕京，七月三日戊申，成均馆大学出版部，1967。

量不多，存世甚稀。除此之外，日本殖民时期，流亡至中国的独立运动家金泽荣以民族史观对《高丽史》进行改编，于民国十三年（1924）在南通翰墨林书局出版《新高丽史》一书。1945 年朝鲜半岛光复以后，韩国延世大学东方学研究所于 1955 年以延世大学所藏崔汉绮手抄本《高丽史》为底本，以首尔大学奎章阁藏本为补充本，影印了复刻木板本《高丽史》（景仁出版社，1955）。1972 年，亚细亚出版社以首尔大学奎章阁所藏《高丽史》乙亥字奎 5554 本为底本，影印出版乙亥字本《高丽史》（亚细亚文化社，1972），残缺卷数，则以木板复刻本增补之。[①] 目前，韩国国内广泛使用的为东亚大学古典研究室以韩国语翻译注释的《译注高丽史》（东亚大学出版社，1971 年版，21 世纪初期重新加以注释再版）版本，该版本为光海君五年（1613），以乙亥字本为蓝本而初刊复刻木板本的后印本，其与首尔大学奎章阁所藏太白山史库本均为现存乙亥字为蓝本木板复刻本的全本和善本。

如上所述，朝鲜王朝时期曾数次刊印《高丽史》，端宗年间刊印的《高丽史》应为《高丽史》初刊，采用甲寅字铸字，故称甲寅字本，惜已荡然无存。成宗年间刊印的《高丽史》为乙亥字本，其与甲寅字本同属于铜活字铸字本，仅首尔大学奎章阁、首尔城庵古书博物馆等机构藏有数册，亦残缺不一，暂未见原完本。光海君五年刊印的《高丽史》，实为以乙亥字本为底本，使用木板雕版刊印完成，并非木活字本，在《高丽史》诸版本中，亦为最早可以确认具体刊印年份的版本，是《高丽史》最初的木板复刻本。此外，《高丽史》还存有多套抄本，近年发现的英国剑桥大学藏本为流布海外的手抄本全本。

《高丽史》版本规格各异，即使同一版本，板框及半页匡郭等具体规格也不尽相同。由于分册方法不同，一套《高丽史》少则 40 余册，多则 100 余册。现甲寅字本已失传，仅可通过同时期书籍（如《春秋经传集解》《大学衍义》《前汉书》《国朝宝鉴》等）推测其具体规格。朝鲜王朝前期刊印的甲寅铸字本书籍行款半页均为 10 行，行 17 ~ 19 字不等。甲寅字本《高丽史节要》与甲寅字本《高丽史》刊印时间相似，二者版本规格相同的可能性最大。如图 1 所示，《高丽史节要》甲寅字本（首尔大学奎章阁藏）半页 10 行，行 19 字，注双行，字数加倍，白口，四周单边，上下内向双鱼尾，板框 24.8cm × 16.8cm，版心镌有“高丽史节要”5 字及具体卷数。

---

① 其中卷一九、二〇、二一、三一、七三、七四、七七、七八、七九、八一、八二、八三由奎章阁木板本藏本增补而成。由于亚细亚出版社选择影印底本时只选用了奎 5554 藏本，未选用奎 5553 藏本，导致卷三一、七七、七八、七九、八一、八二可以选用乙亥字本，最终还是以木板本代替。

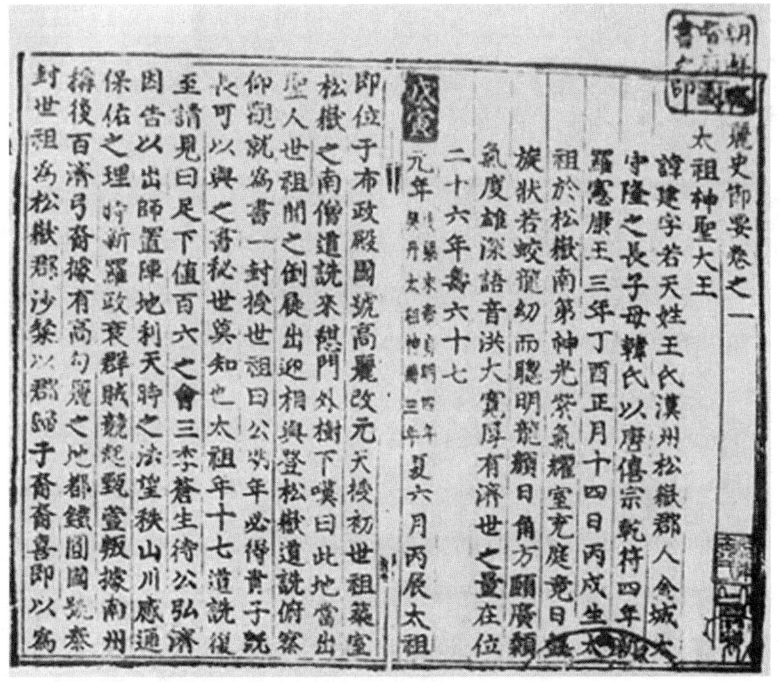

高麗史節要卷之一

太祖神聖大王

諱建字若天姓王氏漢州松嶽郡人金城太
守隆之長子母韓氏以唐僖宗乾符四年
羅憲康王三年丁酉正月十四日丙戌生太
祖於松嶽南第神光紫氣耀室充庭竟日盤
旋狀若蛟龍幼而聰明龍顔日角方頤廣顙
氣度雄深語音洪大寬厚有濟世之量在位
二十六年壽六十七

戊寅元年（梁末帝貞明四年　契丹太祖神冊三年）夏六月丙辰太祖
即位于布政殿國號高麗改元天授初世祖築室
松嶽之南僧道詵來從門外樹下嘆曰此地當出
聖人世祖聞之倒屣出迎相與登松嶽遺詵俯察
仰觀就爲書一封授世祖曰公明年必得貴子既
長可以與之書秘世莫知也太祖年十七道詵復
至請見曰足下值百六之會三季蒼生待公弘濟
因告以出師置陣地利天時之法望秩山川感通
保佑之理時新羅政衰群賊競起甄萱叛據南州
稱後百濟弓裔據有高勾麗之地都鐵圓國號泰
封世祖爲松嶽郡沙粲以郡歸于裔裔喜即以爲

图1　《高丽史节要》甲寅字本（首尔大学奎章阁藏）

《高丽史》乙亥字本与《高丽史节要》甲寅字本版本规格的明显差异在于行款与大小。如图2所示，《高丽史》乙亥字本（首尔大学奎章阁藏），半页9行，行17字，注双行，字数加倍，白口，四周单边，上下内向双鱼纹，板框14.5cm×21.6厘米，版心镌有“高丽史”三字及具体卷数。

辭禑不聽倭乘夜入窄梁焚戰艦五十餘
艘海明如晝死者千餘人萬戶孫光裕中流
矢乘舠船僅免瑩嘗戒光裕曰耀兵窄梁江
口愼勿出海是日光裕纔出窄梁大醉熟眠
賊奄至遂見敗賊又寇江華府萬戶金之瑞
府使郭彥龍遁入摩利山賊大掠虜之瑞妻
而去禑遣羅世李元桂康永朴壽年趙思敏
等擊賊于江華瑩爲都統使次昇天府以備
之賊棄江華退寇守安通津童城等縣所過

图2　《高丽史》乙亥字本（首尔大学奎章阁藏）

《高丽史》木板复刻本的行款与乙亥字本相同，均为半页 9 行 17 字，但板框略小。图 3 东亚大学博物馆藏本半页匡郭规格为 19.9cm×14.3cm，图 4 首尔大学奎章阁收藏太白山史库藏本半页匡郭规格为 20.1cm×14.3cm。

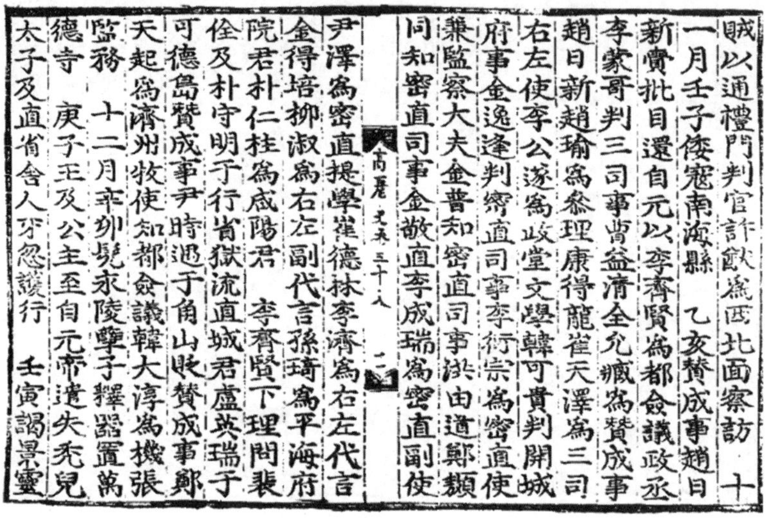
賊以通禮門判官許猷爲西北面察訪 十
一月壬子倭寇南海縣 乙亥贊成事趙日
新賚批目還自元以李齊賢爲都僉議政丞
李蒙哥判三司事曹益清全允臧爲贊成事
趙日新趙瑜爲參理康得龍崔天澤爲三司
右左使李公遂爲政堂文學韓可貴判開城
府事金逸逢判密直司事李衍宗爲密直使
兼監察大夫金普知密直司事洪由道鄭顯
同知密直司事金敬直李成瑞爲密直副使
高麗史卷三十八 二
尹澤爲密直提學崔德林李濟爲右左代言
金得培柳淑爲右左副代言孫琦爲平海府
院君朴仁柱爲咸陽君 李齊賢下理問裴
佺及朴守明于行省獄流直城君盧英瑞于
可德島贊成事尹時遇于角山戍贊成事鄭
天起爲濟州牧使知都僉議韓大淳爲機張
監務 十二月辛卯覓求陵孽子釋器置萬
德寺 庚子王及公主至自元帝遣失禿兒
太子及直省舍人牙忽護行 壬寅謁景靈

图 3 《高丽史》木板本（东亚大学博物馆藏）

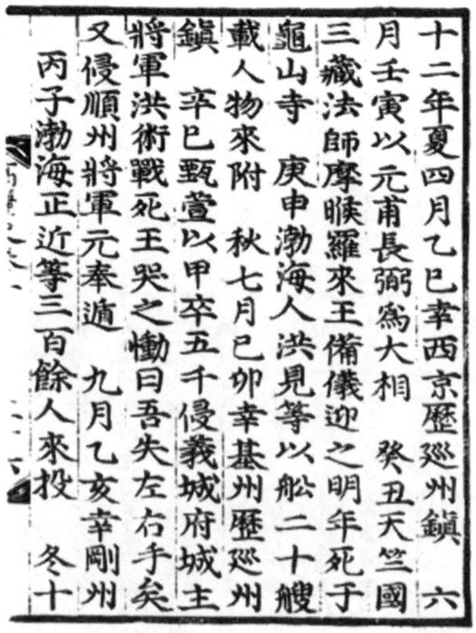
十二年夏四月乙巳幸西京歷巡州鎮 六
月壬寅以元甫長弼爲大相 癸丑天竺國
三藏法師摩睺羅來王備儀迎之明年死于
龜山寺 庚申渤海人洪見等以船二十艘
載人物來附 秋七月己卯幸基州歷巡州
鎮 辛巳甄萱以甲卒五千侵義城府城主
將軍洪術戰死王哭之慟曰吾失左右手矣
又侵順州將軍元奉逋 九月乙亥幸剛州
丙子渤海正近等三百餘人來投 冬十

图 4 《高丽史》木板本（首尔大学奎章阁藏太白山史库藏本）

《高丽史》抄本版本规格不一，图 5 剑桥大学藏本行款为半页 8 行，行 20 字，四周单边，字行之间以朱丝栏为界，下向单鱼尾纹。图 6 首尔大学藏抄本，行款为 9 行 17 字，无板框，无界行，版心写有“高丽史”三字及具体卷数。

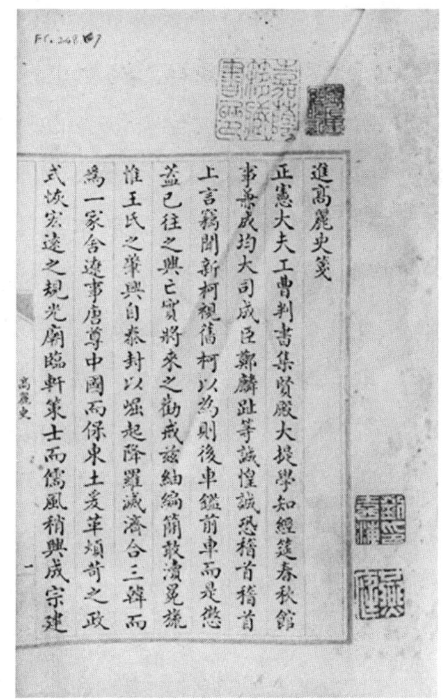
進高麗史箋
正憲大夫工曹判書集賢殿大提學知經筵春秋館
事兼成均大司成臣鄭麟趾等誠惶誠恐稽首稽首
上言竊聞新柯視舊柯以為則後車鑑前車而是懲
蓋已往之興亡實將來之勸戒茲紬編簡敢瀆冕旒
惟王氏之肇興自泰封以崛起降羅滅濟合三韓而
為一家舍遼事唐尊中國而保東土爰革煩苛之政
式恢宏遠之規光廟臨軒策士而儒風稍興成宗建

高麗史 一

图 5 《高丽史》抄本（剑桥大学藏）

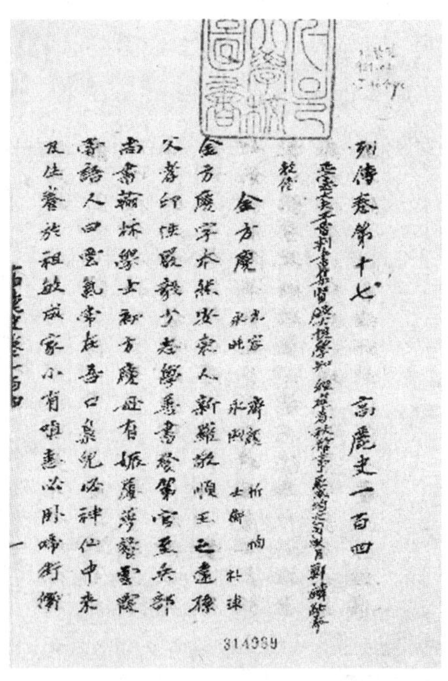
列傳卷第十七 高麗史一百四
正憲大夫工曹判書集賢殿大提學知經筵春秋館事兼成均大司成臣鄭麟趾奉教修
金方慶
金方慶字本然安東人新羅敬順王之遠孫
父孝印性嚴毅少志學善書登第官至兵部
尚書翰林學士初方慶母有娠夢吞雲霞
常語人曰雲氣常在吾口鼻此必神仙中來
及生養於祖敏成家小有嗔恚必卧啼街衢

314999

图 6 《高丽史》抄本（首尔大学奎章阁藏）

根据韩国国立中央图书馆古典综合目录系统（KORCIS）[①] 查询结果，包括近代以来印刷的新铅活字版、影印版在内，现存《高丽史》50 余种，分别收藏于韩国首尔大学、延世大学、高丽大学、东亚大学、城庵古书博物馆以及中国云南大学、日本东洋文库、法国法兰西学院、英国剑桥大学、美国伯克利大学等多家海内外学术研究机构。现存《高丽史》多数藏本均为散本或零本，全本仅存 8 种。韩国国内仅存 6 种全本，分别藏于首尔大学奎章阁（木板本 2 种、手抄本 1 种）、高丽大学（木板本 1 种）、南平文氏仁寿文库（木板本 1 种）、东亚大学博物馆（木板本 1 种）。英国剑桥大学藏本为海外收藏的唯一《高丽史》手抄本全本。

韩国首尔大学奎章阁是《高丽史》收藏最多的学术机构，共藏有 17 种《高丽史》藏本，其中乙亥字本 2 种、木板本 12 种、手抄本 3 种。奎章阁收藏的《高丽史》中共有全本 3 种，其中木板本全本 2 种、手抄本全本 1 种。木板本全本为编号奎贵 3539 与奎贵 3579 分别印有“宣赐之印”的太白山史库与五台山史库藏本。全书共 139 卷 85 册，纸质细洁，字迹清晰，为现存《高丽史》的最佳善本，具有较高的学术价值和版本价值。奎 4720 为手抄本全本，部分誊写于白纸之上，部分誊写于印有版心与界限的样纸上，然该藏本卷数分类有误，将本应收录在第 2 册的卷 6、卷 7、卷 8 收录于第 6 册，本应收录于卷首的目录卷收录于第 3 册。此外，奎章阁所藏乙亥字本《高丽史》均为残本。[②] 除奎章阁外，韩国其他学术机构也藏有多种《高丽史》藏本。高丽大学共藏有 26 种《高丽史》，其中乙亥字本 1 种（零本一册）、木板本 24 种、手抄本 1 种。这些藏本中仅有一种木板本为全本，其他均为残本或零本。[③] 延世大学共藏有 10 种《高丽史》，均为零本或散本，其中乙亥字本 1 种（3 卷 1 册）、木板本 8 种、手抄本 1 种，共计 10 种。[④] 谨将《高丽史》的版本保存现状整理如下。

---

① https：//www. nl. go. kr/korcis/.

② 首尔大学奎章阁，http：//kyujanggak. snu. ac. kr/home/index. do？ idx = 06&siteCd = KYU&topMenuId = 206&tar getId = 379，检索日期：2019 年 12 月 2 日。

③ 高丽大学图书馆，https：//library. korea. ac. kr/search/laz/result？ q = % EA% B3% A0% EB% A0% A4% EC% 82% AC + &st = KWRD&si = TOTAL&mId = 101010200&bk_ 7 = o，检索日期：2019 年 12 月 2 日。

④ 延世大学学术情报院，http：//library. yonsei. ac. kr/search/tot/result？ commandType = advanced&lmtsn = 000000000001&lmtsn = 000000000003&lmtsn = 000000000006&inc = TOTAL&q = % EA% B3% A0% EB% A0% A4% EC% 82% AC&lmt0 = TOTAL&lmtst = OR&lmtst = OR&lmtst = OR&lmt2 = YNLIB% 3BGSISL% 3BMUSEL% 3BOTHER% 3BUGSTL% 3BYSLIB% 3BARCHL% 3BBUSIL% 3BKORCL% 3BIOKSL% 3BLAWSL% 3BMULTL% 3BMATHL% 3BMUSIC% 3BUML&st = KWRD&lmt1 = TOTAL&si = TOTAL&bk_ 0 = jttjojttj，检索日期：2019 年 12 月 10 日。

a. 甲寅字本

现已失传。

b. 乙亥字本

乙亥字本《高丽史》现仅存 5 种，分别藏于首尔大学奎章阁、高丽大学图书馆、延世大学学术情报院、首尔城庵古书博物馆等韩国国内学术机构。首尔大学奎章阁藏有 2 种乙亥字本，一种为“奎 3467、奎贵 5553、奎贵 5554、奎 5874”等藏本的合本，一种为缺页残本。奎贵 5553 是现存卷数最多的乙亥字本，共收录有 46 册 139 卷，除第 8 册（卷 19、20、21）、第 26 册（卷 73、74）、第 28 册（卷 81、82、83）为木板补写本外，其余 131 卷均为乙亥字本。奎贵 5554 共收录有 32 册 105 卷，具体卷数信息如下：卷 9～16、卷 23～25、卷 29～35、卷 40～52、卷56～70、卷 75～76、卷 79～82、卷 86～124、卷 129～137。奎 3467 为木板本、乙亥字本及手抄本的合本，其中乙亥字本仅 4 册 10 卷：卷 3、卷 9（1～19 页脱落）、卷 10（11～38 页脱落）、卷 44（1～6、11～22 页脱落）、卷 45、卷 46、卷 52、卷 110、卷 115、卷 135。奎 5874 同为木板本、乙亥字本与手写本的合本，然乙亥字本仅收 1 册 2 卷，为第 3 册（卷 131、卷 132）。令人遗憾的是奎章阁收藏乙亥字本《高丽史》无法凑成一套全本，缺失卷 19、卷 20、卷 21、卷 73、卷 74、卷 83 共 6 卷。奎 26637 为缺页残本，仅余 3 页，内容为卷 110 诸臣中的李齐贤部分。

此外，高丽大学图书馆藏有零本 1 册，此册《高丽史》与其他乙亥字本板本规格不同，半页 9 行，行 15 字。延世大学学术情报馆藏有 1 册 3 卷。城庵古书博物馆藏本共 1 册 4 卷，根据《青芬室书目》卷五（李仁荣，1944）记载，“《高丽史》残本一卷一册，成宗朝乙亥字刊本，存卷三十一。”① 李氏藏本刊于成宗年间，亦可以进一步证明上述乙亥字本《高丽史》刊行于成宗年间的结论。

c. 木板本

木板本《高丽史》以乙亥字本为底本复刻而成，存世数量相对较多。目前可以确定的《高丽史》木板本全本共 5 种：首尔大学奎章阁 2 种、东亚大学 1 种、高丽大学 1 种、中国云南大学 1 种。奎章阁编号为“奎 3539”（85 册 139 卷）与“奎 3579”（85 册 139 卷）为目前《高丽史》复刻全本中保存得最好的善本。其中，“奎 3539”含内赐记，载有“万历四十一年（1613）九月□，日内赐高丽史

① 李仁荣编《青芬室书目》卷五，转引自张伯伟主编《朝鲜时代书目丛刊》（第八册），中华书局，2004，第 4654 页。

一件。太白山史库上”等字，“奎 3579”亦含内赐记，载有“五台山史库上”等字样，具有较高的版本和史料价值。东亚大学博物馆藏本（75 册 139 卷）亦为全本，该藏本板框、版心、字形、错字、漏字情况与“奎 3539”基本相同，可基本判定其与“奎 3539”为相同版本[①]，但藏本字面与界限纹理较奎章阁本“奎 3539”粗糙，因此可以推断其为“奎 3539”木板复刻本的后印本，[②] 其与乙亥字铸字本相勘正，讹误处甚少，亦具有较高的版本和史料价值。而中国云南大学图书馆收藏的木刻本《高丽史》，则页面较为模糊，字迹不够清晰，可能为较晚出的木刻复印本。

d. 手抄本

《高丽史》手抄本目前发现约 10 种，除韩国学术机构外，日本东洋文库、中国国家图书馆、法兰西学院、英国剑桥大学等各藏有手抄本《高丽史》1 种，其中剑桥大学藏本为流布海外的手抄本唯一全本，计 139 卷。

二　关于《高丽史》的编纂体例

《高丽史》自郑道传、郑摠编纂《高丽国史》，历经太宗时河崙等“窜定”，世宗时命柳宽、卞季良、尹淮等“雠校”至权踶等改撰《高丽史大全》，均采用编年体，所谓“初，太祖开国，命郑道传撰《高丽史》，道传以所掌事多，委之僚属，由是脱漏甚多。太宗命河崙雠校，世宗命尹淮改撰，比郑草稍详。同知春秋馆事金孝贞以为：‘尹淮所撰又失于脱略，不可传示后世。’乃命权踶撰之。踶与安止、南秀文撰录裒集，详于二家，然任其好恶，笔削不公”。[③] 不过，权踶改修《高丽史》时，已有史官提出以纪传体改修《高丽史》，参与修史的南秀文即提出“处欲仿司马迁撰史，为众论所抑，不果”。[④] 许栩亦提出以纪传体改修《高丽史》，而以尹淮等所撰《雠校高丽史》为蓝本，增修编年体《高丽史略》。“上御经筵，承旨许栩侍讲。栩启曰：‘臣常（尝）为编修官，窃见本馆所撰《高丽史》体例，恐有未安。自古作史有二体，左氏年经国纬，班马国经年纬。历代作史者，皆仿班马，独温公依左氏者，以其有本史也。高丽李齐贤修国史，名曰《史略》，

① 金光哲：《石堂郑在焕先生收录记录遗产与其价值》，《石堂论丛》，2017，第 81 页。

② 韩国文化财厅国家文化遗产网站，http://www.heritage.go.kr/heri/cul/culSelectDetail.do? VdkVgwKey = 21，01040000，21，检索日期：2018 年 12 月 2 日。

③ 《朝鲜文宗实录》卷一二，文宗二年二月甲申条。

④ 《朝鲜世宗实录》卷一二三，世宗三十一年二月癸酉条。

乃略述理乱兴衰之大概，欲为当世之龟鉴耳。然具篙（稿）而书未成。至国朝，郑道传、权近、河崙、尹淮等相继撰修，皆袭齐贤之旧，失于疏略，故更命增添。然犹未免疏略之弊，且不似历代修史体例。乞依班马，更作纪传表志，以为本史。仍将尹淮所撰以为史略，则庶合古人作史体例。’上即召知疏馆事权踶问曰：‘许栩所言何如？’权踶对曰：‘栩所言，臣亦尝闻。但丽史本草竦略，若分于纪传表志，则殊不似《史记》体例。’”① 故权踶改修《高丽史》仍以编年体修撰，只是史料“详于二家”②，即郑道传、尹淮等改撰的《高丽国史》。尽管权踶等增补了大量史料，然终因其改修时“任情削减，或听人请嘱；或自己干系紧关节目，皆没其实”③ 被世宗问罪。于是，世宗三十一年（1449），以金宗瑞、郑麟趾等重修《高丽史》时，究竟采取编年体，抑或纪传体，史官们再次展开论辩。但世宗本意倾向于以君王纪事为中心的编年体，“上尝览《高丽史》，传旨春秋馆曰：‘以纲目法修撰，则于小事重叠，难以悉记，然便于观览；以编年法修撰，则观览虽难，叙事则详。何以处之？’孟思诚、权轸、申穑、郑麟趾、金孝贞、偰循等议，启曰：‘大抵史记，有编年而后有纲目。’上曰：‘予意亦然。以编年撰之，宁失于烦，毋令疏略没实。’”④

由于知春秋馆事的金宗瑞、郑麟趾主张采纳史官辛硕祖等人的意见，以纪传体改修《高丽史》，即“宗瑞等以为编年难以详备，乃从纪传之法，分科责成，令崔恒、朴彭年、申叔舟、柳诚源、李克堪等撰列传，卢叔仝、李石亨、金礼蒙、李芮、尹起畎、尹子云等分撰纪、志、年表，宗瑞与麟趾、许栩、金铫、李先齐、郑昌孙、辛硕祖等删润之。时踶、止、秀文新得重罪，史官皆局促，不得删削，颇有烦乱冗长处，然史家体例始备”⑤。故金宗瑞、郑麟趾即入见东宫世子，“愿从硕祖等议”，世子即向世宗“入启”，世宗终同意以纪传体改修《高丽史》。文宗元年（1451）八月，纪传体《高丽史》修撰完成；金宗瑞等又以此为基础，以尹淮等《雠校高丽史》为蓝本，以编年体加以改编，至文宗二年（1452）二月“监春秋馆事金宗瑞等，将新撰《高丽史节要》以进”⑥。《高丽史节要》全文35卷，乃《高

---

① 《朝鲜世宗实录》卷八〇，世宗二十年三月乙巳条。
② 《朝鲜文宗实录》卷一二，文宗二年二月甲申条。
③ 《朝鲜世宗实录》卷一二三，世宗三十一年二月癸酉条。
④ 《朝鲜世宗实录》卷五七，世宗十四年八月丙申条。
⑤ 《朝鲜文宗实录》卷一二，文宗二年二月甲申条。
⑥ 《朝鲜文宗实录》卷一二，文宗二年二月甲申条。

丽史》撰成半年后“节其烦文，编年纪事”，以“别为一书”。[①] 然《高丽史节要》增补了大量高丽臣僚的奏疏，并增添了有关大臣事迹，故其虽为编年体，然其史料价值并不逊色于《高丽史》。

《高丽史》以名分论和正统论为编撰的基本原则，其《进〈高丽史〉笺》谓：“避本纪为世家，所以示名分之重；降伪辛于列传，所以严僭伪之诛。”[②] 故《纂修高丽史凡例》开宗明义即谓：“按《史记》：天子曰纪，诸侯曰世家。今纂《高丽史》，王纪为世家，以正名分。其书法准两《汉书》及《元史》，事实与言辞皆书之。”[③]《高丽史》比照《纂修〈元史〉凡例》的顺序，分别设立世家、志、表、列传，并以《元史》不作论赞，唯世家旧有李齐贤论赞，仍保留之。文宗元年（1451，明景泰二年）八月，金宗瑞、郑麟趾等撰成《高丽史》，计世家四十六卷，志三十九卷，表二卷，传五十卷，目录二卷，通计一百三十九卷，以“稽遗迹于前代，仅能存笔削之功；揭明鉴于后人，期不没善恶之实”。[④] 以下就《高丽史》有关体例略作论析如下。

1. 世家

《高丽史》世家四十六卷，相当于中国正史纪传体之本纪，唯以名分论，高丽国王比照诸侯名分，降为世家，然高丽诸王从太祖王建至恭让王，凡三十四代国王，世家唯纪三十二代，故以辛禑王和辛昌王非正统故，降为列传。盖反映了朝鲜初期，随着对明朝“事大”外交的确立，儒家性理学已经成为主流社会思潮，不过，《高丽史》虽曰重名分，然“凡称宗、称陛下、太后、太子、节日、制诏之类，虽涉僭逾，今从当时所称书之，以存其实”。显然是受到世宗国王的影响，世宗国王对郑道传、卞季良等以性理学名分改撰《高丽史》十分不满，屡次下诏要求重修，“但当据事直书，褒贬自见，足以传信于后，不必为前代之君，欲掩其实，轻有追改，以没其实也。其改宗称王，可从《实录》，庙号谥号，不没其实。凡例所改，以此为准……乃命（柳）观及（尹）淮，并将道传所改，悉从旧文”[⑤]。史官李齐贤等亦主张：“太子太傅等号，当时官制；制敕诏赦，当时所称也。虽曰正名分，与《春秋》郊禘、大雩同垂，以为鉴戒，何可更改以没其实？”[⑥]

---

① 《朝鲜文宗实录》卷九，文宗元年八月庚寅条。

② 《进〈高丽史〉笺》，载《高丽史》卷首。

③ 《纂修高丽史凡例》，载《高丽史》卷首。

④ 《进〈高丽史〉笺》，载《高丽史》卷首。

⑤ 《朝鲜世宗实录》卷二二，世宗五年十二月丙子条。

⑥ 《朝鲜世宗实录》卷二二，世宗五年十二月丙子条。

在世宗的干预下，《高丽史》世家虽或“语涉僭逾”，然仍从当时《实录》所称书之。故今本世家在朝鲜王朝性理学盛行的情况下，仍体现了据事直书的修史原则。

2. 志

《高丽史》志，凡三十九卷，分为十二志，其中天文志 3 卷、历志 3 卷、五行志 3 卷、地理志 3 卷、礼志 11 卷、乐志 2 卷、舆服志 1 卷、选举志 3 卷、百官志 2 卷、食货志 3 卷、兵志 3 卷、刑法志 2 卷。《高丽史》志的分类，大体渊源于《元史》各志，即“准《元史》条分类聚，使览者易考焉”。[①] 由于高丽制度条格，史多缺略，故史官纂修《高丽史》诸志之史料来源主要是《古今详定礼式目编修录》及诸家杂录等，其礼乐诸志较详，考《高丽史》卷五九《礼志一》谓：“今据史编及详定礼，旁采《周官》六翼、《式目编录》、《藩国礼仪》等书，分纂吉凶军兵嘉五礼，作《礼志》。”尤其珍贵的是在《高丽史·乐志》中还完整保留了中国早已失传的雅乐曲谱，所谓“礼失而求诸野”，即此谓也。此外，《高丽史》诸志条目和编纂顺序虽渊源于《元史》，然由于史料匮乏，缺少《元史》中《河渠志》条目，《元史》之《祭祀志》则以《礼乐志》代之。自宋代以前正史，史书多有《经籍志》或《艺文志》，然《元史》不设《艺文志》，故《高丽史》效法《元史》体例，亦无《艺文志》，遂使高丽一代文物典籍难以稽考，殊为遗憾！高丽举国佞佛，然亦不作《释老志》，其高僧大德事迹，多记载于有关列传。显然，与朝鲜王朝排佛、崇尚儒家性理学的思潮有关。

3. 表

《高丽史》表仅有 2 卷，与中国历代正史表既多且复杂相比，差异较大，《高丽史》表的修纂较为简略，其纂修原则据《纂修高丽史凡例》称：“按历代史表，详略有异。今纂《高丽史》表，准金富轼《三国史》，只作年表。”[②] 根据《三国史记》所谓“其始终可得而考焉，作三国年表”之记载，可证《高丽史》卷八六《年表一》“其始终有可考焉，作年表”，其体例当渊源于《三国史记》之年表。即依据高丽太祖崛起直至恭让王历代国王的年数，附录以大事记，故《高丽史》表，实为君王历年大事记，体现了修纂史官以君主为历史活动中心的认识。

4. 列传

《高丽史》列传共有 50 卷，其中后妃传 1 ~ 2 卷，宗室传（附公主传）3 ~ 4

---

① 《纂修高丽史凡例》，载《高丽史》卷首。

② 《纂修高丽史凡例》，载《高丽史》卷首。

卷，诸臣传5~33卷，良吏传、忠义传、孝友传、列女传34卷，方技传、宦者传、酷吏传35卷，佞幸传36~37卷，奸臣传38~39卷，叛逆传40~50卷。其中诸臣传占29卷，数量最为庞大，共收录人物770人、附传238人，共计1008人。其体例据《纂修高丽史凡例》称："首以后妃，次宗室，次诸臣，终之以叛逆。其有事功卓异者，虽父子别传，余各以类附。辛禑父子以逆吨之孽，窃位十六年，今准《汉书·王莽传》降为列传，以严讨贼之意。"[①] 列传体例，亦主要源于《元史》之体例，据《纂修〈元史〉凡例》载："按史传之目，冠以后妃，尊也；次以宗室诸王，亲也；次以一代诸臣，善恶之总也；次以叛逆，成败之规也；次以四夷，王化之及也。然诸臣之传，历代名目，又自增减不同。今修《元史》传，准历代史而参酌之。"[②] 故《高丽史》列传亦"首以后妃，次宗室，次诸臣"编排。然亦有与《元史》体例相异者，如《元史》有儒学、隐逸、释老、工艺、外夷传，《高丽史》全无，而据《新唐书》增补以酷吏传，据《宋史》增补以佞幸传，《元史》之叛臣、逆臣传，《高丽史》则统称为叛逆传。此外，辛禑父子由世家降为列传，则是依据《汉书·王莽传》的体例。《高丽史》列传的修纂者，多为朝鲜初期主张儒学性理学的重要代表人物，如崔恒、朴彭年、申叔舟、柳诚源、李克堪等，其中崔恒、朴彭年、柳诚源亦是主张采用纪传体修纂《高丽史》的史官。因此，以儒家性理学理念对列传加以编纂，并以性理学臧否人物是非得失，成为《高丽史》列传的重要特色。

5. 论赞

《高丽史》仿《元史》体例，不设论赞。据《纂修高丽史凡例》谓："今纂《高丽史》准《元史》不作论赞。惟世家旧有李齐贤等赞，今仍之。"[③] 李齐贤，高丽忠穆王时，尝命其在闵溃所撰《本朝编年纲目》的基础上修纂高丽王朝编年史，据李德懋《青庄馆全书》载："忠穆王以闵渍所撰《纲目》多所缺漏，命李齐贤等更撰《世代编年》以进。"[④] 李齐贤重修之书名，亦称为《高丽史略》[⑤]，原名《纪年传志》。据李齐贤《益斋集》谓其"撰国史于家，史官及三馆皆会焉。后国史逸于兵燹。又选《金镜录》，又病国史不备，撰《纪年传志》，后散失于红贼之

① 《纂修高丽史凡例》，载《高丽史》卷首。

② 《纂修〈元史〉凡例》，载《元史》卷首，中华书局，1975。

③ 《纂修高丽史凡例》，载《高丽史》卷首。

④ 李德懋：《青庄馆全书》卷五四，《盎叶记·东国史》。

⑤ 同上。

乱。惟自太祖至肃宗纪年在"[①]。故李齐贤所撰《高丽史略》，实为高丽太祖至肃宗之编年史，后成为朝鲜太祖李成桂命郑道传、郑摠等修纂《高丽史》的重要史源之一。故郑摠《复斋集》谓："高丽氏自始祖以来，历代皆有实录，然其书出于兵火之余，多所遗失。至恭愍王朝，侍中致仕李齐贤撰《史略》，止于肃王；兴安君李仁复、韩山君李穑撰《金镜录》，止于靖王，而皆失于疏略。其他则未有成书也。"[②] 故《高丽史》世家部分论赞，仍以李齐贤《高丽史略》之史论为依据加以编纂。其余部分，则不作论赞。

三 关于《高丽史》的史料价值

《高丽史》为朝鲜王朝官纂史书。其仿中国正史体例，以纪传体记述了高丽王朝一代的治乱兴衰和典章文物，体例严谨，繁简适宜，其中《高丽史》所保存的中韩之间交涉的表笺、奏章等大量珍贵的史料，可以弥补中国所编纂的《宋史》、《辽史》和《金史》、《元史》等正史之不足，而且，《高丽史》所载高丽与宋辽金元以及明初关系之史料，对于10～14世纪中韩关系研究来说，史料价值明显高于中国所编纂的正史。因而，《高丽史》历来被誉为高丽之"良史"。明朝藏书家朱彝尊《曝书亭集》有《高丽史》题跋，并称该书"体例可观，有条不紊"[③]。然而，《高丽史》撰成后，在中国并未得到广泛的流传，其史料价值也长期未为人所知，以至于中国史家尤其是研究宋辽金元史者，甚少利用《高丽史》。其实《高丽史》不论是研究朝鲜半岛高丽时代的历史，还是研究10～14世纪中日韩三国关系史以及东亚区域史等，均具有极其重要的史料价值。

首先，《高丽史》是现存第一部也是唯一一部以纪传体全面系统地记载高丽王朝政治、经济与文化以及对外关系的历史典籍。对高丽王朝的兴亡，高丽的政治制度及其发展进程，高丽的土地制度、赋税制度、军事制度、礼乐制度以及文化艺术成就等均做了全面系统的记载。《高丽史》全书共一百三十九卷。包括世家四十六卷、志三十九卷、年表二卷、列传五十卷、目录二卷。其中，世家以编年记载了自太祖至恭让王历代事迹，唯穆宗以下至忠烈王因契丹入侵和内乱，史料亡佚，故记事简略，辛禑、辛昌二王以伪姓不立世家外，其余世家历代诸王记事详备，足资考

---

① 李齐贤：《益斋集》附《益斋先生年谱》。

② 郑摠：《复斋集》下《高丽国史序》。

③ 《四库全书总目》卷六六，史部，载记类存目，中华书局，1965。

证。志的部分包括天文、历、五行、地理、礼、乐、舆服、选举、百官、食货、兵、刑法十二志，涉及官僚选任、升迁以及“武臣政治”等制度及经济、法律、天文、地理和礼乐、选举以及军事等制度，其于高丽的制度源流及其变迁，多引述朝臣章疏加以论列分析，为研究高丽王朝制度源流史的主要史料。列传部分有后妃、宗室、诸臣、良吏、忠义、烈女、方技、宦者、酷吏、佞幸、奸臣、叛逆等传，最后有附传。该部分对高丽宗室之兴衰、高丽文武朝臣的活动及其行迹尤其是武臣的擅权等加以记载，由于将辛禑、辛昌父子从世家降为列传，故列传部分又以编年形式对辛禑父子时期的事迹加以记载，与《高丽史》世家部分构成了系统完整的王朝编年史。不过，遗憾的是《高丽史》由于体例效仿《元史》，不立《艺文志》和《释老志》，遂使高丽一代文翰典籍隐没无闻，而高丽佛教之兴盛及高僧大德之事迹亦仅在《宗室传》中加以记载，从而难以全面系统考察高丽典籍文翰和佛教之兴衰流变。

其次，《高丽史》较为全面系统地记载了从中国五代十国到明朝初期尤其是宋辽金元王朝与高丽关系的历史以及日本与高丽关系史，是研究 10 ~ 14 世纪东亚中日韩三国关系史的重要史料。虽然中国历代正史大都有所谓《外国传》，但内容记载较为简略，且讹误较多。《高丽史》记载了五代后晋等政权与高丽的交往，宋丽、辽丽和金丽关系以及元朝与高丽、明初与高丽关系的大量史料，包括交聘使节往来、朝贡制度和两国关系中的重大事件，尤其是中国辽金元北族王朝与高丽的关系，如《高丽史》历代《世家》以及有关列传关于辽丽战争、双方使节谈判交涉等之记载栩栩如生，如卷九四《徐熙传》载：“（成宗）十二年，契丹来侵，熙为中军使，与侍中朴良柔、门下侍郎崔亮军于北界备之。成宗欲自将御之，幸西京，进次安北府。契丹东京留守肖逊宁攻破篷山郡，获我先锋军使给事中尹庶颜等。成宗闻之，不得进，乃还。熙引兵欲救篷山，逊宁声言：‘大朝既已奄有高句丽旧地，今尔国侵夺疆界，是以来讨。’又移书云：‘大朝统一四方，其未归附，期于扫荡。速致降款，毋涉淹留。’熙见书，还奏有可和之状。成宗遣监察司宪借礼宾少卿李蒙戬如契丹营请和。逊宁又移书云：‘八十万兵至矣！若不出江而降，当须殄灭。君臣宜速降军前！’……逊宁以蒙戬既还，久无回报，遂攻安戎镇。中郎将大道秀、郎将庾方与战，克之。逊宁不敢复进，遣人促降。成宗遣和通使阁门舍人张莹往契丹营，逊宁曰：‘宜更以大臣送军前面对。’莹还，成宗会群臣问曰：‘谁能往契丹营，以口舌却兵，立万世之功乎？’群臣无有应者。熙独奏曰：‘臣虽不敏，敢不惟命？’王出饯江头，执手慰籍而送之。熙奉国书如逊宁营，使译者问相见礼。逊宁曰：‘我大朝贵人，宜拜于庭。’熙曰：‘臣之于君拜下，礼也。两国大臣相见，何得如是?’往复再三，逊宁不许。熙怒，还卧所馆，不起。逊宁心异之，乃许升堂行礼，于是，熙至营门，下马而入，与逊宁分庭揖升行礼，东、西对坐。逊宁语熙曰：‘汝国兴新罗地，高句丽之地，我所有也，而汝侵蚀之。又与我连壤，而越海事宋，故有今日之师。若割地以献，而修朝聘，可无事矣!’熙曰：‘非也！我国即高句丽之旧也，故号高丽，都平壤。若论地界，上国之东京，皆在我境，何得谓之侵蚀乎？且鸭绿江内、外，亦我境内，今女真盗据其闲，顽黠变诈，道途梗涩，甚于涉海，朝聘之不通，女真之故也。若令逐女真，还我旧地，筑城堡，通道路，则敢不修聘？将军如以臣言达之天聪，岂不哀纳?’辞气慷慨，逊宁知不可强，遂具以闻契丹帝曰：‘高丽既请和，宜罢兵。’”肖逊宁，本名肖恒德，字逊宁，为辽朝名将肖挞凛次子，统和十一年为东京留守时，为征伐高丽之辽军统帅，《辽史》卷八八有传。该段史料对辽征伐高丽之原因和辽丽两国之外交交涉记载十分详尽，而肖逊宁的一介武夫性格和徐熙诡诈的外交形象跃然纸上。《高丽史》卷九四《徐熙传》《杨规传》《何拱辰传》，卷九五《朴寅亮传》，卷一二七《康兆传》等记载亦是如此。卷九六《尹瓘传》《吴延宠传》，卷九七《金富轼传》，卷一〇〇《赵位宠传》关于早期女真与高丽关系尤其是所谓“九城”之役、金丽朝贡制度之运行等记载，卷一〇三《赵冲传》《金就砺传》，卷一〇四《金方庆传》，卷一〇三《洪福源传》《林衍传》《裴仲孙传》等关于元丽关系的记载，尤其是卷一〇四《金方庆传》载元丽联军东征日本海战情形甚详：“（元宗）十五年，帝欲征日本，诏方庆与茶丘监造战舰。造船若依蛮样，则工费多，将不及期，一国忧之。方庆为东南道都督使，先到全罗，遣人咨受省檄，用本国船样督造。是年，元宗薨，忠烈即位。方庆与茶丘单骑来陈慰，还到合浦，与都元帅忽敦及副元帅茶丘、刘复亨阅战舰。方庆将中军，朴之亮、金忻知兵马事，任恺为副使；枢密院副使金侁为左军使，韦得儒知兵马事，孙世贞为副使；上将军金文庇为右军使，罗佑、朴保知兵马事，潘阜为副使，号三翼军。忻即绶也。以蒙汉军二万五千、我军八千、梢工引海水手六千七百，战舰九百余艘，留合浦以待女真军。女真后期，乃发船入对马岛，击杀甚众。至一歧岛，倭兵陈于岸上。之亮及方庆壻赵抃逐之，倭请降，复来战。茶丘与之亮、抃击杀千余级，舍舟三郎浦，分道而进，所杀过当。倭兵突至，冲中军，长剑交左右，方庆如植不少却，拔一嗃矢，厉声大喝，倭辟易而走。之亮、忻、抃、李唐公、金天禄、申奕等力战，倭兵大败，伏尸如麻。忽敦曰：‘蒙人虽习战，何以加此?’诸军与战，及暮乃解。方庆谓忽敦、茶丘曰：

‘兵法：千里县军，其锋不可当。我师虽少，已入敌境，人自为战，即孟明焚船、淮阴背水也。请复战。’忽敦曰：‘兵法：小敌之坚，大敌之擒。策疲乏之兵，敌日滋之众，非完计也。不若回军。’复亨中流矢，先登舟，遂引兵还。会夜大风雨，战舰触岩崖多败，侁堕水死。到合浦，以俘获器仗献帝及王。”该史料与《元史》相较，可知元丽联军征日本失败并非由于“大风雨”，而是在于高丽“用本国船样督造”战船，缺乏宋战船的“V”字以及水密舱结构的造船技术，导致战舰触岩崖多败。该史料还对金方庆与蒙古将领在海战中的表现进行了刻画，有助于我们进一步了解这场战役。此外，《高丽史》还多处记载了中韩经济、文化的交流，如棉花及其种植技术、儒家性理学东传高丽等，为中国历代正史所未备，有助于全面正确揭示高丽时期的中韩关系史的演进及其变迁和一般规律。此外，《高丽史》对于历史上的中韩关系、韩日关系等，亦保存了东亚区域国际关系史的大量史料，尤其是对宋辽金与高丽的三角关系和对东亚国际秩序的影响、蒙丽联军对日本的征伐、征东行省的存废、辽金元与高丽边界之变迁、三别抄的抗蒙战争，以及高丽时代东亚海域世界的形成、明初关于铁岭卫的争议等记载十分详尽，有助于我们全面正确地论述10～14世纪的中韩关系史和东亚区域秩序的演变等。

最后，《高丽史》中保存了宋辽金以及蒙元王朝的大量诏令、礼乐制度等，是考订、补正中国史记载的珍贵资料。如虽有《宋史》《宋大诏令集》等书记载宋代诏令，但是缺漏较多，南宋时人宋绶编纂的《宋大诏令集》，亦仅限于北宋九朝，收录自太祖建隆至徽宗宣和年间颁布的诏令文书3800余件。全书分门别类，按年系月编次。分帝统、皇太后、妃嫔、亲王、皇女、宰相、典礼、政事等17门，不仅所录宋代诏令不全，且缺漏较多，对于宋颁发给高丽的诏令大都未加采用。而《辽史》素以“简陋”为学界所诟病，举凡《辽史》中辽三次对高丽大规模的征伐以及辽丽关系的演变，只是笼统加以记载，而《高丽史》则做了全面系统的记述，并就辽丽谈判的经过、双方交涉立场等做了详细记载。《高丽史》还记载了金王朝的起源，并对金丽“保州”交涉以及誓表、朝贡关系等做了大量记载，有助于弥补《金史》记载之不足。除宋代以外，《高丽史》也保存了辽金元对高丽的大量的原诏令全文，尤其是元朝的蒙古语诏令，在中国历代文献史料中多已不存，而《高丽史》中大量保存了蒙元与高丽往来的诏令文书和表章，不仅对补正、考订蒙元史，具有重大的史料价值，而且对考察10～14世纪中国与朝鲜半岛外交文书内容及其格式的变化，正确理解和认识此一时期东亚国际秩序的变迁也具有重要的史料价值。《高丽史·乐志》共记载74首宋代词曲，除其中15首可考订为是柳永、晏殊和欧阳修等所作外，其余59首不仅作者不可考，且中国史籍亦失载，幸赖《高丽史·乐志》得以保存下来。另外，《乐志》中对有关宋代《大晟乐》传入高丽之记载甚为详备，包括朝廷宴飨祭祀之大晟乐“雅乐”之乐谱、乐舞和演奏情况以及传入高丽过程。此外，《高丽史》对宋代之“雅乐”乐谱、礼乐规范，在《乐志》中做了专门记载，而中国正史中未有记述，遂使宋代以后中国宫廷雅乐失传。所以，《高丽史》的有关资料，对增补、考证中国宋辽金元以及明初的历史亦具有重要的史料价值。

综上所述，《高丽史》为朝鲜王朝初期编纂的官修纪传体史书，其史学思想体现了朝鲜初期“义理史学”的性质。《高丽史》修纂历时较长，历经五次修纂，先后刊印甲寅字本、乙亥字本和木刻本，但存世不多，流传不广。甲寅字本已荡然无存，现存最早的《高丽史》版本，为收藏于韩国首尔大学奎章阁的乙亥字铜铸字本，然皆已残缺不全。而奎章阁收藏太白山史库本、五台山史库本和东亚大学博物馆收藏的《高丽史》，则是以乙亥字本为蓝本雕版印刷的木板本，亦为现存较早的全本和善本。剑桥大学图书馆收藏的《高丽史》是流布海外抄本中唯一的全本，亦是以乙亥字本为底本的手抄本。尽管如此，《高丽史》仍为迄今为止较为全面系统记载10～14世纪高丽王朝政治、军事、外交和经济、社会、文化的纪传体史书，不仅对掌握和研究高丽时期朝鲜半岛历史具有重大的历史文化价值，而且，对增补、考证中国历代正史以及日本史的内容具有重大的史料考证价值。此外，《高丽史》记载的有关中韩关系、韩日关系以及东亚区域史等大量史料，对于全面揭示和正确认识高丽时代的中韩、日韩关系史以及东亚区域史的演进和发展规律，亦具有重大的史料价值，值得学术界进一步加以关注和研究。

《中国与域外》第四辑（2021.04）第236~243页

在地官员的蜀边记载

——以《全蜀边域考》为中心

钱 云*

摘 要： 本文是对《全蜀边域考》版本与内容、写作背景、学术价值等问题的再梳理与进一步说明。目前所见《全蜀边域考》影印本，是台湾“中研院”史语所在东方文化事业总委员会所藏十册抄本的基础上，重新整理编排而成的。这是万历年间地方大员李时华等人面对蜀边困境时而编纂的地理专志，故不同于史部的一般记载，更突出信息的实用价值。这对于今天的研究者来说，是从历史地理、军事制度、民族叙事、治边政策等方面重新研究明代川边的重要史料。

关键词： 明代 蜀边 全蜀边域考 史料

一

近年来，有关明清时期的“西南”研究，再次成为学界关注的热点。这固然与“中国的内与外”等议题的持续深入息息相关①，历史学、民族学领域也在过往民族史研究的基础上产生了许多新的问题。尤其是西南作为“内部他者”②“内地的边缘”③，不同于一般意义上的“周边”，而是一个广阔的华蛮杂处的区域。因此如何理解西南，

* 钱云，四川大学历史文化学院。

① 葛兆光所提出的“从周边看中国”和“历史中国的内与外”研究，是掀起这股热潮的重要原因之一。尤其是他所著的《宅兹中国：重建有关“中国”的历史论述》（中华书局，2011）、《何为中国：疆域民族文化与历史》（牛津大学出版社，2014）、《历史中国的内与外：有关“中国”与“周边”概念的再澄清》香港中文大学，2017）对于传统中国“内”与“外”的动态变化有清晰而深刻的说明。

② “内部他者”是王明珂提出的重要概念，见王明珂《华夏边缘：历史记忆与族群认同》，社会科学文献出版社，2006。

③ “内地的边缘”则是由鲁西奇提出，他又称之为“传统中国内部的‘化外之区’”。见鲁西奇《中国历史的空间结构》，广西师范大学出版社，2014。

特别是中央王朝与西南地区、编户齐民与溪峒之民的互动，对于重新理解传统中国“同一性”的建构有着特殊的意义。需要引起注意的是，文学研究领域亦愈发注重对西南的研究，这是因为随着明清两代对西南地区统治的深入，西南不再是“挥斧不治”的徼外，无论是流官的治理、土官的反叛、文人的旅行[①]，都使得明清人较之前代更熟悉西南，也留下了不少他们虚实各异、情感不同的记载，这些流传下来的“西南叙事”也就成为文化、政治、战争、美学、地理、民族、性别等多问题的交点[②]。

但是，在广阔的西南区域中[③]，引起研究者较多关注的是“从异域到旧疆”的贵州[④]和云南[⑤]，四川较少受到关注。这与四川地域的特殊性有关，正如《明史·四川土司》序中所说，“四川土司诸境，多有去蜀远，去滇、黔近者”[⑥]，而成都平原早在汉代即已有“扬一益二”的美誉，相较于明清文人笔下充满“异域”趣味的云贵而言，明显已经中国化。此外，也和四川边徼地区记载不足有关，虽然历代有关四川的游记与方志都不算少，但关于蜀边的记载并不多。或如《四川土夷考》[⑦] 详载“沿边城堡守御名目”[⑧]，但可惜全本仅有四卷，而《四库存目》影印残本（卷三）模糊不清，不便使用；或如《明史·四川土司》所记，关注的是中央王朝的治边史实，尤其是征战、朝贡、册封等内容。

值得注意的是，2014 年《中国西南地理史料丛刊》（下称“巴蜀本”）[⑨] 和 2016 年邱仲麟编《“中研院”历史语言研究所傅斯年图书馆藏未刊稿抄本·方志》（下称“傅图本”）[⑩] 先后影印《全蜀边域考》抄本，为深入理解明代中央王朝在西南地方治理、蜀边少数族群等提供了新的材料。囿于所见，关于《全蜀边域考》的基础情

---

① 见周振鹤《从明人文集看晚明旅行风气及其与地理学的关系》，《复旦学报》2015 年第 1 期。

② 见胡晓真《明清文学中的西南叙事》，台大出版中心，2017；钱云，《虚实之间读西南》，《读书》2020 年第 6 期。

③ 一般而论，可包括云贵川渝及两湖西部地区。

④ 温春来的研究是其中的代表，见温春来《从“异域”到“旧疆”：宋至清贵州西北部地区的制度、开发与认同》，生活·读书·新知三联书店，2008。

⑤ 有关明清云南的研究颇为丰富，尤其是方国瑜、尤中、陆韧等的研究，都非常具有参考价值。

⑥ 《明史》卷三一《四川土司》，中华书局，1974，第 8001 页。

⑦ 过去一般依“四库”所载认为是谭希思所著，近有学者认为应为程正谊所著。见旷天全《〈四川土夷考〉辨证》，《绵阳师范学院学报》2018 年第 12 期。

⑧ 纪昀：《四库全书总目》卷七八，《地理类存目七》，中华书局，1996，第 1055 页。四库馆臣认为，《四川土夷考》“而于土司境壤、山川形势概未之及”。

⑨ 姚乐野、李勇先、胡建强主编《中国西南地理史料丛刊》，巴蜀书社，2014，第 16 册。该书所影印版本，据称为“佚名清抄本”，亦收入李勇先主编《巴蜀珍稀舆地文献汇刊》，巴蜀书社，2014。

⑩ 邱仲麟主编《“中研院”历史语言研究所傅斯年图书馆藏未刊稿抄本·方志》，“中研院”历史语言研究所，2016，第 13、14 册。

况的研究，较为全面的是刘俐君为“傅图本”所撰提要，除了确定作者袁子让任职嘉定州知州的时间为万历三十年（1602）至三十六年（1608），成书大致在万历三十四年（1606）至三十六年之间外，刘俐君还指出巴蜀本与傅图本实为同本，并就具体内容作了简要介绍①。此外，还有周斌考证了袁子让的生平与交友情况②；赖锐比较《全蜀边域考》两种影印本的版本，然讹误较多③。本文拟以《全蜀边域考》为中心，对该书的版本与内容、写作背景、学术价值等问题作进一步梳理与说明。

二

《全蜀边域考》原为13卷，现存10册。除上述两种影印本以外，傅增湘《藏园群书经眼录》中亦著录有“《全蜀边域考》十册”，依其所录卷首“嘉定州知州袁子让出巡”诸文字，可断定与前述两种为同一书。根据傅增湘的落款，可知至迟到“戊辰（1928）正月”该书已缺三册④。又因《四川羌夷土司总图说》所列四川土司概况，与“各镇粮饷”一册下均只有“安绵镇（按：即龙安镇）原编各州县协济粮饷类额”“松潘镇原编各州县协济粮饷类额”，所以傅增湘推测缺“西水石柱土司”一册和“各镇粮饷”两册。不过，傅增湘所记目次与两种影印本皆不相同。从逻辑而言，“傅图本”的编次最合逻辑，应为整理者依照道属次序，由川西北、川西、川南的顺序重新排列。

“傅图本”上除傅斯年图书馆与史语所藏书印外，有“表章经史之宝”朱印，是书疑为明内府本，又有“东方文化事业总委员会（1924年3月日本在北京成立的具有侵略性的“文化机构”）所藏图书印”。1923年，日本为应对国际退换庚子赔款风潮颁布了《对支那文化事业特别会计法》，并于次年在蒋梦麟、汪荣宝的建议下，改“对支文化事业”为“东方文化事业”⑤。次年成立的委员会委员共由11

① 邱仲麟主编《“中研院”历史语言研究所傅斯年图书馆藏未刊稿抄本·方志》，“中研院”历史语言研究所，2016，第1册，第68～69页。

② 周斌：《郴州袁子让生平与家世及师友考证》，《湖南大学学报》2015年第4期。

③ 赖锐：《〈全蜀边域考〉的成书与版本问题初探》，《史志学刊》2019年第1期。作者认为“巴蜀本”与“傅图本”比较而言，傅图本较优。据其注释，作者参考过刘俐君文、旷天全文，但其文章的结论令人遗憾，另文中录文错误颇多。

④ 傅增湘：《藏园群书经眼录》卷五《史部三》，中华书局，1983，第414～417页。

⑤ 参见徐志民《从合作到对抗：中国人眼中的“东方文化事业”（1923～1931）》，《社会科学研究》2017年第4期。另有阿部洋《“対支文化事業”の研究——戦前期日中教育文化交流の展開と挫折》，汲古書院，2004；山根幸夫《東方文化事業の歴史——昭和前期における日中文化交流》，汲古書院，2005；等等。

名中国人和7名日本人担任，其中包括服部宇之吉、狩野直喜两位日本中国学著名学者，委员长为曾任清史馆总纂的柯劭忞[①]。从1926年开始，委员会成立的“北京人文科学研究所”就围绕《续修四库全书总目提要》进行工作，傅增湘不仅参与纂稿工作，也担任“东方文化事业总委员会”图书筹备委员。由此可以推断，傅增湘所见十卷本《全蜀边域考》即“傅图本”，只是“傅图本”又后经整理，故编次与傅增湘所录不相同。

今依“傅图本”，列《全蜀边域考》全书详目如下，可略见全书内容，亦可见蜀边复杂的族群、军事状况。

总省[①]	四川羌夷土司总图说、羌戎总图说、吐蕃总图说、鞑虏总图说[②]、蛮夷总图说[③]、土司总图说、九夷总图说、兵屯总图说、粮饷总图说
龙安镇	龙安府总图说、安绵水泉四营堡图说、青川千户所图说、白马白草等番图说、木瓜荐壩等番图说、石泉县图说、复土青冈二堡图说、永平等五堡墩图说、万安三堡图说、壩底等四关堡图说、大印等六关堡图说、睢水等五关堡图说、安县图说、白马番十八寨图说、木瓜番五寨图说、白草番平十村化八村图说、风村颠二十寨图说、生番高基磨磨寨图说
松潘镇	松潘总图说、松潘卫图说、东路小河所图说、东路望山等六关堡图说、东路三舍等气关堡图说、东路叶棠上下七堡图说、南路两宁等六关堡图说、南路归化等关堡图说、南路平夷等关堡图说、北路羊裕等关堡图说、北路虹桥等关堡图说、北路漳腊堡图说
威茂镇	威茂总图说、叠溪千户所图说、叠上下八关堡图说、叠溪郁即二长官司图说、北路镇戎四堡图说、长宁岳希蓬二土司图说、北路松溪四关堡图说、东路静州陇木二土司图说、东路土地岭等六关堡图说、南路打喇儿土司图说、南路宗渠四关堡图说、西路壩州等堡图说、西路杂谷等三土司图说、汶路关堡图说、灌路关堡图说、寒水土司加渴瓦寺图说
雅黎镇	天全六番招讨司图说、天全西番十贡图说、雅州千户所图说、大渡河千户所图说、黎州安抚司今改土千户图说、黎州改流上七枝营堡图说、黎州下七枝并四十八寨图说、峨眉县三堡图说、松坪堡图说、木瓜腻乃邛部大小赤口图说
建会盐镇	建昌五卫总图说、建昌卫图说、建昌三千户所图说、建昌三长官司图说、建昌北路图说、建昌东南路图说、建昌西南路图说、会川卫图说、会川卫迷易千户所图说[④]、会川北路寒坡等堡图说、会川南路石婆等堡图说、盐井卫图说、盐井六千户所图说、盐井马剌长官司图说、盐井梅子等堡图说、盐井西南北沿边二十四堡图说
宁越镇	越嶲卫图说、镇西所图说、越嶲临河等堡图说、越嶲河南等堡图说、越嶲寒婆等堡图说、越嶲龙泉等堡图说、宁番卫图说、冕山所图说、宁番北路靖边等堡图说、宁番南路图说
下川南镇	下川南诸夷总图说、建武镇图说、永宁宣抚司图说、镇雄府图说、乌蒙府图说、东川府图说[⑤]、乌撒府图说、马湖府所属四土司总图说、泥溪司图说、平夷司图说、蛮夷司图说、沐川司图说、新乡镇图说

① 还可以参考钱婉约《汉学家的周边——以日本中国学家与晚清民国为例》，《国际汉学》2015年第4期。

续表

军兵额数	建昌（伍）[五]镇军兵额数（会川卫、盐井卫、宁番卫、越嶲卫、镇西千户所）、雅黎各镇军兵额数（雅黎镇、大渡河所迤南关堡营寨、峨眉县）、屯田、民粮、盐筴
各镇粮饷	安绵镇原编各州县协济粮饷类额（□川仓、青川永丰仓、石泉县仓、大印仓、壩底仓、徐坪仓）、松潘镇原编各州县协济粮饷类额（松潘仓、三舍仓、三路堡仓、小河仓、叶棠仓、归化仓、安化仓、北定仓、镇革仓、平番仓、镇番仓、靖夷仓、平夷仓、金瓶仓、镇平仓、西宁仓、平定仓、蒲江仓、新塘仓）

注：①傅增湘作"总首"。
②傅增湘作"韃鲁总图说"。
③傅增湘作"夷蛮总图说"。
④分册目录，傅增湘均未列，兹据内容增入。
⑤傅增湘未列，兹据内容增入。

三

依照《全蜀边域考》卷首所言，该书是由"巡按四川监察御史李□"命嘉定州知州袁子让，据守、巡、兵备各道记载的所属土司图说，整齐文字与体式，按照"道属次序，一土司绘一图，一图附一说"编成的。

前引诸研究已指出李姓巡按即时任四川巡按的李时华①。李时华，字应坤，贵阳人。万历十年以举人授重庆推官，十九年开始授御史，"时用人重进士，时华奋身荒徼，以乙榜久任风宪，数按大藩"②，先后出视河槽、河南、广东等，三十一年出任四川巡按。李时华巡按四川虽只三年，但正好遇到了播州（今贵州遵义）分疆问题。

万历二十八年，历时十余年的平播战争终于结束。但在如何处理水西（今贵州鸭池河西）宣慰使安疆臣与播州的疆土争议上，四川总督王象乾与贵州巡抚郭子章之间意见相左：为促成安疆臣参与战争，郭子章曾许以"应龙平后还播所侵水西乌江地六百里以酬功"，而代李成龙成为新任总督的王象乾则命安疆臣归还侵掠的播州土地③。虽然表面问题集中于安疆臣，但背后实际是川、贵两省的疆界之争，因为平播州后改播州地为省地，又以渭河为界，平分为遵义、平越的两地分属蜀、黔。此时新任四川巡按李时华上疏称，"征播之役，水西不惟假道，且又助

① 中国国家图书馆编《（万历）四川总志》卷三《秩官》，国家图书馆出版社，2013。
② 万斯同：《明史》卷三一六，《李时华传》，上海古籍出版社，2007。
③ 《明史》卷三一六《贵州土司》，第8172页。

兵。矧失之土司，得之土司，播固输粮，水亦纳赋，不宜以土地之故伤字小之仁，地宜归疆臣”[①]，成为最后朝廷决策的重要依据。

处理水西与播州、四川与贵州复杂纠葛的过程，极可能是李时华关注到蜀边记载不足的原因，“西蜀三面濒夷，最为喫（吃）紧要地。其生番熟夷顺逆、向背之情，与夫强弱、虚实险夷之状，若非核实，恐难临事措置”。他不满于此前的《四川土夷考》“发泄未明”，而是要求根据各地实际奏呈的状况，编订成说，“以为安攘筹边之策”[②]。实际上，程正谊撰《四川土夷考》时亦有着相似的考量，在曾任职云南的程正谊来看，蜀边恐怕是明朝统辖西南的薄弱环节，由此才会有“载观已事，如万历元年则有都蛮之役，十三年有松潘之役，十四年有建昌之役，十六年有马湖之役，十九年有威茂之役，近黎州、播州之兵并时而起，松潘、漳腊之虏飘忽而来”，所以西蜀“固多忧多虞之地，非承平无事之邦”。[③] 到了袁子让的笔下更说，“蜀中所谓安，亦幸一时无事，遂以为安也”[④]。所以，作为地方大员的程正谊、李时华面对蜀边困境时开展的书籍编纂工作，就不同于史部的一般记载偏向于对历史、地理、风俗的记录，而更加注重信息的实用价值。因此，《全蜀边域考》的一些特色就值得特别关注。

首先，《全蜀边域考》编纂的原则是“将全蜀土司、土府总绘一图，立一说于前，次各土司府、卫、所、关、堡、墩、寨，每为一图一说”，因此对蜀边土司、卫所不仅记载四至、历史沿革，也有地图绘制以便阅览。这种编纂是受到了《四川土夷考》的影响。这样一来，为从历史地理角度研究四川土司、卫所制度提供了极为重要的资料[⑤]。

《全蜀边域考》所关注的不仅是蜀边的军政制度，也很注重蜀边族群状况。如《九夷总图说》中，将全蜀蛮夷分为九类，分别是西番、僰人、白夷、摩些、猓[獵]、韃靼、[猢]、渔人、猓猡，并对每一种少数族群的语言、服饰、生产、饮食、丧葬、婚娶等进行了细致说明[⑥]，而且区分了他们的生活地域，对民族史研究有十分重要的价值。

---

① 《明史》卷三一六《贵州土司》，第 8173 页。

② 《全蜀边域考》序。

③ 程正谊著，程朱昌、程育全编《程正谊集》卷九《四川土司总图说》，上海古籍出版社，2012。

④ 《全蜀边域考》，《四川羌夷土司总图说》。

⑤ 例如周振鹤主编的《中国行政区划通史·明代卷》就没有利用相关资料，以至于关于四川都司的问题还有进一步详细与深入的空间。

⑥ 《全蜀边域考》，《九夷总图说》。

其次，因为该书所载的资料来自地方的记录，故而具有一定基层档案的性质，尤其是军兵额数、各镇粮饷的记载。明初蓝玉曾说："四川之境，地旷山险，控扼西番。连岁蛮夷梗化，盖由军卫少而备御寡也，宜增置屯卫。"[①] 但是当前对卫所、军屯、军粮等问题的关注，基本集中在沿海与九边地区[②]，极少关心到四川地区。尤其在对西南土司及土司制度的研究中，卫所军户在其中扮演的角色尚未引起足够的重视。赵世瑜就认为元代的土司制度并没有改变西南地区"羁縻"统治的性质，而明朝在土司制度基础上所增设的卫所，"则可以说是向'直接治理'的方向又迈了一步"[③]。《全蜀边域考》的价值不仅在于其从地理上清楚地记载了各卫所的地理位置，为重新理解出蜀边地带卫所分布以及与之相应的土地问题[④]，提供了宝贵的资料。而且其详细记载了四川沿边各卫官军数目，募兵、乡兵、散兵、番兵的组成情况，同时包含各堡所需兵额、屯田数目，不仅有助于了解土司地区卫所兵制，也有益于从社会史的角度考察"帝国"在蜀边的人群、统治。[⑤]

与卫所备边相应的征粮和粮食储备问题，不仅牵涉军事、政治、社会史的研究，也是经济史中的核心问题之一。"川中民粮视他省之重且过一倍"，并非由于日常征粮较之他省为多，而是"独边粮为重，一州一县之粮徼饷盖居其半"，再加上蜀边战事频起，"征调之年，议夫议运，善后之日，抽马抽兵"，到最后"民粮十六七归边饷矣"。[⑥] 具体如松潘仓所储粮食派自新都县、绵州、罗江县、彰明县、阆中县、南部县等，几乎遍及四川各地。而且每县数额不等，所值银钱也多不相同，不仅为探讨粮仓与备边的关系提供了新的资料[⑦]，也有助于加深理解四川的粮食仓储与粮食调配。同时，正因为这批资料来自地方官员的记载，因此和《明实录》、《明会典》、各方志之间存在差异，也就为揭示明代军政粮食问题提供了更多面相。

最后，该书的编纂目的在于提供安攘筹边之策，故而不仅对军备防卫有清楚的记载，还指出各地边防要点，提出了不少安边谋略。如以松潘为例，此地主要由羌

---

① 《明太祖实录》卷二二二，洪武二十五年十一月甲午条，"中研院"历史语言研究所校勘本，1962。

② 如李新峰《明前期军事制度研究》，北京大学出版社，2016。

③ 参见赵世瑜《卫所军户制度与明代中国社会——社会史的视角》，《清华大学学报》2015年第3期。

④ 如顾诚《明帝国的疆土管理制度》，收入《隐匿的疆土——卫所制度与明帝国》，光明日报出版社，2012。

⑤ 宋怡明（Michael A. Szonyi）在《被统治的艺术》（*The Art of Being Governed: Everyday Politics in Late Imperial China*）中就云南卫所人群的生活、宗族有一定的分析。

⑥ 《全蜀边域考》，《粮饷总图说》。

⑦ 现有的研究中，有胡铁球就九边地区的粮食运输研究（胡铁球：《明清歇家研究》，上海古籍出版社，2015）。除此以外，郑振满、赵世瑜等也对沿海地区的军粮问题有较深入的研究。

人所据，虽然“宋元以来，羌势萧索”，而此地防卫不足，所以造成了“力能胜则向我，力不能胜则诱戎以犯我”[①]。但此地更重要的是，实为“朝廷门户”，无论是吐蕃还是蒙古，都要由松潘入境，而后分作隆安、江油的东路和叠溪、威茂、灌县的南路进入川西平原，所以无论是《全蜀边域考》还是《四川土夷考》都强调，“自今以前，松潘之所重在番；自今以后，松潘之所重在虏”[②]。而袁子让在程正谊所提出的整肃军兵、增加兵马的基础上，还指出针对蒙古“防秋事竣”，因此汉军不仅要守卫边防，更要在秋高马肥之时主动出击，在黄胜草场安营扎寨，以缓秋冬季的边防压力[③]。

从中央王朝的治边策略来说，明清时期的土司是西南“因俗而治”的具体体现[④]，但所谓“因俗”不过是注意到这一地区的蛮夷势力强盛，所以《明史》中说“迨有名踵元故事，大为恢拓，分别司郡州县，额以赋役，听我调驱，而法始备矣。然其道在于羁縻，彼大姓相擅，世积威约，而必假我爵禄。宠之名号，乃易为统摄，故奔走惟命”[⑤]。故而现有的研究集中关注在土司制度的研究与土司政治影响力的考察[⑥]，而较忽略不同区域土司地区的族群差异问题，也较少从地方视角来审视土司制度。比如说，马湖辖下的雷坡就聚集了大量“郡县亡命之人”，因此从守卫四川的地方官员来看，“古今中国受四夷之侮，皆中国之人导之”。而古代所谓的“怀而抚之，可以相安”的策略，在地方官来看这只是一种理想罢了，要么就在其“袭替之时”牵制土司，要么就只能以军事将其击溃，使其“知中国之不可犯”[⑦]。特别是“土司之兵”，“实有可用之时”。虽然在东南沿海，因其不能严守纪律，常被称之为“土狼之兵”，但是“自古中国夷狄，各有所长各有所短，惟善用其长而已”[⑧]。

总而言之，本文在此前研究的基础上，重新梳理了《全蜀边域考》的版本、写作背景等问题，并就该史料的价值做了一些简单的说明。衷心期待关心明代土司、西南民族研究的读者，可以关注《全蜀边域考》的史料价值并进行研究。

---

① 《全蜀边域考》，《羌戎总图说》。

② 程正谊：《程正谊集》卷九，《松潘图说》。

③ 《全蜀边域考》，《松潘总图说》。

④ 李世愉说土司制度体现了“因俗而治”的方针、“恩威并施”的统治手段、流土一体化的趋势等。参见李世愉《清代土司制度论考》，中国社会科学出版社，1998。

⑤ 《明史》卷三一〇《土司传》，第7981页。

⑥ 如龚荫《中国土司制度史》，四川人民出版社，2012。

⑦ 《全蜀边域考》，《蛮夷总图说》。

⑧ 《全蜀边域考》，《土司总图说》。

北京石经山 / 夏炎 摄

异域之眼

《中国与域外》第四辑（2021.04）第 247 ~ 272 页

高地亚洲文明词汇在汉文史籍中的汉字译写*

L. 李盖提** 著　张筱舟** 译　周咏欣** 校

当匈奴人开始从戈壁沙漠以南的游牧地南下侵扰中原，并造成日益严重的威胁时，中原诸国及国人也在逐渐适应对手的战术，甚至尝试从这些“蛮夷”身上借鉴他们衣着中最基本的部分与粗野的武器。毫无疑问，这场改革被描述得有些夸大，但是值得铭记史册的，而与这场改革紧紧相连的有两个关键词：赵武灵王和公元前 307 年。

众多汉学家早已研究了匈奴对汉地在此方面的重要影响。最近，王国维在他的《胡服考》① 中就重新梳理了关于游牧民族服装的问题，并列出了大量目前被我们忽视掉的有趣的中文史料。

此外，伯希和在他的《王国维作品集》② 一文里详细整理和回顾了中原服饰中最受匈奴文化影响的部分：束腰上衣、马裤、游牧风格头饰、短马靴、腰带及挂饰以及数量从九到十三个不等的腰带扣。在这一研究上，他还考据了几个由中文译写而来的匈奴衣物名称，其中就包括了我在此将予以讨论的“靴子”名称。

根据《释名》记载，短马靴的匈奴语原名应为“鞣釋”，伯希和将其写作“*sâk-d'âk*”，以恢复其现代发音。根据其说法，它可以被视为一个蛮族词语“＊*saγdaq*”。

不过，“鞣釋”“*sâk-d'âk*”事实上代表了它在古汉语中的发音。实际上，在《广韵》一书中已有注音：“鞣”作“苏各切”（*suo-kâk*），而“釋”作“徒落切”（*d'uo-lâk*）。然而，这样看来的话，古汉语词汇就应完全按照古汉语的发音来拼读。

---

*　本文根据 L. Ligeti，“Mots de civilization de haute asie en transcription chinoise”, *Acta Orientalia Academiae Scientiarum Hungaricae*, Vol. 1, No. 1 (1950), pp. 141 – 188 翻译。

**　L. 李盖提，匈牙利科学院院士；张筱舟，清华大学历史系；周咏欣，法国格勒诺布尔 – 阿尔卑斯大学计算机实验室博士研究生（Université Grenoble Alpes, laboratoire d'informatique de Grenoble (LIG)）。

① 参见《海宁王忠慤公遗书》。

② 参见 P. Pelliot，“L'édition collective des oeuvres de Wang Kouo-wei”, *T'oung Pao* XXVI, pp. 113 – 182。

首先，我们注意到在女真文中，两种情况下末尾的“-*k*”音，应该变为古汉语中的末尾“-*k*”音；然后，再把这两个汉字中的主要元音追溯回其在古汉语中的发音“*â*”；最后，将其余不能归类到上述情况的以“-*âk*”结尾的音节改为古汉语中的“-*åk*”的发音[①]。此外，构成第一类单词的词首部分是保持不变的，但对于古汉语来说，我们要针对“*s*-”词首和“*d'*-”词首各自做一区分。抛开这些抽象的语音学细节不谈，在高本汉的古汉字表中也没有列出“轃驛”这两个字，不过出现在此表中的“轃驛”的一组同音词也可以为我们提供必要的信息：“索”与“轃”是同音异义的，在古汉语的发音中都读作“*sâk*”；同样的，“铎”是“驛”的同音异义词，在同时期，读作“*d'âk*”。这样看来，高本汉整理的古汉字表，与伯希和提出的读音完美地吻合。

匈奴语“*saγdaq*”的发音是从汉语标音中重建出来的，这一点应当是确认无疑的，当然，我们也可以从“*saqdaq*”“*saγdaγ*”“*sakdak*”等形式开始讨论。

相较于发音而言，“*saγdaq*”的具体含义是一个更加复杂的问题。最主要的困难是，匈奴语目前对我们来说几乎是完全未知的，或者更准确地说，尽管在汉语注音中有许多的注释，但我们还不能明确地将它与任何一个高地亚洲文明中的已知语言联系上。实际上，对这一问题的研究前人已做过诸多的努力，以期找到答案，但在此我不想一一赘述各家观点，因为总的来说，我们只需知道，目前，几乎所有致力于解决这一问题的学者都同意应在阿尔泰语系中寻找匈奴语的起源。

不过进一步细分的话，各家观点就会产生分歧。白鸟库吉在其题为《关于匈奴部落与东胡部落的语言》[②]一文中，将匈奴语归入了突厥语族，并尝试利用突厥语族的词源来解释匈奴语的汉文注释。紧跟他步伐的研究文章还有帕诺夫的《中国历史中匈奴的突厥起源》[③]。在没有更新的论据出现的前提下，这一观点也得到了一系列语言学家、文献学家和历史学家的支持。最近，路易·巴赞在其《一段四世纪原始突厥语文本：〈晋书〉所载匈奴两行诗》[④]中再次讨论了那段被认为与佛图澄

① 参见 B. Karlgren, "classes des finales archaïques XVII et XXIX", *Grammata Serica*, pp. 30, 38。

② 参见 K. Shiratori, "Über die Sprache der Hiung-nu-Stammes und der Tung-hu-Stämme", Tokio, 1900。

③ 参见 V. A. Panov, "турецкоепроисхождениеСюн - ну (Хунт - ну) китаискихлетописей", *К истории народов Средней Азии I*, *Сюн - ну (Хун - ну)*, Vladivostok, 1916。

④ 参见 L. Bazin, "Un texte proto-turc du IVe siècle, le distique hioung - nou du 'Tsin-chou'", *Oriens I* (1948), pp. 208 - 219。

有关的短文，而这一问题实际上也是雷慕沙（Abel Rémusat）、瓦西列夫（Vasilev）、阿里斯托夫（Aristov）、白鸟库吉、蒙卡西（Munkácsi）、兰司铁（Ramstedt）等多位学者研究过的学界热点问题。

尽管“突厥语族说”有着强大的影响力，但其仍未在学界达成共识。笔者在一开始也已提到还有其他的观点存在，在这里我们仅举比丘林（Bicurin）与诺伊曼（Neumann）的观点作为代表：他们认为匈奴语的汉文注释只能使用蒙古语族的语言来解释。在摒弃自己的最初看法后，甚至白鸟库吉本人在其题为《匈奴民族考》① 的研究中也认同了这一说法。但是，对于这个假设并没有进行如我们所预期那样的深入探讨。

还有部分学者认为匈奴语兼有突厥语族和蒙古语族的特点，并认为在匈奴语中这二者所占比重近乎相当，提出这一观点的近期代表作有加班（Gabain）所著《古代突厥语语法》②。

从这个角度来说，我们显然不能断定匈奴语就属于突厥语族或是蒙古语族，而应说它属于阿尔泰语系，因为上述两个语族都脱胎于这一共同的语系。卡斯特伦（Castrén）在他的《阿尔泰语系民族的民族学》③ 一文中早已探讨过这种可能性；兰司铁也对这一理论进行了积极、充分和主动的维护④。

然而，对于此匈奴词源的假说，到目前为止仅仅只能在一个单词上得到印证，即“撑犁”（天空）一词。将“撑犁”这一匈奴词语与突厥语中“*tängri*”（天空）一词联系到一起的最早见于德经所著《匈奴通史》⑤；而这一词语也能在蒙古语族中通过两种不同拼写方式来证明其存在，即“*tngri*”（回鹘字母拼写）与“*tenggeri*”。但毫无疑问，在这种孤证的情况下，无论这一词语具体有何种含义，都不具有足够的说服力，特别是如果我们采纳伯希和的观点的话⑥。事实上，很有可能这一非常古老的阿尔泰语词语并非源自阿尔泰语本身，而是一个同样古老的外来词。

所以在这些前提下，看到阿尔泰语系的各种语言都不能为我们提供任何解释匈奴语词语“＊*saγdaq*”（靴子）的信息，也就不足为奇了。

---

① 参见 K. Shiratori，“Sur l'origine des Hioung-nou”，*Journal Asiatique*，1923 I，pp. 71 –82。

② 参见 Gabain，*Alttürkishce Grammatik*，p. 2。

③ 参见 Castrén，*Ethnologische Vorlesungen über die altaischen Völker*，pp. 35 –36。

④ 参见 Ramstedt，*Über den Ursprung der türkischen Sprache*，Sitzungsber. d. Finn. Akad. d. Wiss，1935 (Helsinki 1937)，pp. 81 –91。

⑤ 参见 Deguignes，*Histoire générale des Huns I* 2，Paris，1756，p. 25。

⑥ 同前引其著，第 167 页。

在突厥语族的语言当中，一般用来表达“靴子”的单词有以下这些：“*ätik*”“*etik*”“*itik*”“*ätük*”“*ädik*”“*edik*”“*ötük*”“*ödük*”“*ütük*”“*üdük*”等①；其长元音形式则可参见笔者于1938年在《亚细亚学报》第一期中所撰的文章（第188页）。这个单词看起来应当是突厥语族中的一个衍生词，但目前它缺乏一个确定的词源；尽管如此，我们还要先排除其源自其他阿尔泰语系语言的可能性。

在蒙古语族中，具有同样意义的词则有“*γutul*”“*γutusun*”“*γudul*”“*γudusun*”；而在这几个词中，第二音节的元音都读作“*a*”。这种变音轻读的形式，无论是在方言中，还是中世纪蒙古语中都有所体现。在蒙古语族中，“*γutu-l*”“*γutu-sun*”等单词由来已久：它们都是与韩语直接相关的蒙古语族中非常重要的一类。我们可以看到，在韩语中这个词读作“*kutu*”，而在日语中则写作“*kutsu* < ∗ *kutu*”，类似的韩语传入日语的借入词还有“*kussi*”②。

在历史推进的过程中，原词形为“∗ *γudul-χa*”的蒙古语逐渐过渡成了满语中的“*γôlxa*”一词。这一满语单词在明代女真语的相关记载中是有迹可循的：在格鲁伯整理发表的《明四夷馆编〈女真译语〉》中，她将另一部还未刊行的四夷馆《女真译语》中出现的“古刺哈”改写作“谷鲁哈”，但在发音上这两者均为“∗ *gulχa*”，或严格来说即“∗ *γulχa*”。抛开满语不谈，在表达“靴子”这一词义上，满—通古斯语族中并不存在某一个共同的特殊单词。具体到不同的方言里，“*unta*”“*onta*”“*untal*”“*untalwi*”“*ota*”等词分别表达了不同种类鞋子的意思：冬鞋、夏鞋、皮鞋、毡鞋等，但换言之，这些也都可以看作是靴子的不同分类③。

这些用来表示凉鞋、毡鞋或布鞋的阿尔泰语词语，并没有给我们带来十分清晰的指示。下面这些是更加重要的内容：突厥语“*čaruq*”（凉鞋）、蒙古语“*sögükei*”（低帮棉质系带鞋）和“*šaγai*”/“*šabur*”（拖鞋）、满语“*sabu*”（皮鞋）。但这几个带有“靴子”或“鞋子”意义的特定单词在阿尔泰语系中的不同语言里或多或少都显得有些孤立，所以我在这里也不再展开讨论，因为它们不会改变我们在上边已经概述出的发音规律。

---

① 参见 V. Radlov, *Опыт словаря тюркских наречий I*, pp. 842, 844, 854, 860, 1265, 1279, 1865, 1870。

② 参见 P. Pelliot, *T'oung Pao* XXVI, p. 141。

③ 参见 Grube, *GoldischesWörterverzeichniss*, St. Pbg. 1900, p. 18; V. I. Cincius, *Сравнительная фонетика тунгусо－маньчжурских языков*, Leningrad, 1949, p. 326。

笔者认为，在任何一个阿尔泰语系的语言中，都没能找到另一个在形式和意义上与匈奴语“ * *saγdaq*”这一对游牧民族来说十分重要的词相近的单词，可能并非巧合。此外，即使存在“ * *saγdaq*”一词是匈奴语舶来词的可能性，但我承认，诸多学者在明显已经失败的前提下仍致力于将匈奴语联系到阿尔泰语系上的行为，还是让我产生了强烈的怀疑。因为我们不应忘记，对于上古和中古时期的高地亚洲来说，其在语言学地图上的所处位置未必与现在相同。我们甚至不需要一味地纠缠于一个今天已经完全消失的语言，我可以提醒一下大家，在历史上重重压力的迫使下，许多北方高地亚洲文明都被迫向更北的偏远地区迁徙，比如雅库特语（yakout）就是一个著名的例子。

因此，在探寻匈奴语词源的时候，我们也应当把研究的注意力放在一些今日已不甚重要，但在历史上对游牧政权发挥过或多或少作用的那些语言上，而这个范围不应只局限在阿尔泰语系的世界里。

从这一思路出发，让我们首先讨论一下萨莫耶德语族，在今萨彦山附近仍在被使用的相当一部分方言都有着足够漫长的历史。在其中表示靴子的词语中，我们找到了一个意为“由毛毡制成的冬靴”的词，它和所有阿尔泰语言中类似的词都具有相同的表义。在萨莫耶德语族的不同语言中这一单词分别表现为：尤拉茨语（Your.）“*pīwa*”、冻土涅涅茨语（T.）“*faemu*”、叶尼塞语（Ién.）“*fē*”、塞尔库普语（O.）“*pöu pöwa pēme pēm pīme*”、卡马斯语（Kam.）“*hema*”（据卡斯特伦）。而这些词显然与以下所列词语有所联系：满语“*fomoči*”（毛毡靴），“*foǰi*”（毛皮长袜），明代女真语“伏莫尺”（长袜），“弗赤”（长袜），中世纪蒙古语“*hoimusu*”与“*köimösün*”（毛毡长袜），蒙古文“*oyimasun*”“*oyimusun*”①。而卡斯加里（Kāsγarī）认为这些词都与突厥语中的“*oima*”（毛皮鞋）一词有一定关系。伯希和则提出不能将韩语的“*pe-syen*”（长袜）两个音节拆开。藏语中的“*o-mo-su*”（长袜）应源自蒙古语，就像俄语中的“пимы”来自萨莫耶德语一样。而其他萨莫耶德语族语言对靴子的称呼，如尤拉茨语“*hoti*”“*huti*”，叶尼塞语“*tōri*”“*tōdi*”，塞尔库普语“*kāč*”“*kāče*”等形式都不能唤起我们任何对高地亚洲的回忆。

如果我们继续探索另一组存在于西伯利亚的语言，我们会发现终于找到了一个可以与匈奴语词“ * *saγdaq*”无太大困难联系到一起的单词，即叶尼塞语系中的奥斯恰克语，在这一语言中，印巴斯克（Imbatsk）及巴克塔（Bakhta）方言将靴子称为

① 后一类词具体参见 P. Pelliot, *Journal Asiatique*, 1925 I, pp. 241 - 242。

"*sāgdi*"，在巴克塔的分支方言中，同样的词被记为"*śāgdi*"。对于现在已经消失的叶尼塞奥斯恰克语本身，除了对秳语（kotte）有所了解之外，我们只掌握了非常少量且不确定的信息，而在这些信息中，我们没有发现"*sāgdi*"或"*śāgdi*"的存在，也没有发现任何可以用来指代靴子的词的存在。

由于叶尼塞语系的比较语音学还没有研究结果可以借鉴，因此很难确定应该假设"*sāgdi* ~ *śāgdi*"的原始起源是什么，或者从哪一历史时期入手，比如说汉代或是其他年代。然而，我们还是可以看出，无论与其他何种语言相关，在叶尼塞奥斯恰克语中，其巴克塔方言的词首"*ś* -"是完全正常发音的，而这也可能是它的次要词源。以下是其他方言以"s -"为首的词语与巴克塔方言对比："*sak*"（精通骑术的人）~巴克塔方言"*śak*"、"*sal*"（烟草）~巴克塔方言"*śal*"、"*seär*"（驯鹿）~巴克塔方言"*śäl*"、"*seäs*"（落叶松）~巴克塔方言"*śäś*"、"*seäneη*"（萨满）~巴克塔方言"*śäneη*"、"*suole*"（挂摇篮的铁钩）~巴克塔方言"*śuol*"等等。而至于词尾，我们对叶尼塞语系的语言了解太少，所以我们尚未得出任何肯定的结论。同样地，我们目前还不可能断定"*sāgdi*"（靴子）是否是叶尼塞语系语言的原生词，或者它依然是从一个外来词中借入的，因为这个语言已经消失了。

尽管如此，匈奴语词"＊*saγdaq*"（靴子）与叶尼塞语系奥斯恰克语同义词"*sāgdi*"存在直接或间接的关系是毋庸置疑的，并且这两个词语应为同一个词的两个不同变体。但是，怎样才能用一个叶尼塞奥斯恰克语中消失的方言来解释这个古老的文明词语的出现?

事实上，叶尼塞语系本身并不存在问题，只是我们提出的是一些非常重要的问题。与叶尼塞语系有关的方言都有哪些? 历史上都是哪些族群在使用这些语言? 毫无疑问，这些问题的解决将会解释清楚这些族群的先祖与匈奴人之间的关系，同时甚至可能解答当时的文明中心位于何方的问题。

叶尼塞语系中的奥斯恰克语（ostiak）、秳语（kotte/kechtim）、阿桑语（assane）、阿林语（arine）都是我们今天所知的叶尼塞语系的分支，它们之间相互关联，共同代表着一种与周边语言没有任何共同之处的语言类型。然而，奇怪的是，从一开始人们就试图将叶尼塞语系与汉藏语系联系起来。卡斯特伦曾直言叶尼塞语系的奥斯恰克语令他联想到汉语；而在 1902 年特龙贝蒂（P. Trombetti）提出这些语言一定与藏语有关后，他的这一观点又被兰司铁于 1907 年表示了赞同与支持。而顿纳（Kai Donner）则是对这一假说在接受的基础上进行了一些修改，他认为叶尼塞语系不直接与藏语有所关联，而是从西夏语发展而来的，并成为一个独立的分支。最近，布达（W. K. Bouda）和乔基（A. J. Joki）通过各个方面的论证，提出了“印度支那说”：施密特（Schmidt）提出了汉藏语系的新分类——他为北方各语言建立了一个新的语族，也就是原先的叶尼塞语系（西夏语不是藏缅语言，而是中泰语言）；而布达提出了一个新的名词，即藏-叶尼塞语系，乔基则致力于阐释此“印度支那”与萨莫耶德语族必然在历史上早已存在联系。

事实上，将叶尼塞语系这一单音节语言与汉语做比照的研究思路是很有吸引力的。然而也必须承认，尽管我们在这方面已经付出了很多努力，但距离我们真正将这一问题搞清楚可能还有十几年的时间。因此，也就不难理解有些学者对此类研究取得的成果并不十分满意，转而选择寻求其他解决方法。雅各布森（R. Jakobson）无疑就是出于这种考虑而提出，或许应将叶尼塞语系归入古西伯利亚语之中。

在确定现在的叶尼塞人与古代先民的关系之前，我们还不能对此说法表示过多的认同。与此同时，尽管还有很多其他的说法涌现出来，同样也并没有哪一种是足够令人信服的。在这些说法中最引人注目的是，施莱格尔（G. Schlegel）提出应将叶尼塞语系奥斯恰克语与古黠戛斯语（即汉语所称坚昆）联系起来，这一说法也得到了汤姆森（V. Thomsen）及顿纳等学者的支持。根据鄂尔浑河突厥文碑铭的证实，奥依克人（Ŏik）与阿热人（Az）这两个名声不彰的族群实际与叶尼塞人存在着亲族关系；而根据兰司铁的说法，阿热人即为阿桑人（Assane）的祖先。

对于有些问题，不管是现在的还是过去的，我们都不能再迟疑了。叶尼塞人曾经居住在更远的南方：仅在两个世纪以前，他们仍然生活在南西伯利亚地区，甚至更早之前，他们的活动范围可以直抵草原。所以，我们不应怀疑在中古和上古时期的某些阶段，他们也曾扮演过相当重要的角色。在顿纳看来，叶尼塞奥斯恰克人是西伯利亚地区最早拥有文明的族群，也正是出于这个原因，我们在突厥语族、蒙古语族和通古斯语族中所发现的大量借入词都来自叶尼塞语。即使在目前证据不够充分的情况下，我还不能像顿纳一样十分肯定他提出的叶尼塞文明即是最早期文明的说法，但我完全同意从语言学的角度来看，叶尼塞奥斯恰克人及其同源的其他民族或多或少都曾在过去与周边的其他族群有过一定的接触，并产生了不同程度的影响。此外，在没有将乔基所列出的萨莫耶德语从叶尼塞语借入词汇表进行完全的研究与否定前，我们也不能确认这些词是否存在。不过豪伊杜（P. Hajdu）在对已经见刊的此类词进行了部分对比后，发现这两种语言都存在一定数量的借入词词义与原词完全相反的情况。而对比之下，顿纳所主张的阿尔泰语系从叶尼塞语借入一说，显得更加可信，因为它们至少确实存在于突厥语和蒙古语中，只是到目前为止它们还没有成为任何专门的研究对象。显然在这里我们也不能开展这项工作，因为即使是只勾勒出一个大概的提纲也是一个巨大的工程。但我们可以就这方面可能存在的一些问题发表自己的看法。比如说，我们必须要考虑到借入词一定是要在两种语言里是双向存在的，就目前而言，我们暂且将视线只限定在叶尼塞语与突厥语之间的关系上。

考虑到这两个语族可能关联性较强，所以我们首先要做的就是区分开借入词传入的时间是古代还是近代。后者的信息很容易得到，它们在一些西伯利亚的突厥语族语言中就能够得到证实，而这些语言也正好与我们所要探寻的语言有着非常紧密的关系。除此之外，一些总被忽视的古代突厥语记录同样可以提供丰富的信息。近代传入的外来词数量不少，比如说，科伊布语（koib.）“*yuq*”（树胶，树脂）、霍尔语（chor.）和萨格语（sag.）“*čuq*”，以及卡拉加斯语（karag.）的“*tuq*”对应叶尼塞语系中奥斯恰克语的“*dik*”、秳语的“*čik*”；卡拉卡尔帕克语（katch.）及萨格语“*quna*”（贪婪的），托布语（tob.）、霍尔语和萨格语“*qunu*”对应叶尼塞奥斯恰克语“*kū'on*”和“*kuone*”。

古代借入词的问题棘手得多。如果借入时年代过早，它们就会融入古突厥语中，那么到今天很可能发展成为一个各语言都在普遍使用的单词，这样我们就很难将它识别出来了。所以古代借入词的问题我们就只能将早期的内容暂时搁置，直到出现除叶尼塞语资料以外的突厥文或蒙古文开始出现相关记载的时期。这里我整理出了下列这些对比：察合台语（tchag.）、吉尔吉斯语、土耳其语、巴什基尔语（bachk.）的“*qoš*”（帐篷、房屋），蒙语“*qoš*”（见《蒙古秘史》），卡尔梅克语“*χoš*”对应叶尼塞奥斯恰克语“*χuos*、*χus*、*kuoś*”，秳语“*hūś*”，阿林语“*kuss*”（在笔者看来，叶尼塞语系词汇与突厥语族词汇的关系，不太可能像印欧语系语言之间那样的相似）。不过，这种类型的借入词的总量我认为不会太多。

此外，对西伯利亚突厥语词汇中外语成分的排查是具有很强指导意义的。第一眼看去，我们会惊讶地发现，在这些语言中存在着大量的词，特别是存在着一些并非源自突厥语族，甚至大部分与这一区域内各语言都没有太大关联的象征着其他文明的词：苏伊特语（soyote）“*käm*”［河流（额尔浑河碑铭中叶尼塞河中的“河”即此词）］；罗布语（léb.）“*köč*”（锅），库姆德语（koumd.）“*kös*”；阿尔泰语、罗布语“*kär*”（妖怪），萨格语、科伊布语、卡拉卡尔帕克语“*ker*”；等等。在我看来，西伯利亚突厥语中这些来源不明的词显然应当被视为源于一种或多种或已消失的古代语言，而这些古代语言我也尝试将其与古亚细亚（paléo-asiatique）联系起来。说实话，要不是我对这一提出了该人群的语言遗存可能与上列词语有关的理论产生了兴趣的原因，古亚细亚一词对我来说本该只是一个模糊的名词。当然，从这一意义上来说，叶尼塞语也可以被定义为古亚细亚语的一部分。

为了准确了解古代叶尼塞语的重要性，我们必须尽可能详细地了解其与其他古亚细亚语言之间的联系，对于古代的游牧帝国来说也需要解决同样的问题。我们目前面临的古代游牧民族语言问题所存在的不确定性，恰恰说明了它们与古亚细亚各民族语言间或多或少有关。不可否认，尝试去研究这些已经消失的语言是一项艰难甚至可能徒劳无功的工作，但所幸这些研究中的一些成果已经能够为我们所用了。

事实上，除了上面提到的存在于现在的西伯利亚突厥语中未知词源的词语以外，还有相当一部分从古突厥语中传承下来却不知其词源的文明词语，而存在这些词的语言中拥有一个共同的特征，即存在一个共同的名词："*laγzïn*" 或 "*laγžïn*"（猪肉）。此外，还有一大批只需精心整理排列出顺序就可引用的材料，它们都可追溯到同一突厥时期，包括人名、官名、部落名。不过，"*Istämi*、*Bumïn*、*ïšbara*、*irkän*、*iltäbär*、*yaγlaqar*、*küräbir*、*yabutqar*、*sikär*" 等词语，既不是突厥语，也不是蒙古语，同样不是伊朗语。这些词语很可能来自柔然人，也就是在突厥崛起前统御他们的主人。

不幸的是，我们对这种语言知之甚少，除了一些人名和官名外，我们只知道几个由中原王朝册封的柔然可汗的头衔。根据伯希和的说法，柔然语应属于一种蒙古语；他的意见从来都很有分量，在这种情况下，我们发现它确实拥有 "－*s*" 和 "－*t*" 这种典型蒙古语复数后缀的特征，如突厥碑铭中记载的 "*ïšbaras*" "*tarqat*" "*tigit*" 等官名都具有这一特点即是明证。但是，柔然可汗的那些头衔看起来在语言上并不符合蒙古语族的特征，尽管这些头衔是由中原君主赐下的。不过我们要知道，在一些特殊情况下，正如 "*iltäbär*" 一词一样，这些头衔用 "－*bar*" 或 "－*bär*" 来结尾也是完全符合构词规律的。就我而言，我认为可以合理地假设以柔然人为代表的古亚细亚人在使用其语言时有着他们自己的特色，而后世语言将其予以吸收的同时也就成为这种特色能够流传下来的一个重要载体。

考虑到所有上述事实，我相信在匈奴语中存在一类与叶尼塞奥斯恰克语紧密相关的文明词汇应当是确定无疑的。当然，我认为即使能够确定匈奴语是一种古亚细亚语言，但如果将其直接归类入叶尼塞语系，条件依然是不够成熟的。此外，不言而喻，别的古亚细亚语言也借用了很多源自其他语言的词语，其中很可能就有来自南西伯利亚的伊朗语单词。所以正因如此，哈马塔（J. Harmatta）提出，“ * *saγdaq*” 一词可能是从古伊朗语传入匈奴语的。

我在这里想讨论的另一个词，是“铁”。

在《新唐书》中，记载黠戛斯也就是柯尔克孜[①]的章节里我们读到：“有金、铁、锡，每雨，俗必得铁，号伽沙。”翻译为汉语后，它的发音为“*ka -sa*”，但无论是在更早的《切韵》中还是唐代的语言里，在书写使用上都用回了黠戛斯语中“ * *qaša*” 或是 “ * *qaš*” 的形式。不过，这个黠戛斯语单词的具体含义还需要一个解释。

在唐代，这个“ * *qaša*、 * *qaš*” 被中国人提出的时代，黠戛斯人被视作突厥人的一部分；根据《新唐书》中的记载表明，“其文字言语，与回鹘正同”。事实上，在同一本书中，我们所能看到的关于黠戛斯语的注释都毫无疑问与突厥语族紧密相关，比如“哀”：“ * *ai*”（月份，月亮）对应突厥语中的“*ai*”；“甘”：“ * *qam*”（巫师，萨满）对应突厥语中的“*qam*”；此外，在我们找到的其他词语如“*alp*、*sol*、*qaγan*、*qatun*”等，在那个时代，都已经被明确视为了突厥语词。

所以同样地，白鸟库吉和艾伯华（Eberhard）最近在研究“ * *qaša*”（铁）这一黠戛斯语单词时，也在探寻它是否与突厥语中的同一词有关。然而，突厥语或任何其他阿尔泰语系的语言都不能向我们提供任何信息。在突厥语中“铁”被写作“*tämir*、*temir*、*tämür*、*täbĭr*、*tebir*、*timĭr*、*tömür*、*dämir*、*dämür*”等形式[②]。在中世纪蒙古语与蒙古文中有同样的“*temür*”，但它在现存的各语言中有多种变体，如卡尔梅克语“*tömr̥*”，布里亚特语“*temer*、*tu̇mer*、*tu̇mu̇r*、*tömör*”，蒙古语“*tu̇mŭr*”，奥尔德语（ord.）“*tömör*”以及甘肃方言的“*t'imur*、*temur*、*temyr*”等。满—通古斯语族中在同样“铁”的概念下也有着一样的词语，也就是满语和晚期女真语中的“*sele*”（古女真语中，据《金史》中记载“*sele*”意为军刀），而这一单词在其他满—通古斯语族的方言中也出现了很多甚至更加重要的变体：“*selä*、*sellä*、*selö*、*sälä*、*sölö*、*hölö*、*śele*、*śela*、*śälö*、*śölö*、*šele*、*šela*、*šelle*、*šöllo*、*žölla*、*čil*”。[③]

然而，众所周知黠戛斯人直到公元 8 世纪才开始采用突厥语，那么在这一时间之前，他们的旧语言应当是以某种双语制的形式存在的。显然，他们很可能也会将

---

① 译者按：即中亚所称吉尔吉斯。

② 参见 Radlov，*Опыт* Ⅰ，pp. 1133，1135，1121，1409，1274，1699，1701。

③ 参见 Grube，*Goldisches Wörterverzeichniss*，p. 90；Cincius，*Сравнительная Фонетика*，p. 321。

“ * *qaša*， * *qaš*”（铁）归并为黠戛斯已经遗失的古语言词。

但黠戛斯人在古代使用的到底是何种语言？可以肯定的是它看起来与阿尔泰语系的语言毫无关联，这也是现在学界关于古黠戛斯语可以达成共识的唯一一点。这一观点主要根据的是汉语文献提供的信息：据记载，黠戛斯人有金色（红色）的头发和蓝色（绿色）的眼睛。而正是这些人类学特征使一些语言学家认为应当将古黠戛斯语与印欧语系联系起来。此外有些学者，比如雷慕沙、克拉普罗特（Klaproth）、里特（Ritter）以及最近的托甘（M. A. Zeki Validi Togan）等，他们主张“日耳曼语族同源”说，还有一些学者，如巴托尔德（Barthold）和马伽特（Marquart）以及其他穆斯林学者，倾向于认为它与斯拉夫语系相近。无论如何，如果只从语言学的角度考虑印欧语系论，那么它就不会令人信服，因为如果不引用语言学事实，就无法解决语言学问题。

由顿纳提出的将黠戛斯语与叶尼塞奥斯恰克语联系起来的语言学理论，在我们看来是一种更需要严谨考证的假设，并且我们已经在上面进行了更加认真的思考。然而，如果不是缺少“*hie - kin* ~ *kīkη*”的同义词的话，她也没有足够有利的语言学证据。不管怎样，顿纳的理论在黠戛斯的“ * *qaša*， * *qaš*”（铁）这一词源中都没有找到理论上的支撑——叶尼塞语系中没有任何疑似接近这一文明的词语。

在叶尼塞奥斯恰克语中，恰巧有一个词语有“铁”的概念，卡斯特伦表示它是“*ē*”的形式（见其著同上，第 159 页），而在印巴斯克方言中，克拉普罗特则把这同样的单词记为“*ei*”的形式。这也是我们在复合词“*ēgdon*”（铁刀）中可以看见的同一个单词；即复合语中的第二部分。叶尼塞奥斯恰克语“*doan*”（刀）、科特语中的“*ton*”，也具有同样的意思。而单词“*ēg*”明显可以联系到“*ē*, *ei*”（铁），其形式可以推广为叶尼塞奥斯恰克语中的“*ēgintät*”——动词“*deität*”（锻造）的命令式，而“*degintät*”为其过去时形式。

在科特语中，单词“*ē*, *ei*”（铁）是完全未知的，但在同样的意思上，我们已知的词形则有“*t'ip*”① 和“*tip*”（据克拉普罗特），这也都被证实以“*thep*”（据克拉普罗特）和“*tepp*”［据帕拉斯（Pallas）］的词形存在于阿林语中，而在阿桑语中我们也发现了“*tip*, *tüp*”（据克拉普罗特）。科特语中的这个单词似乎也不是完全孤立的，至少有人提出它是接近于汉语中的“铁”字的，但后者是古“铁”字

① 参见前引卡斯特伦其著，第 219 页。

的发音，且它与科特语词源的结尾是相反的。严格来说，我们考虑到在科特语中，可能有语音异化的现象（如“*t'iet > t'iep*”），然而，这一假设并没有得到足够的证据确认；“铁”在福州话中读作“*t'iek*”，也同样不能证明，因为它在所有涉及这一词尾的单词中只是第二次出现。另外，也有学者尝试将“*t'ip*”与“*temür*”联系到一起。这确实是一个值得期待的假设，尽管它只是暂时的猜想，因为突厥—蒙古语的词尾仍需作进一步具体的解释。

此外，在查阅萨莫耶德语词汇后，我们得到了更高质量的反馈，在我们所感兴趣的高地亚洲文明词汇中，我们发现了一系列值得记录的词。尤其是在萨莫耶德奥斯恰克语中，定义铁或是金属，会用到以下这些词语：“*kues*”（据卡斯特伦），“*ku̥ŝs̥*，*ku̯ŝ*，*kuə̂s*，*kuə̥sᵊ*，*kuə̂sᵊ*，*ku̯ɒs*，*kuəzᵊ*，*kβə̥s*”（据顿纳）这些对照也并非是完全推陈出新的，朔特在其《关于真正的黠戛斯》一书中就提到了这些词语①。而朔特也认为这些单词都可以成为他所支持的观点的论据，也就是他所追随的卡斯特伦的观点，即黠戛斯人所用语言为一种萨莫耶德语。

然而，后来朔特的观点在没有被正式驳斥的前提下被默认地否决掉了，毫无疑问，这是由于从芬兰—乌戈尔语族中看来，它具有不可逾越的语音困难。单词“*kues*”并不只是限定在萨莫耶德奥斯恰克语中出现，它在其他萨莫耶德语言中也被广泛发现，甚至同样出现在了芬兰—乌戈尔语族的语言中。下面这些是萨莫耶德语言中最重要的词：尤拉茨语“*jēsea*，*jēse'*，*jezä*，*wese*，*wešeä*”、卡马斯语“*baza*”、叶尼塞语“*bese*”（据卡斯特伦）。更多的具体细节与芬兰—乌戈尔语族的同一性可以参见顿纳的著作 *MSFOu* 第六十九章第 132 页。

我们反对朔特的“词源比较说”的主要难点在于，萨莫耶德奥斯恰克语的词首字母“*k*（*ḳ*）”代表了一种只发生在这种语言中的变化，所以我们必须就这个词找出一种和原始萨莫耶德语中一样的词首擦唇音。然而，在我看来，困难不应阻挡我们。如果我们同意卡斯特伦和朔特的观点，也就是古黠戛斯人说的是萨莫耶德语族中的一种南方语言，那么问题显然会变得很简单。在这一假说中，唯一值得批评的观点应是如果萨莫耶德奥斯恰克语中“*k* -”词首取代了萨莫耶德语族通用的“*β* -”词首，其时间就必须限定到一个足够古老的时代，即从公元 7～8 世纪延用至今，但这是不可能的。即使我们假设，从黠戛斯与萨莫耶德并不相同的假说出发，并且黠戛斯语中的“ * *qaša*，* *qaš*”也只是萨摩耶德语中的借代词，但语音

① 参见 W. Schott，“Über die echten Kirgisen”，p. 442。

上的困难仍旧是不可逾越的。当然，在这种情况下，就不能将黠戛斯语的词直接追溯到常见的萨莫耶德语中，而是应该探寻其与萨摩耶德奥斯恰克语的相关性。此外，如果让我们能够假设黠戛斯语是从萨莫耶德奥斯恰克语族或是相近的萨莫耶德语中进行借代的话，必须假定该语言中词首“k -”的出现足够古老，以便它可以被黠戛斯人借用。此外，萨莫耶德语在其存在的时间里，使用它的国家必须能够与黠戛斯人产生接触。

然而，一些坚信萨摩耶德乌拉尔为“原始故乡”的芬兰—乌戈尔人，拒绝承认有这样一群人在相近的时间内同样出现在南西伯利亚的说法。他们认为萨莫耶德人开始其向东的迁徙相对较晚，而我们所见的黠戛斯语词汇就出现在这样一个时期，它存在的争议过大，以至于不能推测两族人民之间在当时的关系。当然，这一观点也不是被所有芬兰—乌戈尔人所接受的。比如在乔基的假说中，萨莫耶德人早在基督时代前后就生活在了南西伯利亚地区靠近伊里奇（Irtiche）与鄂毕河流域的地方。有意思的是，乔基坚持认为，南萨莫耶德人，尤其是萨莫耶德奥斯恰克人与黠戛斯人是或多或少有关联的。也就是说，他认为叶尼塞奥斯恰克人应当是后者的后裔。

在顿纳看来，黠戛斯人绝非是萨摩耶德人的一部分（他认为是叶尼塞人），而他似乎接受的是拉德洛夫的古老假说，即萨莫耶德人自古就存在，从唐代开始便或生活在蒙古高原上，或生活在南西伯利亚地区。而事实上，他们其实是一些起源并不明确的部落，与生活在同一地区的突厥人接触频繁，这在中国的一些史书中曾被简略记述过。他们中最有名的无疑是“都播”（或称“都波”）部落。这些部落中的一些人可能使用的是萨莫耶德语，但如今对这一复杂问题的细节进行求证，即使并非不可能，也是非常困难的。无论如何，过分重视这些模糊的信息，并认为只能通过中国的记载来确定当时这一地区是否存在萨莫耶德人，无疑是错误的。

总而言之，我认为情况很可能是，萨莫耶德人或者更准确地说是南萨莫耶德人，包括萨莫耶德奥斯恰克人，都是在相当早的时间便抵达了中南西伯利亚地区。但我们也不能自欺欺人地承认，他们在不早于6～7世纪的时候便与生活在高地亚洲的其他族群有过接触。对于乔基提出的假设，他希望把这个接触的年代追溯到汉代之前，远在尚为原始萨莫耶德人的一个更加遥远的时期，但这对我来说是完全不能接受的。

然而，我们也必须感谢乔基提醒了我们需要注意萨莫耶德语中的叶尼塞元素。它们大都非常古老，而且作为有着积极意义的一部分，都是中西伯利亚萨莫耶德历史中的可靠参照点。这些元素作为一种见证是很有价值的，因为就萨莫耶德语和阿尔泰语之间的共同要素而言，通常很难区分什么是突厥语族、蒙古语族或满—通古斯语族的词汇，它们经常会被视为直接的借入词，并且很多人可能还会受到乌拉尔—阿尔泰假说的影响。尽管如此，我们必须考虑这些阿尔泰语和萨莫耶德语共同的内容，而这其中一定数量的词语显然与萨莫耶德语中的借代有关。

如果我们想搞清上边的后一个问题，就必须查明是否存在这样的地点，可以直接证实在古代的时候，萨莫耶德奥斯恰克人与突厥人、蒙古人等部族有过直接的交流。如果是这样的话，就像乔基和豪伊杜所说的那样，这意味着萨摩耶德—奥斯恰克语早在那个时代就必须具备某些与其他萨莫耶德语不同的特征。

现在我们又回到了敏感的萨莫耶德语“*k* -”词首问题。即使在今天，我们仍有权利通过对萨莫耶德奥斯恰克语先前的创新的研究来对“*k* -”词首进行质疑。无论如何，这个问题最终只能通过相似性类比来解决。不幸的是，在萨莫耶德奥斯恰克语中能够确定的同性质词的数量上，一个“*k* -”词首的单词和“*j* -，*b* -”词首单词相比，在其他萨莫耶德语言内出现的数量几乎不超过十五个。在这样的情况下，并不允许我们能够整理出一个足够多的借代词的列表，来比较萨莫耶德奥斯恰克语与相近语言中的“*k* -”词首单词。

尽管如此，我们还是可以发现两个相似之处，尽管这两个相似之处并不完全相同，但从困扰我们的问题的角度来看，还是可能会带来一些启发。第一个是兰司铁提出的蒙古语中“*gedesün*”（肠子）一词［即卡尔梅克语“*gesn̥*”、布里亚特语“*gedese*, *gedehän*, *geteheŋ*, *getehün*”、梅根语“*gidiese*（马）”、达斡尔语“*g̰edĕs*”、莫戈勒语（mog.）“*gesan*”］与相似的萨莫耶德奥斯恰克语中“*käd*, *käte*, *kät*, *kättu*, *kätä*, *kete*, *ket'*”、卡马斯语“*bedü*”、叶尼塞语“*bere*, *bede*”、尤拉茨语“*jēdu*”的比较[①]，而其相似性由兰司铁于1936年进行了补充，记载于其著的《卡尔梅克语词典》中[②]。第二个相似性则是笔者试图提出的。除了由于某些困难而有所保留以外，仍有以下这些词语：蒙古语“*keriye* < *kerige*”（乌鸦）（卡尔梅克语“*kerε̄*”）、布里亚特语“*kereä*, *kirē*, *χirē*”、奥尔德语“*k'erē*”、梅根语“*k' ḛriē*”对应萨莫耶德奥斯恰克语“*kueré*，*kuereä*，*kuerä*，*kereä*”（乌鸦）、卡马斯语“*bari*，*báre*，*bare*”、尤拉茨语“*warŋa*，*warŋe*”[③]。

---

① 参见 Ramstedt，“Zu den samojedish - altaischen Berührungen”，*FUF*. Ⅻ，1912，pp. 156 - 157。

② 参见 Ramstedt，*Kalmückisches Wörterbuch*，p. 135。

③ 对于其中的萨莫耶德词汇以及相关的芬兰—乌戈尔语族词汇，参见前引顿纳其著第130页。

剩下的部分中，黠戛斯语中“ ＊*qaša*，＊*qaš*”的同义词在萨莫耶德奥斯恰克语中的“*kues*”并没有表现出语音上的严重困难。至于元音部分，考虑芬兰—乌戈尔语族中的词已经足够了，如芬兰语中的“*vaski*”（铁）、匈牙利语中的一部分“*vas*”，以及奥斯恰克语中的“*kuel*”（鱼），还有芬兰语的“*kala*”、匈牙利语的“*hal*”等。而在萨莫耶德奥斯恰克语中词尾的“*š*，*s*，*z*”以及芬兰—乌戈尔语中“*śk*”的结尾[①]对比黠戛斯语中的“*š*”，解释就足够简单了。

由朔特提出的萨莫耶德词源论，总是能提出很多相似词语，而将黠戛斯语中的名词“铁”与萨莫耶德奥斯恰克语单词联系起来是非常有吸引力的。不过，我们必须问自己，究竟“ ＊*qaša*，＊*qaš*”一直是黠戛斯语词汇中本身不可分割的一部分，还是在这里它被作为借入词引用自萨莫耶德奥斯恰克文明。如果我们仍然在这最后一点上犹豫，那是因为黠戛斯人使用的语言还不能被确定：这种语言在汉语已知典籍中的记载实在是太少了，以至于我们不能证实它到底属于萨莫耶德语族还是叶尼塞语族这一假设。

然而，这一指代“铁”的词语并没有随古黠戛斯语一同从高地亚洲消失，它再次出现了，以一种不规则的形式出现在契丹语中，正如白鸟库吉[②]和艾伯华[③]提出的那样。

事实上，在《辽史》的记载中，辽圣宗（982～1031 年在位）在位期间契丹 34 支部落中有一支叫作“曷术”，根据史料的注释，这一部落的名字在契丹语中就是“铁”的意思，而在同一本书的另一个重要篇章中又重复了这种解释（《辽史·食货志》），它提到“有曷术部者多铁；‘曷术’，国语铁也”。

毫无疑问，契丹语中的“曷术”与黠戛斯语中“ ＊*qaš*”（铁），代表的是同一个单词的不同变体。然而，契丹语词语的复原也给我们提出了一些困难，这些困难在许多其他文献记录中表现出相同的方面，值得我们更仔细地考虑。

这一被中文记录为“曷术”的契丹语单词，其实不一定是“*γât-dẑi̯uĕt*”一词，也不一定是从唐代汉语中“*γâδ-ẑuəδ*”一词产生的变化，艾伯华和巴赞持这一观点。在辽代之后的元代中，汉语演变的两个连续性阶段同时出现在一个单一的时代：被八思巴文书记载证实存在的旧汉语，与被《元史》外族词汇中记录下来的当时的日常汉语。显然，后者在后续记载中是具有代表性的，它也出现在

① 参见 H. Paasonen, *Beiträge zu fugr - samojedischen Lautgeschichte*, Budapest 1917, pp. 244 - 245。

② 参见前引其著第 43 页。

③ 参见 Eberhard, *Belleten* Ⅸ, Ankara 1945, p. 336。

《辽史》中。

为了只提起这个语言中最重要的特征——旧汉语中的词首浊辅音已经消失了，位于词尾之前的词首“*je*”以及词尾“*tche*”（在旧汉语中为“*ži*”），也已经转化到了现代的发音，比如，汉字“而”被用来记录外语发音中的“*r*”。然而，《辽史》的语音译写方式与《元史》在很多方面并不相同，其与《蒙古秘史》中所采用的完整且完善的语音译写系统有着更大的差异。

但这还不是全部。对于外来词的复原，仅考虑其在汉语文献记载中所处的时代是不够的。显然，如果是从语音角度来说，对存在于当时汉语文字中的外语音节进行译写，是没有任何困难的。然而在汉语史籍的记载中，这种汉语译写能够与所探索的外语形式严格对应的情况却很少存在：这种对应在蒙古语中有“阿里麻”（苹果）对应“*alima*”，“察孙”（雪）对应“*časun*”（或“*č'asun*”）。但是，当我们看到的是一个在汉语中没有对应字词的外语音节，汉语就不得不进行词的替代，即选择一个或多或少类似于该音节的文字来进行译写。对于同一个外语音节的译写，汉语中也会根据它想突出的是外语音节中的首字母发音还是主元音发音等情况而做出不同的汉字选择。

例如，以外来音节“*qa*”这一在维吾尔语和蒙古语中都十分常见的发音为例，从元代汉语记载的视角，这个音节呈现了一个既关于声母译写也关于韵母译写的困难。

在汉语中没有，甚至可能从未有过以软腭喉塞音作为词首发音的[①]。而这些在外语中相同的首字母一般都被用汉语中的喉擦辅音来记录，所以我们用“*χo*”和“*χu*”代替“*qo*”和“*qu*”，因此在这里可以看到一个替换的过程。而词首为软颚喉塞音的汉语词汇（在这里，这些单词属于什么类别不是很重要），通常在译写外来词中相同的词首软颚喉塞音音节时会对应地保留下来。这里有几个例子：“可可”（蓝色）“*kökö*”、“篾克只”（母猪）“*meke ǰi*”、“格儿”（房子）“*ger*”[②]、“革捏”（离开）“*gene -*”、“申革”（老鼠）“*šinge（r）*”、“塞克”（貂，貂皮）“*seke*”[③]。

因此，对于外来音节“*qa*”的译写，我们必须借助汉语中的“*χa*”。但无论是

① 高本汉在 *T'oung Pao* XXI, pp. 11 - 12 中，否认了它们的出现，而马斯佩罗（H. Maspero）甚至提出在古代吴方言中也没有其存在。

② 参见《汉 - 蒙词典》，1389。

③ 参见明四夷馆编《女真译语》。

在古汉语中，还是初始的（元代）中世纪汉语中，都没有“*χa* ”发音的汉字流通使用，直到明代才开始普遍使用“哈”作为“*χa*”音的对应。因此，我们有必要再来审视一下这种替换的规则。然而，对于这个音节的译写，有三种替代方法。

一、使用第二类词汇中的开口音“*hia*”，因为这一类词汇已经包含了主元音“*a*”，所以一般会忽略掉此类单词中间的“*i*”。比如，“匣剌阿木”“下八儿”[①]“匣罕”[②]。

二、使用第一类词汇中的喉舌音，因为这里还存在主元音“*a*”（*houa*），所以不再考虑元音“*u*”。比如，“达鲁花赤”“秃鲁花”[③]。

三、不使用主元音“*a*”的话，我们可以用元音“*o*”来代替。比如：“合罕”“合必赤”“合不儿合”[④]。从考察契丹语的角度来看，这最后一个例子非常有启发性，因为它的第一个字的发音就是喉舌音。

然而，“曷”这个字，也就是契丹语“曷术”一词的第一个字，在古汉语中发“γo”的音，而在中世纪汉语中则读作“*χo*”；在《辽史》中，它也一般被用作代表外语中的“*χo*”发音。但考虑到之前讨论过的情况，它同时也可以代指外语中“*qo*”、“*χa*”及“*qa*”等发音。根据一些迹象，我们偏向于 *qa* 的替换，同时也承认 *χa* 的可能性。

当我们讨论第二个字的替换时，因为一些尚存疑问的细节，导致问题变得复杂了起来。首先，据《唐韵》记载，“术”是一个多音字，即“*chou*”和“*tchou*”两个读音。不过，今天的北方方言中显然前者是为人普遍所知的，而后者甚至在字典上都时有被忽略[⑤]。在这种情况下，未免有些学者会受到误导，不考虑清楚就接受了白鸟库吉将“术”字作为研究契丹语的切入点这一思路。但是，目前我们所看到的情况与过去通用的做法之间显然存在着矛盾，这是应当予以考虑的。

此外，斯坦因（Stein）没有说明理由便采用了“*tchou*”的读音；而早在他之前，当这个字出现在外文人名的译写中时，几位汉学家也是选用了这一发音。事实上，在我们的印象中，“术”的“*tchou*”发音持续了很长的历史时期，也就是在辽、金、元三代他们的文本记录中，这个字与这一发音都是直接挂钩的。

---

① 参见《至元译语》。

② 参见 Chavannes，*T'oung Pao* Ⅸ，p. 376。

③ 参见 Chavannes，*T'oung Pao* Ⅸ，p. 407 ；P. Pelliot，*Journal Asiatique* 1930 Ⅱ，p. 258。

④ 参见 P. Pelliot，*Journal Asiatique* 1930 Ⅱ，p. 260

⑤ 参见 Matthews，*Chinese English Dictionary*，Cambridge Mass. 1947。

不幸的是，在《辽史》中记载的人名和地名并不能为这一研究主题提供任何帮助，因为由于相关注释的缺失，对它的释读只能靠我们今天自己的猜测了。而《金史》中的类似材料也是如此，但在这里我们找到了两个女真语单词，在汉语的注释下，对其释读没有任何困难。

第一个词出现于《金史》卷一三五，即“兀术”（头），这一词的发音就是“*wou-tchou*”而非“*wou-chou*”，因为它代表了女真语中的“*uǰu*”，而满语中也有词形相近、词义相同的“*uǰu*”一词。第二个词出现在同一卷中，代表了一种珍珠，即“银术可”一词，而其在此处的读音也是“*yin-tchou-k'o*”，也就是女真语中的“*yin ǰüke*”。而到了明代，这个词再次出现在了四夷馆编《女真译语》中，不过其形式变为了“宁住黑”。此书中同样还有“泥出”一词，也就是晚期女真语中的“*niču*”。最后，我们还可以参考满语中的“*ničuχe*”。可以看到，所有的规律都是一样的，女真语—满语中的珍珠一词，和突厥语族中的“*yin čü*，*in ǰü*”是相关的。

有趣的是，在《元史》中找寻相关记载的话，我们就会发现书中很多情况下“术”都被读作了“*tchou*”，比如“术赤”① ——成吉思汗的长子。

伯希和在相似的情况下，总是采用“*chou*”的读音，但他将“*ǰu*”音在各自的语言中都做了溯源。我们前文提到的“银术可”一词，他认为应读作“*in ǰ uχa*”②。或者让我们回看一些蒙元时期的汉语文本中那些广泛流传的蒙古语来做一佐证，在这里他依旧认为“*pi-chö-tch'e*”的读音应为“*bi ǰäči*”③。伯希和不仅是致力于探源与解释汉语史籍所载外语词汇这项艰苦工作的先驱，更是一位为我们提供了相当多宝贵信息的汉学大师，有时甚至是最细微的信息也没法逃过他的眼睛。但遗憾的是，尽管如此，他也没能将关于这一读音的争论平息下来。

然而，“术”字的读音似乎可以用这样的事实来解释：“*chou*”这一读音存在的同时，也有“*tchou*”一音作为补充。而至于“阇”一字，情况就更复杂了。但是，尽管这样，我们还是能够给出一个可以接受的解释。“阇”在《切韵》中被读作“*ẓi̯a*”。但是，就我们所知，通常情况下词首的“*chan*”在汉语中发“*ts*”或是“*s*”音，如“辰”“成”“酬”。不过，这一发音规律也不是硬性的，还有很多其他发音的情况存在，在北京话中的“*s*”和“*ts*”有时在其他方言里并不这样读，

① 见该书卷一六及其他多处。

② 参见 P. Pelliot, *Journal Asiatique* 1913 Ⅰ, p. 468。

③ 参见 P. Pelliot, *Journal Asiatique* 1930 Ⅱ, p. 252。

比如“殊（*shu*）”在许多南方方言中读“*su*”。而在一些韵母前，声母“*ts*”音只见于一些中部方言中。但是“阇”字也是一个平城方言中的字，因此可以假设它在一些其他汉语方言中有“*ts*”音的存在。换言之，方言中，“阇”并不是读作“*chan*”的，而是“*tchouang*”。实际上，在古代佛经中这一字发后一读音的情况也是屡见不鲜的，“阇鼻多”，又称“荼毗”“毗阇夜”（僧死而焚其尸）。

然而，在我看来，这并不足以解决我们的问题。我们不能忽视在进行汉语译写时，一些特定的字都有“*š*”（*ṡ*或*ṣ*）的词首，而这一特色似乎专门应用于对外文中塞擦音的译写。

伯希和早已指出“搠”这一汉字，在涉及“*J̌o*”发音的一系列词语需要进行汉语译写时都会出现[①]，如：“搠搠阑”“搠只哈撒儿”“搠思吉斡节儿八哈失”。说实话，伯希和提到的“*J̌o*”音对应，在这些语句中并不十分确定。而且诸如“*J̌oq J̌oran*”，一种尚未准确定义的河的名字，很可能与“*čoqčoran*”发音相同。而“搠思班”已确定应读作“*čos-gi*”或“*čos - ki*”（而非“*J̌os - ki*”），同样的，“搠思班”读作“*čos - bal*”，它和藏语的“*čhos - dpal*”一词有关[②]。

但在这种情况下，我们还是有足够的材料来论证必要的准确性。《蒙古秘史》为我们提供了十几个蒙古语族共有的或是蒙古语中独有的带有“搠”字的外语译写词。事实证明，在所有这些词中，没有一个我们可以认定代表“*J̌o*”的发音，相反，“*čo*”却始终能够令我们信服。

这些是最重要的一些印证：“搠儿马罕豁儿赤”，这一著名的蒙古将军在伊朗扮演了重要的角色；“搠干思察罕”，豁罗剌思部首领，在成吉思汗击败札木合后率部归附；“巴忽搠罗吉”札木合联盟中珊竹部首领；“搠壇”，孛儿帖的母亲，成吉思汗的第一个妻子；“搠干儿合”，一个地名。此外还有以下这些词：“*čoči*”（害怕）、“*čoqori'ul*”（打翻）、“*čo'orqatai*”（带锁的……）、“*čoki*”（凿，钻孔）、“*čöles*”（笔直地）、“*čolayita*”（犯错）、“*qočor*”（落后）、“*qočoda*”（迟到）。

在这里，我必须要给大家介绍一本汉文与回鹘文的对照分类词汇集，即《高昌馆译书》，尽管其中的内容并不总是正确的。

在某些情况下，我们面对的是从各个方面看上去都寻常的译写。因此从这一角度来

---

① 参见 P. Pelliot, *Journal Asiatique* 1913 Ⅰ, p. 456。

② 参见《元史》，卷廿一。

说，我们可以参考以下这些例子："搠"（跪，拜倒），读作"*čök*"——参考突厥语"*čök*"[①]；"搠呀林"（光辉，光明），读作"*čoγγalïn*"——参考回鹘语"*čoγγalïn*"[②]；"搠儿"（可食用的木棒形食物），读作"*čöki*"，这个词十分罕见，拉德洛夫将其记作了"*čügi*"的读法[③]，但经我们验证，这一读法可能并不正确。在《回回馆译语》中该词被记作"超儿"的形式，我给它注音为"*čäüki*"。而在《韃靼馆译语》中，它则是写作"搠乞"，即"*čöki*"的读法。

在其他情况下，《高昌馆译书》并没有准确记述回鹘语的发音，在很多时候将突厥语中明显应发作"*ču*"音的音节记录成了汉语中的"*čo*"。这里有一些例子："搠不罕"（枣）被记作了读"*čobuγan*"，而其真正的发音应为"*čubuγan*"；类似还有"楮卜安"，应读作"*čubuγan*"。下列这些单词也同样是这种情况："兀搠"（劣质的毡布），记作"*učoq*"[④]，实际应读作"*učuq*"；"哈搠"（背包，褡裢），记作"*qapčuq*"，实际在突厥语中应读作"*qabčuq*，*qapčïq*"[⑤]；"苦拴搠"（褥子），记作"*küšönčög*"，实际应读作"*küšünčüg*"[⑥]。

尽管最后这些例子中的注音符号或许还是存在不准确的情况，但还是可以通过这些确定"搠"字，在高昌馆的记录中指代的就是词首的"*čo*"音，即一个塞擦音声母。此外，不是偶然，在所有的译写中，"搠"字发"*čo*"音都被证实，另外，在《高昌馆译书》中，回鹘文字词是用回鹘文和汉语译写同时记录的。

而对于那些在记述时词首发音异化的情况，《高昌馆译书》也给我们举出了案例："顺"字在汉—回鹘文对照时用来记述"*dži̯uĕn*"的发音，尽管它在中世纪汉语中应读作"*šün*"。事实上，这同一发音在下面这些记述中也有出现："顺哀"（闰月），回鹘文写作"*šün ai*"；"顺都儿哈"（一种植物的名字），回鹘文写作"*šuldurγ-a*"；"豁儿噶顺赤"（锡匠），读作"*qorγašunčï*"。这些前腭擦音的发音在记述中都被准确地还原出来，而且我们还有一个回鹘语音节"*čün*"也用汉字"顺"做对应的例子："羽顺尺哀"（三月），回鹘文记作"*üčünč ai*"。

考虑到所有这些情况，我们必须承认关于"阇"字发音的问题，也可能存在

① 参见 Radlov，*Опыт* Ⅲ，p. 2034；Gabain，*Alttürk. Gramm.*，p. 108。

② 参见 Gabain，*Anal. Index*，p. 19。

③ 参见 Radlov，*Опыт* Ⅲ，p. 2193。

④ 参见 P. Pelliot，*Journal Asiatique* 1925 Ⅱ，p. 242。

⑤ 参见 Radlov，*Опыт* Ⅲ，p. 429-430。

⑥ 参见同上。

其在中世纪汉语中读作“ṣ̌ə”，但在记录蒙古语音节“*čo*”时发作另一音的可能性，正如“捌”的情况一样。所以《元史》中我们见到的“*pi-chö-tch'e*”也就是“*bi če či*”，应当被对应到“阇里必”一词上①。

在这种情况下，即使我们不刻意对“术”进行相同的解释，但事实上，这些情况似乎都显示了同样肯定的答案。

在成吉思汗统治时期，回鹘语中“*l'ïdïqut*”被称作“*Barčuq*”。其名出现在《元史》卷一二二其传记中，也就是“巴而术阿儿忒的斤”，准确发音为“*Barčuq art tigin*”。“*Barčuq*”的发音与其在突厥语中的发音并不完全相同，其他文本中的记述也支持了这一点。在1362年的《汉—蒙词典》中，汉语部分的回鹘名“*l'ïduq qut*”被记作了“巴而术阿”，所以这里我们看到了同样的“术”字。而其蒙古语的部分中，按照回鹘语的写法写作“*Barčuq art*”②。此外，在《元史》卷一二四中，同样的名字被写作了“八儿出”。而在《元史》卷一〇九的另一页记载中，我们从“*chou*”发音出发，如果存在其多音字“*tchou*”的发音，在这一情况下应该是有其他的原因：我们这里发现了“术”的另一同音异体字，即“巴而述”中的“述”字。此外，有趣的是，我们看到“述”字也同时被突厥语族中的克烈族人用来记录了“*šu*”音节的发音，如“按敦阿述”。

虽然如此，“巴而术（述）”一词也并不是唯一一个用“术”字来记录“*ču*”音节发音的单词。比如《蒙古秘史》中提到的著名的成吉思汗帐下四杰之一的博尔术的“术”在《元史》中其发音就记作了“术”字。而在明代一个汉文文本的记载中，有一老鼠和鸟生活在同一个山洞里的传说，老鼠在蒙古语中就被叫做“苦术兀儿”③。在这里，汉字“术”再次在“*küčü'ür*”这一词中替代了“*ču*”的发音（该词的发音如若写作“*küčü'ür*”对我来说是不能接受的）。这一《蒙古秘史》中记作“窟出古儿”（读作“*küčügür*”），表示老鼠的名词，在如今的蒙古语族各方言中似乎都已经消失了。

但这里又出现了另一个问题：如果“术”代表的是外来词中“*ču*”的发音，又该如何解释“术赤”（*J̌uči*）、“银术可”（*in J̌üke*）以及“兀术”（*u J̌u*）等词中它代表的其他音节呢？在这些情况下，我们是否应该假设“*tchou*”这一补充发音

---

① 参见《元史》，卷一五〇。

② 参见 F. W. Cleaves, “The sino-mongolian inscription of 1362”, *Harvard Journal of Asiatic Studies* Ⅻ, 1949, pp. 30, 43, 62, 100。

③ 参见 P. Pelliot, *T'oung Pao* XXXVII, pp. 41 – 42。

是基于汉语文本而得来的呢？

对于“术赤”这一人名来说，上述假设显然是说不通的，因为伯希和的重要发现为我们提供了一个足以令人满意的解释：蒙古人的名字在书写记录上并非一成不变，同一个人名在用蒙古语和突厥语记录时可能会产生不同的变化[1]。这也就是我们用来理解同源对似词的方法，如“*Möngke*”与“*Mängü*”（蒙哥）、“*Yaγan*”与“*Yanga*”（扬加）等。不过，成吉思汗的长子被其他穆斯林称为“*tuši*”，而在《蒙古秘史》中则被记作了“*J̌oči*”（拙赤）。但在突厥语中是不存在“*ǰ*－”词首的。所以在突厥语中它的同源对似词可以通过另外两种方式得到，一种是用“*y*－”来代替“*ǰ*－”作词首，也就是“约直”（*J̌oči*）这一记法；另一种则是用“*č*－”来代替“*ǰ*－”，这个替换出的就是我们最为熟悉的“术赤”（*čuči*）。

而我们前文提到的“银术可”和“兀术”，情况则又有一些不同。在这两个词中，“*J̌u*”不再有同源对似词的拓展。相反的是，基于“*tchou*”的发音的译写不再可行，我们必须要从“*chou*”音出发。这也确实是其他汉文文本中在对女真语词汇记述时所体现出来的。比如说，在《金史》卷一三五中，有一词“沙忽带”（船），女真语中应读作“*J̌aχudai*”，其与满语中的“*J̌aχôdai*”一词同义。而在满语中该词又与“*J̌aχa*”（小艇）一词紧密相关，这些都可以追溯回“*J̌iχa* < *diχa*”这种变化。而事实证明后一种形式的变化在晚期的女真语中确实是存在的，如“的孩”（船）读作“*diχai*”，以及“的哈”（船）读作“*diχa*”（据四夷馆记载）。

“沙”在古汉语中读作“*ṣa*”，但它同时也被用作了对女真语中“*J̌a*”音节的记述，就像“术”字用来记述“*J̌u*”音节在“银术可”和“兀术”中的发音一样。“沙”字本来并没有相应的发音“＊*tcha*”，而正是汉语将这一前腭擦音置于了词首，使其代替了外来的塞擦音音节。尽管目前还没有证据支撑，但我们也很难想象汉语的发音中会有这种词语组合的存在。此外，女真语中的“*ša*”音也很可能同样是用这一汉字来记述的。

在这方面，让我们再来看另一个女真语单词，同样出自《金史》卷一三五的“沙剌”（裙子的褶边）一词。该词显然应读作“*šala*”，它与满语中其同义词在形式上也是完全一致的。确实在原则上我们可以假设在古满语中也存在“＊*čala*”的形式，如“*ša-nggiyan*”（白色的），“*ša-χôn*”（浅白的）——词首替换成“＊*ča-*”

---

① 参见 P. Pelliot, *Journal Asiatique* 1913 Ⅰ, p. 459。

（参见蒙古语中同义的“*ča-γan*”与“*ča-γi-*”）等，但是这些词形出现时所追溯到的年代对于女真语来说未免有些过早了。而且我们也很难通过它直接联想到下列这些蒙古语单词：“*J̌alaχa*”（鸟冠、花簇）、“*J̌alama*”（经幡），因为抛开语义上的生僻不谈，它们在语音上也很难和“*šala*”产生联系。

所以我们现在基本可以断定“沙”字同时代表的就是女真语中“*J̌a*”与“*ša*”的发音。

为了更好地理解以上诸记述的反常之处，我们有必要再比照一些截然相反的事例。

“沙”、“阇/设”、“搠”、“术述”以及“顺”分别对照的是突厥—蒙古语中的“*če*”、“*čo*”、“*ču*”和“*čun*”以及女真语中的“*J̌a*”和“*J̌u*”。然而，毫无疑问所有这些单词在中古汉语中的发音都是前颚擦音字首的。如果它们作为汉字被用来记录外来塞擦音音节，那么显然它们是具有汉语中不具备的特殊发音的，而这些发音只能通过转写才能记录下来。不过这些特殊的发音又是什么？

对于爆破音和塞擦音来说，中古汉语有两个系列的词首发音：一种是送气的强清辅音（*k'*, *t'*, *p'*, *tś'*, *ṭṣ'*, *ts'*），另一种是不送气的弱清辅音（*G*, *D*, *B*, *D́Ź*, *ḌẒ*, *DZ*）。这些词首与现在北方汉语中的词首仍旧是相同的，然而第二种弱清辅音特点只被少数语言学家承认，如伯希和与高本汉等，这些音被译写为不送气的弱清辅音（在法语语音系统中为 *k*, *t*, *p*, *tch*, *ts*）。

在蒙古语中，也有着完全相同的两类词首，虽然蒙古语中缺少汉语中的一些词首，但这并不重要，反之亦然。然而，在目前的音译对照规则中，对于第一类词首，送气的特点并没有被译写（*k*, *t*, *p*, *č*），另外，弱清辅音被译写为弱浊辅音（*g*, *d*, *b*, *J̌*）。这种状况的出现是蒙古语在13～14世纪的特征，也是当今大多数南方蒙古语方言的特征。而注释中提到的汉语“*tch*”对应蒙古语的“*č*”与汉语“*tch*”对应到蒙古语中的“*J̌*”表示的也是同一类的发音。因此，我们可以看出，蒙古语在汉语中的译写一直是以一种机械的方式存在的。

突厥语则完全不同。这种语言虽然也同样拥有两种形式与发音的声母（清辅音与浊辅音），但有一点非常重要的差异：在第一类词首中它完全省略掉了送气，同时第二类中的弱辅音是完全浊化的（即使在今天，也只有楚瓦什语在这一方面是个例外）。因此很容易理解，突厥语在译写至汉语时，遇到了需要通过替换首字母来表示同一个突厥语首字母的困难，有时是第一类，有时是第二类首字母，但没有一个固定规则。结果，人们有时候就会犯这样的错误，即用蒙古语的规则套用到突厥语上，比如“阿荅”（父亲）“＊*ada*”应为“*ata*”，“必的”（书）“＊*bidik*”应为“*bitig*”，“苏坤”（洋葱）“＊*sükün*”应为“*soχun*”，等等[①]。

对于突厥语中的爆破音来说，汉语中没法找到较为接近的发音，甚至无法找到模棱两可的替代。相反的，对于突厥语中的塞擦音，尚能够用前腭擦音的字首字来表示，这类字在突厥语中都较为少见，就更不要说在汉语中了，这类字通常也被称为“齿头音”。

简而言之，汉字“沙”“阇/设”“搠”“术/述”“顺”原则上来说，既可以代指不送气的强清辅音，又可以代表弱浊辅音；比如记述形式不定的“博尔术”与“苦术兀儿”等，采用的就是不送气的强清辅音。事实上，我们可以看到这种塞擦音的变化不止出现在突厥语中，还出现在13～14世纪的蒙古语中，甚至同样可以见于金代的女真语中。

但是我还想强调一个重要的事实：前颚擦音字首汉字在蒙古时期，可能同时用来记述突厥语、蒙古语、女真语以及契丹语中的前腭擦音；这点可以通过下列词语来证明：“*Ašuq*”、“*šun*”、“*šuldurγa*”、“*qorγašunči*”、“*šala*”。如果这组词的举例还是比较有限，是因为在那个时期突厥语中“*š*－”词首相关的单词较为罕见，但在蒙古语中，除了“*ši*”音节以外，这种以“*š*－”为词首的单词的数量则是十分巨大的。

我已经详细讨论过了曷术部契丹语中的一些汉字译写问题，但我认为提供一些有关蒙古时期汉语记述困难之处的细节是有用的，因为这同时也可以为我将要提出的复原做一注解。

总之，也就是说契丹语中的第二个字母，不涉及辅音“*tchou*”，而明显是发音“*chou*”，它在汉语里的记述是从外来词“＊*qaču*”或“＊*qašu*”译写过来的。如果我们从“＊*qašu*”词源出发在这两个形式中间临时选取一个的话，这显然不是一般译写外来词时的做法，而选择后者，不只是因为它得到了黠戛斯语“＊*qaša*，＊*qaš*”注释的支持，还因为我们认为赞成这种复原是完全有根据的，决定性的证据就是：契丹语中“＊*qašu*”（铁）一词在蒙古语的口语中传承到了今天。

出现“＊*qašu*”一词的契丹语到今天已经几乎不存在了。目前，我们确实有两篇被科尔文（P. Kervyn）在1922年发现的这种语言的长文本存世，但由于它们尚未得到破译，所以我们仍然将汉语文本中已证实的契丹语用作解释说明。这些材料

① 参见《回回馆译语》。

的数量并不是很大，但是我们仍收集到了不包括专有名词在内的近百个常用单词，这些单词已经足够我们断定它是蒙古语族的一部分了。从直观印象来看，拉施特（Rašīdu-'d-Dīn）所著《史集》一书在提到喀喇契丹时，描绘喀喇契丹的语言、形象和风俗，与蒙古人的语言、形象和风俗最为一致[①]。因此，伯希和确切地声称，契丹语是一种与蒙古语密切相关且强烈腭化的语言[②]。此外，我还想补充一点——契丹语是古蒙古语的一种，还因为在 13 ~ 14 世纪时其词首的“*h* -”还表现为“*p* -”，而且这一语言还包含了许多其他外语的因素，包括从女真、渤海、朝鲜，甚至西伯利亚语言中借用的孤立于蒙古语的其他词语。

不幸的是，契丹语在其与蒙古的交流中逐渐消亡了，但它在今天的蒙古语各方言中所遗留的部分却是难以消除的。尽管如此，还有些人在努力寻找契丹语与达斡尔语的相似性，因为现代达斡尔人也认为自己就是契丹人的后裔[③]。我本人倾向于承认达斡尔语与契丹语是存在一致性的，或者更准确地说，应该是其分支方言中的一支。

达斡尔语是一种古老的蒙古语，主要使用于满洲里北部地区，其方言中心有海拉尔、齐齐哈尔、巴特罕、博尔多、梅根（Merghen）、瑷珲等几地，并且该语言中“铁”一词与契丹语完全一致。伊万诺夫斯基在其著《满洲研究》一书中提到了这一单词[④]，在梅根方言中，其词形为“*kasó*”。而我本人也在 1930 ~ 1931 年之间于齐齐哈尔听到其发音为“*χasō*”，此外博尔多方言中的这一单词我记作了“*kasō*”。总之，“*qaso*”在达斡尔文书中读作“*qasō*”是被满语记载的，我也将这一情况报告给了匈牙利科学院图书馆。而这一单词也从达斡尔语传入到了巴尔虎语，并入了布里亚特这一在满洲里北部使用的方言中，伊万诺夫斯基认为其形式应为“*χasú*”[⑤]。

在达斡尔语词汇中，很明显其词首重新加入了一个古字母“*q* -”，这并不令人怀疑在同时期“*a* -”应该是第一个元音，但是同时，它的第二个辅音尚需要进一步的解释。不过达斡尔语的“*qasō*（*kasō*，*χasō*）”与契丹语的“ * *qašu*”十分相

① 参见 Berezin，*Сборниклетописей*，*ИсторияМонголов*，1886，p. 22（波斯文）；Klaproth，*Tableaux historique de l'Asie*，p. 22；d'Ohsson，*Histoire des Mongols* I，p. 113。

② 参见 P. Pelliot，*Journal Asiatique* 1920 I，pp. 146 - 147。

③ 参见 W. Kotweiz，“Les ‘Khitais’ et leur écriture”，*RocznikOrjentalistyczny* Ⅱ，p. 249；以及 E. M. Zalkind 1948 年新著中第 47 ~ 62 页的部分，特别是该书的第 62 页中有非常值得借鉴的参考书目。

④ 参见 A. O. Ivannovskij，*Mandjurica*，*Образпысолонского и лахурскогоязыков*，1894，p. 50。

⑤ 参见上文所述其著，第 76 页。

似，同样相似的对比还有达斡尔语的“*gasō*”（苦的）与梅根语“*gaṣ̰en*”等。这些语音上的相似性还体现在以下这些相似词中：达斡尔语“*gḛsū*”（树枝）与卡尔梅克语的“*gešūn*”、奥尔德语中的“*göšū*”以及蒙古文中的“*gesigün*”。此外，达斡尔语中的“*s*”，在这个位置上，无论古今，在其他方言中通常都写作“*š*”；因此，我们可以假设，达斡尔语中的“*χasō*，*kasō*”，就是“＊*qašū*”的一种方言形态。实际上这确实就是我们最后提到的曷术部契丹语中该词的方言形式，因为细节还需要补足，但在汉语译写中从未体现过元音“*ū*”的发音长度。

在最后的分析中，达斡尔语、契丹语和黠戛斯语词汇都是一种由于地理上相近而产生的同一语言的不同变体，在考古学家和历史学家的共同努力下，这一南西伯利亚地区发达的冶金文化中的各种细节在我们的眼里变得逐渐清晰，而在这些学者之中，基斯拉夫（M. S. Kiselev）给我们提供了一个十分有趣的概述：毫无疑问，冶金学在这一地区的古代铁匠的语言中留下了十分明显的痕迹，并且似乎同样可以肯定的是，在这方面，他们的这些词给了我们非常重要的启发与判断依据。

《中国与域外》第四辑（2021.04）第 273～280 页

中古蒙古语中的突厥语借词[*]

尼古拉斯·鲍培[**] 著　张熙勤[**] 译

蒙古人在 8 世纪初或更早一些时候从回鹘人那里得到了他们的文字。突厥语最早对蒙古语产生影响可能要追溯到鄂尔浑突厥（Orkhon Turks）时代，即公元 7 世纪，但我们没有证据来支撑这个假说。

最古老的蒙古文佛经译本就是回鹘体的。这些译本包含了大量突厥语（回鹘语）词，例如，*sümbür taγ*“须弥山”（*taγ*“山”）、*čaw*（*čau* 或 *čab*）“名声”、*ayaγ-qa tegimlig*“沙门”（*aγaγ-qa* 是回鹘语 *ayaq*“尊敬”的代称）、*quvaraγ*“僧人、神职人员”等。早在 12 世纪，许多历史人物就已经使用了源自突厥语的专用名（proper names）和头衔，如梅禄（*buyuruγ*）、曲律（*külüg*）等。

目前，很少有人对蒙古语中的突厥语借词进行研究。弗拉基米尔佐夫（B. Ya. Vladimirov）有一篇旧文（是相关的）①，但是在该文刊出之前，很少有人知道蒙古语与突厥语的关系，所以弗拉基米尔佐夫几乎没有参照标准来判断他所讨论的所有词究竟是借词还是突厥—蒙古同源词②。在他的文章中难免会有许多词完全不是借词。因此，有必要重新对所有问题进行考察。

---

* 本文根据 N. N. Poppe，“Turkic Loan Words in Middle Mongolian”，*Central Asiatic Journal*，1（1），The Hague：Mouton & Co；Wiesbaden：Otto Harrassowitz，1955，pp. 36 – 42 译出。

** 尼古拉斯·鲍培，美国华盛顿大学教授，曾在圣彼得堡大学、苏联科学院、柏林大学任教或工作；张熙勤，中国社会科学院研究生院。

① B. Ya. Vladimircov，“Tureckie ėlementy v mongol'skom yazykě”，in *Zapiski Vostočnago Otděleniya*，1911（20），pp. 153 – 184.

② 当时，突厥语和蒙古语的亲缘关系仍然是假定的；参见 Julius Németh，Die turkisch-mongolische Hypothese，*Zeitschrif der Deutschen Morgenländischen Gesellschaft*，1912（66），pp. 549 – 577。

本文主要基于《秘史》（*Secret History*，《元朝秘史》）（1240）[①]、《八思巴文》（*hP*ʿ *ags – pa*）（1269 ~ 1368）[②]，以及《华夷译语》（*Hua-i-i-yü*）（1389）[③] 等文本，研究中古蒙古语中的突厥语借词。一些与上述文本共有的突厥语词也出现在中古蒙古时期的伊斯兰文献中，例如在《莱顿写本》（*Leyden manuscript*，《莱顿所藏蒙古写本》）（1245）[④]、《穆卡迪玛特字典》（*Muqaddimat al-Adab*，《Muqaddimat al-Adab 的蒙语字典》）（19 世纪）[⑤] 以及伊本·穆哈纳（*Ibn Muhannā*）的词汇表[⑥]中。这些伊斯兰文献不仅包含了更多的突厥语词，还包含了许多阿拉伯语和波斯语词，但这些词是否全部被运用到了口语中仍然是个疑问。上述字典和词汇表的作者囊括了许多这类词语，因为他们的调查对象（informants）是多语种的，当这些调查对象被要求将一个词翻译成蒙古语时，他们或多或少会用一个随机想到的阿拉伯语或波斯语词来对应。因此，本文所讨论的伊斯兰文献词语，只包括那些可以与《秘史》及上述其他文献相互印证的。

中古蒙古语中的突厥语借词是蒙古语中最古老的突厥语借词之一。这些词大多可以追溯到古突厥语（AT）[⑦]、中古突厥语（MT）[⑧]、库曼语（K）[⑨] 和其他一些古老的语言中。一些来自突厥语的词在起源上是波斯语或阿拉伯语，尽管如此，它们在本文中仍被视为突厥语借词，因为它们是以突厥语为媒介进入蒙古语的。在此，笔者要指出，弗拉基米尔佐夫曾对蒙古语中的印欧语借词和阿拉伯语借词各作过一篇文章。[⑩] 然

---

① Erich Haenisch, *Wörterbuch zu Mangḥol un niuca tobca'an*（*Yüan-ch'ao pi-shi*）, *Geheime Geschichte der Mongolen*, Leipzig, 1939（SH）. 数字代表的是页码。本文所用的抄本是伯希和与田清波（Antoine Mostaert）牧师的抄本。

② N. N. Poppe, *Kvadratnaya pis'mennost'*, Moskva-Leningrad, 1941（P）. 数字代表词汇表的页码。

③ Erich Haenisch, "Sino-mongolische Dokumente vom Ende des 14 Jahrhunderts", in *Abhandlungen der Deutschen Akademie der Wissenschaften zu Berlin*, *Klasse für Sprachen*, *Literatur und Kunst*, 1950（4）; Berlin, 1952（H）. 数字代表词汇表的页数。本文使用的是田清波牧师的抄本。

④ N. Poppe, "Das mongolische Sprachmaterial einer Leidener Handschrift", in *Bulletin de l'Académie des Sciences de l'URSS*, 1927, pp. 1009 – 1040, 1251 – 1274; 1928, pp. 55 – 80（L）.

⑤ N. N. Poppe, *Mongol'skii Slovar' Mukaddimat al-Adab*, Čast'I-II, Moskva-Leningrad, 1938（Mu.）.

⑥ *Spisok mongol'skix slov iz glossariya Ibn-Muxanny po izdaniyu Muallima Rif*ʿ*ata*, Istambul, 1921. 上述脚注引用的是该著作的附录四（I）。

⑦ S. E. Malov, *Pamyatniki drevnetyurkskoi pis'mennosti*, *Teksty i issledovaniya*, Moskva-Leningrad, 1951.

⑧ C. Brockelmann, *Mitteltürkischer Wortschatz nach Maḥmūd al-Kāšγarīs Dīvānluγāt at-turk*, Budapest-Leipzig, 1928.

⑨ K. Grønbech, *Komanisches Wörterbuch*, *Türkischer Wortindex zu Codex Cumanicus*, Kopenhagen, 1942.

⑩ B. Ya. Vladimircov, "Mongolica I, Ob otnošenii mongol'skogo yazyka k indoevropeiskim yazykam Srednei Azii", in *Zapiski Kollgii Vostokovedov*, 1, pp. 305 – 341; "Arabskie slova v mongol'skom yazyke", ibid, 5, pp. 73 – 82.

而，这些词大多是蒙古人从突厥语借用的，而不是直接来自吐火罗语、粟特语或阿拉伯语。因此，本文并没有将阿拉伯语和波斯语词与原始的突厥语区分开。类似的阿拉伯语或波斯语词也出现在现代蒙古语中，如 Mo.（书面蒙古语）*gindan*，喀尔喀蒙古语（Khalkha）*gindaη*“监狱” <突厥语（如乌兹别克语，Özbek）*zindan* <波斯语 *zindān*“监狱”；卡尔梅克语（Kalmuck）*zembl̥*“篮子” <鞑靼语（Tatar）<波斯语 *zanbīl*；卡尔梅克语 *asχɒn*“晚上” <鞑靼语 *aχšam* <阿拉伯语 *aqšam* 同义，诸如此类。将这样的词从突厥语中分离出来是没有道理的，因为它们的直接来源都是某种突厥语。

中古蒙古语中的突厥语借词如下：

al“红色、深红”，《秘史》第 4 页，《八思巴文》第 145 页，蒙古语 *al* - 同义，布里亚特语（Buriat）仅为 *al šara*“偏黄的红色”，卡尔梅克语 *al*“淡红色”，*al ulān* 同义 <突厥语：中古突厥语 *al*“红色”，库曼语 *al*“淡红色”。

alačuγ“帐篷”，《秘史》第 4 页 <突厥语：中古突厥语 *alaču* 同义，库曼语 *alačuq*“临时营房” >俄语 *lačuga*“临时营房”。

alan“车底”，《秘史》第 4 页 <突厥语：阿尔泰语/铁列吉特方言/列别金语/肖尔方言① *alïn*“底部，一个物体上比较低的部分，一个物体下面的部分”，亚库特语 *alïn*“较低的部分”，中古突厥语 *alïn*“前面”，库曼语 *alïn*“前，前端”。

alašas“一个特殊的马种”，《秘史》第 4 页 <突厥语：喀山鞑靼语/克里米亚语 *alaša*“骟马”，奥斯曼语 *alaša*“马”。

aral“岛”，《秘史》第 8 页 <作为一个地名，《华夷译语》第 59 页，《穆卡迪玛特字典》第 104 页“岛”，蒙古语/喀尔喀蒙古语/鄂尔多斯语（Ordos）/布里亚特语 *aral* 同义，卡尔梅克语 *arl̥*，蒙古尔语（Monguor）*arā* 同义 <突厥语：古突厥语 *aral*“森林，小树林”（大平原上的“岛”），吉尔吉斯语 *aral*“岛”。

ariγ“纯洁”，*ariγ usun*“干净的水”（一个地名），《秘史》第 9 页；蒙古尔语 *arag* <突厥语：古突厥语/中古突厥语 *arïγ*“干净的”。蒙古语的格式为 Mo.，*ariγun*，中古蒙古语 *ariʾun*，布里亚特语 *aŕūη*，喀尔喀蒙古语 *ar*^{i}*ūη*，鄂尔多斯语 *arūn*，卡尔梅克语 *ärūn*“纯洁的，干净的，完美的，神圣的”，蒙古尔语 *arãη* 同义。

---

① 以下是突厥语名称的缩写：Alt. —阿尔泰语（Altai）、Chag. —察合台语（Chaghatai）、Kas. —喀山鞑靼语（Kasan Tatar）、Kirg. —吉尔吉斯语（Kirgiz）、Krm. —克里米亚语（Crimean）、Leb. —列别金语（Lebed）、Osm. —奥斯曼语（Osmanli）、Shor. —肖尔方言（Schor dialect）、Tel. —铁列吉特方言（Telengit）、sYak. —亚库特语（Yakut）。

baq“花园”，《八思巴文》第 146 页，《穆卡迪玛特字典》第 109 页 *baγ*＜突厥语：中古突厥语 *baγ*“葡萄园”，库曼语 *baγ*＜波斯语 *bāγ*“花园，葡萄园”。

bars“老虎”，《秘史》第 13 页，《八思巴文》第 146 页 *bars* 同义，《莱顿写本》第 1265 页 *bars* 同义，蒙古语 *bars*，喀尔喀蒙古语 *baras* ~ *bars* ~ *bar*，鄂尔多斯语 *bar*，卡尔梅克语 *bars* 同义＜突厥语：古突厥语/中古突厥语 *bars*“老虎”。

bezirget“商人们”（*bezirgen* 的复数形式），《华夷译语》第 50 页＜突厥语：库曼语 *bazargan*“商人”＜波斯语 *bāzārgān* 同义。

bor“酒”，《秘史》第 19 页，《穆卡迪玛特字典》第 121 页＜突厥语：中古突厥语/库曼语 *bor* 同义。

buqa'u“枷锁（kʿang），一种用一块木板固定到罪犯的脖子上的刑具”，《秘史》第 21 页，参见《穆卡迪玛特字典》第 222 页 *buqa'u*“环形物”，鄂尔多斯语/卡尔梅克语 *buγū*“手铐”＜突厥语：中古突厥语 *buqaγu*“颈手枷”，托博尔语（Tob.）*buγau*“枷锁”，奥斯曼语 *boqaγï* 同义。

bulγa“争执、争斗”，《秘史》第 21 页，参见《华夷译语》第 50 页“起义”，《伊本·穆哈纳词汇表》第 434 页 *bulγa*“斗争”，《莱顿写本》第 1266 页 *bulγaq*“争执”＜突厥语：中古突厥语/ 库曼语 *bulγaq*“骚乱，动乱”，察合台语 *bulγaγ* 同义。

čačir“帐篷”，《秘史》第 25 页，参见《穆卡迪玛特字典》第 130 页 *čadur* 同义＜突厥语：中古突厥语 *čačïr* ~ *čatïr*，库曼语 *čatïr* 同义＜波斯语 *čādar*“帐篷，亭阁”。

čöl“一个地名”，《秘史》第 174 页，《华夷译语》第 59 页，参见《穆卡迪玛特字典》第 136 页 *čöl*“沙漠”＜突厥语：古突厥语/察合台语/奥斯曼语/克里米亚语/铁列吉特方言/阿尔泰语/列别金语 *čöl*“干草原”。

dašmad“伊斯兰教徒”，《八思巴文》第 148 页，参见《穆卡迪玛特字典》第 383 页 *danišmand*“博学者”＜突厥语：东突厥语 *danišmän*“博学者，智慧”＜波斯语 *danišmand*。

ėrdini ~ *ėrtini*“珠宝”，《八思巴文》第 150 页，参见蒙古语 *erdeni*，喀尔喀蒙古语 *ėrdeni*，鄂尔多斯语 *erdeni*，布里亚特语 *erdeńi*，卡尔梅克语 *erdəń* 同义＜突厥语：回鹘语（Uig.）*erdeni* ~ *erdini* ~ *ertini*＜梵语（Sanskr.）*ratna* 同义。

ertiŋčü“世界”，《华夷译语》第 51 页，参见《八思巴文》第 159 页 *yėrtʿinǰü* 同义，蒙古语 *yirtiŋčü*，喀尔喀蒙古语 *yörtömcö* 同义＜突厥语：古突厥语 *yirtinčü* 同义＞藏语 *ḥǰig* – *rten* 同义。

ed“商品、产品”，《秘史》第 47 页，参见《穆卡迪玛特字典》第 115 页 *et*

"商品"，蒙古语 *ed*，喀尔喀蒙古语/布里亚特语 *ed* 同义 < 突厥语：中古突厥语 *eδ* "织物"。

inaγ "受欢迎的人"，《秘史》第 82 页 *ina'ud* 复数形式，参见《穆卡迪玛特字典》第 196 页 *inaq* "牧师代理人"，蒙古语 *inaγ* "亲密的朋友"，喀尔喀蒙古语 *yanag*，卡尔梅克语 *inəg* "朋友" < 突厥语：古突厥语 *ïnaq* "朋友"，库曼语 *ïnaq* ~ *ïnaγ* "忠诚的"，参见古突厥语 *ïnan* - "信任"。

iŋgirčaγ "驮鞍"，《秘史》第 82 页，卡尔梅克语 *yaŋgr̥cɒg* 同义 < 突厥语：阿尔泰语/铁列吉特方言 *ïŋïrčaq* 同义，萨盖语（Sag.）"马鞍的木质部分"，吉尔吉斯语 *ïŋïršaq* "驮鞍"，参见亚库特语 *ïŋïr* "马鞍"。

J̌ada "魔法、巫师造雨的能力"，《秘史》第 84 页，参见《穆卡迪玛特字典》第 200 页 *J̌adu* "魔法" < 突厥语：察合台语/奥斯曼语 *yada* < 波斯语 *J̌ādū* "魔法"。

J̌arliγ "法令"，《秘史》第 86 页，《华夷译语》第 53 页；《八思巴文》第 151 页 *J̌arliq*，《穆卡迪玛特字典》第 202 页 *J̌arliq* "命令"，蒙古语 *J̌arliγ*，喀尔喀蒙古语 *ʒarlig*，鄂尔多斯语 *ǯarlig*，布里亚特语 *zarl'ig*，卡尔梅克语 *zärləg* 同义 < 突厥语：古突厥语/ 中古突厥语 *yarlïq* ~ *yarlïγ* "命令，法令"。

J̌ad "陌生人、外国人"，《秘史》第 87 页［《〈蒙古秘史〉词典》（Wörterbuch，按，见前文注释）将之译为"人"是不对的］，参见《穆卡迪玛特字典》第 203 页 *J̌at* 同义 < 突厥语：古突厥语/中古突厥语/库曼语 *yat* "陌生的，外国的"。

k'ebid "商店"，《八思巴文》第 152 页 < 突厥语：中古突厥语/库曼语 *kebit* "商店、仓库" > 俄语 *kibitka* "蒙古包"。

kibča'ut "钦察"，《秘史》第 179 页，*kibčaγ* 的复数形式 < 突厥语：中古突厥语 *qïfčaq*，库曼语 *qïpčaq* 同义。

kirgisüd "吉尔吉斯"，《秘史》第 179 页，*kirgis* 的复数形式 < 突厥语：古突厥语/中古突厥语 *qïrγïz* 同义，参见喀尔喀蒙古语 *χerχis* 和 *χergsür* 同义 < *kirgis egür* "一个古墓"，按字面意思来讲，"一个柯尔克孜族的聚集点"。

kisilbaši，一个湖的名字，《秘史》第 179 页 < 突厥语：*qïzïl* "红色" 和 *baš* "头"。

kišilig，一个人名，《秘史》第 179 页 < 突厥语：*qïšlïq* "与冬天有关或指代冬天的"。

köršis "邻居"，《华夷译语》第 54 页，参见《伊本·穆哈纳词汇表》第 440

页 *körši*“邻居”，蒙古语 *körsi*，布里亚特语 *χürši* < 突厥语：中古突厥语 *körši*“朋友”，亚库特语 *körsü*“爱人”来自 *körüš*－“见到彼此”。

külüg“英雄”，复数形式 *külü'üd*，《秘史》第 105 页，《八思巴文》第 153 页 *k*^{c}*ülüg*，一个国王的名字；蒙古语 *külüg*“一匹骏马、战马”，布里亚特语 *χüleg*，喀尔喀蒙古语 *χülig*，卡尔梅克语 *kül*^{u}*g*“战马” < 突厥语：古突厥语 *kü*“名声”，*külig*“著名的”，中古突厥语 *külüg*“著名的”，回鹘语 *külüg*“一匹赛马”，哈剌吉尔吉斯语（KKir.）*külük* 同义，察合台语 *külük*“一只大狗”。

naγud 或 *naqud*“钱、硬币”，《秘史》第 113 页（将之译为金矿是不正确的），参见《穆卡迪玛特字典》第 245 页 *naqd*“现金” < 突厥语：奥斯曼语 *naqït*“现金”，库曼语 *naqt* 同义， < 阿拉伯语 *naqd*“现金”。

nal“红宝石”，《八思巴文》第 154 页，参见蒙古语 *nal* 同义，喀尔喀蒙古语 *nal erdeni*“刚玉”，卡尔梅克语 *nal*，一种宝石的名字 < 突厥语：库曼语/奥斯曼语/克里米亚语 *lāl* < 波斯语 *lāl*“红宝石” > 俄语 *lal'* 同义。

orto'ud“商业”，*ortaγ* 的复数形式，《华夷译语》第 56 页，参见《穆卡迪玛特字典》第 271 页 *ortaq* ~ *ortaγ*“交易” < 突厥语：中古突厥语 *ortaq*“同伴”，库曼语 *ortaq*，察合台语 *ortaq*“交易”。

ölüg“死亡”，*ölümlegü*“垂死挣扎”，《秘史》第 124 页 < 突厥语：中古突厥语 *ölüg*“死亡”，库曼语 *ölü*；中古突厥语 *ölüm*“死亡”，库曼语 *ölüm* 同义。

örüg“休息、平静、安静”，《秘史》第 128 页，参见蒙古语 *örüg* 同义① < 突厥语：中古突厥语 *örük bol*－“休息一下”。

qablan“老虎”，《秘史》第 54 页（译成“食肉动物的名字”是不准确的），参见《莱顿写本》第 62 页 *qablan*“老虎” < 突厥语：吉尔吉斯语/哈剌吉尔吉斯语 *qablant* 同义。

qačir，河的名字，《秘史》第 176 页，参见 *qačidud*“骡子”，《秘史》第 55 页，参见《莱顿写本》第 61 页 *qačir*“骡子”，《穆卡迪玛特字典》第 130 页 *qačir* < 突厥语：察合台语/吉尔吉斯语/哈萨克语（Kaz.）*qačïr* 同义。

qalibai soltan“哈里发、苏丹”，《秘史》第 176 页 < 突厥语：*χalīfa* < 阿拉伯语 *χalīfa*“哈里发”。

qan melig 一个人名，《秘史》第 176 页 < 突厥语：奥斯曼语 *melik*“国王” <

---

① N. N. Poppe, “Zolotoordynskaya rukopis' na berest”, in *Sovetskoe Vostokovedenie*, 1941 (2), p. 108.

阿拉伯语 *malik* 同义。

qarši “宫殿”，《秘史》第 62 页，蒙古语 *qarši*，喀尔喀蒙古语，*ordo χarši* 同义，卡尔梅克语 *χarsḷ* 同义 < 突厥语：中古突厥语/察合台语 *qaršï* 同义 < *Kučan kerciye* 或梵文的 *griha* “房子”。

qoš “帐篷、旅行帐篷”，《秘史》第 68 页（译成“房子”是完全不对的），参见卡尔梅克语 *χoš* “临时的帐篷” < 突厥语：吉尔吉斯语 *qoš* “住处，临时营房”，察合台语 *qoš* “露营”。

qošliγ “帐篷”，《秘史》第 68 页，参见前文已写过的词。

qulan “野马”，复数形式 *qulad*，《秘史》第 71 页，参见《穆卡迪玛特字典》*qulan* 同义，蒙古语 *qulan*，喀尔喀蒙古语 *χulaŋ*，鄂尔多斯语 *χulan*，卡尔梅克语 *χulŋ* 同义 < 突厥语：中古突厥语 *qulan*，吉尔吉斯语 *qulan* 同义。

sarqud “供奉用肉”，《秘史》第 132 页 < 突厥语：吉尔吉斯语 *sarqït* “给下人的剩下的食物”，察合台语 *sarqut* 同义，察合台语 *sarγud* “恩惠、善行、食物”；蒙古语 *sarqud*，喀尔喀蒙古语 *sarχad*，鄂尔多斯语 *sarχud* “酒” 可能是同样的词，虽然它的意思不一样。

širge “醋”，《蒙古统治下的中国寺院的赋税特权》第 60 页；① 参见《穆卡迪玛特字典》第 323 页 *sirke*（或 *sirge*）同义 < 突厥语：中古突厥语/库曼语 *sirke* 同义。

soltan ~ *sultan* “国王”，《秘史》第 135 页 < 突厥语：库曼语 *sultan* < 阿拉伯语 *sulṭān* 同义。

tana “大珍珠”，《秘史》第 145 页，参见蒙古语 *tana*，布里亚特语 *eržeŋ tana* “珍珠母”，喀尔喀蒙古语/鄂尔多斯语 *tanɒ*，卡尔梅克语 *tanɒ* 同义 < 突厥语：中古突厥语 *tana* “谷粒” < 波斯语 *dāna* “谷粒、珍珠”。

tegirmed “磨坊”，《八思巴语》第 157 页 < 突厥语：中古突厥语/察合台语 *tegirmen* “磨坊”，库曼语 *tergirmen*（*tegirmen*）同义；蒙古语 *tegerme*，喀尔喀蒙古语 *tērem* “磨坊”，卡尔梅克语 *tērmṇ* “磨坊”。

teŋgis 一大片水域的名字，《秘史》第 148 页 < 突厥语：中古突厥语 *teŋgiz*

① Erich Haenisch. Steuergerechtsame der chinesischen Klöster unter der Mongolenherrschaft, Eine kulturgeschichtliche Untersuchung mit beigabe dreier noch unveröffentlichter Phagspa-Inschriften", in *Berichte über die Verhandlungen der Säichsischen Akademie der Wissenschaften zu Leipzig*, *Philologisch-historische Klasse*, 92. Band, 2. Heft, Leipzig, 1940, p. 58.

“海”，库曼语 *teŋiz* 同义，卡尔梅克语 *teŋgəs*“海” < 突厥语。

toyin“佛教僧人”，《华夷译语》第 57 页，参见《八思巴语》第 149 页 *doyid*“僧人”，参见蒙古语 *toyin*，喀尔喀蒙古语 *toiŋ*，卡尔梅克语 *tōn*“出身高贵的佛教僧侣” < 突厥语：古突厥语 *toyïn*“僧人”，亚库特语 *toyon*“主管、首领” < 汉语 *tao-jên*。①

toyi“前线、战线”，《秘史》第 152 页 < 突厥语：中古突厥语 *toy*“军营”。

toyila－“跳舞”，《秘史》第 152 页 < 突厥语：吉尔吉斯语 *toylo*－“庆祝、庆祝节日”。

tuγ“旗帜”，《秘史》第 153 页，参见蒙古语 *tuγ*，鄂尔多斯语/喀尔喀蒙古语/卡尔梅克语 *tug* < 突厥语：古突厥语/中古突厥语 *tuγ* 同义。

turas“四边形的”，《秘史》第 154 页，*tura* 的复数形式 < 突厥语：中古突厥语 *tura*“盾、栏杆”，蒙古语 *tura*“建筑”，布里亚特语 *tura*“房子、城镇、城市”，布里亚特语 *burχaŋ tura*“教堂”，喀尔喀蒙古语 *tura*“城市”是同一个词，也是外来词。②

turγaγ“监视、防卫”，复数形式 *turγa'ud*，《秘史》第 155 页 < 突厥语：回鹘语/察合台语 *turγaq*“夜间监视、夜间防卫、岗哨”，来自 *tur*－“站立”。

uluγ taγ 一个地名，《秘史》第 183 页 < 突厥语：古突厥语/中古突厥语 *uluγ*“大的、伟大的”，*taγ*“山”。

uruγ“亲属”，《秘史》第 167 页，参见《八思巴文》第 158 页 *uruqut*“后代”，《穆卡迪玛特字典》第 248 页 *uruq*“姻亲”，蒙古语 *uruγ*，喀尔喀蒙古语 *urag*，卡尔梅克语 *ur*^{u}*g*“亲属” < 突厥语：古突厥语 *uruγ*“亲属、后代”。

uruγ tariγ“亲属”，《华夷译语》第 56 页 < 突厥语：中古突厥语 *uruγ tarïγ* 同义。

yalavači，一个人名，《秘史》第 184 页 < 突厥语：古突厥语 *yalabač*“信使”，中古突厥语 *yalavač*“信使、先知”。

---

① A. von Gabain, *Alttürkische Grammatik*, Leipzig, 1950, p. 343.

② Aulis Joki, “Die Lehnwörter des Sajansamojedischen”, in *Mémoires de la Société Finno-Ougrienne*, 1952 (3): pp. 339－340.

《中国与域外》第四辑（2021.04）第281～302页

百济圣王之死与新罗的“国法”

朱甫暾[*]著　董　健[*]译

摘　要： 百济与新罗之间的管山城之战是决定两国未来命运的一场较量。对该战争进行专门性研究的成果很多，可见其重要性不容忽视。通过以往的研究，基本可以窥其全貌。

但是有关管山城之战的记载仍有令人不解之处，据史料记载，在战争即将结束之际，出现了处决百济圣王的场面。其中要处决被俘圣王的新罗战士与即将面临死亡的圣王之间的对话谈及了新罗国法，新罗战士认为百济圣王是因为违背了新罗国法才被处决。为何新罗战士要以违背新罗国法为由砍掉被俘圣王的头呢？这就是至今的未解之谜。

讨论结果表明，新罗之所以会擒杀圣王，是因为百济首先违背了553年两国订立的盟约。当时圣王为了日后进攻新罗，权宜之计就是先将自己的女儿送到新罗，可能还立下誓言要维持两国间的友好关系。第二年，百济与新罗展开了全面战争。违反新罗国法就是指违反当时的誓言，新罗以此为借口杀害圣王。如果从这样的视角来分析前后脉络，可以发现不少新的事实。

关键词： 新罗　圣王　国法　管山城之战

一　前言

经常会遇见这种情况，即在两国边境线上发生的局部性战役，最终却演变为系国运于一身的战争，也常会见到开始就注定是一场生死之战。554年，百济和新罗之间发生的管山城之战，其性质是以后者为基础的，但是随着战争的发展，其最终

---

* 朱甫暾，韩国国立庆北大学教授；董健，通化师范学院高句丽研究院。

体现出的战争性质更像是前者。虽然一般称之为战役（战斗），但事实上并非如此。严格来说，应该称之为战争。对管山城之战进行全面讨论的文章也出现了不少，① 其中不少反映出管山城之战并非单纯的局部冲突，而是蕴含着深刻意义的一场战争。该战争的内容不仅在《三国史记》《三国遗事》等国内史书中有所体现，就连《隋书》《唐书》《日本书纪》等国外史书中也有记载。虽然相关记载详略有所不同，但事实上体现出该战役所具有的分量不可小视。

围绕管山城之战的具体情况展开讨论的论者之间虽然存在意见分歧，但通过目前的研究，大体轮廓已经形成。在无法增加新史料的情况下，对该战役的再论也只不过是赘述，无法全面展开讨论。《日本书纪》中描述了这样的场面，行刑者即将处决百济圣王时，却提到了新罗国法，对此需要加以关注，因为其中可能蕴含着特殊的意义。所以笔者很久之前就决定要仔细研究一下其中的含义。

其中令人困惑的问题，就是为何要以国法为名砍掉被俘敌国国王的头，而其中国法包含了什么意义。在关注管山城之战研究情况的过程中，笔者尤为注意他们是如何处理上述问题的。但到目前为止，几乎没有将其作为正式课题而进行专门研究的成果。即使曾有涉及该问题的相关研究，也只能算是简单略过。② 笔者将对该问题进行深入探讨。

新罗以自己的国法为名，处决被俘获的圣王，应该是有一定的理由和背景的。其中可能掺杂着管山城之战爆发的原因和其他背景。至今还没有人从该视角来探讨管山城之战，就此问题进行讨论，不知能否填补目前的不足及空白之处。希望通过本文能进一步加深对该问题的理解。

二　圣王之死与“国法”

众所周知，百济圣王死于管山城之战。他的死是百济战败的决定性因素，也就

---

① 如下为有关该问题的专门性论述：
김갑동,「新羅와 百濟의 管山城 戰鬪」,『白山學報』51, 1999 。
김영심,「관산성전투 전후 시기 대가야 · 백제와 신라의 대립」,『5~6 세기 동아시아의 국제정세와 대가야』, 고령군 개가야 박물관 · 계명대 한국학연구, 2007。
김주성,「管山城 戰鬪의 背景」,『中原文化論叢』12，2008。
양기석,「管山城 戰鬪의 樣相과 影響」,『中原文化論叢』，2008。
전덕재，관산성전투에 대한 새로운 고찰，新羅文化，2009。
장창은，6 세기 중반 한강 유역 쟁탈전과管山城 戰鬪，震檀學報，2011。
此外，有不少关于新罗进入汉江流域的研究论文中涉及了该问题，但为了避免繁杂暂未一一列举。

② 金周成，前引论文，第 10 页。张彰恩，前引论文，第 36 页。

意味着他的死具有重要意义。

但是有关圣王之死的相关记载却略有不同，可能是史料不同而导致的。为了彻底揭示圣王的死亡真相，需要对下列史料进行具体分析。

史料 A：三十二年秋七月，王欲袭新罗，亲帅步骑五十，夜至狗川。新罗伏兵发与战，为乱兵所害，薨。谥曰圣。（《三国史记》卷 26《百济本纪》，圣王条）

据该史料可知，554 年圣王带领步骑 50 人袭击新罗，夜间到达了狗川地区，与早已埋伏在这里的新罗伏兵相遇且双方展开混战，百济圣王在这场混战中战死。仅从该段记载来看，圣王之死相关内容中存在很多疑点，并且记载得也非常模糊。圣王作为一国国王亲自率兵袭击新罗，且率领的兵力不过 50 人，按照常理是很难让人理解的事情。他带领少数兵力在夜间向某地急行，突遇新罗伏兵，并与之发生混战，这部分内容就非常可疑。在袭击新罗过程中，究竟是在向何处行进而途经狗川。如果不进行补充说明，上述史料很难令人接受。在《三国史记·百济本纪》中也找不到追踪事件原委的其他线索。也许在如下史料中能找到一些补充线索。

史料 B：十五年秋七月，修筑明活城。百济王明禯兴加良来攻管山城，军主角干于德、伊餐耽知等逆战失利。新州军主金武力以州兵赴之，及交战，裨将三年山郡高干都刀急击杀百济王。于是诸军乘胜大克之。斩佐平四人，士卒二万九千六百人，匹马无反者。（《三国史记》卷 4《新罗本纪》，真兴王条）

该段内容是《三国史记·新罗本纪》对这一事件的记载。如果说史料 A 是以百济立场撰述的，那么史料 B 则深刻地概括了新罗一方的立场。在这一前提下，就可以充分理解两则史料。根据上述记载，圣王（明禯）与伽倻兵一起，亲自参加了攻击新罗管山城的战斗，初期取得了战争的胜利，随后新罗新州军主金武力率兵来援，与百济军展开了激烈的战斗。双方交战过程中，最终圣王被金武力裨将三年山郡高干都刀击杀。

虽然围绕管山城展开的第一阶段战斗中，圣王一方取得了胜利，但在随后的第二阶段战斗中，圣王遭到高干都刀的袭击而战死。[①] 史料 B 与史料 A 比较来看，两则史料具有较大差异。史料 B 中所述圣王并非死于伏兵的袭击，而是在大规模的正面战斗中战死的。两者之间的差异应该是史料来源不同而导致的，并且百济和新罗从各自立场出发对史料进行了重新整理。因此，关于圣王走向死亡的真正原因，两则史料中哪种说法是正确的，并非是选择取舍的问题，也许两则记载中都存在着部分真相。史料 A 的部分内容好像融入了史料 B 中。如下史料能进行具体说明。

史料 C－①：其父明王忧虑，余昌长苦行陈，久废眠食。父慈多阙，子孝希成。乃自往慰劳。新罗闻明王亲来，悉发国中兵，断道击破。

史料 C－②：是时新罗谓佐知村饲马奴苦都（更名－谷智）。曰："苦都贱奴也，明王名主也。今使贱奴杀名主，冀传后世，莫忘于口。"已而，苦都乃获明王，再拜曰："请斩王首。"明王对曰："王头不合受奴手。"苦都曰："我国法违背所盟，虽曰国王，当受奴手。"（一本云，明王乘距胡床，解授佩刀于谷知令斩。）明王仰天大息涕泣，许诺曰："寡人每念，常痛入骨髓。顾计不可苟活。"乃延首受斩。苦都斩首而杀，掘坎而埋。（一本云，新罗留理明王头骨，而以送于骨于百济。今新罗王埋明王骨于北厅阶下，名此厅曰都堂。）（《日本书纪》卷 19，钦明纪 15 年 12 月条）

上述记载展现了钦明纪十五年（554）12 月，新罗与百济之间展开的"管山城之战"（此处记为"函山城"，属同一地名）的部分战争场面。根据前半部分内容推测，该场面应该是整场战争的中间部分。虽然是前后两段相连的记载，但从时间和内容上看，分为两部分内容来理解更为合理。

史料 C－①简单叙述了圣王亲临战场的背景和过程，由该段记载可知圣王在战争初期并未亲赴战场来主导管山城之战。这一点与史料 B 中有明显差异。事实上，王子余昌作为主帅率先赶赴战场来指挥战斗，并取得了首战的胜利。[②] 在余昌久战沙场、饱受战争之苦的情况下，作为父亲的圣王为了抚慰和鼓励余昌而亲自赶赴管

① 管山城战役分为前后两场战斗，第一场珍城之战中，百济大获全胜，而在第二场管山城之战中，新罗取得了战争的最后胜利（参见上引金周成论文）。这一点在《三国史记》和《日本纪事》真兴王条中都能得以确认。但同时也有学者对战争过程持不同意见（参见上引梁起锡论文，认为上述观点是不正确的。还有学者更进一步细分了管山城战役的过程（参见上引张彰恩论文）。

② 引用的史料 C 前面被省略的部分中能较详细地体现出来。

山城，路遇新罗伏兵。这段记述与史料 A 部分内容一致。由此我们方能理解史料 A 中所记述的内容，即圣王带领少数兵力在夜间到达狗川。史料 A《三国史记·百济本纪》中省略了前后内容，只是简要地记述了圣王到达狗川遭遇袭击而亡的这一结果。所以该段史料令人乍一看很难理解且内容模糊。

新罗伏兵好像是埋伏在圣王去往狗川的途中，并拦击了圣王，由此展开战斗。从史料 C-②来看，圣王应该是在狗川附近的小规模战斗中因寡不敌众而被俘获。史料 B 中完全没有记述这些内容，而是记述了战争开始之后，三年山郡的高干都刀袭击并杀害了圣王。这与史料 C-②之间存在差异。两者相比，史料 B 中的内容有可能是真实的。但是，前者详细记载了与圣王交战后俘获圣王的人物名称、官职及事件过程，由此来看，前者的真实性也是非常明显的。然而，两则史料的共同点是都记述了杀死圣王的具体人物，这才是值得关注的地方。

史料 C-②处决圣王的主导人物是出身于佐知村的饲马奴，名叫苦都。史料 B 中，在交战中击杀圣王的人物是出身于三年山郡的高干都刀。就这两个人物而言，主要有两种观点，一种认为是不同的两个人①，另一种认为是同一个人②。如果认为两者的出生地佐知村和三年山郡是两个不同地点的话，就应该将两者判断为不同的两个人，但我们很难确定两地的相互关系。因为如果按照人名的标记方式，那么即使表述方式不同，也有可能是相同的地名。其实，郡是由若干个行政城村所构成的上级行政单位。有鉴于此，佐知村很有可能是隶属于三年山郡的若干个行政城村的其中一个。所以，即使两地叫法不同，也不能草率地将两者判断为两个不同的人物。

其次就是名字的问题。如果单从史料记述来看，苦都和都刀并非同一人物。但首先要注意的问题是两者虽然标记不同，但发音却很相似。就字体本身而言，看起来也很相似。进一步来说，可能苦都是高干都刀的缩写。如果是那样的话，两者就更加接近了。那么从名字的角度出发，把两者视为同一人也是没有问题的。尤其是两者处决圣王的记载是一致的。

虽然从上述内容中能看出两人名字的标记上存在一些差异，但这很可能是史料体系的问题。此外，还有一个问题就是都刀拥有着“高干”这样高官位的外位官

---

① 全德在，前引论文，第 65 页。

② 「朱甫暾，蔚珍鳳坪新羅碑와法興王代律令」，『韓國古代史研究』2，1989；『금석문과신라사』，지식산업사，2002，第 97 页。

职的同时，还可以意会为“养马的奴隶”的饲马奴，两者之间的地位存在很大差距。[①] 饲马奴与高干无条件比较的话，两者间的政治社会地位完全不一致。

我们需要弄清楚饲马奴一词的基本含义。该词出现的背景十分重要，也许是因为在面对作为明君的圣王时，而自降身份自称为饲马奴。考虑到这一点，我们必须弄明白饲马奴一词所包含的实际意义，才能搞清楚这个问题。由于处在特殊情况下，所以不能按照字面的意思去理解。在广开土王碑文中，百济王或是新罗王在以高句丽王为对象时，都自降身份而自称为奴客，按照字面意思去理解的话，就好像带有贬低的意味。然而，如果不考虑周边环境和前后脉络，无条件地按字面意思来理解和解释，是无法探明真实情况的。同时还要考虑到当时新罗是将地方民放在与王京人不同的身份体系里来进行把握，所以他们之间具有很大差别。王京人可授予京位官职，地方民单独设有外位官职，两者的身份体系不同。也就是说，与王京人相比，地方民明显被差别对待。[②] 因此，当时就笼罩在这种氛围之下，即地方民在与王京人比较的时候，自认为身份低微。所以，整体情况应该是这样的，作为新罗的地方势力在面对的处决对象是一国国王的时候，他自降身份并以饲马奴自居，这种情况并不奇怪。地方民中有权势的地方势力平时就对中央的差别政策心怀不满，所以很可能会出现“贱奴”这种自我贬低的认识。那么，关于饲马所包含的意义就存在一些问题。

当地有权势的苦都（都刀）自称为佐知村的饲马奴，可以将其理解为当时的佐知村是专门负责养马的行政城村。也就是说，苦都任外位中较高的“高干”一职，他是出身于三年山郡所属佐知村的代表性地方势力，平日里受国家之命负责在边境地区饲养军马。由此来看，我们所能获取的新信息，就是新罗的行政城村各自承担国家赋予的特定义务，佐知村承担的任务是饲养马匹。因此，作为地方势力的苦都，其并非是属于个人的奴隶，而是承担养马任务的新罗国地方民。

总之，苦都和都刀二人虽然存在标记上的差异，但将二者理解为同一个人也没什么问题。

如上所述，史料 B 和史料 C - ②虽然只是部分内容，但可以确定其中存在一致的要素。史料 B 中高干都刀杀害圣王的这一事实与史料 C - ②部分内容是一致的，但史料 B 却如史料 A 一样，将中间过程全部省略掉，而压缩为“急击杀百济王”，表述的

---

① 因此，有人将两者看做同一人，认为饲马奴因战功而官至高干（梁起锡，上述文章，第 38 页）。

② 朱甫暾，前引论文，第 97 ~ 98 页。

意思好像是圣王在战争过程中被杀害在战场上，这与史料 C－②存在明显差异。

史料 A、史料 B 都与史料 C 有所不同，两者中圣王被俘获而后被杀的过程被省略了很多内容，而仅以结果为中心进行叙述，这就导致与事实存在一定差距。三则史料可能各自源于不同的史料体系，也或许是在各自特定的立场下对同一记事进行了取舍选择，从而造成了这种结果，现在很难将其真相弄清楚。但若结合三则材料来理解，则可以展现出圣王之死的全过程。

圣王并没有亲自指挥管山城之战。围绕管山城展开的攻防战中，初期百济取得了胜利。圣王得知初捷的消息后，为了抚慰和鼓励儿子余昌，立刻带领少数兵力从王都泗沘城出发赶往战场，途经狗川一带遇见了埋伏在该地的新罗斥候兵，混战中被俘获。圣王陶醉在胜利的喜悦之中，没有慎重地沿着安全、有保障的路线行军，而是冒失地选择了一条通往目的地的近路，结果突然遇见了新罗兵。而当时新罗兵的首领就是出身于三年山郡所属佐知村的高干都刀，他带领的小规模部队属于新州军主金武力所统帅的州兵。金武力在获悉新罗首战失利的消息后，从汉江流域向管山城方向进发前去支援。行军路上到处抽调地方军，所属的州兵应该是在不断扩编。出身于三年山郡佐知村的都刀所带领的部队应该也是通过这种方式被收编到金武力麾下的。

但是，都刀一定是要按程序来处决被俘的圣王。现存的记录中虽然没有提到，但其背后肯定有新罗国王或是新州郡主金武力。正如史料 C 前段所载，新罗已在圣王人头上悬赏，因此才出现圣王被俘。当时新罗应该是将百济圣王视作为名君。虽然是敌人，但作为一国国王，都刀两次对圣王行礼，很客气地提出要斩首的要求。圣王对此进行反驳，他坚持认为身份低微之人没有资格处决他。此时都刀提出了新罗国法，他认为违背盟约之人即使贵为国王，贱奴也有资格处决他，最后都刀处决了圣王。

在这一过程中，令人好奇的是，都刀认为“依据国法，违背盟约之人，即使贵为国王，贱奴也有资格处决他”。为何都刀要以违背新罗国法为名处决敌国国王。这里需要特别留意国法中有关“违背盟约”的具体条文，都刀为何认为百济国王违背了盟约。正常情况下，我们很难理解这段内容。也许从新罗的立场出发，圣王可能是违背了某些需要遵守的法律条款。所以战争一开始，新罗就在圣王人头上悬赏。圣王到底在何时、因何事且怎样与新罗立下誓言，又因此违背了国法？这意味着其中包含了可以将新罗挑起战争的原因归咎于圣王的政治理由。下面将具体探讨这一问题。

三　新罗“国法”的意义

史料 C－②中，将圣王面临的凄惨场面描写得淋漓尽致，仿佛直面现场。比起百济国内“圣王死于战争过程中”这样简单的记载，史料 C－②更具有真实性。由该史料可知，圣王在混战中被新罗佐知村的苦都所擒且被带回营地，苦都应该是在出征时就接到了这样的命令，即其虽为贱奴，但力争能杀掉名君以流芳百世，为此受命奋勇参战，最后擒获圣王。因此，苦都扮演了亲手砍掉圣王头颅的角色。经过了一番争执之后，圣王最后不得不接受苦都的处决。关于圣王的尸身，除了有就地挖坑掩埋的正文记载之外，还有其他记载，即新罗仅将圣王的头颅带回王京，埋于都堂的阶坛下面，身体则以礼归还于百济。对于这两处相矛盾的记载，到目前为止很难直接判定哪种说法是真实的。百济因圣王之死而士气大落，导致战争最后以失败而告终。当然，这场战役也导致了百济与新罗之间的关系永远无法挽回，两国成为不共戴天的仇敌。《三国史记》《唐书》中对该史实均有所记载。

但在这里特别值得注意的是，苦都这样的人物与圣王发生了争执，而最终又以国法为由斩杀圣王，这个场面看似是很奇怪的。通过该史料记载可知，苦都所强调的就是战争的责任。依据新罗国法，圣王对于自己的死，以及战争都应负有全部责任。

另一个问题就是国法的具体内容。史料中只笼统地提出违背了国法，而未明示其具体内容。只能根据后面的语段“违背所盟”来推测。也就是说，苦都指责圣王违背的具体事项即为新罗国法中有关盟誓之内容。由于圣王违背了国法中所包含的盟誓条款，所以连贱奴都可以亲手处决他。那么，圣王到底在何时对新罗立下了哪些誓言，以至于连贱奴[①]都能指责其违背誓言？

从前文所引史料推测，公元 6 世纪的新罗随着领土扩张，包括地方民在内对国法的了解范围也在逐渐扩大。地方民对国法的存在和内容有较深的理解，他们为了维护法律的权威也付出很多努力。可以肯定的是，这里所说的国法就是新罗的律令。公元 550 年所立的丹阳新罗赤城碑中可以找到一些探讨该问题的线索。

---

① 虽称为贱奴，但根据《三国史记》的记载，已官至高干的都刀实际上应该属于当地代表性的地方势力。这是一个典型的例子，可以看出当时地方民受到了来自中央的何种待遇。

史料 D：（10 行）……前者更赤城烟去使之后者

（11 行）……異叶耶国法中分与虽然伊

（12 行）……子刀只小女乌礼兮撰干支

（13 行）……使法赤城佃舍法为之别官赐

以上史料是赤城碑碑文中节选的与新罗国法有关的部分内容。由于赤城碑上端部分损毁，很难了解该碑文的全部内容，但可以勾勒出其大致的轮廓。该碑文记述了出身于赤城地区的也尒次这一人物的功绩，当时新罗进军赤城地区，也尒次在战争中为新罗而阵亡，该碑文主要记录了也尒次的功绩，以及对其一族人的赞扬。新罗立此碑主要是为了宣抚新占领地区的地方民，并且通过律令的传播使他们作为公民而安定下来，而实现这一目的的途径就是使用奖励军功的方法。这项内容也是国法规定的，所以嘉奖出身赤城的也尒次即为国法所规定的。也就是说，根据新罗国法应对原为高句丽人的也尒次一族进行奖励。从碑文可知，新罗国法中有像佃舍法这种土地分配制度。此外，还将分发给某种对象的“分与”这种条文编入国法中（11 行）。

赤城碑中的国法指代的就是公元 520 年颁布的成文法律令，可见新罗领土扩张的同时伴随着律令的传播。新罗要在新占领的地区实行律令制的意愿很强烈，并努力将已确定的居民划归为新罗人。这一过程，能使新罗人严格遵守国法，并使其成为一种持续性的训育。从这一点来看，在赤城碑之后不久的 554 年，苦都提及国法是很正常的事情，因为这反映了当时的实际情况。

在 524 年的蔚珍凤坪新罗碑碑文中，也出现了以新编入地方民为对象实施律令的情况。该碑文中出现了“前时王大教法”的字句，这反映了 520 年颁布律令的这一史实，并且说明存在“奴人法”这样的特别篇目。关于奴人和奴人法的具体意义，虽然存在一些争议，但可以肯定的是，新纳入领域内的居民就称为奴人，奴人法即为以奴人为对象而实行的律令之篇目。①

新罗在公元 520 年颁布律令，以此为基础进一步强化了地方统治。为保证某事项顺利实行，每当事项开始实施之际，参与者就会通过举行仪式来宣誓，这似乎是一个必须的过程。在凤坪碑中就能见到由王京六部主管以杀斑马的形式来举行某种仪式的场景，这是发誓要遵守所确定事项的一种行为，并阐明了如若违背誓言，就

① 朱甫暾，前引论文，第 95～99 页。

可能会以罪行论处的事实。也许建立石碑是为了处理某事件，且防止类似事件再次发生，或者是为了奖励某件事情，并为了以后能坚持下去，直接负责律令执行的国家和执行对象共同参加某种仪式，并进行盟誓，这种行为应该是一种普遍做法。这种情况在律令颁布之前的503年所立的迎日冷水里新罗碑中也有发现。

冷水里新罗碑中刊有这样的内容，即为解决地方民之间发生的纷争而做出某种决定之后，举行了宰牛等一系列仪式活动，最后又将其刻在石碑上。无论是仪式活动本身，还是在碑石上铭刻碑文，这些行动都蕴含着强烈的实践意识。这表现出实现某种誓言的决心，不履行誓言将被治罪，体现了誓言的意图。同时，与立誓有关的仪式或程序并不是随着律令颁布而开始的，虽然可能源于过去的惯例，但已经作为律令的一项内容而渗透到其中了。立誓的内容、方法、仪式和程序等应该是根据具体事项及地区、惯例、时期而有所不同，但主要目的都是希望某件事情按照所确定的内容执行。仪式进行过程中，以中央政府为对象，或是像传统形式那样以天为对象，来立誓要遵守所决定的律令内容。其中暗含着如果没有坚守誓言，就应甘愿接受处罚。冷水里碑和凤坪碑中有关罪行的相关内容可以作为佐证。

总之，6世纪以来，新罗中央政府出于自身的需要，进行全面整顿并颁布律令，所颁布的律令在地方统治强化的过程中得到了广泛的传播。结果，无论是既有的地方民还是新编入的地方民都纳入律令体系的框架之内，律令已经深深地渗透到他们的生活中。新罗中央政府在举行某种仪式的同时，还会按照程序进行盟誓，由此表现出了强烈的实践意志。盟誓的仪式和程序是为了约束当事人铭记律令内容且将其付诸实践。与誓言有关的内容当然可以看作是律令中的规定，公元591年所立的新罗南山新城碑即能证明这种说法。为了便于理解，仅列出了如下有关内容。

E. 辛亥年二月廿六日南山新城作节如法以作后三年崩破者罪教事为闻教令誓事之

这段话见于每通南山新城碑的开头部分，常称其为是誓事。它已经成为判断南山新城碑的重要标志，在碑文中占据中心位置。新罗为了在宫城南部的南山北面山脚下修建新城，下达了全国性的力役动员令来实施修建任务，当时被动员的各集团负责各自要修筑的区域和长度，全部工程结束后，立碑明示在一定时间内对修筑区域承担的责任。这种形式的碑立了不少，至今为止，包括残片在内共发现 10 通左右。这些南山新城碑的每篇碑文稍微有些出入，但是开头全部都有“誓事”部分，这表明南山新城碑碑文上段内容是最受重视的。筑城开始时，需举行一定的仪式来明誓要认真对待修建任务，所有进程结束之后，包括事实本身在内，以及负责力役动员和监督筑城的主要人员要立下誓言，最后包括所负责筑城区域的长度都要被记录下来。也就是说，警示主要人员对所分配的区域要认真对待，并发誓负责区域如果在一定时间内倒塌的话要被依法治罪。总之，筑城活动进行过程中，最重要的就是立誓遵守约定的内容。①

为了正确理解上述记事，需要进行一些补充性说明。因为根据断句不同，内容上就会有细微的差异。有人将该段话理解为“……按照方法修建了南山新城，如果在修建后三年内崩破……”。② 那么以“南山新城作节如法”断句来解释的话，该句就被理解成律令中有关于筑城的方法。但在律令中出现有关山城修筑方法并不切合实际。如果这样断句的话，就意味着存在问题，所以该段话就应该适用其他的断句方式。笔者认为这样理解更为恰当，即“……修建了南山新城，按照法律规定，建成后的 3 年内崩破的话……”③。如此看来，律令篇目中以条文出现的并非是筑城方法，而是“如果建成后 3 年内崩破的话，就对其进行处罚”的内容。在这里作为誓言对象的客体虽然是南山新城的修筑，但中心内容是修筑的南山新城至少要维持 3 年。值得关注的是，誓约发挥效力的有效期限被设定为 3 年。所谓 3 年期，大致是指以某些内容为对象的誓言维持的基本时间，以 3 年为单位来实行某些事项的这一惯例在新罗似乎已经很普遍，与其有关的条款已成为律令中的一个篇目。

实际上在新罗，如花郎的修习，立誓以 3 年为期限来进行修炼且承担相应义务的惯例已经广为流行。④ 众所周知，花郎的修炼期限大约为 3 年，服军役的基本期限应该也是 3 年⑤。无论是国家与个人之间，还是个人与个人之间，其相互之间要

---

① 有关南山新城碑的整体构造，参考朱甫暾，「남산신성비문의 구조와 그 의미」，『경주 남산신성』，경주시，2010。

② 秦弘燮，「南山新城碑의 綜合的 考察」，『歷史學報』26，1965；「三國時代의 美術文化」，1978，第 153～154 页。此后，在没有进行任何批判性讨论的情况下，这种解释非常普遍。

③ 朱甫暾，「南山新城의 축조와 南山新城碑 제 9 비」，『新羅文化』10・11，1994；금석문과 신라사，지식 산업사，2002，第 262 页。

④ 李基東，「新羅 花郎徒의 社會學的 考察」，『歷史學報』82，1979；「新羅 骨品制社會와 花郎徒」，한국연 구원，1980，第 338～340 页。

⑤ 《三国史记》卷四十八，列传，薛氏女传。

达成约定时都适用于这一期限。这种认识在下述壬申誓记石的内容中可得以确认。

> F. 壬申年六月十六日二人并誓记　天前誓今自三年以后忠道执持　过失无誓（중략）　又　别先辛未年七月廿二日大誓诗尚书礼传伦得誓三年

关于壬申誓记石的建立年代还存在争议，但普遍认为建于公元612年春。当年的6月16日，两个年轻人一同在天前立誓，发誓从现在开始到3年之后要秉持忠道而无过失。一年前，即611年的7月22日，二人共同发誓要在3年里依次阅读《诗经》《尚书》《礼记》等书籍。个人之间以约定读书来立誓，并约定以3年为期限。也许在新罗3年为一个单位来进行某种约定的习俗，作为普遍性惯例流传已久，在律令篇目中也有规定，并最终在个人之间的契约或约定中也被广泛应用，由此固定下来。壬申誓记石中记载了个人之间达成的约定，他们以天为誓，如若违背必受天谴。不管是在国家与个人之间，还是个人与个人之间，如若违背誓约，将按照律令进行惩处，这是完全有可能的事情。

总之，律令作为新罗国法，其中应该包含以3年为单位来履行某事项并要立誓为证的条文。壬申誓记石共72字，其中“誓”字竟出现了7次，由此推知，如发生某事必先举行立誓的仪式，其本身作为一种很重要的习俗而存在。虽然前文列举的史料E南山新城碑中强调了法和罪很重要，但笔者认为或许最核心的词语应该是立誓中的“誓”字。国家和个人之间或个人和个人之间在推进某事项时，存在一种传统，就是立誓以3年为有效期限，这种特殊情况在律令中也有记载。为了保证执行，还履行宰牛祭祀的仪式及类似程序来立誓。将这样的内容以条文形式记载于律令即国法中，应该是不为过的。

如上所述，新罗的国法中存在这样的条文，即3年为期来约定实施某一事项，并以此立誓。由此来看，前文史料C中的新罗“国法”所指的就应该是这类条文。据推测，6世纪后在新罗约定某些事项且以此进行立誓的做法已广为流行，这在国法中也是有记载的。苦都砍掉圣王的头，所提出的理由是“违背了誓约”，其所依据的国法篇目应该把握在上述范围内。

考虑到这种情况，我们需要弄清楚誓约具体是以什么事件为对象。不能仅把圣王违背新罗国法视为笼统的抽象观点，实际上应意味着违背了某种誓言。那么，新罗为何认为百济圣王违背了所盟之誓，本国的国法也适用于敌对国的国王吗？究竟管山城之战发生之前圣王与新罗因何事而立下誓言。

四 “国法”与小妃

就某事项而共同订立盟约的行为，不仅适用于国家与集团、个人之间，集团与集团之间，个人与个人之间，偶尔也以会盟和条约的形式在国家与国家之间进行。在这种情况下，需履行严格的仪式和程序，还伴随着为决心实现承诺而盟誓的行为。虽然只有片段，但可以肯定是存在一些事例①能够体现出这类情况。管山城之战爆发之前，如果百济和新罗之间订立过盟约，那么应该不是单纯口头性的，而是具有某种具体形式和程序的事案。那么考虑到这一点，我们将通过探讨两国之间可能达成盟约的目的和内容，来具体阐明国法的具体内容。

实际上，很难在上述史料中找到有关圣王以新罗为对象所立盟约的线索。但将全部史料综合考量，很容易发现其与管山城之战之间的直接联系。我们可以从战争爆发的背景到圣王被抓住并处于死刑这一过程，依稀捕捉到线索。这是因为发起管山城之战的新罗人认为违背盟誓的一方是百济，而意将全部责任归咎于百济。换句话说，圣王先挑起了战争，那就是率先违反了正在进行的某一盟约。因此，盟约的这一事实本身与此次战役有密切关系。我们无法知道有关盟约的具体内容，但应该能推测出其中应该包含了能避免双方挑起战争的内容。那么，圣王到底在何时、因何事与新罗立下了盟约，由此与管山城之战相关联。

在《日本书纪》中很难找到有关新罗（真兴王）和百济（圣王）两国避免挑起战争的盟约内容，所以只能根据其他史料进行探讨。从相关史料一致的记载中不难推测出管山城之战的爆发是由于百济一方先挑起的。由此，新罗一方认为百济违背了两国之间的盟约，但圣王却从未提及有关盟约的内容，所以应该只有新罗一方是这样认为的。那么从新罗立场来看，到底为何存在这种认识呢？

百济和新罗从433年开始正式结成友好关系，此后直到管山城之战爆发前夕，两国之间至少表面上没有发生能导致这种友好关系完全破裂的冲突。所以，这种友好关系被称之为“罗济同盟”。但是罗济同盟并不是完全没有曲折而平稳存续了一百多年，其间曾多次经历了几乎破裂的危机和关键时刻，所以各种外交活动都在不

① 《日本书纪》卷九，神功纪四十九年条中，就记载了在磐石上盟誓的事例。《三国史记》中还有一处可参考的记载，665年由唐主导的新罗与百济之间的会盟，会盟过程订立了盟约，还履行了一定的仪式和程序，并记录在“金书铁券”中，藏于宗庙内。（《三国史记》卷六，新罗本纪，文武王五年条）

断地检验罗济的友好关系。比如说，百济的东城王[①]和新罗的炤知王[②]都曾接纳王女而进行联姻，以示同盟的决心，也是再次确认友好关系的必要程序。圣王继位之后，也曾为确认与新罗之间的友好关系而进行了交聘[③]、请和[④]等活动。罗济同盟的友好关系，根据环境的变化不断完善才得以维系。这是由于时代的变化使得罗济共同的利害关系发生了改变，因此罗济同盟维系十分艰难。

但是，有关盟约的具体事案，并不是以433年开始的友好关系或此后对其再确认的外交活动为对象的，因为这些都是管山城之战发生之前很久的事情，并且这些事件并非圣王所为。如果说因这些事件而违背了国法中盟誓的相关内容，并不符合实际。首先值得我们注意的是，在管山城之战爆发前不久曾发生了新罗先破坏友好关系的事件。

> 春二月，高句丽与秽人攻百济独山城，百济请救，王遣将军朱玲领劲卒三千击之，杀获甚重。（《三国史记》卷四，新罗本纪，真兴王条）
>
> 十一年春，百济拔高句丽道萨城。高句丽陷百济金蚬城，王乘两国兵疲，命伊餐异斯夫出兵击之，取二城。增筑。留甲士一千戍之。

根据上述史料，反倒是新罗先破坏了两国友好关系的可能性较大。真兴王九年（548），百济的独山城遭到了高句丽的攻击，百济向新罗请求援助，新罗立即派遣朱玲带领三千兵力前去支援。到此时为止，百济和新罗还维持着原有的关系。但两年后的550年，新罗挑起了意外的争端。此时，百济和高句丽为争夺道萨城和金蚬城而展开了攻防战，新罗趁两国士兵疲惫之际，夺取了这两座城，并留驻了一千名士兵。无论是从新罗内部还是从与百济的友好关系来看，这一事件都是不容忽视且很值得关注的。

由此来看，新罗和百济两国之间长期的友好关系事实上已经破裂了，因为新罗突然做出了将盟邦百济视为敌人的行为。这一事件作为新罗今后态度取向的一种信

---

① 《三国史记》卷二十六，百济本纪，东城王十五年条。

② 《三国史记》卷三，新罗本纪，炤知麻立干十五年条。

③ 《三国史记》卷二十六，百济本纪，圣王条载："三年春二月，与新罗交聘"。

④ 对此可参考《三国史记》卷四，新罗本纪，真兴王条中的有关记载，"二年春三月，百济遣使请和，许之。"百济本纪中没有相关记载。据记载可知，圣王时期百济通过交聘和请和等方式确认了与新罗之间的友好关系。关于在此基础上所具有的意义，可参考朱甫暾《熊津都邑时期的百济与新罗关系》，《古代东亚细亚和百济》，2003，第221～224页。

号，是同时将高句丽与百济视为敌人的一个重要表现。新罗同时攻取道萨城和金岘城并非偶然事件，而很可能是发自内心要与百济完全决裂而进行的有计划的行动。尽管如此，百济与高句丽不同，[①] 对于新罗的做法并没有采取任何行动。其原因虽然不明确，但也许是与百济内部情况有密切关系。当时的圣王为进入并占领汉江流域而积极努力，并且认为要实现这一长期的目标，如果不积极拉拢新罗作为其军事同盟，百济很难成功。因此，尽管新罗试图破坏两国间友好关系，并已经占领了百济的部分领土，百济也没有采取任何行动。因为眼前正是百济为了夺回汉江流域而与高句丽展开决战之际，所以此时百济没有理由与新罗为敌。对于新罗的突然挑衅视而不见，并按照原定计划于第二年（551）准备进入汉江流域。

从上述情况来看，550 年之前两国一直维系着盟约，并且在 550 年首先违背盟约应该是新罗，而不是百济。那么，新罗责备圣王背叛盟约的原因就应该在之后所发生的事件中去寻找。

那么能让我们想到的就是 554 年管山城之战发生前的 553 年 10 月，百济圣王突然将王女送往新罗，真兴王接受了王女并纳为小妃。相关记载虽有些许差异，但《三国史记》的百济本纪和新罗本纪都能对此进行证明。然而，百济的王女被纳为小妃而不是王妃，从这一点来看，绝不会是新罗先提出纳妃的要求。所以，此事应该是百济出于某种政治目的而采取的行动，那么百济为什么突然将王女送往新罗呢？

同一史料中并没有表露其原因，但可参考同年 7 月所发生的事件。当时新罗夺取百济东北之地，并置新州，以阿飡武力为军主。东北部这一地区曾是百济梦寐以求想要夺回的故土，并通过努力取得了暂时性的胜利，这一地区即为汉城中心的汉江中游一带。然而，新罗突然夺取了该地区，同年在此地置新州，也就是说百济丧失东北部领土的这一事实与派遣王女之间应该存在着某种因果关系。由于两者之间具有联动关系，所以新罗本纪和百济本纪中都前后记述了这两件事情。百济奋力夺回的领土却被新罗占领了，而百济为何在这之后不久将王女送到了新罗呢？

对百济来说，被新罗抢占的这部分东北部领土并非寻常之地。475 年，这部分地区被高句丽长寿王所抢占，此后很长一段时间内，百济为夺回该地区做出了不懈的努力。而从高句丽手中夺回该部分土地，现在又落到了同盟国新罗手中，百济却

① 根据《三国史记》卷四十四，列传，异斯夫中的记载，这与高句丽立即攻打金岘城的做法形成鲜明对比。

没有任何反应，反而在不到三个月后将王女送到了新罗，其背后必定是隐藏着某种强烈意图。百济是在什么意图之下才采取了这样的行动呢？

对此有人认为百济想通过与新罗继续维持友好关系来夺回汉江流域。[①] 但新罗占据汉江流域就意味着两国已经转变为敌对关系。那么即使百济将王女送往新罗，新罗也不会欣然归还汉江流域。正如上文所述，新罗在550年就决定与百济转为敌对关系，反而百济对此没有做出任何反应，而只是在等待可乘之机。所以上述观点就很难被接受。

百济失掉汉江流域，但表面上两国关系还没有完全破裂，这应该是因为百济并不是通过与新罗之间发生战争而失去汉江流域的。正如之前已经讨论过的[②]，百济事先掌握了高句丽、新罗逼近的情报，放弃并撤出了已经有把握占有的汉江流域。对此《日本书纪》和《三国史记》都有所记载。《日本书纪》中记载了百济主动放弃并撤出了汉城和平壤地区[③]，《三国史记》中记载了百济与新罗并没有发生战争，新罗就获取了东北部地区。[④] 由此来看，“夺取”并非必须通过战争来实现，而是如史料所述，是百济自己主动放弃了该地区。从这一侧面来看，两部史书中的记载具有相同点。

新罗不流血占领了百济主动放弃的地区。百济之所以突然做了这样的决定，是因为事先掌握了高句丽与新罗之间订立密约的情报。这可能与新罗公开采取行动有关，消息广泛传播，也被百济所掌握。百济因无法同时抵抗两国，而不得已忍痛退出了该地区。因此，百济和新罗之间并没有发生战争，表面没有转向敌对关系。551年之后，百济与新罗的友好关系出现了表里不一的情况。在这种情况下，百济决定将王女送往新罗，新罗采取的对策是若无其事地接受了百济王女。即使实际关系并非如此，但表面上两国仍维系着以往的友好关系，并且似乎是希望通过和亲事件来确认这一关系。[⑤] 从百济的立场来看，如果新罗欣然接受了王女，就表明还承认以往的友好关系。以此为契机，百济向新罗表达了不会与新罗为敌的意愿，而实际上百济已经开始为复仇战做准备。也就是说，将王女送往新罗的这一做法是百济采取安抚新罗的策略之一。

---

① 梁起锡，前引论文，第25页。此外，关于这一问题的其他观点可参考梁起锡的该篇论文，以及张彰恩前引论文的第22页。

② 朱甫暾，「5~6세기 중엽 고구려와 신라의 관계」，『북방사논총』11，2006，第96~97页。

③ 《日本书纪》卷十九，钦明纪十三年条。

④ 《三国史记》卷四，新罗本纪，真兴王十四年条。

⑤ 朱甫暾，前引论文，2006，第102页。

如若百济和新罗之间订立了盟约，那么新罗接受了百济王女的可能性很大。但是，百济将王女送往新罗，同时所采取的具体行动史料中却没有表明。在没有任何仪式的情况下，而只是将王女送往新罗，这应该是不可能的事情。应该是递交文书，其中阐明维护友好关系的盟约或是约定。[①] 也可能是被派遣的使臣代为履行了相关的仪式和程序。通过这种方式来确认两国间仍然维持着表面上的友好关系。

虽然新罗接受了百济送来的王女，并且立下盟约，但事实上两国都隐藏了真实目的。据有关记载可知，新罗早已识破百济的真实意图。《三国史记》[②] 中记载了此时的新罗正在修筑王都的一个要塞——明活山城，明活山城是王都东部具有特殊用途的一个要塞，主要为防止从东海岸侵入的倭人越过楸岭而修建的。475 年，新罗在获悉百济汉城陷落的消息后，为了抵御高句丽攻击而将国王的临时住所迁移至此处。在此后的近十年，该城作为王都使用，直到炤知麻立干十年才回到原来的月城。从这个意义上来看，应该说明活山城主要是与平原都城相呼应，而作为避难城来使用。若考虑到这一点的话，百济将王女送到新罗后的第二年（554），新罗就开始修筑明活山城，并非寻常之事，这暗示着修建明活山城与王女二者之间并非是完全没有联系的两件事情。

1988 年，在该山城附近发现了一通石碑，该石碑记述了修建明活山城一事。碑文开头部分有“辛未年十一月中作城也”的字句，所以该碑常被称之为明活山城碑。据碑文内容，这里的辛未年被推定为 551 年，与《三国史记》中的记载相差 3 年。如果结合二者来理解的话，那么很可能是从 551 年开始修建，而于 554 年完工。[③] 而新罗与百济、伽倻正是 551 年一同进入汉江流域。总之，两者之间是有联系的。新罗在试图进入汉江流域之际，就做好了应对突发情况的准备，这也许是吸取了 475 年的经验。为了应对高句丽的入侵而开始修建了明活山城，在明活山城修建完成之时，主要对手则换成了百济。[④] 事实上，553 年新罗侵占了百济的土地后，一直在积极谋求应对措施。两国都别有用心，表面上仍维系着友好关系。新罗估计百济不久将会来袭，所以想尽快完成明活山城的修建。由此看来，551 年后两

① 前引张彰恩论文中的第 36 页中也表明了这样的观点。另外，前引金周成论文第 10 页中将其理解为所指的是之前发生的珍城战斗。

② 《三国史记》卷四，新罗本纪，真兴王十五年条。

③ 朱甫暾，「明活山城作城碑의 力役動員體制와 村落」,『서암조항래교수정년기념 한국학논총』, 1992;『금석문과 신라사』, 지식산업사, 2002, 第 213 ~214 页。

④ 当然这并不意味着是为了某一特定对象而筑城。那么，应该是由于当时被紧张气氛所包围。

国仅剩最后的宣告诀别。

百济表里不一，并且深知新罗也是这种情况。只是当时百济内部局势非常不稳定，其内部分为两派，即强硬派（主战派）和温和派（主和派）[①]。即使后来主战派占了上风，百济也并未马上发起战争，为了赢得更多的备战时间，而将王女送往新罗来表明其有意维系以往的友好关系。

总之，553 年百济认为将王女送往新罗，与新罗的友好关系就能持续下去，并且订立盟约。但是，与表面情况不同的是百济正在为复仇战做准备。新罗表面上欣然接受了百济请和的意愿，同时又为应对即将可能出现的战争而加紧修建明活山城。结果却是百济先攻打了管山城而挑起了双方的战争，所以说百济最后违背了友好盟约，新罗以违背国法中的盟约为由处决了被俘的圣王。

五　圣王的梦

538 年，百济圣王断然将都城从熊津迁至泗沘城。发掘资料表明，迁都并不是一件偶然的事情，而是在长期计划后才实施的。关于圣王迁都的目的出现了多种观点[②]，究其前后脉络可知，首先是出于完善内部体制的需求，并希望以此为基础在领土扩张方面有较大突破。据推测，圣王意图构筑百济史上的最大版图，梦想再现被称颂为全盛时代的近肖古王时期。[③] 此外，在具体实行过程中，最为关注的就是占领汉江流域。圣王认为百济的未来取决于是否掌握汉江流域，所以为了恢复对汉江流域的占领而使出了浑身解数。在这种特殊的背景下，圣王无论是出于对国家现实的考虑，还是出于对个人考虑，都必须要控制汉江流域。

众所周知，汉江流域作为百济建国初期的根据地，也是都城的所在地。但由于圣王的祖父盖卤王的失策，导致该地区被高句丽抢占。这并不单纯是失掉了汉江流域这一部分领土的问题，也不仅仅是失掉了作为支配势力根基的领土核心区域，还因此使得国家处在几乎灭亡的危机之下，[④] 两手空空的盖卤王只能逃往熊津。与按计划迁都的特点完全不同，熊津的地方势力多数进入新的政治圈核心，形成了与以

① 主战派是从开始就坚决主张并推进汉江攻略的一部分势力，而主和派即为与主战派持相反意见的部分势力。后主战派由于汉江攻略及管山城战役的失败而可能逐渐走向没落。

② 参考金寿泰，「백제의 천도」，『한국고대사연구』36，2004。

③ 《日本书记》卷十九，钦明纪二年条、五年条。

④ 实际上，《日本书记》十四卷，雄略纪二十一年条中有相同的记述。

往不同的支配体制。这一过程中，支配势力之间的矛盾和冲突明显地暴露出来，熊津时代表现出极不稳定的政治局势。由此可以说，熊津时代的60多年，应该算是百济史上的过渡时期。圣王的父亲武宁王趁前任君王东城王失政之际，发动政变并继承王位，此后百济才暂时恢复稳定。

事实上，武宁王想要顺利即位是一件比较困难的事。因为他是蓋鹵王之子、蓋鹵王导致百济失掉汉江流域，并使百济陷入危机。所以，即便是武宁王年纪长于东城王，也无法先于东城王既位。武宁王即位时刚过40岁，在当时算得上是高龄了。武宁王为扭转混乱局势，进而改革内部体制，《梁书·百济传》[①] 中认为此次体制改革使百济再次成为强国，并恢复了以往的平稳局势。以此为基础，武宁王想要重新夺取汉江流域，但还未实现就离世了，恢复汉江流域的这一任务自然就留给了圣王。考虑到这一点，圣王迁都应该就是延续了武宁王时期的计划，这样理解便更为合理。

圣王意识到想要夺回汉江流域，单凭百济的实力是很难实现的。所以，圣王一直在极力拉拢新罗、伽倻，甚至是海对面的倭，由此来组建一支联合军。为了维系这一同盟，百济倾注了大量心血的就是新罗。新罗经过了法兴王时期的飞跃发展，到了真兴王时期，国力已达到了足以对百济造成巨大威胁的程度。此后，新罗一直在伺机吞并与其领土接壤的伽耶国。到了公元6世纪初，新罗又包围了蟾津江流域，并趁百济和大伽耶之间产生嫌隙之机，越过了洛东江下游，掌握了起源于金官国的几大政治势力。此时，即使百济与伽倻的旧势力之间的关系已经恢复，百济也无法展开救援行动。这是因为，第一，改革内部体制而无暇顾及，第二，稍不留神，新罗随时可能成为敌人。如果那样的话，对百济来说收复汉江流域将会变成永远无法实现的梦。识破这一局势的新罗，恰好利用了这种局势，继续蚕食伽倻。而作为支援者的百济，只能在口头上表示与伽倻旧势力团结一致。由于进入汉江流域是圣王的希望，导致百济采取了僵硬的外交政策，结果成为其巨大的桎梏。

另外，新罗灵活运用着与百济外交关系的同时，在伽倻的领土内扩大了影响力。在这一过程中，新罗认为总有一天将不得不断绝与百济之间的友好关系。新罗若不这样做的话，不仅在进一步入侵伽倻领土方面存在局限，而且很难谋求内部的发展。所以，新罗等待时机，果断进入汉江流域，同时年轻的真兴王也作出了决

---

① 《梁书》卷五十四，列传，诸夷传百济条。

断。550年，新罗进入汉江流域，事实上就是宣布与百济决裂，但彻底决裂还需要一段时间。尤其是百济一直坚持维系友好关系的立场，新罗可以加以利用。551年，真兴王成年且开始亲政，在宣布开国的情况下，更大力推进扩张政策。在这种情况下，两国的决裂只不过是时间的问题。新罗为进入汉江流域做准备，同时伺机展开行动，恰好通过高句丽僧侣惠亮了解到了有关高句丽内政的情报①后逐步靠近高句丽。由此看来，高句丽和新罗之间结成了密约关系。圣王获悉该情报后，自己主动放弃了汉江流域，此后便计划着发起带有复仇战性质的全面战役。

圣王就像祖父蓋鹵王被高句丽长寿王杀害一样，最后被新罗的真兴王杀害，继其父武宁王之后，渴望恢复汉江流域，并以此为基础实现百济中兴，而拥有如近肖古王时期那样的丰功伟业的梦想最终化为泡影。由于执着于收复汉江流域，而无法正确地判断形势，进而无条件地将新罗作为同盟势力来拉拢，在这种情况下无法灵活运用外交政策而招来祸端。至此，百济再次陷入混乱，不得不再经过很长时间来为复兴。

六　结束语

正确把握两国之间的外交问题，并不是一件容易的事情。决定外交问题的因素还包括各种无法预测的因素，两国的内政对外交产生的影响最大，但两国的内部情况又未必是一样的。内部支配势力间的不同倾向，使相互间的利害关系产生很大分歧，所以支配势力不仅会分为强稳或和战等不同立场，而且有时会发生激烈的争论。此外，周边诸国的动向也会直接或间接影响两国的外交关系。因此，即使是发生在两国之间的外交问题，仅靠表面现象也是很难正确把握其全貌的。

管山城之战虽是百济和新罗的军事对决，但同时也交织着复杂的外交问题。目前传世的相关史料比较少，并且由于史料体系的不同，内容上又有相当大的差别。再加上战争发生之前，百济和新罗两个国家内政和外交问题所产生的影响，在史料中基本没有体现。以现存史料为媒介推测出的事实，很可能只是冰山一角。尽管如此，稍有不慎就会误以为这就是整体的情况。关于管山城之战，以往从全局或者局部来进行讨论的文章有不少，笔者再次对其进行讨论，就是希望进一步探明该问题。

---

① 朱甫暾，前引论文，2006，第98～99页。

管山城战役要结束时所发生的百济圣王最终被处决的场景，许久以来深深印刻在笔者头脑中，是一直没有解开的疑惑。执行砍头的新罗战士与被俘获且面临死亡的圣王之间的对话中谈到了国法。不知出于什么原因，战士执意以圣王违反了新罗的国法为由，要砍掉被俘百济圣王的头。从刚开始了解到这一史料直到现在，三十多年来，一直是萦绕在笔者脑海中的一个疑虑。

事实上，若仔细观察百济与新罗关系的发展趋势，便能发现两国友好关系中也曾有过猜忌和摩擦，所以无论是应付突发情况，或是为了维持二者深厚的友谊，都必须采取一些辅助性的措施。如结成带有外交目的的婚姻同盟或攻守同盟、互相派遣外交使节等，在必要时将采取一些检验友好关系的措施。这是因为，当时不仅仅是两国之间结成的外交关系，而且具有与周边诸国间关系错综复杂的特点。

总之，在考察两国关系时，要同时仔细观察周边诸国的问题和内政，这样才能推导出真相，管山城之战也不例外。围绕管山城之战所进行的研究，对外交史的理解有重要意义，所以对此应该进行更深入的探讨。

参考文献

1. 史料

《三国史记》。

《日本书纪》。

《梁书》。

壬申誓记石碑文。

2. 著作

주보돈，《金石文和新罗史》，知识产业社，2002。

진홍섭，《三国时代的美术文化》，1978。

이기동，《新罗骨品制社会和花郎徒》，韩国研究院，1980。

3. 论文

김갑동，《新罗和百济的管山城战斗》，《白山学报》51，1999。

김수태，《百济的迁都》，《韩国古代史研究》36，2004。

김영심，《管山城战斗前后期的大伽耶·百济和新罗的对立》，《5~6世纪东亚的国际形势与大伽耶》，高丽郡伽耶博物馆·启明大韩国学研究院，2007。

김주성，《管山城战斗的背景》，《中原文化论丛》12，2008。

양기석，《管山城战斗的经过和影响》，《中原文化论丛》12，2008。

이기동，《新罗花郎徒的社会学考察》，《历史学报》82，1979。

전덕재，《管山城战斗新考》，《新罗文化》34，2009。

주보돈，《蔚珍凤坪新罗碑与法兴王时代的律令》，《韩国古代史研究》2，1989。

주보돈，《南山新城的建造与南山新城碑第9碑》，《新罗文化》10·11，1994。

주보돈《5~6世纪中叶高句丽和新罗的关系》，《北方史论丛》11，2006。

주보돈，《明活山城作城碑的力役动员体制和村落》，《西岩赵恒来教授退休纪念·韩国学论丛》，1992。

주보돈，《熊津都邑期百济与新罗的关系》，《古代东亚与百济》，2003。

진홍섭，《南山新城碑的综合考察》，《历史学报》26，1965。

洛阳龙门石窟 / 冯立君 摄

讲　谈

《中国与域外》第四辑（2021.04）第 305～310 页

《天圣令》读书班

——《天圣令》研究的基础建设

黄正建*

《天圣令》是新发现的重要法典史料，为研究这一史料，有必要进行认真细致的研读。研读过程既可以学习文本资料，又可以培养研究人才，因此可以说是《天圣令》研究的基础建设。下面简单介绍一下中国社会科学院历史研究所的《天圣令》读书班情况。

一　缘起与参加人员

天一阁藏明抄本北宋《天圣令》残卷被发现后，由中国社会科学院历史研究所的“《天圣令》整理课题组”进行了点校整理，2006 年出版。《天圣令校证》出版后，在唐宋史和法制史学界逐渐形成研究热潮，《唐研究》2006 年、2008 年先后出了两个专辑就是一个证明。2008 年我在台湾访问，参加了高明士先生主持的唐律读书会，当时他们停止了读唐律，开始从头读《天圣令》，我参加时他们读到《厩牧令》。此前在日本，我也参加过大津透主持的唐代律令读书会，吉永匡史、武井纪子研究《关市令》《仓库令》的文章都在读书会上讨论过。日本御茶水女子大学古濑奈津子的日本令读书班也开始结合《天圣令》研读日本令。到 2009 年，我们社科院历史所隋唐史方向少有的一下子有了三个研究生，于是决定带着研究生一起读《天圣令》。听到消息后，北师大宁欣教授的学生，以及中国政法大学徐世虹教授的学生都申请参加，于是《天圣令》读书班就正式开班了。

从 2009 年到现在，《天圣令》读书班已经坚持了近 10 年。其人员构成大致是：

* 黄正建，中国历史研究院古代史研究所。

老师方面，主要是中国社科院历史所的老师，除我和牛来颖之外，先后有吴丽娱、雷闻、陈丽萍、庄小霞等老师参加。

学生方面，主要来自北京地区的各大学，学生各年度进进出出人数不等，大致保持在20名左右，计有中国社会科学院研究生院、北京大学、北京师范大学、中国人民大学（含韩国留学生）、中央民族大学、中国政法大学、清华大学、首都师范大学。其中有几位从开班一直跟读，或从硕士一年级跟到博士毕业，或从博士生跟成大学老师（博士生导师），升任副教授后又带着他的学生来读。

学生参加读书班的热情和认真程度可以举两个例子：一位中国政法大学的博士毕业后去了湛江某大学，但他负责的令文并没有讲解完，因此他在已经报到之后，决定继续来参加读书班，把他负责的令文讲完，于是从湛江坐高铁提前一天到北京，参加完读书班再坐高铁回去。另一位中国人民大学的在职博士生，工作在曲阜，有时为参加读书班，早上坐火车到北京，带着行李直接从火车站到历史所来参加读书班。

参加读书班的其他人员则是临时的，又分两种。一种是在历史所或在北京某大学做访问学者，较长期地参加。例如，鲁东大学的樊文礼、青岛大学的纳春英、日本爱知县立大学的丸山裕美子、韩国成均馆大学的河元洙、西北大学的马弘波、山东师范大学的周尚兵、韩国东北亚历史财团历史研究室的金贞姬，以及河南大学、湖南社科院的研究者，法学所、历史所其他专业的学生等。

另一种是正好在北京或历史所访问，仅参加一次者。例如，山东大学的刘玉峰、日本御茶水女子大学的学生、日本早稻田大学的王博、复旦大学的仇鹿鸣、武汉大学的吕博等。当然也有专门从天津赶来的南开大学的夏炎及其学生。台湾大学的高明士先生（及台北大学的陈俊强）在访问北京期间，也莅临读书班旁听并予以指导。

二　研读方式

读书班采用逐令逐条研读的方式。具体来说是这样：每读一篇令，先请原来的整理者就该令的构成、内容、整理及复原时的问题、研究现状、研究展望等作相关介绍。由于《田令》和《厩牧令》的整理者宋家钰先生已经去世，因此《田令》由我介绍，《厩牧令》由侯振兵介绍，其他则为：李锦绣介绍了《赋役令》，孟彦弘介绍了《关市令》和《捕亡令》，程锦介绍了《医疾令》，赵大莹介绍了《假宁令》，雷闻介绍了《狱官令》，牛来颖介绍了《营缮令》，吴丽娱介绍了《丧葬令》，我介绍了《杂令》。现在我们已经读到《天圣令》的最后一篇令，即《杂令》。

具体研读方式：事先指定一位同学准备 3～5 条令文的研读资料，包括提供与令文的校勘、复原相关的史籍资料，以此来判断校勘和复原是否准确；提出在阅读这几条令文时思考的问题（可以是文本的，也可以是制度上的，等等），并予以初步解答；将令文译成白话文。资料准备好后，发给读书班成员。读书班成员接到资料后，预先阅读，认真思考，准备讨论发言。

在读书班上，先由准备资料的同学予以讲解，讲完一条后，大家讨论、质疑，力求弄懂每个字词、每条令文，还要讨论制定令文的背景和法意。有段时间，读书班指定专人进行记录，一方面保留讨论的档案，另一方面为将来出版《天圣令》白话文译文做准备。

读书班的原则：尊重别人意见，不擅自使用和发表别人观点，若使用一定注明。这就保证了大家能够畅所欲言，讨论热烈。

三 收获与成果

第一，培养了一批研究人员。读书班的参加者，很多人以前对法制史不很了解，不熟悉唐代的律令体系，不熟悉日本学者的成果，更不熟悉《天圣令》。通过研读、讨论、交流，凡参加者对以上学术成就都有所了解，弥补了研究唐宋史时的知识缺环。由于令文涉及唐宋各项制度，因此参加《天圣令》读书班的学员除学到了法律知识外，更重要的是学到了许多唐宋制度史方面的知识。此外，由于参加者包括唐史、宋史、法制史三个领域的学生，讨论令文时视角与想法会有不同，这种不同研究方向之间的交流对于学生思维方式的影响也是很大的。

第二，培养了严谨的读书习惯。由于要弄清每条令文、每个字词，甚至每个标点符号的用法，因此读令培养了学生严谨处理史料的习惯。读书班 10 年来有多人考上了博士，并有多人毕业后分别在福建师范大学、西南大学、中国政法大学、中国海洋大学、北京师范大学、西北大学、中央民族大学、山西师范大学、陕西师范大学、华中师范大学、浙江师范大学等高校当老师，继续专业研究。虽然他们的成就来源于各自导师的指导和自己的努力，但在读书班的训练对提高阅读史籍的能力、扩大研究视野等方面应该还是有所帮助的。

第三，个人或集体也取得了一些研究成果。在读书过程中，由于要就一条令文或一组令文准备资料，就要关注前人研究状况。在此基础上，读书班成员发表了一些学术史方面的文章，例如关于唐代公私田、仓库、告身研究的综述等。又由于在研读和讨论中受到启发，读书班成员也有研究相关令文条文的论文发表，例如关于《赋役令》《仓库令》《关市令》《捕亡令》《狱官令》等，都有研究论文发表。还有学生的毕业论文选择了《天圣令》的题目，例如有关于《厩牧令》《狱官令》乃至整个《天圣令》的研究。作为集体成果，读书班同学自己组织、策划、发表了对令文的白话翻译（陆续发表在《中国古代法律文献研究》上）。目前已经发表了《赋役令》《仓库令》《厩牧令》《关市令》《捕亡令》《医疾令》《假宁令》《田令》《狱官令》《营缮令》10个令的白话翻译，现在正在进行的是《丧葬令》。我们的最终目的是要出版一部《天圣令》的白话翻译著作。

第四，加强了各高校甚至国内外研究者或同学之间的联系，增进了友情。通过读书班，不同高校的师生之间、同学之间建立起了友情。大家一起交流学习心得，互通资料有无，互通信息，有些在国外进修的同学主动提供各方面资料，或向国外学者介绍读书班情况。这种学术联系在共同撰写《天圣令》白话文翻译的过程中得到了加强。当然，同学们也一起吃饭，一起K歌，一起祝贺生日，气氛和谐愉快。相信读书班的经历对于同学们来说，是很好的学习和生活体验。

总之，《天圣令》读书班能坚持到现在，既离不开历史所（无偿提供会议室等）以及各位老师（包括李锦绣、孟彦弘等）的支持，也离不开各校同学的积极参与；离不开老师和同学们克服时间紧张的困难而认真准备的付出。我们希望这个读书班能坚持到最后，不要像海外有人嘲笑的那样，中国的读书班往往是虎头蛇尾。日本的唐代律令读书班和中国台湾的唐律读书班都坚持了几十年。两个读书班都培养了大批研究骨干，他们现在都成了学界中坚。我希望我们的《天圣令》读书班也能这样，在坚持了10年的读书过程中，一方面为研究《天圣令》服务，另一方面也培养一批重视法律资料、重视制度研究的研究人员，为唐宋史、唐宋法制史的研究贡献一份力量。

2009～2019 年参加过“天圣令读书班”的学生名单
（按姓名的汉语拼音为序）

1. 畅通	27. 李刻羽	53. 沈寿程	79. 徐畅
2. 陈佳仪	28. 李瑞华	54. 宋佳霖	80. 徐少举
3. 陈凌	29. 李少林	55. 孙俊	81. 杨博
4. 戴均禄	30. 李师孟	56. 孙烁	82. 杨丁宇
5. 单印飞	31. 李文益	57. 田卫卫	83. 杨晓云
6. 冯立君	32. 李殷	58. 万晋	84. 杨振东
7. 冯璇	33. 李永	59. 王博	85. 姚梦泽
8. 高滨	34. 李云龙	60. 王长安	86. 阴思浓
9. 顾成瑞	35. 李志刚	61. 王迪	87. 于笛
10. 管俊玮	36. 李瀚	62. 王夫一	88. 张美侨
11. 郭梁	37. 廖靖靖	63. 王慧	89. 张明
12. 郭婧博	38. 刘松弢	64. 王丽娜	90. 张维
13. 韩雨彤	39. 刘夏欣	65. 王苗	91. 张跃飞
14. 韩棣尧	40. 刘晓月	66. 王斯雯	92. 张志强
15. 何存金	41. 刘亚坪	67. 王溪	93. 张仲元
16. 洪英	42. 吕冠军	68. 王莹	94. 赵晶
17. 侯爱梅	43. 吕学良	69. 王渊河	95. 赵洋
18. 侯振兵	44. 孟献志	70. 王子潇	96. 郑德长
19. 黄图川	45. 牟学林	71. 王怡然	97. 郑豪
20. 霍斌	46. 南芳	72. 吴杰华	98. 周晓楠
21. 靳亚娟	47. 聂文华	73. 吴晓丰	99. 朱丽娜
22. 金珍	48. 聂雯	74. 吴姚函	100. 闵祥鹏
23. 蓝贤明	49. 钱信	75. 吴宇翔	101. 晁群
24. 李凤艳	50. 乔惠全	76. 吴祖扬	102. 晏可艺
25. 李寒箫	51. 任强	77. 武绍卫	
26. 李健江	52. 商娜娜	78. 谢琛	

本文写于 2019 年 10 月。中国社会科学院历史研究所（现改名为古代史研究所）主办的“《天圣令》读书班”，在研读完《天圣令》残卷全部令文后，已于 2019 年 11 月 22 日结束，历时 10 年另 2 个月。

读书班很多同学都在给我的信中表达了参加“《天圣令》读书班”的心情，包括感想和感受。现摘录一诗一信以见一斑：

徐畅 2012 年 8 月 20 日来信附录：

与诸生读“天圣令”

（自庚寅冬忝得与黄、吴、牛、陈诸师及诸生会读“天圣令”，逾今已两载，虽岁时寒暑，人流拥堵，隔周四晨至社科院，殊未间断，竟成定律。其间颇得诸师教诲，并与诸生有亲密之交，今夏初感离散，闲来思之，感慨不已，因赋十二韵以寄诸位。）

石渠九律流离尽，文馆令格无复行。断续补苴由北地，殷勤搜赍赖东瀛。

明钞惊见天一馆，宋令即倾江户城。慧眼发凡一出沪，悉心校理总归京。

厘清宋本分唐宋，复原唐文辨日唐。一载辛苦终付梓，十年聚讼却难平。

卅篇才得十篇幅，唐令终无宋令明。稽考零篇经数辈，还原全貌在新生。

初读赋役明差免，细审均田辨退耕①。制度行来厩库整，权责具列廪仓盈②。

全条作注词需晓，逐字勘同逗亦争。三载聚读功未竟，他时敢笑郑康成。

①此指已读田令与赋役令。

②此指已读仓库令与厩牧令。

吴姚函2019年11月20日来信：

首先非常抱歉，这周在外地参加课程考察，周五不能如期参加这次的读书班了。两年来没有请过假，没想到这次读书班刚好就是十年来最后一次，心里十分遗憾，难受!

天圣令读书班能坚持十年，吸引到百名学子参与其中研究，交流，本身就是一件非常伟大的事情。它让更多不同学校，不同专业背景的师生汇集在一起，进行具体而细致的讨论研究。读书班不仅让《天圣令》研究本身迸发出新的活力，更是促进我们小辈们，打好研究基础，学会学术分享，培养出更多年轻的学科后备力量，有不少师兄师姐由此也走向了学术研究之路，而后者，恐怕更是读书班之于我们普通学生的魅力所在。

虽然我是最后两年加入读书班的，但是在这两年的时光，在老师和同学们身上，我学到了太多，太多……回想起来，有太多火花碰撞的时刻，太多令人感动的瞬间……在最后的日子里，也真切地感受到了难过，不舍，怅然若失。学到了那么多新的知识、研究方法，认识了那么多志同道合的师友，以后很少有机会再见面，多么遗憾……

一直在想，多么期盼以后读书班还能继续下去，能在北京有这样一个跨学校跨学科的交流平台，还是希望能够延续下去。希望还有机会，跟黄老师和牛老师，还有各位同学一起学习，一起进步!

《中国与域外》第四辑（2021.04）第311～326页

白江之战与唐朝和日本关系的演变

韩　昇*

编者按： 中古时期东亚史上极为重要的白江之战，历来受到中国、日本、韩国等国际学术界的关注，其原因在于白江之战本身是7世纪国际力量交错汇合的一个节点。战争的一方是唐朝与新罗，另一方是百济残余与倭国力量，双方在白江口展开决战，唐朝一方取得大捷。战争底定了东亚国际格局的发展走势，新罗在半岛上逐步实现一元化统治，倭国转向内敛收缩，唐朝、新罗、日本三国之间在7世纪后半段开始形成一种和平体制下的文化交流，有学者盛赞其为东亚汉字文化圈的兴盛期。韩昇教授2019年5月27日受邀来到陕西师范大学长安校区作东亚史的报告，关于白江之战的历史正是他长期研究的领域，因此所讲内容信手拈来，现场具有一种超强的感染力。拜根兴教授受邀与谈。以下是历史文化学院吴尚提供的根据录音整理的讲座核心内容，特此致谢。

主持人：

大家好！我是陕西师范大学历史文化学院的冯立君。

今天我们很荣幸地邀请到复旦大学历史学系著名的韩昇教授，来咱们师大做集贤讲堂的一个专场讲座，首先我提议大家用热烈的掌声欢迎韩教授。无论是魏晋隋唐史还是东亚史，韩先生都有卓越的研究成绩。而且，今天的报告，应该是一个“双峰论坛”，为什么这么讲呢？我们知道韩教授在东亚世界形成史、日本与大陆关系史方面，拜教授在唐朝与朝鲜半岛关系史，特别是唐朝新罗关系方面，都有很多深厚的研究。如果说韩老师、拜老师两位都是享誉海内外的学者，那么无论是唐朝还是东亚，我只能算是半个学者，虽然我刚刚送给韩老师一本我的新书《唐朝

* 韩昇，复旦大学历史学系。

与东亚》。

今天下午，韩昇老师带来的题目是关于白江之战——东亚的世界大战，《白江之战与唐朝和日本关系的演变》。韩昇教授，一般来说，咱们集贤讲堂都要有几分钟的铺垫，介绍一下嘉宾。但是我想韩老师确实是不需要做过多介绍的，他在百家讲坛讲过多场，特别是《盛唐的背影》，韩老师那略带南方口音的国语，那儒雅的气质，他的风采早就广为人知。我从大学时代就读韩老师的书，比如《日本古代的大陆移民研究》《隋文帝传》《东亚世界形成史论》，他的译著也脍炙人口，如砺波护《隋唐佛教文化》、宫崎市定《九品官人法研究：科举前史》、堀敏一《隋唐帝国与东亚》。我们今天到场的同学其实很有幸，午餐时韩老师说他的课在复旦大学是非常受学生欢迎的，是一个“荣誉课程”，这门课学生打分是最高的，学分也是特别高。

我就不再唠叨了，现在就请韩老师开始他的精彩演讲，请大家欢迎。

韩昇：

大家好！我来过几十回西安考察学习，曾经顺便把周围也摸了个遍，各个唐陵，都很熟悉。我和陕师大的渊源颇深，老先生中，譬如史念海先生、黄永年先生，二三十年前，我曾来师大拜师请教，和他们畅叙。

但是，这是我第一次到陕师大美丽的新校区，和师大的师生在一起，很高兴。今天呢，我主要谈谈《白江之战与唐朝和日本关系的演变》这个题目，其实不敢说是学术报告了，只是和大家聊聊。拜老师现在已经是国内做唐朝和韩国关系的栋梁学者。新一代的栋梁学者是冯立君教授，刚刚开了一个百济的会，我欠了他一笔债，所以我到这里是来还债的。其实我已经有一段时间没有做东亚了。但是东亚，特别是隋唐的东亚是一个大的转变的时期，这是我们考虑隋唐史的时候，要很注意的一个问题。它迎来了一个大的变局，这个变局为隋唐奠定了世界领袖的地位，也构建了一个国际的圈子，就像今天我们有一个联合国这样的国际关系的圈子，国际的体系。凡是领导世界的国家，没有一个是一国崛起的，这也是我们要很注意的一个问题。不要迷恋于什么就某个国家来说，所有领导世界的国家都是以一个国际体系，或建设国际体系起来的，从古到今都没有例外，所以当我们再审视这段历史，第一个，汉瓦解以后，到隋唐，实际上是中国第二次大型的国家重建。这个国家对内的重建完全是隋唐史研究的范畴，但是对外呢，因为内政和外交是紧密联系在一起而不可分割的，所以它映射在国际关系上，就必然有大的重建。这个重建，在东亚，隋朝遇到最大的阻力，是来自高句丽，来自朝鲜半岛，因此这个重建从高句丽的问题开始，但是（同时）隋朝的崛起也带来了其与日本的关系一个大的变局。也即这个变局只要有一步开始，就会有一系列的变化。

我们先说隋朝和日本。日本这个国家的成熟是比较慢的，一直到4世纪以前，我们所能见到关于日本史最详细的资料是在《三国志》里。《三国志》中有《倭人传》，是关于倭国的记载，从中我们看到国家还没形成，尚处于很多部落的状态，它自己说是分为百余国。然而日语里面的国跟我们所理解的国是两回事，国就像家乡、地方一样，到今天日语里面，回家乡也叫做回国，所以当时的百余国我们不要用现在国家意义来理解。那么这个变化，我们逐渐看到在《宋书》中已经有倭国传了，这个时候在中国的记载里是比较确定的，即它已经形成了一个以奈良为中心的一个国家政权，而这个国家政权和南朝有比较多的交往。这个交往，我们看到有变化。在这之前，倭国在和曹魏的交往中他追求的是获得一种册封。所以我们可以看到，在今天九州福冈博物馆里面的汉倭奴国王金印，这是一种册封的形式，这种册封对当时的倭国来说，它的意义更多的是对内的，在国家形成过程中有很多股势力之间的竞争，如果能获得中国王朝的支持，他就会在国内的竞争里取得一种优势。所以这个时期倭国和曹魏的关系，侧重点还是倭国自己出于本身的考虑。

但是我们看到在宋初的《倭国传》里面，交往发生了一个变化，它更多的是要求对于朝鲜半岛的权力。这个权力怎么定义，日本学者、韩国学者是有不同看法的，包括日本是不是在朝鲜半岛南部有一个直属的踏脚的地方，该政权又是从属于它的地方政权，该政权又是什么样的建构。关于这些问题学界有不同的看法，但是我们在中国的文献里可以明确地看到它所要求的是都督，都督百济、新罗，任那诸国军事。日本把朝鲜半岛历史上的国民跟现在的国民列在一起，请求册封，所以从这里面所反映出来的以及日本文物所展现的情况来看，他和前面的阶段有很大的变化，国内的国家的形成发展得很快，因此他更多的是在争取朝鲜半岛上面的利益。这个册封的要求中，在最主要的百济问题上面，被南朝拒绝。所以我们看到南朝对倭国的册封，它的要求，就是南朝把百济拿掉，其他都承认。

这个我是专门写过一个论文，为什么呢，因为当时百济和南朝的关系特别的紧密，不是一般的紧密。这个反映在我们去韩国，可以看到韩国留下一个很有名的墓——武宁王陵。武宁王陵周围是有几座墓，当年我和日本的学者、考古学者，还有韩国的学者一起到这个地方，观察了这几座墓。这几座墓呢，我看到博物馆以及日本考古学者的介绍，有关他的年代的断定，我在那次会议上就提出一个质疑，我认为的年代的判断和他们的正好相反。最成熟的应该是武宁王陵，因为这个墓呢很清楚是根据南京地区的砖室墓的规格建的，从墓的形制到墓的砌法来看，完全是以南京为中心地区的砖室墓的砌法。我为了讲清楚武宁王陵，把当时也即20多年前中国发现的所有砖室墓全部拿来，砖室墓有图像的、砖的这种砌法，全部整理出来。我们很清楚地看到南京地区的砖室墓的砌法是非常规整的。这在考古上面叫做三横一竖，砖横的砌三排，然后立起来，竖一排，再横着三排，就从地面（开始）全部都是按这样的砌法，这种砌法是要有相当水平的。为什么呢？“文革”的时候我就是干这个活的，当时讲深挖洞，讲备战，挖地洞，地洞挖了就要砌砖，否则地洞都塌了，我就是干这个的。这个砌砖室墓它要有一个比较精确地测量，才能做到完整的三横一竖，否则从两边砌上来，到顶边就没法合龙，你可能就要变成四横一竖，五横一竖。它能够这么完整、漂亮地三横一竖，第一个是由于工匠的水平，第二个是制砖的水平，砖的规格一定要一样，而且烧出来的砖不能是弯曲不平的。那么很有趣的是，武宁王陵的砖的铭文上面清楚地刻着“梁官瓦司”，“梁”是国名，“梁”的“官瓦司”。所以我们从这里就可以看到，这个砖是“梁”的工匠做的，“梁官瓦司”这个砖铭。能做出这么规整的一个墓，一个是工匠来自南朝，第二个做砖也来自南朝，而我们在中国的砖室墓可以看到，南京以及其周边地区的砖室墓是严格的三横一竖。如果往边上走，越边远的地区就越做不到，可能是两横一竖，可能是三横、两横、四横混杂在一起，我们可以很清楚地看到从南京地区扩散出来。所以在这个时期，在中国所能看到的砖室墓，甚至跨过淮河，大致上都是仿南京的。但是在武宁王陵，我们看到他们的砌法和南京又略微有些不同，是四横一竖，不是三横一竖，但是他们也是非常清楚地从地面完整地合龙，所以我认为这个墓是最成熟的墓，比那两个要成熟得多。旁边的两个墓的砖，没办法四横一竖，全部都做不到。所以从年代来看，武宁王陵应该是最后的，前面那两个比它早。那从这里就引申出一个问题来，这种做皇帝墓、做墓的工匠，是南朝的宋给的。这是一个保密的工程，大家都知道以前给国王修墓，修了以后工匠大概也就埋到墓里面去，不能外传的。但实际上呢，在这个时期，我们所看到的，南朝跟百济的关系，非常紧密。

还有什么呢，像博士。博士由南朝经常性、定期性地派往百济，那这些博士，百济又拿去，定期地派往日本，从日本换得一些军事物资。那么南朝的博士，通过百济又输往日本。我们就能看到，南朝跟百济的紧密关系，也看到百济跟日本紧密的联系。这里就形成一个链条，所以我说当时的百济，等于是南朝文化在东亚最重要的据点。所以这样的一个据点，日本对百济提出领土的利益要求，南朝是不能接受的。至于高句丽，高句丽是和北方、和北魏相联系的，所以南朝也不妨慷人之慨，日本要就给了。新罗大概是没听说过，新罗跟中国的交往是最后出现的，最迟的。

但是这个百济呢，这个时候叫做倭国五王，多次要求都被拒绝以后与中国中断往来。这个中断时间，最早应该是在南朝宋的末年，最迟应该在萧梁的初年，也就是说我们应该怎么去理解萧道成对倭国的册封，主要是这个问题。因为我们看到，梁武帝也对倭国进行了册封，这个册封一定是倭国使节没来过的册封，南朝的宋，倭国的五个王的使节都来过，包括当时的国书都留下来了，到萧道成时期，倭国的使节还是有可能到达，但是如果来的话，估计也是最后的使节。萧梁的梁武帝的册封，是一个虚封。这个虚封的证据用哪一个呢，就是南京博物院的这个梁元帝的《职贡图》，其中，东亚的几个国家的使节他都画出来了。作者本人是梁皇帝，所以他见到的外国使节多了，他画的使节基本上都是亲眼看到的，那么我们看到百济的使节，很清楚地画在那里，然后日本使节，这个日本使节在所有使节里面是最奇特的，也可以说是最奇葩的一个使节，腰间裹一块布，脚上没鞋子，头发像鸟巢一样，而如果我们对应当时日本的文物所展示的日本人的服饰，显然不是这个样子，其间差距太大了，而这个日本人的形象根据什么画的呢？《三国志・倭人传》。《三国志・倭人传》讲到倭人的衣服，男的就是一块布裹在身上，女的就是一块布挖一个洞套在头上，（《职贡图》）就完全是《倭人传》中的倭人形象，梁元帝画的是《三国志・倭人传》的倭人形象，那就说明他当时就没见到倭国使臣。作为一个国家，打肿脸充胖子，将各国使节都画出来，有的没的都画，没的就根据历史记载，也把他画上去。这样我们可以具体地判定（日本与中国）国与国之间的交往，在南朝宋一代就结束了。结束以后，下一次出现，就要到隋朝，所以我说第一个大变局就出现在隋。我们看到的就是圣德太子，到隋朝来，《隋书》留下记载，《日本书纪》也留下记载，所以我说第一个，隋的出现，是牵动东亚的一个大变化。

与中国的往来中断了那么久的倭国，为什么要到隋朝来，因为现在它有一个一定要来的理由、必须来的理由。我想首先可以考虑到的就是隋朝的统一，它是一个强势的国家，是南北朝时期没见到的。一个强势中国的出现，对日本会造成很大影响，所以日本无论如何也要了解到底出现了什么情况。至于它国内的需要，我当时也专门写文章讨论过，比如说，圣德太子与苏我氏之间的矛盾。但是从国家来说，我觉得更重要的是必须知道，中国出现什么变化，一个这么强大的政权——隋的出现在东亚造成的影响和冲击是非常大的。

我们回头来看，在东亚受到影响最大的是高句丽。高句丽在南北朝时期一度是有向西极度的扩张。包括我们今天所能见到的复旦大学编绘的《中国历史地图集》，这个地图集中我们也能看到，高句丽，大概已经扩张到辽河一线。这是比较大范围地进入到东北地区。隋建立以后，跟高句丽的问题凸显出来。我认为有几层因素，第一，是中国自己内政的原因，从北周统一华北，到隋朝，都遇到没有想到的一个问题是什么呢？我曾经讨论过，北周统一华北，打败北齐，向东北地区进军的时候，突然遭到埋伏，吃了一个败仗。宇文神举是北周非常著名的将军，吃了一个败仗，北周要消灭营州刺史高保宁，但是在这个地方遭到强大的抵抗，这个抵抗，在《三国史记》也能看到高句丽介入的这场战争。高句丽支持高保宁，所以形成了一个北齐的残余势力和高句丽结合在一起的新情况，这是当初北周没有意识到的。这样就把高句丽的问题提前摆到了中国统治者的桌面上了。

北周在统一华北不久，他的领导人去世。北周武帝的死，我感觉是中国历史的一个大变局。这是一个雄才大略的人，他把北周由弱变强，后来统一整个华北，如果他没有出事，以当时的情况来看，他甚至可以南下统一中国，但是就在这个关键的时刻，他突然死了。这个死呢，历史学长期在感叹，历史真的是被一个偶然，改变了它的方向。武帝留下一个极其荒唐的儿子，北周宣帝，才有后来的隋。为什么死？这一点，请大家稍稍有些耐心，等哪一天我有空，我整理出来告诉你们，北周武帝之死。

现在呢，科学已经大踏步地进入到文科。科学现在已经发展到我们不可想象的程度了。我在 2010 年开始，搭建了一个应该是中国首个团队，跨学科平台，2010 年 1 月，就是我组织宣布，我们将寻找曹操基因，当年年底，我们就找到曹操的基因 O2* – M268，这个基因类型。我们用了一个什么呢，用了国家遗传生物学重点实验室，现代人类学教育部重点实验室，这么强大的理科的实验室，而且中国遗传学的近代学科，复旦大学是这个学科的奠基校，这个学科的奠基人不是谈家祯院士吗，他不就是复旦的吗，所以保留下来一个国家最强大的遗传学实验室。现在遗传学已经进入到分子生物学，还进入到研究蛋白质这个层面，所以在有遗骸这个地方，我们都必须提供一个 DNA 的根据来。你再用以前的文献的手段，体质人类学的手段做这些研究呢，我现在跟我的研究生讲，凡是有遗骸的，你那些文献的考证，就不要做了。你做了也白做，你做了（累得）半死，一个基因出来，全部推翻。（不）做了这个基因研究，你就不知道这里面的情况有多么复杂。

关于这个，在上海有一个《学术月刊》，把中国文科人类学最有名的教授请来，请到黄山，然后请我去和他们交流，我们用六个文科学科和一个生物科学结合搭建了团队，在复旦大学，我去给他们讲了一次，讲遗传生物学在今天的历史学、考古学研究上的方法、途径以及我们做的工作，我们取得哪些进展。结果我讲完这个报告以后，他们向我提的问题只剩下一个，像您这样做，我们的饭碗在哪里？他们觉得他们没饭碗了，因为他们这个口述史，做人类学调查，这些调查，你可靠度有多高？

我可以说一个典型的例子，在南方一个非常封闭的山区，有一个族谱完整保留下来，清晰记载，这一族在北宋时迁到了广东一个很偏僻的山区里面，祖祖代代传下来，那是非常纯正的一个村庄，按照文科的人类学的研究，百分百纯正。后来我们进了这个村庄，说给他们做基因，村民高兴得不得了，结伴而来，而且给我介绍，这个是他的祖兄堂兄，那个是他的叔叔等等，我们做了一下之后只能个别地通知他们，一个一个地通知，我们怕让人家的关系不好处了。因为他们确信无疑的这么亲的，通过生物学检验发现，真的不是亲人，他们的基因遗传相当乱。文献上这样的案例，像在他们厦大，中山大学来做，百分百正确，没任何问题的。现在的问题只剩下一个，他们的不纯度有多高，是 5% 的不纯，20% 的不纯还是 80% 的不纯？所以现在有了基因这个武器以后，家谱更多只是一个文化传承意义的东西了，他未必是生物传承的证据，但是他们几百年在一起，形成了一个文化的认同，他们还以为是一个生物学的同宗同族，其实不是。

这样的问题其实我们一直在推进，从人到家到民族，我提出来三个层面的研究，具体像曹操家族、崔卢李郑王、北魏皇族，这些都是家族；民族呢，我们正在做一件事。我去年刚刚在大同建立中华民族寻根研究院。为什么放在大同呢？其实我也很想放在陕西，我想我会推进到陕西的，但是山西的优势更明显，山区众多，人员基本不流动，所以中古时期我们所见到的民族，在今天的山西都能找到，这有最丰富的民族资源。而古代的这些民族，鲜卑、突厥等等，它是什么基因，你能说说吗？这是拿不出任何的基因的（证据），所以它的主体民族是什么不知道，只留下一个记载，这个记载还包含很多的差错，我希望至少能把中古，或者再往前推，从尧舜禹以来，历史上出现的这些民族的基因，每一个部落，每一个族群的基因，我们都把它复原出来。复原出来以后，我们才能看到，一个国家，一个民族是怎么融合起来的，它有多少族群融进来。比如鲜卑后来跑到哪里去了呢，跑到西部去了么，西部多少个鲜卑国家，后来这些国家到哪里去了，这些人到哪里去了，我们通过基因在西藏找到，他们融入了西藏，所以今天藏族里面很多是鲜卑族的后代。这个就是藏族的源流，所以必须提供生物学的根据，而据此我们就能看到各个时期民族的形成。

就在前几天，我的合作伙伴，中科院金力院士，他带着团队，刚刚在《自然》杂志，在理科大家最向往的杂志上发了一篇文章，讲中国语言起源的问题，也是用基因做的，生命科学研究那个时段人类基因的构成跟同时期古语言的研究，一个跨学科的研究，这个成果，获得了语言学界、生物学界高度认同，所以最后能通过严格的审核，发表在国际顶级刊物《自然》杂志上。我们现在用这个手段可以解决很多重大的历史问题，比如说汉藏同源，如何讲汉藏同源，从语言到民族，在今天如果不能把生物学的证据拿出来，还用文献的东西，人家会对你的研究打一个大大的问号。

那么回到我们这里，我只是介绍一下一个新学科正在迅速的推进，以后有机会到复旦大学来的人，欢迎你们去参观我们的实验室。我们实验室有一个景观很是引人瞩目，密密麻麻的冰箱，市面上是买不到的，他的温度是－80℃，－80℃的冰箱有几百个，我们从1900年以来对整个东亚人群基因研究的成果，血液样本等，全部保存在里面，所以我们建立了全世界最大的东亚基因库，包括日本民族的研究，我们有很多日本的样本基因在，这个是国际联合的人类基因组计划，由10所高校，十大实验室对全球人类、对现代人类进行普查，其中东亚部分就是由我们学校承担，我们做了30年，所以现在只要跟东亚有关的这些民族，我们马上就能告诉你，这些民族基因的数据，什么民族，什么时期，呈现什么状态，当然，数据还在不断地收集，在丰富。

其中有一个是我们做完的，北周武帝死因，因为他的遗骸就在我手里，所以我们现在就可以从科学方面破解北周武帝是怎么死的，为什么他在这么关键的时刻死了。这之后他的儿子，也很离奇的二十几岁就死了，当然我们从以前的记载来说他儿子太闹，胡闹，闹死的，但是二十几岁的人胡闹就死，这好像还是有违常理，所以还是有独特的原因。

但是北周武帝的死就让这个问题（高句丽问题）延后，之后经过宣帝就是隋，隋继承的就是北周，所以武帝没有解决的关于高句丽的问题对中国的影响还在继续，他会意识到一点非常重要的问题，隋和唐的都城就在长安，这对魏晋南北朝来说，是一个从搬出去的地方，从中原又搬回到关中来。其实东汉以后都城就搬出去了，主要在中原，现在又搬回来，政权腹地是山东地区，已经相当发达。位于长安的中央政权对山东地区鞭长莫及，我们就看到高保宁问题所显现出来的是我们的首都太西面，对东部的控制力不够，也因此在东部的反叛，基本上都和高句丽有关。看重大的反叛，都能查到和高句丽相关，不只是高保宁。我再举个例子。隋文帝发生政变以后马上发生的三方之乱，最主要的是尉迟迥。尉迟迥讲道，如果输了，我们就退到高句丽去，可见他背后的依托还是有一个高句丽在。因此，高句丽的问题就不仅仅是一个国际问题，它甚至涉及国内政局的稳定、华北地区的控制。所以，这些问题有必须被解决的国内因素。

那么，隋文帝时期，大概在开皇六年，最重要的战功是打赢了突厥，并导致了突厥的分裂，隋也因此获得北方，甚至是从北方延伸到中亚这一地带的控制权。但是，它在东部遇到最顽强的抵抗——高句丽。这又涉及高句丽对辽东领土的据有问题，它不肯让出，所以我们看到，这两国的关系，后期还有一个领土的问题。但这些都是具体利益的问题，更主要的是一个国家的崛起，一定是一个国际体系的崛起。隋要建立起一个以它为中心的国际体系，把周边这些国家都纳入。高句丽不接受。如果不能让高句丽服从，这个国际体系在东方就建立不起来。所以我们看到，隋和高句丽的矛盾，至少有三个层面：从国际体系到领土问题、再到内政。三个层面都决定它必须要解决高句丽问题，这个并非教科书上说的隋炀帝好大喜功。开战是从隋文帝开始的。开皇十八年（598），隋文帝开始攻打高句丽，一直打到唐高宗、武则天时期才结束，跨了两个王朝，从隋跨到唐，两个政权都坚定地要解决这个问题。实质上，就是我讲的三大要素。隋挺进东北，就带来圣德太子到隋，这是连在一起的。所以一系列的变动是从隋开始的。隋与高句丽的战争以失败告终，不但失败了，连隋王朝也崩溃了。

唐朝重建。唐太宗以后唐真正有能力考虑国际关系，唐高祖时期，帝王全心全意地解决中国统一、内政问题，完全没有力量顾及国际关系。到太宗时期，唐朝和高句丽的矛盾又尖锐起来了，实则还是这三个层面的问题一个都没有解决。而唐朝是一个比隋朝更有雄心的王朝，所以帝王必定要去解决矛盾。正是这个矛盾最后引发了唐太宗晚年的征高丽战争。关于此次战争，我还根据研究加进了一些新的因素。其中一个很重要的新的因素，就是高宗，这还是国内的问题。我们知道唐太宗征高丽，他年龄已经很大了，身体很差，所以他在征高丽的途中差点病死。以他的身体状况已经不能打高丽了，可他为什么一定要拖着病体去？这是一个我们要去认真研究的问题。而且唐太宗在出发之前，他一直把高句丽问题放在一个外交和政治解决的层面，没考虑到动武。多少次有人提起动武的方案，都被他否掉，他一直试着通过外交和政治手段解决，但是到晚年，他突然间变了，我认为是内政造成的，废了承乾太子，立了李治，就是高宗，唐太宗觉得李治软弱。所以唐太宗讲了，隋朝为什么灭亡，隋炀帝打高丽。隋炀帝打高丽就使得国家被军人牵着走。他担心高宗以后解决高丽问题，仍然会被军人牵着走，所以他希望他生前能够解决这个问题，把一个稳定的东北交给他的儿子，免得他的儿子重蹈隋炀帝的覆辙，这就是他为什么拖着病体硬要解决高句丽问题，这是一个新出现的因素。

唐太宗打高句丽没有成功，但是唐朝对于高句丽作战发生一个重大转变，从唐太宗试图一举消灭高句丽，转化到非常冷静和现实的情况，即他意识到高句丽的问题不是一次就能解决的。所以唐太宗退回去以后，唐朝几乎是年年打高句丽，年年打，规模都不大，也就是进入持久战。不间断的军事压力，是小国最难忍受的，大国有足够的资源可以坚持10年、20年，小国无力维持，所以在这个过程中我们可以看到唐朝一个冷静的转变。这个政策被唐高宗继承下来。唐高宗在唐太宗死了以后，共有五年停止了对高句丽的战争，从永徽五年（654）重新开战，一直到高句丽灭亡。隔三岔五地发动战争，仍然是施加不间断的军事压力，最终压垮。那么我们可以看到白江之战，是这个时期发生的一个重大转折。

转折在哪里呢？朝鲜半岛的问题涉及三个国家：高句丽、百济、新罗。这三个国家是在南北朝时期大致形成的格局。高句丽跟北朝有紧密联系，高句丽和北魏通过战争成为朋友，所以高句丽的文化受北方影响很大。百济保持了南朝以来与南朝文化的接触，所以我们从武宁王陵看到南朝文化对它的影响非常大。新出现的因素是新罗的兴起。新罗在南北朝时期和南北各方的交往都不是很紧密。他的整个发展相对落后。我想这个问题，拜（根兴）老师和冯（立君）老师是专门研究这个领域的可以向他们请教。

从整体关系来看，新罗是后面崛起的。新罗崛起以后，最初和百济结为同盟，南方两个比较弱的政权共同对付北方的高句丽，弱者联合，但同时三方之间又有很复杂的矛盾和利益关系。最后新罗和百济因为争夺领土发生冲突，两国关系彻底闹翻，闹翻之后出现一个变化，就是百济越来越倒向高句丽，新罗就受到了百济和高句丽联合的进攻。新罗是比较弱的，所以面对两个国家展开军事进攻，它所承受的压力很大。新罗想改变这个局面，所以在金春秋时期，金春秋首先是跑到高句丽去，想争取高句丽的支持，结果高句丽不支持他，还要把他抓起来。他跑回来，无路可走，因此到了唐朝，完全倒向唐朝。

金春秋倒向唐朝，对于朝鲜半岛是一个很大的变数。金春秋要获得唐朝的支持，条件是全面吸收唐的制度。就从金春秋时期开始，新罗开始全面学习唐朝制度文化的各个方面，尽量建立起一个模仿唐朝的体制，这就使得金春秋在新罗的内政走向和唐朝一致的同时成为唐朝在朝鲜半岛最坚定的盟友，而这一层关系使得原来和唐朝关系比较好的百济离唐朝越来越远，越来越倒向高句丽。这是一个很大的变化，使得朝鲜半岛的关系开始重组。这个重组的背后，是唐朝的势力逐渐深入朝鲜半岛。在军事上，我们看到北方对高句丽作战，自永徽五年重新开始。

当然，唐高宗选择永徽五年和高句丽开战，本身也和新罗有关。因为那一年，新罗正遭受高句丽联合靺鞨和百济对它的进攻，它无路可走，向唐朝求援，所以使得高宗下定决心，重开对高句丽的战争。这个变化逐渐朝着一个趋势在发展，而国家的关系也在演变过程中。其中最重要的变数是百济的变化。

百济跟新罗从朋友变成敌人以后，它的立场在变化。在唐太宗时期，唐王朝攻打高句丽，还要求百济支持。到高宗时期就更明显，高宗直接给百济国君写信要求增援，而且在唐朝文献的记载中，他还要求日本一起联合出兵攻打高句丽，这从唐朝的角度来说，它还是把百济作为自己的盟友，甚至认为日本也是支持唐朝的。当然这个时候日本离此事还比较远，日本跟朝鲜半岛三国有它们自己的关系，这个关系跟它们与唐朝的关系没有多少联系。从唐朝的角度来说，唐朝希望日本响应，是希望把日本也纳入唐的国际体系。百济在唐的要求这件事上要了个滑头——骑墙，既没拒绝也没支持。历史记载的实际情况是当唐朝攻打高句丽，注意力都集中在高句丽上时，百济就抓住机会攻打新罗，新罗就向唐朝求救。所以站在唐朝的立场来说，百济并不配合，这使得新罗无法支援唐朝攻打高句丽，这种关系就变成唐朝对百济有要求，最后演变为对它进行警告，（要求）停止进攻新罗。这个警告适得其反，使得百济完全倒向高句丽，这就促使唐朝决定直接出兵百济，并最终通过跨海作战灭掉了百济。这是白村江之战前发生的最大的一个变化，百济完全成了唐朝的敌人，但是百济比较弱，唐朝渡海作战，一举灭亡百济。

这对于唐朝来说，有很大的军事价值，唐军可以从百济进攻高句丽，和东北方向的唐军形成南北夹击高句丽的态势。这让我们看到唐朝驻军百济的将军刘仁轨屡次在讲话里面讲到这个问题，唐朝出兵百济，很重要的原因在于构建第二战场。从百济这个方向进攻高句丽，渡海作战对于唐朝来说没办法投入很大兵力。我的研究发现，刘仁轨这支部队在百济大概不到一万人，力量不大，它为什么能够轻易地灭掉百济呢？因为渡海作战有其突然性，百济根本就没有想到，这就是渡海作战的优势，让百济猝不及防，都城被攻陷，最终因此亡国。

但是百济亡国后，百济的很多大臣退往南部进行坚强抵抗，还有相当一部分人去了日本，获得了日本的支持，以日本作为后方反攻，这个反攻打得刘仁轨相当狼狈，而唐朝又没有能力派出增援部队，那么高宗就给刘仁轨下了一个指示，跟他讲，你有两个方案，第一个方案，可以退到新罗去，以新罗作为根据地，第二个方案，如果退不到新罗，你就坐船回来吧，我们放弃百济这个地方。因为刘仁轨受到百济复国势力的围攻，给了他两个方案，下了这个指示，刘仁轨就召集在百济的唐朝将领讲清形势，讲到高宗用兵百济最重要的目的是形成对高句丽的南北夹击，所以不能退，这个地方一定要坚守。第二不能退往新罗，他讲到新罗其实并没有真正配合唐军作战，所以如果退往新罗，很可能就被新罗控制。其中可以透露出，前线将领刘仁轨自己在百济前线作战期间，已经看清了新罗是有自己的意图的，而并不是真正地配合唐朝，新罗有新罗的利益，这里就看到一个问题，作为皇帝受距离限制无法认清盟军企图，但是作为第一线的将领，刘仁轨是清楚的。所以刘仁轨实际上将两个方案都否了，他自己的方案就是坚守在百济，从这里呢（看）后面的演变，我们要留意一点，唐和新罗的矛盾，实际上也是深远持久的，不是在灭了高句丽以后，因为对高句丽这个利益的瓜分才造成唐和新罗的矛盾，而是从联合新罗当初，新罗就有自己的目的，毫无疑问，它是想统一朝鲜半岛。所以，这里有一个分歧。

不过，唐和日本的关系，对日本，唐军出现在百济，日本会有切肤之痛。因为日本以前看到一个强大的唐帝国出现，还是希望有一个像百济（或）高句丽这样缓冲的国家，这样压力不会直接压到它们，当然能控制朝鲜半岛南部，有一个缓冲的国家在，这是对日本最理想的。控制朝鲜半岛南部，如果从日本本身利益立场去理解的话，有其合理性。整个古代，日本最主要的文化的输入，是以朝鲜半岛作为最主要的通道，人员从这个通道过去。当年我做的研究，后来也没看到有人接着做下去，亚洲大陆到日本在3~9世纪，有超过百万人规模的移民过去，对日本的整个国家和社会的建设有很大的影响。第二个是文化的输入，像百济的博士，天文历法、技术等都是从朝鲜半岛这个管道输入过去的。

在日本，以前我最常待的是东京，读书、工作都在东京。近十几年来，想想还真没去过一次东京，每年都去日本很多次，竟然一心一意都在京都、奈良，现在真的是爱上了京都，到了京都、到了奈良，仿佛就回到了唐朝，无数的唐式建筑。但是这就让我产生一直在想的问题，比如法隆寺，那些（是）隋唐的建筑，换今天的话，看图纸要这么厚。你们如果做过工人就知道，这个图纸多得不得了。“文革”的时候，我在工厂当工人，车一个螺丝，就要三视图，三张，车一个螺丝，他要三个剖面，机床才能车得出来，更不要说盖一座大楼了。但是古代显然不会有这样的图纸，后面我们可以看到，中国建筑形成自己的一个营造规格、营造法式，根据这个法式，斗拱怎么做，什么样的承受力，什么样的规格，一个标准化的建筑样式出来了。只有懂得这个标准化的样式，才有可能把他移到这边去。所以日本这些建筑，完全是按照隋唐这些建筑的标准样式移过去的，而不是靠图纸，从中我们可以看到日本接受大陆的文化有多深。

朝鲜半岛（对于日本）来说，是文化输入最主要的通道，所以在这个地方，日本如果能获得一个立足点，毫无疑问是最理想的；如果不能，这个地方有个跟它友好的国家，是第二理想的；最差的就是唐朝直接到达南面，如果到达南面，唐朝会不会渡海也把日本给占了，这是它的担心。所以我们就看到高宗打高句丽的战争是越打越大，高句丽没打下来，三国全卷进来了；唐罗联盟灭掉百济，日本就卷进来了。

日本发现，百济灭亡，如果唐军在百济立足，那么，朝鲜南部肯定都被占据。所以，660 年唐平百济以后，百济那些遗民到日本去，请求日本支援，包括百济的王子也到了日本。我们看到日本的政策，我倒觉得这政策中有一个不是太好理解的地方。如果救援百济的话，应该是第一时间去，不能等到唐朝在朝鲜半岛稳定下来，到那时就没机会了。从日本的记载来看，也确实如此。唐灭百济当年，日本正好是齐明天皇在位，她马上就组织了一个作战的大本营，从京都南下，然后从四国进驻到九州的福冈，率军准备渡海，支援百济。我们看得很清楚，日本在响应，准备投入战斗。但有趣的是，齐明天皇到福冈病死了，所以这件事就搁浅了。新的天皇——天智天皇上台，这个天皇虽然也说是要支援百济，但实际上是雷声大雨点小，什么都没动。直到 663 年，没有实质性的增援，最多成为百济反攻武装的基地，提供军事物资的支援，帮助他们不断渡海与唐军作战，但是日军并没有出现。所以这里面，我们可以好好去研究，天智天皇在百济朝鲜半岛问题上为什么这么优柔寡断。他在想什么？他想支援但又按兵不动，而且按兵不动的时间太长，这么长的时间白白浪费，就能够让唐和新罗站稳脚跟。

从现在来看，我们也只能做一些推测性的研究，没有太多的证据。实际上，事情已经拖在那里了，你说它完全没有行动，也在动。一个，把日本人嫁给百济王子，试图建立一个傀儡政权，如果日军能收复百济的话，它会建立起来一个由它扶植起来的百济国王，而这个百济国王的妻子是日本人。所以它也在行动。第二，我在想它也有一个军备上面的需要，按《日本书纪》的记载，日本投入战场 27000

人，这是一个大规模的渡海作战，这个规模，比唐灭百济的规模还要大，需要多少船只？唐灭百济，我的研究，也只是一万左右，27000人，哪怕放到今天，都是一个相当大规模的渡海作战，那么按后来唐朝的记载，白江之战消灭了日军的四百多条船，那么这就是个上限。是不是400多条船，也不确定。按当时一般的标准来说，当时的战船，一条船可以搭载150个人，所以算下来大概是170条船，在《日本书纪》历次讲到日军到百济来，都是记载170条船。所以大致上，日本船只应该不至于是唐军记载的400条，170条船就基本上能够装下27000人。这个数字不一定那么精确，但做170（条）船甚至做200多条船，这是需要一段时间的。所以我们看到，在九州大规模地造船，军事物资的准备，但这个要是弄到几年，也不合理。那么我们再看，三年过去，日本正式出兵，这个时机已经有点怪了，过了几年才出兵，这个部队怎么作战？

我在想白江之战，大规模海上来的武装集团，是很难抵御的，因为没办法预测它的时间地点。一支27000人的部队，哪怕用今天的编制来说，那也是一个大规模的渡海作战，这么庞大的武装，没有办法预测它，而唐朝在百济的刘仁轨所部，也就是万把人，加上有几千新罗部队配合他，只有这么一万多人的军队，是没有办法在百济沿岸布防的，只能固守一两个点，完全没办法展开。在这样的情况下，日军突然出现在白江，唐军基本没有胜利的可能。可是这场仗呢，是日军的惨败。我们把《日本书纪》关于白江之战所有的史料全部排出来，发现里面有很多重复的记载。把重复的记载剔除掉，将史料进行逐一辨伪，这就是当时我在《中国史研究》做的考证，做完之后，我们就可以把一个线索看得很清楚：三月渡海，在哪里登陆呢？在新罗登陆，不是在白江。是从新罗登陆，由陆地往白江方向作战。这样我们就能看清楚日本国内关于投放兵力为什么拖这么长时间。国内一直有两种主张，一种是直接增援百济，一种是去打新罗，获得南部的控制，获得日本在这一块的直接的利益。从出兵的情况来看，应该是打新罗的主张占了上风。所以日本部队是从新罗登陆的，从新罗由陆地上一路打过来，这就使得唐朝对日军的行动可以预测、有了准备的时间。陆地作战可以预测，每天推进在哪里，因此日军的整个战略就暴露了，这就是日军最失败的原因。然后，当它推进到白江这一线的时候，才有水军与其汇合，这就使得唐朝能准确预料到日军到达的地点跟时间，所以最有趣的是这个时候唐朝中央从山东紧急增援刘仁轨，这次增援，大概增援了一万人的部队。这个部队，大概就在白江之战的前夕赶到的，时间这么吻合，说明唐朝对日军的整个行动时间有准确的掌握，所以一个生力军，一万人及时赶到。在白江布阵，此后日本的水军到达，这才有了白江之战。

当然从军队的装备、技术各个方面，唐朝的舰只要比日本好很多，因为我们从遣唐使的情况来看，日本这个时期的造船技术是很差的，遣唐使很少有例外地都发生海难了，将近一半人葬身海底。但是葬身海底呢，我倒是从这里（产生）一种肃然起敬，死一半人还是要坚持来吸收唐朝的文化，不畏生死，不断地来。那么这里我们看到它的船不行。所以白江之战具体的作战，跟军事装备、船只质量都有关系。但最重要的是，我们在白江之战看到日本的意图，主要是控制新罗，起码也是控制朝鲜半岛南部，他是沿着这个思路走的，所以是在新罗登陆，最后才从新罗转向百济，来增援百济的这个要复国的力量，跟水军在白江汇合，在这里遇到新增援的唐军。所以唐罗联军在这里打了一个大胜仗，日军几乎是全军覆没。

从日本卷入白江之战，我们所看到的是这场战争，打高句丽的战争，变成了一场全东亚都卷进去的战争。所以说，就当时而言几乎就是一场世界大战，所有（东亚）国家都卷进去了，没有例外。卷进去的后果是什么，是日本惨败，最后南北夹击，高句丽也灭亡了。再往后，新罗统一了朝鲜半岛，这是朝鲜半岛发生的情况，唐朝逐步地退出朝鲜半岛，而唐朝退出朝鲜半岛，是半推半就，有一半也是主动退出来的。怎么理解唐朝退出朝鲜半岛？从唐朝的羁縻体制里面，应该得到启发。唐朝对这些边疆地区基本不实行领土占领政策，实行在当地由当地人建立亲唐政权，所以设置广泛的羁縻州。唐朝控制的土地上面，三分之二是羁縻州，自己直辖的只有三分之一，这是唐朝的一个国策，唐朝不可能为占领朝鲜半岛领土投放大量的兵力，这个成本是国家掩不起的。因此我说唐朝是半推半就，最后新罗跟唐朝能谈成，完全臣服于唐朝，纳入唐朝这个国际体系，唐朝也就退出来了，新罗也就完成了朝鲜半岛的统　。

关键是日本方面，白江之战之后呢，日本再次完全中断和唐朝的国家间交往，日本担心唐朝会乘胜进攻日本。所以日本在九州进行了一系列的布防，挖了很多工事。这些工事，今天到福冈去还能看到，成了历史遗迹和旅游胜地。在日本最紧张的时候，我们看到唐朝有五六批的船去日本。这五六批船干什么呢，无条件释放在朝鲜半岛抓到的日本俘虏，全部送还给他，量还不小，规模大的，几千人过去，都是日军的俘虏，送还这些俘虏过去，其实唐朝是在向日方释放一个信息，唐朝没有进攻日本的意图，唐朝希望日本能够进入唐朝的体系，其实是释放一种善意，希望能够把日本放到这个体系中来。但这个善意，日本不敢接收，所以两国关系中断了40 年左右。从 663 年到 702 年，经过了这么多年，确认唐朝没有进攻日本的意图以后，唐朝和日本的关系才发生了根本性的改变。

在白江之战以前，日本跟唐朝的关系，我没有把他归入于遣唐使，因为白江之战以前的遣唐使，几乎没有例外，都是解决国家间关系的国际问题的遣唐使。702年以后，遣唐使规模越来越大，大到600人的规模，这些遣唐使最主要的任务是吸收唐朝的典籍、文化制度、律令，使日本进入了日本史上（的）“律令制时代”。所以白江之战对日本最大的影响在于，通过这场战争，发现到日本跟唐朝的差距，不是军事力量的差距，而是整个制度、文化的差距，到确信唐朝没有进攻它的意图以后，开始了全方面地学习唐朝。这个时候，我们就看到东亚世界，在东北亚地区的国际体系，就完全形成了。最后，日本全面唐化。那么，我今天最重要的是介绍这个变化。谢谢！

（吴尚　整理）

《中国与域外》第四辑（2021.04）第 327 ~ 363 页

唐朝与东亚

2019 年 6 月 23 日，北京 SKP 书店

第一场

王小甫　李鸿宾　冯立君[*]

主持人郑庆寰：今天我们有幸请到三位学者围绕“唐朝与东亚”这一主题展开讨论。这三位学者我简单介绍一下。首先是北京大学王小甫教授，第二位是中央民族大学李鸿宾教授，第三位是陕西师范大学冯立君老师，也是我们今天《唐朝与东亚》这部书的作者。我先简单介绍一下这本《唐朝与东亚》，权当引言。唐朝大家都知道，是一个文化灿烂以及国际交流非常广泛的朝代。特别是长安，长安城里有包括回鹘人、突厥人、粟特人等等各种人群，还有很多是来自东方世界的，例如新罗人、高丽人、渤海人，以及日本的倭人等等，这是一个国际化的大都市。唐朝与整个东亚地区，包括今天的朝鲜半岛、日本列岛，当时的古代社会是一种怎样交流方式，是通过双方的使者，还是通过怎样的一种形态？我们知道陈寅恪先生，他提出一个关中本位制度的理论，唐朝的整个发展可能偏重于西部地区，面向更多是北方地区、西部地区，现在的西域包括中亚地区。但唐朝的政策制定，跟东亚是怎样发生联系的？今天我们就请三位老师对这个问题进行解答。首先我们有请王小甫老师。

王小甫：谢谢，谢谢！很高兴有机会到这里来，来谈冯立君这本书。这本书叫《唐朝与东亚》，我在大概 16 年前，那时社科基金项目的结项，也是我们北京大学在做的，开大船了，要做大项目，搞了一个“盛唐工程”，“盛唐工程”大概出了

* 王小甫，北京大学历史学系；李鸿宾，中央民族大学历史文化学院；冯立君，陕西师范大学东亚历史研究所。

五六本书，我当时承担的那一部分就叫《盛唐时代与东北亚政局》。我今天开个玩笑，说，终于有人找我“打擂台”了。我们国家在东北亚，唐代东北亚还有很多在做的，不是说就这一个。但题目这么接近的，好像我现在见到的就这一本，这是第一本。所以我觉得很高兴。很高兴又有人从这个角度、这个广度来关注这个问题。因为东亚，或者东北亚，大家知道是近邻。他的书里讲了很多。

我主要从他讲的角度来谈第一个感想就是，为什么过了16年才有了这么一本书？我自己想的就是，学术到了一个转折点，我认为是到了所谓更新换代的时候了。学术是这样，学术当然也反映社会发展，我在别的地方曾经讲过，我们原先北大的副校长——也是跟我们一样搞中外文化的——季羡林先生，他曾经大概是在90年代，有一次交流，他说，80（年）代就讲一个字“换”，叫三十年河东三十年河西。三十年河东三十年河西呢，季羡林的意思当然就是文化，他大概当时所指的还是东西方文化。但是当然就有人不满意了，说季先生你算什么先生呢，你又不做任何论证，怎么敢概而化之地讲三十年河东三十年河西？确实，这个东西很难说，没有人论证，也很难来做论证。但是，等我们回过来看的时候，改革开放40年了，大概从80年代开始“文化热”，到小平同志南方谈话以后，这些年变化很大。我们现在回过头来想，真的已经到了一个在变化的倾向，从我做这个中外文化交流的角度来看，在座的各位你们其实这些年也就正好经历这个过程，你们可以看到，我们改革开放初期的时候在讲什么呢？文化搭台，经济唱戏。是在引进现在，不知道什么时候，也没有人明确提示大家，完全反过来。我们说把这反过来，至少说一个新的姿势出现了。当然我们也还在做引进、开放，这都没什么问题，但是就是一个“走出去”，现在开始“走出去”了。各个方面，包括我们的文化也提出来了。类似于这个，最近我看到的，也看到立君这本书，就是说，我们到了一个提出建立自己的学科体系、学术体系、话语体系的时候了。我坚持的，我在这个场合讲的中外文化交流的当时情况是什么呢？今天鸿宾在，鸿宾也参与到有些研究当中。我们过去就老是讲，我们国家也曾经有过，古代、过去历史上也是开放的国家，也不像人家说的就是黄土文明、长城封闭等等。因为我曾经为高等教育出版社主编教材，我编《中外文化交流史》，当时想的就是为什么要编这本书，就是当时全国，社会上还不太习惯于我们国家也可以开放。希望讲一讲我们有这样的历史，使大家，尤其是年轻人，建立起这样一个信心：我们也曾经有过开放的时候，我们也可以搞改革开放，我们也可以“走出去”。在座各位都是这么走过来的。现在我们已经“走出去”，我们开始在“走出去”了，我们现在已经到了提出这样的使命的时候了。我觉得冯老师的这本书，真是应运而生。同样的课题，因为我正好有这样的课题。就看了这本书，感觉到，是，现在是该到出这样一本书的时候了。就是从我那个时候，16 年前的那个角度来谈唐代与东亚，或者是东北亚。现在要由我们中国学者出一本系统的研究唐朝与东亚，或者东北亚的一本专著。这本书给我的第一个感觉就是很新，与时俱进，在学术上起到了超越过去那个阶段的那种作用。我觉得，我们都比较清楚，即学术上是引进，然后是接轨，现在可以说我们要进入一个刚才讲的提出自己的话语的时候了。所以我对这本书，真的很看好。适得其时，为社会、为我们文化界提供了这样一本新书。不能再停留在我那一部书的情况、那个阶段。那这本书呢，其实约我来的时候，冯老师他也送给我了，我也看了。那么确实，这是真实的感受，因为我是参与其中嘛。

刚才讲了他是处在这么一个转折点，我给他总结了有三个特点，三个字，第一个就是新，刚才我讲过的。第二我就觉得是精，专精。专精相对于我们编的那本，那本书是我主编的，实际上是让一些同事和学生参与进来，范恩实就承担了很多工作。我大概是写了一个总论，比较散一些。我现在看冯老师这本书是很系统的。所以我说他是专精呐。系统在于，至少这个任务是提出来了，而且做得也不错。为什么说它是一个系统研究呢？第一篇提出来的那个问题实际上是属于经济方面的问题，经济史方面的问题。经济方面的问题有它的特点。当然我既然做这个领域，我也知道，国际国内学界都做了些什么工作。这本书里有我没想到的一个观点：从朝贡贸易到官商贸易，这个提得很好。因为其中重点提到张保皋那个，我也关注过太宰府乃至于东北淄青节度，这个东西是抓得很好，是一个推进。过去在我做的时候基本没有人研究经济问题，没有研究我们东北亚或者东亚地区这三国历史上的经济问题以及在经济关系当中各自的作用问题，他做到了。我那本则主要是从政治、政局，政治局面，这是很好的。第二个就是书里基本上是研究文化问题。文化问题方面，我觉得他做得也很好。刚才我们在聊的时候我还讲到了，关于文化传播在前不久袁明她打电话跟我讲的，聊起文化传播的规律问题。我觉得这本书里提出这个问题很好，可以注意看大家都知道西岛定生提出东亚汉字文化圈有几个特点。冯立君这个抓得很好，他说东亚汉字文化圈并非直接搬到那里，原本原样。经过他的研究这个过程很生动，也是一个历史现象，可能对今天也很有启发。传出去，传到朝鲜半岛这个地方以后呢，他们当地根据自己的情况接受、使用。然后再传就不是原模原样地传到日本去。当然大家都知道，日本的很多所谓的汉文化、大陆文化是从韩半岛传去的？我记得我在东京国立博物馆看展览，叫“百济的微笑”。佛教从百济传过去，“百济的微笑”有这个特点。他就把文化的这个特点抓出来了。这个也是抓得很好、很对。看这样一些虽然很专业的学术研究，但不关注这个专题的人也可以在这里学习，受到一些启发。文化交流很多都是在这样一种过程中产生的。习主席最近在这个问题上讲了好多，给我印象深刻的是，他讲到，交流使文明丰富，融合使文明多彩。我觉得非常好啊。习主席当然把这个事情从更大、更宏观，甚至政治关系的角度来看。他是从专业学术的角度揭示出这个。文化研究也是，我承认超过了我。你要打擂，已经拳打南山猛虎了（笑）。这是第二点，我要说它的系统性。第三应该说是政治方面。你是分成四个，一个是封，一个是和，一个是竞，一个是战。（冯：渤海和新罗）归纳得很好，便于大家在复杂的史实当中抓住主要的要点。我主要是从渤海和新罗的关系中看这个研究。大家到这里来听这个交流会，应该知道我们古代东北有个渤海国。渤海国的上京龙泉府就在宁安，我帮他们当地政府去做旅游规划，去做咨询。特意去上京龙泉府。我奇怪的是，龙泉府所在的这个镇叫渤海镇，我问当地人是不是很习惯在这个地方有个渤海，他说当然很习惯了。我说可能全国很少有人知道渤海会和你们内陆的这个地方有关系啊。渤海应该在天津嘛。他们当地却很熟，这个地方就是渤海镇。所以后来我觉得，历史文化发展到今天，越来越朝旅游文化方向发展了，当时我还建议，该地应该扩大，要怎么办呢？我说你们黑龙江省人大代表应该提个提案，把渤海国写入历史课本。这应该是我们中国历史上一个很大的东北的政权，而且起到了重要的作用。不知道在座的有没有哪一位知道渤海国和新罗的关系，在韩国包括朝鲜他们认为是一个南北国，也就是说，都是他们民族建立的国家，南北朝鲜都是这个观点。这个和我们国内的观点不太一样，立君在这个方面下了很多功夫，做了很多，要得出这句话也很不容易。因为我也参加过这个讨论，这个讨论是什么样的呢，如果允许的话有一个插曲讲一下。北京大学跟韩国的高丽大学是有这方面交流的，我也去过高丽大学讲学。我们东亚史，他们称做国史。在国史学界呢，当然也存在民族主义很高的人了，来我们这里讲授韩国史。名字叫崔光植，是白山学会的成员，他这个人民族情绪很高，讲到我们叫韩国历史，也许大家不一定完全知道，高句丽、百济、新罗这三国最后被新罗统一了。我们一般称作新罗，统一之后的叫统一新罗。他们基本上都不认可新罗起了统一作用。于是我说崔教授崔先生，如果新罗没有统一，那贵国到现在就一直没统一过了。因为所谓的统一就是渤海所占的地方没有统一嘛。这个地方一直没有进入统一，他说是啊，所以我们国家、我们民族就要这个啊，作为一个任务。我说这就不对了，你们从来没有过的东西怎么能要求它成为你们自己的呢！他一下（激动了），这逻辑上有问题。当然关于此还有学术上的问题，比如我们的《中国大百科全书·民族卷》就分东北地区为多个系，有阿尔泰语系，通古斯－满语族，那么还有一个夫余濊貊系。靺鞨渤海就是都属于这个，通古斯，夫余濊貊系就是高句丽啊，高句丽和他们是一系的。和通古斯满语族是两回事儿。我说，那你怎么看这个问题，他说记载上就有问题。我说那你不可能改文献记载。所以这个领域，还有一些具体的学术上很深入的东西。立君这个写得很好，只要梳理就会发现，这两个国家，各有各的认同，渤海很自傲，而新罗从来就没有找到对之认同的材料。所以这个问题的解决可能又把现有研究推进一步，这是个尖端，是前沿，可能还要继续讨论下去，但是至少立君在这个方面也是做了工作，这是政治方面的问题。第四就是书中有好几篇关于学术史的，我觉得你是对整个唐朝与东亚的学术领域做了一个整体思考。所谓整体思考，我觉得你接触到的应该可以说都是东亚古代史研究的范式问题，如对象、方法理论等等。我在这里再一次服输了，我没有接触过这个问题。我们这本书虽然很厚，因为是北大盛唐工程的成果之一，由上海辞书出版社出版，因为经费的问题嘛。但是，系统性、前沿性这些方面，你明显都向前推进了。所以说，第二个专精系统，我想是成立的。第三个我想就是深入，课题进一步深化。这个方面我觉得也做到了。他讲到范式的时候提出来一个观点。大家可以看看，我也承认是一个新提法，但我要讨论一下这个问题了。你说你的研究是要改变以前在这个领域里的或者是以中国为中心，或者是以日本为中心来做研究的做法，你现在希望提出一个以半岛为中心的历史研究。我觉得，以半岛为中心，从历史到现实恐怕都不太可能站得住脚，我在做这个工作的时候实际上学术界也是承认我的，但他们不一定肯定我啊。为什么要说以半岛为主体呢？当时他们跟我有争议，作为立体的半岛包括唐朝和半岛上的关系。我认为他们大部分，在此前都认为唐朝就是为了使其自身的影响更大，隋唐两代伐高丽，积极主动地进行推进啊如何如何。但是没有想到一个问题：半岛上的这些族群、人民、国家他们也是一个主体，他们也有自己的想法，他们也不是一个任人宰割的鱼肉，现实是这样，我们史料里也可以找到，当时新罗灭了百济以后文武王说当时我为什么要请唐朝进来，因为半岛上有三个国家，连年征战，百姓痛苦不堪，如果不实现统一的话战争下去那就更不得了，不管他说这个是什么意图，话的确是这么表达的。他是有这个意愿的。我当时为什么会进入这个（主题），想做这个角度（的研究）呢。我可以坦白地说一下思路，在范式上，这是一个思维方式或方法的问题。我当时正在接触 21 世纪以来我们国家的学术界的一个比较大的动态即社会科学越来越介入到人文学科里了，人文学科有一个比较重大、明显的现象，就是所谓后现代思维。后现代思维在人文学科中怎么做，当然大家可以讲很多啊，我这个比较在意要点，用要点当工具来操作史实。我记得它有一个很明确的表述，即后现代的在哲学上的所谓转向就是从语言转向（开始），所谓语言转向就是大家现在都在用的一套话语，什么都是用这一套话语能讲出来的。我还是比较认可这个表述。人们的认识，或者说一件工作的意义，如果要得到客观有效性——所谓客观有效性就是能够经得起检验或者为别人所认可，就必须要交流。迄今为止人最强大的交流工具就是语言，所以这个表述说得很对。那么在这种情况下就出现了不是一个主体的问题，理论上将此称为两个主体。最近我看网上还讨论陈昊的那本书，讲医者和患者，医者和患者进行诊病和诊病结果的关系就是一个最明显的双主体，因为得病的是患者，看病的是医者，他怎么知道他得的什么病怎么样，他要通过交流来进行推测，来提出这一套话语了。我很认可这个说法，那么这时我就开始回到我的主题，唐朝和韩半岛、和东亚、和它们的关系，也是一个双主体。唐朝有唐朝的想法，半岛也有半岛的想法，对唐朝来说这是一个边疆问题，对半岛来说就是一个统一问题，同样一个问题可以从不同的角度来看。因此我觉得立君可以把中心改成是一个主体，以它为主体来看。这有两点要求，第一就是要交流，最强大的交流工具就是语言，作为交流者你要对对方的语言了解、熟悉。还有要对对方的一些制度、习俗，以及整个社会状况也有所了解。看对方做什么、怎么做。立君他写这本书，我看拜根兴先生提到了他的，他说你这韩文的书，韩朝文字的书你就用了136种啊，坦白地说我是做不到啊。我去过高丽大学也多次了，做讲学，也申请去做研究。我也想学韩国语，如果是要做×××这种对外关系，不同族群之间的研究的话，我的老师（张广达）讲，外语要懂得越多越好。我主要是做中亚、西域，怎么叫越多越好？他把语言分成两类，一是工具外语，二是专业外语。所谓工具外语就是，同学们考研究生时会发现要求的外语，一般都是英法德俄日这五个语言代表五个发达民族，文化、学术都很发达，做任何研究首先就要了解前人做了什么，这五个民族、这五个族群、这五个语言的国家它们学术很发达，很多地方它们都说过话。那我们中国人要进入这个领域，当然不能继续关起门来自说自话，我们首先就要知道他们说了什么，那就要懂他的语言。但是，你研究的不是英法德俄日，他研究韩国啊，像我研究中亚，这就叫专业外语。韩国语在这就可以说是一个专业外语。他非常好，我当时也是想做这个努力啊，人家当然也高兴我做。坦白跟大家讲我学过三本教材，都没有过关。我跟我的 hoster？×××，他现在研究中国现代史。韩国书店现代史现在好多都是他编的东西。那么我就说你们这个韩国语太难学了，他说不难学啊，韩国语中七成以上都是汉语啊，我说我没看出你这里七成以上都是，他们连汉字都不用了。他说写的都是汉语词儿，我念也念不出来。他说不是这样，你要懂浙江话就全都懂了，他都是用浙江话的读音来做的。我不知道你们有没有这方面的，你们试一试，拿浙江话来读读韩国语。因为我会听，但是他说古代主要就是从那边，从南方传过去的。（冯：对对对。保留了当时中古的许多汉音。王：从南方？冯：不是，不只是南方，是因为韩国语本身在早期从中国古代的时候大量地借来汉字词，那个是从很早就有了，汉唐宋啊这个，但是那个时候的中古汉音和现代普通话的差别比较大，所以韩国语保留的那个现在汉字词的读音和中古音和粤语的读音包括客家话是比较相似的。举一个例子，数词中一、二的二，普通话叫二，粤语是不是叫 yī，韩国语也是 yī。王：你说的粤语是广东话吗？冯：对。）哦——这样的啊。所以说要懂研究对象相关的专业外语，否则真是盲人摸象。我们原先研究所有一个翻译，我说你翻译得不错，外语很好啊，哎——懂什么就是翻着字典连蒙带猜混几个钱，那可不行啊。立君的书可信他语言很棒。第二个就是制度，制度××又是他这个书的特点。《天圣令》也成东亚共同财产了，日本也翻译，韩国也翻译，也研究。大家可能不太知道《天圣令》是什么，唐代法律体系分为律令格式。那么，律大家知道，唐律，现在还留有《唐律疏议》。令呢只有日本的《唐令拾遗》了，我们原来完本的唐令亡佚了。后来日本人仁井田陞等从现有的文献里把它辑出来按照《唐六典》的目录归类，做得确实也不错。那么现在最新出的文献《天圣令》是这样：宋承唐制，宋朝在做制度的时候就把唐朝的令文进行修改，有的要采用，有的不用，不用就勘落，采用的也进行了文字的改动、编纂。我曾经跟邓小南老师讲，宋人把唐人的东西拿来进行删改的时候就可以看见唐朝的制度在宋代发生了多少变化，这是你们研究唐宋变革最好的一个现成材料可以拿来做啊。这个东西就在浙江天一阁发现，天圣是仁宗的年号，现在留有的是残卷我记得那时我们在北大中古史中心还接待日本学者，他们听说是原本的唐令出来了很吃惊，这就要对他们以前的工作进行检验，钩稽整理出来的是不是符合原样，这就要进行科学验证了。他们有一次派人来要看这个东西，现在中国学者做了，他们也做了，甚至韩国全都翻译了。我提示在座各位，如果你们真的要想在古籍或是历史里看到门道的话，最好你们懂点制度。因为懂了制度就相当于在足球场上拿了一本裁判手册。他们哪个地方犯规，哪个地方错误，拿制度一看就看得出来。所以你要想当内行，要想评论他们，无论是古籍的还是什么，如果制度熟，一眼就可以辨别。我现在经常给《中国典籍与文化》杂志审稿。他们大多数都是做文献的，对于文献非常熟，他们要谈一个问题就大量堆文献，不知道制度上对此已经有明确规定，所以说常常就被我，挡下。其中有一个所讲的问题，实际上制度早有规定，而这个制度的规定的研究就是我们小南老师，她那本小册子不要小看，前面就讲了最精华最精要的一些制度方面的东西。希望在座的可以推广。我就说立君要是做很深入的话有两个要求，一个是专业外语，一个就是制度××。这才是真正的行家，深入下去。好，谢谢大家！耽误大家时间了。

郑庆寰：王老师是针对冯立君老师《唐朝与东亚》这本书进行了一个总结，还有高句丽、渤海等就在今天的中国东北地区的民族政权。其实是因为这个问题会涉及现代的中国和韩国之间的外交国际关系问题，现在是一个敏感问题。当时的朝鲜半岛包括新罗、之前的百济和其他一些政权，东亚其实是一个人为建构起来的概念，我们知道李鸿宾老师一直关注的就是唐代对于北方的面向这一主题，唐代我们刚刚说到了它作为关中本位制度，其实它有一个很大的向西的方向。李鸿宾老师关注的是向北的方向。其实向北的方向和向东的面向也有交叉，比如“安史之乱”当时的安禄山、史思明也是结识契丹的一些藩镇的将领，主要也是向北向东方向。那我们就请李鸿宾老师来谈一谈整个唐朝中央也好或者地方也好到底是怎样去关注东亚的，或者它们之间到底是怎么样一种联系。有请李老师。

李鸿宾：大家好！冯立君是我的博士研究生，现在已经毕业在陕西师范大学历史文化学院任教。这部作品是他在上学期间陆陆续续写成的一个文章汇编，所以他就让我来给他做一个学术性的“捧场”。这件事情本身是我特别喜欢的，所以我非常高兴而且快乐地到这个地方来了。刚才王小甫老师说话的时候，我就一直在想我到底说什么。因为他是从学术方面做一个非常实证性的考虑，做得很有成效，代表了大陆的20世纪90年代以来的综合研究东北亚关系的比较学理性的、比较好的水准。如果我在这里头评价的话，定位应该是一流。那部作品形成几部册子，由上海辞书出版社出版。现在时隔了近30年，他的这一部作品也可以说是一个时代的回音。所以这个书应该说首先是有学术性。这个学术性本身，是我们也是我本人特别关注的。学术性和社会性之间本身是不同的两个场域，在这里我不做社会性的评论，因为在我是更关注于学术。所以刚才主持人让我说一下关于唐朝本身并不完全是对东亚，主要的对北面或者说是对西方的世界这一问题。在唐史研究的领域里面所谓西方，一般是在当时的西域换言之以现在新疆为主体，包括帕米尔高原可以向西方再延伸，就是今天乌兹别克斯坦境内锡尔河、阿姆河一带。

我在听王小甫老师讲话以及我们刚才的交流的时候，我想到现在要跟大家交流三点。第一点，这本书我们要怎么读？其次，知道读它的方法以后，再看看唐朝与东亚之间的关系，我们是从哪个角度来考虑这个问题的。然后我们再回头看那种关系和我们今天东亚社会里面尤其是中日韩之间的关系，对于我们分析今天这样一种关系的思路有没有什么另外的启发。如果从这个角度上看，那我们刚才说的就已经超出纯学术领域了，跟现实社会产生一定关系了。从这个角度，这个学术问题对现实社会会有积极的促进作用，这就是我的设想。虽然我是放在学术层面，但是第三点是越出它了，是为我们现在理解东亚地区会带来某种方法论上或者某种思路的一种设想。我利用今天，稍微把我这三点理一个整体的思路，跟各位做一个交流。现在回到我刚才提的第一点，我们怎么阅读这类作品，我说这类作品是包括这本书，以及类似的作品。假如从这个书的题目上看唐与东亚，我们怎么读呢？如果没有学术上的基本方法论的界定，读之就会走进误区，我们在谈话的过程当中，谈者和听者之间的互动，如何能让谈者的思想在听的人之间有针对性且比较精准性的吸收。这是一种人类接触中始终存在的一个矛盾和悖论。比如我与另外一方对话，我们从道理上讲，是最希望了解对方所说话中心含义和主流思想的，可是在交流过程当中，我们会经常因为种种原因使我们并没有完全懂得对方基本的意思。当我们不懂得时，就会按照自己的设想去理解对方，会产生一套话语。结果对方一旦清楚了，他说李鸿宾你说的并不是我想真心表达的意思，这种情况在我们现实场域当中应该说是十分普遍的。我平常接触的是学术界的话语，就是说学术以外的情况不是我的关心范围，就学者之间的对话的问题，大部分从概率上讲不能精确地了解对方所说的核心，这个概率远远大于他真正把握了对方核心的东西，就是误区大于精确。这个是我自己在研究，我在参加讨论的过程中，是特别关注这个问题的。我给大家举一个非常常见的例子，我们每个学者写的论文，或者一部作品，如果我们媒体网络在把他的中心思想进行反映的时候重新拟定一个标题，而那个标题往往和作者所表达的主体思路是不合拍的。那么媒体的这个做法，是将自己对那个作品的设想，或称自己希望的那一部分抽出为己所用，从而形成的一种带有耸动性的或者聚焦式的轰动效应。过去古话说呢，叫断章取义，这个是我特别敏感或者说特别在意的。我自己刚才还在想，对于我的思路表达大家能不能够感觉到我说的核心是什么。当然有意为之，自己想这么做另当别论，所以我平常在和同事交流的时候会把他说的话，用我的语言再次表述出来，检验我和你说的情况合不合拍，合到什么程度，然后我们再进行讨论。我此话是属于演绎的，因为我们现在是和听者互动。在这个场合之下，我就是有感而发。所以我现在说的，我们在什么场景之下去理解这部书，实际上就是我们今天从阅读的角度能不能够理解作者所说的核心内容，他在阐述的到底是什么。如果从道理上讲应该从作者的角度去理解，我们才能获得他的核心。及之则不行我是特别注意这一点的，所以先跟大家做一个交代。那么接下来，我会说这部作品，我可以大体上说我们从现在的场域去理解这个作品，一般都会产生误读，我说一般。什么时候可以不产生误读呢，就是了解书中所勾勒的那个所谓的公元7世纪、8世纪、9世纪、10世纪，也就是唐朝618～907年那个特殊的时代和那个特有的地区，当时是1000多年前的时代，他处理的关系和我们今天完全不一样。如果没有回到当时那个境界而用我们今天理解的场景去描写或者理解它的时代呢，就叫做误区。虽说在这个过程里面，我们不能要求每个读者都从学术视角考虑，但是我们要精准地了解那个时代，场域一定要做到清晰。我们今天了解那个时代，用一种什么思维方式呢？我们今天用的思维方式是民族国家范式。这个范式不是属于现代汉语自身的，它是来自西方，具体说来自英文世界。民族就是Nation，国家就是State。Nation，State。这样一种的思考方式，有一些基本特点：第一，我们今天的国家是一个明确的有主权行使的国家。这与过去时代不同。第二点，今天的民族国家，是由一个确定的疆域和周边外围有精准的线来勾勒出来的，并且这个线是被国家主权和对方所认可的，在国际法上看是规范的。这种情况，主权不能够被侵犯，疆界相对而言是固定的。第三点，在这个国家里面所有的人都叫公民。公民本身有国家赋予的生存权利、语言权利、宗教信奉权利和受教育权利以及摆脱贫困的权利，国家的目的是为公民服务，而不是反过来公民为国家服务，这一套的基本理念和Nation，State是配套的，如果没有这些东西，就不能叫做现代的国家。那我们一般从国家行使权力的方式上看，表现为现代的政体和国体。国体就是国家是由什么人组成的，政体是国家怎么经营的，我们一般把国体形成视为属于所谓的Public，也即属于公民的或者是共和制的，这一套的东西都是Nation，State这些名词所含有的内容，所以从它的群体公民、从公民的合法权利和从国家维护公民的权益以及国家有确定疆域和土地，还有国际法认可，包括周边外围这些线索来看，所有的东西共同构成我们了解当下（的基础）。如果我们当下是这样的话，难道古代社会也是这样吗？不是，所以古代社会是一个所谓的非民族性的国家，古代社会更多地表现出是叫王朝国家的特性，“王朝”作为汉语我们大家都很熟悉，英语中

“王朝”一般的叫做 dynasty，这个 dynasty 本身是来自欧洲的古代社会，特别是跟罗马帝国有关系。但是欧洲社会超越了王朝的范围，扩及更广大的治理幅度，形成另外一种类型的王朝，那种王朝一般的叫它帝国。帝国的观念就是 empire，这也是从罗马帝国开始演化的。

这样的话，我们可以看这些王朝、帝国，它的这些属性和构成的要素及要件跟我们刚才说的民族国家的这些要素、要件之间到底有什么关系呢？首先它们是完全不一样的，我们可以看它的统治的疆域，在王朝或者是帝国时代，疆域是不均衡的，有所谓的核心区，也有周边的外围地区，还有往外推溯的那个可以说到达它力所能及的那个地带。所以从疆域上看，它内在的东西相对比较稳定，周边地带则模糊不清，是变动无常的。现代民族国家则不是，以现代民族国家中华人民共和国为例，我们无非叫内地和边疆，但是没有在国家法权范围内表示内地一定比边疆重要，二者是均质化的。内地和边疆作为地理名称，仅仅是地理范围不同而已，但是古代王朝的内地和边疆是个非均质化的，是差序性的。在那些王朝统治者的眼睛里面，内地的重要性远远大于边疆。所以我们可以看得出来这两者是有性质之别的。另外我们在现代民族国家里，把土地看成人类最重要的资源之一。但是古代社会一般情况而言，土地没有人重要。为什么今天和古代会差别如此呢？我们今天内心隐藏的一种理念，一片荒漠的地方吸引我的不是那些人，而是那片土地，我内心里边恨不得把那些人赶出去，土地要留下。古代社会正好相反，那些地不重要，是那些人重要。三国时期孙吴，他们到台湾岛干嘛去呀？他们对台湾岛是没有兴趣的，但岛上有当地的土著，因为孙吴建构政权缺少劳动力，所以希望获取台湾人口资源，这样的话大陆跟台湾之间发生关联性，在历史记载里面这可能是最早的几次之一。所以古代是对人感兴趣，之所以有此变化是因为今天的人和地球，他们之间资源的关系已经远远大于古代。在唐朝时期，我们可以简单说，整个唐朝的面积，姑且算作跟今天差不多，或者说理论上比今天还要大一点的话，唐朝的人口高峰的时期，国家在籍统治的不到 6000 万人，如果加上一些其他的没有在籍的，学者们估计大概 8000 万人，8000 万人相当于现在的河北或者是四川的一个省的人口。现在中国，超过亿的有两个省，八九千万人口的省在中国大陆相对还是比较多的。也就是说唐朝只是相当于今天稍微大一点的一个省的人口，所以它的资源土地和人口的匹配程度，它的张力，远远小到今天我们没有办法去想象。在那样一种荒漠地方，如果没有种植粮食或者没有（给）政府带来财政税收的时候，那个地区是没有更大的吸引力的。所以古人和我们今天完全不一样。这是我给大家简单举的一个例子。至于说国家主权或者是国家的公民，则根本没有公民的概念，只有汉人是国家统治的核心。像唐太宗和他的大臣们商量，我们怎么样来看待老百姓呢？他看待老百姓就是，汉人就像是一棵大树的树根，其他非汉人就是那些树叶。换言之，我们可以把树叶全部砍光，照样可以长出来。可把树根拔掉，整个国家全完了。所以古人的秉持是不均等的，在很多方面所表现出来的，都是那个时代本身所蕴含的内涵属性的一种外化。因此现代民族国家和古代的王朝帝国，是完全不同的两个界定。如果我们今天不知不觉地从现在的角度回看唐朝和东亚，回归到唐太宗李世民和其他的时候，就会发现我们经常会走进误区，或者是一种误知，甚至是一种误解。这就是我说的方法论的问题。我的结论是说，要去除现代民族国家给我们造成的一种根深蒂固的理念，回到王朝国家那样一种心态，或者养成那么一种心态去看待当时社会彼此之间的关系，我们就不会做到古今混淆，或者是古今穿越，这是我特别强调的。那么怎么才能做到呢？这是一个需要长期思考的问题，不是一天两天就能说得清楚的。所以呢，我这里长话短说就进入到我说的第二点。我们回到古典社会，古典社会的基本的特质就是我刚才跟大家交代的那几点，还有其他的，我们就不再延伸了。当时王朝国家把百姓分成汉人和非汉人，它是有差距性的，我文明你野蛮，我天然地就带有一种对你方文化的再洗礼权利，就是一种教化。这是统治集团的一个基本心态。尽管唐太宗在历史上是被赞美为一个对各个民族、其他胡人比较宽怀的君主，但是他的基本面是不会变的，跟我们今天民族、宗教的基本政策，是在完全两个不同的领域里、不同的基本面上对类似的人群的一种不同的界定。所以我们可以说这是古代社会的一个差序性特征。在地域上，它的核心和周边外围，在朝廷那些统治者心目当中，就不是像我们今天所理解的锱铢必较。什么时候该有什么时候不该有是从王朝的现实场域里面和现实角度来考虑的。这种想法和我们今天民族国家主权的想法的内在的基本面是完全不一样的。如果用今天的这种想法去要求唐太宗，或者是要求其他人，你会觉得有点“恨铁不成钢”，这实际上又是一种对历史的误读。所以我认为要研究或者看待那个时代，对读者的要求，从内在的学理上讲还是蛮高的，并不是我们异想天开怎么做，怎么想就能想得了的。所以在我讲课——《唐史四讲》之时，经常会有一些听课的学生给我回应，说李老师，唐朝为什么那么多土地没有占有啊，把它全部占有了我们就今天如何如何了。这个情况就是拿今天看问题了，我就是无言以对了，因为场域完全不一样，这个问题从学术角度是个伪命题，不是真正的问题。但是我也非常耐心地给同学解释。回到我第二点，就是唐朝和东亚社会之间的关联性，我们怎么从那个时代的视角去理解呢？长话短说，从美国的费正清先生开始，一直影响到当代的，一直影响到老一代的日本学术界，最后反馈到大陆，包括海外华人世界所形成的中、日和欧美学术界，他们都形成了一个基本认识，一个基本的范式，基本的思路。即理解中华帝国在唐朝的时候，和东亚世界和周边世界所形成的一种基本格局，叫做封贡或者是朝贡体系。那么封贡和朝贡体系的基本思路是，中华帝国所在的，是亚洲东部地带一个核心。这个核心既是地理上的，更重要的是人群组成的国家的政治体，就是王朝，它既是地理的，又是国家层面的。它的国家层面远远大于地理所承载的层面。所以这样一个国家成了亚洲东部世界的主流，是代表亚洲东部世界文明的核心。在周边分布着若干大大小小不同的政权，这些不同的政权都是由汉人以外的民族群体来建构的。东边有朝鲜半岛的几个政权，过海有日本。南边，东南亚有越南，或者其他的几个当时的国家。内亚系统呢，有所谓的游牧人建立的各种政权。乃至西域社会，有当地的绿洲国家。所以唐朝，居于东方世界的中心，它和周边地区的关系，同样是属于非均质性质的。我是宗主，你是藩属，藩属有义务向我朝拜，并且进奉，我有义务给你授予政治地位，比如各种官爵，同时可以给予你各种的很好的待遇，然后形成了你我之间的上下级。那么这样一种的差序格局，就构成了东亚社会关系的主流。这是王朝时代社会的国家和国家关系的基本特质。这样一种思想，在中国传统的文献当中，尤其是在二十四史，以后国家出版的代表国家行为的各种文献和典籍里边，应该说有充分的和连续性的记载。现代学术界就根据这些材料总结出这样一种封贡或者是朝贡体系，从而就成为了解亚洲东部世界的一个基本范式。

那么这个基本范式，它有没有它突出的特性呢？我们从当时的社会里边可以看得出来它的特性特别明显。譬如说，在人类社会工业革命之前，人类社会大体有两类。一种社会叫做耕作社会，耕作社会也叫定居社会，英文的词汇有叫 Sedentary，Sedentary 就是我们通常说的定居性的，什么样的生活方式跟定居相适应呢？是 agriculture，就是农业性的。所以 agriculture 或者是 Sedentary 就构成了人类在工业革命之前的一种主流的生活方式并建立起一种主流的政权。因此我们从这个角度上看，在欧亚大陆的南部地区，往往是这种定居社会。从东方的日本经过韩半岛，到中国大陆、东南亚，然后进入到现在的阿富汗以南，到印度次大陆，再从伊朗高原进入到今天的两河流域就直接奔向地中海，在地中海的北岸和整个欧洲的南边，都是形成了这样的定居社会。那么人类社会还有一种相对应的生活方式，就是游牧社会。游牧社会是 nomadic，这样一种生活方式的基本特性就是属于游动性，就是

move，moving这样一种社会。也就是我们通常说的定居以外的游移性。游牧社会在人类历史发展当中大体上体现在亚洲大陆东部地区的大兴安岭，由此一直向西，到达现在俄罗斯的北缘和现在东欧南部的匈牙利和乌克兰一带，然后再有非洲北部撒哈拉沙漠，也就是现在埃塞俄比亚或者是肯尼亚地带。那么这一带也出现了人类社会的一种新型的生产方式。在这个过程中建立更大的帝国是在地缘幅面非常宽阔的中国北部的草原地带，就是蒙古高原，英文为Mongolian Plateau，那么这个有一个词叫做steppe，表达的就是没有森林密布的空旷的广阔的草原，所以蒙古帝国也可以叫Steppe Empire，即大草原帝国。但是中国的青海地区或者是四川松潘这一带，就不是steppe，而是另外一种方式。这两种生活的方式建立的政权构成了工业革命之前的时代主流。那么中华世界恰恰是亚洲东部地区，南边的农耕和北方的草原展开历史的互动。从秦始皇时代建立统一帝国到清朝，农耕与游牧两大区域最终完成了统一，这是康雍乾时期所做出的贡献。我刚才说的东亚社会特点在于封贡，就是我老大、你老二、他老三，然后形成金字塔，你们都听我指挥。可是这样一种特性在草原地区看不到，例如匈奴帝国并没有自己的小喽啰，就是一个帝国，到了后来的突厥帝国也是如此。但是它有一个特点，帝国一旦建立，便把所有周边的兄弟姐妹全部吸收归于自己。所以它内部是一个部落联盟组合体。中华帝国不是组合，而是从核心向周边拓展，形成了一体化。草原地区像拼盘，一旦强大就把周边全部纳入，然后形成一个帝国，二者中间是个松散的联盟，容易分裂出去，也容易重新契合，所以它没有所谓封贡的体系。欧洲社会里边跟唐朝相对应的拜占庭或者是东罗马帝国，也没有这种所谓东方社会里面这个体系。它灭了的北方对手，就是从今天巴尔干半岛向北推，一直到匈牙利，然后进入到黑海向北推，经过乌克兰、亚美尼亚，再往东方，就进入到所谓的斯基泰人（伊朗语系的北方游牧人群）的天下。所以他灭的是蛮族人，和它之间的对应关系，而蛮族人并没有形成唐朝和周边那么一个典型的封贡系统。在欧洲北部，大家很清楚是王国、公国或者是子民所建立的以比较小的国家和区域组成的一个松散的、基本是各自为政的（政治体）。神圣罗马帝国也只是一层婚姻联结，底下还是各自独立。所以我们从旧大陆上，找不到像中国唐朝这样一个典型，因此我说它是一个具有规范和典型性，特殊的体制。当然了，现在学术界对这个问题是有不同争议的，我们有的学者一般认为是它有名存实亡的，或者有这样一个基本的面相，但是真正运作起来并不是想象的那种状态。这些话太过复杂，时间我不占用太多。这是我说的第二点。我刚才说的目的是说，我们怎么样读书，读这部书，对于今天的民族国家的范式，要突破它，或者把它放弃，回归原来的帝国的那种基本的模式，从那种封贡体系去理解它可能更容易找到历史的真实的场面，这对我们读书了解真相是有好处的，仅此而已。

现在回到我跟大家讲的第三点。今天中国、日本、韩国，包括朝鲜，我只说东亚社会，越南暂时不表，东南亚地区也先不说，只谈谈这个。这是从我对历史学的思考中提炼的，这个问题是当今世界的，而且事关我们每个人生活，今天中国的一个地区性问题，当然全球问题我不谈，我只是谈东亚地区性的问题。大家从经常性的媒体或者从平常的言谈当中，会清晰地接到这么一个信息，东亚社会非常不平静，而且内部矛盾非常复杂，以至于这种复杂性的所解决的希望显得挺渺茫的。具体又表现为今天中日之间的关系。我们为什么会跟日本，跟朝鲜乃至东南亚半岛尤其是越南，会出现很多矛盾和问题呢？政治家，国际社会，外交家、法学家、经济学家，他们在自己的领域里都可以做出有说服力的解释。但是历史学家或者历史研究者有自己的一套观察。我和大家顺便开一句玩笑，我们有的时候说历史学家，当我说我是历史学家的时候，我就特别的害臊，脸面无光。你们大家可能看过孟非主持的那个相亲节目里边有男嘉宾和女嘉宾，但是你发现没有，每个男嘉宾和女嘉宾他（她）自己发话说我这边男嘉宾二号想问孟爷爷，我有的时候就非常无语，能说自己是嘉宾吗？不能说。上次我的一个学生说李老师我夫人做了什么事，我说你能自称为夫人吗，我妻子，在过去老话说我内人，我们今天说“内人”稍微有点歧视，但是我家庭我妻子比较好，能说我夫人吗？“夫人”是人家对你的尊称，你说“我夫人”你等于说自己给自己抬高了，你能说我是“伟大的博士生导师”“伟大的教授”吗？没有人这么说。但是你要说我是嘉宾，因为现在我们已经把古典的自谦放弃了，不自觉了。这个我们不谈了，不然人家把我给骂死了，哪有像你这么属于老是较劲。所以“历史学家”在我的口中一般是不会出现的，我是历史研究者。回到主题。现代社会里边出现很多纠结，包括东亚社会，为什么纠结？实际上有很多解释，但是最致命的一点，它是历史情怀带给今天的，没有历史上东亚的关系，就不会有今天的东亚关系。但是今天的东亚关系既是历史的继承又是现代社会的改造。现代社会改造的就是我刚才说的民族国家的要素，这会给历史上那些所谓的边缘国家带来一些平等。所以这些周边国家就按照现代主权国家的设立，有主权有公民，和我跟原来老大帝国之间我来尊重你有所不同，现在一律平等，这是现代国家主权社会带给我们的社会的冲击。不管是批判还是赞美，你必须遵守，这是基本的诉求。但是，我们在理论和观念上去遵守、信奉的同时，在实际运作当中，我们始终存在纠结，这就是我对这个问题的一个历史性的关联。比如说中国社会，我们原来一直是以老大和宗主国自居，我们总是看朝鲜半岛或是日本是我们的边缘，以至于在我们平头百姓心目当中、口头里面不知不觉地叫它“小日本”，我们从来不说我们是“小中华”。所以这样一种思想观念，不是来自现代民族国家的主权诉求和公民权的问题，而是来自古典世界。那么我请问大家，古典世界那一套的东西，那种尊卑贵贱、上下有别、主奴之别，在今天国际关系的主流下，能不能够延续？这就是一个命题。只要我们从学理的角度仔细考虑，那一套东西跟今天这种主权、人人平等的理念有没有差别、有没有冲突，如果有差别、有冲突，你到底选择什么？这是我们的一个悖论。我们对周边地区有传统社会那种老大看老二、老三这样一个基本理念。那么这些地区和国家的人们，它也会从他的角度，我以前是尊奉、进奉，但是现在跟你一样的平等，而且国际关系不区分大小国家，这个是理念，它再回过头来说当初我向你称臣并不意味着我现在也同样如此。双方之间的理念又不一样，它所进行的所有活动，最后导致最触及核心的东西就会出现双方和多方之间不可交际，怎么解决，这是今天东亚世界在我看来一个传统社会给我们今天的民众包括政治家、思想家、法学家带来的问题，但是很多人并不是完全特别清楚的，这是一个非常重要的（问题）。现在的国家中，大国小国之间的关系怎么解决，我们自然就把视野转向了欧亚大陆的另外一端，就是欧洲。那么欧洲又有欧洲共同体和欧盟，它们之间的关联性就在现代社会里边给世界各个地方提供了一种新的样板，国家主权大小一律平等之后，可以再联结成一个系统，那样一个系统相对比较和谐，虽然它矛盾重重。因此，在搞现代关系的时候，人们就把视角放到了那个地方。我们今天说的这个问题，固然有多种多样的考虑和解释，我从历史学的角度去看，古典社会上下尊卑的关系在今天社会里边仍然还是藕断丝连。日本社会从1848年所谓的改革，明治维新之后，有一个想法，叫“脱亚入欧”。我原来对中华特别信奉，五体投地，但有比中华还要更加先进的，来自欧洲和美国，那我向它学习。一旦它学习成功了，反过来可能看你并不如我，所以亚洲世界应该由我日本领导，包括中华，这是一个结，而这个结传到中国，中国当然就不干啦。所以中日之间的关系，就是邻居和兄弟之间这种胶结在一起，从1848年影响到一战、二战，当时日本侵华，或者是战后，以至于今天（都是如此）。所以我们从各种角度解释这种历史的渊源，日本怎么想、中国怎么想、朝鲜怎么想、韩国怎么想，做一个学术研究，都应该非常清晰地、非常好地或者非常全面地把它揭示出来，从而增加亚洲社会人们的共同智慧，包括我们每一个人理性、客观、中性，在自己主权国家范围之内，怎么维护国家利益，妥善解决和周边邻居之间的问题，能达到现在欧盟或者北美加拿大和美国那样的程度，至少是我自己平常思考的问题。好，谢谢各位！

郑庆寰：谢谢李老师。李老师刚才主要跟我们分享了三个层面。一个是如何读懂一本学术著作，比如立君兄《唐朝与东亚》这本史学著作。第二个是如何读懂中国历史或者说是唐朝历史。第三个就是如何读懂现代中国以及现代中国与周边国家的关系问题。下面我们就有请立君，今天早晨王小甫老师发了一条微信说了，“16 年前我牵头撰写的《盛唐时代与东北亚政局》，现在终于有豪杰出头打擂，要争天下第一好汉就在今晚，看好戏吧。”这个好汉就是冯立君，下面有请冯立君。

冯立君：好，谢谢大家！也谢谢王老师、李老师和庆寰兄！其实今天有幸围绕这本书，或者围绕这本书带来的唐朝与东亚这个话题，能将王小甫老师、李鸿宾老师请到这个场地来，谈一谈这个话题，本身对我而言也是非常大的荣幸。刚才小甫老师说了很多鼓励的话，不敢当。王先生提到语言、专业外文的问题，对历史研究而言特别是研究古代历史上的很多民族或者是中外关系的重要性。其实，在上大学的时代，王小甫先生就是我的偶像之一。王先生懂的外文其实非常多，包括藏文、突厥文、俄文、日文，所以那个时候就是我们的偶像。其实我现在谈到的都是很粗浅的。刚才提到的 16 年前的著作，应该是 2003 年出版的那本《盛唐时代与东北亚政局》它的话题的对称性还真的和今天这本《唐朝与东亚》很像，我也是确实在向这本书致敬。同时我也知道之前也有一本日本学者的《隋唐帝国与东亚》文集，也很有话题性。就这个问题而言，唐朝也好，东亚也好，或者是唐朝与东亚的这种关联性也好，我们可能要谈很久很久都谈不完，其中包含很多话题。这本书也只是粗糙地展开了一些面向，不敢说达到了系统的程度。或者说这本书也没有一个结论的或称总结的那一章，这是因为我觉得这应该是对于唐代与东亚关系的一个人的初始之作，不应该是一个完成之作。应该说有更多这样的类似的成果积累下去之后，就我而言可能才能真正展开这个话题讨论。所以我们今天跟两位老师的讨论也好，或者是我个人向两位老师的汇报也好，都只是一些即时性的感想或是研究的一些体验。李鸿宾老师是我的授业老师啦。我在西安待了几年之后感觉有点退步，所以把李老师请过来，算是补课。谈及唐朝这个话题，请两位老师来，有我个人的考虑。我这本书的代前言《唐朝与东亚》这篇比较长的文章，是我在这本书即将要出版之前补写的一章。为什么要补写这一章呢？首先我觉得是作为一个比较年轻的历史研究者而言，第一部著作不是我的已经完成的博士论文专著，而是在博士论文之前或者是完成同时的一些文章的结集，我总是觉得还是有一些欠缺的地方，有一些幼稚之处。但是又敝帚自珍，也不舍得扔掉，所以在郑编审的多方的编辑、编审、运作之下，我们删掉了大部分的篇幅，增加了很多新的内容。这一个代前言通过比较完整的世界范围内的唐朝与东亚的学术史的整理，包括对理论剖析、学术范式的一些讨论，然后介绍一下我对整个唐朝与东亚的理解来弥补这本书的一些缺陷吧。我觉得完成这些补充的东西之后才敢发给大家看。虽然依旧有很多不成熟的地方。两位老师在唐朝研究的浩瀚海洋里头是可以搏击浪潮的，而我只是在海边还没有学会游泳，只能捡几个贝壳的年轻人。所以我以下的讨论可能仅仅是一些现阶段的感想。比如说“唐朝与东亚”这个题目下面是不是应该包括政治方面、文化方面、经济方面的以及其他方面的问题呢？现在来看是有这么一些粗浅的考虑，但是很多问题我们还没有谈到。刚才王小甫老师很敏锐地抓到了在我们国内或者是国外学术界比较模棱两可的，或者是在一些争端里失去本真的一些话题。比如唐代的时候，在今天的中国东北区域的东半部和俄罗斯远东的这一部分，包括今天朝鲜半岛北部区域，存在着一个叫渤海的国家，一般来说不是研究唐史的人基本不太知道这个政权。刚才老师也提到，中学教材里头曾经就那么一句话提到过它。为什么呢？因为一位渤海国王子来到了唐朝的长安，好多年之后返回故土了，这个时候我们的大诗人温庭筠给他写了一首送别诗，这里头有一句特别经典，就是“车书本一家”，“车书本一家”就指长安和渤海国。渤海国的汉化非常重的，它受唐朝的册封。为什么叫渤海呢，它最开始是靺鞨人。靺鞨这个民族，现在来看，主流学术观点认为可能是女真的前身，肃慎的后裔。但是也有不同的看法。靺鞨人在隋唐，特别是隋的时候，基本上受到高句丽人的驱使，特别是靠南部的靺鞨人。它辖域很大，在今天俄罗斯远东地带，中国东北的今天的黑龙江、吉林一带，广阔的区域都有分布，分很多个不同的部。就像突厥、契丹一样，各部之间互不统属。其中比较靠南部的受到高句丽的影响，高句丽的一个最重要的历史特点就是曾经和隋唐作战。“不屈不挠”也好，或称坚韧也好，它始终如此。最终当然还是被唐朝给灭亡了。隋唐与高句丽之间应该是70年的战争，其中有停也有和。高句丽驱使靺鞨人之后，靺鞨人受到了高句丽文明的影响。原先比较落后、比较原始分散的靺鞨人受到影响后就开始建国历程，因为受到了先进的政治文明影响之后，就是王小甫先生和李老师有些研究会提到这一点——中古的这些族群的凝聚是有一些资源的，比如说政治资源，回鹘也好，契丹也好，他们受到一些宗教因素影响得以凝聚，就把周边异质性的族群突然吸引过来，达到政治体的升级。其实渤海国也是这样，靺鞨人为主体，加了一部分高句丽人，加了其他的一些如汉人等等。应该叫做靺鞨国，但是唐朝册封它的人可能就是因为它的首领姓高，也有姓大的，所以可能是一种历史的误会，认为他们是渤海高氏的后裔。因为唐代乃至中古有一个渤海郡高氏是名门望族，所以就把它的首领册封为渤海郡王，这才叫渤海郡国。因为受到唐朝文明的很大影响，并以此为荣，国号也专门改成渤海国。所以渤海国史也好，新罗史也好，很多问题是很有趣的。很多问题我在书里也谈到了，我希望今天就有兴趣的读者朋友，听了两位老师的介绍和一些不敢当的溢美之词，我们有机会能有更多谈论东亚史和唐朝史的交集。我觉得从学术界而言，本身要做的工作很多，我个人要做的工作也很多。可能是要在一些具体的半岛问题上，日本问题上以及中外联系上做很多细节工作。还有一个小的问题，就是王老师提到朝鲜半岛为中心。其实我有一个想法，即纠弹现在东亚史学界里过度的强调中国的文化中心辐射的现象。如果老强调这一面的话就会影响或者是使人们误会是不是那些半岛或者日本这些民族全盘的汉化了。其实汉化只是一个面向，另一个面向是大量保存本民族的传统，而且还有他们改造汉唐文明的例子。另外一种就是日本学者的建构，我在代前言里谈到了很详细的东西，包括一些文章。“东亚世界论”本身对我们的现在的研究起到了很大的启迪和推动作用，但是它的出台背景是值得深思的。它是一种焦虑的产物。日本在战后十分想摆脱日本列岛与亚洲大陆的联系的缺少，所以他们要建构一种日本与大陆文明始终联系在一起的历史写法，于是创造了东亚世界论。当然也有很多合理性。刚刚李老师也谈到，唐朝的面向不只是东亚，还有北方的面向，西方的面向，唐朝是一个面向四方的大帝国，是一个欧亚大陆型的帝国。东亚现在将亚洲这个词切开之后，用东亚、东南亚来称呼这些地带，但是在古代也就是海东一隅之地。所以日本学者的这个观点也有一些想把日本作为一种纽带、联系，放到东亚世界论的这种理念在。或者是以中为中心，或者是以日为中心，唯独缺少一种关照在地理区位上比较靠中心的，或者是作为文化东传的面向上比较重要的中转站的，朝为中心。所以我说是不是能加强半岛的研究，好像可能就是话也容易在某些场合说得让人觉得有点过啊。应该像您说的，以半岛为主体的研究应该加强。姚大力先生提到的很多也是这个道理，古代的中国、历史中国本身就不只是汉族的中国，而是多民族的中国，只是我们在阅读以中原士大夫为主体写成的汉文史籍的时候，容易受到他们的史观的影响。如果以其他民族为主体去看这个中心观的历史，那肯定角度不太一样。他们是南下，是南望，不是北上视角。我觉得还有很多问题值得讨论。我就先说到这儿，谢谢！

郑庆寰：好，谢谢立君兄！立君兄太自谦了，大作都已经出版了。刚才三位老师讨论了很多，谈到了很多唐朝与东亚或者是如何读历史书籍、如何认识中国历史特别是唐朝历史，很具有引人深思的地方，也应该是会引起我们各位读者的思考。下面我就把时间开放给各位读者。

听众1：谢谢大家的分享，我想问李老师一个简单的问题，您刚才讲的让我有一种彻悟的感觉，因为我不是学历史出身，所以平时在读历史的这些著作的时候不能沉浸下去，可能就是因为我没有建立一个自己的范式，没有身临其境地去处理这些关系。我的问题是，对于我们这些不是历史专业的人来说，如何建立起一个自己的范式呢？或者如何有一个基本正确的价值观，这个体系该怎么样形成？谢谢！

李鸿宾：首先回答你的问题，这个问题相当难。我跟大家讲，现在特别有感触，我自己的平常习惯就是特别重视逻辑思考的问题。特别不喜欢提出问题以后说了很多的前缀上的东西，最后主体问题就没有了，或者淡漠了。所以我给你直接回答，这个问题相当难，这是我的一个基本结论，我解释一下为什么相当难。人类思考的理性带有一种比较学养化的思考方式，不是我们平常生活当中的经验性所能总结出来的，这是我基本的第一点认识。我们平常经验性的思考问题，并不必然导致理性回答问题或者思考问题，所以它特别难。你就一定要进到所谓理性的角度考虑问题，有关理性考虑的问题，一个学科是能够补课的，就是逻辑学和修辞学。这一套的东西在古代西文语境当中是比较重视的，中文相对在这方面重视程度不如它。所以我就建议各位可以多买一些或者看一些有关形式逻辑的，那个东西需要耗费很长时间，但是你要注意，它是循序渐进，终有所偿。所以我给你的回答，它有难度。从我个人的经历上讲，要是想学会很清晰地了解对方，我们就建立在每一天的阅读学术作品的（基础上），没有终止，直到我们死去那一天。你们说我开玩笑嘛，我到目前为止59岁，从我19岁上大学，这几十年来几乎都是如此。所以它是一个很长期的（修炼），但是它会给我们个体的生命的意涵带来比较好的体验。如果给你的回答让你感觉到非常沮丧，以至于我们很多人不能坚持，我再一次的抱歉！

郑庆寰：针对就这一个问题，刚才李老师给的一个让大家可能会感觉到沮丧的答案。王老师您呢？比如说没有历史学科背景的人如何去能够去读懂中国的历史，需要怎么样一种方法呢？

王小甫：我刚才听了一下李老师讲我想可能还是要求比较高。因为，就像如果我们认识到现在留下的可能也只是一套话语，那你就要像李老师要求的需要很理性地来处理这些，比如历史书或者史料。李老师说他从小读到现在，19岁开始天天在读书，我也是。我在想我到退休，写文章、写书、上课带学生过后，我有一些什么经验可以教给他们。当然有的人可以有好多经验，大著作小著作等等，都可以，我们当老师也好，总结传授经验也罢。我想得比较具体，就是多读书。书读三遍其意自见。读书破万卷，下笔如有神。我看到这些同学不管是要做理论研究的、做实证研究的，最后看到的问题都在于书没有读好、书没有读到。比如要做一个学位论文，就有一个很现实的选题，这个选题范围内该读的都没有读到。所以李老师讲多读书，这是一个积累性的，当然要一辈子这么积累下去。现在像那位同学问没有历史背景知识要怎么入门，怎么着手的话。我想还是要首先积累一些知识，读一本书。我现在也经常碰到这些问题，做中国史我建议大家去读《资治通鉴》。我前不久到滁州这一带，有位朋友已经工作了对中国传统历史文化也很热心。可能也有一些底子，他说他在读《史记》。我劝他不要读《史记》，《史记》名气很大，是第一本纪传体通史。在这之前没有，很多我们今天知道的历史都从《史记》中《五帝本纪》开始这么来的。但真的对历史感兴趣要想读懂历史的话，我觉得还是读一些比较系统的一些东西。当然，司马迁不容易，比如张骞通西域，它起到什么作用，它作用就是凿空嘛。钻个眼，出去。过去我们都知道外面有西域，但是没有见过，没去过。只是传说周穆王曾经去，西游，西巡，到了天池见了西王母。司马迁就在《大宛传》里头就提到这件事情了，他要肯定张骞的作用就以此作为例子。他说现在张骞去了昆仑山，没有见到西王母，所以就不能把西王母写到历史里头去。总而言之我建议大家，如果刚入门，也没有背景，去读《资治通鉴》。《资治通鉴》是一个通史。从战国时代开始一直写到五代末，汉唐两代都在这里，很值得读，这是第一点。第二，我还要给社会上还没有太注意《资治通鉴》的长处的地方做推荐。一般都认为《资治通鉴》是为皇帝写的政治书，当然是这样了。但用什么方法，从哪个角度来治理，司马光有他的想法。怎么解释这个问题呢。司马光和王安石是政敌，大家只要想想如果《资治通鉴》由王安石来写，王安石会怎么写？那司马光肯定和他写得不一样。最明显的就是民本思想。所以他选择的史实、他的立论都是从这个角度来做的。我们刚才这位同学说，如果是没有根基呢，那当然我们中国有传统，你可以来学，我觉得也很应该鼓励啊。历史学挣钱是挣不了，但是作为个人素质，作为一个有教养的中国人还是应该有这么一些素养了，还是可以来读，花这个功夫会感到精神上的升华满足，这都是没问题的。历代都对《资治通鉴》有很多编写、注解，历史学人代代都在提倡，今天为什么还可以提倡，在今天来读它又有什么新意？我觉得改革开放以来确实有了重大变化，我们正好走到这一步。你们今天再要问要学历史，我首先推荐读《资治通鉴》。它不仅是一部通史，不仅是一个治理政治史的问题，它还有一个正确的史观，对我们今天特别有启发。你去读，先读了《资治通鉴》。

郑庆寰： 好，谢谢王老师！

李鸿宾： 我给你一个技术性的建议。第一点，就是你刚才讲的怎么理解范式，我建议你把库恩《科学革命的结构》那部书买了。因为那个是非常重要的，它是影响我们现代人类各种问题范式的一种经典性作品，推荐给你。第二点，我们在读书的时候大家可以说，我们要注意到这个书、这篇论文或者这个学者他谈的是什么，这件事英文词汇就是 Point，view of point，或者 point of view。然后他关注的是什么东西，然后他是通过什么手段、通过什么方法来解决这个问题，论证是怎么论证的，最终这个问题解没解决到这个点？他解决的问题未来还有什么空间？读任何文章都可以通过这么一种思路去观察，读了以后，就会形成你自己的分析能力，而不至于只关注具体问题的记载。最方便的是看英文的博士论文，关注它的规范性，我们可以看 introduction，就是开篇的介绍，然后中间过程就是基本的 Chapter1、Chapter2、Chapter3、Chapter4，最后 conclusion。你要有效地利用，先读 introduction，然后 conclusion，整个全部拿下，再读具体问题，这是几个基本点，我的回答结束。

郑庆寰： 好，谢谢李老师！其实我理解的可能就是比如说 who、what、where、how、why。

听众 2：老师您好！“一带一路”跟唐朝和东亚向东边的贸易和交流，可以很简单地说一说吗？那时没有丝绸之路这个概念，但是我觉得跟东亚的经济来往还是很重要的一部分。就是想问一下李鸿宾老师。

李鸿宾： 不好意思啊，因为我说得太多就有点真不好意思。长话短说。在以唐朝为核心所形成的一个国家建构的一种基本范式，就是以它为主和周边各个地方为辅所形成的一个差序性的格局。这是一种帝国的基本模式。在唐朝向周边地区推进，这是它的核心之一，唐和东亚只是其中的一个部分。是那个时期人们国家和国家、族群和族群通过国家政治体勾连起来的一种生存方式，这是我们的核心题义，我就简单介绍到这里了。

（王艳　整理）

2019年7月27日，西安言几又书店

第二场

葛承雍　拜根兴　张全民　冯立君*

主持人小石：近期，《长安十二时辰》热播，西安这座十三朝古都再次激起人们对大唐风华的无限遐想。数不清的胡人商队、外国使节汇聚于此，今天的西安依然敞开怀抱，欢迎世界各地的来客，他们都想目睹唐文化的真容面貌，见识唐都长安的雄伟气魄。

今天我们有幸请到了中国文化遗产研究院教授葛承雍、陕西师范大学历史文化学院教授拜根兴、西安市博物院研究员张全民、陕西师范大学历史文化学院暨东亚历史研究所研究员冯立君，做客言几又书店，与读者一道，探讨唐帝国与东亚的互动。

拜根兴：关于唐帝国这个说法，任士英有的一本书，也比较通俗，《大唐帝国集》，国内学术界这样叫的，我现在了解的情况不那么多。还有2015年韩国的朴汉济先生，他研究南北朝，有一本书叫《大唐帝国及其遗产》，这本书在韩国影响比较大。好像冯老师有意愿要翻译那本书，我先对大唐帝国或者唐帝国这个说法说一些见解。

去年，唐朝定都1400周年，其实去年（要纪念的）事情很多，在唐代东亚的话，像698年是渤海建立，韩国的高句丽渤海学会也有个小型的纪念会。还有高丽是918年建立，在首尔中央博物馆有一个大型的展览，是3个月。就是说大唐帝国建立，在去年、在今年，一系列的跟东亚相关的这种活动还比较多，具体到唐朝跟朝鲜半岛三国的关系方面，我说一点。

---

* 葛承雍，中国文化遗产研究院；拜根兴，陕西师范大学历史文化学院；张全民，西安市文物保护考古研究院；冯立君，陕西师范大学东亚历史研究所。

以前的看法就是，618 年唐朝建立，因为当时国内还有割据问题，各个方面的，对朝鲜半岛三国采取齐头并进的政策，就是说我对谁也不好，对谁也不坏，你们都来吧。像在武德三年（620）、四年，高句丽、新罗、百济使臣过来。包括韩昇先生的看法、黄约瑟先生的看法，都说鞭长莫及，等同对待。但是从最近发掘的唐人墓志看，这个观点好像应该改变。为什么呢？像西安文物保护考古研究院，好像在 2013 年还是 2014 年有一个李贞墓志。李贞武德五年被李渊派去新罗，武德四年曾经派了一个使节也到新罗去了。但是到武德六年左右才派使臣回访高句丽、回访百济。好像现在看来，唐朝天然的就跟新罗比较接近，在跟百济王的信里边也说，你不要频繁进攻新罗，新罗是我的蕃臣国等等。这对我们解释为什么新罗远交近攻，唐朝也是以新罗为倚仗，先灭百济，后来 668 年灭亡高句丽（有帮助）。从最新的资料看有这种趋势，我在一篇文章也提到这个问题。当然，又提到 7 世纪发生的事情，7 世纪我觉得是一个大动荡、大整合的时代。当时百济灭亡了，高句丽也灭亡了，中间还出现了东亚世界大战——白江口之战，以及后来的唐朝跟新罗之间的唐罗战争，到 8 世纪初，（唐与新罗关系）慢慢地才恢复到一定程度，唐朝所有的天下秩序才得以实现，我先说这些。

葛承雍：谢谢这些热心的读者来参加这个活动！参加这个活动呢，首先是向冯立君老师表示衷心地祝贺，所以我今天，退休老头专门穿了红衣服，为什么呢？向他表示祝贺，也对新一代史学研究者，感觉到很钦佩。他们也有勇气来做像唐朝和东亚这样的大的课题，像我就不敢写，也不敢研究，因为这个问题在很长时间里属于禁区。为什么属于禁区呢？涉及朝鲜半岛和中国的关系问题，上大学的时候金宝祥，西北师范大学，当时他就提出来，那时候叫朝鲜半岛分别是高丽、百济、新罗，他认为高丽和北方草原的突厥有联合，从北朝以来到隋代，联合起来对付我们当时的中原王朝。他认为是有一条弧线，我当时很疑惑，这个弧线是怎么回事？当时朝鲜半岛上的高丽人不停地向突厥人进行联系，进行联系以后，我们就思考为什么隋炀帝要去打他？西域问题还多着呢，怎么西域问题还没解决先去打朝鲜半岛？而且隋炀帝是不好的一个皇帝，当然现在对他又有新的评价。隋炀帝，怎么到唐太宗还打它？唐太宗很伟大，唐太宗又组织唐军去打它，包括大运河修到涿州，调集物资又去打它，又没打下来。我看朝鲜历史书上就写唐太宗去打他们，他们一箭把唐太宗的眼睛射瞎了，把唐太宗疼得跑回长安，最终竟然疼死了。历史编出来的这些，当然需要史学工作者去认真研究分析。但是到了唐高宗又打它，而且是海路和陆路共同进攻。当时说隋炀帝进攻很着急，在今天威海附近修军舰，急到修船工人已经站到水里边都生蛆了，为什么一定要打它呢？所以东亚，或者我们叫东北亚的问题，现在才有这样的分析，在此前是没有这样一个说法的。这就让我们一直思考这些问题，为什么隋唐两个朝代三个君主都要打它，最后终于征服下来，后来还有了安东都护府。

刚才拜老师也说了，刚开始新罗跟我们好，百济和日本（倭国）好。特别是很著名的白江口之战，不知道大家清不清楚：在朝鲜半岛的东南方向是新罗，西南角是百济，北边是高丽，新罗虽然和中国好，但是中间隔着百济，所以我们分析当时使节很多通过海路来的，高丽跟我们（唐朝）也不友好，东北地区天气又冷，隋唐两代几次征伐都失败了，一直到高宗的时候，终于把它打下来。之后，（建立）安东都护府，成为中国的一部分，打下来以后，百济灭了，新罗跟唐朝后来又翻脸了，所以东北亚的问题，包括东北的问题，很错综复杂，包括我们讲的靺鞨、渤海国这些，都牵涉到现在的疆域问题，牵涉到国家版图大小问题，所以比较敏感。像我这种年龄的人是不敢研究的，但冯老师敢大胆进行这方面的探索，我觉得非常好，他的我也认真看了，虽然有很多地方还没有看透（笑）。但是这个书非常好，讲了中日韩三国贸易往来，这也是非常有意思的，日本的大宰府就是从这时建制，位于现在的福冈。因为经过白江口之战，这下把日本打趴下了，从这儿日本才开始正式向中国派遣僧人、留学生，（之前）日本人是不服的。所以中日双方在朝鲜半岛上的争夺，应该说在1000多年前就已经出现了。这个历史很多人不知道，白江口之战是一场非常浩大的战争，日本也专门拍了个电影讲这个。在其中中国所起的是主导作用。但是中国始终没有解决东亚的问题，包括百济、新罗、高句丽这些问题，这也带来了一系列的困扰。所以在这个研究中，冯老师讲的三国贸易、三国外交，讲得都非常好。

因为我可能更关心三国的移民问题，譬如很著名的高仙芝，这都是高丽人。这些人后来都来到长安以后，担任了唐朝大将，又出征西域。这些人在长安有一些活动，所以留下了一些墓志，还有摩崖石刻。这些人在这儿的这些活动，史书上就很少记载。所以这方面我想请张全民老师来给解读，（因为他们的墓葬是）他挖的。

张全民：我拿到冯老师的书以后，大致浏览了一下。首先我看到对整个东北亚历史的研究确实是做了一个很好的梳理，因为他本人有外语的优势，引用了好多的韩文的资料，还有英文的，以及其他学者例如港台海外学者的一些研究，他把这些成果都做了一个广泛的梳理和吸纳。我觉得他的视角不是单纯站在中国这一方来研究东北亚的历史，而是能够给我们提供一些新的综合的视角，所以我看了之后觉得很受启发。另外，说到大唐，我就知道唐人是自称大唐，甚至葛老师那本专著就叫《大唐之国》，是对唐代历史的一个研究。唐人还不满足于大唐的称号，甚至自称为“巨唐”，大唐已经容纳不下大唐之大。当然，大唐之称不止是因为它的疆域之大，更多的因为唐代的文化繁荣，唐代文化对周边地区的影响，特别是对东亚的影响尤甚。我们知道唐太宗在征服北方突厥之后，被称为天可汗，也就成为四夷的共主。从唐太宗开始，在他的陵墓前就开始设蕃酋像，唐太宗在北司马门处有十四尊的蕃酋像。到唐高宗时期，目前现存六十一尊蕃酋像，都是四夷的君长。自昭陵始的唐朝十八陵，都有设置。现在经过考古勘察和发掘，说明实际上反映了唐朝的天下观，这就是设置蕃酋像很重要的一个原因。

唐代描写大明宫的壮观景象，有“万国衣冠拜冕旒”这样的诗句，而且唐长安城是一个万方辐辏的国际大都会。万方辐辏，其中就（有）来自周边很多政权和国家的使节、僧侣、商人、留学生等等，所以唐代长安也是一座国际性大都会。唐文化借助强盛的国力，对周边，特别是对东亚地区，都产生了很重要的影响。唐长安城的都城设计，对日本人的平城京、平安京等主要的都城都有很重要的影响。更不用说它对新罗的王京，甚至对中亚也有影响——比如碎叶，那些城都是采取四面各开一门总之对东亚还有中亚城市、都城建制都有重要的影响。

冯立君：谢谢三位老师！开篇都讲得挺深的，这本书的题目之所以叫《唐朝与东亚》其实也是和本书的编审老师商议的结果。因为一般的学术专著，特别是国内的学术专著，很少这么取名字。或者要加副标题，这本书的副标题是体现在英文书名上的，我趁此机会解释一下。英文的正标题是 *Tang Empire and East Asia*，就是今天活动的主题，“唐帝国与东亚”。但是我加了一个副的英文标题 *A Study on Issues of East Asian Relations History In Tang Period*，其实是“唐代东亚关系史研究”。刚才三位老师都或多或少侧重到这个主题，其实唐朝和东亚，首先我要说的是，今天我们称为东亚的那个地方，对唐帝国来讲，对唐朝朝廷来讲，并非主要的面向，它的西、北方向才是主要面向。刚才老师谈到了，唐朝 660 年先将百济灭亡，在其故地建立了熊津等五个都督府，那儿就是唐朝的版图了。八年之后，668 年唐朝又把高句丽占领，就在今天的平壤设立安东都护府，整个朝鲜半岛北部以及辽东地区都入唐了，安东都护府又管辖之前的熊津都督府。也就是说，大唐最东边的边界是在今天的半岛南部，今天韩国的全罗南道、全罗北道、忠清南道这些地方都已经是大唐版图。但是很快大唐西北部发生问题了，西北吐蕃有一些军事问题，这个才是最核心的，因为离长安太近，苏定方等等都往回调，大军遂从今天的东亚朝鲜半岛回撤，这才使得后来新罗能够成功。新罗一直依靠唐朝来消灭它这两个几百年的宿敌百济和高句丽，所以它一直的表现是最听中国的话，接受中国的封号，朝贡的频率特别高，等等。但是我国历史叙述或者历史研究，比较少提的就是新罗和唐朝的战争，唐罗战争大概到676年，方才尘埃落定。最开始是“盟友”之间的摩擦，后来直接就打了，但是我们不常提及此事。因为676年玄宗基本上默认了，浿水以南就是新罗土地，但是你要协同我对付后来698年在辽东的北部又重新崛起的一个新政权——靺鞨人还有高句丽的一部分残余势力又建了一个国家，叫渤海国。虽然唐朝册封了它，但是它在初期是略有些异质化的一个小型政权，它跟突厥联系，跟黑水靺鞨有战争，跟新罗关系也不好，而且后来它渡海到山东半岛杀了唐朝的官员，同时从陆地上进攻唐朝作战，总之，高句丽灭掉了，东北又出现了新的问题。所以新罗蚕食了唐朝灭掉的百济的故地这件事，唐朝实际上已经默认了。后来几百年里，新罗对唐朝的朝贡就更殷勤了，从676年一直到906（907）年唐朝灭亡期间，两国关系十分的好。所以唐罗战争一般不提，但是存在。所以我要强调的是，唐朝在今天称作东亚的那个地方有一系列事件，这是本书的主题，但是对唐朝的统治者来说不是主要问题，至少不是最急迫的问题。

除此之外，还有一个比较有意思的问题——贸易，我们先岔开——我们到韩国也好、日本也好，去旅游的话，特别是日本，有时你一下子就能认识当地的地名，因为它汉字非常多，这是一个现象。到今天的越南去看，也没有那么多的汉字了，虽然学点越南语之类的，你能猜出来那个拉丁字母拼写的词汉字原来的写法，但是它视觉上已经不是汉字了。日本倒有，韩国也有很多地方保留着，但是也逐渐在去汉字化。在古代历史上，特别是咱们今天讨论的7~9世纪史，东亚地区的文化共通性是很强的，实际这个问题很有话题性，日本学者也有很多讨论，韩国学者、中国学者也有很多的研究。所以我们就想谈谈这个问题，到底东亚的互通、是共通性大于差异性？还是差异性和共通性并存呢？我特别想借此机会听听三位老师的想法。

拜根兴：我先说刚才冯老师提到的，长达7年的唐罗战争。因为在《旧唐书》《新唐书》中，这个词没有，只有在《薛仁贵传》，还有《刘仁轨传》里有隐隐约约的一两句话。所以2000年之前，在中国发表的文章和著作中没有发现“唐罗战争”或者是“罗唐战争”，但是在韩国研究很多。我记得我刚到韩国，查阅这场战争相关资料，最早一个美国人竟然还写过一篇文章，成为韩国学者引用的经典的一篇文章。所以这个战争刚才冯老师说了，最初几年开始摩擦，后来在半岛交战。由于吐蕃向东进攻，唐朝把其他的将领调回来，这样在韩国的《三国史记》里边就出现了把唐朝二十万军队全部歼灭的记载。其实《三国史记》里边记载也只有几句话。我想，在冷兵器时代，要多少人才能把二十万包围，至少要六十万包围，因此（《三国史记》）史料记载有问题。所以有学者说只有四万人，四万人也是战略撤退，而不是所谓的歼灭战。

还提到贸易问题，其实在韩国研究张保皋非常热，他们称之为海上王国、海上大使。其实，只有圆仁的《入唐求法巡礼行记》对张保皋记载得相对比较多。

提到东亚文化圈，国内的好多老师也做过这方面的研究，日本在 20 世纪 60 年代西嶋定生首先提出是东亚世界论以及东亚文化圈，他提出四大要素，汉字、佛教、儒教、律令。台湾的高明士又加了一个古代科技，医学、天文学这一类。当然，当时这确实存在。新罗的崔致远来唐朝留学，十二岁的小孩，他爸说你学不成你就不要回来，我就没你这个儿子。我们现在想一想，一个十二的小孩，如果他语言方面没有一定的基础，是不敢来的。当时即使不会说，但是可以笔谈——在《入唐求法巡礼行记》里记载，当时二十多年没来往了，日本人过来了，笔谈问，这是到什么地界？说，盐城地段，现在是大周。日本人愣了，笔谈问，原来是大唐，怎么变成大周了？唐人问，你们从哪儿来的？日本国。原来不是倭国吗？怎么变成日本了？——有汉字这种大家共通的东西，即使不会说，圆仁被抓了也是可以笔谈，这类事件很多，我先简单说这些。

葛承雍：关于半岛问题，确实是比较复杂，我当然更期盼着能在长安这些地方多出来一些他们的文物。因为最近在办国家博物馆“大美亚细亚”的展览，在新罗那儿居然看到上面有胡人，而且胡人旁边是狮子正扑向他，像这种文物我以前没见过，也就是说，这个胡人也跑到半岛去了，这也是为什么在申遗的时候庆州就一直说它是丝绸之路的起点，因为在那里也发现了来自西方的玻璃器，甚至他们认为再早一点的步摇，也和北方民族、和西域有关系，所以说庆州也是丝绸之路的起点。当然日本说我们京都、奈良也是起点，我们也发现了玻璃器。所以冯老师讲的贸易往来，当时看来，好东西特别是奢侈品大家都喜欢。所以西边胡人带来的东西也都流传到东亚了。这些东西应该说是很高级的奢侈品，也都是在王陵、王一级的高级的墓葬里发现的。其次是人员的往来。人员往来就更多了，关系好了以后，新罗经常给长安贡来很多漂亮的美女，所以我不知道长安的姑娘后裔里边是不是有她们的血统。从高丽被灭以后，把他们很多人迁到这里，主要是贵族，有分布在河南、安徽的，还有迁到盱眙的。所以我觉得人很分散，经过民族的融合，血统很难说清。因为当时朝鲜半岛上来了这么多人，最后怎么样融合到我们的民族里，包括像高仙芝等等他们这些将领，崔致远这些知识分子，不像现在一样血统划得这么清楚。现在说朝鲜人就是朝鲜，北朝鲜就是北朝鲜，南朝鲜就是南朝鲜，当时好像划得不是很清。而且我们也很难分别，朝鲜半岛人和中国人长得差不多。在韩国的时候我仔细观察了一下，看到的大家都很漂亮，“大长今”。因为唐朝的美女也都是细长的眼，从出来的陶俑来看雕刻双眼皮的很少。那时候，漂亮的姑娘呈献到唐长安来，呈献到皇宫，她们的这些血统、后边的流传我都不知道了，和汉人都已经融合了。又经过几次大的宋元战争，经过明清，谁现在敢说自己是正宗的汉人？谁敢说自己是正宗的西安人？因为这个民族的融合，确实很多意想不到。

我到乌兹别克斯坦去，才知道还有三十万的朝鲜人在那里，那是二战战败以后，苏联把他们的人迁到那儿去，作为战俘。给我们翻译的就是朝鲜人的后裔，而且汉语说得非常流利。我感觉中国文化在哪儿都没有在他们那儿影响大，很吃惊。而且韩国乐意投资，像撒马尔罕的大使厅壁画，一投都是几百万美元，而且就是为了找上面戴鸟羽冠的人物，民族自尊心确实比我们中国人强。这些问题思考起来，我觉得都是非常有意思的，所以冯老师给我们开了一个很好的头，我这几天也看宋念申写的《发现东亚》，但是书中都是明清的，比较晚了。我觉得冯老师开的这个头开得非常好。

冯立君：为什么在中亚地区会有大量的朝鲜人呢？他们不是战俘，朝鲜不是1910年被日本吞并了吗？好多人到中国东北、中国内地，到俄罗斯远东也有，后来就定居了。斯大林时代，苏联政府出于种种的考虑把他们强制迁徙到中亚去了，事实上是作为苏联国内的移民。这其中问题很大，后来到苏东剧变中亚各国解体之后，他们的认同都是问题，有些国家政策对他们很不利，基本上是净身返回东亚，您见到的可能还是留下来的。

张全民：说到东亚文化圈，有很多，比如律令制度等等，很多都是出自于文献记载，但是我们发现了很多考古资料可以补充。比如说关于汉字、关于印刷术，我们中国人都认为印刷术是中国人发明的，在唐代就有雕版印刷，最早纪年已经到晚唐时期。有一个陀罗尼印本的陀罗尼经，在韩国的某个寺院发现了，那个上面就有武周时期创造的新字，所以韩国就认为他们最早发明了印刷术，这是作为一个证据。因为咱们这边要提供一个证据，虽然我们国内发现了很多印本陀罗尼经，但是我们现在不像他们发现的那个刻有武周字的印本，时间可以确认得那么早。但是实际上它那个印本，可能出自我们的印刷产品，但是他们把那个作为印刷术是他们发明的一个证据。这个问题我们姑且不说，我们再说其他考古发现。

葛承雍：我插一句，这个问题在中韩关系上，争论风波很大，大家可能不了解，这是在一个佛塔里边出来的，发掘之后因为有武周文字，所以韩国说印刷术首先由他们发明的，因为当时他算唐朝的一部分，特别在武周时期高宗时期，这个东西有可能是我们的僧人带过去的，所以我们认为这可能是中国印刷的，因为当时他还没到那个程度，当然他不爱听这个话，坚持说印刷术是他们发明的。韩国人争强好胜，不光争印刷术，争的问题很多，大家都知道，我不说了，别影响中韩关系，我们以大局为主。小国有着大国的意识，大韩民国，名不虚传。

拜根兴：我也插一句。一是，在庆州佛国寺一个佛塔里发现的陀罗尼经，那个经是从上世纪六七十年代就出来，中韩打官司打了三十多年，到 2012 年之后都不说话了，因为韩国（的研究）人（员）不老实，他们当时从佛塔里边不光发现了陀罗尼经，同时还发现 1038（年）、1029 年的纸片。是不是唐朝和尚或者新罗和尚带到新罗去的，还是新罗自己印的？因为 1038 年或者 1029 年，当事方就存在这个问题了，所以从 2012 年以后到现在为止这个问题就不说了，因为发现了是高丽时代才放进去的。那就没意义了，一下往后推了几百年。如果没有 1038 年的这个纸片发现的话，那就提到 750 年左右，要么是新罗和尚或者唐朝和尚带过去，要么就是韩国自己弄的。所以新的证据出现，大家都不说话了，这是最新的消息。

张全民：贸易对文化交流也是一个促进，比如说唐墓中经常出的四神图像，还有墓顶的二十八星宿，这个在日本奈良明日香村那个地方就有两座墓葬，都是四神壁画，还有墓室顶有二十八星宿。在有的墓葬中还有兽首人身十二生肖的形象，所以说它对唐文化进行了大量的吸收。在那次墓葬中还出现了海兽葡萄镜，至于说在日本发现了唐代的钱币更是不计其数。

中国瓷器不光在东亚，而且在亚非欧都有发现，中国的瓷器、唐三彩，发现数量是特别巨大的。所以有学者把中国通往日本这条路，作为陶瓷之路，韩国和日本他们也愿意把丝绸之路继续向他们的国家进行延伸，这就反映了当时贸易的兴盛。但是我们从考古方面的证据，比如说一些沉船，有些时代可能稍晚一些，例如在韩国新安有沉船，大量的瓷器那都是元代的。发现沉船比较早的特别著名的黑石号，在印尼的勿里洞，那是唐代的沉船，出土大量瓷器是长沙窑的、越窑的、巩县的，比如我们在黑石号上就发现了几件完整的唐代青花瓷，就是说当时唐代瓷器是特别重要的贸易品种。大量的丝绸是很难保存下来的，但是瓷器相对容易保存所以从瓷器的出土能够反映出当时贸易的一些情况。在当时东亚朝贡体系下，很多东西不是通过贸易的形式来进行传播的。比如在唐代的何家村窖藏就出现了日本的和同开珎，这反映了当时文化的交流是十分繁盛的。

继续说十二生肖的问题，隋唐时期，在墓葬中使用的十二生肖俑，半岛的统一新罗时期，就有许多青铜铸造的十二生肖俑，跟唐朝的十二生肖的形制是一样的。另外，在陵墓的四周，不像我们在墓葬中放置陶俑，他们在陵墓四周有十二生肖的石刻。在日本、韩国都有这样的埋葬习俗，这就反映了文化在整个东亚的传播，确实是十分地迅速。中国大唐的文化通过强盛的国力对周边的国家，尤其是朝鲜半岛和日本，产生了很重要的影响。

冯立君：其实唐代的东亚文化圈在学术史上是很有意思的问题。刚才老师们有的是从丝绸之路、欧亚文化角度，有的谈的是朝鲜半岛文化的一些移植。书里头可能跟我说的要重复，就是针对学术史的一些反思，特别是中国学者朱云影先生有一本很出名的著作叫《中国文化对日韩越的影响》，可能有些老师看过这本书，其写作模式就是每一种文化对日本的影响、对韩国的影响、对越南的影响，从来不会反过来谈一下我们中国文化或者是华夏文化里吸收了东亚的有没有？其实也是有的。我们很喜欢谈我们的文化对四方的泽被、传播。日本学者也在提律令、佛教等等这些文化要素。其实到宋代的时候，很多中国的典籍没了，佛教的典籍没了。高丽的一个出家王子，到中国来，带来了中原已经没有的典籍、佛典，这算不算是二次传播？比如佛教的《大藏经》，我们中国的《大藏经》当然是最早的，开始雕印的是宋，后来到了契丹、高丽，正是高丽藏，一方面吸收北宋的，一方面吸收了契丹的《大藏经》的精华，用了八万块雕版，存放在韩国的海印寺。高丽藏很出名，因为中国的战乱频发，各方面文献保存力度不够，中华系统的《大藏经》全部残破了，难以达到系统化的程度。所以在近代的时候，日本人重新搜集《大藏经》铅印发行，他们的底本竟然用的是高丽《大藏经》，也就是说经过北宋和契丹双向传播到朝鲜半岛的高丽《大藏经》，重新成为近代影响学界和佛教界最重要的《大藏经》——《大正藏》，因为是日本大正年间开印的。它以高丽（藏）为底版的《大正藏》重新对世界，包括中国产生影响，难道这不是东亚对中国的一个反哺吗？有很多这样的例子。

还有一些我们以往也是强调过分的，比如有人说，日本的文化难道不是从中国来的吗？看似是中国的文化。7 世纪以前半岛上还有一个小国百济，公元前 18 年建国，公元 660 年就被灭掉。百济这个国家很有意思，它常常是日本早期吸收中华文化的一个中介点、渠道、中转站。《论语》是百济人带到日本的，包括其他一些佛典等等。但是日本人吸收二手文化，其实经过很多半岛的变异，这是需要我们鉴别的。同时还有一方面，日本也好、朝鲜半岛也好，这些古代的国家吸收了汉文化但不是全面汉化，它们虽然是农耕国家，在吸收中国文化上有很多的优势，但是同时还保存了大量的本民族的传统。这个有很多研究，例如新罗会有“和白会议”，什么叫“和白会议”，就是贵族联盟开会，国家的权力并不像律令制度规定的统领一切。贵族要开一个会议，就像后来清朝的议政王大臣之类。日本当然也有很多，日本人很能保存文献，抄得很全，保存得很全，但是使用起来其实不是完全照搬唐宋制度。这是我补充两点，文化圈上的问题。

我们最后再谈一下，其实刚才（小石老师）给我们提了很多很多问题，今天晚上不一定都能谈得完，最后我们再聊一点比较轻松一些的话题，就是我们现在，因为三位都是很有成就的学者，我们从研究的角度，或者是从大学课堂讲授的角度，或者从考古的切身体会上，每个老师结合自身谈一谈东亚历史认识、历史研究以及与当下的国际关系。

拜根兴：在西安周边有好多跟朝鲜半岛、日本关联的古代遗迹，张老师就发掘了百济的祢氏家族墓。祢氏最有名的是祢寔进，他就是660年把百济王抓住，交给唐朝将领的那个人，来到唐朝之后封为三品，左威卫大将军，现在在韩国公州博物馆有复制的祢寔进的墓志铭、墓志盖。我去年六月份去，看到讲解人员给小学生讲，他们不说（祢氏是）叛徒，而叫背信者。像这一类很多，还有刚才说的六十一蕃臣像，最东南角那个在我看来应该就是新罗使臣，拿着弓箭，还有昭陵的十四蕃君长像里的金真德女王像。

冯老师最后这个问题，现在的中日韩，我们常说“一衣带水”，历史上怎么怎么样。其实三个国家到现在为止在历史认识上还有隔阂，有各个方面的问题。特别是19世纪之前，是一种跟现代国际关系完全不同的朝贡册封体系，现在提到朝贡，韩国学者特别是在野的学者，一下就发火了，怎么可能有那回事？其实确实存在的。历史上有各种关系交织在一起，但是我们现在一直没办法解决三国之间的关系。在我看，还是要保持和平。出现矛盾怎么来化解？有时候矛盾真的就化解不了怎么办？这也是我们面对的问题，当然也是考验各国领导者的智慧。现在韩国跟日本，好像矛盾解不了，到底怎么办？我们说他们两个跟我们没有关系，其实也有关系，怎么办？这确实是考验安倍跟文在寅他们，是不是把火挑起来继续对抗？对抗我觉得不是最终解决问题的办法。

葛承雍：我们读了冯老师这个书《唐朝与东亚》，今天诸位在考虑这些问题的时候，你考虑从历史上一千多年都有这样的问题，今天大家感觉最时髦的就是韩流、韩风，唱韩国歌，一下韩国风风靡中国大陆。中国很流行他们的曲调，联合国秘书长也会唱的《江南 style》。我听了以后，不知道它好在哪里，我觉得真是有代沟。从《大长今》往前追溯，我觉得这个民俗不得了，日本也不得了，不是因为它很自大很傲慢我们就不学，确实有很多需要我们学习的地方。包括在学术研究上，他们有很多做得比我们细。因为日本在美国的笼罩下，接触西方的研究方式很快。我自己观察到，有些丝绸之路的研究比我们还深入，我们光笼统讲，进行到细微的研究可能不如他们。现在高丽瓷器很漂亮，我到韩国就买了一个做纪念，尽管韩国东西很贵。而且韩国女性化妆品也一下子风靡过来，很多人跑到韩国做整容。我从感情上来说，更喜欢日本，日本这个民族也不得了，更精细。现在的日本和过去的日本不一样，我们现在再用抗日的情绪去翻译以前的那些（是不行的），要知道日本闭关锁国被打开以后，从江户时代一直发展到现在，确实有很多值得我们民族学习的地方。所以我觉得无论是“日流”也好，“韩流”也好，都值得我们学习。一千多年来，别我们一不好的时候，全翻脸啥都不好，一好的时候，大家都唱《大长今》。通过冯老师这个书，确实要认真思考，我觉得今天来的读者能够更多通过这个书有很多启发，来带动我们这个民族前进。谢谢！

张全民：2010 年我在长安区郭杜发掘了祢氏家族墓葬。祢氏家族墓葬是祖父子三代，祖父祢寔进带领着百济义慈王向唐朝投降，在唐史有这样的记载。祢寔进和祢植实际上是同一个人，当时韩语发音是相同的。我当时发掘的时候祢寔进墓志被盗了，但是他的儿子祢素士和孙子祢仁秀的墓志我发现了。通过这个墓志提出了一些问题，一个就是关于唐朝联合新罗征伐百济的战争，墓志是这样写的：“有唐受命，东讨不庭”。受命攻打没有归顺的百济国。“即引其王归义于高宗皇帝”，完全站在以唐朝为中心的历史观。这对我们理解当时唐朝人的历史观都具有很重要的价值。后来祢氏家族，除了这个墓志之外还有一个墓志是祢寔进的兄长祢军的墓志。祢氏家族总共出土四盒墓志，关于他们祖籍的书写是各不相同的，这个特别引人注目。最早去世的祢寔进，他就说他是百济熊川人，他的兄长去世，即说是西晋末年前往百济的。到了后面去世的祢素士，他说的时代大概在刘裕北伐时期。到了祢仁秀墓志，把他们移民的时间说到了隋朝末年，隋炀帝当时暴政，所以才前往百济。这些历史书写，确实给我们一些提示，历史的书写看来也不是完全可靠的，有一些书写随着当时人们的意识改变，是有所隐饰的，所以我们也不能完全相信碑志或者历史所书写的。还要探究在这背后历史的真相，这就需要我们去伪存真，还原历史的真实。

另外，我们刚才提到了祢军墓志，其中有对当时错综复杂的东北亚关系的描述。里面出现的最早“日本”这个词，“于时日本余噍”。引起了中日韩学者的大讨论，日本很多学者认为这个“日本”不是指的他们日本。但是有一些日本学者和中国学者认为这个确实指的是日本，只不过尚非国号，因为它出现得特别早，是在唐高宗年间，虽然还不是日本的国号，但是它确实是指的日本，日本此前国号是倭。但是也有个别学者认为它指的是日本的国号。这就是中日韩学者站在不同的位置上对历史的理解的偏差，这也是我们值得注意的。那个墓志还隐晦地写到了白村江之战，勾勒出当时唐朝、高句丽、百济、新罗、日本错综复杂的关系。其中有一句话，关于日本是这样写的，“千秋僭帝，一旦称臣，仍领大首领数十人将入朝谒”。关于这段话我觉得反映了对当时唐朝的天下观和唐朝与周边国家之间关系的一个认识。没有经过唐朝册封，它就属于僭帝。经过唐朝册封，向唐朝朝觐，它就是属于称臣。唐朝这种天下观，在他的墓志中我觉得确实是很好的体现。除了传统文献研究方面，我们现在发现考古也不断有一些新的碑志出土。刚才拜老师也提到我们院发现了出使新罗的墓志，那个墓志讲的就是新罗的历法之类都是仿照唐朝的，以此作为归附唐朝的一个象征。但是我们今天，要跳出当时唐朝人的这种天下观，来重新认识当时的东亚关系。冯老师刚才也讲到，不管韩国还是日本，他们对保存中华文化，还有中华文化的发展、存续都是起了很大的作用。有时候我们自己丢失了，要到那个地方的典籍或文物里去寻找，在那里重新发现我们的文化，找到我们文化的价值。所以今后这方面的研究，我觉得还是要更进一步继续。感谢大家！

冯立君：我觉得古代的历史之所以好玩儿，就是因为它和现在有很远的距离，特别像唐以及唐朝以前的中古时代，很多现代的概念是没办法去直接套用的。比如现在的国界也好、民族也好，在当时观念中是很淡薄的或者是很浅的，几乎不存在的。所以我们讲像电视剧《长安十二时辰》，这个剧之所以好是因为它从视觉效果上真的还原了唐朝的那一部分场景，这不是给马伯庸做广告，虽然我过两天要做一个关于长安胡人的讲座（笑）。

今天大概从三个问题切入，谈了一下唐帝国与东亚的种种关系，以及历史上的谜题，即使再给我们几个小时时间也谈不完，因为这是一个大的历史课题，像我这本书也只是浅浅地涉及这么几个方面：政治、文化、民族关系，以及学术史的问题。其实我们到东北也好、山东沿海，以及到日本、韩国去，都能看到很多有意思的文物。你能看到中华文化的一种折射，但是它又不是原来的那个样子，你可能会想到很多很多的问题，所以我觉得这也都是很好玩的事儿。

今天到场的三位老师他们都有很多著作。像拜老师，关于唐罗关系已经出了三四本了，今年可能还有大著要出。张老师也有一本很重要的考古报告，估计日本和韩国已经盯了很久了，就是他刚才讲到的百济人墓志，只有咱们中国才有入唐百济人墓志，半岛内部没有任何百济人墓志。而且这是一个家族，虽然有一个墓志被盗了，但仍很重要。我们期待张老师的大著。葛老师那就更不要说了，今年马上就会面世一套五卷本的大著《胡汉中国与外来文明》，这些都是期待大家去关注的。因为唐朝与东亚这个话题太大了，我也只是涉及了一部分，而且我后续也可能有两本小书要出来：今年要出的是百济的一个小著作，又跟商务印书馆签了新罗的一个，通俗一点的，拜老在这儿我也不敢写新罗的专著，只能写一个解释性的、好玩儿的书，初步定的名字叫《女王与花郎》。"花郎"，大家不要想歪了，那是新罗贵族的武士，挑选很俊美的贵族少年，去培养他们，文武双全，在新罗统一半岛的时候发挥了很重要的作用，后来历史上再没有这种现象了，我不知道跟现在韩国"欧霸"有没有什么联系（笑），所以我想选此为书名。后续我们可能还有一系列的活动，包括明天葛老师的活动。三联书店的张龙老师今天也到了，很荣幸。最后我想感谢会议的主办方言几又书店，还有社科文献出版社的张鹏老师、张雯雯老师，主持人小石。谢谢大家对这场活动的操办，包括书店的负责人，感谢！我们留一点时间签一点书，如果有问题的话也可以开放一点时间。有没有对几个老师有什么问题的？

提问一：

各位老师们好，我是陕西师大的一名普通的学生，今天非常有幸能听到四位老师关于中国以及东亚世界交流和关系的见解，对这个问题非常感兴趣，我的问题也是两个比较小的问题。首先，挺有趣的，因为冯老师这本书名字叫《唐朝与东亚》，但是今天我们这个题目叫作"唐帝国与东亚"，这中间就存在了书写的变动。在刚开始的时候，拜老师做了一个小的导言，就说到了唐帝国，其实在中古史的研究里面算是一个比较新的提法，之前提出唐帝国这个概念的人也比较少。冯老师在对这个书的题目作解释的时候，大家也能看到中英文的差异，唐朝和 TANG EMPIRE 之间，仿佛就说明了，其实唐帝国并不是我们中文学界一个原生性的概念。大家如果关注的话应该都知道，像"帝国"这个学术的话语其实也是西方带过来的，关于中华帝国这个历史话语的提法比较有名的，按我的理解应该是美国"新清史"的领袖欧立德先生提出过一个比较著名的，在《读书杂志》上所提出的所谓的中华帝国的说法。可以看到，我们所认知的帝国其实是一个外来的、完全脱离了我们当下语境的概念。回到我们中国的文化土壤上，我们要怎么立足于我们的文化，去理解帝国呢？因为毕竟千年以来，中国人对于自己的国家理解是大唐也好、巨唐也好，所处的永远都是四夷与华夏的天下观，而这个天下观是怎么裂变成为国家，然后又被书写成帝国的？这也算是我比较好奇的，比较想弄懂的一个小问题。

冯立君：他叫周星宇，马上要去读研究生，从我们师大要毕业的，很优秀的。他提的问题其实各个老师都应该有各方面的研究和理解，我就简单说一下我的想法。这个“唐帝国与东亚”的题目当然是我和出版社、书店一起商量的结果。因为我们之前在北京已经举办过另外一场活动了，和北大的王小甫老师、中央民大的李鸿宾老师一起谈过一次，题目就是《唐朝与东亚》。回答你的问题，很简单，就是想在字面上不一样一点儿，所以叫《唐帝国与东亚》。当然，它跟英文的这个名字恰好可以对应得上，我们用的是 TANG EMPIRE。简单讲，从学术概念的使用上，帝国本身在中国，不只是中古史，整个古代历史里也是比较少用的，因为帝国常常和帝国主义联系在一起，要解释唐帝国或者秦汉帝国，是要有内容去解释的，最通俗的或者受众最广的就是，大家认为帝国不是民族国家，它一定是多民族的、疆域广大的、政体多元的、文化宽容的，甚至宗教多元的。唐帝国非常符合这个特征的描述，这个是基本上大多数学者，中外的唐史学者，能够接受的。但是很多的老师们或者是研究者，他不喜欢把现代学术以来产生的帝国的概念用到我们中国历史古代上去，毕竟在典籍里中文文献里没有这个词。所以，随着学术发展，以及学术交流的频密，我觉得唐帝国这个概念是成立的。大家可以去看一本书，就是商务印书馆每年发行量很大的《现代汉语词典》，后边有一个朝代表，其中对每个朝代的描述是不一样的，秦可以称为帝国，大家看看汉是不是称了？其他有些是称不了的。所以其中就有很多的学问。我也希望我们年轻的同学，在将来的科研道路上能继续钻研这个问题，我们今天可能就只是开了一个头。

提问二：

各位老师好，很多老师应该也认识，我是陕师大历史专业刚刚本科毕业的学生，我叫卞润梓。我的问题是关于中华观的问题，前段时间在微博上和很多文史爱好者朋友聊一些关于日本、朝鲜，还有越南的中华观问题。其中有一个朋友提出来，越南的中华观是：中国和越南同处于一个大中华下，中国是北朝，越南是南朝。明代朝鲜的中华观是：中国是大中华，朝鲜是小中华。日本的话，中国和日本是两个概念体系，一个叫内朝，一个叫外朝。这个朋友提出来这样一个问题，首先就是想问一下各位老师，你们对这个观点的看法是什么？还有一个问题是关于中华观，虽说是朝鲜，但是它在处于不同时期、不同政权，它的中华观的概念其实是不太一样的。我想问一下各位老师，关于中华观的变化的影响因素，您认为更多的应该是政治上的因素，还是文化认同上的因素。就是这些问题，谢谢！

冯立君：这个问题其实比较开放，请每位老师用三言两语简短来回答一下吧。

拜根兴：先说中华观，其实我从朝鲜半岛历史对中华观的变化想简单说一下，在明朝，有像你说的，明朝是中华，朝鲜就是小中华，南开的孙卫国先生的一本书就专门说这个问题。但是清朝，表面上服，其实心里不服，就是因为他们认为清朝是蛮夷，所以他们才是中华，清朝是蛮夷，好像自信心很强，但是武力不如清，所以隐忍的。政治方面的还有力量的对比变化，不同时期份额都各不同，我们说研究历史要具体问题具体分析，时空不同对它的评价应该是不同的。

葛承雍：关于中华观的问题，拜老师说时代的变化，我的观察，王朝强盛的时候，比如秦、汉、隋唐，叫帝国争议不是太大，因为强盛叫帝国，包括写题目人家都认；但是有的时候就不好写了，比如元帝国、明帝国、清帝国，可能就不太好认（可）。办展览的时候我们也遇到这个问题，比如兵马俑出去展览，我们用“帝国的军团”，但是有人也不爱听这个，人家希望用“地下的军团”，不希望用“帝国的军团”。我们爱宣传我们（曾经）好像是个帝国，在人家来看这个“帝国”就是有点侵略性、扩张性。双方争论观念就不一样，所以我们现在讲的中华帝国，刚才说的老外提出来，特别是讲清朝时再讲这个观念可能就有问题。民族弱的时候再强调大帝国、大中华，不被认可，所以我觉得在这方面我们要有清醒的认识。

拜根兴：至少在日本，帝国是贬义的，我们现在说唐帝国，在国外就意味着扩张、意味着侵略，所以我刚才说，一是史料里面没有这么说，咱们现在发展了，好像心里边洋溢着一种对唐帝国的自豪，其实日本学者、韩国学者说那是贬义的，所以我说应该少用，因为外界看来是贬义的，你去展览，他就不高兴。

张全民：军事上的征服可能就是暂时的，但是我觉得文化上的深入人心可能是更为重要的，所以说你讲的这个帝国概念，我觉得很多是从这些角度来说的。

冯立君：谢谢三位老师精彩的分析、解释，以及切身的分享，也谢谢各位听众到会场上来听我们一百分钟的讨论，今天的活动就到此为止。谢谢大家！

（熊永才　马茜整理）

宇治平等院的唐式凤凰 / 童岭 摄

共同体

《中国与域外》第四辑（2021.04）第 367～379 页

东部欧亚史工作坊系列结集

第一次结集　欧亚视域与古代中国：“中华”、“边地”与“域外”的交错史

2018 年 4 月 27 日，由中国社会科学院社会科学文献出版社与陕西师范大学历史文化学院联合主办的东部欧亚史工作坊第一次集结在北京举行，主题为“欧亚视域与古代中国：‘中华’、‘边地’与‘域外’的交错史”。来自中央民族大学、中山大学、中国社会科学院、陕西师范大学、日本中央大学的十余位学者共聚一堂，以“欧亚视域与古代中国”为主题进行了深入的对话与交流。

社会科学文献出版社总编辑杨群先生致开幕辞，他强调这次会议旨在与学者进行交流，这是国内出版社第一次举办的纯粹的学术工作坊。杨群先生特别感谢各位学者参与会议，并希望以此为契机推动社会科学文献出版社由出版者进一步深入为学术共同体的一员，构建更好的学术平台，从而推动学术研究深入发展。作为主持人的会议召集人之一，郑庆寰先生介绍了学术工作坊发起的缘起，并指出建立学术工作坊是为了给中青年学者提供交流平台。会议的另一位召集人陕西师范大学冯立君老师也说道，学术工作坊的提议是在聊天中形成的思路，本次会议的主题聚焦于“东部欧亚”，也是在探索全球史和中国史之间的新视角。

钟焓《始于伯希和，终于张承志：〈重释内亚史〉补笔》。

钟焓副教授首先对自己的新著《重释内亚史》进行补充修正，他指出不应认为“内亚”是一个流行于较晚时期的学术用语。钟焓先生将《重释内亚史》一书总结为“始于伯希和，终于张承志”，他创新性地强调伯希和在学术上的巨大成功是由于其全面吸收了中国乾嘉学派史学的优长，而非其语言天赋。伯希和学问的最大特点是充分汲取乾嘉学派博览史籍、慎下断语的考证学风。之后他又表达了对张承志的高度评价，这主要是因为张氏拥有在边疆民族地区进行实地考察以获取一手资料的丰富经验，以及其在 20 世纪 80 年代前期访学日本时对该国内亚史研究现状

提出的批判性反思。

范恩实《蒙古草原与东北地区群族关系史上的地理环境因素分析》。

范恩实先生从辽代之前的历史发展线索入手，考察地理环境因素影响蒙古草原与东北地区族群关系史的长时段特征，并指出四个关键性的地理环境因素影响蒙古草原与东北地区族群互动发展的关系历程，即多元文化汇聚的辽西区、从辽西草原经辽东深入东北腹地的交通路、嫩江下游以南的十字路口以及一体多面的大兴安岭周邻地区。范恩实认为，辽西区在历史上受到东胡、匈奴、鲜卑、契丹等多种文化影响，但从各个方向来看，该地区更多地向蒙古草原开放，所以，蒙古族群往往在此处占据优势，东北地区受到辽泽、医巫闾山影响，自身的农业经济模式难以推展，加之强大的游牧民族的阻拦，故而高句丽势力向辽西的发展从未成功；慕容鲜卑等游牧民族难以统治东北地区，原因是松花江、鸭绿江谷地气候潮湿难以发展畜牧经济，以及该地距离慕容鲜卑根据地太远且中间被多道山川河流所隔；嫩江下游以南地区在地理环境上更接近蒙古草原，所以西部南部草原势力占主导地位，东北族群虽然通过这里联通中原，但由于水网、河谷的屏障而较少深入这一地区；大兴安岭周邻尤其是两侧地区，在种族、文化上高度一致，但在进一步发展上明显分途，甚至表现出农业化与游牧化的分化，是受到这一地区原始人群普遍操渔猎、采集经济的影响，这种生产模式与大兴安岭的山林与两侧河流地理环境是紧密相连的。

魏志江《论辽帝国与内亚诸国的关系及其内亚国际秩序》。

魏志江教授首先分析了辽帝国与内亚诸国的关系，其中包括辽与高昌回鹘的关系、辽与于阗的关系、辽与喀喇汗国和伽色尼王朝的关系、西辽与内亚诸国的关系，并以此为基础分析辽帝国在内亚的制度规范与社会性文化的构建方式。首先，辽帝国在内亚构建起以宗藩关系为主的多元复合型制度规范，确立了辽与内亚诸国的权力义务关系；其次，辽帝国将“因俗而治”的内政制度有效地运用于内亚大陆，实现了契丹治下的和平；最后，辽帝国兼容内亚地区各民族多元和相互融合的文化政策是辽维持内亚国际秩序的文明基础。魏志江教授认为，辽帝国时代东部欧亚大陆存在着平等睦邻关系（辽宋关系为代表）和以辽帝国为中心的东亚与内陆亚洲存在的以宗藩关系为基础的多元复合型的国际秩序，并尤其指出这与费正清（John. King, Fairbank）先生所提出的“朝贡体系”有较大差异性，契丹的内亚国际秩序中始终不见儒家文化价值观主导的宗藩朝贡关系的踪影，而且辽也并不排斥与其他小国建立平等关系。

孙昊《“内陆欧亚”视阈与古代东亚世界》。

中国社会科学院历史研究所孙昊先生指出，近十年内越来越多日本学者开始使用“东部欧亚”“欧亚东部”这种新的名词，其背后原因是日本学者广泛接受世界体系论、全球史观进而推动了“东部欧亚”思潮的兴起，这种思潮同时也在6～14世纪的东洋史、中央欧亚史等多个领域中出现。孙昊先生认为“东部欧亚”思潮是在国际学界重视古代欧亚区域格局的世界史意义的基础上，从传统的东洋史、中央亚细亚研究领域中催生出来的，其方法论基础在于引入新的区域体系论，对原有历史信息进行再构建，他同时指出，日本学界“东部欧亚”思潮值得中国学界进一步关注，其欧亚东部的历史联动视角值得中国古代史学界进一步借鉴。

袁剑《近代中国的中亚认知：历史性关联、断裂性与新旧观》。

该文阐述了形成中的中亚认知体系，认为中国在域外认知方面拥有自身的特色及传统，至近代，西方殖民者形成的“西方”高于“东方”的东方认知、近代中国自身的政治和思想转型以及俄国十月革命让中国的中亚认知产生了激变，1991年底中亚五国的独立形成了新的“中亚问题”，这一历史过程中，显现出我们对中亚认知层面的连续性断裂。袁剑副教授最后指出，中国倡议的“一带一路”在某种程度上让我们看到了新“中亚”的可能。

冯立君《东亚抑或东部欧亚：隋唐东亚战争研究的理论、范式与成果》。

陕西师范大学历史文化学院冯立君先生认为，既往对隋唐帝国东亚战争的研究在理论、范式和具体见解上都亟待超越。在理论方面，中古中亚史理论框架经过日本早期实证研究、欧美解释性史学推动加之中韩学者的重视取得了重要进步，其中最著名的成果是朝贡与册封关系的理论，以及“东亚文化圈论”、天下秩序概念等，中国学术界也根据自己的研究提出了诸多不同意见；中国学界东北史研究主要遵奉谭其骧、费孝通等学者的中国疆域理论和民族理论。冯立君先生指出应该关注韩国、俄罗斯的相关研究，尤其应该在高句丽研究方面打开视野，遵守学术规范，深化实证研究，加强国际学术交流。在东亚关系史的范式分析方面，冯立君先生指出中古东亚国际关系史领域存在三种研究范式，即东亚世界史，唐、新罗、日本文化比较，唐与新罗关系史研究，并进一步认为应当有新的范式进展，提出“东部欧亚政治关系研究范式”这一新范式的可能。最后，冯立君先生认为国际史学界的隋唐东亚战争研究可分为三类，即注重战争本身的具体战役、攻防、行军的军事史、战争史研究，注重战争起因、背景的关系史研究，关于高句丽对外关系的研究，并且他对辽东之役相关研究的特点进行总结，进一步提出亟需新的研究范式，以打破民族与疆域史界限、东亚史与内亚史区隔，着眼于古代东部欧亚世界史进行更广阔的研究。

总结。会议最后，中央民族大学历史系李鸿宾教授对每一篇论文进行点评并对整个会议作出总结，并期待未来能够出现越来越多的欧亚视域与古代中国学术成果。

（郑庆寰　供稿）

第二次结集　中古中国的“内”与“外”

近年来，对于历史中国的“内”与“外”相关思考逐渐成为历史学研究的一大热点。关于如何定义作为历史叙述基本空间单位的“中国”，出现了与学界传统认知不同的声音，这些新挑战质问古代中国究竟是作为“民族－文明共同体”存在的“无边帝国”，抑或是边界清晰认同明确的“民族－国家”？当学者逐渐放弃从现代中国版图去倒推历史，而是在历史中理解中国的形成时，“内”与“外”就成了一个无法忽视与逃避的问题，对于“他者”的重视应运而生。尤其在中古史研究领域，用世界史视角看中国，站在中古时代的周边世界回望中国，以及边疆民族史地与中外交往史的研究范式对于传统政治文明史研究的升华得到了越来越多的认可与应用。为了向中古史研究的新境再挺进，陕西师范大学历史文化学院冯立君老师召集了“东部欧亚史工作坊”，并于2018年10月29日在陕西师范大学教育博物馆附楼三层会议室举行工作坊第二次结集主题为“中古中国的‘内’与‘外’”，邀约同道青年学者进行学术交流。本次结集邀请到来自陕西师范大学、西北大学、西安碑林博物馆、陕西历史博物馆、科学出版社等十余位学者参与会谈，并收录6篇论文。主办方特邀中央民族大学李鸿宾教授，陕西师范大学人文社会高等研究院葛承雍研究员作为评议嘉宾与会，同参会青年学者进行深度学术交流并提供了宝贵指导意见。现将会议论文展示报告与研讨内容总结如下。

一　边地·民族·域外地理

以“他者”视角回望中古史研究，必然将与域外民族史地研究相结合，本主题下，共收录有从不同方向对华夏边缘展开研究的4篇文章。

陕西师范大学历史文化学院李大伟的文章《漕矩吒与稿那天神考》，通过对现有传世文献进行梳理，以及中西史料记载的比对，对两个历史名词“漕矩吒”“稿那天”进行了重新考证，对其本意提出了新的见解，也是对学界已有的定义以及“唐代犹太人入华”问题的旧论做出了回应。

文章首先通过对汉籍史料中“漕国”记载进行历时性列举，对所提及之“漕矩吒”的空间位置做了界定，并提出问题漕矩吒本意何为。回顾学界曾对此做出过两种解读，李大伟经过对比考释，论证“漕矩吒”确同季羡林之见“郁金香说”，而林梅村之“犹太说”略有偏误。李大伟进一步深化了“郁金香说”，提出“漕矩吒”之“郁金”更有可能为产自阿富汗加兹尼地区的异域番红花传入中国后，对中国传统植物“郁金”名称定义的霸占与替换，从作为历史名词的“漕矩吒”的概念传播史和接受史出发，还原出历史上的国人对此认识的消长。文章第二部分是关于“漕国”所尊之“稿那天”神的考释，也已经有学界前说季羡林之“婆罗门教神祇说”和林梅村之“犹太教摩西说”。李大伟通过运用唐玄奘法师《大唐西域记》的文本书写反映的宗教态度、两教教义与文献所载的稿那天神信仰的行事举止进行比较，来论证稿那天神更接近“婆罗门教神祇说”。

在评议中，陕西师范大学中亚研究所的李如东从其人类学的学科背景视角入手，肯定了李大伟对于历史名词进行知识考古，剥离被叠加的层层话语的成果，并且认为，通过对一系列不同实例的深入研究，能更好地清理知识的错置，还原中古中国人对域外世界认识的知识谱系。同时李如东也列举了列维-斯特劳斯对于神话学考察的事例，呼吁应该分辨俗名与学名，站在话语权的角度，关注到不同的命名的叠合如何对知识的认知产生影响，进而改变知识史的书写。在场也有学者指出，本文仍缺乏实地考察之佐证，关于考古学上的漕国位置以及不同位置分布的宗教仍存在争议。

西北大学历史学院李军的文章《控制、自称与法定：唐宋之际归义军辖区变迁的多维度考察》，则是在实际控制、境内自称和中央法定三个维度上进行思考，以归义军政权存续历史上辖区的变迁、西北地方政治活动和归义军与唐中央的博弈为主线进行考察。

文章主体内容对归义军政权的辖区变迁进行了分阶段阐述，包括了张议潮归阙的初创时期、张淮深统治下的辖区拉锯时期、建立独立王国的金山国时期、走进外藩的五代宋初时期。同时李军指出，考虑到归义军政权长期以来作为中央王朝藩镇的性质，需要订正以往学术研究中所称的“疆域”为“辖区”。李军通过对正史文献和大量敦煌文书的梳理运用，史图结合地说明，归义军政权内部历代统治者对前任的专美渐渐层累叠加出自我宣称的“河西十一州”，以及中央王朝出于对西北割据的担忧和不信任而不予承认，并另设节度分割中央法定“瓜沙二州”之外辖区。而且在每一个历史阶段归义军都存在实际控制、自我宣称与中央法定三种辖区的不重合现象，并论证造成这种情况的原因是地方和中央基于不同的利益出发点进行归义军政权法统构建的博弈。

在评议中，陕西师范大学历史文化学院的权家玉认可了将西北地方势力与中央视作互动中的两个主体的研究视角，并认为可以将此研究视作归义军对内自我构建和唐朝中央封赐给予的二元合法性话语体系相互较量的张力与限界。另有其他学者提出意见，认为在研究归义军辖区问题时应该对辖区的认识进行界定和明晰，是将一州一地的核心政治军事据点的存失还是包括广大乡村在内的全境控制权的存失作为辖区易手的标准，滞后性的问题将影响到整个时间线的梳理，是必须注意到的。也有学者提出，文章中应该对“归义军”军号从回鹘归义军到张议潮归义军的历史由来和演变进行史实性的补充。

陕西师范大学历史文化学院陈玮的文章《从羌裔到魏胄：唐代党项拓跋氏身份认同研究》，运用唐代党项拓跋氏两位首领的出土墓志，结合前人论著，参考王明珂在人类学中的文本与表征分析法，对唐代党项拓跋氏身份认同观念的转变进行探究，并探讨唐代党项拓跋氏身份认同及其历史记忆的关系。

文章以拓跋驮布、拓跋守寂的出土墓志为核心，将中原王朝的历史书写作为党项拓跋氏族源记忆的重要载体，阐释以两人为首的党项拓跋部族族源记忆与身份认同的变迁。从变迁的历史来看，可以概括为从猕猴种到羌，从羌到鲜卑的两次转变过程。这样的转变使得两支拓跋部族逐渐实现从“蕃种”向“华夏”的靠拢，但此番对党项拓跋氏族源记忆修改的举动往往是中原王朝官方意识形态主导与党项拓跋自身出于部族利益考量进行攀附的双向互动的结果。

对于文章的主体，在场学者们就“族源认定”与“身份认同”展开热议。但也有学者提出商榷，即部族首领的族源能否代表血缘构成复杂的整个部族的问题，对此，评议嘉宾李鸿宾教授特别指出，身份认定与身份认同的概念需要明晰，从文本本身出发以首领人物涵盖整个族群的研究是有生命力的研究，但是这样的研究历史学仍是缺课的，“我是谁”与“你是谁”的问题有待从民族学、人类学中借鉴经验拓展思路。

陕西师范大学历史文化学院牛敬飞的文章《十六国北方诸国早期之迁徙》，从十六国研究范式出发，放弃了传统研究中华夏化、正统化的切入点而是基于地缘政治考察北方诸族入主中原前的迁徙策略，回应了巴菲尔德所称的东北地区是征服王朝发源地的线性思维理论，以及魏俊杰的“民族核心区—区域性核心区”理论。

牛敬飞以综合视角进行梳理，将十六国北方诸国的早期迁徙策略整理为三种模式：以汉赵、前燕为代表的据山川而居，以代国为代表的南线战略，以夏国、西秦和南凉为代表的避险而居。牛敬飞经过分析总结出结论，诸国大多选择北方农牧交错带上的山川形胜作为定都之地，远离传统政治经济核心区与保存实力成为成功者的普遍选择，这也是对于巴菲尔德将拉铁摩尔“贮存地”理论限定于东北地区而抹杀了北方民族普遍性的质疑与修正。

对是否能从自然环境入手归纳出十六国北方诸国的迁徙策略的抉择规律，在场学者展开了热烈讨论。李鸿宾教授认为，此研究联系了政治史与边疆民族史地问题，探讨北方诸国政权都城的建设与转移和政权本身与外部势力的博弈，有很大的学术价值。李鸿宾进一步提出自己的思考，建议以横向事例进行比较，认为这样的研究可以为研究游牧文明与农耕文明的碰撞与改造注入新活力。

二　知识·信仰·外来宗教

在对中古史进行重新审视与重组时，由时人认知、信仰构成的心灵世界也是其中重要的研究主体，在本主题下，共收录从不同方向展开的对于中古思想、心态与信仰展开研究的文章2篇。

西安碑林博物馆王庆卫的文章《祆神还是佛像：释迦牟尼降伏外道造像再论》，是站在前人研究的基础上，针对唐代佛教造像这一热点问题，以西安碑林博物馆所藏的释迦牟尼降伏外道造像为例进行了再解读。

王庆卫通过年代源流、内涵背景两方面对释迦牟尼降伏外道造像进行重新考释。首先是在整体造型特征上，参考各家说辞进行对比，从面部神态刻画、装饰造型特点入手，结合密教风靡带来的新审美风潮的历史大背景，定论此造像的雕刻年代为盛唐，并确定了它的两个主要艺术来源，一是青州韩小华造像和粟特人日月艺术，一是敦煌西域指日月瑞像的母题。其次对造像具体含义的解读，王庆卫依靠安史之乱前佛祆两教的势力消长和唐政府的宗教政策的史实进行论证，还原当时佛教僧侣造像的心态体验。在场评议学者表示此研究的学理积累非常丰富，对于各家说辞也有了很好的分辨与取舍，李鸿宾教授也鼓励应该继续做下去。

陕西师范大学西北历史环境与经济社会发展研究院聂顺新的文章《唐代佛教官寺研究的回顾与展望》，是基于耕耘多年的学术积累，对中日韩三国学界及部分西方学者百年来对唐佛教官寺研究的整体梳理与回顾。

文章厘清了对于官寺的定义，然后回溯学术史，从日本学界开始研究唐代佛教官寺作为起点，百年学承绵延至今，研究也越发深入，从开始将佛教官寺作为一个整体的浅谈，慢慢深入到探究佛教官寺与唐代政教关系研究，唐佛教官寺对域外国家的影响，以不同寺庙的个案入手分析其归属性质和地位影响等各方面的研究。梳理了此研究的主要成果，聂顺新对于今后唐佛教官寺研究的发展提出了新的展望，包括推进对唐佛教官寺制度的系统性综合研究，填补制度渊源与后续影响的研究空白，开辟对佛教官寺与道教官观的比较研究，形成官寺作为一种特殊宗教制度的认知，增加考古出土材料在此研究中的运用以及重视官寺在寺院体系中的地位研究。

在评议中，李鸿宾教授提出了建议，认为在涉及佛教的研究里既要有比较视角，也不能先入为主，应该看到不同的民族文化对于宗教的态度和措施都不一样，中国古人那种非宗教型王权政治对于宗教的“为我所用”不能够机械性地套用到其他文化社会中。

最后的结语环节中，陕西师范大学历史文化学院的拜根兴教授从自己的治学经验谈起，建议青年学者们研究问题一定要有国际化视角，关注国际化问题。葛承雍研究员则提到，在中古政治史领域，学人要有独立精神与批判意识，不应过分迷信西方学术话语体系，而在做边疆民族史研究时也不宜眼光过分狭隘。而李鸿宾教授则高度赞扬青年学者们在历史研究上取得了实质性的推进，鼓励学人们都要找到自己可以掌控的题目，研究相关的治学方法，从历史学之外汲取营养来实现史学研究的立体化。

综上所述，本次结集入选文章都具有明确的问题意识，学理扎实，对前人成果总结到位，史料运用丰富，并且研究视野开阔，有跨学科与思维交叉的意识，某种程度上也反映了当今中古史领域青年学者的研究前沿与学术素质。

（周星宇　供稿）

第三次结集 汉唐时代与百济历史

“汉唐时代与百济历史研讨会”于2019年4月6日在陕西师范大学长安校区文汇楼A段4层会议室举行。会议由陕西师范大学历史文化学院、社会科学战线杂志社、社会科学文献出版社联合主办，二十余位学者齐聚一堂，围绕“汉唐时代与百济历史”这一主题进行了深入的交流和探讨。

会议开幕式由召集人冯立君先生主持，陕西师大历史文化学院何志龙院长，社科战线杂志社陈玉梅主编，社会科学文献出版社谢玮副社长、历史学分社郑庆寰社长（召集人之一），韩国百济学会第五任会长、国立公州大学郑载润教授先后致辞，期望通过这次会议共同推动这一历史研究领域的进步。

本次学术会议共分三个板块，其一是新史料与新解读，其二是新问题与新视角，其三是结集讨论。其中第一板块由全莹教授（延边大学朝鲜半岛研究院）、王庆卫先生（西安碑林博物馆）主持。

王飞峰（中国社会科学院考古研究所）《从考古发现看两晋南北朝与百济的交流》一文，以百济发现的遗物，以及在中国发现的百济遗物为中心，从都城宫殿池苑、墓葬形制、壁画纹饰、马具甲胄、佛教等诸多方面，讲述了百济吸收、融化中国文化因素的过程。他认为百济在接受六朝佛教和砖室葬等文化因素的同时，还通过高句丽间接接受了来自三燕的马具甲胄系统。但是各区域内频繁的战争使得百济等朝鲜半岛南部诸国从中国直接获得器物的难度增大，因此百济等朝鲜半岛南部国家出现了按照自己意图仿制中国器物的倾向。王先生总结6世纪的南朝宛如君临东亚世界的太阳，围绕它的北朝、高句丽、百济、新罗、日本等国，则是大大小小的行星，像接受阳光似的吸取从南朝放射出来的卓越文化。

王志高（南京师范大学社会发展学院）的论文题为《汉城时代百济与中国东晋、南朝交流的三个问题》。王先生所探讨的三个问题分别是汉城百济时期的分期问题、百济经略辽西的真相与可能性，以及百济引进南朝“腰弩”考，其中着重讲述了第三部分。他围绕元嘉二十七年（450）从南朝引进百济的“腰弩”究竟是一种什么样的杀伤性先进兵器、为什么要引进、引进百济后可能会派上什么用场等问题展开。他认为“腰弩”（或称“腰引弩”“腰开弩”）是一种具有较强杀伤性的先进兵器。汉城百济向南朝刘宋上表引进“腰弩”，可以视为毗有王摆脱百济困境的举措之一。他推测1925年8月首尔大洪水之后，汉江南岸风纳土城遗址出土后失踪的铜弩机或许就是元嘉二十七年（450）百济毗有王从刘宋引进的众多腰弩之一，期待日后可以发现更加确凿的证据。王先生认为腰弩的引进虽或曾短暂帮助百济毗有王摆脱对高句丽战争之不利困境，却最终未能改变汉城百济崩溃的命运。影响国运的关键因素是人，而不仅仅在于引进一两种先进武器。

王连龙（吉林大学考古学院）的《天龙山石窟勿部将军功德记研究》对位于山西太原的天龙山石窟第15窟的功德记碑文进行了补充释读与分析。综合各朝抄本文献资料等，他认为勿部珣的“勿”应读为“mò”，并推测黑齿常之有一女，即黑齿氏是黑齿俊的姐姐，因此黑齿常之共有三个子女，即一女二男。其次，百济的祢氏势力非常强大，他认为勿部珣的两个女婿都是百济人。最后重点探讨了功德记与百济移民的关系，他认为不仅存在高丽兵，似乎也存在百济兵。百济的婚姻关系，一般百济移民群体都是族际婚，第二代开始融入当地族群中，但是从功德记来看勿部氏与仲氏、祢氏、黑齿氏等都为族内通婚。关于百济移民的宗教生活，他指出功德记是佛教信仰浓厚的造像碑，推测勿部珣的造碑可能有为妻弟黑齿俊祈福才造像之意。

杨瑾（陕西师大历史文化学院）《咸阳博物馆唐金执壶与百济弥勒寺遗址金舍利壶比较研究》一文，通过对唐金执壶和韩国百济弥勒寺遗址金舍利壶的对比研究，采用考古与文献相结合的方法，从造型、纹饰与文化渊源方面探讨二者之间可能的关联性及其与粟特人可能的关系，透过丝绸之路网络观察跨区域文化互动的意义。她重点讨论了百济工匠的问题，即百济工匠出现在长安的可能性问题。她认为如果说百济金银工匠较小可能进入中央作坊的话，那么进入王公贵族或地方作坊的可能性就稍大一些。她憧憬今后的研究更多地通过解读文物来研究历史，努力通过视觉构建来寻觅文物背后的“人”，“自下而上”地管窥唐代和百济历史上一些微小而有趣的人际互动。

童岭（南京大学文学院）的《唐帝国的地志与七世纪的百济——〈括地志〉百济佚文之研究》从五个方面阐述论文的主旨。根据《括地志》中的11则佚文，其中百济7则，他认为这些佚文或直接、或间接地与7世纪“三国时代”最后的百济征伐之举有紧密的瓜葛。唐太宗和唐高宗两朝征讨百济、高句丽的史料的传世古籍留存颇少，因此《括地志》《高丽记》等隋唐东亚史佚籍，应当高度重视。另外《翰苑》也可以作为隋唐东亚新史料。关于唐代地志的多面性，他强调虽然它在军事上有重要的价值，但并不是专门为了军事而成书。正是它的“多面性”性格，让其进入了后世文史研究者之诸多研究分野。

关于第一板块的讨论，由陕西师范大学历史文化学院拜根兴教授一一进行了点评，针对各位学者论文中的优点以及细节上的问题进行了分析，提出了自己的见解与修改建议。

第二板块由尚永琪教授（宁波大学人文与传媒学院，召集人之一）和张惟慎研究员（陕西历史博物馆）主持，分主题是新问题与新视角。

戴卫红（中国社会科学院古代史研究所）的《百济与中古中国官品冠服制的比较研究——东亚视角下的百济官品冠服制》认为，汉文的文献史料对百济冠服制度的记载相当有限，但是出土的多件百济金铜冠帽、银花冠饰、铁制冠心弥补了传世文献的不足。武宁王陵出土的金冠饰中璎珞环结处以及弥勒寺址出土银花冠饰和尺门里冠饰上有修理过的痕迹，说明这些冠饰是生前佩戴的，而不是临时制作的陪葬品。从百济金铜帽冠中受钵所处位置和形态来看，与中国中古冠有异曲同工之妙。另外，从历史时期东北民族的生活习性来看，百济王室和官僚阶层使用白桦树皮做金铜冠帽的内饰是因物制宜，与中国使用竹子制作冠的骨架以及白笔的主干如出一辙。陵山里出土的金珰与南北朝墓葬出土的金珰类型相近，由此可见其主人地位很高。除武宁王墓为百济国王的陵墓外，金铜帽冠和中国陶瓷器一起出土的墓皆为大型墓葬，并形成以其为中心的一处墓葬群。由此，戴女史揣测墓主绝不是一般官僚，不仅是地方权贵，而且和百济王室之间有着密切的政治关系，中国的黑釉鸡首壶、青瓷壶通过册封体系，或被赐予或被交易，成为百济王室或地方权贵们的专用品。

范恩实（中国社会科学院中国边疆研究所）的《唐熊津都督府统治制度研究》将唐在新征服的边疆异族地区建立统治的制度规定作为研究的突破口，从都护府与都督府、带方州及刺史刘仁轨、熊津都督府州县厘定等方面进行了探讨。他认为五都督府的完美制度设计难以实现是因为百济遗民的叛乱、局势动荡。王文度任都督的熊津都督府，不是原五都督府制度下的羁縻都督府，而是成为百济旧地最高统治者。刘仁轨接替王文度任职后没有被任命为熊津都督，而设立带方州的原因在于刘仁轨本身的任职资格不足，但是由于在百济平乱过程中刘仁轨在关键时刻的贡献，因此在文献记载中进一步加强了刘仁轨发挥主导作用的印象。另外他指出唐熊津都督府的统治目的并非羁縻，而是“救其死亡，授以生业，教之礼义，数年之后，悉为吾民”。

李海涛（山东大学犹太教与跨宗教研究中心）的《东亚佛教视域下的百济佛教》首先梳理了百济佛教记事的文献材料，然后从百济玄光与中国南岳慧思、百济与日本佛教的确立、谦益西行求法与百济律学等几个方面，阐述了在东亚佛教视域下，百济佛教不仅是日本吸收中国佛教的中转站，同时也是东亚佛教文化交流，乃至世界佛教文化交流的中心。在思想上，百济佛教一方面强调戒律学，建立百济佛教的合法性，同时注重佛教的实践性、神圣性与护佑性。他认为百济佛教对东亚佛教世界的形成起到了积极的促进作用，应该引起重视。

楼正豪（浙江海洋大学东海发展研究院）的《百济国人姓名考》将史料中所见的百济王室与贵族之名作了全面整理，对百济、高句丽、新罗王的王名、谥号，与中国、日本文献记载相对照，整理文献资料中出现的王族姓名、八大姓、复姓，结合百济遗民的出土墓志资料进行统合分析，具体考察了百济国王与贵族姓名的汉字书写方式与形成原因。他认为百济人对于中国君王贵族称谥制度的运用并不成熟，对中国的姓氏制度理解也并不充分。

赵智滨（长春师范大学东北亚研究所）的《百济夫余氏早期世系考辨》通过对中日相关史籍的考证，大致还原了百济人所建构的百济夫余氏早期世系。夫余始祖东明王（都慕王）才是百济夫余氏的开创者，温祚王只是东明王（都慕王）的孙子而已。通过对比中原史籍和《三国史记》，大致可确定百济人所建构的仇首王（尉仇台）之后的百济夫余氏早期世系基本准确，东汉末年的夫余王尉仇台一系为百济夫余氏的直系先祖，位居一系为旁系先祖。

关于第二板块的讨论，由中国朝鲜史研究会副会长、延边大学李宗勋教授逐一点评，针对研究者的史料运用、分析路径、理论预设等，提出了自己的见解与修改建议。

第三板块由刘永连教授（暨南大学中外关系史研究所）、张全民研究员（西安博物院）主持。

作为本次学术会议的召集人，冯立君（陕西师范大学历史文化学院）的《汉唐时代与百济历史——研究内涵、历史书写与学术谱系》从宏观视角出发，整体把握汉唐时代与百济历史这一研究课题。他认为作为东亚史一部分的百济史，对于中古史研究具有重要意义，有必要予以重视。中国学者应该建立中国风格的东亚史研究。“他者书写”的文献记载与“自我作古”的历史遗迹遗物，都是百济历史研究的资料范围，而遗迹遗物在东亚各地都有分布，因此百济史研究有赖于充分的国际合作与学术交流。他还对日韩中各国的百济研究史进行了系统的总结和反思，反思百济史学术谱系。他表示对中外关系史、区域史的研究要与国外学者进行实质性的对话，避免重复研究或者揣测，要从更广阔的领域关注百济、回顾中国、理解东亚，从而贯通东部欧亚。

郑载润教授做了总结发言，他强调东亚史研究要具有国际视野。他对这次“中国学界的第一次百济史会议”予以高度评价，并寄望中国学者充分掌握海外现有研究成果，在统合资源的基础上进行深入的历史研究，他期待着中韩学界友人今后继续加强交流。

（单敏　供稿）

《中国与域外》第四辑（2021.04）第 380～383 页

“东亚古代史研究的新展望”会议纪要

2017 年 11 月 10 日，由南开大学历史学院与韩国研究中心共同主办的“东亚古代史研究的新展望”工作坊在南开大学“天挺阁”召开。本次学术会议是国内首次东亚古代史方向的工作坊会议，参会者以青年学者为主，集中讨论了中国史学界关心的东亚古代历史若干问题以及相关的研究理论方法、中外学术交流等内容。

5 篇报告的主题涵盖了吉林集安新出碑刻及辽宁青石岭山城考古发掘、韩国出土木简文化、隋朝辽东地区战争与内亚联系、渤海国“首领”问题、明代与朝鲜关系等内容，彰显了新史料、新问题并举，新方法与新视角兼包的特色，体现出“预流”的学术追求。

会议以小型工作坊的形式，尽量减少非学术的礼节性板块，将时间集中用于纯学术讨论，凸显了学术本位的追求。简洁的开幕式由南开大学历史学院余新忠副院长和韩国研究中心孙卫国教授致辞，随即进入报告时段。一天的会期，共 5 位发表人，每篇报告一小时整，各报告结束再进行综合讨论，自由研讨东亚古代史研究的诸问题，安排得十分紧凑。

中国社会科学院考古研究所王飞峰的报告《集安高句丽碑释读及相关研究》，回顾了自 2012 年 7 月集安高句丽碑发现以来中外学者的相关研究论著，其中以中国和韩国学者为最多，日本学者次之，朝鲜学者较少。作者在辨析学界各家对集安高句丽碑释读和研究的基础上，对碑刻文字重新进行了诠释。认为其中“国罡上太王”应是高句丽好太王的王号，而非谥号；“戊子定律”的“戊子”年可能是美川王二十九年（328）。集安高句丽碑的时代应在好太王时期，通过对千秋墓“永乐”铭文筒瓦内容（“乐浪赵将军”“丁未在永乐”）等的研究，判定集安高句丽碑的年代在 407～412 年，系好太王在“祖先王墓”上所立石碑之一。长春师范大学历史文化学院郑春颖从考古学的角度提出，以肉眼释读碑文会丢失信息，若运用三维图像复原等新技术来研究，也许会有新的发现，并举“国罡上/广开土境/永乐（平安）/好（盛）/太王”等其他称号为例，指出高句丽称号的结构有其独特之处，应反思是否可以套用中原的王号、谥号体系来看待高句丽的称号。"王号"问题是学者们争论的焦点，吉林大学赵俊杰认为，"太王""好太王""好太盛王"这些称号与具体人物的比定应有所区分与斟酌。中国社会科学院历史研究所戴卫红亦提出，在东亚史研究中，存在以中原文物制度与外国联系比对的惯性思维。高句丽如何对待中原赐谥、是否存在其自己的名号制度，还可进一步研究。孙卫国提出了"应如何合理解释留下的有限资料"的问题。这在东亚史尤其是早期东亚史研究中，是横亘于学者们眼前的难题。学者们在关注出土新材料的同时，也在对传世文献做反思与再研究。王飞峰还另外专门汇报了他在辽宁省盖州市青石岭山城主持的考古调查和发掘收获。根据山城城墙、城门、建筑遗址的规模形制和出土遗物，给青石岭山城三个定位："一是目前已知辽东地区规模最大的高句丽山城，二是东北地区体量最大的古代夯土城墙，三是中国境内发现的面积最大的高句丽建筑址。"令人颇感振奋。

中国社会科学院历史研究所戴卫红做了题为《东亚简牍文化的传播：以韩国出土木简为中心》的报告，作者以综论东亚出土简牍资料开篇，指出韩国木简年代为6世纪前期至8世纪间，居于最早的中国简牍和稍晚的日本木简二者之间，出土数量虽然有限，但它所充当的东亚交流媒介作用使其具有独特的学术价值。报告介绍了东亚木简研究的学术史，并将中国学界对韩国木简研究的参与度低作为研究的缘起。作者详细梳理韩国木简出土的时间、地点分布、性质特点，重点回应了学界此前提出的百济史乏力点，以木简对于百济地方与官僚制度、丁中制、户籍与田制、贷食与仓廪制等具体研究的推进，探讨木简之于东亚史的重要意义。报告最后，作者勾勒了东亚简牍文化的传播图景，并展望了今后的研究方向。评议人赵俊杰提出：在研究文化传播及其某一分野（譬如简牍文化传播）时使用大体相同的史料进行论述，若将简牍置换为其他，论证是否也同样成立？从考古的角度还可关注木简加工、缀合的方式与中国有何异同。南开大学夏炎由此引申，提到学界近来关注历史材料"物质性"的讨论。王安泰则注意到韩国木简多为基层文书，提出应将高层人物与基层人物分开看待，考虑基层人物在接触中原王朝官制时如何理解、使用的问题。

中国社会科学院历史研究所孙昊的《制造"夷狄"：古代东亚世界渤海"首领"的历史话语及其实践》指出唐朝、日本汉文文献中的"渤海首领"先行研究在方法论方面存在误区。着重指出"首领"在封贡秩序的语境中，是指称四夷的惯用话语，带有鲜明的立场性和指向性。唐朝、日本都将渤海视作夷狄，在文献记述中，是站在各自的立场对渤海的政治身份进行转写、改译，纳入其各自的华夷分野秩序话语中，“首领”的使用是为构建这种话语服务的。渤海在9世纪以后也强化了自我为中心的华夷秩序，对外企图彰显自身政治地位，在外交文书中，将新征服的靺鞨酋长称为“首领”。由此唐、日、渤三方文献中的“首领”系封贡秩序汉文语境中一种表现“夷狄”身份的惯用词，使用者将之施加于他者之上，以构建其为蕃夷，自己为华夏中心的政治话语。这种现象，是古代东亚世界各方运用华夷分野的语境能动地塑造自我中心的表现。作者进一步分析，古代东亚汉语文献中的“首领”并不能如实地反映渤海地方部族政治与官僚制相结合的复杂状况，应当运用民族志书写与反思的立场去审视《类聚国史》等渤海沿革记事之问题，进而揭示出古代东亚“夷狄”世界的本相。评议人王安泰首先谈到了由“东亚”向“东部欧亚”的学术转变，强调“东亚”仍有其意义，然后将讨论带回“首领”一词本身，简单梳理了“首领”一词的起源及其意义变迁，并举出“左右大首领”“界首子弟大首领”等例子，提出在一般意义上的随意称呼之外，应考虑是否还存在一种职官体系里的首领。

山东大学历史学院黄修志的《明代嘉靖“大礼议”与朝鲜王朝之回应》从明代嘉靖朝著名的“大礼议”事件入手，探讨其对朝鲜王朝的影响，“大礼议”引起朝鲜君臣的高度关注，朝鲜中宗不断遣使庆贺世宗胜利以缓解内外危机和王权困境，促成明与朝鲜两国关系取得新的突破，但朝鲜君臣却含沙射影地结合本国政争批评“大礼议”，又体现出朝鲜特有的权力结构和士林政治。因后期又有几位旁支继位的国王，所以“大礼议”作为反面教材再次进入朝鲜视野，既导致仁祖“礼讼”成为“大礼议”的翻版，又激起丁若镛等人的学术反思。作者总结认为，在“大礼议”发生的16世纪，分别以阳明学和性理学为代表的明朝和朝鲜儒学开始出现分野，这影响了两国君臣对待“大礼议”的态度，所以明朝之于朝鲜，既是榜样，又是他者。中国社会科学院中国边疆研究所博士后玄花对文章内容做了一些补充，譬如朝鲜中宗即位两年后才得到明朝的册封，因此对明朝的政局变化会格外敏感；朝鲜对君臣关系的理解及实际和明朝有所不同。孙卫国肯定文章的研究意义，指出相较于在学界得到更多讨论的“17世纪的转变”，报告提出的“16世纪的转变”只是一种“量的变化”，而未走向“质的改变”。

陕西师范大学东亚历史研究所冯立君提交报告的内容是关于隋代辽东之役与突厥的联动关系，借由探讨隋代对高句丽战争的展开缘由和其间的若干问题，细致梳理隋、高句丽、突厥三角关系演变特征，与以往中外学界的观察基点有所不同，凸显出东部欧亚世界的多元视角。中国社会科学院世界史研究所孙泓担任该文评议人。

在题为"东亚史研究的再思考"的综合讨论环节，与会学者展开讨论、总结与展望。孙卫国评论说，中国学者研究韩国史，常将之放在中国史的背景下考察，多关注中韩关系史；韩国学者则多在韩国史的背景下讨论，或有割裂中韩之间的历史联系者。王安泰亦谈到，希望加强对日本史、韩国史本身发展脉络的关注，共同往此学术方向努力，今后东亚史的研究主题或可跳出"汉字文化圈"。戴卫红、孙昊提出，在目前的东亚史研究中，中日韩三国学界在使用一些学术语言时，有些各行其是，希望各国学者们能共同商议术语规范。

（王安泰　供稿）

唐代瓜州城遗址 / 花郎 摄

书 评

《中国与域外》第四辑（2021.04）第387～391页

高然著《慕容鲜卑与五燕国史研究》评介

杨　懿*

一

关于十六国史的研究，由于史事纷乱且繁杂，史料匮乏又零散，在整个魏晋南北朝史领域中，长期处于相对薄弱的地位。仅就十六国时代诸政权的国别史研究和著述情况来看，自20世纪八九十年代，涌现出杨伟立《成汉史略》（重庆出版社，1983.01），周伟洲《吐谷浑史》（宁夏人民出版社，1985.05）、《汉赵国史》（山西人民出版社，1986.07）、《南凉与西秦》（陕西人民出版社，1987.08），李祖桓《仇池国志》（书目文献出版社，1986.05），齐陈骏、陆庆丰、郭锋《五凉史略》（甘肃人民出版社，1988.07），洪涛《五凉史略》（中国社会科学出版社，1992.04）、《三秦史》（复旦大学出版社，1992.11），蒋福亚《前秦史》（北京师范学院出版社，1993.04），赵向群《五凉史探》（甘肃人民出版社，1996.06）等一大批开创范例、树立榜样的著作之后，直到近年来，才有吴洪琳《铁弗匈奴与夏国史研究》（中国社会科学出版社，2011.05）、胡玉春《大夏国史》（内蒙古人学出版社，2016.10）和俄琼卓玛《后秦史》（上海古籍出版社，2018.02）的相继面世。这当中固然有学者沉淀研究成果①、学术出版环境不佳等因素的影响，但是十六国史研究之困状，亦可窥见一斑。所以在这样的大背景下，西华师范大学高然博士撰写的《慕容鲜卑与五燕国史研究》一书，于2018年12月由北京大学出版社出版，可谓填补了相关研究中的一大空白，着实令人振奋不已。现不揣简陋，略作评介如下，以就正于学界同人。

---

* 杨懿，宁波大学历史系。

① 《铁弗匈奴与夏国史研究》《大夏国史》《后秦史》这三部著作，皆是作者在其博士学位论文的基础上修改而成，历时六年至八年。

二

作为第一部全面论述鲜卑慕容氏的发展历史，以及十六国时期前燕、后燕、西燕、南燕、北燕等五个地方政权兴亡更替的学术著作，该书具有以下一些优点和特色。

首先，对五燕政权的兴衰历程、阶级民族、政治制度和经济文化等各个方面作了较为全面的归纳和叙述。该书修改自作者的博士学位论文（西北大学，2010），而指导老师正是前文所提及的，对十六国国别史研究具有开创性贡献的周伟洲教授。基于这一师承渊薮，该书作为一部国别史，在体例上颇为完备。除绪论、结语和附录外，正文共设七章，依次为："慕容鲜卑的来源与迁徙""前燕的兴衰及其与周边政权的关系""后燕与西燕的并立""南燕与后、北燕国的并存""北朝以后的鲜卑慕容氏""五燕的政治制度""慕容鲜卑、五燕社会经济与文化"。其中，前五章聚焦于纵向上的历史演进过程，后两章则涉及横向上的政治经济、社会文化方面。这种纵横结合的结构形式，意在尽可能全面地涵盖鲜卑慕容氏、五燕政权的主要内容，以呈现出更为宏观立体的历史图景。而且，作者为了更好地突出重点，如鲜卑慕容氏的早期历史问题、五燕统治阶层之间关系网络、五燕政权的职官系统等，"附录"部分还设有"早期鲜卑活动轨迹""五燕、慕容鲜卑世系""前燕职官表""后燕职官表""西燕职官表""南燕职官表""北燕职官表"七份表格，长达百余页，占据全书的四分之一篇幅。

其次，注重史料的全面搜求，并在此基础上严谨甄别、灵活运用。众所周知，留存至今的十六国史料极其有限，并呈零星散点的分布。《慕容鲜卑与五燕国史研究》一书旁征博引，除了正史、类书、地志、政书、文集等常见典籍外，还运用了墓志、字砖、印章、壁画等一系列考古材料。如该书第五章第二节"北朝以后的慕容、豆卢诸支系发展线索"，采用的就是碑史互证的研究方法，即利用慕容绍宗家族墓志、《豆卢永恩神道碑》、《豆卢实墓志》等出土碑刻，与传世文献中的相关记载相对照，进而梳理出了北朝隋唐时期慕容氏、豆卢氏两大姓氏家族的发展历程；第六章第二节"慕容鲜卑与五燕的社会文化"，其中关于服饰、发式、饮食、丧葬习俗等方面的讨论，很大程度上依靠的是今辽宁、内蒙古等地区出土的鲜卑墓葬遗物；"附录"部分诸燕职官表的梳理和考订，也频频征引陆增祥《八琼室金石补正》，胡聘之《山右石刻丛编》，武亿《安阳县金石录》，端方《匋斋藏石记》，罗振玉《芒洛冢墓遗文四编》，罗福颐《秦汉南北朝官印征存》，赵超《汉魏南北朝墓志汇编》，罗新、叶炜《新出魏晋南北朝墓志疏证》等出土材料汇编专书，而且作者处理史料的态度颇为谨慎严密。该书第 55 页述及慕容皝齿序，以《晋书·慕容皝载记》作慕容廆“第三子”，《太平御览》引崔鸿《十六国春秋·前燕录》则记为“第二子”，有鉴于“二”“三”两字极易错讹，故两存之；第 143 页没有采纳《魏书·世祖本纪上》所记载的北魏大兴二年七月，北燕“石城太守李崇、建德太守王融十余郡来降”，而是信从《资治通鉴》，是因为同书同卷中尚录有同年八月北魏抚军大将军、永昌王拓跋健攻打建德之事，前后自相矛盾；第 33 页征引孙危《鲜卑考古学文化》中的研究成果，即从发掘出来的鲜卑慕容氏第二期（2 世纪初至 2 世纪下半叶）、第三期（2 世纪末至 3 世纪上半叶）墓葬遗址分布来看，“正好构成东部鲜卑从大兴安岭南部向西拉木伦河、老哈河中上游地区移动的线索”，同时也未忽略内蒙古自治区科左中旗六家子等第三期墓葬，在鲜卑遗址的归属问题上其实还存在争议。凡此种种，在全书之中还有很多处，皆能反映出作者在运用史料的过程中既重视丰富性，也注意准确性。

最后，注重学界已有之学术成果，并在此基础上进行了更为深入的探讨。相对于十六国其他政权来说，有关慕容氏及诸燕政权的研究并不算少。作者在“绪论”部分对 20 世纪以来国内外学界的五燕史研究状况作了精要概述，而且值得一提的是，虽然该书出版距离作者博士论文定稿已有 8 年之久，但对这一期间刊发的最新成果，也有积极地借鉴和吸收。立足于扎实的学术史研究，该书对一些流行已久，却颇有争议的说法进行了认真辨析，乃至发掘出新的问题。例如“慕容”一词的含义及来历，20 世纪 30 年代日本学者白鸟库吉最早以比较语言学的方法考证其为蒙古语中的“*bayan*”，意思为“富”，从而引起了后世学者的多番讨论和各种争议。于是作者在罗列清楚诸家观点，并且相互比较之后，采纳了缪钺、陈三平和俄国学者巴托尔德（W. Barthold）等人的意见，认为“因汉字中古音的还原极为困难，再据之以比较语言学方法寻找北方民族语言中的相似音，而且只能在现代少数民族语言中寻找，其又可能与古音有所不同，这就必然会造成很大的出入，最后难免会陷入猜谜似的比附之中，牵强附会之处在所难免。因此，对这一研究的实际价值和成果的准确性很难加以评论”（第 22 ~ 23 页）。于是，他没有过多地纠结于此，而是关注起“慕舆（莫舆）”一姓，以及其与“慕容”之间的关系，考证得出“‘慕舆（莫舆）’一姓实际出现很晚，时间大概在北魏前、中期打击慕容氏时期，到了后期这种分姓逐渐确定；史书中以‘慕容’‘慕舆’两姓为‘嫡庶之别’

的情况则最终形成于唐宋史家的笔下。而这种姓氏的分合变化也反映了慕容鲜卑民族发展历程的曲折性”（第30页）。

三

至于该书存在的问题，比较显著的就是相形之下，后两章对政治制度、经济文化、民族关系等问题的讨论，远不如前五章对名号族源、部落迁徙、政权兴衰等相关史事的考订来得那么精细，大多浅尝辄止，以概论为主。其实，从慕容氏与五燕历史的复杂性，即自三国初年莫护跋率部入塞开始到北燕为北魏所灭（431）为止，长达200年之久，几乎与魏晋十六国时代相始终，其间又经历了亡而复兴、南北分裂的情况来看，能够梳理清楚已属不易。但是，也正是因为时段较长、过程曲折，在全面而系统地考证和还原了相关史实的基础上，若不能进一步发掘出先后建立、际遇各异的五燕政权，究竟在政治经济、社会文化等方面会呈现出什么样的阶段性和不同特点，则不可不谓是一种遗憾。例如在职官设置上，作者虽有揭示出“诸燕政权在具体职官设置上存在增减差异，但总体来说仍然不出以魏晋职官为本的情况”（第203页），却没有注意到“增减差异”这一现象背后的深层次原因。而日本学者三崎良章就曾通过钩沉比对，指出相对于前燕，后燕对尚书令仆的愈发重视，在很大程度上是受到其他胡族政权尤其是慕容垂流亡所至的前秦政权的影响，于是在后燕后期及南燕时期，尚书台机构得以不断完备①。

此外，该书在章节安排上也有一些值得商榷的地方。第六章《五燕的政治制度》共分三节，依次是：五燕的职官与政区设置，前、后、北燕的“胡汉分治”机构，五燕的军事制度。所谓“胡汉分治”实际上就是一种双轨政制②，即在糅合华夏旧制与部族传统的基础上，设置两套系统的职官机构，来分别管理胡、汉两大

---

① 详参三崎良章《五胡十六国の基礎的研究》第四章《後燕·南燕の官僚機構》，汲古书院，2006，第76~95页。

② 自陈寅恪提出“胡汉分治”（参见万绳楠整理《陈寅恪魏晋南北史讲演录》，贵州人民出版社，2007，第98~102页）的观点以来，中外学人基于不同的问题视角，说法表述各异。例如，日本学者内田吟风就称之为“胡、汉二重体制”（见氏著《匈奴史研究》，创元社，1953，第108页），谷川道雄谓之为“胡、汉二元体制”（见氏著《世界帝国的形成：后汉—隋·唐》，耿立群译，稻乡出版社，1998，第84~85页）；中国学者严耀中将之比喻作“双重奏”（见氏著：《北魏前期政治制度》，吉林教育出版社，1990，第11页），刘学铫则提出了“双轨政制”的概念，即一轨为秦汉以来主体民族所建立王朝采行之政治制度，另一轨则为诸胡族政权所采行之政制，以及两者综合后新形态之政制（见氏著：《北亚游牧民族双轨政制》，南天书局，1999，第5页）。

族群。其中不仅包含了大单于、四辅、城大、城郎等中央或地方职官，也涉及东夷校尉、护匈奴中郎将、乌丸护军、北部司马、离石护军、领南蛮校尉等军事职官，故依此看来，将第二节的内容移在最末处，或许更有利于整章论点的循序展开。还有第一节“五燕的职官与政区设置”，从标题上来看似乎是职官、政区两部分内容并重，但事实上政区方面的叙述，只存在于下属第一小目“五燕所见职官与政区”当中，此后的第二小目“五燕的选官制度”、第三小目“五燕职官制度的特点”均没有提及。其实，行政区划及其相关问题“体现了中央集权制国家中央政府与地方政府之间的存在的行政管理关系，这是中央与地方关系中最重要的一个方面”①，完全可以考虑专设一节进行讨论。

最后应当指出的是，《慕容鲜卑与五燕国史研究》一书行文流畅、叙事严谨，可惜在某些细节方面，仍是难免疏误。该书第 12 页谓“齐陈骏的《五凉史探》（甘肃人民出版社，1996 年版）”，当是与前面提到的《五凉史略》（甘肃人民出版社，1988.07）一书相混淆了。第 333 页“后燕职官表”中“太常”一栏，其相关内容莫名得被分隔为了两行。第 160 页谓“尔朱荣失败之后，慕容俨归顺高欢，历任安东将军、高凉太守、五城太守、东雍州刺史、镇东将军”，其中“东雍州刺史”一说，乃是作者参照《资治通鉴》卷一五七“梁高祖大同三年（537）”条的记载：“魏荆州刺史郭鸾攻东魏东荆州刺史清都慕容俨。”并以“《魏书·地形志》中无东荆州，而有东雍州”所作出的修订，但是自北魏延兴（471～475）年间孝文帝设立东荆州以来，一直到东魏孝静帝在位（534～550）初年，尚有勋臣八姓后裔的陆恭之出刺，并卒于任上②。当然，以上所举均属吹毛求疵，无伤大体，再版时予以改正即可。

---

① 周振鹤、李晓杰：《中国行政区划通史·总论、先秦卷》，复旦大学出版社，2009，第 8 页。

② 《魏书》卷 101《蛮传》：“延兴中，大阳蛮酋桓诞拥沔水以北，滍叶以南八万余落，遣使内属。高祖嘉之，拜诞征南将军、东荆州刺史、襄阳王，听自选郡县。”中华书局，1974，第 2246 页；同书卷 40《陆俟附陆恭之传》：“孝静初，还复本任。出除征南将军、东荆州刺史。天平四年卒。”第 907 页。

《中国与域外》第四辑（2021.04）第 392～399 页

《南望——辽前期政治史》读后

鞠　贺*

林鹄老师《南望——辽前期政治史》在 2018 年由生活·读书·新知三联书店出版。该书对契丹汉化问题做了深入探讨，读罢此书，本人对整个辽朝的汉化倾向有了更为深刻的认识。本人学识有限，撰此书评，实为学习之后的点滴心得，望林鹄老师及学界各位专家批评指正。

一　内容介绍

本书共分九章并有附录二，可分为四个部分。第一部分即为第一章，对学界关于辽朝汉化和二元性的主要观点进行了总结和分析，提出了自己的观点。第二部分，包括第二章至第八章，根据两条主线论证了契丹皇帝及述律后的汉化倾向，一是契丹皇帝的南下侵伐，二是契丹皇帝在内政上的汉化，并对学界关于草原本位的观点进行了批判。第三部分即第九章，对全书进行了总结和提升。第四部分即附录一和附录二，对辽朝的部族制度和世选问题做了较为深入的分析。

作者在第一部分（第一章），对汉化命题和征服王朝论的历史由来及主要观点做了全面评述，针对西方汉学家的反汉化观点，提出了批判。并认为辽朝政治的二元体制即是汉化的产物。所谓草原本位，作者认同陈述观点，认为“要之，在生活方式上、政治制度上、疆域辖境上都以草原为本”。[①] 而契丹皇帝乃至述律后均未坚持过草原本位，汉化和南下才是契丹皇帝的主张。

第二部分（第二章至第八章），基本以契丹皇帝在位次序为主线，以契丹皇帝的即位为起点，论述包括圣宗在内几位皇帝的汉化倾向。

---

*　鞠贺，吉林大学文学院（博士生）。

①　林鹄：《南望——辽前期政治史》，第 187 页。

在第二章中，作者认为阿保机的出现使契丹社会发生了根本性变化，契丹开始进军汉地，并建立了倾向于汉化的契丹国。其汉化倾向可通过建元称帝、省风俗、见高年、建立都城、尊奉孔子、攻打汉地、选拔被自己刻意培养成汉化水平很高的耶律倍作为继承人、在权力中心安排大量汉人等几个方面展现出来。阿保机把占据汉地作为自己的目标，在渤海与漠北草原之间，显然更重视渤海而非漠北草原。接着作者罗列了学界认为辽太祖在皇位继承上更属意于太宗的四种说法，并分别进行了批驳①。

作者在第三章中列举了学界关于太宗即位的三种主要观点，逐一进行了分析。作者提出太宗的顺利即位，是述律后在欲立李胡无望之后退而求其次的选择。中原文献中多有看似能够证明述律后坚持草原本位原则的记载，作者列举主要的几条，揭示了其内在的矛盾之处，认为述律后并不反对汉化，太祖去世之后的皇位之争，并不是汉化与草原本位之争。在南下政策上，述律后与太祖、太宗站在一面。辽太宗即位后静待时机南下，终将燕云十六州纳入囊中，实现了多年来的愿望，但其终极目标是入主中原。针对中原文献中能够证明辽太宗对汉文化没有好感的记载，作者也进行了分析，认为实际情况并非如此。关于“大辽”，作者赞同冯家昇和姚从吾的观点，并做了进一步探讨，认为新占汉地为契丹的国中之国，称为大辽。此举与改渤海国为东丹国性质类似，属于临时性的过渡措施。太宗北返是其既定政策。太宗暴毙之后，汉地契丹节度使纷纷北返，加之辽世宗也因皇位之争无暇顾及汉地，导致太宗所占汉地全部丧失。

第四章针对世宗即位经过，作者批判了陈述和李桂芝认为是世选制起作用的观点。提出耶律安抟与南北院大王的支持、成功地解除了赵延寿的威胁、身边集结了一批太祖去世后受述律后迫害的人是世宗即位的关键。世宗立汉人为皇后，亦是其具有汉化倾向的佐证之一。世宗时被迫对中原采取守势，静待时机南下。因此，作者认为世宗继承了太宗的南进政策。对《资治通鉴》和《新五代史》认为世宗南下政策受到诸位酋长的反对，才出现察割之乱的观点，作者并不认同，提出真正原因在于争夺帝位，造反势力也并非所谓的草原本位者。

第五章对以上三位皇帝改造部族体制、建立国家体制的举措做了总结。作者又对部分核心职官做了分析，并认为斡鲁朵和头下军州的创设，加强了中央集权。及至会同改制，燕云十六州入辽和东丹国的废除使得契丹获得了大块的农业区域，契

① 林鹄：《南望——辽前期政治史》，第 43 ~ 46 页。

丹部族农业化也不断加深。各部族首领身份更类似于国家官员，权力受到了限制。同时，太宗设置了大批的汉式职官，建立起了汉式的礼乐制度，兴办科举。作者认为开科举最大意义在于以汉人改造契丹政权。世宗朝，辽朝的二元体制建立，世宗开始置北枢密院，重置南枢密院，南枢密使掌管汉人军政，北枢密使掌管契丹军政，辽朝中后期，具体执掌有所转变。但笔者对本章中关于枢密院的论述并不认同，笔者更赞同张博泉先生的观点，即辽朝存在三个枢密院，分别为契丹南枢密院、契丹北枢密院和汉人枢密院①。

第六章阐明穆宗即位后，在制度方面进一步引入汉元素。此时，契丹政权的汉化和部族农业化水平也进一步加深。作者由此认定穆宗并非草原本位者，并通过分析穆宗初期对北汉的政策，认为穆宗重视南下，但被迫以防御为主。《新五代史》中穆宗所谓的“汉地还汉”并不能证明其为草原本位者。《新五代史》和《续资治通鉴长编》中关于穆宗至景宗时期辽汉不和的记载均出自《九国志》，难以让人信服。笔者对辽穆宗没有皇后的观点持怀疑态度，作者仅凭《辽史》未载穆宗皇后尊号，就下此定论，似乎不大合适，出土碑刻中有关于穆宗妃子的信息，有妃子而无皇后，似乎不大可能。

第七章认为景宗在位期间，虽有阴谋叛乱发生，但总体而言，政局基本稳定，外在局势则延续了穆宗后期的局面。高粱河之战后，景宗转变防御政策，积极南下。在政治制度方面，作者认为“南枢密院由‘总汉军事’转变为不掌兵而专理民政的中枢机构，可能就发生在此时”②。另外，景宗加强了对东京的控制，东京“军政归北院，民事归南院，可能也发生在景宗朝”③。景宗进一步贯彻了南北分治的二元体制，辽朝的政治制度在景宗朝走向成熟。内政上，景宗延续辽初以来的官僚化、集权化、汉化的大方向，并加以深化，影响深远。

第八章，作者认为统和七年（989）之后，契丹改变策略，不再南下，将重点放在内政上，针对州县，括民田、括户口，鼓励农业发展，实行仁政，重视治理刑狱和选拔人才，并多次派专吏巡视地方。针对部族，更改部分部族官名，对奚王府进行分合，部族首领开始有告身和俸禄也始于圣宗时期。关于统和二十二年（1004）辽宋之间的战争，作者一改传统看法，认为宋真宗并非畏惧契丹而不敢出征。作者又对北宋针对此番契丹南下的战略思维和部署做了翔实的介绍，认为契丹

① 张博泉：《关于辽代枢密院的几个问题》，《黑龙江文物丛刊》1984 年第 2 期，第 6 页。

② 林鹄：《南望——辽前期政治史》，第 236 页。

③ 林鹄：《南望——辽前期政治史》，第 237 页。

人在此次征伐中所冒风险相当大，更急于议和。在整个圣宗朝，契丹在政治、节庆、孝亲、婚恋、文学等方面都被打上了儒家烙印。汉化倾向十分明显，圣宗朝是契丹汉化的第一个高峰。

第三部分，即第九章，对全文进行了总结，认为辽朝前六帝的汉化是相当成功的，其汉化不等同于全盘汉化，而是在一定程度上保留草原文化要素，保持契丹人的身份认同和尚武精神。西方汉学家反汉化的观点是有失偏颇的。

第四部分，即附录一和附录二，作者对契丹早期存在世选制度的看法持否定态度，认为契丹早期存在的选汗原则应为兄终弟及。同时，作者又对斡鲁朵和横帐等问题在学界以往研究的基础上进行了补充和修正，并认为隶宫州县与斡鲁朵存在着一定的统辖关系。关于横帐的范围，作者认为“横帐最初指包括太祖子孙及二院皇族在内的所有皇室成员”,[①] 后来特指三父房，但是又代表皇族，所以有时也被用来指太祖子孙及二院皇族，最后又对族和部进行了区分。

二　学术创新及学术贡献

第一，本书勇于选择学界已有充分讨论的话题，多维度探讨并证实契丹皇帝的汉化倾向，在看到契丹皇帝南下倾向的同时，又意识到中原时局对其的刺激与限制。关于汉化，学界已有了较多的研究成果[②]。作者关于汉化的观点与前人不尽相同，认为汉化既包括生活习俗的各个方面，也包括经济类型和政治思想、制度的汉化，甚至对占领汉地的渴望也可被视为汉化倾向，但主张应将生活习俗的汉化与政治思想和制度的汉化相区别。生活习俗上的汉化更能加强族群认同，政治思想和制度的汉化更能解决现实的政治问题。政治制度上的汉化尤为重要，辽朝在这方面一直进行着实践。政治体制上的汉化对于削弱部族及部族首领势力、加强中央集权和皇帝个人专制具有重要意义，而未经汉化的捺钵制度在辽朝后期给军事情报的传递

① 林鹄：《南望——辽前期政治史》，第 348 页。

② 陈垣的《元西域华化考》用华化指代汉化，认为“至于华化之意义，则以后天所获，华人所独者为断。故忠义、孝友、政治、事功之属，或出于先天所赋，或本为人类所同，均不得谓之华化”。唐长孺的《拓跋族的汉化过程》认为“汉化的过程也即是较高级的经济、文化战胜较低级经济、文化的过程”。孟古托力的《辽代契丹儒化过程及“夹生”现象之微议》用儒化表示汉化。陈友冰的《“汉化”刍议》认为“‘汉化’是中华各少数民族主动向华夏文化及儒家文化靠拢，使之融入并改造本民族文化的一种历史现象”。其他一些关于汉化的主要观点，如何炳棣、柯娇燕、陶晋生、包弼德、罗友枝等人的见解，林鹄已在是书第一章中进行了总结，兹不赘述。

带来了极大的不便，也从侧面证实了汉化的重要性。辽朝的汉化，尤其是政治制度上的汉化是其能够立国二百余年的重要原因之一。作者通过对比史料，揭示了早期契丹皇帝等主要政治人物内外两方面的汉化倾向，旗帜鲜明地将契丹统治者的汉化倾向直观地展现在了读者眼前，且论述充分，对史料有着独到的分析和解读，与西方汉学界及国内部分学者的反汉化观点形成了鲜明的对比，并给予了反汉化强有力的抨击，实为本书最为夺目之处，也是本书最大的价值所在。

契丹皇帝的汉化是有选择、有重点的，契丹皇帝不希望丧失本民族优良传统。因此，总体来看，皇帝虽倾向于汉化，并极力推崇汉化，但社会呈现出多种文化并存的局面，这种现象也普遍存在于鲜卑、女真等民族中，但大势所趋，汉化是绝对的主流。政治体制上的汉化是统治者有意识的行为，而生活习俗的汉化则是自发现象。这一现象的存在，绝不能作为反汉化命题和征服王朝论的支撑。

第二，针对研究历史的部分理论基础，作者结合史实，提出了新颖的观点，为历史研究提供了新视角。首先，对西方学者坚持的相对主义提出了质疑，认为在一定程度上，判断孰优孰劣是非常必要的，哲学上的相对主义并不适用于所有问题，指出了西方学者进行研究时存在的一个错误的教条，突破了历史研究的一个桎梏。其次，作者以史实为依据，结合文化人类学的研究成果，认为摩尔根的社会演进理论未必适用于所有民族，进而否定契丹早期存在选汗的传统。最后提出，历史研究应该追求真相，不应该拘泥于实证主义的条条框框，实证主义在一定程度上否认了某种隐晦不明的历史事件真实存在的可能性，而作者提出要勇于承认历史上存在的种种可能性，无疑是有利于发散思维、还原历史真相、探寻历史规律的。“只有明白了可能性为何没有变成现实，才能真正明白历史何以呈现出事实所呈现的面貌。”① 本书贯穿了这一思想，提出了很多逻辑严密的新观点。当然作者的这一观点也存在着一定的问题，将在下文论述。作者还指出当今历史研究中，存在被某种观念或认知先入为主，进而进行研究的现象。诚然“大胆假设，小心求证”是治史者必备的素质之一，求证出的结果亦应是符合历史事实的，但为了证明自己的结论而牵强附会，自然不会深化历史研究。

第三，本书广引与契丹历史相关的南北两个系统的史料，除了二十四史中的部分正史外，还有史料价值较高的私家著作、笔记、出土碑刻及国外的相关著作等。如《续资治通鉴长编》《涑水记闻》《辽宁碑志》，岛田正郎、津田左右吉等

① 林鹄：《南望——辽前期政治史》，第 299 页。

人的研究著作。作者对史料详加考辨，去伪存真，重新构建出了契丹前期的历史事实，结合历史事实对重要政治人物在汉化还是以草原为本位的倾向上做出合理分析，其对史料的运用和解读值得学习。本书对所引史料在页下详加注释，在书后又详细列出参考书目及相关论文，为读者随时查阅史料、相关论文及著作提供了便利。

第四，本书在强调政治体制、政治结构对国家命运的影响时，也认识到了关键历史人物的个人选择和命运对国家产生的影响。如述律后对李胡的偏爱、辽太宗北返时的暴毙，直接影响了契丹国、中原局势乃至中国历史的走向。这就突出了专制体制下，个别重要人物对历史发展进程的影响。作者关于辽太祖去世之后的皇位之争也做出了眼光独到的分析，认为辽太宗的即位是述律后与耶律倍、耶律德光妥协的产物，受其偏爱的少子李胡才是述律后中意的人选，突破了传统认为述律后与太宗站在同一政治立场排斥耶律倍的观点。并对以后几任皇帝在位期间叛乱爆发的原因以及契丹皇帝镇压叛乱所采取的手段一一进行了介绍，得出辽朝因皇位之争而导致的叛乱与叛乱者是否具有草原本位倾向并无直接联系的结论。作者由此及彼，注意到了政治事件、传统制度、个人欲望等几个方面的内在联系，并展开论述，最后回归到“汉化”主题上。也就是说，本书虽然以汉化为主要的论题，但论证主旨的同时，常常涉及其他关键问题，并做出合理解释和分析，令读者耳目一新，如“大辽”国号问题、契丹皇帝继位之初对反对势力的镇压、契丹早期的世选、辽朝的部族制度、关键政治人物及命运对历史的影响等问题。

第五，本书观点新颖，论述充分，不受传统观点的束缚，对于所谓的理论基础提出了大胆的质疑，指出其在某些问题上的不适用性。同时，作者论述了前辈学者在某些具体问题上的不足之处，另辟蹊径，针对很多学界传统观点，以史料为基石进行了详细分析和论证，视角独特，研究方法值得学习。读者通过此书能够对契丹皇帝的汉化倾向有更为深入、透彻的认识，以此书为出发点，重新认识契丹内政的种种举措及外交，可以得出更多新的结论和认识。

三　相关扩充性评论

首先，本书力图突破实证主义的桎梏，提出了一些新颖的观点，是值得提倡的。但在一些情况下，作者又倒向了另一个极端，即对于部分历史事件和历史人物的揣测成分过大，未免给人带来证据不足的直观感受。如将太祖去世后，部分大臣的去世或出逃归结为述律后的迫害，对辽穆宗身体的猜测，承天后改辽为契丹的动机，承天后与韩德让关系的推理，每个观点独立出来，都看似有理，但放在同一部书中，则显得主观猜想成分太大。如何在实证主义与承认历史的可能性之间寻找到一个平衡点，应是现今学者关注的一个问题。

其次，本书多次否认部分史料的真实性，纵然有自己的依据，但难以让人信服。本人认为，对于史料的否定应相当谨慎，在没有十足的证据能够充分证明史料不可信的情况下，不能轻易否定正史的史料价值。如文中对于能够佐证述律后为草原本位者史料的否定，是不合理的。

再次，作者对部分史料的解读难免有推理过度之嫌，如作者通过《辽史·营卫志》“太宗崩，世宗即位，卤簿法物备而不御。穆宗应历元年，诏朝会依嗣圣皇帝故事，用汉礼”①。“诏用嗣圣皇帝旧玺”② 及“玉印，太宗破晋北归，得于汴宫，藏随驾库。穆宗应历二年（952），诏用太宗旧宝”③。认为“很难想象，如果耶律璟乃草原本位主义者，他会有上述举动”④。笔者认为，若按照使用太宗从中原地区带回的卤簿法物、玉玺即可作为辽穆宗并非草原本位者的证据之一，则这几条史料也恰恰可为辽世宗是草原本位者的佐证之一。按太宗即位是耶律倍与述律后妥协的产物，但即位后的辽太宗似乎并没有给耶律倍更多的优待，反而进行打压，以至于耶律倍出逃，二者之间的嫌隙可见一斑。这种情况也直接影响了二者后代的关系和对皇位的认识，辽穆宗的做法恰恰是搬出自己的父亲提醒众人其皇位继承合理合法，来源于辽太宗，在政治上是对父亲的继承。而辽世宗对“卤薄法物备而不御”，也值得再做探讨，辽世宗之父耶律倍是汉化程度较高的契丹人，辽世宗汉化程度可能也相当深，按理说不会排斥这些汉文化的代表，而其之所以会放弃使用太宗自汉地带回来的法物和玉玺，原因可能是对前朝皇帝的否定。辽世宗在位期间追封其父为“让国皇帝”，一个让字，直白地表明了自己对辽太宗皇位来路不正，乃是耶律倍让出的结果的看法。世宗和穆宗对卤簿法物的一废一用，合理的解释为，二者的行为都是为了体现对各自父亲的认同，对前任皇帝的否定，以及对皇位正统性的看法。

最后，前文已经提到，作者对于太祖去世后的皇位之争，提出了不同于学界传

① 《辽史》卷五八《仪卫志四》，第 1022 页。
② 《辽史》卷六《穆宗上》，第 79 页。
③ 《辽史》卷五七《仪卫志三》，第 1016 页。
④ 林鹄：《南望——辽前期政治史》，第 188 页。

统观点的看法，笔者认为，若是进一步深入研究关键历史人物的情感世界，则会更有意义，本书虽略有涉及，但只是点到为止。

总之，瑕不掩瑜。此书的价值，绝不仅仅局限于对历史事实和历史人物价值取向的重新挖掘和还原，其研究方法、研究思路及对于全书脉络的整体把握，都是值得后辈学习的。对当今乃至未来辽史学界的贡献是不可磨灭的。

[本文系吉林大学研究生创新基金资助项目
“辽朝佛教研究”（101832020CX012）
阶段性成果]

《中国与域外》第四辑（2021.04）第400～405页

读西村阳子《唐代沙陀突厥史研究》

胡耀飞*

在唐代北方民族史研究领域，相比于蔚为大观的突厥、回鹘史研究，沙陀史研究颇为薄弱。这与沙陀民族并无创造和流传本民族文字，以及在五代宋初迅速融入汉族有关。因此，目前为止学界诸多论文之外，仅有樊文礼《唐末五代的代北集团》（2000）和赵荣织、王旭送《沙陀简史》（2015）两部著作专论沙陀。[①] 另有孙瑜《唐代代北军人群体研究》（2012）、《大同军与雁北社会》（2017）两书从长时段考察代北地区军人群体[②]和别的学者关于李克用、李存勖、李嗣源的几部传记[③]。可喜的是，日本学界新近出版了一本专著，即本文所评《唐代沙陀突厥史の研究》（汲古书院，2018）。从该书书名中使用"沙陀突厥"一词可以看出，日本学者主要因沙陀人源自突厥而对其特别关注。该书是日本东洋大学文学部史学科准教授西村阳子女史的新著，汇集了她在沙陀史领域的数篇论文，统一于《唐代沙

---

* 胡耀飞，陕西师范大学历史文化学院。

① 樊文礼：《唐末五代的代北集团》，中国文联出版社，2000；赵荣织、王旭送：《沙陀简史》，新疆人民出版社，2015。其中，樊书最为用力，较早为学界所引，故本文所评西村阳子该书列入参考文献。赵、王书出版较晚，论述也不深入，彼时西村氏收入专著的诸文早已写就，似不及将赵、王书列入参考文献，颇可理解。同样未能列入的还有另外两种非专门研究的书：李永瑜《沙陀李晋王及其后裔》，民族出版社，1994；焦杰《十三太保》，三秦出版社，2000。李书主要将沙陀李晋王作为青海地区某土司家族的祖先来描述，并无史料依据，十分牵强；焦书则是对李克用诸义儿进行介绍的历史普及读物。

② 孙瑜：《唐代代北军人群体研究》，社会科学文献出版社，2012；孙瑜：《大同军与雁北社会》，光明日报出版社，2017。

③ 李克用传记有两种，分别是樊文礼：《李克用评传》，山东大学出版社，2005；马海：《李克用传》，北岳文艺出版社，2016。前一种较为学术，基本观点承袭自《唐末五代的代北集团》，后一种颇为通俗。李存勖传记有中、英文两种，实为一书不同版本：戴仁柱：《伶人·武士·猎手：后唐庄宗李存勖传》，中华书局，2009；Richard L. Davis，*Fire and Ice*：*Li Cunxu and the Founding of the Later Tang*，Hong Kong University Press，2016。中文版先出，为求可读性，无注释，英文版补上注释并对内容有所修订。李嗣源传记有一种：Richard L. Davis，*From Warhorses to Ploughshares*：*The Later Tang Reign of Emperor Mingzong*，Hong Kong University Press，2015。

陀突厥史の研究》这一大标题下。在西村女史之前，关注沙陀史的日本学者，最早的是20世纪四五十年代即发表论文的冈崎精郎，讨论过后唐明宗身为沙陀人所保留的旧有习俗，以及沙陀朱耶氏的始祖问题。随后是20世纪70年代，室永芳三发表了数篇论文，讨论沙陀部早期发展历程。近20年则有石见清裕对日本、中国学界关于沙陀研究史的梳理，森部丰对粟特系沙陀人、对《李克用墓志》的考察。①

基本上，经过中日学界的反复耕耘，沙陀史研究的诸多基本问题，比如沙陀族源、早期活动范围、东迁的过程、在代北地著化、建立沙陀三王朝直至北宋以后消融，都有了详尽的研究。但这些研究又都没有能够解决全部问题，且会在日益出土新资料的情况下得到新的修正，出现新的学术增长点。西村阳子的书，就是在这样一种情况下的新成果。

该书除了绪论和结语，包括第一部“唐后半期政治发展与沙陀突厥”、第二部“史料编”。

第一部分共四章，作者探讨了唐后期的政治演变及沙陀的动向。在第一章，作者从整体上梳理了9～10世纪沙陀的活动与唐王朝之间的互动，特别是从唐王朝北方财务体制的视角点出了代北水运使的重要作用（第30页）。在第二章，作者通过释读振武军节度使《契苾通墓志》揭示了沙陀部族的构成和体制，即包括沙陀三部落（沙陀、萨葛、安庆）、契苾、吐谷浑在内的“代北五部”（第45页），并进一步指出唐王朝的北边财政在被契苾部掌握之后又被过渡到沙陀，从而为沙陀集团在唐末五代的崛起创造了经济基础。在第三章，作者继续通过解读长期在代北地区历任天德军副使、河东节度副使、大同军防御使支谟的《支谟墓志》揭示了沙陀部与唐王朝之间的互动关系，并整理了包括《资治通鉴》《旧唐书》《新唐书》《旧五代史》《新五代史》五种史料在内的《沙陀相关史料年表》（第122～157页）。在第四章，作者将视野扩展到整个唐后期的沙陀动向，特别是朱泚之乱以来，沙陀与铁勒（浑部、阿跌部）、粟特的互动。

第二部分共三章，作者梳理了沙陀相关出土材料的内容。在第五章，作者梳理了山西代县沙陀墓葬群的情况，其中核心部分即1989年发现的李克用建极陵。虽然该墓一直没有正式的发掘报告出版，但《李克用墓志》的披露，已经给相关研究带来了极大的便利。不过由于已有森部丰和石见清裕等人的研究在前，故作者并

① 20世纪的沙陀史研究情况，可参考石见清裕《沙陀研究史：日本・中国の学界における成果と课题》，《早稲田大学モンゴル研究所纪要》，第2号，2005，第121～138页。此后的研究状况，可参考西村阳子《沙陀研究史》，氏著《唐代沙陀突厥史の研究》，汲古书院，2018，第9～12页。

未再详细探讨该墓志的文本。作者的贡献在于进一步梳理了后唐建国后的皇帝陵，包括庄宗追尊的懿祖昭烈皇帝朱邪执宜的永兴陵、献祖文景皇帝李国昌的长宁陵、太祖武皇帝李克用的建极陵，明宗追尊的惠祖孝恭皇帝李聿的遂陵、毅祖孝质皇帝李教的衍陵、烈祖孝靖皇帝李琰的奕陵、德祖孝成皇帝李霓的庆陵，以及庄宗雍陵和明宗徽陵等，对皇帝的下葬情况进行了史料梳理。另外，作者还列出了围绕李克用建极陵（俗称李克用墓）的其他金石、口传和地方志材料，以及作者本人踏查李克用墓的所见所闻。在第六章，作者对《契苾通墓志》《契苾公妻何氏墓志》进行了中文录文、日文训读和日文翻译，并讨论了两方墓志所反映的代北五部对回鹘灭亡后南下回鹘余部进行的招抚。在第七章，作者同样对《支谟墓志》进行了中文录文、日文训读和日文翻译，又对其中的许多名词进行了解释，并探讨了墓志所反映的度支与中央库藏的关系。

综上，可知该书内容之大概。大体而言，西村氏一书的贡献主要在于下文两大方面。

一　代北水陆发运使与唐朝的北边财政

历来讨论民族史，多从政治、军事着手，或从语言、文化、宗教深入，而少论其经济层面。即便有，也多侧重与周边民族的边疆贸易，少论该民族本身的经济诉求。但西村氏正好抓住了以往论述沙陀史较少关注的经济问题，即对水陆发运使的掌控。在该书中，作者在三处论及北边财务体系的重要性：一是第一章第三节，预先说明了下文要对唐末北边财政体系进行论述，即从河东节度使、振武节度使辖下的和籴、营田等军粮供给体系展开（第 29 页）。随后点出了代北五部对代北水运使这一职务的掌控所产生的影响，即在黄巢之乱期间，为从代表唐廷的代北水陆发运使（代北水运使）段文楚、支谟处夺回这一职务，方才积极投入镇压黄巢的事务（第 31～32 页）。二是第二章第三节，作者从《契苾通墓志》切入，详细讨论了唐王朝的北边军粮补给体系，具体则包含和籴、营田、代北水运三个方面。这是作者在丸桥充拓已有研究的基础上①，通过新出墓志进行的进一步研究。特别是探讨了契苾通在任度支河东、振武营田等使之余，很大可能兼任了代北水运使（第

① 丸桥充拓曾在其写博士论文阶段关注过代北水运使，他在 1998 年提交京都大学答辩后，于 2006 年出版了《唐代北辺财政の研究》（岩波书店，2006）。其中第三章即包含了对代北水运使的探讨，中译本参见丸桥充拓《唐代军事财政与礼制》，张桦译，西北大学出版社，2018，第 88～96 页。

66 页）。三是第三章第三节的第一项，作者对唐末的国际形势和财务运输体系进行了整体性的简单梳理（第 100 ~ 102 页）。

总体而言，作者对唐代北边财政体制的梳理颇为详尽，但也存在一些有待提升之处。比如在讨论契苾通所任度支河东、振武营田等使可能兼任代北水运使时，作者使用的是“契苾通兼任代北水运使的可能性很高”这样的论断（第 66 页），并用马曙的例子作旁证。但马曙在《樊川文集》中的“前度支河东、振武、天德等道营田供军使、检校太仆卿兼御史中丞马曙”被“除右庶子”[①]，和《东观奏记》中的“大理卿马曙任代北水运使”还朝后被奴告发私藏兵器，最后被贬邵州刺史[②]，两则史料并无一个职官可以对上，虽然时间相近，恐不能确然坐实为一事。又如代北水运使馈运粮食北上的路线问题，作者虽然已经根据刘禹锡《薛謇神道碑》“发粟泝河北行”[③] 的记载揭示了代北水运使的路线是沿黄河北上（第 64 页），但并未解释为何水运使这一职务的衙署会设在雁门或云州大同等离黄河那么远的山地。而且在作者所绘制的“代北五部居住地与北边军粮输送路线示意图”（第 65 页）中，也只是模糊处理了路线问题。对此，孙瑜已在严耕望研究基础上梳理得到代北水运使对桑干河、滹沱河、汾河的利用，却未能考虑黄河的情况。[④] 期待日后学者能够综合两人的研究，重新考察代北水（陆）运使的路线问题。

二　墓志所见代北五部部分家族世系、历官等梳理

唐代民族史研究的进展，离不开大量碑志的出土与整理，作者在该书中也是如此，其中下编更全部是对墓葬和墓志的整理。在此基础上，作者进一步地确认了“代北五部”这一群体的成立，并梳理了其中几个代表性家族的世系，包括根据《契苾通墓志》、契苾何力子《契苾明神道碑》、契苾明子《契苾嵩墓志》、契苾何力六女《契苾夫人墓志》、契苾明之女《契苾氏墓志》等梳理而成的契苾氏系谱

---

① 杜牧：《马曙除右庶子王固除太仆少卿王球除太府少卿等制》，《樊川文集》卷一七，吴在庆《杜牧集系年校注》，中华书局，2008，第 1049 页。吴在庆系此事于大中五年（851）九月至大中六年底之间。

② 裴庭裕：《东观奏记》卷中，田廷柱点校，中华书局，1994，第 111 页。郁贤皓将马曙任邵州刺史系于“约大中时”，范围太广，无法为据，参见郁贤皓《唐刺史考全编》卷一七二，安徽大学出版社，2000，第 2490 页。

③ 刘禹锡：《唐故福建等州都团练观察处置使福州刺史兼御史中丞赠左散骑常侍薛公神道碑》，《刘禹锡集笺证》卷三，瞿蜕园笺证，上海古籍出版社，1989，第 72 页。

④ 孙瑜：《唐代代北军人群体研究》，第 41 ~ 42、331 ~ 333 页。

（第 54 页），根据《支谟墓志》等十方墓志（第 86 页）梳理而成的支氏系谱（第 88～89 页），根据《浑瑊碑》《浑偘碑》等梳理而成的浑氏系谱（第 173 页）。又列表梳理了粟特人庐江何氏的相关墓志信息（第 59 页）、支谟的历官（第 91 页）、迁入河东道后沙陀部为唐廷立下的战功（第 170 页）、振武军历任出身铁勒和粟特的节度使（第 176 页）、阿跌部李光进和李光颜兄弟诸子侄的历官（第 186 页）、契苾通诸子的历官（第 187 页）、后唐诸陵所在地（第 214 页）等等信息。

这些信息的梳理，基本都是与作者行文密切相关的。但梳理后呈现出来的，也包含了作者在行文中并未深入探讨的信息，却有助于读者的整体理解，并供日后在此基础上继续研究之用。类似的梳理还有作者所绘制的几幅地图，包括“第一章内容相关地图”（第 23 页）、“代北五部居住地与北边军粮输送路线示意图”（第 65 页）、“第三章内容相关地图”（第 101 页）、“浑·契苾·阿跌·沙陀·党项·粟特的迁徙图”（第 166 页）、“后唐皇帝陵分布图”（第 210 页）、“晋王墓群现状图”（第 239 页），共计 6 幅，且每一幅都是以地形图为底图，加上作者本人考证过的地理要素，这对于读者直观地了解北部边疆的具体防务有很好的指示作用。

除了以上两部分的贡献，该书在其他方面，比如对相关墓志的具体而详细的释读，对代北地区民族动向的梳理，都有很好的展示。不过在笔者看来，囿于体例和信息，该书尚需进一步深入的还有以下两点。

第一，日本学者出书，喜用论文集形式，故而在一个大题目下，往往是分散的小题目叠加起来，并非系统性的论述。西村氏这部著作也是如此，其第一部分为作者此前单独发表过的四篇论文，发表时间从 2005 年至 2016 年。第二部分中，第七章初次发表于 2014 年，仅其余两章墓志释证为该书初刊。这样一种论著出版模式，在相关内容学术更新速度不频繁的情况下尚且可以如此。但对于沙陀史研究而言，由于近年受到的关注逐渐上升，恐难在保持原文的情况下直接出版，势必需要根据新近的研究进行修订。该书在修订方面虽然已经做得很好，但还是会出现一些遗漏，比如袁本海在 2010 年答辩的博士论文《沙陀的形成及其与北方民族关系研究》，详论了沙陀的形成，以及在形成过程中与粟特、达靼、突厥、回鹘、吐谷浑、契丹、党项、吐蕃等部族的关系。[①] 又如樊文礼在 2014 年曾撰文《再论唐末五代代北集团的成立》，针对王小甫的不同意见，再次梳理了他对代北集团这一表

---

① 袁本海：《沙陀的形成及其与北方民族关系研究》，中央民族大学博士学位论文，2010。

述的看法和对代北集团内部情况的进一步梳理。[①] 此外，这些论著也都或多或少提及西村氏发表过的论文，可惜后者未能在修订过程中进一步对话。至于未能参考西村氏先行发表之论文的孙瑜《唐代代北军人群体研究》一书，以及西村氏修订时对孙瑜著作的漏引，则更期待日后的更多交流。[②]

第二，对于段文楚的研究，近年新出《段文楚墓志》颇可发覆。对此，笔者已有专文讨论，孙瑜、张明则在笔者基础上分别有一篇论文就其他关联问题进行讨论。[③] 大体而言，该墓志的贡献在于，首先确认了李克用杀段文楚的时间点，即乾符五年（878）二月七日。这一时间点的确认，解决了前人长期以来悬而未决的问题，为了解沙陀部落在当时的动向提供了时间坐标。以此为坐标，则可以结合其他传世文献如《庄宗功臣列传》《唐末三朝见闻录》《资治通鉴》等，将李克用杀段文楚的斗鸡台事件的时间线予以还原。[④] 更由于此一事件是沙陀部与唐廷正式对立的起点，且牵动了各方面的利益，故而对于西村氏的大著来说，若能在此墓志的基础上继续深入探讨相关章节的话题，定可有更多新的发现。

通过上文的梳理，大致可以了解到西村氏该书的基本情况。总体而言，西村氏该书在贡献之余，也有通过不断出土的新材料加以改进的地方。对于我们读者而言，更应该在此基础上，继续系统梳理晚唐五代沙陀史。

---

① 樊文礼：《再论唐末五代代北集团的成立》，《烟台大学学报》（哲学社会科学版）2014年第3期，第90~99页。

② 前揭孙瑜《唐代代北军人群体研究》（2012）、《大同军与雁北社会》（2017）两书，皆未能参考西村氏的先行研究，颇为遗憾。西村氏参考了孙瑜先行发表的几篇论文，但未能征引孙瑜2012年的书，似有遗憾。至于孙瑜2017年的书，出版时间太近，希望日后能够得到学界更多的关注。

③ 胡耀飞：《斗鸡台事件再探讨——从〈段文楚墓志〉论唐末河东政局》，苏小华主编《中国中古史集刊》第三辑，商务印书馆，2017，第257~286页；孙瑜：《巨变前的骚动：风势论下的斗鸡台事件》，《山西大学学报》（哲学社会科学版）2017年第4期，第83~90页；张明：《李克用的发迹："斗鸡台事变"史实新考——〈支谟墓志〉再解读》，《中华文史论丛》2018年第3期，第93~112页。

④ 胡耀飞：《斗鸡台事件再探讨——从〈段文楚墓志〉论唐末河东政局》，第272~273页。

《中国与域外》第四辑（2021.04）第406～415页

《中世纪世界·比较与跨学科研究》简评

李　强*

《中世纪世界·比较与跨学科研究》（*Medieval Worlds: Comparative & Interdisciplinary Studies*）① 是近年来西方中世纪史研究领域内出现的一份具有突破性的专业研究期刊。虽然其所涉时间范围依旧是传统中世纪的公元4～15世纪，但是它并不完全局限于这一时间段，并且在研究空间、研究理念、研究方法上完全突破了以往中世纪史研究的局限，强调跨越中世纪研究中的学科界限、地区界限以及民族国家研究传统，打开讨论的新空间，从全球史视角透视历史。该刊由奥地利科学院创办于2015年，以半年刊的形式出版，并且严格遵守匿名评审的制度。自创办以来，该刊以专题的方式出版8期。② 因其秉持研究理念的学术性、专业性、开放性与前沿性，刊物受到学者们的广泛关注。

该刊主编是奥地利科学院中世纪史研究所所长沃尔特·波尔教授（Walter Pohl）。作为国际知名的中世纪史专家，他多年来从事大迁徙时期和早期中世纪的族群史研究，并获得奥地利最高科学奖——维根斯坦奖。③ 期刊编委会由来自不同领域的权威学者组成，例如我们熟知的东亚史学家狄宇宙教授（Nicola Di Cosmo）、④ 中世纪

---

* 李强，东北师范大学历史文化学院。

① 期刊网址如下：http://www.medievalworlds.net/medieval_worlds?frames=yes。

② 各期主题分别是：《中世纪研究的比较研究方式》（2015年第1卷）、《帝国：内聚力的元素和衰败的信号》（2015年第2卷）、2016年第3卷无主题、《中世纪历史与考古的基因学挑战》（2016年第4卷）、《中世纪欧洲的比较研究》（2017年第5卷）、《前现代欧亚的宗教豁免：公元300～1300年》（2017年第6卷）、《论战倾向：跨越类型与研究文化的中世纪宗教论战》（2018年第7卷）、《跨文化的联系与文化交流》（2018年第8卷）。

③ 其专著《阿瓦尔人史：中欧的草原帝国，567～822年》英文版近期已由康奈尔大学出版。

④ 狄宇宙教授长期致力于东亚古代史，尤其是中国与中亚从古至今关系史的研究，其代表作是《古代中国与其强邻：东亚历史上游牧力量的兴起》。

史学家帕特里克·格里教授（Patrick Geary）、[①]拜占庭史学家约翰·哈尔顿教授（John Haldon）[②]等，与此同时，中国北京大学罗新教授和陆扬教授也名列编委之中。

《中世纪世界·比较与跨学科研究》第8卷是目前最近的一期，其主题为《跨文化的联系与文化交流》，本期文章包括两类，第一类是专题论文，第二类是欧洲研究委员会支持的研究项目介绍及其部分研究成果。以下将从这两个方面分别介绍本期文章的内容。

一 专题论文

《跨帝国的世界文学：一种中世纪路径和一种近代的路径》（“World Literature is Trans-Imperial：A Medieval and a Modern Approach”，pp. 3－21）一文作者为南丹麦大学的克里斯蒂安·于格尔教授（Christian Høgel），他主要关注的领域是拜占庭的圣徒传记。作者提出，鉴于全球性的研究已经成为热门话题，无所不在，各学科的诸多研究都在试图定义何为全球性，并且已经提出基本的看法，即强调全球性的跨地区与跨国，甚至跨大陆的特点。而作者则认为有必要对这一基于地理纬度的文化思考进行修正，因此他从其所从事的文学研究领域着手讨论。他认为跨帝国（trans-imperial）在文学研究领域是讨论世界或者全球文学的关键。通过讨论跨地区性与跨国性对于文学传播的局限性后，他提出翻译是世界文学的关键，而翻译的工具则是语言，其中，中世纪时期各大帝国的官方语言之间的翻译（希腊语、拉丁语、阿拉伯语、波斯语等）对于文学的世界化具有重要的推动作用，而这些成为世界性或者全球性的文学以童话故事、宗教文本、哲学、科学和“王子镜鉴”（mirror of Princes）为主。这种跨帝国性同样也适用于近代的帝国，正是诸如英语、法语、德语等这些由大帝国所使用的语言，才将其文学随着帝国的扩张扩散到世界各地，形成重要的世界文学。

《全球杰出者的生平：6世纪的传记集——从都尔的格里高利到嘉祥寺的慧皎》（The Global Eminent Life：Sixth-Century Collected Biographies from Gregory of Tours to Huijao of Jiaxiang Temple，pp. 22－41）一文作者是圣安德鲁大学的詹姆斯·T. 帕尔

① 格里教授曾任美国中世纪史学会主席，近年来，他在历史学领域应用分子生物学技术的努力中，因其理论、方法和成功的国际合作，在历史学界引起广泛关注。

② 哈尔顿教授现为国际拜占庭学会主席，他多年来致力于拜占庭社会史、军事史、环境史等领域的研究，著述丰厚，是英美学界拜占庭学研究的主要领军人物。

默教授（James T. Palmer），其研究领域是早期中世纪文化史。[①] 作者长期从事西欧中世纪的拉丁圣徒传记研究，受到近年来新全球史研究中强调利用“移动”（mobility）的观念来审视网络和连通世界的影响，他认为通过比较研究的方法来探究圣人传记有助于扩展对宗教文化的研究范围。因此，在本文中，作者选取了6世纪的西欧基督教圣徒传记（以图尔的格里高利的作品为主）和中国的佛教高僧传（以慧皎《高僧传》为主）进行比较。他认为，以往的相关研究没有注意到比较此类传记的文学和组织形成的过程，这样的比较能够突破停留在表面的现象研究。通过考察上述传记作者的意图、文本的内容安排以及文本所体现的互文性（Intertextuality），[②] 他指出，上述东西不同宗教的传记都设立了行为典范，作为后世读者学习的榜样，这也是这类文本的重要价值。与此同时，两者都强调其传记的教育和指导意义。在互文性中，他指出，上述传记的出现是与其他宗教、历史等文献配合使用的，不是孤立存在的，与此同时他还强调这些传记内容的安排也体现了作者乃至后世抄写者的意图。通过上述的比较，作者最后强调，圣人传记的文本内容及其结构的构成都有其目的，其普遍特征就是能够使其发挥最大的影响力。

《丕平三世的亚里士多德：送往法兰克王宫的希腊书籍（758年）》［“The Aristotle of Pippin Ⅲ. Greek Books Sent to the Frankish Court (ca. 758 AD)”, pp. 42 - 65］一文的作者是奥地利科学院的克里斯蒂安·加斯特戈博博士（Christian Gastgeber），他的主要研究领域是拜占庭的拉丁语和希腊语文本。作者在本文中通过一份较为特殊的书籍名单来考察希腊文文献对法兰克加洛林王朝的影响。这份名单包含在教皇保罗一世写给法兰克加洛林王朝第一任君主矮子丕平的书信中，其中罗列了教皇赠送给丕平的大量希腊文书籍。通过对该书信手稿的微观语言学考察，作者提出，这些希腊文书籍被从教皇那里送给加洛林宫廷是在“加洛林文艺复兴”之前，因此与“加洛林文艺复兴”没有关系，之所以这件事情会发生，主要是丕平准备利用这些书籍推动加洛林帝国内部学习希腊语，从而达成两个目的：第一，培养加洛林宫廷希腊文翻译人员，以此可以阅读来自东方拜占庭帝国的外交文书，

---

① 帕尔默教授关注的重点在于跨政治和社会边界的文化互动，目前他的主要研究项目是“早期中世纪基督王国形成中的科学与信仰”。他曾出版《法兰克世界的盎格鲁－撒克逊人，690～900年》（2009）和《早期中世纪的圣徒传记》（2018）等。

② “互文性”，又称为“文本间性”或“互文本性”，这一概念首先由法国符号学家、女权主义批评家朱丽娅·克里斯蒂娃提出，其基本内涵是，每一个文本都是其他文本的镜子，每一文本都是对其他文本的吸收与转化，它们相互参照，彼此牵连，形成一个潜力无限的开放网络，以此构成文本过去、现在、将来的巨大开放体系和文学符号学的演变过程。

第二，推动深受希腊语影响的宗教文献研究。通过这一微观的文本研究，作者揭示出，公元 8 世纪，在罗马教皇、加洛林王朝以及拜占庭帝国三者之间的微妙关系中，罗马教皇主要扮演了调解者的角色。

《〈莱昂王国诸王编年史〉中的圣经元素与“他者”》（“Biblical Elements and the ‘Other’ in the *Chronicon regum Legionensium*”, pp. 66 - 85）一文作者是奥地利科学院的博士研究生帕特里克·S. 马施内（Patrick S. Marschner），本文是其所参与的研究项目“8～12 世纪跨文化的伊比利亚社会的圣经与历史编纂学”（“Bible and Historiography in Transcultural Iberian Societies, 8th to 12th Centuries”）的研究成果之一。如题所示，本文主要是考察一部来自 12 世纪的伊比利亚半岛的编年史《莱昂王国诸王编年史》（*Chronicon regum Legionensium*）。莱昂王国是位于伊比利亚半岛上的一个中世纪王国，该编年史即是关于王国历史的一部著作。如作者所言，该著是一部边缘性、且记载时间较短（100 多年）的著述，并且没有受到广泛关注。中世纪，伊比利亚半岛受到了伊斯兰教政治和文化的复杂影响。该文本体现了较为复杂的历史编纂学特征，因此作者通过对书中圣经元素的利用以及对作为“他者”的穆斯林统治者的描绘来揭示出该著作的这一特点，并透视出该时期伊比利亚半岛文化的复杂性。

《“信使是一个人的判断所在”：10 世纪皇帝与哈里发之间的外交》（“‘The messenger is the place of a man’s judgment’: Diplomacy between Emperors and Caliphs in the Tenth Century”, pp. 86 - 108）一文的作者是美国南密西西比大学助理教授康特尼·鲁克哈特（Courtney Luckhardt）。她的研究领域是早期中世纪的宗教和文化史。本文作者主要借助文献中的相关记载，考察了 10 世纪伊比利亚半岛上的穆斯林统治者与基督教世界的统治者之间的外交联系。通过分析，她指出，该时期伊比利亚半岛文化存在多样性，穆斯林、基督徒、犹太教徒等共同处于穆斯林统治者的管理之下，而这些非穆斯林对其统治者有着极大的认同，因此穆斯林统治者精心挑选非穆斯林精英充当信使和外交使者与基督教国家建立联系，他们通过自己的才能和文化认同，得以实现了长距离的跨文化联系，并以此来在基督教世界确立起伊比利亚半岛穆斯林统治者的权威和对其合法性地位的认可。

《丝绸之路上的地缘政治：西突厥与拜占庭外交关系再考察》（“The Geopolitics on the Silk Road: Resurveying the Relationship of the Western Türks with Byzantium through Their Diplomatic Communications”, pp. 109 - 125）一文，由东北师范大学世界古典文明史研究所李强博士与希腊国际大学黑海研究项目的斯蒂法诺斯·科尔多

西（Stefanos Kordosis）博士共同完成。二人的研究领域集中于拜占庭与东方关系的互动。[①] 本文尽可能地穷尽6~7世纪拜占庭关于西突厥的史料（弥南德《历史》、埃瓦格里乌斯《教会史》、约翰·艾比法尼亚《历史》、拜占庭的塞奥法尼斯《历史》、以弗所约翰《教会史》、莫里斯《战略学》、塞奥菲拉克图斯·西摩卡塔《历史》、尼基福鲁斯《简史》、坚信者塞奥法尼斯《编年史》），以西突厥与拜占庭的外交使节往来为中心，考察拜占庭与西突厥关系的构建，进而揭示6~7世纪欧亚草原上的地缘政治的本质问题。西突厥是从公元6世纪中期起，控制丝绸之路中段的族群势力，在与波斯关系交恶后，西突厥与丝绸之路西端的拜占庭帝国建立了密切联系，双方频繁互派使节，建立军事联盟，并重视商贸往来。二者外交使节交往最初以结盟为主，而后关系交恶，这一变动反映出其关系的不稳定性。拜占庭与西突厥关系的不稳定与丝绸之路地缘政治格局是相互影响的关系。具体来看，变动的根本原因在于二者利益的不一致性：6~7世纪拜占庭企图借助西突厥牵制波斯、阿瓦尔人等，实现维持其东部和北部疆域稳定的总体目标，而西突厥则以领土扩张和经济利益为根本目的。西突厥与拜占庭这种关系的变化，揭示出欧亚草原的地缘政治特点：强大政权之间互相博弈，居间族群为保持自己的地位，采取灵活多变的政治、经济和外交策略。

二　研究项目报告

本期中的研究报告是对近年来受欧洲研究委员会[②]赞助的中世纪科研项目的介绍。

《6~14世纪东部中亚佛教迁移的动态：项目报告》（“Dynamics in Buddhist Transfer in Eastern Central Asia 6th - 14th Centuries: A Project Report”, pp. 126 - 134）是对“6~14世纪东部中亚佛教迁移的动态”研究项目（2017~2022）的介绍，[③] 该项目负责人是波鸿大学的卡门·梅内特教授（Carmen Meinert）。梅内特教

① 李强博士毕业于希腊约阿尼纳大学，博士学业期间研究关注于罗马-拜占庭帝国形象在中国史料中的演变。现在的研究主要关注于拜占庭与高加索地区的不同族群的政治、经济和文化联系。斯蒂法诺斯博士著有《拜占庭与中国之间的突厥人》（2012，希腊文版），他主要从国际关系的视角审视两大帝国交往中突厥势力的角色。他现在主要关注拜占庭与黑海地区族群的联系。

② 欧洲研究委员会（ERC）是欧盟于2007年新成立的研究基金组织，用以支持基础研究，目的是确保欧洲对卓越研究的追求。“启动经费”专项奖金由ERC于2008年开始颁发。任何研究者不论国籍，只要所从事的研究挂靠在欧洲研究机构，即可申请，奖金最终获得者以同行评审方式评选产生。

③ 项目网址：buddhistroad. ceres. rub. de/en/。

授一直以来从事关于佛教在中亚、西藏和中国其他地区的传播，写本研究，佛教艺术等相关专题的研究。该项目目的在于通过佛教在东部中亚地区的接受和传播的动态来考察全球史和宗教史中的东部中亚的角色。项目组强调，中亚是理解全球史进程的关键，但是事实上该地区在全球史中的地位长期受到忽视。这一缺失的链接不仅有助于全面理解欧亚史或者世界史，而且在宗教史研究中也有极大的重要性。东部中亚不仅是世界上诸多文化和宗教成就的过渡地区（借助朝圣僧侣、货物以及观念从一个文明到另一个文明的旅行），还是在被称为“丝绸之路”的古代、地方性的政治 - 经济 - 文化体系中，诸文明连接与互动的地区。鉴于此，项目组将以和田、库车、吐鲁番、甘州、敦煌以及唐古特和契丹王朝的统治区为中心，考察 6 ~ 14 世纪的佛教的当地化和发展问题。在研究中，他们将从经典、仪式和佛教实践、非佛教的影响、保护人和合法性策略、神圣空间和朝圣以及艺术和物质的传播等角度实施综合考察。

《蒙古欧亚的移动、帝国与跨文化联系》［“Mobility, Empire and Cross-Cultural Contacts in Mongol Eurasia (MONGOL)”］一文来自耶路撒冷希伯来大学米哈尔·碧蓝教授（Michal Biran），她主持了同名项目的研究。[①] 其主要研究领域是内亚史，尤其是 10 ~ 14 世纪的蒙古和前蒙古时代的中亚。本项目是通过移动的角度来研究蒙古帝国（1206 ~ 1368）对世界历史的影响。项目的目标是解释人们的观念和制品为什么、如何、什么时候以及向哪里跨欧亚移动，以及这些人口流动的结果是什么。借助世界历史视角下对多语言原始文献的分析，该项目建立了一个用于研究上述流动问题的人物志数据库，其中包含了活跃在蒙古欧亚的超过 13500 位人物的信息。这一资源工具有效地推动了对各种移民群体（部落、俘虏、学者）、经济和文化传播网络、各种帝国制度（军队、外交和帝国额驸）的研究，以此展示了该时期的社会和文化史。强调游牧的蒙古人在人口流动中的核心性角色，该项目还分析了这些流动如何造成多种多样的跨文化联系，如何引起大规模的族群、宗教和地缘政治的变动，以及导致旧世界更加密切的融合。这种增强的联系产生了跨越欧亚的共同的帝国文化以及知识和宗教的相对性。反过来，这些又给后来的政体留下了大量的帝国遗产，推动了由中世纪向近代的过渡。本项目的研究极大地促进了世界各地蒙古研究的全球化，并且本研究的重要意义是在整个欧亚语境下的蒙古帝国研究。

---

① 项目网址：http://mongol.huji.ac.il/。

《从希腊语到阿拉伯语：哲学概念与语言学桥梁》（“Greek into Arabic. Philosophical Concept sand Linguistic Bridges”, pp. 155 – 161）一文由克里斯蒂娜·达克娜、吉哈德·恩德莱斯和安德莱亚·博兹共同完成（Cristina D'Ancona, Gerhard Endress, Andrea Bozzi）。[①] 本文是关于同名项目（2010～2015）的介绍。该项目是由比萨大学达克娜教授主持，波鸿大学以及意大利国家研究委员会计算机语言学研究中心共同参与的5年研究项目。研究的核心问题在于考察古典希腊语和古典之后的希腊语向阿拉伯语世界的传播。本项目重点从三个方面的考察使得受到教育的阿拉伯精英能够接触8～12世纪的希腊哲学和科学的翻译：1. 深入分析一部对这一传播具有标志性意义的著作，即《亚里士多德的神学》；2. 关于希腊语遗产本土化过程的词汇研究；3. 在计算机语言学领域制作出一种特殊的工具。通过古典语言学学者、哲学学者、词汇学学者以及计算机语言学学者的共同努力，实现三个目标：1. 形成一部被称作“亚里士多德神学”的评注版著作；2. 完成希腊语 – 阿拉伯语词汇数据库（Glossarium Graeco-Arabicum）[②]；3. 制作出一个分析希腊语哲学作品和它们的阿拉伯中世纪译本的分析校对的系统。目前，第一个目标即将实现，词典已经完成，计算机语言学系统也已经完成。本项目的研究为近代前夕的古代世界与穆斯林以及基督教的地中海地区的知识传播的研究提供了一个范例。

《在漫长的9世纪中写作亚里士多德逻辑的历史》（“Writing the History of Aristotelian Logic During the Long Ninth Century”, pp. 162 – 169）一文由来自维也纳大学的助理教授克里斯托弗·埃利斯曼完成（Christophe Erismann），他的研究领域是希腊逻辑在古代、教父时代以及中世纪哲学中的接受。本文是对其欧洲研究委员会支持的项目“再评估9世纪的哲学：对于逻辑传统的共时性方式研究”（Reassessing Ninth Century Philosophy. A Syncronic Approach to the Logical Tradition）（2016 – 2020）的介绍。[③] 本项目在于借助共时性的方式来考察9世纪思想的哲学丰富性。这一方式的指导性假设是对该世纪的四大主要哲学传统的并行性研究，其结果是基于任何唯一传统所无法达到的。9世纪作为一个在加洛林、拜占庭和阿巴斯帝国都存在的文化更新的时代，拥有关于同一文本的明显的特征，即亚里士多德逻辑的作品在拉丁语、希腊语、叙利亚语和阿拉伯语中得到了阅读和评注。本项目的预期结果是一部关于9世纪逻辑历史的著作；利用共时性的方式来加深对彼时的

① 项目网站：http：//www. greekintoarabic. eu/。

② 该数据库网址：http：//telota. bbaw. de/glossga/。

③ 项目网址：https：//erc – 9salt. univie. ac. at/。

哲学讨论的理解；关注之前从未被翻译为任何现代语言的哲学文本。

《塞西斯项目》（“The THESIS Project”, pp. 170 – 178）一文来自法国国家科学研究中心的莫妮卡·布林奇博士（Monica Brinzei），她所承担的这一项目的全称是“神学、教育、学术机构与学者网络：晚期中世纪巴黎大学与中、东欧新大学的对话”（Theology, Education, Scholastic Institution and Scholars-network: dialogues between the University of Paris and the new Universities from Central and Eastern Europe during the Late Middle Ages）[①]（2012 ~ 2018）。该项目主要是借助中世纪最知名的标准神学教科书彼得·伦巴德的《四部语录》（*Sentences*）的问答手稿的整理和分析，来考察中世纪欧洲大学人文氛围的新信息，了解中世纪大学知识的发展趋势，探究中世纪西欧大学与中、东欧新兴大学之间的知识交流。其研究方式是对上述手稿进行整理、分类，在此基础上研究其制作、流通、使用以及影响等方面。目前，该项目已经对所收集到的500余部形成于14世纪中期至15世纪中期的手稿进行了分析，并且出版了大量的成果。与此同时，项目组还通过组织会议和暑期学校等形式，推动对该项目专题的研究，并且取得了极大的成效。

《地方语言模式的起源：中世纪神学、政治和宗教身份》（“Origins of the Vernacular Mode: Medieval Theology, Politics and Religious Identities”, pp. 179 – 188）一文来自奥地利科学院帕夫琳娜·利赫特洛娃博士（PavlínaRychterová），利赫特洛娃博士从事波西米亚研究与斯拉夫研究，其研究兴趣在于圣徒传记史学、东中欧历史等。作为该同名项目的负责人，她和其项目组成员历时6年（2011 ~ 2017），通过跨学科合作，对中世纪晚期东中欧的地方语言宗教文学进行了比较性研究与欧洲的情景化考察。该项目的主要目标在于重构中欧尤其是东中欧的历史文献学与文学和文学研究中的多种关键研究路径。项目的研究成功地推进了以当地语言文本为证据的全面考察的方法论思考，与此同时公布了大量的史料，便于国际学者研究使用，并且重新书写了东欧历史文献学的关键历史叙述。

评　论

通过对《中世纪世界》的办刊理念以及第8卷文章的初步考察可以发现，该刊具有极强的时代特点，反映了时下历史学研究的整体趋势。

---

① 项目网址：http://www.thesis-project.ro/。

第一，突破了欧洲中心论的视角。古代、中世纪、现代的历史三分法，是由欧洲中世纪文艺复兴时期的学者提出的，带有强烈的欧洲中心论色彩，这种划分体系主要是考察欧洲如何形成的，首先是军事和政治上，其次是经济和文化上。但是，20 世纪以来，在年鉴学派的推动下，历史研究向多样化趋势发展，并且随着古代晚期研究与全球史的快速发展，历史学界越来越重视跨越边界、注重互动与交流的研究方式，突破欧洲中心的藩篱，中世纪史研究强调中世纪世界的多样性，而不是文化的差异。《中世纪世界》的办刊理念、编委的构成、作者群以及选题都明确体现了这一点。

第二，研究空间范围扩大。以往中世纪研究主要是探究欧洲地理范围内，或者更加集中于西欧 4 ~ 15 世纪的历史问题。但是从该刊的文章可以看出，已经完全超出了欧洲范围，使得我们将中世纪作为一个特殊时期对更广泛的领域加以考察。事实上，这样的考察能够更好地解决这一时期的诸多重大问题，诸如草原民族的迁徙、蛮族对欧洲的冲击、基督教的传播等具有全球性意义的活动。2018 年出版的《欧亚古代晚期的帝国与交流：罗马、中国、伊朗和草原，公元 250 ~ 750 年》（*Empires and Exchanges in Eurasian Late Antiquity*: *Rome*, *China*, *Iran*, *and the Steppe*, *ca.* 250 – 750）作为古代晚期研究的新著，其标题和文章就明显突破欧洲和近东地区，深入到内亚，甚至中国，广泛关注古代晚期借助欧亚草原进行的东西方世界的互动与交流。

第三，强调比较研究的方法。比较研究是历史学研究中常用的一种研究方法，通过比较，可以加深、扩大和验证对历史的认识。这也是《中世纪世界》关注的重要研究方法。在第 8 卷中，《全球性杰出者的一生：6 世纪的传记集——从都尔的格里高利到嘉祥寺的慧皎》一文就典型地运用了比较研究的方法来探讨基督教与佛教共有的圣人传记的书写问题。

第四，注重跨学科领域的研究。通过第 8 卷中的专题论文和项目可以发现，它们都采用了跨学科的研究方法。跨学科研究突破了以往仅限于对单一文本文献的考察；借助于人类学、社会学、语言学、法律、政治学等不同学科的概念、方法和工具，使得研究的证据更加多样、深入，对于解释历史研究具有重要的意义。例如，《地方语言模式的起源：中世纪神学、政治和宗教身份》的研究团队中就包括了来自历史学、语言学和语文学等方向的学者。《从希腊语到阿拉伯语：哲学概念与语言学桥梁》的项目来自三个不同的研究团队，包括哲学专业、语文学专业以及计算机语言学专业的学者。

由上可知，《中世纪世界》作为近年来在西方中世纪史研究领域出现的新期刊，它在理念和方法上已经突破了传统狭隘的研究地域和研究方法的局限，强调跨地区、跨学科和多种方法并用的历史研究，这与受到全球化影响下的世界发展趋势一致，不仅有助于加深世界各地学者之间的互动与合作，更有助于多维度、全面、公允地理解人类历史的演进。

《中国与域外》第四辑（2021.04）第416～418页

展望欧亚世界

——《中国与域外》第四辑编后记

冯立君*

飞机自云端着陆之前，人在空中鸟瞰苍茫大地，胸中已然被大新疆的旷远浩瀚所震动。行走在乌鲁木齐的街道上，各种瓜果的甜香暗暗飘来，耳畔还回响着都塔尔的美妙旋律，时时又能望见棱角分明的远山：巍峨而又纯净的天山——皑皑白雪静卧于宝蓝色的峰巅之上，云雾氤氲蒸腾，空气却异常清冽，轻风中大踏步向前迈去，心中遂一片澄明，涤荡尽一腔浮躁，周身舒爽了。

我在北疆的乌苏城（源自蒙古语“库尔喀拉乌苏”，即“雪地黑水”），受到热情的招待和礼遇。时常能见到热情好客、淳朴可爱的各族民众，他们说着带有独特口音的普通话，开怀大笑，眼神真诚。承蒙王勉校长的照拂，得以在宁静的校园里“隐居”，不受干扰地翻译一些文字，清清静静地阅读几部新书，或者校对拖欠已久的书稿。一日三餐，定时去食堂领受，那里最让人印象深刻的是“黄面烤肉”。偶尔出门，则是碎羊肉手抓饭配烤串。承蒙当地老师约请，还喝到一种金属罐装的乌苏鲜啤，只能保存五天，内地根本买不着。当地聚餐饮酒的习惯是每人要连提三杯，所以在轮番开战之前，允许安心吃菜十分钟，一旦开饮，肥牛嫩羊香鸡鲜蟹入口亦不知味矣！

人美、山水美，物产丰饶，文化多样，新疆是个有滋有味的好地方！

在新疆大学任教的郭文忠兄，带我去汗血宝马基地看普氏野马，在自治区博物馆附近找寻锡伯族美食。那种劲道的面饼，嚼在嘴里满满的弹牙感，咸奶茶溢出醇美清香，老郭又眉飞色舞、滔滔不绝地谈论起学术，开怀大笑，使人仿佛重回中央民族大学西门天池小馆的旧日时光。

---

* 冯立君，陕西师范大学东亚历史研究所。

程秀金兄也在新疆大学，他与袁剑兄刚刚合作翻译出版《内亚史》不久。我们上半年在历史所一起拜见李锦绣老师，印象中他虽是江南人，在我看来却最像是新疆土著，浑厚的嗓音，硬朗的脸部线条，古铜色的皮肤，略微有些高鼻深目——这与杏花烟雨的江南浑然搭不上边，倒像是他笔下内亚史的主角吧！

中国社科院历史所的孙昊兄同期也在新疆调研，然而我们没有碰头，要知道，新疆之大，大到出人意料：从北端的阿尔泰到南端的喀什，飞机都要飞上几小时。一个新疆的面积大约等于内地六个省，何况蜿蜒的天山山脉横亘东西，南北之间的交通线往往要东西迂回。每次见面，孙昊兄都会带来学术新闻和学术启迪，加之我们的研究又存在诸多交叉和共鸣，已经记不太清是去年春天在珠海淇澳岛且饮且谈时，还是那年夏天在吉林从松花江畔到图们江畔考察期间，抑或今年某个时节于北京建国门内围坐聚谈之际，我向他发出请他主编一辑集刊的邀约，他竟然不动声色地已然安排好稿件。

这就是呈现在读者面前的第四辑，孙昊兄特别组织了一组专题研究论文，实际上涉及众多的东部欧亚的非汉人群，包括鲜卑、羯、突厥、女真、契丹、蒙古、西夏、高丽等，内容也从胡语词汇、非汉群体，到族群结构、民族政策、边地记录乃至政治认同、中国意识，相当可观。另一组唐宋之际的“藩镇时代”与多民族社会专栏文章是由胡耀飞兄贡献的，我们可以从中发现唐帝国在西南、河北的经营与社会反应，以及对沙陀、波斯两种人群的政策在进一步相互借鉴，无论是前者的“帝国在边疆”，抑或后者的“民族大融合”，都是趋近细貌，合而观之，帝国往事在对比中变得清晰了。

在国内书刊里创设较早的“讲谈”栏目中，本辑既有黄正建先生对中国社科院历史所“天圣令”读书班网罗京津唐宋学子、精研细绎令文盛况的介绍，也有王小甫、李鸿宾、葛承雍、拜根兴、张全民诸位先生分别在北京、西安围绕“唐朝与东亚”展开的两次内容广泛的谈话记录，还包括韩昇先生到访陕西师范大学历史文化学院时所作的精彩讲座实录。我们召集的“东部欧亚史”三次工作坊的纪要，则放在了“共同体”这个栏目下，或可见在研究实践中学术共同体的作用。本刊传统栏目是“异域之眼”和“书评”：前者包括 L. 李盖提《高地亚洲文明词汇在汉文史籍中的汉字译写》、尼古拉斯·鲍培《中古蒙古语中的突厥语借词》、朱甫暾《百济圣王之死与新罗的“国法”》三篇作品的汉译，后者包括对西村阳子《唐代沙陀突厥史研究》、林鹄《南望——辽前期政治史》、高然《慕容鲜卑与五燕国史研究》及《中世纪世界·比较与跨学科研究》等海内外新著的评介。

这一辑的主题仍是欧亚世界的历史，绝大部分文章探讨的背景是3～14世纪的中国与周边的关系，内容涉及在东部欧亚活动的人群和政治体、语言和文化、遗迹遗物、传统和律法，以及与之相关的学术反思，等等。总体而言，在“中国与域外”这样宽泛甚至有些模糊的范畴内，本辑所呈现的内容丰富而有趣，中古中国与胡汉人群历史的不同面相令人叹为观止，广袤、多元、深邃、悠远的欧亚世界仿佛在眼前徐徐展开。

北京大学历史学系一位先生在微信上曾说：“刊物是培育新苗的园圃、展示学术高低的丛林。”我们深表赞同。祈愿《中国与域外》在广大学界朋友（尤其是编委成员和供稿者）的关心呵护下，能够成为生机盎然的园圃、葳蕤繁盛的丛林。

二〇一九年末新疆乌苏草成

图书在版编目(CIP)数据

中国与域外．第四辑，交错的中华与周边世界／冯立君主编．--北京：社会科学文献出版社，2021.4
ISBN 978-7-5201-8190-7

Ⅰ．①中… Ⅱ．①冯… Ⅲ．①中国历史-古代史-文集②中外关系-文化交流-文化史-文集 Ⅳ．①K220.7-53②G125-53

中国版本图书馆CIP数据核字(2021)第055795号

中国与域外（第四辑）
——交错的中华与周边世界

主 编／冯立君
执行主编／孙 昊

出 版 人／王利民
组稿编辑／任文武
责任编辑／高振华

出 版／社会科学文献出版社·城市和绿色发展分社（010）59367143
地址：北京市北三环中路甲29号院华龙大厦 邮编：100029
网址：www.ssap.com.cn
发 行／市场营销中心（010）59367081 59367083
印 装／三河市尚艺印装有限公司

规 格／开 本：787mm×1092mm 1/16
印 张：26.5 字 数：476千字
版 次／2021年4月第1版 2021年4月第1次印刷
书 号／ISBN 978-7-5201-8190-7
定 价／88.00元